너 자신이 되어라

철학하는 철학사 3

너 자신이 되어라

헤겔 이후부터 세기 전환기 철학까지

리하르트 다비트 프레히트 지음

박종대 옮김

SEI DU SELBST – EINE GESCHICHTE DER PHILOSOPHIE
(BAND3: VON DER PHILOSOPHIE NACH HEGEL BIS ZUR PHILOSOPHIE DER JAHRHUNDERTWENDE)
by RICHARD DAVID PRECHT

Korean edition published by arrangement with Verlagsgruppe Random House GmbH, München through BC Agency, Seoul.

일러두기

• 각주는 옮긴이 주다.

이 책은 실로 꿰매어 제본하는 정통적인 사철 방식으로 만들어졌습니다.
사철 방식으로 제본된 책은 오랫동안 보관해도 손상되지 않습니다.

이름 모를 슈베베반schwebebahn*의 검표원에게 바친다.

* 궤도에 매달린 채 공중에 떠서 가는 경전철. 대표적인 것이 독일 부퍼탈의 슈베베반이다.

우리가 걷는 길은 유토피아에서 과학으로 향하지 않는다.
만일 과학으로 향한다면 우리는 정교한 기술이 피안까지
쫓아오는 종착점에 이를 것이기 때문이다.

— 어느 부퍼탈 슈베베반 검표원, 1971년 5월 25일[1]

차례

들어가는 글

격동의 세기였다. 시작은 프랑스 혁명력으로 8년 브뤼메르 18일, 그러니까 1799년 11월 9일의 정변이었다. 이집트 원정에서 돌아온 나폴레옹은 총재 정부를 무너뜨리고 제1통령에 오름으로써 1인 독재 체제를 구축했다. 이어 불과 몇 년 만에 유럽의 옛 지도를 완전히 바꾸어 놓더니 수십 년 동안 대륙의 절반 이상을 숨 가쁜 정치적 격변의 도가니로 몰아넣었다. 그리고 정치적 격변만으로는 이 시대의 특징을 충분히 표현할 수 없다는 듯이 지금껏 확고하게 여겨지던 다른 모든 영역의 토대까지 흔들리기 시작했다. 그런데 당시의 세계사적 간판 인물들보다 더 한층 격렬하고 파괴적이면서도 찬란한 미래를 약속한 것은 무엇보다 과학이었다. 18세기가 물리학의 시대였다면 19세기는 생물학의 시대였다. 이전 세기에는 인간 삶에 자연사만 덧붙여졌다면 이제는 **발전사**, 즉 진화의 역사까지 덧붙여졌다. 1800년경에는 불과 수천 년에 지나지 않던 세계의 역사가 점점 뒤로 물러나더니 현기증이 날 정도로 확장되었다. 심지어 19세기 말에는 진화사가 수십억 년을 헤아리게 되었다.

단순하고 모호한 출발에서 인간의 시대가 찾아왔다. 그다음엔 어디로 갈까? 한 가지는 분명했다. 미래의 역사는 인간에 의해 쓰이게 되리라는 것이다. 그렇다면 그 텍스트를 결정하는 것은 무엇일까? 인간의 문화사는 자연과 동일한 법칙을 따를까? 합법칙적으로 나아갈까? 오귀스트 콩트의 주장처럼 여러 단계별로? 아니면 카를 마르크스의 주장처럼 계급의 변증법적 순서에 따라? 그렇다면 이 과정에서 인간의 역할은 정확히 무엇일까? 신의 섭리가 아닌 다른 어떤 섭리의 편리한 도구일까? 혹은 프로그램화된 기계 조직의 부품일까? 이도 저도 아니라면 결국 미래라는 텍스트는 쓰이지 않은 채 불분명하게 남을까? 인류는 계획 없이 앞으로 방황하며 나아갈 뿐일까?

세계의 진로가 미리 정해져 있든 그렇지 않든 미래의 길은 어둠 속에 있다. 전지전능한 신도 이성의 빛도 인류 앞의 길을 낱낱이 비추지 못한다. 19세기에 철학을 한다는 것은 거의 항상 신을 따라 철학하는 것이었다. 여기서 신을 따라 철학한다는 것은 인간을 위해 만들어지지 않은 것이 분명한 세계 속으로 골똘히 파고든다는 뜻이다. 퍽 당혹스러운 인식이다! 예전에 철학자들은 바로 그 목적을 위해 전능한 존재를 자신의 체계 속으로 교묘히 끌어들였다. 예를 들어 르네 데카르트, 바뤼흐 데 스피노자, 고트프리트 빌헬름 라이프니츠, 존 로크, 이마누엘 칸트, 게오르크 빌헬름 프리드리히 헤겔이 그랬다. 이들의 철학에서는 인간 욕구가 우주를 만들어 냈고, 프로그램화된 역사 흐름을 결정했다. 그런데 19세기 들어 새로운 인식이 찾아왔다. 호모 사피엔스 종이 우주의 중심이 아니라는 깨달음이다. 이제 인간은 자연사의 중심이 아니라 길을 잃은 채 안식처 없이 외로이 떠도는 존재가 되었다. 자연과 사회의 〈법칙〉에 대해 말하는 사람도 이제는 그것을 편안한 안식처의 슬기로운 규칙이 아닌 비개인적이고 낯선 규칙으로 생각했다. 또한 쇠렌 키르케고르처럼 여전히 〈신〉이라는 표현을 쓰는 사람도 이제는 더 이상 세계의 설계자로서의 신이나 신적인 체계 같은 것을 염두에 두지 않았다. 그런 것은 이제 적절하게 끼워 넣을 자리가 없었다. 남은 것은 개인적이고 주관적인 신뿐이었다.

급진적인 변혁이었다. 진리는 더 이상 설교단에서 흘러나오는 게 아니라 신문에 적혀 있거나 박자에 맞춰 전기 신호를 보내는 전신 기술에 있었다. 지금껏 성경을 **자구 그대로** 받아들인 사람은 이제 **비판적으로** 받아들이는 법을 배워야 했다. 예를 들어 성경은 무지한 자들의 문학일 수 있고(다비트 프리드리히 슈트라우스), 인간의 소망이 투영된 것일 수 있으며(루트비히 포이어바흐), 아니면 어두운 충동의 서사적 변용일 수 있다(지크문트 프로이트).

신은 죽었고, 그와 함께 예전의 형이상학도 모두 죽었다. 이로써 19세기는 신과 형이상학이 사라진 텅 빈 영사막에 서서히 현대적 좌표를 그려 나가기 시작했다. 물론 이 사회에도 나중의 앙리 드 생시몽이나 그의 제자 콩트처럼 종교라는 접합제가 아직 필요했을 수 있다. 그러나 이 〈민간 신앙〉은 더 이상 창조주가 아닌 인간 피조물 가운데 가장 빼어난 인간을 경배했다. 이들은 천재적이고 창의적이며, 미래를 예견했다. 그렇다고 천사는 아니었고, 하늘에서 떨어지지도 않았다. 그들은 다른 모든 인간과 마찬가지로 단순한 씨앗에서 만들어졌다. 18세기에 태동해서 피에르 루이 모로 드 모페르튀이와 드니 디드로가 주창한 이 사상은 1811년에 처음으로 체계화되었다. 장 바티스트 드 라마르크의 『동물 철학 *Philosophie zoologique*』을 통해서 말이다. 『동물 철학』은 찰스 다윈의 자연 선택론이 나오기 훨씬 이전에 진화적 사회 이론의 새로운 청사진을 제시했다. 이제부터 사회와 사회적 목표는 신 없이도 설명될 수 있었다. 그렇다면 〈최상의〉 사회적 질서와 〈올바른〉 도덕도 신 없이 설명이 가능할까?

사회적 질서는 그게 어떤 형태이든 간에 진보와 끊임없는 경제 성장, 새로운 기술과 연결될 수밖에 없었다. 왜냐하면 기술의 기적이 인간을 더욱더 빨리 신에게서 멀어지게 했기 때문이다. 그것도 이전 세기 계몽주의 철학자들의 노력을 다 합친 것보다도 더 빨리 말이다. 기술은 마치 마술처럼 세계 속에서 새로운 것을 만들어 냈고, 그와 함께 신앙과 미신, 마법을 대체했다. 그러고는 스스로 굉장히 짧은 시간 안에 사람들이 숭배하는 물신(物神)이 되었다. 영사막에는 위압감을 주는 기계들이 나타났다. 기차와 증기선을 필두로 세기 전환기에는 심지어 자동차와 비행기까지 등장했다. 공장 굴뚝은 급속도로 몸집을 불려 나가는 대도시의 하늘을 거멓게 물들였다. 이제 기술은 어디에나 존재했다. 심장 근처 양복 조끼 안에서는 시계가 늘 째깍거리며 시간을 측정했다. 전기는 세상을 환하게 밝혔고, 전동화는 1880년대 이후 세계를 더욱 빠른 속도로 내몰았다. 삶은 박자에 맞춰 돌아갔고, 운행 시간표와 노동 일과표가 생활 리듬을 결정했다. 그사이 들판에서는 수확량이 폭발적으로 증가했고, 식품 화학이 새로운 길을 준비했으며, 화학 비료가 수확량의 증가를 더욱 촉진했다. 이로써 세상의 구호는 정해졌다. 더 많이, 더 빨리, 더 높이, 더 멀리! 유럽 인구는 역병과 질병에도 불구하고 엄청나게 늘었다. 1800년에는 2억 명이 넘지 않았는데, 1900년에는 4억 2천만 명으로 증가했다. 유럽 대륙의 인구가 두 배 이상 불어난 유일한 세기가 바로 19세기였다.

세계가 마치 하나의 기계 장치가 된 듯했다. 헤겔에게는 더 높은 곳으로 나아가는 세계 **과정**이었던 것이 이제는 기계의 일이 되어 버렸다. 진보는 공장에서 생산되었다. 하지만 기계가 점점 더 나은 사회 질서로의 변증법적 진보를 정말 대체할 수 있을까? 기계는 삶의 성공을 원할까? 이 물음은 역사적, 자연주의적 논리학의 기계공들을 만들어 냈다. 한쪽 사람들은 자본주의에서 선의 구현을 보았다. 영국의 고전적 국민 경제학자들에서 시작해 허버트 스펜서에까지 이르는 사람들이다. 반면에 다른 편에서는 자본주의의 즉각적인 극복을 요구했다. 윌리엄 고드윈, 생시몽, 샤를 푸리에, 마르크스와 프리드리히 엥겔스 같은 사람들이다. 이들은 각자 자기만의 방식으로 대안적 미래의 필연적 과정을 스케치했다.

현대적 자동차가 시간과 공간을 극복하고, 현대적 통신이 모든 사람을 연결하고, 변혁이 시대의 상징이라면 지금까지의 소유관계도 극복하지 못할 이유가 있을까? 또한 만인을 동등하게 연결함으로써 사회 질서를 뒤엎지 못할 이유가 있을까?

기술적, 경제적 혁명은 어디서든 볼 수 있었다. 그렇다면 인간의 머릿속에서도 혁명이 일어났을까? 실제로 변화와 파괴, 진보는 인간의 생각이 사방팔방으로 뻗어 나가도록 자극했다. 인간 본질, 즉 인간의 진정한 본성은 신의 죽음 이후 규명할 수 없는 것이 되었다. 이제 〈보편타당한 진리〉는 없고, 인간에 대한 확고한 규정도 존재하지 않았다. 과거에는 〈자연〉이 상위에 있었다면 이제는 〈문화〉가 그 자리를 꿰찼다. 인간 본질에 대한 답은 각자 맞닥뜨린 환경을 통해 설명되었다. 이제 인간은 주어진 세계에 사는 것이 아니라 세계를 만들어 나갔다. 그것도 맥락에 따라 다양한 세계를. 상황이 이렇다면 세상 모든 것을 규명하려는 철학이 아직도 필요할까? 본질what에 관한 문제는 새로운 분과인 **사회학**이, 이유why에 대한 물음은 **심리학**이 답해 주고 있지 않은가!

사회학자들은 계속 위로 치고 올라갔다. 게오르크 지멜, 에밀 뒤르켐, 막스 베버처럼 높은 망루에서 사회를 내려다보기 위해서였다. 반면에 심리학자들은 인간 내면의 깊은 곳으로 내려갔다. 프리드리히 에두아르트 베네케, 요한 프리드리히 헤르바르트, 카를 구스타프 카루스, 빌헬름 분트, 윌리엄 제임스, 프로이트 같은 사람들이다. 이들이 선보인 관점과 이들이 기초를 세운 이론은 오늘날까지도 각 분야에서 관심 있게 다루어지고 있다. 그런데 그들의 정치적 시각은 이상하리만큼 협소할 때가 많았다. 당시의 많은 동시대인과 마찬가지로 경험적 정신과학과 사회 과학의 선구자들은 지금도 사멸되지 않고 있는 여러 주의(主義)들의 드넓은 광장에서 움직였다. 민족주의, 공산주의, 사회주의, 보수주의, 자유주의,

인종주의 같은 것들이다. 이런 주의들은 19세기 인간들이 자기 존재에 대한 철학적 규정을 더는 확신할 수 없게 되었을 때 튀어나왔다. 그게 바로 〈이데올로기〉다. 개념의 아버지 앙투안 루이 클로드 데스튀트 드 트라시는 이데올로기 속에서 〈표상과 지각의 통일적 학문〉이라는 떨칠 수 없는 매력을 보았지만, 그런 학문의 불가능성 때문에 이데올로기는 욕설이 되어 버렸다. 이 주의들은 목적에 유익한 축약으로서 자기 영역의 경계를 표시하고, 과도한 요구에 시달리는 삶을 신념으로 묶고, 증오와 두려움, 분노를 정당화하고, 그를 통해 19세기의 영사막을 아주 자잘하게 분해했다. 그 속에 내재된 다이너마이트는 머지않아 폭발할 것이고, 20세기에 이르면 이 〈세계관들〉은 거의 모두 더 한층 격화될 것이다.

좌우 대립, 복고와 혁명, 비관주의, 문화 비관주의, 진보에 대한 믿음, 이것들은 20세기와 21세기 초의 확고한 DNA로서 모두 19세기에 뿌리를 두고 있었다. 임금 노동 사회와 성과 사회도 19세기 초부터 최소 200년 동안 유럽과 북아메리카에서 인간 삶의 매트릭스를 지배했다. 21세기 초에야 그것들의 해체 현상이 나타나기 시작했다. 인공 지능으로 대변되는 새로운 기계 시대가 낡은 것을 대체할 채비를 하는 것이다. 그렇다면 낡은 매트릭스의 생성 과정을 고찰하는 것은 현재를 더 잘 이해하고 헤쳐 나가는 데 도움이 되지 않을까? 또한 오늘날 다른 대안이 안 보일 만큼 영속적으로 보이는 자본주의의 정당성과 사고 유형, 상징들의 시대적 유한성을 깨닫는 데도 유익하지 않을까?

19세기에도 인간은 근본적인 대안의 지속적인 존속을 경험하지 못했다. 시류는 많은 정치적 사건과 진보, 퇴행을 쏟아 냈다. 특히 프랑스에서는 대혁명을 시작으로 나폴레옹, 왕정복고 시대, 1830년과 1848년의 혁명, 나폴레옹 3세, 파리 코뮌의 짧은 국면을 거쳐 제3공화국에 이르기까지 정치적 격변이 유난히 심했다. 그런데 이런 정치적 변혁에도 뿌리를 뒤흔들 만큼 새로운 경제 질서는 만들어지지 않았다. 물론 그런 면에서 독일은 아예 말조차 꺼내기 어려운 상황이었다. 세기 내내 한 번도 국가 형태로서 공화정을 수립하지 못했으니 말이다. 영국에서는 1837년부터 세기 전환기까지 경제적 비상과 제국주의적 영토 확장, 사회 다원주의를 발판으로 빅토리아 시대가 활짝 열렸다.

반면에 철학에서는 근본적인 변화가 일어났다. 이제부터는 철학의 가장 전위적인 대변자들이 새로운 방향으로 진군하기 시작했다. 세계를 설명하는 방법도 완전히 뒤바뀌었다. 신에게서 도출할 수 있는 것이 없어지면서 세계의 시작이 사라졌고, 그와 함께 사유로 세계의 수수께끼를 풀어내는 시도도 불가능해졌다. 원리가 지배하던 자리에 관찰이 들어섰고, 연역법이 물러나고 귀납법이 새 방법론으로 자리 잡았다. 이로써 콩트에서 존 스튜어트 밀을 거쳐 에른스트 마흐에 이르는 **실증주의자들**의 개선 행렬이 시작되었다. 이들에게 철학자들의 형이상학은 경악이었다. 자연 과학이건, 새롭게 규정된 〈정신과학〉이건 각 분야의 전문가들이 경험에 의존하지 않고 순수 논리적 사고만으로 사물을 인식하는 것은 터무니없는 짓이었다. 형이상학을 배제한 〈유물론자들〉은 이미 오래전부터 존재해 왔다. 하지만 과거의 이들은 클로드 아드리앵 엘베시우스와 폴 앙리 디트리히 돌바크의 예가 보여 주듯 하늘의 물리학에서부터 열심히 인간 삶을 연역해 냈다. 반면에 실증주의자들은 경험론자, 즉 현실의 충실한 기록원이 되고자 했다. 물론 우리 눈에는 그들조차 잘못된 개념과 전통 때문에 뒤틀려 보이기도 하지만 말이다. 어쨌든 그들은 위대한 탈주술사였다. 우리가 세계의 사물, 또는 하나의 〈자아〉라고 여기는 것도 그들에겐 객관적으로 존재하지 않았다. 그 모든 것은 인간 동물이 나아갈 방향을 찾기 위한 의식의 〈적응〉일 뿐이며, 스스로 구축한 상징 세계에 지나지 않는다는 것이다. 미국 〈실용주의〉의 아버지들, 특히 찰스 샌더스 퍼스 같은 사람도 비슷하게 생각했다. 하지만 그가 볼 때 세계의 수수께끼를 푸는 사람은 경험론자가 아니라 논리학자였다. 물론 기존 논리학의 사고 구조를 완전히 수정한다는 전제하에서 말이다.

〈철학자들이여, 현실 감각을 벼려라!〉 19세기의 슬로건이었다. 기술의 눈부신 성공을 도왔던 것은 철학에서도 중요한 의미로 떠올랐다. 이제 철학자는 수학자나 기술자처럼 〈문제〉와 〈해결〉에 대한 단순한 질문만 던지면 되었다. 명확하게 규정할 수만 있다면 신속하게 해결하지 못할 문제가 어디 있겠는가? 콩트와 밀, 스펜서, 그리고 미국의 실용주의자들을 사로잡았던 이러한 낙관주의는 한도 끝도 없는 듯했다. 인식 불가능한 것은 없었고, 모든 것에 대한 미래 적합성도 검증할 수 있었다. 무엇이 사회에 유익한가? 버릴 수 있는 것은 무엇인가?

이 말대로 하자면 철학은 엄청나게 많은 것을 잃을 수밖에 없지 않을까? 사회에 유익한 것을 아는 것만이 중요하다면 대체 철학자가 왜 필요할까? 그건 다른 사람들이 더 잘할 수 있지 않을까? 19세기 중반 경험적으로 접근하는 심리학자와 마찬가지로 경험을 지향하는 사회학자들이 철학의 대열에서 이탈했다. 철학의 토대는 급속도로 쪼그라들었다. 이제 남은 것은 무엇일까? 과학 철학? 역사 철학? 도덕학?

철학이 과학적으로 변할수록 그 대상이 무엇이어야 하는지도 점점 오리무중으로 변해 갔다. 19세기에는 측지학자(퍼스), 생리학자(제임스), 물리학자(마흐)가 철학을 곤경에 빠뜨렸다. 그렇다면 자연 과학자가 진정한 철학자일까? 그들이 방대한 문화적 스펙트럼에 대해 아는 게 무엇일까? 그들은 수많은 개인적 특성과 고유성에 대해 무엇을 알까? 독일의 인문학자 빌헬름 딜타이와 빌헬름 빈델반트, 하인리히 리케르트에 따르면 개인의 특성과 고유성은 **설명**이 불가능하고 오직 **이해**만 가능하다고 하지 않았던가! 객관성을 얻으려는 노력은 결국 개성 및 특성과의 단절을 의미한다. 게다가 우리의 명확한 오성은 뭐라고 했던가? 인간 속에서 일어나는 일은 지극히 불투명하고 모호하다고 하지 않았던가? 19세기 후반의 유행어 〈세계관〉은 합리적으로 설명할 수 있는 것이 아니라 일정한 범주에 넣고 해석만 할 수 있을 뿐이다. 그건 사회학자들이 세기말 현상이라 불렀던 개인적 〈라이프 스타일〉도 마찬가지가 아닐까?

만일 철학의 대상이 자연 과학자와 경험론자는 알지 못하는 〈주관적 체험〉이라면 그것은 어떻게 다루어야 할까? 대답은 낭만주의에 대한 반응 속에서 일찌감치 찾아왔다. 아르투어 쇼펜하우어와 키르케고르는 인간 본질이 인간의 **행동**에 있다고 보았다. 삶은 개념으로 이해할 수 있는 것이 아니고, 사유로 파악할 수 있는 것도 아니다. 삶은 일어나는 것이다. 우리는 그때그때 무슨 일이 일어나는지 이해한다. 삶의 영역은 감성과 자기 감성이다. 이것은 본질적으로 미적이다. 그래서 미적으로 묘사될 수 있다. 삶에 대한 텍스트는 생생한 대화나 독백, 고발, 변호, 설교의 형태로 표출되고, 생철학과 실존 철학은 여기서부터 출발한다. 두 철학의 주제는 개인의 행복과 모든 실존의 〈의미〉다. 어떤 형태의 경험론자도 실존의 의미에 대해 알지 못한다. 삶의 의미는 **찾는** 것이 아니라 삶에 **주어져 있기** 때문이다.

이 반대 흐름은 프리드리히 니체에 이르러 최고조에 이르렀다. 그가 아주 격정적으로 이 흐름을 이성 철학과 서양 문화에 대한 무자비한 비판으로 삼았기 때문이다. 그런데 실존 철학은 인간의 물질적 실존도 생각했어야 하지 않을까? 키르케고르와 쇼펜하우어는 한 번도 일을 한 적이 없고, 니체는 조기 연금 생활자였다.

사회주의자들이 볼 때 이들의 걱정은 사치스러운 걱정일 뿐이었다. 〈너 자신이 되어라!〉라는 말은 자신의 삶을 스스로 결정하는 데 한 가지 선택 가능성만 있다는 뜻이 아니다.

19세기는 과학 철학과 실존 철학, 심리학과 논리학의 격렬한 대결장이었을 뿐 아니라 자기 규정적 삶을 향한 만인의 요구에 맞서 미적인 엘리트 삶의 해석자들이 벌이는 투쟁의 장이었다. 이와 관련해서는 노동자에 대한 니체의 경멸이 많은 것을 시사해 준다. 계몽주의 이성 철학이 〈대중문화〉 내에서 개인의 보편적 권리와 함께 끝났다면 고결한 시민 계급은 그런 것에 전혀 관심이 없었다. 세기 전환기의 사회학자 지멜과 베버도 이런 긴장된 분위기 속에서 사유를 이어 갔다. 노동 운동과 사회 민주주의의 진보 낙관주의가 증가하는 만큼 부르주아 사회학자들의 문화 비관주의도 비슷하게 증가했다. 특히 지멜처럼 생철학으로 도피했을 경우에 말이다.

20세기 초에 **기존**의 철학은 죽었다. 대신 불완전한 새로운 맹아들이 우후죽순으로 생겨났다. 그것도 이전의 것보다 더 급진적인 맹아들이. 〈자아〉는 해체되고, 객관 세계는 주관화되었다. 가치들은 신칸트학파의 갖은 노력에도 불구하고 비합리적이고 임의적인 성격으로 변했고, 〈진리〉는 누구에게도 길을 제시하지 못했다. 진리의 가치는 이제 환경에 유연하게 적응하는 데 필요한 유용성에 따라 매겨졌다. 이로써 무엇보다 **한 가지** 철학적 실패가 뚜렷이 나타났다. 엄격한 과학이어야 한다는 철학적 요구가 실현되지 못한 것이다! 게다가 새로운 합리적 도덕도 보이지 않았다. 결국 치명적인 실수가 찾아왔다. 전체 영사막이 더럽혀지고 붉은 피로 물들었다. 지멜과 베버 같은 사회학자를 비롯해 신칸트학파의 파울 나토르프, 생철학 신도들, 그리고 수많은 사람이 거대한 구원의 희망을 안고 제1차 세계 대전에 환호했으니…….

안개 바다 위의 방랑자

존재의 비현실적 마법에 대해

한 남자가 산중의 짙은 바위 위에 외롭게 서 있다. 바위는 깎아 세운 듯 가파르고, 방랑자는 한쪽 발을 내밀고 지팡이에 의지해 서 있다. 안개는 골짜기 아래서부터 피어올라 푸르스름한 잿빛 속에서 칙칙한 하늘과 뒤섞인다. 여름 아침이 뿜어낸 숨결이다. 운무 속으로 맞은편 암석이 보인다. 기괴한 형태의 뾰쪽한 바위 사이로 침엽수가 드문드문 서 있다. 그 뒤쪽으로는 비탈이 좌우 양쪽에서 완만하게 내려와 방랑자에게서 합쳐지는 듯하다. 그것도 정확히 심장 높이에서. 〈자연을 온전히 느끼고 보려면 나는 혼자여야 하고, 내가 혼자라는 사실을 알아야 한다.〉 이 그림의 화가가 한 말이다. 〈원래의 내가 되려면 나는 나를 둘러싸고 있는 것에 푹 빠져야 하고, 구름과 바위와 하나가 되어야 한다.〉[2]

화가는 카스파르 다비트 프리드리히(1774~1840)였다. 포르포메른 출신으로 드레스덴에 정착한 뒤 죽을 때까지 살았다. 이 그림에 대해서는 화가 자신은 물론이고 어떤 동시대인도 언급한 적이 없었다. 그림은 1939년에야 베를린의 한 화랑에 등장했다. 소유자는 유대인이었던 것으로 추정된다. 아무튼 1940년대부터 1960년대까지 그림은 부유한 사업가들의 손을 전전하다가 1970년 12월에 마침내 함부르크 쿤스트할레 미술관에 팔렸다. 이것이 1818년경에 그려진 프리드리히의 작품이라는 사실은 누구나 짐작할 수 있었다. 그는 다른 두 장의 스케치에서도 바위 풍경을 그렸는데, 거기에 나오는 바위 모양이 이 그림과 아주 비슷했기 때문이다. 그림 제목은 행방불명된 그의 다른 작품 「안개 바다 위의 독수리」에서 힌트를 얻어 「안개 바다 위의 방랑자」로 정해지게 되었다.

프리드리히는 「안개 바다 위의 방랑자」에 나오는 풍경을 직접 두 발로 찾아가고 기어올랐다. 그림 도구를 챙겨 지팡이를 짚으면서 그가 가장 자주 찾은 곳은 작센의 스위스라 불리는 엘프잔트슈타인산맥이었다. 기암괴석이 즐비한 이 지역은 훗날 카를 마이(1842~1912)의 소설에서 발칸의 협곡과 은빛 호숫가의 기암괴석으로 되살아났다. 프리드리히는 떠도는 것을 좋아했다. 드문 일이기는 하지만 머나먼 곳도 마다하지 않았다. 그에게 마음의 고향은 실제 고향이기도 한 발트해 연안이었다. 반면에 남의 스케치를 보고 따라 그린 알프스 지역은 한 번도 직접 가볼 생각을 하지 않았다.

프리드리히는 산속의 정취를 화폭에 담아냈지만, 정작 본인은 낭만적인 분위기의 방랑자가 아니었다. 그가 1813년 5월과 6월에 엘프잔트슈타인산맥을 돌아다니며 「안개 바다 위의 방랑자」의 풍경을 스케치할 무렵 작센 지방은 나폴레옹 전쟁의 뜨거운 격전지였다. 드레스덴은 프랑스군에 점령당했고, 주변 풍경은 병영과 비슷했다. 나폴레옹은 군사 작전에 필요한 전략적 요충지를 확보하려고 산을 직접 찾기도 했다. 드레스덴 주민들은 기아와 역병에 시달렸다. 8월에 프랑스 점령군은 오스트리아와 프로이센, 러시아 연합군에 맞서 드레스덴을 방어했고, 그 과정에서 이 도시의 전방에 위치한 레크니츠는 풍비박산이 났다. 1813년 11월 라이프치히 전투 이후에야 러시아군은 프랑스 점령군을 드레스덴에서 몰아냈다.

프리드리히가 작센의 스위스라 불리는 곳을 자주 들락거린 이유는 그냥 시간이나 때우기 위해서가 아니라 전쟁의 혼란에서 벗어나기 위해서였다. 하지만 그의 그림 속 어디에도 전쟁의 모습은 보이지 않고, 인간이 만든 참상의 흔적도 드러나지 않는다. 엘프잔트슈타인산맥의 풍경은 게오르크 빌헬름 프리드리히 헤겔(1770~1831)의 표현에 따르면 세계사라는 책에 아무것도 적히

지 않은 텅 빈 페이지와 비슷하다. 인류에게는 정말 몇 안 되는 행복한 날이었다. 프리드리히의 그림에서는 묘한 정적이 흐르는 가운데 인간의 역사는 일어나지 않고, 오직 자연의 역사만 일어난다.

이는 상당히 놀랍다. 프리드리히는 원래 정치에 관심이 많은 사람이었기 때문이다. 그는 확고한 민주주의자였다. 프랑스 점령 이후 작센에서 다시 강화된 봉건제는 그에게 악몽이었다. 프리드리히는 민주제의 신봉자인 동시에 당시의 많은 독일 공화주의자처럼 반프랑스와 독일 민족주의를 표방했고, 하나로 통일된 독일에 공화정이 수립되길 희망했다. 이는 1815년의 빈 회의 이후 왕권이 다시 강화된 복고 시대에는 분명 위험한 신념이었다. 물론 그렇다고 위축되지는 않았다. 그의 그림 속 인물들은 하나같이 독일의 민족 시인 에른스트 모리츠 아른트(1769~1860)가 묘사한 바 있는 〈독일 민속 의상〉을 입고 있다. 목도리를 두르지 않은 소박한 프록코트 차림에 평평한 베레모를 쓰고 있는데, 전체적으로 애국자이자 민주주의자의 의상이다. 안개 바다 위의 방랑자도 독일의 민속 의상을 입고 있다. 다만 베레모는 쓰지 않았다. 비슷한 시기에 그려진 프리드리히의 작품 속 남자들은 하나같이 그런 모자를 쓰고 바다나 달을 바라보고 있는데 말이다. 대신 아침 바람이 방랑자를 잡아챘고, 불안한 시류가 그의 금발을 헝클어뜨렸다. 그림 속의 〈독일〉 복식은 방랑자를 〈대중 선동가〉로 비치게 했다. 화가가 다른 그림에서 약간 비꼬듯이 언급했던 것처럼 1819년의 카를스바트 결의에 명시된 〈선동적 책동〉의 범죄자 요건을 자유롭게 해석하면 말이다.

그런데 이 방랑자뿐 아니라 프리드리히의 다른 그림 속 인물들도 정치적 모반이나 책략과는 아무 상관이 없다. 그들은 아무것도 하지 않는다. 그냥 가만히 서 있거나 웅크린 채 어딘지 모를 머나먼 곳을 묵묵히 응시할 따름이다. 정치적 상황은 지평선 너머에 있고, 그림의 주제도 아니다. 다만 없는 듯 있을 뿐이다. 자기 고백이면서 동시에 위장이기도 한 옛 독일 복식이 지금 여기 있는 인물의 정체를 가린다면 그것으로 사람들은 당시의 정치적 상황을 예감할 수 있다. 얼굴은 감추고 뒷모습만 드러내는 프리드리히의 그림 속 인물들은 경찰이나 복고 시대의 밀정들로부터 안전하다. 정체를 확인할 길이 없으니 말이다.

〈뒷모습 인물〉은 프리드리히가 처음 발명한 것이 아니었다. 베두타veduta, 즉 18세기의 사실적 그림 속에는 자잘한 인물이 무수히 등장한다. 그들은 관찰자에게 등을 돌린 채 광장이나 홀에 흩어져 있다. 건축물을 상대적으로 더 장엄하게 드러내기 위해서다. 그런데 프리드리히는 자잘하게 흩어져 있던 뒷모습의 인물을 이제 그림의 중심으로 옮겨 놓았다. 누구도 하지 못한 일이었다. 심지어 「안개 바다 위의 방랑자」처럼 뒷모습 인물이 풍경 속에서 그렇게 크고 묵직하게 묘사된 적은 없었다.

왜 그랬을까? 일단 프리드리히는 관객에게 등을 돌린 인물과 함께 어려운 상황을 현명하게 극복하는 방법을 찾아냈다. 그는 초상화가가 아니라 풍경화가였다. 그의 회화적 수단은 프란시스코 고야(1746~1828), 외젠 들라크루아(1789~1863), 테오도어 제리코(1791~1824), 윌리엄 터너(1775~1851) 같은 당대 거장들의 수준에 미치지 못했다. 야망이라고 해봤자 화가로서 자신의 가능성을 벗어나지 않는 것이었다. 최고의 예술적 성취 같은 건 애초에 바라지 않았다. 그의 작품들을 보면 초기부터 만년까지 딱히 〈성숙〉이라고 할 만한 것이 없었고, 회화적 수단에서도 특별히 눈에 띄는 개선이 없었다. 그러다 보니 늘 서명이 없는 그의 그림의 생성 날짜를 확인하는 것은 무척 어렵다.

프리드리히는 다양한 측면을 보여 주는 화가가 아니었다. 그보다는 오히려 평생 자기만의 특정 원칙에 충실했다. 그림의 관찰자를 항상 상이한 분위기에 빠뜨리는 것이 아니라 어떻게든 항상 동일한 느낌에 젖게 하려는 원칙이었다. 생기 없는 삶과도 같은 그의 그림들은 자연사 박물관의 디오라마, 즉 실사 모형과 비슷했다. 뒷모습 인물은 그림 속에서 마치 박물관의 박제 동물처럼 서 있다. 겉으로는 전혀 움직이지 않으면서 베일에 가려진 머나먼 곳을 응시한다. 그림 속의 움직임은 오직 관찰자를 통해서만 일어난다. 박물관에서는 아침 빛이나 석양이 동물의 윤곽을 선명하게 해준다면, 프리드리히의 그림 속 인간 전시품은 정반대다. 자기 속에 푹 빠져 그림 속 배경을 바라보는 뒷모습 인물은 배경을 더욱 도드라지게 한다. 박물관의 박제 동물과 프리드리히의 뒷모습 인물의 공통점은 둘 다 구체적인 개체가 아니라는 사실이다. 박제 사슴과 마찬가지로 뒷모습 인물은 개인적 성격이 없다. 그저 인간 종을 대변하는 〈인간〉일 뿐이다.

프리드리히가 자연을 이런 박제된 분위기에 완전히 종속시킨 것도 그에 일치한다. 그림 속 풍경은 변덕에서 자유롭다. 대신 늘 웬만큼 비현실적으로 비칠 정도로 확고한 기하학적 계산에 종속되어 있다. 연극풍의 과장과 엄격한 구성은 사실적인 시나리오를 만들어 내지 않고 자연의 드라마를 위한 무대를 만들어 낸다. 그의 미술은 예술에 대한 파울 클레(1879~1940)의 유명한 말처럼 가시적인 것을 재현하는 것이 아니라 눈에 보이지 않는 것을 드러내려 한다. 프리드리히 본인의 말을 들어 보자. 〈우선 육체적 눈을 감고 정신의 눈으로 너의 그림을 바라보라. 그런 다음 네가 어둠 속에서 본 것을 드러내라. 그러면 그것은 다른 사람들에게도 외부에서 내면으로 영향을 끼칠 것이다.〉[3] 이런 방식으로 예술가는 색깔과 형태, 빛과 그림자로 철학을 한다. 그림의 전면에 등장하는 방랑자는 어두운 삼각형처럼 바위 위에 서 있다. 배경의 두 비탈이 완만하게 내려오다가 그의 흉곽에서 만난다. 밝은 풍경의 정중앙이다. 기하학을 풍경화 속에 이렇게 선명하게 집어넣고, 어둠과 밝음을 이렇게 명확하게 가를 수는 없을 듯하다.

프리드리히의 풍경화는 과거 화가들의 풍경화보다 한결 인위적이다. 길이 없는 지형에서 방랑자의 관점도 결코 우연하지 않다. 그림의 중심을 차지하는 방랑자는 그림을 보는 우리의 시선을 자신에게로 돌린다. 우리는 마치 우리 자신이 짙은 색의 프록코트를 입은 남자 뒤에 서서 남자가 바라보는 곳을 함께 보는 듯하다. 이로써 그림 밖의 관찰자는 그림 밖에 있는 동시에 그림 속에도 있다. 방랑자에게 감정 이입을 함으로써 말이다. 그렇다면 우리는 무엇을 볼까? 프리드리히는 이 그림을 어떤 목적으로 구성했을까? 그는 우리를 어떤 상태로 바꾸려 했고, 그 이유는 무엇일까?

미술사가들은 풍경 속으로 확장된 영혼의 내면 공간을 지극히 다양하게 해석했다. 그래서 자기 증언의 형태로 수차례 증명되는 프리드리히의 종교성을 끌어들여 그의 그림들을 기독교적으로 해석하는 것은 그리 어려운 일이 아니었다. 다만 다른 한편으로 보자면 「테첸의 제단」 같은 프리드리히의 그림은 독실한 기독교인들을 결코 만족시킬 수 없었다. 예를 들어 프로이센의 보수적인 외교관 바실리우스 폰 람도르(1757~1822)는 〈산속의 십자가〉라는 부제가 붙은 이 제단화가 비기독교적 자연 신비주의를 표방하고 있다는 이유로 악평을 쏟아 냈다. 〈이 풍경화가 실제로 교회로 들어가 제단 위까지 기어 올라가려고 한다면 그것만큼 오만방자한 생각은 없을 것이다.〉 람도르는 〈현재 도처에서 슬금슬금 일어나고, 예술과 과학, 철학과 종교에서 마치 마취 가스처럼 눈에 보이지 않으면서 우리에게 다가오는 신비주의〉[4]를 극도로 혐오했다.

람도르는 18세기 중엽 이후 숭고함이 더 이상 기독교 예술의 전유물이 아니라는 것도 개의치 않았다. 에드먼드 버크(1730~1797), 이마누엘 칸트(1724~1804), 프리드리히 실러

(1759~1805) 같은 철학자들은 숭고함을 미학의 새로운 범주로 규정했다. 실러의 설명은 이렇다. 숭고함은 우리의 이해력과 생명력을 뛰어넘는 어떤 것이다. 숭고한 대상은 〈그에 비하면 우리 같은 인간은 하찮은 존재로 전락할 수밖에 없는 힘〉[5]이다. 이런 경계 설정 때문에 〈차마 거역할 수 없는 힘〉으로 숭고함에 끌린다. 과도한 것을 요구하는 이성과 압도적으로 퍼붓는 감각의 긴장 속에서 모종의 〈마법〉이 〈마음〉을 사로잡는다. 감각과 이성이 항복 선언을 하는 곳에서 피어오르는 판타지의 힘이 만들어 내는 마법이다.

실러는 프리드리히가 열아홉 살 때 이런 문장들을 썼다. 숭고함에 대한 묘사는 시대의 미적 표현 욕구였다. 헤아릴 수도 가늠할 수도 없는 것에 대한 감동은 교회에서 찾을 수 있는 것이 아니라 자연에서 재발견되었다. 〈내면으로의 침잠〉도 18세기 중반 이후에는 더 이상 순수 종교적인 감정으로 국한되지 않았고, 드니 디드로(1713~1784)의 장려로 프랑스 살롱 회화에서 빈번하게 나타나는 모티프로 자리 잡았다. 과거에는 신에 대한 태도로 여겨졌던 것이 이제는 미적인 공간이 된 것이다. 안개 바다 위의 방랑자가 실제로 신의 창조에 감동했는지, 아니면 자연 자체의 아름다움에 감동했는지는 그림을 보는 사람의 해석에 맡길 수밖에 없다. 화가는 확고한 해석을 내놓지 않았고, 그림을 감상하는 사람의 주관적인 감정에 맡겼다. 그의 그림들은 초월적이면서도 단순히 초월성만 발산하지는 않았다. 자연 속에서 보고 싶은 것을 보아도 되는 관찰자의 내면 공간에 대한 각성도 일깨우고 있다.

프리드리히의 그림은 주관성을 위한 공간으로 갖가지 철학적 사변을 불러일으킨다. 인간과 무관한 자연의 의지가 안개 바다에 주재한다는 것은 어렵지 않게 알아볼 수 있는데, 그런 자연의 의지는 아르투어 쇼펜하우어(1788~1860)가 동일한 시기에 『의지와 표상으로서의 세계*Die Welt als Wille und Vorstellung*』에서 밝힌 것이기도 하다. 프리드리히는 1818년 드레스덴에서 이 주저를 끝낸 쇼펜하우어를 알지 못했다. 다만 살롱 부인으로 유명했던 그의 어머니를 만난 적은 있었다. 화가가 운무의 장관을 펼치는 자연의 의지에 감동해 환한 안개 바다를 방랑자의 어두운 표상의 세계와 대립시켰다고 해서 그것이 철학적 독서의 결과는 아닐 것이다. 그럼에도 프리드리히는 쇼펜하우어가 철학의 해부칼로 갈랐던 것을 예술적 수단으로 형상화했다. 화가는 이 철학자에 대해 아는 것이 별로 없었지만, 철학자는 이 화가를 잘 알고 있었다. 1815년에 쇼펜하우어는 프리드리히의 그림이 관찰자를 〈순수 객관적 관찰〉로 이끌고, 그와 함께 〈매우 중요하고 함축적인 관념을 표현하고〉[6] 있다며 화가를 칭송했다.

프리드리히는 쇼펜하우어의 책을 읽지 않았지만, 그의 영혼적 욕망과 자연과의 관계는 열네 살 어린 쇼펜하우어와 비슷했다. 물론 이 철학자와는 달리 신과 결별하지 않았다. 쇼펜하우어의 천성은 숭고하면서도 잔인했다. 반면에 프리드리히의 그림에 담긴 아침 분위기와 저녁 분위기에는 어떤 형태의 폭력도 없었다. 그것들은 인간과 자연의 평화로운 화해를 반영하고 있는데, 쇼펜하우어는 그런 화해의 가능성이 현실 삶이 아닌 오직 예술에서만 가능하다고 생각했다. 그런데 철학적으로 보면 인간과 자연은 본질적으로 하나다. 인간이 자신과 자연에 대해 어떤 존재인지는 말로, 그러니까 이성적 수단으로는 표현될 수 없고, 오직 느끼는 것만 가능하고 예술 속에서만 드러난다. 존재 앞에서 언어는 무릎을 꿇는다. 진리는 사고 체계 속에 있는 것이 아니라 아름다운 여름밤과 안개 낀 산속의 아침 시간에 있다. 이 대목에서 앞서 인용한 프리드리히의 말이 새삼 떠오른다. 〈원래의 내가 되려면 나는 나를 둘러싸고 있는 것에 푹 빠져야 하고, 구름과 바위와 하나가 되어야 한다.〉

자연과의 대화는 고요하고 말이 없다. 대화의 목적은 논리학의 철근과 개념의 벽돌, 인과율의 모르타르로 쌓아 올리는 이성적 사유 체계가 아니다. 본래적인 의미의 존재는 이성에는 〈비현실적〉이다. 포착할 수가 없기 때문이다. 쇠렌 키르케고르(1813~1855)부터 프리드리히 니체(1844~1900)까지 이어지는 〈너 자신이 되어라!〉라는 19세기의 요구는 존재의 이런 비현실적인 마법을 알고 있었다. 이 지점에서부터 모든 이성 철학에 대한 근본적인 불신이 시작되었다. 프리드리히의 현대성도 객관적 인식에 대한 이런 거부에 있었다. 철학은 낭만주의의 이런 사상을 생철학과 실존 철학으로 계속 발전시켜 나갔다. 삶은 항상 언어와 생각보다 **앞서** 존재한다. 삶을 생각으로 따라잡고, 자기 자신을 논리적으로 파헤치기 훨씬 이전에 너는 이미 너 자신이라는 것이다.

프리드리히는 살아생전에 19세기 철학의 두 번째 핵심 흐름, 즉 자연 과학의 청사진에 따라 움직이는 철학에 추월당한다. 이 철학은 안개 바다를 더 이상 성찰하는 작은 물방울로 보지 않는다. 실존 철학이 모든 것을 주관화한다면, 자연 과학적 특색을 갖춘 철학은 모든 것을 객관화한다. 18세기와는 달리, 특히 칸트 체계와는 달리 이 양극은 이제 중재되지 않는다. 바람이 이 방향으로 얼마나 빠르게 부는지는 문외한도 알 수 있다. 관객은 프리드리히의 그림을 보면서 낭만주의의 증언을 한눈에 찾아낸다. 등진 채 서 있는 인물에게서는 옛 독일적인 태도를, 먼 곳을 응시하는 인물의 모습에서는 진보 없는 미래의 절망적이고 감상적인 면을 느낀다. 방랑자는 해방 전쟁의 기념비처럼 의미심장한 풍경 속에 서 있는데, 마치 과거의 시간에 멈춘 낭만주의의 기념비 같다.

반면에 시류는 급속도로 변해 갔다. 프리드리히는 카를 마르크스(1818~1883)가 태어나던 해에 이 그림을 그린 것으로 추정되는데, 그 무렵 작센에서는 산업의 유례없는 비상이 시작되었다.

에르츠산맥, 포크틀란트와 오버라우지츠 지역, 서부 작센에서는 방적기가 인간 노동력을 대체했다. 1807년부터 방적기는 영국뿐 아니라 〈작센의 맨체스터〉라 불리던 켐니츠에서도 제작되었다. 작센의 인구는 단기간에 곱절로 늘어났다. 독일 내에서 이곳만큼 산업 생산의 규모가 빨리 증가한 곳은 없었다. 프리드리히가 안개 바다 위의 고독한 방랑자를 그림에 담아낸 지 20년 뒤에 증기선이 엘베강에 첫선을 보였고, 라이프치히와 드레스덴을 잇는 첫 장거리 철도 노선은 그전까지 프리드리히 그림 속의 삭막한 달빛 풍경 같았던 곳을 확 바꾸어 버렸다. 이제 독일의 옛 의상을 입은 관찰자는 존재하지 않았고, 시대는 그런 인물들을 역사에서 제거했다. 증기 기관차의 증기가 그들을 가렸고, 굴뚝 연기가 그들을 시커멓게 그을렸다. 화가는 생전에 작센의 룸펜 프롤레타리아*를 경험했을 테지만, 어떤 그림에서도 이 계급을 묘사하지 않았다. 뜨거운 사회적 문제는 그의 세계상에 어울리지 않았다.

엄격한 기하학과 좌표가 바뀌었다. 이것들은 이제 프랑스냐 아니면 독일이냐, 통일이냐 연합이냐, 시민적 자유냐 봉건 군주제냐 하는 문제에 초점을 맞추지 않았다. 측정할 수 없는 것을 바라보는 시선은 측정 가능한 것, 즉 산업적 진보의 숫자와 그래프로 채워졌다. 또한 초월성이 아닌 효율성이 새로운 시대의 주문이 되었고, 텅 빈 것이 아닌 채움이, 모호한 안개가 아닌 명확한 통찰이 중심으로 떠올랐다. 역학은 모든 사람과 사물을 사로잡았다. 철학도 자연 과학에 진리를 내준 것만큼이나 자신의 신을 잃어버렸다. 새로운 신은 경제적 진보였다. 이 신의 도구인 증기선과 철도는 엘프잔트슈타인산맥 앞에서도 멈추지 않았다. 프리드리히가

* 사회적 도움을 받지 않으면 생계를 유지할 수 없는 최하층으로 장기간의 실업으로 노동 의욕을 상실한 채 하루하루 근근이 살아가는 부랑자, 범죄자, 마약 상습자, 매춘부 등을 가리킨다. 가끔 노동자 계급의 투쟁에 참가할 때도 있었지만, 반동적이고 퇴폐적인 습성으로 인해 지배 계급에 매수당해 앞잡이가 되는 경우가 많았다.

1840년 드레스덴에서 사람들에게 거의 잊힌 채 죽었을 때 작센의 스위스라는 곳에서는 일정표에 따라 움직이는 관광이 시작되고 있었으니…….

헤겔 이후의 철학

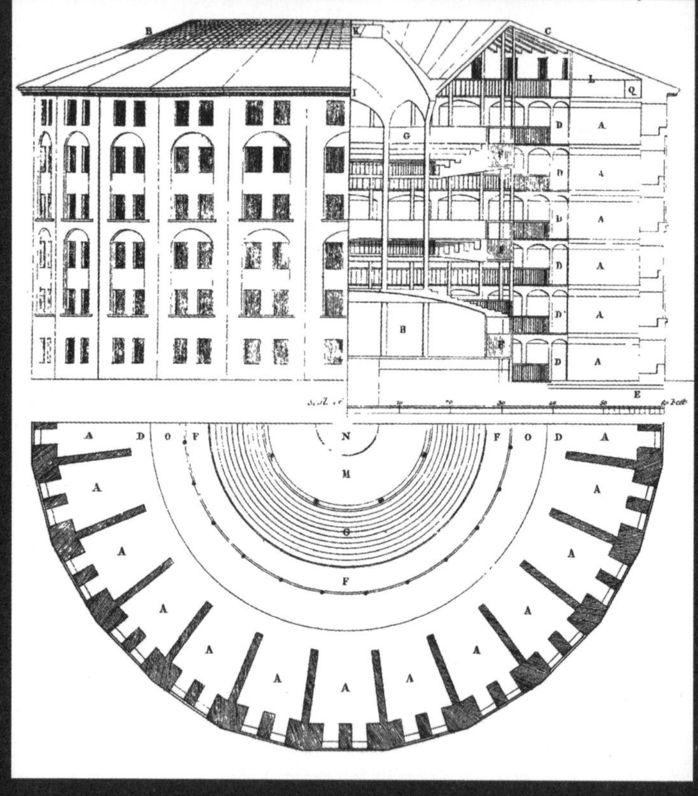

투명성의 악몽.

제러미 벤담이 1791년에 설계한 판옵티콘.

1700

1736-1807 요하네스 니콜라우스 테텐스

1748-1832 제러미 벤담

1753-1821 조제프 드 메스트르

1754-1840 루이 가브리엘 앙브루아즈 드 보날드

1756-1836 윌리엄 고드윈

1757-1808 피에르 장 조르주 카바니스

1760-1825 앙리 드 생시몽

1766-1824 프랑수아 피에르 공티에 멘드비랑

1771-1858 로버트 오언

1772-1837 샤를 푸리에

1776-1841 요한 프리드리히 헤르바르트

1782-1854 펠리시테 로베르 드 라므네

1788-1860 아르투어 쇼펜하우어

1789-1869 카를 구스타프 카루스

1798-1854 프리드리히 에두아르트 베네케

1798-1857 오귀스트 콩트

1800

1804-1872 루트비히 포이어바흐

1805-1859 알렉시 드 토크빌

1806-1873 존 스튜어트 밀

1809-1865 피에르 조제프 프루동

1813-1855 쇠렌 키르케고르

1818-1883 카를 마르크스

의미 없는 세계

철학의 복수 / 의지와 표상 / 연민과 체념 / 삶의 기술 /
스파이 / 도약 / 삶의 세 가지 형태 /
풍성한 결실을 맺은 상속자

자의식이 넘치는 청년이었다. 그는 베를린 대학에서 자신의 강의를 예고하면서 〈전체 철학〉, 그러니까 〈세계 본질과 인간 정신의 학설〉을 가르치겠다는 거창한 포부를 밝혔다. 시기도 적절해 보였다. 〈대학 동료들이 헤겔 교수의 책을 모두 읽은〉[7] 시점이었기 때문이다.

당시 서른한 살의 쇼펜하우어는 철학의 전문가 집단 내에서는 완전한 무명이었다. 그럼에도 대담한 건지, 아니면 무모한 건지 1819년 가을 강의 경쟁을 통해 당대 최고의 독일 철학자를 무릎 꿇리려 했다. 그는 〈복수자〉를 자처하며 〈허풍선이〉 헤겔과 담판을 지을 생각이었다. 더 훌륭한 강의를 하는 사람이 이기는 게임이었다. 그 전에 베를린 대학에서 강의 기회를 준 것은 쇼펜하우어로선 참으로 반가운 일이었다. 먼저 지원한 하이델베르크와 괴팅겐 대학에서는 그를 받아 주지 않았다. 그의 임용에는 베를린 대학의 동물학자 마르틴 힌리히 리히텐슈타인(1780~1857)의 덕이 컸고, 그건 그 자체로 큰 행운이었다. 하지만 쇼펜하우어는 그렇게 보지 않았다. 강사 임용은 자신에게 영광이 아니라 오히려 베를린 대학 전체에 영광스러운 일이라고 생각했다.

과도한 사명감과 우월감, 다혈질성 분노는 쇼펜하우어에게 나타난 성정이었다. 그는 단치히의 유복한 상인 가정에서 태어나 젊은 나이에 벌써 유럽의 절반을 여행했다. 혁명전쟁을 비롯해 프랑스와 유럽 열강들 사이의 나폴레옹 전쟁이 대륙을 휩쓸었지만 쇼펜하우어 가족은 아랑곳하지 않고 함부르크와 영국, 프랑스 등지를 돌아다녔다. 그는 프랑스 알프스에서 몽블랑의 빙하에 감격했고, 파리에서는 화려한 백마를 타고 퍼레이드를 펼치는 나폴레옹을 직접 보았으며, 웨스트민스터 사원에서는 셰익스피어의 무덤에 참배했다. 그런데 이 모든 것보다 그의 마음에 더 깊은 충격으로 다가온 일이 있었다. 그는 런던 거리에서 거지와 상이용사들의 비참한 삶을 보았고, 공개 처형 장면을 공포와 전율 속에서 목격했으며, 프랑스 툴롱에서는 갤리선 죄수들의 끔찍한 운명에 경악했다. 이 장면들은 그의 뇌리에 깊이 각인되었고, 거기서 느낀 멜랑콜리는 평생 그를 따라다녔다. 인간의 삶이란 얼마나 끔찍한 고통인가! 반면에 쾌락과 아름다움은 얼마나 일시적이고 덧없는 것인가! 어머니에게 쓴 편지에도 나오듯 청년 쇼펜하우어는 세상의 모습에서 〈우울함의 토대〉를 발견했고, 이후로는 거기서 한 발짝도 벗어나지 않았다.

아버지가 함부르크에서 우울증으로 창문에서 뛰어내려 스스로 목숨을 끊었을 때 쇼펜하우어는 열일곱 살이었다. 청년은 한동안 방향을 잃고 소설과 철학서에서 위안을 구했다. 그를 특히 매료시킨 인물은 데이비드 흄(1711~1776)과 볼테르(1694~1778), 장 자크 루소(1712~1778)였다. 연극과 발레에도 감격했지만 가장 큰 매력을 느낀 것은 음악이었다. 반면에 앞으로 걸어가야 할 상인의 길은 삭막하기 짝이 없었다. 어머니는 남편이 죽은 뒤 바이마르로 거처를 옮겼고, 거기서 명망 높은 살롱 주인으로 빠르게 자리를 잡아 갔다. 쇼펜하우어는 나중에야 어머니가 있는 바이마르로 갔다. 어머니와 아들은 사이가 좋지 않았다. 어머니가 요한 볼프강 폰 괴테(1749~1832)나 다른 위대한 정신들과 교류하며 입지를 넓혀 나갈수록 아들은 점점 더 칩거에 들어갔다. 괴팅겐에서의 의학부 수업도 2학기 만에 때려치웠다. 그가 새로운 목표로 삼은 직업은 철학자였다.

쇼펜하우어는 칸트의 비판적 수용자인 고틀로프 에른스트 슐체(1761~1833)의 가르침을 통해 플라톤과 칸트에 빠지게 되었다. 맨 먼저 매료된 것은 우리의 경험 세계가 〈비본래적인〉 세계라는 플라톤의 생각이었다. 진짜 실제적인 세계는 우리에게 숨겨져 있고, 우리의 일상적 삶은 가상에 지나지 않는다는 것이다. 젊은 쇼펜하우어는 플라톤과 마찬가지로 불완전한 허상의 세계에서 벗어날 수 있는 방책을 갈구했다. 다른 한편 칸트에게서 마음에 들었던 것은 그가 이성의 한계를 명확하게 규정했다는 사실이다. 인간은 모든 인식 대상을 자신의 의식 수준에 따라 인식한다. 내가 체험하는 것은 결코 세계 〈자체〉가 아니라 내게 한정된 〈나만의〉 세계일 뿐이다. 존 로크(1632~1704)와 흄 같은 영국의 경험론자들도 이미 그런 생각을 했는데, 그중에서도 가장 일관되게 그런 기조를 유지한 사람은 조지 버클리(1685~1753)였다. 시간과 공간뿐 아니라 원인과 결과의 관계도 결코 〈그 자체〉로 존재하지 않는다. 그것들은 우리의 의식이 세계를 헤쳐 나갈 때 필요한 기본 틀이다.

그런데 칸트는 우리의 경험 세계 외에 또 하나의 제국, 즉 〈자유의 제국〉을 스케치했다. 인식 주관과 상관없이 선험적으로 존재하는 〈물(物) 자체〉가 사는 제국이다. 이 제국은 우리의 경험 저편에 놓여 있고, 우리는 그 존재를 예감만 할 수 있을 뿐이다. 쇼펜하우어는 이 생각도 마음에 들었다. 하지만 정말 **이성**만이 자유의 제국을 예감할 수 있을까? **감정**도 그럴 수 있지 않을까?

칸트의 후계자인 요한 고틀리프 피히테(1762~1814), 프리드리히 빌헬름 요제프 셸링(1775~1854), 헤겔도 경험과 무관한 〈절대적인 것〉을 추적했다. 그것도 각자 자기만의 방식으로 이성 속에서 찾았다. 그게 옳을까? 쇼펜하우어는 베를린으로 가서 피히테의 강의를 직접 들어 보기로 급히 마음먹었다. 이렇게 해서 1811~1812년 겨울 학기에 대학에 등록했다. 그는 피히테에게서 〈진정한 철학자와 위대한 정신을 만나게 되길〉[8] 기대했다. 피히테 철학, 즉 그의 〈지식학〉은 〈물 자체〉와 결별한다. 내 의식이 모르는 현실은 존재하지 않는다는 것이다. 모든 현실은 나의 뇌가 만들어 낸 것이다. 피히테의 말을 빌리자면 존재하는 것은 모두 내 〈자아〉 속에 있다. 나 자신의 표상 세계를 포함해서 외부 세계와 대립된 이 절대적이고 이성적인 자아에서 피히테는 도덕, 법, 정치, 경제에 이르는 자신의 전체 철학을 발전시켰다.

쇼펜하우어는 열한 차례의 강의를 듣고 피히테에 대해 냉혹한 평가를 내렸다. 그가 지나치게 과대평가되어 있다는 것이다! 쇼펜하우어는 철학 강단에서 환호받는 이 정신이 그렇게 모호하게 강의할 수밖에 없는 이유는 명확하게 말할 수 있는 것이 없기 때문이라고 짐작했다. 피히테가 말하는 순수하고 절대적인 〈자아〉는 대체 무엇일까? 〈자아〉가 세계와 대립되어 있다면 우리는 인과 관계를 꺼내 들 수밖에 없다. 〈자아〉는 우리가 사물을 〈규정하는〉 것에 대한 원인이다. 그로써 나와 세계는 인과 관계로 들어간다. 그러나 흄과 칸트가 말하듯 인과율의 지배를 받는 것은 제한된 내 의식의 산물이다. 이 의식은 모든 것을 인과적으로 바라본다. 왜냐하면 인과율 없이는 스스로에게 설명할 수 있는 것이 없기 때문이다. 바로 이 때문에 피히테의 〈자아〉는 결코 **절대적이지 않다**! 자아는 의식의 게임 규칙을 통해 제한된다. 그렇다면 무한히 자유로운 〈자아〉의 전체 구조는 지극히 모순적이고 터무니없다.

쇼펜하우어의 논리는 명확했다. 만일 절대적인 것, 직접적인 것, 완전히 옳은 것이 존재한다면 그에 대해 무언가를 아는 것은 이성이 아니다. 이성은 그저 우리 의식의 부산물로서 표상 세계에 갇혀 있다. 여기서 〈표상〉이라는 개념은 피히테에게서 차용한 것인데, 요즘 말로 하자면 적대적 인수 합병에 가깝다. 쇼펜하우어는 뮌헨 대학에서 학생들을 가르치고 있던 당시의 두 번째 위대한 관념론자인 셸링에게서도 한 가지 생각을 넘겨받았다. 셸링은 모든 자연에 비합리적인 힘이 깊이 작용하고 있다고 생각했는데, 쇼펜하우어도 같은 생각이었다. 그럼에도 그는 셸링을 몹시 경멸했다.

쇼펜하우어가 자신의 생각을 정리했을 때는 스물네 살이었다. 그는 대학을 졸업하지 않았지만, 생계에 어려움이 없었다. 그러니까 칸트나 셸링, 요한 크리스티안 프리드리히 횔덜린(1770~1843), 헤겔과는 달리 가정 교사 일을 하면서까지 고단한 삶을 헤쳐 나갈 필요가 없었다. 그는 오히려 플라톤, 피코 델라 미란돌라(1463~1494), 미셸 에켐 드 몽테뉴(1533~1592), 섀프츠베리(1671~1713), 샤를 루이 드 스콩다 몽테스키외(1689~1755), 폴 앙리 디트리히 돌바크(1723~1789), 클로드 아드리앵 엘베시우스(1715~1771), 그리고 나중의 게오르크 지멜(1858~1918), 막스 베버(1864~1920), 루트비히 비트겐슈타인(1889~1938)과 마찬가지로 자유롭고 독립적으로 살았던 몇 안 되는 철학자 부류였다. 부유한 집의 아들로 태어나 걱정 없이 다양한 예술을 즐겼고, 열정적인 여배우들과 교류했다. 게다가 젊은 시절에 벌써 멀리까지 여행을 다녔으며, 여러 나라 말을 할 줄 알았다. 오늘날의 군터 작스* 같은 사람이라고 할까! 이런 그도 우울증으로 삶의 활력을 잃었고(군터 작스도 마찬가지다), 일시적으로만 그런 상태에서 벗어날 수 있었다. 결국 쇼펜하우어는 현세가 아닌 저편의 세계, 즉 모든 인간적인 환상 뒤에 있는 세계에서 간절하게 구원을 찾았다.

플라톤에게는 **이데아의 세계**였고, 칸트에게는 **자유의 제국**이었고, 피히테에게는 **절대 자아의 고차원적 의식**이었고, 셸링에게는 **절대적인 것의 지적 직관**이었던 것을 쇼펜하우어는 완전히 새로운 길에서 찾으려 했다. 지금까지는 궁극적인 실재에 대한 모든 표상이 말 그대로 그냥 **표상**이었기 때문이다. 표상은 경험 세계와

* Gunter Sachs(1932~2011). 독일 출신의 유명 사진 작가로서 다큐멘터리 제작자, 점성술사, 봅슬레이 선수, 팝 아트 수집가로 활동했다. 자산가의 아들로 태어나 평생 경제적 걱정 없이 자신이 하고 싶은 일을 하다가 마지막에 권총으로 자살했다. 젠틀맨 플레이보이의 전형이다.

다른 무언가를 어딘가에서 구체화하기 위해 구축한 임시변통일 뿐이다. 왜냐하면 인간은 그 무언가를 표상하는 것이 아니라 **느끼기** 때문이다. 〈느낀다〉는 말은 쇼펜하우어에게 열쇠를 제공했다. 그가 맨 처음에 언급한 〈더 나은 의식〉은 생각의 영역이 아니라 느낌의 영역이기 때문이다! 우리의 〈경험적 의식〉, 즉 일상 세계와 자연 과학적 세계가 고통과 부패로 점철되어 있더라도 우리는 스스로 보고 듣고 측정하고 고민하는 모든 것보다 더 깊고 진실한 실재적 현실을 우리 속 어딘가에서 느낀다. 이런 〈다른 현실〉은 일상의 경험적 세계보다 더 진실할 뿐 아니라 도덕적으로도 더 낫다. 이 젊은 플라톤의 팬은 진실한 것이 동시에 선하다는 것을 처음엔 철석같이 믿었다.

의지와 표상

쇼펜하우어는 자신의 책이 불세출의 걸작이 되리라는 걸 믿어 의심치 않았다. 플라톤의 대화편이나 칸트의 『순수 이성 비판*Kritik der reinen Vernunft*』(1781)과 같은 반열의 19세기 최고의 철학서, 이것이 그가 기대한 최소치였다. 당시 베를린은 자유 전쟁의 혼돈으로 어지러웠고, 늘 불안에 떨던 쇼펜하우어는 이러한 혼돈을 피해 튀링겐 지방의 평온한 루돌슈타트로 갔다. 그러고는 여관방에 틀어박혀 박사 학위 논문을 썼다. 제목은 『충족이유율의 네 겹 뿌리에 관하여*Über die vierfache Wurzel des Satzes vom zureichenden Grunde*』였다. 필생의 주제인 궁극적 실재의 문제는 잠시 뒤로 미루었다. 처음에 그는 인간의 표상 세계를 연구했다. 인간은 〈이유〉를 통해 세계를 납득하는 동물이다. 그렇다면 그 이유들은 무엇일까? 우리는 왜 그것들을 받아들일까? 그것들을 타당하게 만드는 합법칙성은 무엇일까?

쇼펜하우어는 흄과 칸트에게 연결했다. 두 철학자는 인과율을 인간 의식의 질서 틀로 설명했다. 그러나 인과율의 메커니즘은 훨씬 더 복잡했고, 쇼펜하우어는 그것을 한층 철저하게 분석했다. 모든 존재와 진리에는 그것을 충족시키는 이유가 있어야 하는데, 그는 이 충족이유율을 네 가지로 나누어 설명한다. 우선 **자연 과학**에서 인과율은 **시간적**이다. 어떤 것은 다른 어떤 것에서 생기고, 둘은 시간적 연속이다. 예를 들어 물이 얼어 얼음이 생기는 식이다. **논리학**의 인과율은 시간 및 공간과 무관하다. 여기서의 인과율은 **논리적**이다. 일례로 〈2+2〉는 시간을 뛰어넘어 언제나 4이다. 반면에 **기하학**과 **산술**에서는 논리성과 공간성이 함께 작용한다. 삼각형 내각의 합이 180도라는 사실은 **논리적이면서도 공간적**이기 때문이다. 여기까지는 새로운 것이 없다. 새로운 것은 네 번째 충족이유율, 즉 **모티프** 또는 **행위 이유**다. 인간은 무언가를 할 때 그에 대해 논리적 이유가 아니라 **심리적 이유**를 갖고 있다. 우리는 **하려고 하기** 때문에 어떤 행위를 한다. 무언가를 하려고 한다는 것은 곧 의지가 있다는 뜻인데, 이 의지가 우리 행위의 원인이고, 우리 행위에 이유를 부여한다. 이 행위 이유는 다른 세 가지 이유와 근본적으로 구분된다. 의지는 구체적으로 설명할 수 있는 것이 아니고, 나 자신에게만 명백할 뿐 남에게는 그렇지 않기 때문이다. 나를 행위로 나아가게 하는 것은 시간과 공간, 논리성 저편에 있는 〈내적 감각〉이다.

처음엔 순진하게 들리던 이런 생각이 곧 쇼펜하우어에게 궁극적 실재로 나아가는 길을 열어 주었다. 왜냐하면 시간과 공간, 논리성 저편에 있는 무언가는 〈물 자체〉가 살아 숨 쉬는 〈자유의 제국〉(칸트)과 다르지 않았기 때문이다. 그러나 쇼펜하우어에게 이 자유의 제국은 이성적이고 지적이지 않다. 대신 우리가 내적 감각으로 느끼고, 우리를 비롯해 전 자연에 영혼을 불어넣고 동기를 부여하는 것은 바로 비합리적인 어두운 의지다.

막 박사 학위를 받은 쇼펜하우어는 1813년 가을에 자신의 주저에 대한 설렘을 안고 바이마르로 돌아간다. 그런데 그는 그사이 새로운 남자가 생긴 어머니에게서 박사 논문으로 점수를 따지 못한다. 쇼펜하우어의 어머니 요하나 쇼펜하우어는 그사이 괴테의 모임에서 중심적인 역할을 하는 유명한 여행 작가로 변신했는데, 그런 어머니의 눈에 아들의 논문은 문학적으로 아무 가치가 없는, 〈약제사〉나 읽을 책으로밖에 보이지 않았다. 그렇지 않아도 별로 좋지 않았던 모자 사이는 이 일로 인해 당분간 화해가 불가능할 정도로 벌어졌다. 특히 어머니는 자신의 절친 괴테를 대하는 아들의 태도에 못마땅한 기색을 감추지 않았다. 쇼펜하우어는 바이마르에서 태양과도 같은 존재였던 이 인물에게 존경심을 느끼고 있었다. 하지만 그런 존경심을 밖으로 드러낼 줄은 몰랐다. 괴테가 앞날이 창창한 젊은 박사에게 칭찬을 들을 요량으로 자신의 색채론을 자랑스럽게 설명했을 때 쇼펜하우어는 오히려 천하의 괴테에게 면박을 주었다. 괴테의 색채론은 아이작 뉴턴(1643~1727)의 삭막한 물리학으로부터 바뤼흐 데 스피노자(1632~1677)와 셸링의 영혼 가득한 세계관을 지켜 주려고 했다는 것이다. 이건 나쁘지 않다. 하지만 쇼펜하우어는 〈괴테의 색채론 속에는 …… 본래의 이론이 담겨 있지 않다〉[9]라고 평했다. 심지어 위축감 따위는 전혀 없이 펜을 들고 올바른 색채론이 어때야 하는지를 보여 주었다. 괴테가 인간 의식과 자연의 합일로 본 것, 예를 들어 눈의 〈태양과 같은 성격〉은 근본적으로 단지 투사일 뿐이다. 우리는 우리의 표상으로 태양을 만들어 내기 때문에 눈을 태양과 같은 것으로 여긴다는 것이다. 이처럼 쇼펜하우어는 훌륭한 칸트 제자로서 괴테의 색채론에 초월 철학의 토대를 부여했다.

내심 쇼펜하우어와 공동 연구를 진행할 마음이 있었던 괴테는 당연히 그 생각을 접었다. 두 사람의 관계는 쇼펜하우어가 괴테에게 편지를 써서 〈진정한 색채 이론을 처음으로 선보인〉[10] 이가 자기라고 주장함으로써 더욱 틀어졌다. 전략적으로 똑똑하지 못한 처사였다. 괴테는 당대의 문화 권력이었다. 독일의 문화 예술 영역에서 괴테의 인정을 받는 것만큼 확실한 출셋길은 없었고, 실제로 수많은 사람이 그 혜택을 받았다. 물론 쇼펜하우어는 그 그룹에 끼지 못했다. 그는 씁쓸한 마음을 안고 아름다운 드레스덴으로 거처를 옮겼다. 자신의 주저를 쓰기 위해서였다. 일단 그는 인도와 극동아시아 철학서부터 찾아 읽었다. 이 철학은 당시 낭만주의자들 사이에서 큰 인기였는데, 쇼펜하우어는 다른 이들보다 훨씬 철저하게 접근했다. 드레스덴 도서관에서 빌린 책만 총 179권이었다. 모두 힌두교와 불교 사상을 담은 책이었다. 특히 고대 인도 철학을 담은 『우파니샤드*Upanishads*』는 〈두 세계 이론〉에 대한 그의 믿음이 옳았음을 확인시켜 주었다. 지금 우리가 사는 이곳은 비본래적이고 부패하고 고통받는 세계이고, 그 뒤에 진짜 진정한 세계가 있다는 것이다. 진정한 세계로의 입장은 오성이 아니라 몸을 통해 가능하다. 우리는 세계에서 영원하고 참된 것을 우리의 생물학적 생명 에너지 속에서, 즉 우리의 욕망 속에서 경험한다. 그건 우리가 자연의 일부로서 자연과 연결되어 있음을 느끼는 순간 인지할 수 있다.

〈본래성〉은 감각적 경험으로만 느낄 수 있다. 쇼펜하우어 이전에 프랑스 감각주의자 에티엔 보노 드 콩디야크(1714~1780)가 펼친 생각이다. 나는 나를 느낀다, 고로 존재한다는 것이다! 그런데 쇼펜하우어는 콩디야크에게서 정신을 무시한 유물론자의 모습만 보았다. 반면에 자기 자신에 대해서는 서양의 최고 철학(플라톤과 칸트)과 동양의 최고 철학을 결합시킨 최초의 철학자로 여졌다. 이때 핵심 개념은 〈의지〉였다.

1818년 3월 위대한 작품이 완성되었다. 『의지와 표상으로서의 세계』다. 표상은 인간이 생각하는 모든 것을 가리킨다. 전체 세계는 일상적인 일이건, 자연이건, 아니면 우리의 행위와 이상이건 모두 우리에게 표상으로 나타난다. 우리는 의식을 통해 만들어진 인간 전형의 표상 세계 속에서 끊임없이 움직인다. 우리의 뇌와 감각이 다르다면 우리의 표상 세계도 다를 것이다. 쇼펜하우어는 과거의 대다수 독일 철학자들보다 더 강력하게 인간을 생물학적 인식 기관의 새장에 갇힌 동물 종으로 보았다.

많은 사람에게 〈세계〉는 그들의 표상이다. 존경하는 흄도 이와 관련해서는 확실히 마침표를 찍었다. 우리의 표상 세계 말고는 우리가 아는 것이 전혀 없다는 것이다. 그러나 쇼펜하우어는 강력하게 반기를 든다. 아는 것이 있다. 우리는 마음속 의지의 움직임을 오성 저편의 자연스러운 힘으로 느끼지 않는가? 우리는 의지 〈자체〉가 존재한다는 사실을 부정할 수 없을 만큼 분명하게 우리 속에서 작용하는 의지를 느끼지 않는가? 우리의 의지는 표상이 아니다. 의지는 우주적 힘으로서 자연의 전기 현상부터 식물과 동물을 거쳐 인간에까지 이르는 전체 자연 세계에 깊숙이 작용한다. 의지는 만물에 내재하고 만물을 생성할 뿐 아니라 모든 지적인 존재 속에서 동력과 동인으로 느껴지는 순수한 형태의 자연 사건이다. 만일 셸링이 자연은 인간 속에서 스스로를 의식하게 된다고 말했다면, 쇼펜하우어는 이 말에 동의할 것이다. 그러나 자연이 자기 자신에게 이르는 것은 인간의 이성이 아닌, 느끼고 인지된 의지로 이루어진다. 왜냐하면 우리의 표상은 이 의지 말고 다른 어떤 것에 의해서도 조종되지 않는 오성의 부산물이기 때문이다. 객관적이라고 하는 자연 과학조차 우리 뇌에 표상으로 자리 잡은 한 세계의 좁은 틀만 측정할 뿐이다. 그러나 하나의 현상을 측정하거나, 그것을 다른 현상과 비교하는 것은 **실제적** 객관성이 아니라 오직 **인간적** 객관성을 통해서만 가능하다.

쇼펜하우어는 낡은 위계질서를 뒤엎는다. 이성은 진정한 세계를 알지 못한다. 그것을 아는 것은 감정이다. 이 지점에서 그는 칸트에게서 멀어진다. 그런데 이러한 새로운 인식에서 나오는 것은 무엇일까? 의지는 좋은 것일까, 나쁜 것일까? 의지는 우리의 유한성 또는 불멸성에 대해 무슨 말을 하는가? 의지의 힘을 안다면 우리는 어떻게 행동해야 할까? 쇼펜하우어는 이러한 의문을 『의지와 표상으로서의 세계』 3장과 4장에서 다루는데, 거기엔 미학과 윤리학에 대한 견해가 담겨 있다.

쇼펜하우어는 어릴 적부터 예술, 특히 음악에 매료되었다. 이유가 무엇일까? 그는 책에서 미적인 매력에 자신이 경멸하던 셸링을 강하게 연상시키는 철학적 의미를 부여했다. 하지만 셸링이 절대적인 것과 지적인 직관에 대해 말하는 지점에서 쇼펜하우어는 의지와 느낌에 대해 말한다. 예술의 오라는 예술이 일상 세계를 잊게 한다는 데 있다. 우리는 교향악을 듣거나 어떤 그림에 푹 빠지면 시간이 정지된 듯한 느낌을 받는다. 이 빌어먹을 생성과 소멸의 시간, 고통과 죽음의 저주스러운 시간에서 벗어나는 것 같은 느낌 말이다. 예술은 〈관찰 대상을 세상 흐름에서 떼어 내어 자기 앞에 독립적으로 세워 놓는다〉.[11] 또한 우리를 시간과 공간 저편의 천상 세계로 옮겨 놓는다. 예술은 우리 의식 저편에서 진정한 현실의 숨결을 떠받친다. 아울러 숙명적인 세계 흐름에서 벗어나 우리를 오롯이 우리 자신에게 머물게 함으로써 내면의 감정을 건드린다. 침잠 속에서 우리는 마치 일상 세계가 없는 듯한 상태에 빠져드는 것을 느낀다. 이런 맥락에서 예술은 〈참되다〉. 우리는 예술을 통해 진정한 의미가 경험 세계에 있지 않음을 예감하기 때문이다. 〈모든 예술의 본질은 …… 플라톤의 이데아를 이해하는 데 있다. 즉 실체와 온갖 형태의 공통적인 것을 이해하는 데 있다.〉[12] 예술은 의지에 맞서 우리를 느긋하게 만들고, 이로써 의지를 몰이꾼에서 관찰 대상으로 만든다. 그런데 이런 예술 역시 덧없다. 가상이나 유희 속에서 아주 짧게만 세상을 극복할 뿐이다. 진정한 극복은 예술의 영역이 아니다. 그것은 윤리학의 과제다.

연민과 체념

플라톤과 칸트처럼 쇼펜하우어의 윤리학도 형이상학에서 나왔다. 만일 모든 삶이 어둡고 비합리적인 의지의 표현이라면 나는 어떻게 살아야 할까? 의지라는 것이 개별 인간이 아닌 인간 종에만 관심이 있고, 그래서 우리가 개성이라고 부르는 것이 그저 가상이고 허상일 뿐이라면 나는 어떻게 살아야 할까?

이론적으로 보면 이런 전제에서는 여러 가지 결론이 도출될 수 있다. 우선 나는 지극히 비도덕적으로 살 수 있다. 왜냐하면 본성과 의지의 영역에서는 어차피 이성이나 분별력, 도덕이 중요하지 않고, 나와 세계 속에는 도덕 법칙이 없기 때문이다. 따라서 나는 내 의지만 즐기고, 내 욕망과 충동을 만족시키는 일에만 전념할 수 있다. 비록 채워지지 않는 욕망일지라도 말이다. 다른 한편으로 나는 이와 완전히 다르게 반응할 수도 있다. 예를 들면 삶의 무의미함에도 불구하고 지상에서의 짧은 시간이 많은 사람에게 더 낫고 견딜 만한 것이 되도록 힘껏 노력하겠다는 사명감을 느낄 수 있다는 말이다.

쇼펜하우어는 첫 번째 길도 두 번째 길도 아닌 제3의 길을 택한다. 내 의지를 인식하고 최대한 **극복하는** 법을 익혀 나가는 길이다. 행복까지는 아니더라도 최소한 만족스러운 삶을 위해서 말이다. 그런데 놀라운 것은 그가 이 결론을 논리적이라고 생각했다는 사실이다. 실제로는 전혀 논리적이지 않은데 말이다. 이 길을 선택하는 데 결정적인 역할을 한 것은 논리학이 아니라 그의 멜랑콜리한 기질이다. 세상으로부터 극심한 고통을 겪어 보지 않은 사람은 세상을 체념하지도 않을 것이기 때문이다. 그만큼 쇼펜하우어의 윤리학은 자의적으로 보이고, 근거가 충분치 않다. 이런 견해를 19세기 초부터 사람들은 세계관이라 불렀다.

어쨌든 이 견해의 맨 앞자리에 있는 것은 고통과 아픔, 그리고 놀랍게도 모든 삶의 〈책임〉에 대한 통찰이다. 이는 예민한 인간이라면 누구나 자기 속에서 느끼는 것들이다. 평범한 사람의 경우 슬프고 잘못된 삶에 대한 앎은 지난 행동에 대한 후회로 표출된다. 반면에 주체성이 아주 강한 사람(사실 쇼펜하우어 말고는 그런 사람이 별로 없다)은 세상의 거대한 관련성과 의지의 비합리적인 힘, 그리고 그와 연결된 모든 약점을 꿰뚫어 보고, 끊임없이 그 약점들을 극복하려 애쓴다. 또한 삶이란 항상 고통과 지루함, 궁핍과 권태 사이를 시계추처럼 오갈 뿐이고, 세상에 지속적인 행복이란 없다고 생각한다. 따라서 그에게 남은 것은 자신의 이기심을 제압하는 일뿐이다.

이제 나에게 선한 인간이 되라고 명하거나 충고하는 것은 칸트의 도덕 법칙도, 흄이 말한 삶의 경륜도 아니다. 나를 도덕적으로 선하게 만드는 것은 모든 피조물의 고통에 대한 깨달음과 자기중심적 의지의 극복이다. 타인과 동물도 나와 같은 고통의 수레바퀴에 치여 산다고 생각하는 사람은 **연민**을 느낀다. 도덕적인 진보의 본질은 연민의 확장에 있다. 〈자신과 타인을 더 이상 이기적으로 구분하지 않고 타인의 고통을 마치 자신의 고통인 양 느낀다면, 또한 그것을 통해 최고 수준으로 남을 도울 뿐 아니라 타인을 여럿 구하는 일에 기꺼이 자신을 희생할 준비가 되어 있다면 그런 사람은 저절로 세상 모든 존재 속에서 자기 자신, 그러니까 자신의 내면과 진정한 자아를 깨닫고, 살아 있는 모든 것의 끝없는 고통을 자신의 고통으로 여기고, 세계 전체의 아픔을 자신의 아픔으로 내재화한다.〉[13]

우리가 아는 쇼펜하우어가 정말 이런 글을 썼을까? 가족과 출판업자와 늘 다투고, 여관에 묵을 때마다 걸핏하면 사람들에게 시비를 걸던 서른 살의 불평분자가 이런 글을 썼다고? 다른 모든 사상가를 자기보다 한참 낮추어 보면서 오직 자기만 옳다고 여기던 독선가가? 또한 동물을 끔찍이 아끼는 것으로 유명한 사람이 거리낌 없이 고기를 먹는 것은 어떻게 해석해야 할까? 죽음이 나쁜 게 아니라 오직 고통만이 나쁘다는 그의 주장은 터무니없다. 그런 논리라면 타인을 고통 없이 죽이는 일도 얼마든지 가능하다. 한 세기 뒤 알자스 출신의 신학자이자 철학자인 알베르트 슈바이처(1875~1965)는 〈나는 살고자 하는 생명들 한가운데에서 살고자 하는 생명체〉라는 생명 일반에 대한 〈경외의 윤리학〉을 펼쳤다. 이것은 쇼펜하우어의 연민 윤리학을 확장한 것인데, 그 과정에서 슈바이처는 이 윤리학을 원작자의 사람됨과는 세심하게 분리할 필요가 있었을 것이다.

그런 점에서는 체념과 금욕에 관한 쇼펜하우어의 이상도 다르지 않다. 그는 주로 가구가 비치되어 있는 곳에서 살았고, 개인적으로 소유한 물건이 별로 없었다. 하지만 그러면서도 비싼 음식을 골라 먹고 예술을 즐기는 향락가로 평생을 살았다. 돈과 관련해서는 남에게 베푸는 쪽이 아니라 구두쇠에 가까울 정도로 인색했다. 또한 세상과의 갈등을 체념하듯 침착하게 받아들이는 대신 불안에 떨고, 싸움닭처럼 달려들고, 절대 굽히지 않았다. 한마디로 타인에게는 정말 견디기 힘든 존재였다. 물론 철학자는 구세주가 아니라는 말로 빠져나갈 구멍을 찾을지는 모르겠으나, 그가 쓴 글들을 보면 세상을 구원하려고 최소한 어느 정도 시도는 했어야 하지 않을까?

쇼펜하우어의 경우 삶의 모순에 이어 철학적 모순까지 더해진다. 그에게 인간은 자유롭지 못한 존재다. 우리 의지가 우리를 철두철미하게 결정하기에 우리의 미래 행위도 일식이나 월식처럼 예견할 수 있다. 시간을 거꾸로 돌릴 수만 있다면 모든 인간은 자신이 과거에 했던 것과 똑같은 행동을 늘 되풀이할 것이다. 왜냐하면 **나는 나의 욕망을 욕망할 수 없기** 때문이다. 흄도 똑같이 생각했고, 오늘날의 많은 신경 생물학자도 비슷하게 본다. 그렇다면 나의 자유 의지를 극복하는 자유 의지는 어디서 생기는가? 독단적인 의지의 강제적 인과율에 대한 쇼펜하우어의 인식과 의지의 극복에 관한 극동아시아의 가르침은 잘 맞아떨어지지 않는다. 사람이건 대상이건 내 의지를 막아서는 것이 없다면 나는 내 의지를 마음대로 거부할 수 없다. 내 의지를 거부하려는 결정은 항상 내 의지를 통해 프로그램화되어 있는 게 분명하다. 그렇다면 결정은 자유 의지로 내려지는 게 아니다. 그것은 내 의지의 거부가 아니라 내 의지의 소망에 따라 이루어진다. 자신의 의지를 거부하는 사람은 사실 그 의지를 따르는 것일 뿐이다.

쇼펜하우어 철학의 모순은 자유롭지 않은 의지를 극복하려는 의지에만 국한되지 않는다. 또 다른 모순은 희망과 관련되어 있다. 그는 유대교와 기독교에 대한 날카로운 비판자로서 개인을 유한한 존재로 여긴다. 반면에 우리 내면에서 작용하는 의지는 불멸이다. 왜냐하면 의지는 근본적으로 **우리**의 의지가 아니라 **자연**의 의지, 즉 자연의 힘이기 때문이다. 그는 말년의 저서 『우리 존재 자체의 불멸성과 죽음의 관계에 대하여*Ueber den Tod und sein Verhältniß zur Unzerstörbarkeit unsers Wesens an sich*』에서 아리스토텔레스의 불멸성 이론을 뒤집는다. 이 고대 철학자에게 영혼은 유한한 존재다. 생명

에너지는 죽음과 함께 소멸하기 때문이다. 반면에 불멸은 우리 속에 주재하면서 스러지지 않고 계속 살아가는 비인격적인 지성에만 해당된다. 아리스토텔레스가 정신이나 지성에 대해 말하는 곳에서 쇼펜하우어는 의지에 대해 말한다. 그에게 의지는 우리 속의 불멸성이다. 개인이 죽으면 의지는 다른 개인 속으로 들어간다. 쇼펜하우어에게는 위안이 될 만한 생각이었을지 모른다. 하지만 대체 어떤 점이 위안이 되었을까? 만일 의지가 고통 외에 다른 어떤 것도 만들어 내지 못하고, 욕망의 충족 시에도 지루함만 만들어 낸다면 의지의 영원한 지속이 무슨 위안이 되겠는가?

『의지와 표상으로서의 세계』로 대변되는 쇼펜하우어의 전체 철학은 이런 측면에서 보자면 마치 자기 설득의 철학처럼 비친다. 그는 이 철학으로 자신의 불안과 못 말리는 자기중심적 사고를 치유하려는 듯하다. 그가 선택한 단어와 그가 구성한 문장은 지금까지 독일어로 쓰인 철학서 가운데 백미로 꼽힌다. 영국과 프랑스, 스페인의 고급 문학으로부터 예술적 세례를 받은 그는 어떤 때는 우아하면서도 명확하게, 어떤 때는 불꽃같고 절절하게 글을 쓴다. 그리고 책이 나오자 스스로 시대의 걸작으로 꼽은 이 책을 들고 당시 베를린 대학에서 한창 명성을 날리던 헤겔을 향해 진군한다. 그의 성격적 결함 중에서도 가장 큰 결함인, 일상적 삶에서의 인정과 명성을 향한 무한한 탐욕을 마음껏 펼치기 위해. 그것도 일상적 삶의 하찮음을 그렇게 고고한 자세로 증명하려던 사람이…….

삶의 기술

헤겔과 같은 시간에 강의를 하겠다는 쇼펜하우어의 의도는 바로 실현되지는 않았다. 우선 시범 강의를 통해 강사 자격부터 취득해야 했는데, 그 심사 위원회의 수장이 헤겔이었다. 1820년 3월에 쇼펜하우어가 충족이유율의 네 겹 뿌리에 대해 시범 강의를 했을 때 두 사람 사이에 처음이자 마지막으로 힘겨루기가 벌어졌다. 헤겔은 강의 내내 이것저것 트집을 잡았다. 쇼펜하우어가 동물 행동의 동인으로 가정한 모티프의 개념을 이해하지 못했기 때문이다. 이런 상황에서 쇼펜하우어는 동물학자 리히텐슈타인의 도움을 받아 이 분야에 무지한 사람이 자신이 아니라 헤겔임을 증명했다.

물론 이것으로 장밋빛 돌파구가 열린 것은 아니었다. 1820년 여름 학기에 쇼펜하우어가 마침내 헤겔과 같은 시간에 강의를 개설했을 때 수강생은 여기저기 기웃거리다 들어온 다섯 명뿐이었다. 너무 적은 수였다. 한 학기는 어떻게든 끝냈지만, 베를린 대학에서 향후 10년을 목표로 계획해 둔 그의 강의안은 실행될 수 없었다. 뷔르츠부르크와 하이델베르크 대학에도 강의 신청을 했지만 모두 거절당했다. 쇼펜하우어에게 시간 강사 자리는 그의 의지에 역행했다. 우울증은 심해졌고, 영국과 이탈리아 문학 작품을 번역하겠다는 방대한 계획도 대부분 수포로 돌아갔다.

1832년에 그는 만하임으로 갔고, 1년 뒤에는 프랑크푸르트로 옮겼다. 쇼펜하우어는 세 가지 측면에서 자신의 철학을 계속 확장하면서 완성해 나갔다. 그가 구한 것은 자연 과학, 특히 그중에서도 생물학과의 연결점이었다. 또한 자신의 〈두 세계 이론〉에 근거를 마련하려고 신비학과 심령학을 비롯해 다른 초과학 분야에도 관심을 보였다. 아울러 고대 철학부터 스페인과 프랑스의 바로크 및 계몽주의 도덕주의자들을 거쳐 극동아시아 철학에 이르기까지 생각할 수 있는 모든 세계관을 섭렵했다. 이것들을 통해 이 의미 없는 삶을 어떻게 잘 견뎌 내면서 의미 있게 살아갈 수 있을지에 대한 해답이 나올 거라 믿었다.

이런 노력의 결과로 나온 것이 무수한 책과 여러 편의 에세이였다. 그는 『자연의 의지*Über den Willen in der Natur*』에서 자신의 철학과 경험 과학 사이에 연결 고리를 찾았다. 생물학자들도 〈생명력〉에 대해 말하지 않던가? 심지어 당대의 대표적인 생리학자 카를 프리드리히 부르다흐(1776~1847)는 모든 개체를 생성시키는 〈온 세계의 관념적 원칙〉에 대해 말하지 않던가? 이 원칙은 결국 쇼펜하우어의 의지와 같은 것이 아닐까? 그는 곳곳에서 증거와 일치점을 구했다. 그런데 독일 관념론의 다른 사상가들과는 달리 쇼펜하우어가 찾은 우군은 자연 과학이었다. 셸링과 다른 낭만주의적 자연 철학자들에게 자연 과학은 야생의 사변을 위해 이용하는 채석장이었다면 쇼펜하우어에게는 굳건한 동맹군이었다. 하지만 모든 것을 관장하는 쇼펜하우어의 의지가 인과율과 계량화의 영역에 속하지 않고 거기서 벗어난 것이라면 자연 과학은 과연 어떤 식으로 그의 말이 사실임을 확인시켜 줄 수 있을까?

쇼펜하우어의 의지 개념은 상당히 모호하다. 일단 이런 물음부터 던져 볼 수 있다. 의지란 대체 무엇인가? 성 본능이나 생존 욕구는 방을 청소할 때 서가부터 시작하겠다는 의지와 똑같은가? 혹은 오늘 말고 내일 세금 신고를 하겠다는 의지와 똑같은가? 아니면 지금은 국수 말고 수프를 먹겠다는 의지와 똑같은가? 오늘날까지도 의지라는 말에는 하나의 개념에 굉장히 다양한 의미를 부여함으로써 철학적으로 생성된 수상쩍은 통일체나 힘이라는 모호한 의미가 어른거린다. 〈이성〉을 명확하게 규정하는 것에 많은 타당한 의심이 존재하듯이 〈의지〉를 그런 식으로 규정하는 것에도 당연히 많은 의심이 존재할 수 있다. 어쨌든 좀 더 면밀히 들여다보면 의지란 기분, 성향, 반사, 습관, 변덕, 의도, 모티프, 관념, 이유, 인식 등 의식적이거나 무의식적인 것, 명확하거나 모호한 것들의 혼란스러운 집합체가 아닐까? 그중 작은 일부만 생물학적 기본 동인으로 명확하게 환원될 수 있지 않을까?

쇼펜하우어 생전에 이미 그의 어린 벗이자 지지자였던 율리우스 반젠(1830~1881)은 사람들이 의지라고 부르는 것이 각자 내부에 작용하는 하나의 자연력을 훨씬 뛰어넘는 의미를 담고 있음을 깨달았다. 이에 대해 그는 나중에 세 권의 책을 썼는데, 『성격학 고찰*Beiträge zur Charakterologie*』(1867), 『의지와 모티프의 관계*Zum Verhältnis zwischen Willen und Motiv*』(1870), 『모자이크와 실루엣*Mosaiken und Silhouetten*』(1877)이 그것이다. 이 책들은 인간에게 단 **하나**의 의지만 있는 것이 아니고, 인간은 다양한 의지적 충동과 수많은 의지적 갈등으로 결정되고 고통받을 때가 많다는 사실을 보여 준다.

반면에 쇼펜하우어의 의지 구상은 단 하나의 헤아릴 수 없는 의지만 상정했고, 이 구상으로 그는 1839년 노르웨이 왕립 학술원으로부터 처음으로 상을 받았다. 논문 제목은 『인간 의지의 자유에 관하여*Über die Freiheit des menschlichen Willens*』인데, 그는 이 책으로 학술원이 내건 현상(懸賞) 물음에 대한 답을 제시했고, 그 답은 다음과 같았다. 인간에게는 자유 의지가 있는 것이 아니라 단지 자유 반(反)의지, 즉 자신의 의지를 거부하고 반대할 수 있는 가능성만 있을 뿐이라는 것이다. 쇼펜하우어는 이 상을 받고 무척 뿌듯해했다. 그래서 다음 논문을 곧장 덴마크 왕립 학술원의 현상 공모에 제출했다. 그것도 자신의 논문이 당선되면 바로 우편으로 소식을 전해 달라는, 어찌 보면 좀 뻔뻔한 요구와 함께 말이다. 그런데 덴마크 심사 위원들은 쇼펜하우어의 논문 『도덕의 토대에 관하여*Über die Grundlagen der Moral*』를 읽고 무척 불쾌해했다. 그래서 쇼펜하우어가 유일한 출품자임에도 불구하고 상을 주지 않았다. 결국 그는 울분을 참지 못하고 이 두 편의 논문을 『도덕의 두 가지 근본문제*Die beiden Grundprobleme der Moral*』라는 제목으로 묶어 출간했고, 거기다 다음과 같은 사족을 붙여 꽁한 마음을 드러냈다. 〈노르웨

이 왕립 학술원의 **상을 받은** 작품과 덴마크 왕립 학술원의 **상을 받지 못한** 작품.〉

어쨌든 쇼펜하우어는 처음으로 세상으로부터 공식 인정을 받았다. 이런 분위기를 틈타 출판업자는 1843년 쇼펜하우어가 그렇게 열망하던 주저의 재판 인쇄에 들어갔다. 새로운 철학 에세이를 보충해서 말이다. 그중 한 편의 에세이는 인간의 형이상학적 욕구를 다루었다. 지금까지 쇼펜하우어 철학은 주로 인간의 실제 모습을 다루었는데, 그것은 인간의 이성이 아니라 그가 의지로 요약한 본능과 직관의 구체적인 경험이었다. 이로써 쇼펜하우어는 훗날 생철학이라는 이름으로 한 시대를 풍미하게 될 철학 흐름의 선구자가 되었다. 게다가 삶의 마지막 20년 동안에는 〈그것의 실제적인 결과〉에 좀 더 치중했는데, 이는 나중에 실존 철학이라 불리는 철학의 출발점이기도 했다.

쇼펜하우어가 종교에 대해 쓴 글도 그런 실존 철학적 성찰에 속한다. 흄이나 칸트와 마찬가지로 그 역시 기독교를 비롯해 다른 모든 계시 종교를 인간에 의해 만들어진 것으로 여겼다. 그렇다면 그런 종교는 결코 진정한 것이 아니다. 물론 그것들에도 나름의 합당한 근거는 있다. 오직 인간의 난감한 상황에서 비롯되었다는 것이다. 동물이 〈자연의 지혜〉에 의존해 살아간다면, 인간은 지능이 뛰어나서 〈자신의 작품〉에 경탄할 뿐 아니라 〈자신이 누군지〉 자문할 수도 있다. 〈그런데 인간이 죽음을 처음으로 의식하고, 또 모든 존재의 유한성을 자각하면서 모든 추구의 덧없음을 어느 정도 느끼게 되었을 때 인간의 아연함은 더욱 커졌다. 이런 생각 및 아연함과 함께 인간 특유의 형이상학적 욕구가 생겨났고, 그 결과 인간은 **형이상학적 동물**이 되었다.〉[14]

죽음에 대한 불안과 실존의 허망함은 종교에 대한 욕구를 부추긴다. 그런 분위기에서 좀 더 지적인 인간만이 종교적 세계관에 매몰되지 않고 철학에서 죽음과 실존에 대한 자기만의 답을 구해 나간다. 이것은 오늘날의 많은 철학자도 공감하는 견해인데, 그 뿌리는 스페인 안달루시아 출신의 철학자 아베로에스(1126~1198)에게 닿아 있다. 그럼에도 쇼펜하우어는 자신의 이 생각이 무척 새롭다고 여겼고, 자신의 저술들을 주저 없이 〈19세기 최고의 걸작〉[15]으로 꼽았다. 어쨌든 정말 기쁘게도 그의 말년은 더 이상 외롭지 않았다. 무엇보다 그가 쓴 『여록과 보유*Parerga und Paralipomena*』*(1851)가 큰 성공을 거두면서 많은 지지자까지 생겨났다. 이 저술에는 수십 년에 걸쳐 생성된 쇼펜하우어의 삶의 기술에 대한 지혜가 집약되어 있다.

그사이 〈프랑크푸르트의 부처〉라는 별칭이 붙은 쇼펜하우어는 자신의 가장 성공한 책과 함께 고대의 행복론 및 봉건 시대와 계몽주의 시대의 도덕학적 전통 속으로 들어간다. 그는 자신의 생을 굽어보면서 인생에서 가장 중요한 것이 무엇인지 성찰했고, 그 중에서 사려 깊음과 겸손함, 평정심, 명철함을 첫손에 꼽았다. 하나같이 저자 자신은 갖지 못한 미덕이다. 쇼펜하우어는 자신의 작품에 대한 모든 비평과 언급을 철저히 분석하고 연구함으로써 세상이 거대한 공허함의 장터라는 사실을 깨닫고 그런 세상을 조롱한다. 또한 자신의 건강을 지나치게 신경 쓰는 사람으로서 줄기차게 삶의 허망함을 강조한다. 어쨌든 쇼펜하우어가 반쯤은 비꼬듯이 〈사도〉와 〈복음서 저자〉라고 불렀던 늘어나는 추종자들이 그에게 그런 철학자로서의 역할을 빼앗은 것은 참으로 다행이다. 그는 태연함과 세계 부정의 철학을 부르짖었지만, 사실 세상 지혜에 관한 에세이에서 그가 보인 모습은 평생 자신을 제대로 알아주지 않았던 모든 이들과 담판을 짓는 우쭐한 복수자였을 뿐이다. 대상자는 강단 철학자, 능력도 없으면서 훨씬 높은 명성을 얻은 사람, 그

* 국내에는 『쇼펜하우어의 행복론과 인생론』으로 번역되어 있다.

리고 여성이었다. 특히 여성은 쇼펜하우어의 독이 깃든 지혜의 제물이 되었다. 그들은 남자의 돈만 노리고 접근하는 마키아벨리즘의 사도들이다. 게다가 아이를 낳으면 예전의 미색은 금방 사라진다. 그러면 남자는 구석에 쪼그리고 앉아 지금껏 한 번도 원치 않았던 것을 받게 된다. 여성은 남성에게 필요 없는 존재다. 〈여자가 필요한 남자는 산부인과 의사뿐이다.〉

1860년 9월 72세의 일기로 삶을 마감했을 때 쇼펜하우어는 이미 오래전에 더 이상 무명이 아니었다. 여러 대학이 그의 저서를 강의 교재로 채택했고, 그의 사상을 다룬 많은 논문이 발표되었다. 19세기 중반에 새로운 유행으로 떠오른 유물론은 많은 지역에서 독일 관념론의 추종자들과 정면으로 맞서고 있었다. 우리가 나중에 상세하게 다루게 될 이 유물론자들은 쇼펜하우어의 인간론, 그러니까 인간을 본능에 따라 움직이는 존재로 본 그의 관점을 높이 평가했다. 1859년 11월, 그러니까 쇼펜하우어가 죽기 1년 전쯤에 찰스 로버트 다윈(1809~1882)이라는 사람이 종의 기원에 관한 책을 출간했다. 현대 진화론의 시작을 알리는 사건인데, 그와 함께 새로운 생물학적 인간상도 막대한 동력을 얻게 된다.

하지만 불뚝성을 잘 내는 싸움닭인 프랑크푸르트의 이 현자가 가장 큰 영향을 끼친 영역은 다름 아닌 심리학과 예술이었다. 그의 의지 형이상학은 무의식의 세계를 점점 활짝 열어 주면서 지크문트 프로이트(1856~1939)로 가는 길을 닦았다. 예술가들도 쇼펜하우어를 칭송할 때가 많았고, 심지어 정신적 혈연으로 여기기도 했다. 빌헬름 라베(1831~1910), 이반 투르게네프(1818~1883), 레프 톨스토이(1828~1910), 토머스 하디(1840~1928), 마르셀 프루스트(1871~1922), 토마스 만(1875~1955) 같은 위대한 작가들이 쇼펜하우어를 숭배했고, 리하르트 바그너(1813~1883), 아르놀트 쇤베르크(1874~1951), 바실리 칸딘스키(1866~1944), 카지미르 말레비치(1878~1935) 같은 예술가들이 그를 예찬했다. 현대 작가와 예술가 중에는 미셸 우엘벡과 브루스 나우먼을 꼽을 수 있다. 오늘날까지도 쇼펜하우어는 일반인이 가장 좋아하는 철학자 가운데 한 사람이다. 한편으로는 매력적인 문학적 문체 때문이고, 다른 한편으로는 미적 세례를 받은 염세주의 때문이다.

쇼펜하우어의 성격과 작품 사이에 아무리 모순이 있더라도, 그리고 그의 의지 형이상학이 얼마나 비논리적이고 모호하건 간에 그는 생철학의 가장 중요한 촉진자로서 역사의 한 페이지를 장식했다. 19세기 초에 의지를 철학의 중심으로 옮겨 놓은 것은 결코 사소한 사건이 아니었다. 이는 소위 이성적 도덕성과 비더마이어 시대의 경직성에 대한 강력한 반발이었다. 당시 이성의 역할은 욕망과 감정을 억누르는 것이었다. 반면에 쇼펜하우어는 의지를 내세웠고, 그것의 가장 고차원적인 형태로서 충동 의지에 반기를 드는 반의지를 예찬했다. 삶은 두 의지 사이의 선택이다. 자연스러운 의지에 자신을 맡길 것인가, 아니면 그에 반대하는 의지를 따를 것인가? 이때 이성은 두 의지가 맞붙는 격전장의 관객이자 수다스러운 해석자일 뿐이다.

그런데 실존 철학의 토대 구축이라는 면에서는 쇼펜하우어가 밀리는 사람이 있다. 그보다 비할 바 없이 급진적으로 생각하고 살았던 남자다. 그는 불안에 떠는 그 독일인과는 달리 자신의 대담한 사유를 자기 자신에게도 가차 없이 적용했다. 그의 이름은 키르케고르였다.

스파이

이런 어린 시절이 있을까! 〈그의 집에는 놀거리가 많지 않았다. 집밖에 나가는 일도 거의 없다시피 해서 그는 일찍부터 자신에게 열중하고, 자기만의 생각에 빠지는 것에 익숙했다. 아버지는 엄한 사람이었다. 그런데 겉으론 무뚝뚝하고 무미건조했지만, 속에는 고령에도 무뎌지지 않은 뜨거운 판타지가 숨어 있었다. 요하네스가 가끔 밖에 나가도 되느냐고 물으면 아버지는 대개 단칼에 거절했다. 대신 그에 대한 보상으로 자신과 손을 잡고 복도를 산책하자고 제안했다. 처음엔 이게 무슨 보상일까 싶었지만, 아버지와 함께하는 이 산책에는 완전히 다른 무언가가 담겨 있었다. 아들이 제안을 받아들이면 어디로 갈지는 전적으로 아들에게 맡겨졌다. 예를 들어 문을 열고 나가 인근의 작은 성으로 가거나 해변으로 가거나, 아니면 거리를 돌아다니거나 모두 요하네스의 말대로 움직였다. 왜냐하면 아버지는 이 모든 걸 상상으로 할 수 있었기 때문이다. 그렇게 복도를 오가면서 아버지는 상상의 눈으로 보이는 것을 이야기했다. 지나가는 사람에게 인사하고, 마차가 달그락거리며 지나가고, 마차 소리에 아버지의 목소리가 묻히고, 상점의 과자가 그 전보다 더 먹음직스러워 보이고……. 아버지는 요하네스가 아는 것들만 눈앞에 있는 것처럼 세밀하고 생동감 넘치게 설명한 게 아니라 아들이 모르는 것들도 상세하고 구체적으로 이야기했다. 그래서 아버지와 복도를 반 시간 정도 산책하고 나면 아들은 하루 종일 밖에 나갔다 온 것처럼 압도되고 지쳐 버렸다.〉[16]

모직물 상점을 운영하던 부유한 미하엘 페데르센 키르케고르의 아들이 〈요하네스 클리마쿠스〉라는 가명으로 쓴 자전적 소설에 나오는 이 내용이 사실이라면 그는 잉마르 베리만의 영화에 나오는 것과 비슷한 어린 시절을 겪었다. 신앙심이 독실한 독특하고 우울한 성정의 아버지는 아들이 태어났을 때 이미 57세였다. 어머니는 미하엘이 임신시킨 하녀였는데, 아들은 이 어머니를 평생 거의 입에 올리지 않았다. 우리는 아버지가 왜 쇠렌에게 코펜하겐 거리의 삶을 직접 보여 주지 않고, 대신 복도에서 실사 수준의 시뮬레이션만 시켰는지 알 수 없다. 반면에 그 결과는 알 듯하다. 현실을 지어내는 아버지와의 복도 산책은 훗날 아들의 삶에 피가 되고 살이 되었고, 다른 한편으로는 괴로움의 원천이 되었다. 게다가 아들은 실제적인 경험 대신 무한한 상상력과 성찰의 기술을 얻었고, 그로써 삶의 사소한 것 하나하나도 그에게는 엄청난 판타지와 무한한 사유를 불러일으켰다. 그 결과 어린 시절 한 번도 남들의 시선에 스스로를 비추어 본 적이 없던 사람이 훗날 다른 모든 이들에게 거울을 들이미는 철학자가 되었다.

그의 상상력은 빠르게 병적인 환상으로 발전했다. 여섯 형제자매 중에서 다섯 명이 어린 나이에 죽었다. 키르케고르는 자신의 가족이 저주를 받았고, 자신도 서른세 살에 죽을 거라고 확신했다. 예수 그리스도가 죽을 때와 같은 나이였다. 1830년에 그는 아버지를 기쁘게 하려고 신학을 공부했다. 하지만 졸업할 생각은 없었는지 전혀 학업을 서두르지 않았다. 젊은 키르케고르는 두 얼굴의 사나이였다. 화가 닐스 크리스티안 한센의 그림에서는 진솔한 눈빛의 매력적인 멋쟁이로 묘사된 데 반해 1836년의 목판화에서는 안경을 낀 이단아의 이미지로 나온다. 두 그림에 공통적인 것은 앞머리를 한껏 올린 모습뿐이다. 두 그림은 젊은 철학자의 두 측면을 보여 준다. 하나는 어린 시절에 미처 누리지 못한 것을 뒤늦게 만회하려는 살롱 멋쟁이의 모습이고, 다른 하나는 누구와도 공통점을 찾아볼 길이 없고, 삶을 진지하게 살아가는 대신 해부하는, 세상과 동떨어진 관찰자의 모습이다.

키르케고르는 세상 모든 것과 거리를 유지하면서 세상 어떤 일도 전혀 받아들이지 않는 인간으로 스스로를 묘사했다. 그저 겉으로만 타인들 사이를 아무렇지도 않게 거닐 뿐이었다. 그는 자신도 마치 남들과 똑같은 인간이라는 듯 타인들 사이에서 정체를 숨기며 사는 〈스파이〉 또는 〈사기꾼〉이었다. 그러다 넘치는 판타지와 정곡을 찌르는 독설로 사람들을 즐겁게 했다. 예를 들면 이런 식이다. 〈나는 이제 막 영혼의 사회에서 이리 왔다. 내 입에서는 해학이 절로 흘러나왔고, 모두들 웃으면서 감탄했다. 하지만 내가 그들에게 하지 않은 말은 지구의 직경만큼이나 길다. 결국 나는 그들 곁을 떠나 총으로 스스로 목숨을 끊으려 했다.〉[17]

1838년 키르케고르의 아버지가 죽었다. 아들은 이제 천애 고아가 되었고, 인간들과의 끈은 더 이상 남아 있지 않았다. 그는 독일 초기 낭만파의 책들을 파고들었고, 별로 좋아하지 않았던 학업을 이어 갔다. 그러다 1840년에 신학 학사를 마쳤다. 키르케고르는 주체하지 못할 열정에 사로잡혀 열다섯 살의 레기네 올센(1822~1904)에게 흠뻑 빠져 약혼까지 했다. 그러나 둘 사이는 1년밖에 가지 않았다. 그 무렵 이 젊은 학자는 철학적 주제로 박사 과정을 밟았다. 논문 제목은 『소크라테스와 관련해서 본 아이러니 개념*Om Begrebet Ironi med stadigt Hensyn til Socrates*』이었다. 이 논문에는 키르케고르 특유의 삶의 감정 및 세계에 대한 태도가 담겨 있다. 일단 그는 〈소크라테스〉라는 인물을 아이러니하게 사는 실존적 형태로 규정하면서 그런 사람은 세상 누구와도, 세상 어떤 것과도 공통점이 없다고 말한다. 또한 자신의 시대도 소크라테스 당시처럼 하나의 역사적 과도기라고 본다. 그런데 옛것은 지나갔지만, 새것은 아직 파악되지 않고 있다. 이런 상태의 시대에서 살아가려면 아이러니 모드를 장착할 수밖에 없다. 인간은 온갖 구속에서 자유롭지만, 아직 구체적으로 어떻게 살아야겠다고 결정할 수 있을 만큼 자유롭지는 못하다. 〈**절대적이고 무한한 부정성**으로서 아이러니의 특징은 다음과 같다. **전체 실존**, 즉 인간은 아이러니한 주체에게는 낯설고, 이 주체도 인간에게 낯설어졌다.〉[18] 세계에서 남은 것은 주체적인 것뿐이다. 버팀목은 어디에도 없다. 신에게도 없고, 우주와 사회에도 없다. 현대적 주체에게는 이제 발밑의 확고한 토대가 사라졌다. 이제 남은 것은 자신 및 타인과의 관계에서 스쳐 지나가는 덧없는 방식으로 자기 자신을 늘 새롭게 표현하는 것뿐이다.

현대적 주체의 이런 덧없는 방식에 처음 희생된 사람은 약혼녀였다. 그녀는 결혼을 약속한 이 별난 남자의 머릿속에 뭐가 들었는지 도무지 이해가 되지 않았다. 다만 남자가 본인 표현대로 〈천하의 몹쓸 놈〉처럼 굴었고, 파혼의 책임이 그녀에게 있지 않다는 것만 분명히 느꼈다. 키르케고르는 타인을 책임질 수 있는 사람이 아니었다. 앞으로도 영영 그럴 일이 없는 사람이었다. 그가 일기에만 털어놓은 바에 따르면, 그의 내면에서 진행된 것은 〈아버지와의 관계, 아버지의 우울함, 깊은 내면에서 부화한 영원한 밤, 혼란스러움, 쾌락, 방탕〉 같은 〈끔찍한 것들〉이었다.[19]

1841년 가을 키르케고르는 셸링의 강의를 듣기 위해 베를린으로 향했다. 칸트와 헤겔 시대의 독일 고전 철학을 대표하는 아직 살아 있는 마지막 위대한 스승이었다. 그런데 처음의 열광이 식은 자리엔 엄청난 실망감이 빠른 속도로 들어섰다. 〈셸링은 참을 수 없을 만큼 어깨에 힘을 주고 쓸데없는 말만 장황하게 늘어놓는 인간이었다.〉[20] 그렇게 느낀 것은 그날 함께 강의를 들은 너무나 다른 유형의 두 사람, 즉 바르멘에서 온 프리드리히 엥겔스(1820~1895)와 러시아에서 온 미하일 알렉산드로비치 바쿠닌(1814~1876)도 다르지 않았다. 1842년 봄 키르케고르는 다시 코펜하겐으로 갔다. 이제는 독일 철학과 낭만파, 그리고 헤겔이나 셸링 같은 관념론자들과는 완전히 연을 끊어 버렸다. 대신 그들이 보지 못하고 생각지 못한 무언가를 발견했다. 그것은 그가 기존의 철학에 완전히 새로운 충격을 줄 만큼 중요하고 본질적인 것이었으니…….

이후 3년 동안 키르케고르는 책을 한 권 한 권 써나갔다. 그러나 헤겔이나 셸링을 비롯해 거의 모든 철학자가 지금까지 써온 방식과는 달랐다. 키르케고르는 혜안을 갖고 세계를 설명하려는 사람이 아니었고, 그렇다고 남들에게 진리를 계시할 숙명을 안고 태어난 사람도 아니었다. 그는 일단 소크라테스처럼 자신을 한껏 낮추었고, 대화편의 플라톤처럼 자신의 관점을 여러 인물에게 분산시켜 역할을 담당하게 했다. 그런 다음 가명의 인물 뒤에 숨어 특정 관점을 극단으로 몰고 가 독자들의 반발을 사게 했다. 이것이 바로 플라톤이 이름 붙인 소크라테스식 문답법, 즉 산파술이었다. 여기서는 설명이 아니라 상대를 생각하도록 만드는 것이 철학자의 역할이었다. 키르케고르도 자신을 그런 철학자로 보았다. 그는 여러 관점을 충돌시키고, 불쾌감을 야기하고, 반발을 요구하는 덴마크의 소크라테스였다. 그러기 위해 사람들 사이로 섞여 들어가 거리나 카페에서 타인을 관찰했고, 그들의 행동 동기와 불안, 동경, 한계를 연구했다. 그는 서재에서 번갈아 가며 요하네스 클리마쿠스, 비길리우스 하우프니엔시스, 요하네스 데 실렌티오, 콘스탄틴 콘스탄티우스, 안티 클리마쿠스 같은 인물들의 옷으로 갈아입었다. 어떤 때는 미학자 A였고, 어떤 때는 시인 A였으며, 어떤 때는 윤리학자 B였다. 또 어떤 때는 유혹자 요하네스, 빅토르 에레미타, 어느 젊은이, 힐라리우스 부흐빈더, 의류 상인의 역할을 맡기도 했다.

잇따라 저술이 발표되었다. 『요하네스 클리마쿠스 또는 모든 것을 의심하라*Johannes Climacus oder De omnibus dubitandum est*』(1842), 『이것이냐 저것이냐*Entweder-Oder*』(1843), 『공포와 전율*Furcht und Zittern*』(1843), 『네 편의 교화적 담론Vier erbauliche Reden』(1843), 『철

학적 단편들*Philosophische Brocken*』(1844), 『불안 개념*Der Begriff Angst*』(1844), 『사유의 기회에 떠오른 세 가지 담론*Drei Reden bei gedachten Gelegenheiten*』(1845), 『인생길의 단계들*Stadien auf des Lebens Weg*』(1845), 『열여덟 편의 교화적 담론*Achtzehn erbauliche Reden*』(1845), 『철학적 단편들에 대한 결론으로서 비학문적 후서*Abschließende unwissenschaftliche Nachschrift zu den Philosophischen Brocken*』(1846). 이렇듯 관점이 각각 다르더라도 공통의 주제는 있다. 세계에 대한 인식은 아니다. 자기 자신에 대한 인식도 결코 아니다. 그건 올바르게 실존하는 것이다. 키르케고르의 요구는 분명하다. 〈너 자신이 되어라!〉 그렇다면 이건 무슨 뜻일까?

아주 간단하다. 지금껏 철학자들은 마치 이 땅에 발을 딛고 살지 않는 사람처럼 말해 왔다. 훗날 키르케고르가 헤겔에 대해 했던 말도 비슷한 맥락이다. 헤겔은 장엄한 성 같은 하나의 거대한 사유 체계 속에 세계를 가두려고 했다는 것이다. 그렇다면 헤겔의 사유는 헤겔이라는 실제 존재와 무슨 관련이 있을까? 키르케고르는 헤겔의 체계를 아무리 멀리까지 둘러보아도 현존재, 즉 실존에 대한 깊이 있는 고민이나 치열한 대치를 발견할 수 없었다. 헤겔은 자신이 지은 사유의 근사한 성 안에 직접 들어가 사는 대신 바깥의 초라한 개집에 살림을 차려 놓고 거기서 그 장엄한 성을 흐뭇하게 바라보기만 했다.

그 이유는 무엇일까? 헤겔은 거의 모든 철학자와 마찬가지로 오직 오성에 모든 것을 걸었기 때문이다. 그러나 오성을 사용하는 것은 삶을 바라보는 **한 가지** 가능성에 지나지 않는다(이것이 주류 철학에 대한 키르케고르의 결정적인 반격이다). 기존 철학자들은 개별 존재를 파악하는 것이 아니라 항상 일반적인 존재만 추론해 낸다. 그래서 그들에게 개인은 인간 종족의 한 예로 추락하고 만다. 자연 과학이 비슷한 부류 사이의 한 생물학적 존재로만 인간을 말하듯이 이성 철학자도 비슷한 부류 사이의 한 이성적 존재에 대해서만 말할 뿐이다. 하지만 개별 인간이 자신과의 문제를 해결하는 것은 철저히 개인적인 사안이지, 결코 인류라는 종족의 문제가 아니다. 본질적인 것은 나의 불안과 희망, 결정에 달려 있지, 어떤 〈부류〉의 그것들에 달린 것이 아니다. 철학자 카를 슈미트(1888~1985)는 20세기에 이렇게 말한다. 〈인류를 말하는 사람은 사기꾼〉이라고. 키르케고르는 이미 19세기에 비슷한 생각을 했다. 문제는 〈인간〉이 아니라 〈개인〉이고, 철학의 구호는 〈너 자신을 알라!〉가 아니라 〈너 자신이 되어라!〉가 되어야 한다고.

이성 철학에 대한 비판이라는 면에서 키르케고르는 쇼펜하우어와 비슷했다. 그는 나중에야 이 독일 철학자의 책을 읽고 놀라운 일치점을 발견한다. 하지만 개인에 대한 사유 면에서는 쇼펜하우어를 훌쩍 뛰어넘는다. 그에게 생물학적 종으로서의 인간은 본질이 아니다. 게다가 불멸의 의지로 도피하지도 않는다. 키르케고르는 매우 정확히 묻는다. 인간은 자기 자신과 자신의 〈세계 내 존재〉를 어떻게 인지하는가?

바로 여기에 모든 철학의 출발점이 있기 때문이다. 이 지점은 쇼펜하우어의 생물학처럼 객관적이지 않고 주관적이다. 정말 〈진실한 것〉은 주관적인 것뿐이기 때문이다. 반면에 객관적인 것은 무엇이건 주관적 경험에서 나온 것이고, 그로써 주관적인 체험에 비해 하등하다. 맨 앞에 있는 것은 나 자신 및 세계와의 관계다. 이 한 가지 점에서는 키르케고르도 독일 고전 철학과 기독교의 입장을 따른다. 다만 쇼펜하우어는 삶이 무엇이냐고 묻는 반면에 키르케고르는 **나에게** 삶은 무엇이냐고 묻는다.

코펜하겐의 회의적인 이단아는 이런 글을 마르크스가 파리에서 유물론적 역사 철학의 강령을 집필하던 시기에 썼다. 이 시대는 오귀스트 콩트(1798~1857)가 객관적 과학을 통한 인류의 거침없는 비상을 예고한 시기이기도 했다. 또한 영국에서는 당시 존 스튜어트 밀(1806~1873)이라는 사람이 연역법과 귀납법 체계를 마무리 짓고, 진리에 이르는 직접적이고 직관적인 통로는 없다고 선언했다. 모든 진리는 경험적 진리라는 것이다. 키르케고르는 이들을 몰랐지만, 이들과 정반대되는 생각을 했다. 설명하면 이렇다. 역사도 그렇지만 인류에 대해서도 뭔가 객관적으로 말할 중대한 사실은 별로 없다. 과학은 개인의 인식에 필요한 근본적인 요소가 아니다. 그건 모든 경험적 진리도 마찬가지다. 이처럼 시대의 거대한 트렌드에 반기를 들었음에도 이 덴마크 철학자 역시 과격한 현대적 노선을 걸었다. 다만 방식만 완전히 달랐다. 과학은 특정 방식으로 세계를 객관화함으로써 인간에게 종종 버팀목을 주기도 하지만, 그보다 더 많은 버팀목을 빼앗는다. 과학적 객관성은 주관성의 거처를 빼앗을 뿐 아니라 성공한 삶의 지침도 제시하지 못한다. 개인은 이제 자기 자신에게 돌아와 나침반이나 지도 없이 세계 속을 헤치며 자신의 〈행복〉에 이르는 길을 찾아 나서야 한다.

키르케고르가 내세운 이 주장은 훗날 〈현대적 주체의 위기〉라는 이름으로 철학적 커리어를 쌓아 나갔고, 21세기 들어서도 그 의미가 결코 작아지지 않고 있다. 삶의 가능성이 더 많을수록, 그리고 구속의 범위가 점점 적어질수록 방향 정립은 더욱더 힘들어진다. 그로써 〈세계를 알라!〉와 〈너 자신을 알라!〉 같은 과거의 명령에 비해 〈너 자신이 되어라!〉는 정말 힘든 일이 되었다.

키르케고르는 진보에 도취된 19세기가 절반을 지나기도 전에 이렇게 확언한다. 개인의 실존에는 더 이상 구속력 있는 질서 틀이 없다. 〈실존의 체계는 주어질 수 없다. …… 존재하는 어떤 모종의 정신을 위한 실존 체계도 있을 수 없다.〉[21] 그럼에도 개인은 어떻게든 행복해지려고 시도해야 한다. 핵심은 하나다. 개인은 세계나 자신에 대한 객관적 인식이 아니라 **자기 자신과 관계 맺는 방식**

을 통해 행복해질 수 있다. 실존에서 본질적인 것은 내가 눈앞의 다른 무엇에서 **찾아내는** 것이 아니라 내가 나와의 관계에서 **발명하는** 것이다. 그런 점에서 소크라테스조차 개인의 행복에는 도움이 되지 않는다. 플라톤의 대화편에서 이 고대 철학자가 대화 상대에게 자기 안의 진정한 실재를 보게 했다면 덴마크의 소크라테스는 어떤 객관적인 자기 인식도 더는 제공하지 않는다. 개인의 지극히 사적인 행복은 자기 자신이 되는 것에서 생긴다. 〈주관적인 사유의 사명은 **실존하는 자기 자신**을 이해하는 데 본질이 있다〉.[22] 인간은 보편적 진리의 보물 탐사꾼이 아니라 자기 자신의 건축가다. 이 거대한 프로젝트에서 이성은 수많은 도구 가운데 하나일 뿐이다. 그것도 최고의 도구는 결코 아니다. 〈실존과 관련해서 사유는 판타지와 감정보다 더 높은 곳에 있지 않고, 같은 반열에 위치한다.〉[23] 학문이 삶에 대해 아무리 보편적인 것을 말하더라도 실존은 항상 개인이 느끼는 구체적인 삶이다.

개인은 논리적 결론이 아닌 스스로 내린 결정으로 실존을 설계하고 형상화해 나간다. 『철학적 단편들에 대한 결론으로서 비학문적 후서』에서 키르케고르는 누구나 해야 하는 〈도약〉에 대해 말한다. 그것도 한 차례의 도약이 아닌 지속적으로 〈반복해야〉 하는 도약이다. 우리는 항상 결정을 내려야 하고, 그로써 반복해서 새로운 삶으로 도약한다. 키르케고르의 정신을 이어받은 20세기 최고의 제자 장 폴 사르트르(1905~1980)는 말한다. 〈인간〉은 행위를 통해 〈자신의 얼굴을 그린다〉. 우리 존재는 행위다. 우리가 어떤 행위를 하는지가 곧 우리의 존재를 결정한다. 이번에는 덴마크 소크라테스의 말, 어쩌면 가장 유명할지 모르는 그의 말을 들어 보자. 〈인간은 정신이다. 정신이란 무엇인가? 정신은 자아다. 자아란 무엇인가? …… 인간의 자아는 자기 자신과의 관계이자, 자신과의 관계에 따라 타인과 맺는 관계다.〉[24]

삶의 세 가지 형태

키르케고르는 많은 것을 의심한다. 하지만 개인이 이것 또는 저것을 자유롭게 결정할 수 있음을 조금도 의심하지 않는다. 쇼펜하우어가 그렇게 강하게 부정했던 자유 의지를 덴마크의 이 철학자는 인정하는 것이다. 물론 키르케고르의 의지에는 쇼펜하우어가 생각하는 의지와는 달리 철학적 의미가 전혀 없다. 우리의 충동을 결정하고 우리가 스스로 선택하지 않은 동물적 의지에 무슨 엄중한 의미가 있을 수 있단 말인가? 내가 지금 여기 존재하는 것을 비롯해 내 생김새는 나 자신이 선택한 게 아니다. 다만 그런 생물학적 기본 특성을 어쩔 수 없이 받아들일 뿐이다. 어떤 방식으로 사물을 인지하는지, 어떤 것이 내게 쾌감이나 불쾌감을 조성하는지도 말이다. 결정적인 문제는 내가 나의 욕망을 욕망할 수 없다는 것이 아니다. 그보다 중요한 것은 생물학적 존재로서의 욕망을 내 정신, 그러니까 내 자아를 통해 내가 긍정하거나 부정하는 결정을 내릴 수 있다는 점이다. 쇼펜하우어가 이 문제에서 자기모순에 빠졌다면 키르케고르는 태연하게 이 선택이 존재한다는 데서 출발한다. 내 몸은 생물학의 노예이지, 내 자아가 아니다. 나를 나이게 하는 것은 바로 이 자아다.

개인은 자신의 욕망과 어떤 관계일까? 개인은 대체 무엇을 욕망할까? 확연히 구분되는 세 가지 욕망이 있다. 개인은 향락을 통한 감각적 만족을 욕망한다. 몸이 그걸 원하기 때문이다. 다른 한편으로는 그와 달리 육체적 욕구를 좇지 않고 자신의 목표를 스스로 결정하려 한다. 마지막으로 첫 번째 욕망과 두 번째 욕망 사이에서 적절하게 결정을 내릴 자유를 갈망한다. 그렇다면 개인은 감각적 만족을 원하면서도 그것을 따르지 않을 자유를 욕망한다. 이 딜레마를 설명하기 위해 키르케고르는 삶의 세 가지 전형적인 유형을 설계한다. 이건 곧 개인이 자기 자신과 맺는 세 가지 방식의 관계다.

첫 번째는 향락적 만족을 추구하는 **미적** 삶의 방식이다. 이 삶을 묘사하려고 키르케고르는 자신의 삶에서 많은 자료를 끌어온다. 젊은 철학자는 세상 어떤 것에도 지속적으로 마음을 주지 않는다. 사랑하는 약혼녀의 곁도 결국 떠나고 만다. 우리는 독일 초기 낭만주의자들의 책이 젊은 키르케고르에게 일정 기간 남긴 황홀한 매력을 느낄 수 있다. 이런 삶의 매력이 가상 속에서 시연되고 예찬된다. 미적 삶은 구속되지 않음에 그 근질거리는 쾌감이 있다. 〈미적 삶의 하늘 아래에서는 모든 것이 가볍고 아름답고 일시적이다. 윤리학이 거기 개입하면 모든 것이 딱딱하고 을씨년스러워지고, 무한히 지루해진다.〉[25] 특히 키르케고르가 『유혹자의 일기*Tagebuch des Verführers*』에서 예술적 법칙에 따라 풀어놓은 에로틱은 미적 삶에 한없는 매력을 부여한다.

하지만 미적 삶에는 어려움이 하나 따른다. 지속적으로 행복할 수는 없다는 것이다. 이런 삶은 연속성과 정체성을 만들어 내지 못한다. 〈여자의 몸속으로 들어갔다가 다시 밖으로 나오는 것〉은 큰 즐거움일 수는 있으나, 그것이 장기적인 의미를 생성하지는 않는다. 인간은 결혼을 거부할 수도 있다. 아내가 언젠가는 〈정신적 측면에서는 쓸데없는 부속물로, 도덕적 측면에서는 의무로 변하기〉 때문이다.[26] 하지만 실존 철학자 키르케고르와 생철학자 쇼펜하우어에게 공통된 인간과의 단절도 상시적인 행복을 만들어 내지 못한다. 게다가 〈계속 스스로를 바꾸어 나가라〉고 하는 이 포스트모던적 명령의 원형을 늘 〈새롭게 고안해 내는 것〉은 매력적일 수는 있지만, 평생 그렇게 사는 것은 엄청나게 힘들 뿐 아니라 불만을 유발할 수밖에 없다.

간단히 정리해 보자. 미적 삶은 개인의 욕망 중 **하나**일 뿐 본연의 욕망이 아니다. 인간에게는 **윤리적** 삶으로 이끄는 욕망도 있는데, 이것이 두 번째 실존적 삶의 양태다. 미적으로만 사는 사람은 이르든 늦든 그 삶에 염증을 느끼거나, 아니면 절망감에 사로잡힐 수 있다. 의미와 지속성 없이 진실로 행복해지는 것은 불가능하다. 따라서 윤리적인 면이 개인의 삶 속으로 밀고 들어간다. 남들이 내가 품위 있고 믿을 만하게 행동할 거라고 기대하기 때문이다. 하지만 단지 남들의 기대 때문에 내가 윤리적으로 행동하는 것은 아니다. 윤리적 속성은 모든 인간이 자신의 욕구를 통제하려는 소망의 형태로 자기 안에 갖고 있다. 미적으로 살아가는 인간은 스스로 자유롭다고 느낄 수 있지만 실은 그렇지 않다. 향락의 욕구에 매여 이리저리 흔들리는 인간은 결코 자유로울 수 없다. 반면에 윤리적 삶은 향락에 고삐를 채우고 욕구를 통제하므로 지루할 수는 있지만, 오직 그것을 통해서만 내가 나 자신의 주인이 되어 내 삶의 결정권을 가질 수 있다. 윤리적으로 산다는 것은 자기 자신에게 전권을 부여함으로써 스스로 자유로워지는 것을 의미한다. 미적으로 살아가는 인간은 쾌락에 도달하기 위한 수단을 자유롭게 선택할 수 있지만, 향락 추구의 목표를 스스로 정하지는 못한다. 내가 내 추구의 목표까지도 스스로 찾을 때만 완벽한 자유가 생긴다. 소아형의 미성숙한 인간만이 평생 미적인 삶을 살아간다.

키르케고르는 윤리적인 것을 미적인 것과 대립시키면서 자기 자신, 약혼녀와의 파혼, 인간관계의 단절을 생각했다. 그러면서도 독일 낭만주의자들의 열광적인 약속, 셸링, 그리고 신학 수업 기간 중에 자신을 사로잡았던 슐레겔 형제를 생각했다. 그는 셸링을 자기애에 빠진 보수적 구루로 알고 있었다. 하지만 슐레겔 형제의 이후 행적을 알았더라면 결코 그들의 이상에 열광하지 않았을 것이다. 젊은 시절 내내 〈낭만적 보편 문학〉을 미학적으로 형상화하려 했던 프리드리히 슐레겔(1772~1829)은 훗날 중세의 계급

질서 복원을 꿈꾸는 보수적인 가톨릭주의자가 되었고, 허영심으로 악명이 높았던 아우구스트 빌헬름 슐레겔(1767~1845)은 인간관계에서 세 차례 실패를 맛본 뒤 번역가와 본 대학의 언어학과 교수로 생계를 꾸려 나가는 현실인으로 변신했다. 그렇다면 이들에게서는 본받을 만한 삶의 이력이나 복된 삶의 흔적은 어디서도 찾아볼 수 없다.

낭만주의에서 남은 것은 감상적인 면과 생기 없음뿐이었다. 낭만주의자들은 말로만 세계에 마법을 걸었지, 행동으로 나서지 않았다. 키르케고르는 말한다. 행복을 원하는 사람은 단순한 욕망으로 살아가서는 안 된다. 자신을 잃지 않으려면 도덕적 당위도 필요하다. 구속력 있는 목표 없이는 지속적인 행복도 없고, 내면의 신조 없이는 복됨도 없다. 좀 더 높은 곳에서 자신의 삶을 내려다볼 때만 그런 행복에 이를 수 있다. 우리는 보편적 인간의 관점에서 자신을 보는 법을 배워야 한다. 여기서 보편적 인간을 〈군중〉과 혼동해서는 안 된다. 윤리적으로 산다는 것은 기존의 사회적 도덕에 순응하는 것이 아니라 보편적 선의 의미에서 스스로 윤리적이라고 여기는 삶을 살기로 결정하는 것을 의미한다. 윤리적 삶은 자발적인 삶이다. 내 육신의 욕망은 자유롭지 못한 반면에 내 정신의 욕망은 자유롭다. 인간에게 육체적 욕망의 노예 상태에서 해방되어 정말 자유롭게 사는 것보다 더 중요한 과제가 있을까? 윤리적으로 살려고 하는 사람이 추구해야 할 내적인 연결은 중독적 향락이 아니라 타인과 연인, 친구 또는 직업적 열정이다.

키르케고르는 『이것이냐 저것이냐』에서 윤리학자 B의 입을 빌려 윤리적 실존을 예찬하면서 미학자 A에게 반기를 든다. 자유로워지려면 우리는 육체적 욕망이 아니라 타인에게 의무감을 느껴야 한다. 그런데 그렇게 하면 우리는 정말 행복해질까? 철학사를 통틀어 대부분의 윤리학자들은 이 질문 앞에서 멈칫하거나 어깨를 으쓱 들어 올렸다. 그냥 스스로 만족하는 것만으로 충분하지 않을까? 칸트가 뭐라 했던가? 인간은 꼭 행복해져야 하는 것이 아니라 〈행복해도 될 만큼〉 스스로 가치를 느끼면 된다고 하지 않았던가? 그러나 키르케고르가 보기에 그건 너무 부족했다. 행복에 대한 그의 요구는 무조건적이었다. 윤리학자라고 해서 무조건 행복해지지는 않는다. 그렇다면 행복해지려고 윤리학자가 될 필요는 없다. 우리는 미적인 삶이 자유롭지 않기 때문에 윤리적 삶을 선택한다. 지속적인 행복은 감각이나 보편적인 것이 아닌 무조건적인 것 속에 있다. 자기 도야와 자기실현의 원래적 동인도 바로 이 무조건성이다. 키르케고르는 이 무조건적인 것을 바라보는 삶을 위해 세 번째 삶의 형태를 준비해 놓았다. **종교적** 삶이 그것이었다.

종교, 특히 기독교는 키르케고르의 저술에서 배경으로든 전면에든 빠지지 않고 등장한다. 그의 종교성은 덴마크의 제도화된 교회와는 별 상관이 없다. 인간이 그리스도를 믿고 그리스도교에 귀의하는 것은 철학적 이유 때문이지 제도화된 종교 때문이 아니다. 교회는 도그마와 계명처럼 철학적 성찰이 한없이 부족하다. 키르케고르의 종교성은 영적이고, 그럼에도 논리적 추론에 뿌리가 있다. 그런 측면에서 그는 카탈루냐의 철학자 라몬 률(1232?~1316?)과 중세의 영적 사상가 니콜라우스 쿠자누스(1401~1464)의 근대적 상속자다. 우리는 신을 세계로부터 고안해 낸 것이 아니라 자신 안에서 발견한다! 그것도 오성으로 신을 발견하는 것이 아니라 깨어 있는 정신으로 느낀다.

풍성한 결실을 맺은 상속자

1847년 5월 5일 키르케고르는 서른네 살이 되었다. 그런데 자신이 아직 살아 있다는 것이 도저히 믿기지 않았다. 앞서 말했듯이 그는 지금껏 서른세 살에 죽을 거라고 철석같이 믿으며 살아왔다. 그의 아버지가 젊은 시절 절망감으로 몸부림치며 신을 저주하는 죄를 범했기 때문이다. 당혹스러움에 빠진 철학자는 자신이 살아 있는 게 믿기지 않아 혹시 출생 기록부가 잘못된 건 아닌지 확인해 보기까지 했다.

그가 그때부터 발표한 저술은 모두 기독교적 색채가 뚜렷하고, 종교적 삶의 문제를 다루고 있다. 『죽음에 이르는 병*Die Krankheit zum Tode*』(1849)은 실존적 딜레마로 시작한다. 개인은 스스로 만들어지지 않는다. 생명의 숨결이 불어넣어져 삶 속으로 던져졌고, 그랬기에 끊임없이 확고한 버팀목과 영속성, 의미를 갈망한다. 이 모든 건 자신을 창조한 신의 힘과 연결되어야만 얻을 수 있다. 따라서 자기와의 관계는 결국 신과의 관계일 수밖에 없다. 나보다 한없이 위대한 존재가 나를 만들었다는 생각을 하면 나는 창조된 자로서 나 자신과 어떤 관계를 맺어야 할까? 키르케고르에게 자아의 발견과 실현은 곧 신을 발견하는 것이다. 그러지 못하는 사람은 〈절망〉에 빠진다. 이유는 둘 중 하나다. 환상가로서 자신을 지나치게 과장하거나, 아니면 자신의 실존적 상황을 파악하고 일상적인 것에 마음을 두기엔 너무 우매해서다. 절망은 감수성을 전제한다. 그것의 극복은 싸움이 아니라 종교성을 인정하는 결심으로만 가능하다. 〈자아는 자기 자신과 관계를 맺고, 자기 자신이 되겠다고 마음먹음으로써 스스로 투명한 힘 위에 우뚝 설 수 있다.〉[27]

키르케고르의 신은 아무개 신이 아니라 기독교 신이다. 그는 『철학적 단편들에 대한 결론으로서 비학문적 후서』에서 이미 예수를 소크라테스와 비교하며 구세주로 내세웠다. 이 고대 그리스 철학자는 사람들에게 자기 안에 깊이 숨어 있는 진리를 기억하라고 가르쳤다. 그러나 키르케고르가 보기에 현대인은 이 진리에 더는 접근할 수 없다. 인간의 타락으로 진리가 파괴되었기 때문이다. 진리 속에서 살려는 사람은 예수 그리스도로 구현되는 종교성을 겸허히 받아들여야 한다. 키르케고르의 저술 중에는 〈교화적 담론〉이 많다. 이 저술들에서 그가 창조한 회의론자와 악령들은 가명으로 등장해 무신론적 입장을 개진하고 미적인 삶을 예찬한다. 반면에 이 담론의 원래 주인공은 본명으로 등장해서 그런 의견들에 맞서는 기독교적 가르침을 설파한다.

기독교와의 분투, 의심과 복종의 끊임없는 반복, 이는 키르케고르에게 삶의 화두였다. 이것들 속에는 독실한 아버지와의 관계가 어른거리고 있었다. 아들의 실존에 생물학적인 원인 발생자인 아버지는 집의 복도를 산책하면서 아들에게 다채로운 상상의 세계를 심어 주었고, 아들은 반향이라고는 전혀 없는 그 세계 속에서 자신의 자리를 발견해야 했다. 그 과정에서 키르케고르는 세상에 직접 개입하지 않는 개인의 모습을 보았다. 더 높은 존재인 아버지에게 자신을 오롯이 내맡겼고, 그런 아버지 없이는 삶을 살아갈 나침반도 없었다. 아버지가 죽자 그는 삶 속을 헤매는 유령이나 다름없었다. 절망감에 사로잡힌 채 끊임없이 자신을 의탁할 외적 틀을 찾아 헤매는 유령 말이다. 키르케고르에게 종교가 얼마나 개인적인 성격이었는지는 덴마크 교회 당국과의 치열한 싸움에서도 알 수 있다. 코펜하겐의 교회에서 설교하는 내용들은 그의 신이나 그리스도와는 전혀 상관이 없었다. 그가 보기에 성직자라고 하는 인간들도 가소로운 거짓말쟁이에 지나지 않았다. 〈웅장한 교회 안에서는 풍채 좋은 궁정 목사가 선택받은 귀족과 지식층 앞으로 걸어나와 사도의 말을 감격적으로 설교하나니, 신은 천한 자들과 경멸받을 자들을 미리 골라 놓았도다! 아무도 웃는 사람이 없다.〉[28]

덴마크 교회도 가만있지 않았다. 키르케고르를 향해 비난과 악담을 쏟아 냈다. 심지어 생애 마지막 몇 년 동안에는 그를 미치광이로 생각하는 사람이 많았을 정도다. 1855년 10월 2일 그는 길을 가다가 뇌졸중으로 쓰러졌고, 6주 후에 숨을 거두었다. 마흔둘의 나이였다. 그 시점에는 키르케고르가 훗날 덴마크에서 가장 유명한, 그것도 월등하게 유명한 철학자가 될 거라고는 아무도 예상하지 못했다. 그뿐이 아니다. 그는 실존 철학의 창시자로서 헨리크 입센(1828~1906)과 아우구스트 스트린드베리(1849~1912) 같은 극작가들에게 막대한 영향을 끼쳤고, 라이너 마리아 릴케(1875~1926), 프란츠 카프카(1883~1924), 막스 프리슈(1911~1991)같은 작가들에게 많은 영감을 주었다. 신학자들 역시 〈도약〉과 〈결심〉 같은 키르케고르 철학의 핵심 개념을 받아들였다. 삶의 모순은 생각으로 풀리는 게 아니라 오직 직접적인 믿음과 행동으로만 해결할 수 있고, 기독교는 도덕적일 뿐 아니라 실존적인 삶의 현장이라는 것이다.

키르케고르의 덕을 특히 많이 본 사람은 당연히 철학자들이었다. 주체를 출발점으로 삼고 과학적 경향으로 빠지는 것을 경계하는 현대 철학의 가장 중요한 흐름이 그에게 뿌리를 두고 있었다. 니체는 독일어로 출간된 이 덴마크 철학자의 대표작들을 1878년부터 1890년 사이에 읽었는데, 쇼펜하우어만큼이나 그에게서 큰 자극을 받았다. 20세기에 들어서면 청년 테오도어 W. 아도르노(1903~1969)가 1931년 키르케고르로 교수 학위 논문을 썼고, 에른스트 블로흐(1885~1977)는 『희망의 원리*Das Prinzip Hoffnung*』에서 그를 다루었다. 하지만 키르케고르가 가장 큰 영향을 끼친 영역은 뭐니 뭐니 해도 독일과 프랑스의 실존 철학이었다. 예를 들어 카를 야스퍼스(1883~1969)와 마르틴 하이데거(1889~1976)의 철학은 키르케고르 없이는 생각하기 어렵다. 그건 알베르 카뮈(1913~1960)나 사르트르도 마찬가지다. 다만 이들은 실존 철학에서 실존주의로 넘어가기 위해 키르케고르의 종교적 요소를 덜어 낼 필요가 있었다. 다시 말해 키르케고르 철학에서 올바른 행동을 위한 의무로서의 윤리적 삶까지만 받아들인 것이다.

키르케고르의 생전에 또 하나의 분과가 등장했다. 인간 충동의 해부 능력에 특출한 재능이 있는 이 철학자는 나중에 그와 치열하게 논쟁을 벌이게 될 자신이 이 분과의 확립에 기여했다고 생각했다. 저서 『반복. 실험적 심리학 시론(試論)*Ein Versuch in der experimentierenden Psychologie*』으로 말이다. 그런데 1843년 당시 인간의 마음을 실험적으로 탐구한 사람은 키르케고르만이 아니었다. 특히 독일에는 인간의 내면을 탐사하고, 의식을 무의식과 분리하는 모험을 감행한 사상가가 무척 많았다. 그들 역시 〈내성법〉이라는 인간의 내적 삶을 들여다보는 방법을 사용했지만, 키르케고르와는 완전히 다르게 자기들의 행위에 과학적 객관성이 있다고 믿었다. 그러니까 주관적인 것은 진실하지 않고, 오직 경험적으로 탐구하는 과학자가 객관적으로 인식한 것만이 진실하다고 생각했으니…….

영혼의 탐사

도덕의 물리학 / 내면으로의 시선 / 경험적 심리학 /

도야 능력 / 갈림길에 선 심리학과 교육학 / 무의식

헤겔은 언짢았다. 그 학생이 박사 학위 구두 시험장에서 풀어놓은 말이 독일 철학의 이 권위자에게는 영 불편했던 것이다. 헤겔은 베를린 대학에 온 지 얼마 되지 않은 데다 영향력도 아직 그렇게 절대적이지 않았다. 게다가 최근에 쇼펜하우어 일로 잔뜩 화가 나 있었는데, 지금 이 반항적인 수험생 일까지 더해지니 마음이 더 꼬였다. 〈표상〉, 〈판단〉, 〈명제〉 같은 중요 개념들 중에서 이 학생과 의견 일치를 본 것은 하나도 없었다. 그럼에도 결국 마지못해 이 젊은이를 철학 박사로 임명하는 데 동의했다.

1820년 7월 1일에 박사 시험을 통과한 이 학생은 프리드리히 에두아르트 베네케(1798~1854)였다. 그는 베를린에서 자랐고, 할레에서 신학을 공부했다. 그런데 그의 온 관심은 〈경험적 영혼론〉에 있었다. 자신의 삼촌이자 목사인 프리드리히 필리프 빌름젠(1770~1831), 할레 대학 시절의 두 교수 요한 크리스토프 호프바우어(1766~1827)와 루트비히 하인리히 폰 야코프(1759~1827)를 통해 알게 된 새로운 분야였다. 그가 배운 바에 따르면, 인간을 연구하려는 사람은 정밀한 관찰을 해야지, 거대한 개념으로 인간을 사변해서는 안 된다. 베네케는 새로운 분야의 근본 사상을 헤겔의 강력한 반대자인 야코프 프리드리히 프리스(1773~1843)의 저서에서 발견했다. 프리스는 칸트의 초월 철학에 나오는 개념과 구분을 심리학적으로 해석했다. 우리가 양, 질, 관계, 양상 같은 범주에 대해 말할 수 있는 것은 우리의 마음이 그렇게 구조화되어 있기 때문이다. 칸트는 이런 범주를 **보편적** 합법칙성으로 여긴 반면에, 프리스는 **심리학적** 합법칙성으로 여겼다.

헤겔이 볼 때 프리스의 철학은 〈심리주의〉였다. 이건 철학자에 대한 경멸적인 욕설이었다. 반면에 베네케는 프리스의 철학을 미래로 여겼다. 막 스무 살이 된 이 청년은 할레에서 베를린으로 옮긴 뒤 꿈에 부풀어 두 편의 강령적인 저술에 착수했다. 첫 번째 책은 『순수 이성의 의식에 따라 기본 특징이 논증된 인식론*Erkenntnißlehre, nach dem Bewußtsein der reinen Vernunft in ihren Grundzügen dargelegt*』이었고, 두 번째 책은 『모든 지식의 토대로서 주요 특징을 밝힌 경험적 영혼론*Erfahrungsseelenlehre als Grundlage alles Wissens in ihren Hauptzügen dargestellt*』이었다. 두 책은 상호 보완적이었다. 인식론에서 베네케는 고전적 독일 철학의 사변적 후계자인 헤겔에 맞서 칸트를 옹호했다. 그런데 칸트 철학이 경험을 출발점으로 삼은 것은 옳지만, 이 이상적 영역을 너무 자주 떠난 것은 애석하게 생각했다. 경험적 영혼론은 이 오류를 바로잡으려 했다. 왜냐하면 베네케가 서문에서 밝힌 것처럼 〈진정한 학문은 지각 및 그것에 기초해서 대조와 교차 적용을 통해 얻은 경험 말고는 어떤 것에도 근거할 수 없기〉 때문이다. 〈모든 학문의 최고 토대〉는 사변과 개념이 아니라 〈마음의 지식〉이다.[29]

두 책은 1820년에 출간되었다. 책장을 대충 넘겨 본 헤겔은 〈기껏해야 평균 수준밖에 안 되는〉 책으로 폄하했다.[30] 책의 전체적인 방향 자체가 마음에 들지 않았던 것이다. 커피 찌꺼기로 점을 보는 수준인 경험적 영혼론을 어떻게 세계를 개념화하는 높은 수준의 철학과 비교할 수 있단 말인가?

그러나 베네케는 멈추지 않았다. 박사 학위를 취득한 지 2년 뒤 자신의 『순수 이성의 의식에 따라 기본 특징이 논증된 인식론』에서 미덕에 관한 장을 따로 떼어 내어 도덕에 관한 책으로 확장했다. 제목은 『도덕의 물리학 정초(定礎)*Grundlegung zur Physik der Sitten*』였다. 주위의 관심을 끌려는 제목만 보아도 이 청년이 독일 고전 철학의 전통을 얼마나 무시했는지 알 수 있다. 게다가 핵심 쟁점을 분명히 드러내려고 이런 부제까지 붙였다. 〈칸트의 도덕적 형이상학 정초와 한 쌍이자 이성의 본질과 인식 한계에 대한 부록.〉 이 책의 요지는 이렇다. 철학적 사변으로는 도덕에 관해 말할 수 있는 것이 없다. 인간이 왜 도덕적이거나 비도덕적으로 행동하는지는 심리적 문제다. 이것은 정확한 관찰과 뇌에 관한 의학적 지식, 교육적 실험을 통해 경험적으로 탐구되어야 한다.

베를린 대학의 철학부는 기겁했다. 그래서 1년 전에야 베네케에게 부여한 강의 권한을 즉각 박탈해 버렸다. 이 과정에서 헤겔이 어떤 역할을 했는지는 정확히 알 수 없지만, 손을 쓴 건 분명해 보인다. 평소 그 반항적인 젊은이를 못마땅하게 여겼던 헤겔이 아니면 누가 앞장서서 그런 불이익을 주겠는가? 게다가 독일 전역에서 가장 유명한 베를린 대학의 철학부가 〈유물론적〉 심리학으로 훼손되거나 오염되어서는 안 되었다. 어쨌든 물질적 생존 기반을 빼앗긴 베네케는 일단 다른 대학에서 강의 자리를 구해야 했는데, 그마저도 번번이 수포로 돌아갔다. 그러다 강의 금지 후 2년 만에 괴팅겐 대학에서 자리를 구했다. 1827년에는 베를린 대학도 그의 끈질긴 청원을 받아들여 다시 강의를 주었다. 하지만 급여는 지급하지 않는다는 조건이 붙어 있었다. 베네케는 이후에도 계속 헤겔의 눈 밖에 났기에 정규 강사직 임용은 그 위대한 철학자가 죽은 뒤에나 이루어졌다. 아무튼 앞으로 15년은 고정 급여를 받으면서 대학에 남을 길이 열렸다.

그 무렵 베네케가 집필한 많은 책은 모두 이해하기 쉽게 쓰였다. 그럼에도 책은 잘 팔리지 않았다. 〈경험적 심리학〉을 확립해 나가려면 함께 일할 조력자가 필요했지만, 그런 사람을 구할 수 없었다. 결국 그는 자신의 책에서 거의 애원조로 독자들에게 경험적 자료를 지원해 달라고 부탁했다. 대학 당국이 인력 지원을 거부한 터라 독자들에게 〈동업자적〉 지원을 요청할 수밖에 없었던 것이다. 일종의 19세기판 크라우드소싱이었다. 어쨌든 이렇게 해서 괴팅겐 시절에 이미 두 권짜리 방대한 저서 『심리학 개론 *Psychologische Skizzen*』(1825/1827)이 나왔다. 그러나 베네케는 그 이상을 원했다. 그가 꿈꾼 것은 독일 고전 철학의 체계에 맞서 그것을 영원히 대체할 심리학적 종합 체계를 확립하는 것이었다. 하지만 혼자서는 할 수 없는 일이었다. 결국 1851년에 좀 더 폭넓은 연구 자료를 확보할 목적으로 학술지 『실용적 심리학 논집*Archiv für die pragmatische Psychologie etc*』을 창간했다. 그러나 이 잡지 프로젝트는 돈 문제로 곧 물거품이 되었다. 베네케는 절망감으로 몸부림쳤다. 그는 1854년 3월 1일 예정된 강의에 나타나지 않았다. 얼마 뒤 그가 끼고 있던 장갑이 공사장 인부에게 발견되었다. 그리고 2년 뒤 샤를로텐부르크의 한 운하에서 시신으로 발견되었다.

생전에 무시당하고 폄하되었던 베네케는 오늘날 독일에서 과학적 심리학의 문을 연 사람이자, 초창기에 그 학문이 처할 수밖에 없었던 난관을 잘 보여 준 상징적 인물로 여겨진다. 과학적 심리학은 그의 사후에야 보편적 인정을 받았다. 물론 철학의 한 분과로서가 아니라 자연 과학적 방법론과 요구로 무장한 독립 분과로서 말이다.

내면으로의 시선

심리학적 문제 제기에 대한 베네케의 관심은 하늘에서 뚝 떨어진 것이 아니었다. 심리학의 역사는 짧지만 전통은 길다. 몸과 정신, 육체와 영혼이 서로 밀접하게 연결되어 있다는 것은 고대 그리스 시대엔 대부분의 사람이 확신하는 사실이었다. 영혼(프시케)은 육체적이고, 불멸의 정신(로고스)은 비인격적 부가물이라고 생각한 사람은 아리스토텔레스만이 아니었다. 한 인간의 성격이 건강,

영양, 생활 습관, 정신의 영향으로 형성된다는 것은 고대에는 설명할 필요도 없는 사실이었다. 천부적인 성격을 규정하기 위해 체액병리학에서는 인간을 네 유형으로 나누었다. 그에 대한 토대는 몸의 여러 과정을 묘사한 사체액설이었고, 이 학설을 신봉하는 이들은 18세기 깊숙한 시점까지 끊이지 않았다.

몸과 영혼이 어떻게 연결되어 있는지에 대해선 11세기의 페르시아 의사이자 철학자인 아비센나(980~1037)도 관심이 많았다. 그는 육신의 질병뿐 아니라 영혼의 고통에도 자연스러운 원인이 있다고 생각했다. 16세기 초의 〈볼로냐 학파〉도 같은 생각이었다. 그들은 인간의 유한한 영혼만 인정하고 불멸의 영혼은 인정하지 않았다. 이 유한한 영혼은 의학적으로 조사할 수 있다. 자유롭지 못한 의지까지 포함해서 말이다. 17세기 말과 18세기 초 영국의 경험론자들은 인간의 지각을 세분화했고, 그 지각들이 오성에 끼치는 영향도 세세하게 나누었다. 영혼의 삶을 해부학적으로 들여다본 흄 역시 우리가 도덕이라 부르는 것이 실은 이성적 분별력보다 감정과 훨씬 관련이 많은 보편적 모델을 따르고 있음을 놓치지 않았다. 육체와 관련된 모든 일에서와 마찬가지로 도덕에서도 인간은 환경에 적응한다. 그 과정에서 인간 행위는 자유 의지가 아니라 끝없는 인과 관계의 도식을 따른다.

영혼은 도저히 이해할 수 없는 책이 아니라 하나의 메커니즘이다! 흄에 이어 프랑스의 의사 쥘리앵 오프루아 드 라메트리(1709~1751)도 르네 데카르트(1596~1650)의 후예답게 인간을 하나의 복잡한 기계이자, 생리학적 자극과 반사의 메커니즘으로 묘사했다. 즐거운 일을 추구하고, 괴로운 일은 회피하는 것이 인간이라는 것이다. 그에 이어 프랑스의 계몽주의자 돌바크와 엘베시우스는 정밀한 의학적 지식 없이, 정신적 삶까지 포함한 전체 인간을 뉴턴의 물리학 법칙에 따라 어설프게 짜맞추었다. 이렇게 보자면 최초의 도덕적 물리학은 이미 베네케 50년 이전으로 거슬러 올라간다. 게다가 18세기 중반에는 쇼펜하우어를 깔보던 콩디야크와 함께 감각주의의 전통이 시작된다. 모든 정신적 능력에는 명확하게 규정할 수 있는 하나의 감각적 기원이 있고, 이제부터 인간을 설명하려는 사람은 더 이상 형이상학자가 아닌 감각적 생리학자로서 그 기원의 수수께끼를 풀어야 한다는 것이다. 이로써 인간에 관한 모든 학문은 자연 과학으로 변한다. 물론 자연 과학이 오늘날과 같은 의미를 얻기까지는 시간이 더 걸려야 했지만 말이다.

그런데 18세기에 인간 영혼에 자연 과학적 메스를 들이댄 모든 사람이 흄, 라메트리, 돌바크, 콩디야크처럼 무신론자는 아니었다. 예를 들어 1755년에 『심리학 시론*Essai de psychologie*』을, 1760년에는 『영혼의 능력에 관한 시론*Essai analytique sur les facultés de l'âme*』을 쓴 스위스의 자연 연구자 샤를 보네(1720~1793)는 독실한 기독교 신자였다. 또한 〈유물론자〉로 알려진 의사이자 철학자인 피에르 장 조르주 카바니스(1757~1808)도 자신의 입장을 완전히 확신하지는 못했다. 1802년 두 권짜리 주저 『인간 속의 육체적인 것과 도덕적인 것의 연결에 대하여*Rapports du physique et du moral de l'homme*』에서 그는 인간의 모든 영혼적 과정을 물리적으로 설명할 수 있다고 여전히 믿고 있었다. 그런데 시간이 가면서 콩디야크를 훌쩍 뛰어넘었다. 외적 자극뿐 아니라 내적 자극도 인간에게 영향을 미친다는 것이다. 본능은 우리를 무의식적으로 조종하고, 신경계는 우리의 정신 상태를 결정한다. 우리 내면에서 느껴지는 희미한 무언가가 우리 성격의 원천이고, 우리 성격을 추동한다. 이 희미한 느낌은 장차 의학적으로 전문 훈련을 받은 사람에 의해 탐구되고 설명되어야 한다. 거기다 성과 건강 상태, 나이, 기후 같은 환경까지 합쳐지면 우리는 전체로서의 한 인간을 파악할 수 있다.

카바니스가 주창한 〈의지의 생리학〉이 오늘날까지 알려진

데에는 쇼펜하우어의 덕이 크다. 쇼펜하우어는 콩디야크를 무척 싫어했지만, 카바니스에게서는 많은 것을 취했다. 이 프랑스 의사가 아직 학문의 형태로 존재하지 않았던 심리학을 크게 확장시켰기 때문이다. 이제 사람들은 인간의 성격을 돌바크나 엘베시우스처럼 물리학의 도움을 받아 설명하지 않았다. 대신 1800년경에 처음으로 〈생물학〉이라는 이름이 붙은 분과를 끌어들였다. 생물학은 온전한 사회 이론을 구축할 수 있을 만큼 인간의 영혼적 삶을 세밀하게 설명했다. 카바니스의 목표도 바로 그것이었다. 그는 엘베시우스 부인의 살롱에서 만나 자주 대화를 나누었던 유명한 사회 개혁가 앙투안 루이 클로드 데스튀트 드 트라시(1754~1836)처럼 인간의 수수께끼를 생물학적으로 정밀하게 풀어내고 싶었다. 그렇게만 된다면 거기서 적절한 도덕과 올바른 공동체적 원칙이 필연적으로 도출될 것이라고 믿었다.

카바니스는 물리학에서 생물학으로 갈아탐으로써 새로운 과학적 세계로 입성했다. 그런데 생명 과학의 법칙은 물리학처럼 그렇게 쉽게 밝혀낼 수 없었다. 일단 토대부터 흔들렸다. 생명은 왜 존재할까? 생명의 구조는 어떤 법칙으로 이루어져 있을까? 어떤 생물학적 힘이 유기체에 작용할까? 골머리를 앓던 카바니스는 결국 죽기 직전에 고백했다. 이 질문들은 답할 수가 없는 것이라고.[31] 도덕에 대한 인간의 욕구는 생리학적으로 설명되지 않았다. 그렇다면 인간의 경험적 지각 뒤에 모든 것을 움직이게 했고, 지금도 움직이고 있는 신적인 힘과 에너지가 숨어 있지 않다고 누가 장담하겠는가?

경험적 방법론은 형이상학과 예전보다 더 명확하게 경계가 그어졌다. 하지만 형이상학을 대체하지는 못했다. 프랑스의 철학자 마리 프랑수아 피에르 멘드비랑(1766~1824)도 비슷한 경험을 했다. 베르주라크 출신의 이 남자는 원래 콩디야크의 감각론을 확증하고 확장할 계획이었다. 그런데 카바니스와 데스튀트 드 트라시와 같은 길을 걸으면서 모든 감각적 인상이 수동적이지만은 않다는 사실을 빠르게 깨달았다. 그는 논문 현상 공모에서 상을 받은 작품 『습관이 사유 능력에 미치는 영향*Influence de l'habitude sur la faculté de penser*』(1802)에서 지각이 항상 두 가지 요소로 이루어져 있다고 설명했다. 하나는 콩디야크가 말한 수동적 감각 인상이고, 다른 하나는 적극적인 노력과 의도적 집중을 통한 지각이었다.

사후에야 발표된 『심리학의 토대 및 심리학과 자연 연구와의 관련성 시론*Essai sur les fondements de la psychologie et sur ses rapports avec l'étude de la nature*』(1812)에서는 그의 입장이 한층 더 분명해졌다. 의지든 〈자아〉든 감각적 느낌만으로는 설명될 수 없다는 것이다. 나중에 그를 깊이 공부하게 될 쇼펜하우어와 마찬가지로 멘드비랑도 의지를 영혼의 출발점으로 본다. 맨 처음엔 의지가 있다. 의지에서 우리의 인격에 대한 구상과 자유의 표상이 발달한다. 감각을 통해 야기되는 것은 감정과 느낌뿐이다. 반면에 지각은 무언가를 자유롭게 향하거나 향하지 않을 수 있는 주의력에 종속된다. 감각 인상과 복잡한 표상의 조합도 감각만으로는 설명되지 않는다. 미와 도덕, 성찰 같은 개념은 말할 것도 없다. 멘드비랑은 만년의 저술에서 마침내 기독교로 도피한다. 그가 볼 때 인간 본성에 영혼을 불어넣는 신이 없다면 정체성, 인격, 자의식이라는 자아의 세 가지 측면은 도저히 설명되지 않기 때문이었다.

경험적 심리학

18세기 말과 19세기 초의 프랑스에서는 영혼의 자연 과학적 진영으로 의사와 철학자 군단이 우르르 몰려갔다. 반면에 독일에서는 심리학이 막 걸음마를 뗐다. 프라이부르크의 철학자 요한 토마스 프라이기우스(1543~1583)가 1574년에 이미 **심리학**psychologia이라는 용어를 사용하고 그에 상응하는 관찰 방법을 제시했지만, 사실 그에게 영혼을 철학적이 아니라 경험적으로 들여다보는 것은 부수적인 일이었다. 이 용어가 더 많은 식자층에게 친숙해진 것은 고트프리트 빌헬름 라이프니츠(1646~1716)의 제자 크리스티안 볼프(1679~1754)를 통해서였다. 그는 좀 더 높은 차원의 **이성적 심리학**에 대비해서 좀 더 낮은 등급의 내성법, 즉 내면을 들여다보는 기술로서의 **경험적 심리학**을 제시했다.

그런데 이 두 〈심리학〉은 이어진 시기에 상황이 좋지 않았다. 경험적 심리학은 독일 북부 출신의 요하네스 니콜라우스 테텐스(1736~1807)가 아주 정밀하게 접근했음에도 열등한 것으로 간주되었다. 수학과 물리학을 공부한 테텐스는 경험을 강조하기 위해 형이상학을 깎아내렸다. 그런 입장이 잘 드러난 책이 『형이상학에서 확고한 진리가 별로 없는 몇 가지 이유에 대한 고찰 *Gedanken von einigen Ursachen, warum in der Metaphysik nur wenige ausgemachte Wahrheiten sind*』(1760)이었다. 테텐스는 볼프와 거리를 두었던 반면에 독일인으로서는 드물게 로크와 흄에게 연결했다. 그의 질문은 칸트의 것과 똑같았다. 라이프니츠와 볼프의 전통에 입각한 합리론은 영국 철학자들의 경험론과 어떻게 합치될 수 있을까? 인간에게는 선천적인 사고 구조가 있을까, 아니면 사유는 오직 감각적 경험을 토대로 이루어질까? 테텐스는 경험론자들에게 완전히 넘어가지는 않고 좋은 점만 취했다. 이어 킬 대학의 수학과 철학 교수로 재직하면서 인간 본성에 관한 자신의 대표작을 써나가기 시작했다. 여기서 그는 형이상학적 도구를 사용하지 않으면서 인간의 내면 삶을 해부하고자 애썼다. 그러나 그의 전공 분야가 아무리 폭넓다고 하더라도 자연 과학적 요구를 다 수용하기엔 충분치 않았다.

테텐스의 이론 중에서 오늘날까지 살아남은 것은 칸트가 그의 이론으로 시도했던 방법론 정도다. 쾨니히스베르크 출신의 이 철학자는 테텐스의 대표작 『인간 본성과 발전에 대한 철학적 시도 *Philosophische Versuche über die menschliche Natur und ihre Entwicklung*』(1777)를 개념의 채석장으로 여러 차례 활용했다. 그가 밝힌 바에 따르면 그의 책상 위에는 늘 테텐스의 책이 펼쳐져 있었다고 한다. 거기엔 『순수 이성 비판』에 필요한 적절한 구분과 개념이 많이 들어 있었기 때문이다. 하지만 테텐스의 심리학적 철학에는 칸트를 납득시킬 만한 〈체계〉는 당연히 존재하지 않았다. 그의 철학은 상세한 개별적 관찰의 무질서한 더미일 뿐이었다. 그런 반면에 칸트는 인간의 모든 감각적 활동과 사고 능력을 하나의 철학적 체계로 통합했다. 모든 관계를 정확하게 묘사할 수 있는 종합 체계로서 말이다. 칸트에게 심리적 관찰은 단지 현상일 뿐이었다. 그 뒤에는 보편적 철학 구조들이 있었고, 경험적이지 않은 이 구조들이 칸트 철학의 뼈대였다. 이런 의미에서 테텐스가 그의 개념들에 많은 영감을 주기는 했지만 칸트가 거기서 멀어지는 것은 당연한 결과였다. 〈테텐스는 순수 이성의 개념들을 주관적으로만 연구하고, 나는 객관적으로 연구한다. 그의 분석은 경험적이고, 나의 분석은 선험적이다.〉[32]

이런 측면에서 〈경험적 심리학〉의 명성은 그다지 좋은 편이 아니었다. 관찰에 의거해 인간 마음의 수수께끼를 풀려고 하는 것은 철학적으로 순진하기 그지없었다. 그런데 〈이성적 심리학〉은 상황이 더 좋지 않았다. 칸트가 즉각 인정사정없이 짓밟아 버렸기 때문이다. 그의 생각은 이랬다. 이성적 심리학 같은 건 존재할 수 없다. 순수 이성은 과학적 수단으로 탐구될 수 없고 오직 철학적으로만 규명될 수 있다. 우리의 이성, 신과 영원에 대한 우리의 이념,

선에 대한 우리의 내적 의무는 결코 경험적 사실이 아니다. 그중 어떤 것도 경험의 토대 위에 서 있지 않다. 따라서 경험적 연구는 이성을 사용할 수 없다. 그저 철학의 하청업체일 뿐 철학을 대체하는 건 불가능하다!

이런 험악한 배척은 30년 뒤에도 독일 철학계에서 반복되었다. 시발점은 유럽의 절반을 돌며 찬사를 받은 의사 프란츠 요제프 갈(1758~1828)의 순회강연이었다. 갈은 상당수의 두개골을 청중에게 보여 주며 뇌 해부학에 기반해서 인간의 성격을 얼마나 놀랍게 추론해 낼 수 있는지 설명했다. 청중은 열광했고, 그와 관련된 수많은 책이 쏟아져 나왔다. 사람들은 이 두상학(두개골 이론)의 창시자를 과학적 메시아로 찬양했고, 갈 자신은 이 연구를 골상학(정신 이론)이라 불렀다. 물론 이 용어는 그가 처음으로 만든 것은 아니었다. 어쨌든 그는 뇌의 여러 부위를 구분하면서 각각의 부위에 특정한 영혼적, 정신적 과정을 할당했다. 그와 함께 두개골에서 어떤 부위가 눈에 띄게 형성되어 있을수록 그것이 담당하는 기능과 능력도 더 뚜렷이 나타난다고 설명했다.

갈의 〈연구〉는 많은 논쟁을 부른 스캔들이자 사건이었다. 한쪽에는 열광적인 지지자들이, 다른 쪽에는 격렬한 비판자들이 있었다. 이미 17세기에도 루이 14세의 주치의 마랭 퀴로 드 라 샹브르(1594~1669)는 프랑스 궁전에서 어떻게 인상을 보고 그 사람의 진정한 성격을 읽어 낼 수 있는지를 설명했다. 18세기에 취리히의 목사 요한 카스파르 라바터(1741~1801)가 주장한 〈인상학〉도 같은 맥락이었다. 그런데 갈의 골상학은 인간 성격의 수수께끼를 푸는 이런 기술을 완전히 새로운 차원의 과학으로 끌어올린 듯하다. 그렇다면 인간의 정신적 삶과 연결된 외적 통로는 정말 존재할까?

상황이 이렇다 보니 헤겔도 이 문제에 입장을 표명할 필요를 느꼈다. 갈의 시연에 대해서는 신문 기사로만 알고 있었다. 그럼에도 『정신 현상학*Phänomenologie des Geistes*』(1807)에서 일부 지면을 할애해 그에 대해 상세히 반박했다. 헤겔의 판단은 전광석화였다. 〈인간의 본모습〉은 〈두개골〉에 있지 않다는 것이다. 두개골의 형태와 그 내용물의 관련성은 사변에 지나지 않는다. 그런 측면에서 갈의 주장은 학문이 아니다. 〈내부〉의 사유가 아닌 〈외부〉의 경험적 연구로 인간 정신에 접근하는 것은 어리석기 짝이 없다. 어쩌면 이 〈공허한 이론〉을 창시한 자의 〈두개골을 직접 열어서〉 그가 지금 무슨 헛소리를 지껄이고 있는지 증명해야 하지 않을까?[33]

숱한 적대감에 지친 갈은 결국 1808년에 파리로 이주했다. 이곳 분위기는 독일과 확연히 달랐다. 그의 〈연구〉에 호감을 보이는 전문가가 많았다. 물론 여기서도 독일과 마찬가지로 갈의 연구를 도발로 여기는 교회의 도덕적 파수꾼들이 있었지만, 카바니스와 데스튀트 드 트라시를 통해 단련된 프랑스 청중은 정신에 대한 그런 〈유물론적 설명〉에 독일의 관념론 철학자들만큼 거부감을 보이지는 않았다.

도야 능력

그럼에도 1808년 최초의 『심리학 역사*Geschichte der Psychologie*』가 출간된 곳은 독일이었다. 저자는 라이프치히 철학 교수 프리드리히 아우구스트 카루스(1770~1807)였다. 대학에서 신학을 공부한 그는 이 책과 마찬가지로 사후에 출간된 『히브리인들의 심리학*Psychologie der Hebräer*』에서 기독교의 생성을 그 발생지 주민들의 심성에서 풀이했다. 그렇다고 〈유물론자〉나 〈무신론자〉도 아니었다. 그는 자기만의 확고한 시선에 입각해서 지금까지의 신학적 구원사를 심성의 역사 및 사회 심리학으로 바꾸어 놓았다. 또한 1802년에 〈인간학 협회〉로 이름을 바꾸기 전의 〈심리학 연구소〉와 함께 경험에 기초한 심리학을 진척시키려 했다. 하지만 뜻밖의 이른 죽음으로 그의 시도는 결실을 보지 못했다.

철학자들은 이런 시도를 곧잘 비웃었지만 이 주제는 이미 시대의 흐름에 올라탔다. 카루스보다 20년 전에 벌써 작가 카를 필리프 모리츠(1756~1793)는 『너 자신을 알라 또는 경험 영혼론 매거진*Gnothi sauton oder Magazin für Erfahrungsseelenkunde*』을 창간했다. 베를린에서 4개월 간격으로 발행된 이 잡지는 식자층과 비식자층 모두의 교양에 이바지할 목적으로 만들어졌다. 중부 유럽 전체에서 원고가 들어왔다. 뤼겐, 아우크스부르크, 빈, 헤이그, 쾨니히스베르크 같은 곳들이었다. 〈경험 영혼론〉 또는 〈경험 영혼학〉은 오늘날과 마찬가지로 당시에도 독자들의 마음을 사로잡을 온갖 이야기를 담고 있었다. 구체적으로 말하자면 살인자, 자살자, 우울증 환자, 도벽, 특이한 성적 취향, 종교적 광신도를 비롯해 농아, 어린 시절의 트라우마, 꿈의 경험에 이르기까지 갖가지 비정상적인 행태에 관한 이야기였다.

철학자는 특별한 것을 도외시하고 인간과 주체 **일반**에 대해 말하는 데 심혈을 기울이는 반면에 경험 영혼론은 정반대, 즉 구체적인 것과 개별적인 것, 이색적인 것, 일탈적인 것에 관심을 가진다. 모리츠의 표현을 빌리자면 〈빛이 덜 나는 사람들〉이다. 게다가 중요한 것은 오직 〈진실한 사실〉이지, 〈성찰〉과 〈도덕적 훈계〉, 〈징치의 설교〉가 아니다. 영혼 연구자들이 다루는 분야는 〈영혼 자연학〉, 〈영혼 병리학〉, 〈영혼 기호학〉, 〈영혼 치료학〉이다. 철학과 달리 심리학은 체계 구축을 지향하지 않는다. 심리학적 인식은 보편적인 것에 대한 논리적 고찰이 아니라 개별 사례에서 생긴다. 철학이 **연역적**이라면, 심리학은 **귀납적**이다. 이런 밑으로부터의 방법을 통해 인간에 관한 필요한 지식이 만들어지고, 그로써 타인을 계발하고 교육시킬 이상적 토대가 마련된다.

심리학 없이는 교육학도 없다! 이 두 영역에서 동시에 탁월한 능력을 보인 사람이 있을까? 물론 있다. 요한 프리드리히 헤르바르트(1776~1841)가 그 주인공이다. 올덴부르크 사법관의 아들로 태어난 헤르바르트는 예나에서 법학을 공부했다. 짧은 기간이지만 이 도시가 독일의 정신적 중심지 역할을 하던 시기였다. 여기서 그는 학생들이 열광적으로 숭배하던 피히테에 대해 듣게 되었다. 그래서 전공을 철학으로 바꾸고 위대한 스승의 강의에 귀를 기울였다. 그는 감동에 젖어 이렇게 말한다. 〈발밑의 땅이 꺼지는 느낌이었다. 나는 마비된 것처럼 몸을 움직일 수가 없었다.〉[34] 그러나 피히테의 급진적 주관주의가 그의 정신에 불을 지핀 것은 잠깐이었다. 격렬한 저항의 시기가 찾아오면서 헤르바르트는 철학 전공까지 때려치웠다. 이어 1797년에 스위스 인터라켄으로 갔고, 유명한 한 스위스 가문의 가정 교사로 들어가 세 아들을 가르쳤다. 또한 거기서 유명한 교육학자 요한 하인리히 페스탈로치(1746~1827)를 알게 되었고, 그의 총체적 교육관을 지체 없이 받아들였다. 친아들에게는 정말 최악의 교육적 실수를 저지른 바 있는 페스탈로치였지만, 그에게 교육의 본질은 한 아이의 정신적, 기술적, 도덕적 힘을 동시에 촉진하는 데 있었다. 교육은 심성을 도야시킬 때만 교육이었다. 성적이나 자격증 같은 건 교육학의 본연의 의미가 아니었다. 그 중심에는 지식과 관련된 특정 스펙이 아니라 아이 스스로 최대한 많은 것을 할 수 있게 하려는 주체적 능력이 자리하고 있었다.

헤르바르트는 1802년에 독일로 돌아가 중단했던 철학 수업을 계속했고, 괴팅겐 대학에서 박사 학위를 마친 뒤 교수 자격 논문까지 통과했다. 이후 자신만의 철학을 구상해 나갔다. 피히테의 주체 철학을 교육학에 대한 새로운 관심과 융합시키는 것이 그의 목표였다. 피히테는 강단에 우뚝 서서 이렇게 가르쳤다. 〈자기 자신을 정립하는 것은 자아〉이고, 우리 자신에 대한 표상을 포함해서 우리의 전체 세계는 **이 세계**가 아니라 **우리의 표상 세계**라고. 헤르바르트는 이 명제를 처음엔 완전히 뭉개 버렸다. 하지만 나중엔 하나의 출구를 발견한다. 만일 〈자아〉가 자기 자신을 정립한다면 자아는 구체적인 발현 면에서 얼마든지 바뀔 수 있다. 헤르바르트는 피히테를 논리적이 아니라 심리적으로 해석한다. 나의 존재는 내 의식의 산물이다. 만일 나 자신의 의식이 바뀐다면 그와 함께 내 존재도 바뀐다. 〈자아는 자기 자신을 정립한다〉라는 피히테의 테제는 헤르바르트에겐 〈인간은 스스로를 만들어 나간다〉는 의미였다. 그런데 1802년 『교육학 강의*Vorlesungen über Pädagogik*』에서 밝힌 것처럼 인간은 스스로 〈도야 능력〉이 있을 때만 자기 자신을 만들어 나갈 수 있다. 피히테가 철학적 사변을 탐닉하는 곳에서 헤르바르트는 구체성을 띠고, 피히테가 보편적 자아를 불러내는 곳에서 헤르바르트는 개인을 떠올리고, 피히테가 인류사의 과정을 바꾸려고 하는 곳에서 헤르바르트는 모든 개인이 자기 자신을 바꾸는 것을 도우려 한다.

피히테의 관점에서 보면 자신의 철학에 대한 헤르바르트의 해석은 극단적 오독이었다. 헤르바르트에게 피히테 철학은 개별 인간 및 더 나은 개인으로의 구체적 변화 가능성을 품은 새로운 철학의 출발점이었다. 이제 역사 철학은 무대 뒤로 퇴장하고, 진보하는 것은 세계의 흐름이 아니라 도덕뿐이다. 만일 미래가 인간에게 좋은 것을 가져다준다면 그건 체계적인 도야와 교육을 통해서만 가능하다. 〈우리는 결심을 통해 자신을 새롭게 생성해 나가야 한다. 우리는 우리 자신을 만들어야 한다. 모든 인간은 현재의 자기 모습이 아니라 본인이 스스로에게 요구하는 모습으로 자기 자신

을 정립해야 한다.〉[35]

너 자신이 되어라! 인간이 자기 자신을 만들어 나갈 수 있다는 것은 헤르바르트의 거대한 주제였다. 그렇다면 그런 형성 과정은 어떻게 이루어질까? 페스탈로치처럼 헤르바르트도 도야 가능성과 자기 형성을 이론적으로 설명하면서 교육학에 토대를 제공하는 전일적(全一的) 관점을 찾아 나섰다. 그는 괴팅겐 대학에 있을 때 한 논문을 발표했다. 제목은 『교육의 주요 사업으로서 세계의 미적 묘사*Über die ästhetische Darstellung der Welt als das Hauptgeschäft der Erziehung*』(1804)였다. 여기서 자기 형성이 의미하는 바는 하나였다. 도덕적 완전화가 그것이다. 그런데 자신을 더 나은 인간으로 만들려면 나는 내가 원하는 것을 실행할 수 있을 만큼 자유로워야 한다. 내게 필요한 것은 〈내적 자유〉다. 그렇다면 그것은 어디서 올까? 경험 세계에는 자유가 없고, 오직 원인과 결과의 무한한 연속뿐이다. 이건 칸트도 해결할 수 없어 골머리를 앓던 난제였다. 결국 그는 경험 세계 외에 두 번째 세계를 상정할 수밖에 없었다. 사물이 인간 오성과는 무관하게 〈그 자체로〉 존재하는 〈자유의 제국〉이 그것이다. 하지만 칸트 이후의 많은 사상가처럼 헤르바르트 역시 이 이분법을 확신하지 못했다.

그는 마침내 실러에게서 출구를 찾았다. 실러는 『인간의 미적 교육에 관하여*Über die ästhetische Erziehung des Menschen*』(1795)에서 인간은 어떤 것에도 구애받지 않고 독자적으로 무언가를 하고, 오롯이 〈자유로운 유희〉 속에서 무언가를 형상화할 때 자유롭다고 말했다. 이 원칙을 교육학에도 멋들어지게 전용할 수 있지 않을까? 인간은 미적 지각 속에서 자유를 경험하고, 자기 자신이 더 높은 단계로 발전할 수 있음을 느낀다. 교육자가 학생들에게 미적 지각과 판단력을 더 강하게 훈련시킬수록 학생들의 자기 완전화는 점점 더 쉬워진다.

이것이 헤르바르트의 교육학적 강령이다. 미학과 윤리학, 교육론은 서로 불가분의 관계로 연결되어 있다. 그 관계에 대해서는 1806년에 출간된 그의 저서 『교육 목적에서 도출된 보편 교육학*Allgemeinen Pädagogik aus dem Zweck der Erziehung abgeleitet*』에 설명되어 있다. 교육의 목적은 도덕적 인간으로 나아가는 자기 형성이자 완전화다. 교육자가 〈피교육자〉를 올바른 방법으로 인도하면 피교육자는 교육자의 말과 행동을 〈받아들이고〉 인식의 지평을 확장한다. 자기 인식과 자기 완전화는 놀라운 방식으로 합치된다. 피교육자는 자신을 곧장 도덕적 성격으로 이끄는 〈조화로운 다면성〉을 확보한다.

헤르바르트는 자가 발전(發電)에 특출한 재능이 있는 사람이었다. 교육학에 관한 저서 외에 철학의 주요 세 분과, 즉 형이상학과 논리학, 윤리학에 관한 글도 썼다. 대학에 자리를 잡은 건 1809년이었다. 예전에 칸트가 맡았던 쾨니히스베르크 대학의 철학과 교수 자리였다. 여기서 그는 빌헬름 폰 훔볼트(1767~1835)를 알게 되었다. 당시 원대한 교육 개혁을 추진하고 있던 훔볼트는 헤르바르트를 자신의 우군으로 평가했다. 그런데 헤르바르트가 원한 것은 국가적 차원의 교육 개혁 이상이었다. 그는 철학 내에 교육학이 불가역적으로 확고하게 뿌리내리기를 원했다. 그런데 올바른 교육적 방법을 찾으려면 무엇보다 피교육자의 심리를 알아야 했다. 헤르바르트는 교육학에 철학적 측면뿐 아니라 심리적 측면에서도 토대를 구축하는 것이 자신의 의무라고 생각했다. 그래서 나온 것이 『심리학 교범*Lehrbuch zur Psychologie*』(1816)이었다. 〈내면의 지각, 여러 교육 단계에서 사람들과의 교류, 교육자와 위정자의 관찰, 여행자와 역사가, 작가, 도덕가의 묘사, 마지막으로 정신병자, 환자, 동물에 대한 경험, 이 모든 것이 심리학에 자료를 제공한다.〉[36]

볼프 이후에 일반화되었듯이 헤르바르트도 심리학을 〈경험적〉 심리학과 〈이성적〉 심리학으로 나누었다. 그런데 칸트와 달리 그는 이성적 심리학을 포기하고 싶지 않았고, 그렇다고 칸트 이후의 베네케처럼 경험적 심리학만을 다른 모든 철학을 불필요한 것으로 만들어 버리는 진정한 심리학으로 삼고 싶지도 않았다. 그는 전통적 형이상학과 현대적 경험학 사이의 새로운 왕도를 찾아 나섰다.

헤르바르트는 교육학을 과학으로 만들고자 인간을 두 세계의 시민으로 만든다. 첫 번째는 경험적 세계다. 여기서는 당연히 경험적 심리학이 가장 잘 먹힌다. 이 심리학은 감각적 인상이 어떻게 표상과 판단이 되고, 그로써 의식 속에서 어떻게 제2의 독자적 세계가 생겨나는지 분석한다. 이 두 번째 세계는 시간과 공간의 표상이나 자아를 구축한다. 경험적 세계에는 절대 그 자체로 존재할 수 없는 것들이다. 두 번째 세계의 가장 큰 역할은 인간 속에서 경험적 〈존재〉와 대립각을 세우는 도덕적 〈당위〉를 구축하는 것이다.

헤르바르트는 인간 영혼의 합법칙성을 과학적으로 규정하는 작업에 심혈을 기울였다. 물론 실험적 연구를 병행하지는 않았다. 1824~1825년 그의 두 권짜리 저서 『과학으로서의 심리학: 경험과 형이상학, 수학의 새로운 토대 위에서*Psychologie als Wissenschaft: neu gegründet auf Erfahrung, Metaphysik und Mathematik*』가 출간되었다. 헤르바르트는 〈심리학계의 뉴턴〉이 되고 싶었다. 그래서 인간 의식의 합법칙성에서 나온 올바른 〈방법〉을 교육학에 선사하려 했다. 우리의 표상 세계에서 일어나는 일은 어째서 우리의 감각적 경험처럼 정밀하게 묘사될 수 없다는 말인가? 〈인간 정신의 합법칙성은 천체를 꼭 빼닮았다.〉 헤르바르트가 이미 『심리학 교범』에 썼던 내용이다.[37] 이 천체와 마찬가지로 영혼도 인력과 척력, 정역학과 동역학이 작용하는 역장(力場)이다. 영혼의 법칙은 수학적 법칙이고, 영혼의 힘은 물리적 힘이다. 가장 강한 동력은 관철되고, 가장 약한 동력은 뒤로 밀려 어둠에 잠긴다. 영혼에서는 설 자리가 없기 때문이다. 충돌하는 두 개의 표상은 서로 〈저지하고〉, 다른 표상들은 〈균형〉 상태에 있거나 활력을 띠며 서로를 고무한다. 이런 이론에 뿌리를 둔 헤르바르트의 물리학은 곳곳에서 과학적 심리학의 모범이 되었다. 그것도 프랑스 심리학자들이 심리학과 결별하고 새로운 주도 학문인 생물학으로 갈아타던 바로 그 시기에 말이다.

이로써 헤르바르트의 물리학적 심리학은 탄생과 함께 이미 낡은 것이 되었다. 다른 측면에서도 그는 보수적이었다. 그의 생각으로는 영혼이 자연법칙적으로 설명될 수 있다는 것이 인간의 도덕성이 단순히 자연 과정에 불과하다는 뜻은 아니었기 때문이다. 우리가 내면에서 느끼는 도덕적 〈당위〉는 물리적 과정 이상이며 여전히 형이상학적인 과정이다. 어떤 물리적 압력이나 어떤 역학으로도 인간이 왜 선을 추구하는지는 설명되지 않는다. 이 점에서 헤르바르트는 형이상학자다. 본인도 스스로를 〈1828년의 칸트주의자〉로 여겼다. 후계자들의 지나친 사변적인 관념론을 거부하면서도 철학적 관념론에 맥이 닿아 있는 칸트주의자라는 말이다. 바로 이것이 베네케와 다른 점이었다.

갈림길에 선 심리학과 교육학

『과학으로서의 심리학』 1권이 막 출간되었을 때 헤르바르트는 공개편지와 개인적인 편지를 각각 한 통씩 받았다. 발신자는 그보다 스물두 살 어린 베네케였다. 공개편지 뒤에는 1824년에 베네케가 발표한 50면 분량의 『영혼의 질병학*Seelenkrankheitskunde*』이 첨부되어 있었다. 편지 제목은 이랬다. **심리학이 형이상학이나 물리학에 토대를 두어야 할까요? 쾨니히스베르크의 헤르바르트 교수님께 보내는 편지.** 심리학의 두 개척자는 평론을 통해 서로를 알고 있었다. 베네케는 몇 년 늦게 헤르바르트의 『심리학 교범』을 언급하면서 일부 칭찬을 하기는 했지만 질책이 훨씬 더 많았다. 쾨니히스베르크의 교수도 세 편의 평론에서 베를린의 이 젊은 강사를 비판하는데 주저하지 않았다. 두 사람의 논쟁은 오늘날 새로운 분과의 탄생을 앞둔 산통으로 여겨진다. 베네케는 심리학을 자연 과학처럼 순수 경험적 토대 위에 세우려 했지만, 헤르바르트는 일부만 그러기를 원했다.

경험적 심리학에 돌파구를 마련하기 위해 서로의 입장을 조율하려던 베네케의 소망은 헤르바르트에 의해 무시되었다. 오히려 헤르바르트는 자신의 또 다른 두 권짜리 저서 『보편적 자연 철학의 시작과 연결된 보편적 형이상학*Allgemeinen Metaphysik, nebst den Anfängen der allgemeinen Naturphilosophie*』(1828/1829)에서 다시 한번 경험적 심리학과 자신의 차이를 분명히 강조한다. 자신의 〈비판적 리얼리즘〉은 오직 **경험**만을 자연 과학적으로 설명할 뿐 **인식**과 **자기 인식**에 대해서는 그렇게 하지 않는다. 더 높은 단계의 진실과 통찰은 감각적 경험으로는 도달할 수 없다. 이런 진실과 통찰은 다양한 표상들을 서로 관련시켜 고유의 관념 복합체를 만들어 낼 때만 생성된다. 헤르바르트의 사변을 좀 더 들어 보자. 자연의 일도 이와 다르지 않다. 자연 대상이 우리에게 나타나는 방식은 일정하지 않고, 상당 부분 조건들의 복합체에 좌우된다. 그런 점에서 우리 의식의 더 높은 과정을 고정된 개별 요소와 엄격한 메커니즘으로 분해하는 것은 불가능하다. 물론 물리학에서는 기본적으로 그게 가능하다.

인간의 모든 생각과 행동은 경험적 과정으로 환원될 수 있을까? 혹은 인간의 내면에서는 경험학적 방법에서 벗어난 과정이 일어나고 있을까? 헤르바르트와 베네케의 논쟁은 오늘날까지도 철학자와 심리학자가 싸우고 있는 바로 그 지점을 건드린다. 다만 이것이 부른 결과는 분명하다. 19세기 후반부에 마침내 심리학이 철학에서 떨어져 나온 것이다. 심리학자로서 베네케의 입장은 일리가 있다. 하지만 철학자로서 헤르바르트는 오늘날의 다른 많은 철학자가 그러하듯이 철학의 본분에 맞는 것을 요구한다. 즉 인간은 자연 과학적 측정과는 다른 방식으로 고찰하는 것이 여러모로 합당하다는 것이다.

베네케와 헤르바르트의 경쟁심은 전자가 과감하게 교육학으로 진격하면서 더욱 커졌다. 헤르바르트는 교육학에서 심리학으로 넘어갔고, 베네케는 심리학에서 교육학으로 넘어갔다. 후자에게 교육론은 경험적 심리학의 기막힌 적용 분야였다. 1828년에 이 무급 강사는 베를린에서 첫 교육론 강의를 했다. 그는 교육학을 도덕적 사명으로 여겼다. 그건 헤르바르트도 마찬가지였고, 베네케의 유명한 스승이자 다재다능한 신학자였던 프리드리히 다니엘 에른스트 슐라이어마허(1768~1834)도 마찬가지였다. 철저하게 숙고된 도덕적 원칙으로 교육하면 아이는 훗날 도덕적으로 사고하고 행동하는 어른이 된다는 것이다. 칸트도 이미 『실천 이성 비판*Kritik der praktischen Vernunft*』에서 그와 관련해서 결정적인 질문을 던졌다. 〈우리는 어떻게 순수한 실천 이성의 법칙에 인간 마음으로 들어가는 **통로**를 마련하고, 인간 마음의 원칙에 **영향**을 줄 수 있을까? 객관적 실천 이성이 **주관적**으로도 작동할 수 있는 마음 원칙에 말이다.〉[38]

슐라이어마허도 동일한 질문을 던졌다. 그는 프로이센 내무성 산하 교육국 소속으로 헤르바르트와 마찬가지로 1810년부터

1815년까지 교육 정책 부문에서 일했다. 때는 바로 훔볼트와 그의 동지 요한 빌헬름 쥐베른(1775~1829)이 프로이센의 교육 제도를 근본적으로 뒤집어엎던 시절이었다. 그런데 슐라이어마허는 칸트와는 달리 누구에게나 적용되는 보편타당한 교육학은 있을 수 없다는 점을 분명히 했다. 내가 어떤 것을 올바른 교육론이라고 생각하건 그조차도 늘 개별적인 사례를 고려할 수밖에 없기 때문이다. 어떤 행동을 할지, 무슨 말을 해야 할지는 항상 어느 정도 사변에 머물 수밖에 없다.

교수 중에서 슐라이어마허를 유일하게 빼어난 인물로 인정한 베네케는 스승의 생각에 즉시 동의했다. 왜냐하면 모든 교육학이 학생을 다루는 선생의 경험에 확고한 뿌리를 두고 있다면 교육론은 경험적 심리학의 이상적 영역이기 때문이다. 그는 이렇게 썼다. 〈교육학의 운명〉은 〈다른 학문, 즉 심리학의 운명〉에 달려 있다. 〈교육과 수업이 설정한 모든 목적은 정신적 생산물의 근거, 정신적 생산물이 사용하는 수단, 정신적 발달의 산물에 뿌리가 닿아 있다. 그래서 근간을 따져 물으면 전체 교육학은 응용 심리학에 지나지 않는다.〉[39] 그런데 심리학을 교육학에 적용하려면 〈지적인 측면뿐 아니라 심적이고 도덕적인 측면에서도 아이들 성격의 고유한 발달에 대한 특수한 관찰〉이 필요했다.[40] 게다가 이를 위해서는 다시 사례 연구를 위한 충분한 자료가 있어야 했다. 그래서 그는 학교 형태, 강의안, 전공 교수법 문제에 천착했고, 〈심성 형성과 성격 형성〉의 심리적인 세부 문제는 다루지 않았다.

헤르바르트가 자신의 〈방법〉에 철학적, 심리학적 토대를 세울 수 있다고 믿었다면, 베네케는 영원한 보편적 교육학 방법론에 회의적이었다. 그에게 척도는 교육학의 철학적 근거가 아니라 오직 학생 및 수련생과의 실질적인 경험이었다. 1841년에 그의 주장을 열광적으로 따르는 지지자가 나타났다. 교사 연합회 회장 요한 고틀리프 드레슬러(1799~1867)였다. 베네케의 『교육론과 수업론*Erziehungs und Unterrichtslehre*』(1835)이 초등 교사들에게 교범이 된 것도 그 덕분이었다. 나중에는 포크틀란트 출신의 프리드리히 디테스(1829~1896)가 베네케의 이념에 따라 오스트리아 교육 제도를 개혁하려고 노력했다.

헤르바르트의 영향은 그보다 훨씬 더 지대했다. 하지만 그는 1837년에 한 사건과 관련해 논란의 중심에 서게 되었다. 하노버 왕국이 1833년에 가결된 자유 헌법, 즉 기본법을 폐지해 버린 것이다. 그러자 그림 형제까지 포함해서 일곱 명의 교수가 그 조치에 격하게 반발하고 나섰다. 그사이 철학부 학장이 된 헤르바르트는 이 사건에서 〈괴팅겐의 7인〉 편에 서지 않고 그들과 거리를 두었다. 이로써 그가 이전의 저서들에서 끊임없이 부르짖었던 자기 결정권과 자기 주체성의 이상은 공적인 신빙성을 잃고 말았다. 1841년에 그는 뇌졸중으로 쓰러져 숨을 거두었다. 예순다섯의 나이였다.

그가 죽기 직전에 『교육학적 강론 개설*Umriß pädagogischer Vorlesungen*』의 출간을 볼 수 있었던 건 그나마 다행이었을 것이다. 게다가 살아생전에 제자와 추종자를 수없이 거느린 것에도 불만을 품을 이유가 없었다. 다만 사후에 유쾌하지 않은 운명이 그를 기다리고 있었던 것은 유감이었을 것이다. 헤르바르트 본인은 자신의 방법론이 학생들의 심적 욕구와 정확히 일치하는지 확신이 없었다. 그럼에도 추종자들은 그의 방법론으로 교리를 만들었다. 그 중심에 있는 것이 형식적 단계 이론이었다. 그러니까 명료성, 연합, 체계, 방법이라는 4단계 교수법을 확고하게 정해 놓고 모든 교수 과정과 학습 과정을 엄격히 구분한 것이다. 이로써 학생들을 각자의 능력과 가능성에 따라 계발하려는 원래의 이념은 엄격하게 규정된 교수 시스템으로 바뀌었다. 거기선 어떤 여지나 이탈도 허용되지 않았다. 그러다 19세기 말에 마침내 독단적 헤르바르트 주의가 생겨났다. 헤르바르트가 〈자기 발달〉과 〈자기 주체성〉으로 이루고자 했던 것과는 완전히 반대되는 현상이 현실에 뿌리를 내린 것이다.

헤르바르트의 교육학이 일종의 엄격한 법규집으로 굳어지던 것과 발맞추어 이 분과는 철학에서 떨어져 나온다. 19세기 후반에 교육학은 〈가르치는 학문〉의 기치를 내걸고 순수 경험 분과로 자리 잡았다. 이로써 개인에 대한 존중은 전체 속의 형식적 냉담함 속에서 사라져 버렸다. 그러다 보니 19세기 말의 개혁적 교육학이 그 형식주의에 반기를 들고 다시 철학적, 인간학적 토대, 즉 아이의 자연적 성향에서 비롯된 교육학을 되찾으려고 한 것은 어쩌면 당연한 결과일지 모른다.

심리학도 장시간 철학에 편입될 수 없었다. 그것이 19세기 후반부터 점점 실험적인 성격을 띠게 될수록 그것의 경험적 자료는 통일적으로 구상된 완벽한 우주에 끼워 넣기가 점점 더 힘들어졌다. 게다가 자극과 느낌, 정신적 반응을 자연 과학적으로 연구할수록 철학적 의미는 더욱 축소되어 버렸다. 인간을 자극과 반응 메커니즘의 측면에서만 보면 동물과 명확하게 구분되지 않았기 때문이다. 따라서 적어도 독일에서 실험 심리학의 시간이 찾아오려면 아직 한참을 더 기다려야 했던 것은 충분히 이해가 가는 바이다. 과학으로 얻은 이득은 너무 적은 반면에 철학에 기반을 둔 인간상의 상실은 너무 위험했기 때문이다. 독일 심리학은 1870년대까지 경험에 지배되지 않았다. 자료를 구하고 영혼의 메커니즘을 조사하는 대신 올바른 〈삶의 기술〉에 대한 지혜로운 지침이 연구되었다. 바로 여기서, 그러니까 실험적 연구가 아니라 삶의 기술에서 심리학의 핵심 개념 가운데 하나가 솟구쳐 올랐다. 그것은 바로 무의식이었다.

해는 거의 항상 완전히 넘어갔거나 반쯤 가라앉아 지평선에 파리한 빛만 비추고 있다. 황금빛으로 물든 저녁, 조각배나 아치형의 문, 협곡 속에 실루엣의 형태로 등장하는 입을 꾹 다문 인간들, 침잠과 조화의 분위기……. 드레스덴 국립 미술관이나 베를린 구(舊) 국립 미술관에서 카를 구스타프 카루스(1789~1869)의 그림을 보면서 과학을 떠올릴 사람은 거의 없을 것이다. 그러나 이 그림의 창조자, 즉 화가이자 의사이자 자연 연구자이자 철학자인 카루스는 정확히 예술에서 〈과학의 정점〉을 보았다.

카루스는 물리학과 식물학, 화학, 의학을 공부했다. 그런데 박사 학위는 의학뿐 아니라 철학에서도 받았다. 논문 주제는 살아있는 것의 현상이었다. 그는 1813년 나폴레옹 해방 전쟁 중에 고향 도시 라이프치히에서 멀지 않은 한 농장에 차린 야전 병원의 원장으로 일했다. 일은 고되었다. 오랜 의학 수업에도 불구하고 그는 환자들이 끔찍이 싫었다. 게다가 티푸스에 감염되어 죽을 고비를 넘기고, 얼마 뒤엔 아내와 어머니까지 이 전염병에 걸리자 더는 버티기 힘든 한계점에 다다랐다. 카루스는 이런 육체적, 정신적 간난을 훗날 자기만의 전형적인 방식 속에서 심신의 정화로 풀어냈다. 그런 전환점을 경험한 사람만이 개인으로서 자유롭게 발전할 수 있다는 것이다.

나폴레옹 전쟁이 끝나면서 고단한 운명의 굴레를 벗은 카루스는 조산학(助産學) 교수가 되었다. 드레스덴 왕립 조산원에서 학생들을 가르쳤고, 다른 한편으로는 외과 의료원도 세웠다. 게다가 독일 대학에서 비교 해부학을 공개 강의한 것도 그가 처음이었다. 1827년 그는 작센 왕의 주치의 세 명 중 하나로 임명되었다. 1829~1830년 겨울에는 유명한 심리학 강의를 했는데, 거기서 네

가지 상이한 방법을 제시했다. 첫째는 경험 영혼학적 전통에서 즐겨 사용하는 **기술적**(記述的) 방법인데, 이는 〈모든 특별한 영혼 활동에 대한 다양한 진술〉[41]을 나열하고 취합한다. 그는 여러 번 인용한 모리츠와 마찬가지로 자신을 〈심리 치료사〉로 보았다. 그것도 심리적 장애의 원인을 건강하지 못한 생활 방식과 어린 시절의 트라우마에서 찾는 그런 심리 치료사 말이다. 그런데 기술적 방법은 철학적 요구를 충족시킬 수 없다.

두 번째는 **분석적** 방법이다. 카루스가 보기에 18세기에 나온 이 방법은 영혼의 개별적 힘을 능력으로 보는 꽤 믿을 만한 시도였다. 그런데 19세기에 이 방법을 물려받은 **목적론적** 방법은 참담했다. 건질 것이 전혀 없어 보였다. 카루스는 이 방법의 대표 주자로 헤르바르트의 영혼 물리학, 즉 영혼적 힘의 동역학과 정역학 이론을 떠올렸는데, 한마디로 뜬구름 잡는 이야기였다. 그는 나중에 이렇게 썼다. 〈헤르바르트라는 사람의 심리학 편람〉으로는 본래적인 〈영혼의 비밀로 깊이 들어갈 수 없다〉.[42]

마지막으로 남은 것은 **발생학적** 방법이다. 기술적 방법은 재료만 제공하고, 분석적 방법은 케케묵었고, 목적론적 방법은 뜬구름 잡는 소리다. 그렇다면 〈발생학적 방법〉은 무슨 뜻일까? 카루스에게 이것은 영혼을 그 단순한 기원에서부터 생각하자는 것인데, 여기서 기원이란 의식된 영혼의 모든 움직임의 근저에 깔려 있는 무의식을 말한다. 이 개념은 카루스의 독특한 발명품이기는 하지만, 그 이념까지 그런 것은 아니다. 예를 들어 무의식의 이념은 라이프니츠, 칸트, 피히테, 모리츠, 카바니스, 멘드비랑, 헤르바르트, 그리고 카루스가 특히 존경하던 셸링에게서도 나타난다. 그러니까 심리학자들이 인간 의식의 깊이뿐 아니라 심연까지 측정하기 한참 이전에 벌써 철학자들은 다른 개념적 도구로 그것을 파헤친 것이다.

카루스의 무의식은 범주가 엄청나게 넓은 개념이다. 이 개념과 함께 심리학의 수많은 문제가 일거에 해결되는 듯했다. 〈**의식된 영혼적 삶의 본질을 인식하는 열쇠는 무의식의 영역에 있다.** 바로 여기서 모든 난제가 뚜렷해진다. 영혼의 비밀을 진정으로 이해하는 것의 외형적인 불가능성 말이다. 만일 의식 속에서 무의식을 발견하는 것이 절대적으로 불가능하다면 인간은 자신의 영혼에 대한 인식, 즉 본래적인 자기 인식에 결코 이를 수 없다. 하지만 이 불가능성이 단지 겉으로만 그런 것뿐이라면 인간 정신이 어떤 방법으로 그렇게 깊은 곳까지 내려갈 수 있을지 설명하는 것이 영혼 학문의 첫 번째 과제다.〉[43]

카루스는 〈무의식〉에 대해 말할 때 당시의 생물학자들이 〈생명력〉 또는 〈형성 본능〉이라고 불렀던 것을 떠올린 게 분명하다. 하지만 그에게 이런 생명 에너지는 단순한 신체 기능 이상의 의미를 띠고 있었다. 즉 생명력은 육체적인 동시에 정신적이다. 왜냐하면 그는 몸과 영혼이 따로 떼어 낼 수 있는 것이 아니라고 생각했기 때문이다. 인간을 하나의 〈통일적 전체〉로 보는 낭만주의적 의학은 작센 출신의 이 보편학자를 통해 마지막 절정에 도달했다. 그는 당시의 생리학적 수준에서 철학과 의학을 다시 아주 낡은 방식으로 융합하고자 했다. 즉 모든 육체적 움직임은 동시에 영혼의 움직임이고, 모든 영혼의 움직임은 동시에 육체적이라는 것이다.

카루스는 여기서 더 나아가 무의식의 개념에 영원한 속성, 즉 신적인 속성을 부여한다. 영혼의 원 뿌리에서는 모든 인간이 영원한 이상 세계의 일부라는 것이다. 플라톤에서부터 플로티노스를 거쳐 기독교에 이르는 거대한 사유 자산을 떠올리게 하는 대목인데, 카루스는 이것을 정신 물리학적으로 설명하려 한다. 〈살아 있는 것들의 한 가지 통일적 원칙, **자기 자신에게서 움직이는 것**, 이것은 아리스토텔레스의 엔텔레케이아일 수도 있고, 플라톤의 이데아일 수도 있으며, 아니면 프시케, 영혼, 또는 한마디로 **신적인 것**이라고도 할 수 있는데, 오직 이것만이…… 모든 생명 현상의 근본 조건일 수 있다.〉[44]

카루스가 주장하는 무의식의 형이상학은 쇼펜하우어와 닮았다. 다만 후자에겐 모든 관찰의 뿌리가 〈의지〉에 있다면 전자에겐 〈무의식〉에 있을 뿐이다. 그런데 카루스는 전문 교육을 받은 의사였음에도 전혀 실험을 하지 않았다. 대신 점점 더 유명해지면서 자신의 이론에 도움이 되는 것이라면 무엇이든 빨아들였다. 예를 들어 의사 프란츠 안톤 메스머(1734~1815)의 〈동물 자력(磁力)〉을 다룬 지극히 문제가 많은 이론에도 열광했다. 카루스에게 〈삶의 자력〉은 무의식과 의식 사이를 오가는 〈마법적〉 진자였다. 이 마법적 연결 덕분에 새와 곤충, 물고기, 레밍은 이동할 수 있다. 그게 아니라면 무엇이 우리가 잘 때 이미지와 감정을 추동하겠는가? 환한 의식과 어두운 무의식 사이에는 과학이 도저히 설명할 수 없는 과정들이 일어난다. 그렇지 않고서야 어째서 특정 순간에 어떤 기억이 떠오르고, 갑자기 머릿속에 어떤 생각이 치솟겠는가?

현대 심리학과 달리 카루스는 무의식이 원래 한때 우리의 의식 속에 있었던 것이라고 여기지 않는다. 오히려 정반대다. 이성의 빛이 무의식을 환히 비추면 어두운 그곳에서 의식이 떠오른다. 동물의 예감과 본능 속에도 이미 존재하는 **보편적** 무의식은 영혼의 원초적 바탕이다. 이따금 의식으로 올라왔다가 다시 잊히면 그것은 우리 속에 **제한적** 무의식의 형태로 남는다. 우리 영혼 속의 동물적 충동과 의식, 제한된 무의식은 이런 식으로 작동하고, 우리가 처한 상태에 따라, 그러니까 깨어 있는지 자고 있는지, 머리가 맑은지 몽롱한지, 마비되어 있는지, 혼란스러운지, 황홀한지에 따라 주도적 기능이 교체된다.

카루스가 왜 예술을 〈과학의 정점〉으로 보았는지 여기서 어렵지 않게 이해된다. 예술은 평소 일상생활에서는 숨겨져 있던 것을 드러내지 않을까? 예술은 우리의 내면 깊숙한 곳을 건드리고, 그로써 무의식을 불러일으키지 않을까? 이유야 정확히 모르지만 예술이 우리를 그렇게 강하게 사로잡는 것도 그것 말고 다르게 설명할 방법이 있을까? 카루스는 자신이 경탄하던 괴팍스러운 프리드리히에게서 인정을 받으려고 무던히 노력했다. 그를 본받으려고 안간힘을 썼을 뿐 아니라 심지어 그의 흔적을 좇아 뤼겐 지역까지 여행했다. 1821년에는 마찬가지로 숭배하던, 자기보다 마흔 살이 많은 괴테를 만났다. 처음이자 마지막 만남이었지만, 두 사람 사이엔 서로에 대한 존중이 깊이 깔려 있었다. 문학의 제왕은 1826년 신년 인사에서 그 자연 연구자에게 이런 찬사를 보냈다. 〈자연 과학의 최신 발전을 바라보노라면 나는 마치 아침 동틀 무렵 동쪽으로 떠나 점점 퍼져 나가는 빛을 기쁨으로 바라보고, 거대한 둥근 불덩이가 떠오르길 간절한 그리움으로 기다리다가 막상 불덩이가 고개를 내밀면 고대했던 그 찬란함을 견디지 못하고 눈을 돌리고 마는 나그네 같다는 느낌이 든다. 과장하는 말이 아니다. 나는 카루스의 작품을 보노라면 그런 상태에 빠진다. 그의 작품은 아주 단순한 것에서부터 지극히 다양한 생명에 이르기까지 모든 생성의 과정을 암시하고, 말과 그림으로 그 거대한 비밀을 우리 눈앞에 펼쳐 보인다.〉[45]

괴테는 1835년에 출간된 카루스의 작품 『풍경화에 대한 일곱 통의 편지*Neun Briefen über Landschaftsmalerei*』의 서문을 한 편지에 인용하기도 했다. 후기 낭만파 화가들에게 많은 영감을 준 문학의 제왕으로서는 이례적인 일이었다. 작센 출신의 영혼 이해자 카루스는 생전에 이미 베네케는 말할 것도 없고 헤르바르트의 명성까지 훌쩍 뛰어넘었다. 1846년에 발표된 『프시케. 영혼의 발달사*Psyche. Zur Entwicklungsgeschichte der Seele*』는 세간의 주목을 받으며 성공했다. 그는 1853년 작센 왕의 제1주치의에 임명되었고, 죽기 전 일곱 해 동안에는 유명한 레오폴디나 자연 연구자 아카데미 원장을 지냈다. 다만 말년에 민족 심리학으로 오해받기도 하는 인종론에 올라탄 것은 그리 명예로운 일이 아니었다. 1861년, 그러니까 다윈의 진화론이 나온 지 2년 뒤에 『자연과 이념, 혹은 생성과 그 법칙*Natur und Idee, oder das Werdende und sein Gesetz*』이라는 책이 출간되었다. 신적인 이념에서 자연의 모든 기원을 설명하는 책이었는데, 노년의 옹고집을 보여 주는 증거다.

아무튼 전체적으로 카루스는 죽을 때까지 오직 영혼 문제만 파헤치는, 심리학에 정통한 철학자의 길을 걸었다. 실제로 독일에서는 심리학이 철학의 원천에서 폭넓게 솟구쳤다. 반면에 영국과 프랑스에서는 대체로 진일보한 생리학과 의학에서 발전했다. 그럼에도 낭만주의자 카루스는 현대로 들어가는 길목에서 한 획을 그었다. 무의식의 탐사는 심층 심리학의 시작이라고 해도 무방하다. 이것은 프로이트, 카를 구스타프 융(1875~1961), 알프레트 아들러(1870~1937)로 이어지는 기나긴 노정을 가리킨다. 게다가 카루스가 낭만주의 철학과 의학에서 끌어온 심신 상관적 관점, 그러니까 인간을 하나의 통일적 전체로 설명해야 한다고 주장한 것은 시대를 넘어 영원히 현대적이다. 그사이 심리학은 언어적 외피가 많이 바뀌었지만, 오늘날에도 새로운 연미복으로 갈아입고 예전에 못지않게 강단 의학에 도전장을 내밀고 있다.

카루스는 심리학과 의학을 자연 철학의 요소로 간주한 마지막 중요한 사상가였다. 19세기 전반기에 철학은 자신의 토대가 극단적으로 축소되는 것을 묵묵히 지켜볼 수밖에 없었다. 영혼의 문제가 서서히 철학의 껍데기를 깨고 나와 독자적인 학문으로 자리를 잡아 나간 것처럼 사회에 관한 문제도 같은 길을 걷기 시작했다. 경험 학문으로서의 심리학이 태동한 것과 정확히 같은 시기에 사회학, 즉 사회에 관한 경험 학문이 생겨났다. 다만 사회학의 탄생은 심리학과는 달리 누구도 따라가지 못할 사명감으로 똘똘 뭉친 한 남자의 작품이었으니…….

질서와 진보

사회의 새로운 질서에 대한 계획 / 사회적 접착제 /
사회주의를 통한 진보 / 새로운 비오톱 /
사회적인 것의 물리학 / 사랑과 효율성 / 인류교

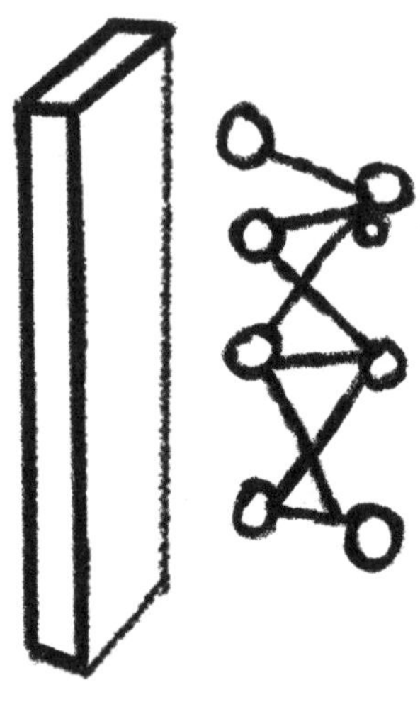

사회의 새로운 질서에 대한 계획

국가 질서에 기본 틀을 제공한 철학자는 극소수다. 그중에서도 새로운 공화국의 모토를 만든 철학자는 단 하나다. 200개가 넘는 국기 가운데 하나에 어느 철학자의 평생 이념이 새겨져 있다. 〈질서와 진보.〉

1889년 11월 15일 브라질 공화국이 세워졌을 때 신생 국가의 정신과 국기를 정한 것은 콩트의 추종자들이었다. 살아생전에는 그리 유명하지 않았던 인물이 죽어서 그런 영광을 누린 것이다. 그 일에 산파 역할을 한 사람은 당시 군사 아카데미 장교였던 뱅자맹 콩스탕(1767~1830)이었다. 〈브라질 실증주의 연맹〉의 창립자였던 그는 32년 전에 죽은 이 철학자의 이념에 따르는 국가 건설을 꿈꾸었다. 브라질 황제 페드루 2세가 실각하고, 노예제가 남아메리카에서 마지막으로 철폐되었을 때 이 나라도 마침내 근대화의 길로 나아갔다. 기술과 산업이 새 공화국의 토대가 되었고, 군대가 귀족을 대체했다. 그에 발맞추어 신생 공화국의 국기에 리우데자네이루의 밤하늘뿐 아니라 〈질서와 진보〉라는 콩트의 이념이 들어갔다. 과학 기술을 통해 인류의 진보를 낙관했던 계몽 사상가 콩트는 이렇게 부르짖었다. 〈사랑을 원리로, 질서를 기반으로, 진보를 목표로!〉

국기의 배경도 우연히 선택된 것이 아니었다. 희망을 상징하는 녹색은 실증주의자들의 상징색이다. 물론 이슬람의 상징색을 슬쩍 베낀 것이기는 하지만. 어쨌든 브라질 땅에서 희망이 좌절로 바뀌고, 진보의 발걸음이 너무 더디고, 질서는 말하기 민망할 만큼 엉망이었던 것은 이 철학자 탓이 아니다. 콩트는 이 나라에 한 번도 발을 들여놓은 적이 없었다. 게다가 실증주의적 사회의 구현이라는 관점에서도 브라질은 그에게 최초의 국가가 아니라 맨 마지막에나 가능할지 모를 국가였다. 마르크스가 첫 공산주의 국가를 꿈꿀 때 경멸하던 러시아가 아니라 영국을 머릿속에 떠올렸던 것처럼 콩트도 브라질이 아닌 프랑스에서 자신의 이념이 실현되길 희망했다. 그러나 세계정신은 변덕스럽고, 가끔은 역설적이다. 오늘날까지도 마르크스 동상은 대부분 러시아 땅에 세워져 있고, 〈실증주의 사원〉도 대부분 파리가 아닌 아마존강 유역에 있다.

새로운 인간적 세계 종교를 건설하고, 무한한 인류 진보를 전파하고, 머릿속으로 새로운 세계 질서를 설계한 이는 19세기 말이 아닌 19세기 초의 인물이었다. 그는 1789년의 혁명으로 질서가 뿌리째 흔들리고, 사회가 갈가리 찢기고, 새로운 세상에 대한 희망과 어제의 삐딱한 꿈들이 봇물처럼 터져 나오는 시대에 태어났다. 혁명에 의해 루이 16세가 왕좌에서 쫓겨나 처형된 뒤로 프랑스에는 어떤 형태의 질서도 당연시되지 않았고, 어떤 것도 지속된다는 확신이 없었다. 자코뱅당의 지배에 이어 등장한 기득권층의 〈총재정부〉와 함께 구질서의 복원이 이루어졌다. 나폴레옹의 집권, 이어진 실각과 복귀는 부르봉 왕가의 복원을 낳았다. 1830년 7월 혁명은 루이 필리프 1세 치하에서 또 다른 복고로 이어졌고, 1848년 2월 혁명은 나폴레옹 3세가 일으킨 쿠데타의 독무대가 되었다. 역사는 방향을 잃고 이리 비틀 저리 비틀 하며 나아갔다. 이런 상황에서 새로운 질서는 대체 어디에 있을까? 어떤 새 질서가 정말 더 나은 세상을 위한 진보일까?

훗날 어느 전기 작가는 콩트에 대해 이렇게 비웃듯이 말했다. 콩트는 사회가 기다린 것이 새로운 왕이 아니라 〈사회학 및 도덕학 교수〉인 바로 자신이라고 생각했다고.[46] 하지만 이걸 나쁘게 생각할 수 있을까? 자신의 나라를 의회가 아닌 〈거대한 야간 학교〉를 통해 진일보시키려고 한 사람을 비웃을 수 있을까? 콩트는 모든 것이 가능해 보였던 한 역사적 시기의 자식이었다. 프랑스인들은 독일인들이 꿈만 꾸었던 것을 현실에서 여러모로 시험해 보았다. 그렇다면 정치적 혼란을 〈사회적 물리학〉으로 탈바꿈시키는 거대한 교육적 노력의 길도 시험해 볼 수 있지 않을까? 주장은 과학이 되고, 계획 없이 무작정 비척거리며 나아가던 것이 〈사회 개혁에 필요한 과학적 연구 계획〉이 되는 길이다. 이는 1822년 스물네 살의 청년이 세계에 펼쳐 놓은 강령의 제목이기도 하다.

독일 철학과의 차이는 상상할 수 없을 만큼 크다. 베를린에서 막 자신의 법철학을 완성한 헤겔과의 공통점이라고는 진보에 대한 낙관주의뿐이었다. 하지만 헤겔에게는 일종의 세계 법칙이었던 것, 그러니까 인간 정신이 서서히 단계적으로 스스로를 인식해 나가는 과정이 이 엔지니어에게는 〈연구〉가 되었다. 그에 상응해서 그의 계획들도 실용적인 전환이었다. 즉 기술자, 은행가, 공장주처럼 사회에서 점점 힘을 키워 가는 계층의 손익 산출에 근거한 실용적 전환이었다. 사회를 앞으로 나아가게 하는 것도 고도의 정신적인 것, 즉 자기 자신과 스스로 맞추어 나가는 정신의 자기 투쟁이 아니라 실용적인 행위였다. 이때 필요한 것은 완벽하게 조직된 공동생활, 구체적인 통치, 세심하게 구석까지 체계화한 통치와 분배 문제, 그리고 무엇보다 엄격한 규정에 따라 폭넓게 구축된 교육 제도였다.

이와 관련해서 콩트는 혼자가 아니었다. 당시의 주도적 철학자는 대부분 사회 이론가였다. 헤겔이 자신의 철학 체계 속에 아직 품고 있던 것, 그러니까 사회의 기능적 삶에 대한 규칙은 이제 철학의 굴레를 벗고 나오거나, 아니면 철학을 대체하려고 했다. 신생 사회학은 심리학과 마찬가지로 철학에서 떨어져 나왔다. 사회학도 진정한 철학, 즉 사변으로서의 철학이 아니라 〈과학〉으로서의 철학이 되어야 한다는 당당한 요구와 함께 등장했다.

사회학의 특징은 객관적 시선이었다. 그런데 사회학 초기의 주역들은 그만큼 대립적인 쌍이 없어 보였다. 한편에는 계몽된 귀족들이 있었고, 다른 편에는 진보에 도취된 기술자들이 있었다. 과학 기술 없이는 사회학도 존재할 수 없기 때문이었다. 새로운 학문이 내건 가치는 **문제 해결**이었다. 그것도 철학이 실제 현실에서 실현한 적이 없고, 꿈꾸어 본 적도 없는 규모로 말이다. 이로써 사회학은 실존 철학과 생철학의 대척점에 있는 학문이 되었다. 개인이라고? 그런 건 개나 주라고 했다. 중요한 건 오직 전체로서의 사회였다. 인간이 **어떤 존재인지**, 인간이 자기 자신을 어떻게 인식하고, 어떻게 행동하는지는 중요하지 않았다. 관건은 인간이 **기능하는** 방식이었다. 막 힘차게 태동하던 기계 시대에는 사회적인 것을 다루는 학문이 필요했다. 그게 거기에 맞기도 했다. 그들은 쇼펜하우어와 키르케고르의 숙명론에 맞서 인간의 무한한 자기 형성 가능성에 절대적인 신뢰를 보냈다. 심리학도 거기에 관심을 가졌다. 물론 그게 사회 심리학이고, 대중을 옳거나 그릇된 행동으로 움직이게 한다는 점에서 말이다. 아무튼 사회 기술자들의 냉정한 시선으로 보면 파리 같은 도시들은 독특하고 복잡한 기계 장치로 변하고 있었다. 프로그램의 목표는 프로그래밍이었고, 정치의 목표는 조종이었다. 사랑과 종교 같은 형이상학적인 것조차 전체의 기능에 기여할 때만 가치를 인정받았다. 새로운 세기의 시작이 어떻게 그렇게 짧은 시간에 완전히 새로운 기능주의적 관점에 이르게 되었을까?

사회적 접착제

사회학이라는 새 분과를 만들기 위해 굳이 토대부터 세울 필요는 없었다. 사회학이라는 말을 직접 만들지는 않았지만 이미 그전에 사회학과 관련해서 많은 것을 구상해 놓은 사람이 있었다. 바로 루이 가브리엘 앙브루아즈 드 보날드(1754~1840)였다. 그의 삶과 사유는 새로운 학문의 창출과는 완전히 다른 것을 목표로 삼고 있었다. 혁명으로 요동치던 프랑스를 다시 구질서로 돌려놓는 것이었다. 물론 사유의 새로운 길을 통해서 말이다. 유서 깊은 귀족 가문에서 태어난 그에게는 적(赤)과 흑(黑), 즉 장군 또는 주교 사이의 선택밖에 없었다. 수도원에서 교육받고, 보병 훈련을 받은 그는 1785년 서른 살의 나이에 프랑스 남부의 고향 도시 미요의 시장으로 선출되었다. 혁명 발발 1년 전에는 신설된 아베롱주의 지사를 맡았다. 하지만 곧 그 직을 내려놓았다. 교회를 국가에 복속시키려는 세속 기관의 수장 노릇을 계속 수행하고 싶지 않았기 때문이다.

보날드는 하이델베르크로 간 뒤 보덴제 호수 인근으로 망명했다. 혁명 반대파였기 때문이다. 그는 여기서 혁명의 정신적 대부격인 사람들과 치열한 사상적 결투를 벌인다. 대표적인 인물은 몽테스키외와 루소였다. 전자는 입법, 행정, 사법의 삼권 분립을 옹호했고, 후자는 철학의 중심에 개인을 놓았다. 이 보수적인 귀족은 그들에게 반대하는 세 권짜리 저서 『정치적, 종교적 권력론*Théorie du pouvoir politique et religieux dans la societé civile*』을 썼다.

왕이 신의 은총을 받은 존재임을 옹호한 것은 독창적이지 않았지만, 근거를 제시하는 방법은 퍽 신선했다. 보날드는 군주에게 이런저런 권리를 부여하는 것을 포기했다. 물론 다른 인간의 권리도 전혀 인정하지 않았다. 프랑스 혁명에서 개인을 토대로 인권을 설명한 것이 문제였듯이 화근은 늘 개인에서 출발한 데 있었다. 17세기에 토머스 홉스(1588~1679)는 군주제의 정당성에 대한 근거를 개인이나 소집단의 이해관계가 중앙 권력에 의해 조정되어야 한다는 점에서 찾았다. 18세기에 루소는 개인의 욕구를 사회계약론의 출발점으로 삼았다. 그러나 보날드에게는 개인이 설 자리가 없었다. 그에게 사회는 단순한 개인들의 총합 이상이었다. 사유의 중심에는 〈인간〉이 아니라 오직 〈거대한 전체〉만 있었고, 인간이 사회를 만드는 것이 아니라 사회가 인간을 만들었다. 마르크스가 퍼뜩 떠오르는 문장이지만, 이 글을 쓴 사람은 보수적 왕당파였다. 그것도 뿌리째 흔들리는 빛바랜 옛 질서의 새로운 이론적 근거를 찾던 젊은 귀족의 작품이었다.

보날드는 철학자가 되고 싶은 마음이 없었다. 어쨌든 계몽주의자들 같은 **현대적 철학자**는 되고 싶지 않았다. 좋은 사회가 어떤 모습이어야 하는지를 왜 하필 철학자가 판단해야 한단 말인가? 말도 안 되는 주제넘은 짓 아닌가? 철학자들이 누군가? 기껏해야 의견 정도나 내세울 뿐 그들이 뭘 더 할 수 있는가? 게다가 하필 개인을 좋은 사회의 중심에 세우는 그들의 무모한 오류에 왜 우리가 놀아나야 한단 말인가? 그것 말고 사회를 구성하는 다른 요소들, 예를 들어 언어나 전통, 종교를 중심에 놓는 것은 왜 안 된단 말인가? 종이 위의 그런 요구들보다 실제 현실에서 원활하게 기능하는 공동생활이 더 중요하지 않을까? 보날드는 앞날을 예견하듯이 이렇게 쓴다. 〈이 권력론의 대상인 사회 질서에 대한 세심한 고찰은 서서히 동트기 시작하는 세기의 화두가 될 것이다.〉[47]

거대한 전체를 출발점으로 삼은 것이 이 냉철한 귀족을 콩트 이전 사회학의 가장 중요한 선구자로 만들었다. 그에게 필생의 주제는 사회적 접착제였다. 한 사회를 가장 밑바닥에서부터 하나로 묶는 것은 무엇일까? 인권은 분명 아니다. 그건 공통의 가치로 결합된 가치 공동체로 이끄는 것이 아니라 개인주의로 흐를 가능성이 크다. 보날드가 보기에 가치 공동체를 구축하는 것은 종교뿐이다. 종교만이 사회를 지탱하고 결합한다. 늘 종교가 있었기 때문이다. 계몽주의자와 혁명파가 내세우는 **보편적 의지**, 즉 수상쩍은 공동의 의지는 존재하지 않는다. 사람은 어차피 자기 자신만 생각하고, 남들과 다른 무언가를 원한다. 공동체의 기반을 단단히 하는 것은 **보수적 의지**, 즉 기존의 것을 지키려는 의지뿐이다. 한 민족과 국가를 내면에서 묶는 가치는 권리가 아니라 문화와 전통이다. 요한 고트프리트 헤르더(1744~1803)도 이미 칸트의 계몽 철학에 맞서 같은 주장을 했다. 이것은 오늘날에도 모든 나라의 보수주의자들을 하나로 묶는 관점이다. 비록 헤르더나 보날드의 이름은 몰라도 말이다.

보날드가 주목한 사회의 근본 학문은 수학처럼 제로에서 시작할 수 없다. 그 학문은 언어와 역사, 전통이 각 국가 및 질서와 불가분의 관계로 연결되어 있음을 정확히 꿰뚫어 보아야 한다. 만일 데카르트가 확실성의 되돌릴 수 없는 출발점으로 〈나는 생각한다, 고로 존재한다〉를 내세웠다면 그건 자기 자신을 속인 것이다. 이 명제는 언어적 가설에 불과하다. 그럼에도 데카르트는 그 언어의 진실성을 결코 의심하지 않았다. 모든 철학의 출발점에는 추론된 것이 아닌데도 마치 수학 명제처럼 완벽하게 증명된 것 같은 인식이 자리해서는 안 된다. 보날드의 아름다운 표현에 따르면 〈말은 항상 인간의 정신을 무에서 끄집어낸다〉.[48] 그렇다면 언어와 전통, 종교를 떼어 놓고 인간의 공동생활에 대한 지혜롭고 진실한 인식은 생각할 수 없다. 〈자연스러운 사회〉는 홉스나 로크, 루소처럼 상상의 자연 상태나 원초적 상태에서 끄집어내서는 안 된다. 그건 과거부터 늘 존재해 왔다. 다만 기억할 수 있는 범위가 존재할 뿐이다. 예를 들어 프랑스인이라면 조국을 되돌아볼 때 교회와 하나된 귀족정과 왕정만 떠올릴 수 있다. 보날드에게 이런 옛 질서의 기나긴 전통은 이미 그 가치가 증명되었다. 그것들의 신성함과 불가침성까지 포함해서 말이다. 따라서 좋은 전체는 국가와 사회, 종교를 서로 밀접하게 결합시킨 채 굴러가야 한다. 그렇지 않으면 현재 도처에서 목도하는 것처럼 분열과 해체, 혼돈이 찾아온다.

이 저술은 1796년 콘스탄츠에서 출간되었다. 하지만 파리로 보낸 책들은 즉각 모조리 압수당했다. 1년 뒤 보날드는 처음엔 가명으로 프랑스로 돌아갔다. 때는 나폴레옹 집권 전야였다. 전통 수호자로서 그는 유럽 정치 무대에 샛별같이 등장한 나폴레옹과 거리를 두었다. 그는 서재에 틀어박혀 연속으로 책을 세 권 쓰면서 망명 시절의 구상을 다듬고 확장해 나갔다. 기나긴 독촉 끝에 보날드는 마침내 대학 운영 위원 자리를 받아들였다. 그런데 1815년 나폴레옹의 실각과 함께 구체제가 복원되면서 갑자기 판이 완전히 바뀌었다. 이로써 보날드의 시간이 시작되었다. 그는 계몽주의 철학자들이 저지른 온갖 짓들을 본래대로 되돌리는 것을 자신의 숭고한 의무로 여겼다. 그래서 구체제의 복원에도 더는 존재하지 않던 옛 프랑스의 부흥을 위해 입장문과 에세이, 주석서를 지치지 않고 써나갔다. 그러다 의회 의원이 되었고, 이어 의회 부의장과 정부 각료에 임명되었다. 그는 보수파의 창끝으로서 프랑스 한림원의 일원이 되었고, 1823년에는 프랑스 대(大)귀족으로 최고 귀족층에 들어갔으며, 1827년부터는 풍기 감찰부 수장으로 활동했다. 물론 그전에 이미 이혼 제도와 언론의 자유를 철폐했다.

1830년 7월 혁명 발발과 함께 시민왕 루이 필리프 1세가 왕좌에 앉자 이제 보날드의 꿈은 다 이루어졌다. 그의 마지막 대작 『사회 구성 원리의 철학적 증명*Démonstration philosophique du principe constitutif de la societé*』은 별다른 반향을 얻지 못했다. 그는 유명했지만, 별로 찾는 사람 없이 프랑스 남부의 영지에서 계속 살았다. 오노레 드 발자크(1799~1850)는 기념비적인 작품 『인간 희극*La Comédie humaine*』 서문에서 그를 언급했다. 이 사회 이론가를 정신적 혈연으로 느낀 것이 분명하다. 두 사람은 인간 사회의 양각(陽刻)과 섬세한 차이를 연구했고, 전체적 유기체로서 인간 사회를 그렸다. 발자크가 환경과 도덕, 성격의 조용한 관찰자였다면, 보날드는 이 소설가가 다른 자리에서 언급했듯이 〈독수리〉처럼 높은 곳에서 세상을 내려다보며 해부했다.

그럼에도 이 〈독수리〉가 잊힌 것은 단순히 시류 때문만은 아니었다. 미래 세대에게 보날드는 오늘날 복고 시대의 위대한 보수주의자로 여겨지는 다른 사람 때문에 뒷방 구석으로 밀려났다. 조제프 드 메스트르(1753~1821)가 그 주인공이다. 이 남자는 정신적 동지인 보날드에게 이런 편지를 썼다. 〈나는 당신이 쓰지 않은 것을 생각한 적이 없고, 당신이 생각하지 않은 것을 쓴 적이 없습니다.〉[49] 이 말은 사실이 아니다. 사보아 출신의 이 귀족은 향락주의자이자 화려한 문장가였고, 우아함과 책략을 동시에 품은 남자였다. 그의 사상은 결코 보날드만큼 그렇게 분석적이지 않았다. 대신 고삐 풀린 망아지처럼 목표를 넘어 극단으로 치달을 때가 많았다.

1784년 메스트르는 프리메이슨 단원이 되었고, 10년 뒤에는 사보아 의원이 되었다. 프랑스군의 사보아 점령으로 이 보수적인 귀족은 1793년 로잔으로 망명을 떠났다. 거기서 독일의 보날드와 같은 시기에 『프랑스에 대한 고찰*Considérations sur la France*』을 썼다. 아일랜드 출신의 영국 보수주의자 버크의 프랑스 혁명에 대한 비판이 이 책의 자극제가 되어 주었다. 메스트르는 이 모범처럼 프랑스 계몽 철학, 그중에서도 루소의 전통에 대한 망각을 비판했다. 따로 떨어져 사는 독립적인 인간은 없고, 오직 사회적 맥락 속에서의 인간만 있을 뿐이다. 우리는 사유 속에서라도 인간을 그런 맥락에서 떼어 놓아서는 안 된다. 통치는 개인적 권리의 문제가 아니라 도덕과 관습, 인간에서 특정한 주도 문화로 옮겨 가는 것에 대한 동의의 문제다. 인간 사회의 이런 불문율을 깨닫지 못한 철학적 고찰은 모두 쓰레기다.

계몽주의 철학자들에게는 자유가 키워드였다면, 메스트르에게는 권위가 그것을 대체했다. 인간을 행복하게 만드는 것은 자유가 아니라 확고한 사회적 질서였기 때문이다. 이는 21세기까지도 권위적 위정자에 대한 폭넓은 지지와 관련해서 많은 논란이 있는 주장이다. 그의 두 번째 주장도 마찬가지다. 민주주의는 망상에 불과하다. 모든 시민에게 투표권이 주어지더라도 아주 오랫동안 이 세상을 지배하는 것은 백성이 아니라 돈이 될 것이기 때문이다. 루소가 이성의 통치라 여겼던 것도 실제로는 변덕과 기분의 통치일 뿐이다. 그렇다면 여론은? 이건 그냥 감정의 무분별한 방출이다! 이 불평꾼이 오늘날의 소셜 미디어를 보면 얼마나 만족스러워할까? 게다가 미국의 도널드 트럼프 대통령 같은 사람을 보면 자신의 말이 맞았다고 무릎을 칠지도 모른다.

보날드와 마찬가지로 메스트르도 종교를 가장 중요한 사회적 접착제로 보았다. 그래서 교황의 역할을 최대한 강화하고, 교황에게 중세 때에 버금가는 권위를 부여하고자 열심히 싸웠다. 심지어 이 대사제에게 오늘날 많은 사람이 유엔에 기대하는 것과 비슷한 역할을 소망하기도 했다. 즉 교황은 잘못된 국가 정책에 대해 거부권을 가진 최상위 도덕 기관이어야 한다는 것이다. 그래서 누군가 유럽에서 가톨릭 도덕과 사회 질서에 반기를 들면 교황은 가차 없이 응징해야 한다. 메스트르는 상트페테르부르크 공사로 부임했을 때, 그리고 나중에 토리노에서 각료를 지낼 때 교황직에 관한 두 권짜리 책 『교황론*Du pape*』(1819)을 썼는데, 여기서는 그의 판타지가 정말 어이없을 정도로 과도하게 그려진다. 종교 재판소를 다시 설치해야 하고, 교황의 〈무오류성〉은 성직 세계뿐 아니라 세속에서도 완벽하게 통용되어야 한다. 19세기의 이런 급진적 낭만주의에는 나름의 확신이 있었다. 계몽주의가 판치면 국가는 기반이 흔들려 더 이상 항구적인 사회 질서를 보장할 수 없다는 것이다. 따라서 최고 권위는 **저 산**(여기선 알프스다) **너머**, 즉 바티칸에서부터 출발해야 한다.

메스트르의 생각이 얼마나 비타협적인지는 앞선 저술과 같은 시기에 쓴 『상트페테르부르크의 야화(夜話)*Les soirées de Saint-Pétersbourg*』에서도 잘 드러난다. 이 두 권짜리 책의 대화 열한 편은 계몽주의자들에 맞서 싸우는 자신의 모든 노력이 결국 신에 의한 것이고 신이 원한 것이라고 옹호한다. 그렇다면 현실에 존재하는 권력과 소유, 삶의 질적 불평등은 어떻게 되는 것일까? 그것도 신이 원한 것일까? 그렇다. 그는 신이 원래 그렇게 만들어 놓았다고 설명한다. 동물들이 서로 죽이고 잡아먹는 것처럼 인간도 똑같이 그렇게 한다. 삶은 신이 원죄의 대가로 우리를 벌주는 끊임없는 투쟁과 살육의 장이다. 그런 점에서 사랑만 신적인 것이 아니라 전쟁도 신의 작품이다. 이 숙명론적이고 비정한 책은 훗날 스탕달(1783~1842)과 톨스토이 같은 작가들뿐 아니라 프랑스 총사령관 페르디낭 포슈(1851~1929)의 차가운 세계관에도 영향을 주었다.

사회주의를 통한 진보

보날드와 메스트르 같은 보수주의자들에게 역사 철학적 낙관주의가 부족했다면 동시대의 다른 부류에게는 오히려 차고 넘쳤다. 1789년의 혁명은 모든 것이 변할 수 있음을 보여 주지 않았던가? 게다가 모든 혼란과 황폐화에도 불구하고 인류 역사는 진보의 역사이고, 그 끝에는 계몽된 이성 사회가 기다리고 있다는 지극히 현실적인 약속도 도처에 팽배하지 않았던가? **모든** 개인이 안전한 환경에서 자유롭게 살아갈 수 있을 만큼 물질적으로 충분히 보장된 사회 말이다. 반면에 보수주의자들의 엘리트적 애도는 서민들에게는 해당되지 않았다. 그들은 오직 자기 계급, 즉 진보로 당혹스러워하는 지방 귀족들만 걱정했고, 저 높은 곳에 서서 잃어버린 질서와 방향을 잃고 요동치는 사회만 애도했다.

그러나 모든 사람이 사라진 시대 좌표를 우울하게 바라보지는 않았다. 그런 사회적 혼란으로 국민 다수가 손해를 본다고 생각하는 사람도 많았지만, 그와 달리 진보를 통해 잃는 것보다 얻는 것이 더 많다고 생각하는 사람도 있었다. 대표 주자가 마르키 드 콩도르세(1743~1794)였다. 그는 혁명 막바지 무렵에 인류의 찬란한 미래를 예언했는데, 그의 요구를 듣다 보면 꼭 20세기 후반기의 자유 민주주의적 서유럽 국가들을 보는 듯하다. 자유 무역은 관철되어야 하고, 국가와 교회는 분리되어야 한다. 소득세는 수입에 따라 누진제로 적용되어야 하고, 교육은 만인에게 동등한 기회로 보장되어야 한다. 정신적 진보와 사회적 진보는 떼어 놓을 수 없는 통일체이고, 둘이 함께 가야 더 나은 사회에 이를 수 있다. 세계와 인간에 대한 점점 더 많은 지식을 토대로 말이다.

콩도르세의 낙관주의는 이른바 **이데올로그**라 불리는 젊은 지식인 세대에 불을 지폈다. 그들의 프로젝트는 비극적 결말을 맞은 콩도르세의 노선과 정확히 일치했다. 그들이 열망한 것은 인간 본성에서 시작해서 그에 맞는 이상적 사회로 나아가게 하는 **보편 과학**이었다. 지금까지는 사변과 자의, 전통, 우연이 판치던 학문적 세계가 이제 역사상 처음으로 과학으로 넘어가야 했다. 이것은 나중에 콩트가 실증주의와 사회학이라고 부르게 되는 것의 출발점이기도 했다. 즉 인간 감정과 생각, 사회 경제적 욕구에 대한 선입견 없는 철저한 조사를 토대로 최선의 사회를 찾아내자는 것이다. 이런 과도한 요구와 함께 방직 공장주이자 투기꾼인 장 바티스트 세(1767~1832)는 자기만의 방식으로 경제학을 추진했다. 상품 교역의 조직화든 기업주나 노동자의 동기든, 모든 것은 동일한 객관적 원칙에 따라 조사되고, 그것을 바탕으로 조종되어야 한다. 또한 노동자들이 노동과 미덕, 공화국을 사랑하도록 만드는 것도 자유 무역의 촉진만큼이나 중요하다. 부든 가치든, 아니면 사회적 접착제든 이 모든 것은 우리가 인간 감정과 행동을 철저히 조사하기만 하면 얼마든지 만들어 낼 수 있다.

심리학과 사회학의 이런 〈객관적〉 조사는 계몽주의, 즉 자유의 근본 가치를 뿌리째 흔들어 놓았다. 바로 여기에 〈이데올로그들〉의 〈맹점〉이 있다. 만일 인간의 행동을 예측하고, 그로써 조종까지 가능할 정도로 인간 심리를 정확히 조사할 수 있다면 통치자는 당연히 본인이 원하는 대로 인간을 조종하려 들 것이다. 20세기의 행동주의, 인공 두뇌학, 그리고 넛지(원하는 행동을 유도하기 위해 팔꿈치로 슬쩍 찌르듯이 부드러운 자극을 주는 것) 같은 방법을 동원하는 행동 경제학의 출발점이 바로 여기에 있다. 조종 가능한 소셜 네트워크와 가상 세계를 통한 조작이 가능해진 21세기에도 행동주의자들과 계몽주의자들 사이의 이 싸움은 한층 격화되고 있다. 현재로선 이 싸움이 어떻게 끝날지 아무도 모른다.

앙리 드 생시몽 백작(1760~1825)이 1816년에 세의 살롱에서 잡지 『산업*L'Industrie*』을 창간했을 때 그런 걸 예상하거나 걱정한 사람은 당연히 아무도 없었다. 이 제목을 오늘날 우리가 아는 산업 생산의 의미로 이해해서는 안 된다. 이것은 하나의 강령을 표방하고 있다. 산업이란 사회에 이득이 되도록 자연을 생산적으로 만드는 데 기여한 모든 것을 가리킨다. 생시몽은 유산자와 무산자, 지배자와 피지배자를 구분하지 않는다. 대신 농민과 수공업자, 매뉴팩처 노동자, 기업주, 과학자처럼 생산과 진보에 기여하는 사람을 그렇지 않은 사람과 구분할 뿐이다. 두 번째 집단에는 귀족, 중간상, 연금 생활자, 거지 등이 〈무위도식자〉라는 이름으로 묶여 있다. 나중에 그의 제자 생타망 바자르(1791~1832)가 공정한 분배 원칙에 위배된다는 이유로 폐지하려고 했던 상속권에 대해서도 그 역시 고개를 갸웃거린다. 또한 보날드와 메스트르에게는 너무나 중요했던 명예와 신분, 전통의 개념은 모조리 쓰레기통으로 던져진다. 기업주와 은행가는 성직자와 정치인, 장군보다 더 중시된다. 이는 토머스 모어(1478~1535)와 프랜시스 베이컨(1561~1626)에게서 출발해서 오늘날의 자유주의자들에게도 여전히 남아 있는 또 다른 계열의 대안적 가치 평가다.

이로써 재산은 별로 없지만 유서 깊은 귀족 가문 출신의 생시몽은 자신의 계급을 적으로 삼았다. 심지어 공공 지식인으로서 자신의 본업에도 반기를 들었다. 그는 젊었을 때 이미 조지 워싱턴군에 자원해서 미국 독립을 위해 싸웠다. 조국에서 혁명이 일어났을 때는 여러 전선에서 지원을 아끼지 않았다. 특히 모든 봉건적, 종교적 특권을 철폐하라는 그의 요구는 강력했다. 그럼에도 반혁명 세력으로 몰려 단두대에 오를 뻔했을 때 그는 정치에 환멸을 느꼈다. 이제 그의 시선은 다른 곳으로 향했다. 진정한 진보는 정치가 아닌 콩도르세가 그렇게 열광했던 과학에서 일어나고 있었다. 생시몽의 수많은 책은 반복해서 과학의 성공을 예찬했다. 그의 책 『인간의 역사*Histoire de l'homme*』도 과학 기술적 진보의 역사에 다름 아니었다. 기술은 인간을 완전하게 만든다. 오늘날 실리콘 밸리의 과학적 예언자들과 똑같은 관점이다. 생시몽이 과학에 대해 말할 때는 늘 하나의 꿈이 배어 있었다. 모든 개별 학문을 체계적으로 통합하고 동일한 규칙과 원칙으로 표준화하는 통일적 분과의 설립이었다.

그런 보편 과학은 어떤 모습일까? 생시몽에 따르면 그것은 일단 사변을 비롯해 온갖 종류의 영성을 배제하고 엄격한 유물론에 기반을 두어야 했다. 조부 세대의 엘베시우스나 돌바크처럼 그는 하나의 통합 시스템을 꿈꾸었다. 이 시스템은 엄격한 과학성으로 무장한 채 중력에서부터 오직 논리적으로 작동하는 이상 사회까지 단계적으로 진격한다. 생시몽은 이 개념의 창시자인 데스튀트 드 트라시와 함께 이 방면에서 가장 영향력이 큰 〈이데올로그〉에 속했다. 그는 정치인 대신 전문가를 원했다. 전문가는 세 그룹으로 나뉘는데, 기발한 아이디어를 가진 기술자 모임인 〈발명 위원회〉, 실험하는 과학자들로 구성된 〈비판 위원회〉, 마지막으로 사업가와 공장주, 관료로 이루어진 〈실행 위원회〉가 그것이다. 정치는 인간을 지배해서는 안 되고, 만인의 이익, 아니면 최소한 생산적으로 일하는 모든 사람의 이익을 위해 복무해야 한다.

생시몽은 오늘날의 많은 과학 전도사보다 두 가지 점에서 한층 날카로웠다. 첫째, 진보는 일직선으로 상승하지 않는다! 이건 백작 자신이 이미 숱하게 경험한 바였다. 그는 앙시앵 레짐이 무너지고, 혁명이 승리를 거두었다가 다시 좌절하고, 동일한 과정이 나폴레옹에게서 반복되는 것을 목격했다. 진보는 위기와 투쟁을 통해 나아가는 가시밭길이다. 둘째, 과학 기술적 혁신은 사회가 정체되도록 내버려두지 않는다. 과학 혁명은 사회적 변혁까지 포함해 사고의 전환을 요구한다. 물론 새로운 프랑스 방직 공장의 빛이 노동자 계급에게 길고 어두운 그림자를 드리운 것을 생시몽도 모르지 않았다. **산업**의 생산력은 진보의 혜택을 골고루 나누어 준 것이 아니라 승자와 패자로 나누었다. 그래서 백작은 1821년 『산업 체계론*Du systéme industriel*』에 「노동자 여러분에게」라는 제목의 공개서한을 삽입했다. 이어 프롤레타리아트의 비참함을 다룬 미공개 저술도 두 편 썼다.

이런 새로운 목소리는 자유주의와 더 이상 합치될 수 없었다. 백작은 이렇게 썼다. 만인의 행복에 이르는 진정한 진보를 원하는 사람은 〈인간에 의한 인간의 착취〉를 끝장내야 한다. 이제 급진적 자유주의 철학자였던 사람이 사회주의 철학자로 넘어간다. 이는 생시몽에겐 아무 모순이 없는 매끄러운 전환이었다. 사유는 논리적이다. 진정한 성과 사회는 모두에게 동등한 기회를 보장해야 한다. 이것은 모든 개인이 물질적으로 안정된 채 사회의 여러 혜택, 그중에서도 교육의 혜택을 공평하게 누릴 수 있을 때만 가능하다. 따라서 자유주의적 사회는 동시에 사회주의적이어야 한다. 그렇지 않으면 능력만큼 돈을 버는 성과주의 원칙이 무너지는 것과 함께 기득권층만 특권을 누리고 배제된 사람들은 가난과 불행에 빠진다. 백작은 이런 비참한 현실을 파리 일대에서 매일 목격했다.

생시몽은 〈사회주의〉라는 개념을 사용하지 않았다. 이것은 그의 죽음 직후 영국에서 처음 탄생했다. 하지만 이 개념의 탄생에는 백작이 말년에 쓴 작품이 아주 큰 기여를 했다. 다시 말해 산업 생산을 관리 기획하고, 계급 없는 사회를 만들고, 극빈자에게도 경제 발전의 성과가 돌아가게 하는 것이 국가의 사명이라는 것이다.

그는 생전에 출간된 마지막 작품 『새로운 기독교*Le Nouveau Christianisme*』(1825)에서 공동체 정신과 사회적 접합제를 만들기 위해 다시 종교로 손을 뻗었다. 하지만 이것은 지금까지 해오던 일의 단절이 아니었다. 오히려 지금까지 〈계속 이어져 온 인간에 의한 인간의 착취〉가 분명히 끝나리라는 것을 더욱 분명히 했다. 〈인류의 황금시대는 우리 뒤가 아니라 우리 앞에 있다. 우리 손으로 일구어 낸 완벽한 사회가 곧 황금시대다. 우리 선조들은 그것을 보지 못했지만, 우리 아이들은 언젠가 보게 될 것이다. 그 아이들을 위해 길을 닦는 것이 우리의 의무다.〉[50]

새로운 비오톱

생시몽은 사회주의자이지 공산주의자가 아니다. 사유 재산의 분배가 불공평한 것도 그에겐 큰 문제가 아니었다. 물론 재산을 부모에게 물려받은 것이 아니라 노동을 통해 획득한 것이라면 말이다. 그런데 그의 생전에 이미 공산주의 이념은 사회주의 이념과 마찬가지로 물밑에서 뚜렷이 꿈틀대고 있었다. 게다가 계몽주의 시대에는 그와 관련해서 한 익명의 작품이 출간되어 세간의 주목을 받았다. 처음에는 저자가 디드로인 것으로 추정되었지만, 나중에는 프랑스 남부 지방 출신인 에티엔 가브리엘 모렐리(1717~1778)로 밝혀졌다. 제목은 『자연의 근본 법칙, 또는 무시되었거나 등한시된 모든 시대의 진정한 정신*Code de la nature, ou le véritable esprit de ses lois, de tout temps négligé ou méconnu*』이었다. 1755년에 출간된 이 책에는 개개인이 공동선을 위해 모든 것을 스스로 알아서 하는 유토피아가 그려져 있다. 여기서 국가의 사명은 시민들이 편안히 지낼 수 있도록 돕는 것뿐이다. 사유 재산은 생존과 노동에 꼭 필요한 물건들만 남기고 모두 폐지된다. 여기까지는 별로 새로울 게 없다. 당시의 지식인들은 이런 규정을 모어의 『유토피아*Utopia*』를 통해 이미 알고 있었기 때문이다. 다만 새로운 점은 재화의 공정한 분배만 중요한 것이 아니라 타인의 희생으로 무언가를 생산하거나 얻어서도 안 된다는 것이었다. 심지어 물물 교환조차 금지된다. 필요한 것이 있으면 공공 상점에서 구할 수 있기 때문이다.

모렐리는 어디서 자극을 받아서 그런 책을 썼을까? 오늘날 페루 땅의 잉카 제국에 대한 동시대의 책들에서 자극을 받았을 가능성이 농후하다. 잉카 제국은 엄격한 위계질서로 조직화된 공산주의 국가였으니까 말이다. 모렐리도 〈자연에 맞는〉 질서를 설계한다. 각자가 변경 불가능한 확고한 위치를 차지하고 있는 흰개미 국가다. 도시의 건축물도 천편일률적이고, 곳곳이 동일하다. 복식도 일상복과 축제복으로 제한된다. 놀고먹는 인간은 사회의 가장 큰 적이다. 같은 시기에 라메트리가 인간을 기계로 묘사했다면 모렐리에게 국가는 사회 기계다. 운영상의 장애는 권력 기구에 의해 철저하게 탐지되고, 완벽한 시스템은 인간의 개성에 어떤 자리도 허용하지 않는다.

모렐리의 책은 여러 쇄를 찍었다. 이후의 사회 이상주의자들에게 그 책은 미래의 청사진이자 동시에 경고였다. 과연 그런 사회 질서가 가능할까? 잔인한 경쟁 없이 인간의 실제적인 욕구에만 맞춘 그런 경제가 가능할까? 가능하다면, 모렐리의 국가 같은 전체주의적 공안 국가가 인간을 그런 엄격한 틀 속으로 밀어 넣는 것은 어떻게 피할 수 있을까?

19세기 초에 이 문제로 머리를 싸맨 사람이 있다. 프랑스의 샤를 푸리에(1772~1837)였다. 포목상의 아들로 태어난 그는 생시몽과 비슷한 운명을 겪었다. 우선 두 사람은 유복한 가정에서 태어났지만, 열광적으로 환영한 혁명의 와중에 전 재산을 잃었다. 생시몽은 다행히 경제적 후원자를 찾은 반면에 푸리에는 여러 직업을 전전하며 근근이 생계를 유지했다. 푸리에는 부동산업체에 취직하고, 상사 영업 사원으로 일했다. 그러다 1803년에 처음으로 글을 쓰기 시작했다. 첫 작업은 신문에 「보편적 조화」라는 제목의 연재 기사를 쓰는 것이었다. 여기서 그는 자신이 여러 직업을 전전하며 체험한 인간 간의 관계 및 사회적 관계의 비참한 실상을 가장 이상적인 모습과 대립시켰다. 혁명의 이상이었던 자유, 평등, 박애는 어디에 남아 있는가? 문제 해결은 오직 과학적 해결밖에 없었다. 콩도르세가 〈사회 수학〉을 꿈꾸었다면 푸리에는 그것을 최상으로 시대에 맞추려면 인간의 사회적 관계, 심지어 인간의 성애적 관계까지 고려해야 한다고 생각했다.

5년 뒤에 그 시도는 책으로 발표되었다. 제목은 『네 가지 운동 이론*Théorie des quatre mouvements*』이었다. 푸리에는 생시몽과 똑같이 중력에 매료되었고, 끌어당기는 힘으로서 중력을 인간의 공동생활에 전이시켰다. 하늘의 별들이 서로 당기고 밀어내듯이 인간도 그렇게 한다. 다만 우주는 자연을 통해 보편적 조화 상태를 유지하고 있다면 지구에서는 강요와 억압이 이상적 균형을 깨뜨리고 있다. 지상에 만연한 지배와 굴종은 자연법칙에 위배된다. 지배는 인간 영혼을 부패시키고 사회를 불행으로 이끈다.

사회적 조화는 각자가 강요 없이 자신의 열정을 모두 쏟아부을 때 생겨난다. 이것은 푸리에의 물리적 심리학의 핵심이자, 동시에 이성 철학 및 모든 전통적 교육론과 사회 이론에 맞서는 자기만의 신앙 고백이다. 예를 들어 동시대를 살았던 헤르바르트는 인간을 열정에서 떼어 놓고, 각자 원래 **되어야 하는** 존재로 만들기 위해 인간을 교육해야 한다고 생각했다. 반면에 푸리에는 쾌락주의자였다. 게다가 사회와 교육 문제에서는 프로테스탄트적 색채가 강한 루소를 한층 뛰어넘었다. 계몽 철학자 가운데 기껏해야 라메트리 정도가 그의 이념적 동지라고 할 만했다. 다만 빈정거림이 몸에 배어 있고 쾌락 원칙의 도발적 옹호자였던 라메트리는 국가론을 펼치는 것과는 거리가 먼 사람이었다. 아니 어쩌면 그런 건 상상도 할 수 없는 일로 여겼을지 모른다. 반면에 푸리에는 그런 토대 위에서 사회를 세우고 싶어 했다.

그렇다면 그가 세우고자 했던 사회는 어떤 모습일까? 푸리에는 이렇게 설명한다. 이른바 문명이라고 하는 것은 지금껏 두 가지 점에서 실패했다. 문명은 만인의 열정과 욕구에 초점을 맞추지 않고 기존의 불공정한 사회 질서에 인간을 강제로 순응시키기만 했다. 또한 증기 기관이 발명되고 산업화가 시작되었지만 만인의 행복에 도움이 되는 경제 시스템을 구축하는 데는 실패했다. 전체적으로 소득이 증가했음에도 대다수 사람들의 불행은 그대로이거나 오히려 더 커졌다. 개명되었다고 하는 사람들은 〈진보를 예찬하지만 실은 가난과 부패만 극단적으로 더 심해졌다〉.[51] 〈거친 자연성〉

에서 〈가부장제〉와 〈잔인한 야만성〉을 거쳐 〈문명〉에 이른 기나긴 역사는 대다수 사람들에겐 삶의 질적 개선이 아니라 형태만 다른 불행의 연속이었다. 그건 남성에 의한 여성의 억압에서 가장 잘 나타난다. 한 사회가 어떤 사회인지 궁금하다면 그 사회가 여성을 다루는 태도만 보아도 알 수 있다. 〈사회적 진보, 그러니까 한 시기에서 다른 시기로 넘어가는 과정은 여성 해방의 진보를 토대로 이루어진다.〉[52] 마찬가지로 사회 체제의 몰락은 여성이 자유를 잃어 가는 과정을 보면 알 수 있다.

이제 푸리에는 생산성 향상이 오직 유산자에게만 득이 되고, 여성을 결혼 제도에 구속시켜 억압하는 사회에 반대하며 자신의 이상적 모델을 제시한다. 인간에겐 810가지 기질로 조합된 상이한 열정이 열두 가지 있다. 거기다 구조적으로 약간 다른 여성의 심리까지 고려하면 기질은 총 1,620가지다. 이로써 성공적인 공동생활을 위한 이상적인 숫자가 나온다. 인간 집단을 1,600명에서 1,800명으로 구성하면 개인의 욕망과 열정은 자연법칙적으로 균형을 이룬다. 이것을 토대로 팔랑스테르phalanstère, 즉 푸리에식의 공동체를 건설해야 한다. 수도원의 이념과 고대 로마의 부대 단위인 팔랑주phalange를 조합해서 만든 사회주의 공동체다. 이 이상적 생활 공동체는 협동조합의 형태로 조직되어야 한다. 그런데 이때 푸리에는 모렐리가 주장한 것 같은 물질적으로 평등한 공동체를 떠올리지 않는다. 모두가 똑같이 소유하는 것은 실용적이지 않았다. 사유 재산은 문제가 되지 않는다. 기계적 평등은 〈무미건조한 도덕〉일 뿐이고, 이상은 〈차등이 있는 부〉다.

푸리에식 공상의 핵심은 포기가 아니라 〈화합과 풍요〉다.[53] 인간은 당연히 서로 경쟁하려는 심리가 있고, 남들보다 많이 가지려 하고, 가끔은 한없이 탐욕적이다. 하지만 이 모든 것은 자연스러운 현상이고, 그로써 타고난 욕망이기에 금지할 수 없다. 다만 모두가 자기 자신 또는 자기 가족만을 위해 돈을 벌려고 하는 현재의 초기 자본주의적 프랑스 사회보다 훨씬 지혜롭게 생산 시스템을 바꿀 수 있다. 프랑스 같은 상황에서 생산자들 간의 경쟁은 만성적인 불만과 파산, 지속적인 임금 하락을 부른다. 각자 자신에게 득이 되는 것만 생산하고, 가난한 서민을 위해 생산하는 사람은 아무도 없다. 거기에 더해 〈해적 동맹이나 굶주린 독수리 떼〉[54] 같은 상인과 중개상은 매점매석과 투기로 서민의 삶을 더욱 힘들게 한다. 푸리에가 산업화에 기대한 막대한 생산성 향상은 소수의 사람에게만 이익으로 돌아간다. 그렇다면 여기서 도출할 수 있는 결론은 하나다. 지금의 사회 체제는 새로운 생산 방식을 통해 시작된 사회 수준에 전혀 맞지 않다!

모두에게 풍요를! 이것은 어떻게 이룰 수 있을까? 푸리에는 답한다. 우리 종에 맞는 생활 방식과 생산 방식으로 이룰 수 있다고. 그는 뉴턴이 물리학에 새로운 정신의 숨결을 불어넣었듯이 사회 물리학에 자기만의 새로운 숨결을 불어넣는다. 열정의 에너지는 모두에게 득이 되도록 유도되어야 한다. 때문에 팔랑스테르에서는 누구나 자신이 원하는 일을 할 수 있다. 당시가 19세기 초라는 점을 감안하면 대담할 만큼 이상적인 요구가 아닐 수 없다. 노동은 자기실현이자 열정의 거침없는 구현이다. 그건 섹스에서도 마찬가지다. 팔랑스테르에는 농업, 수공업, 공장 등 갖가지 생산 형태가 존재한다. 인간은 그 옛날 자연의 채취인이자 목동이자 사냥꾼이자 어부였던 것처럼 이제는 자기 방식대로 농부이자 수공업자이자 공장 노동자다. 누구도 특정한 일을 하라고 강요받지 않은 상태에서 자기가 원하는 일을 할 수 있기에 노동은 결코 〈역겨운〉 일이 아니라 즐거운 일이 된다. 게다가 모두가 천성에 맞는 일을 즐겁게 하고, 자본을 투자하고, 재능을 마음껏 발휘하기에 당연히 생산성도 올라간다. 이로써 자기가 원하는 일을 스스로 결정하고자 하는 인간의 본성과 현대적 산업 사회의 요구는 서로 화해한다. 산업적 진보는 변화된 조건 속에서 과거의 선을 되찾고, 굶주림과 가난, 역겨운 노동을 제거한다.

물론 늘 화합만 있는 것은 아니다. 푸리에는 자신을 공상가가 아닌 포고자로 생각했다. 구성원들 간의 의견 차이와 긴장은 모두에게 해당되는 문제인 경우에만 긍정적이다. 자유로운 사랑의 문제도 다르지 않아 보인다. 사랑에선 화합과 조화만 허락되어 있지 않다. 푸리에의 제안은 당시의 일반적인 결혼보다 수백 배는 더 좋아 보인다. 평생 단 한 번의 결혼에 욕망을 묶고 억압하는 것보다는 모두가 성적 충동을 자유롭게 만끽하는 것이 좋다. 단 상대가 동의한다면 말이다. 여성은 노동뿐 아니라 사랑의 영역에서도 남성과 전적으로 동등한 권리를 누린다. 자유로운 인간은 일만 자유롭게 할 수 있는 것이 아니라 사랑도 얼마든지 자유롭게 할 수 있다. 푸리에는 〈페미니즘〉의 구상을 영국인 윌리엄 고드윈(1756~1836)에게서 넘겨받았지만, 거기엔 그만의 독특한 색채가 배어 있다. 그는 당시의 거의 모든 사람보다 한 걸음 더 나아간다. 그가 보기에 여성은 정신적 능력 면에서도 남성과 동등하다. 전통적으로 남성의 고유 영역으로 여겨지던 과학과 예술 분야에서도 말이다. 아이를 키우는 것조차 여성의 일로 간주되지 않고 전체 공동체의 임무가 된다.

푸리에는 자유로운 사랑의 이상과 함께 훗날 라이너 랑한스가 세운 코뮌 1*의 우상이 된다. 하지만 자유롭게 사랑하라는 말이 이 철학자에게는 〈지순한〉 사랑을 하지 말라는 뜻이 아니다. 우리는 동일한 사람과 두 번 자도 되고, 그래야 한다. 그래야 할 이유도 명확하게 언급한다. 한 번은 고르고 고른 자식의 〈생산자〉로서,

* 코뮌 1은 독일에서 68혁명을 이끌었던 라이너 랑한스가 베를린에 혁명 거점으로 세운 정치적 색채의 생활 공동체로, 프리섹스로 유명하다.

또 한 번은 〈일상적 동침자〉로서. 결혼도 가능하다. 하지만 삶의 반환점을 돈 뒤에야 의미가 있다. 사실 단혼 관계라는 것이 경제적 안정과 쓸쓸한 노후에 대한 안전 장치 말고 다른 무슨 매력이 있겠는가? 남성이든 여성이든 마찬가지겠지만 예를 들면, 여성을 〈아내〉로, 〈아가씨〉로, 혹은 〈동침할 여자〉로 나누는 것은 상대의 의도와 삶의 시기를 올바르게 평가하는 데 서로 도움이 된다. 이것은 비록 선택할 수 있다고 하더라도 법적인 범주다. 아이의 〈생산자〉는 자식에 대한 권리를 갖고, 〈일상적인 동침자〉는 그 권리를 얻지 못한다.

세부적인 내용 하나하나가 모두 푸리에 자신이 직접 고민하고 규정한 것이다. 산업체가 숲을 베고, 하천을 오염시키고, 기후를 변화시키고, 식품에 화학 물질을 첨가하는 것을 경계하며 총체적인 환경 보호에 역점을 둔 사상가는 아마 서양 철학에선 푸리에가 최초일 듯하다. 심지어 1808년에는 경제의 과도한 팽창을 경고하며 생태계 붕괴의 위험이라는 말도 썼다. 그 밖에 팔랑스테르에서의 공동생활과 중개상 없는 재화의 교환에 대한 규칙도 정밀하게 정했다. 푸리에는 훗날 언젠가는 모든 인간과 민족이 자신의 이념에 공감하게 될 거라고 예측했다. 전쟁은 사라지고, 지구는 〈하나의 통일체로 다스려진다〉. 그가 꿈꾼 공동체 질서의 최종 목표는 바로 하나의 지구촌이었다!

이제 남은 건 누군가 시작하는 것뿐이다. 팔랑스테르 모델의 첫 투자자만 나타나면 모든 게 순조롭게 출발할 수 있을 것 같았다. 그러나 아무도 나타나지 않았고, 누구도 푸리에의 구상에 관심을 보이지 않았다. 그는 이런 전적인 무관심에 충격을 받았다. 그의 계획에는 아예 없던 일이었다. 그럼에도 팔랑스테르를 위한 시간뿐 아니라 새로운 세계사적 시대를 위한 시간은 무르익어 갔다. 그는 세계사의 길을 설계도에 정확하게 그려 넣었다. 세계 창조에서부터 방향을 잘못 잡은 이성의 좌충우돌을 지나 미래의 조화로운 세계로 가는 길을. 게다가 당시의 지질학자와 생물학자들이 보통 그리는 편람도처럼 지질 시대를 순서대로 표시했다. 다만 여기서 자연의 힘은 물리적인 것이 아니라 사회적인 것이었다. 자연의 힘은 서로 사랑하고 미워하고, 서로에 대한 느낌을 받아들인다. 신 역시 〈열정적으로〉 그런 자연을 고안하고 프로그램화했다. 80만 년 전 어느 시점에 시작된 창조는 450년에 걸쳐 완성되었다. 신의 창조가 단 엿새 만에 이루어지지 않았다고 확신했기 때문이다. 자신이 사랑하는 작품이라면 그만한 시간은 들여야 하는 법이다.

푸리에가 신의 작품인 사회적 나침반을 발견했다고 아무리 떠들어도, 게다가 그 발견 과정에서 인간에 대한 애정을 놓치지 않았다고 해도 세상의 반응은 냉담했다. 결국 실망한 이상주의자는 1815년에 부르고뉴 지방의 탈리시외로 거주지를 옮겼다. 식물로 가득 찬 집이었다. 여기서 그는 4년 동안 생각을 정교하게 다듬고 확장했다. 그 결과물이 여덟 권짜리 『대(大)논문*Grand traité*』이다. 이 책에서 푸리에는 무엇보다 경제적 이념을 더욱 세심하게 정비하고 수많은 새 규칙을 만든다. 초기 작품에서는 자신의 열정 이론 속으로 갖가지 수상쩍은 밀교적 분위기를 끌어들였다면, 그러니까 자기애에 빠진 행성의 영적 우주론을 끌어들였다면 이제는 더 이상 맹수를 유익한 안티 맹수로 만들려고 지구가 서서히 데워진다는 이야기를 하지 않는다. 또한 미래의 인간과 관련해서도 키가 2미터를 넘을 거라거나 144세까지 살 거라거나, 혹은 지상에 3700만 명의 천재가 존재하는 시대가 올 거라는 이야기도 하지 않는다. 대신 자신의 팔랑스테르가 이미 오래전에 세상에 존재한 것처럼 세밀하게 묘사하고, 그런 공동체에서 생길 수 있는 온갖 문제를 제기하며 해결책을 찾으려 한다. 심지어 팔랑스테르의 평면도를 그리고 가옥을 설계하기도 한다. 베르사유 궁전을 본뜬 화려한 바로크 양식으로 말이다. 하지만 현실 속의 그는 이 책을 인쇄할 돈도 없는 상황이었다. 스스로 복음을 전하는 인류의 사도라고 생각했던 이 이상주의자는 여전히 무명이었고, 그가 구원으로 내세운 유토피아는 그저 상상으로만 가능한 사적 만족일 뿐이었다. 결국 목구멍에 풀칠이라도 하려면 곳곳을 떠돌며 자신이 그렇게 싫어하는 일을 해야 했다. 예를 들면 수금원이나 징수원 같은 일이다. 결국 이런 생업에 대한 역겨움 속에서 그는 경멸과 증오의 영사막에 유대인들을 올려놓고, 그들에게 독설과 가래를 뱉었다.

1822년에야 푸리에는 이 주저를 축약된 형태로나마 출간할 재원을 마련할 수 있었다. 그렇게 해서 두 권짜리 『가정적, 농업적 조합에 관한 이론*Traité de l'association domestique agricole*』이 나왔다. 그 직후 『보편적 통일론*Théorie de l'unité universelle*』이 마찬가지로 두 권으로 출간되었다. 모두 합치면 거의 3천면에 이르는 이 두 작품에서 푸리에는 대안적 사회의 건축가로서 어마어마한 요구들을 풀어놓았다. 그러나 이 독학자는 좋은 글쟁이가 아니었다. 끝없는 서문과 서론, 거기다 부록과 여록을 통해 이 작품이 지금껏 존재한 적이 없는 완벽한 이론임을 믿게 만들려고 했다. 그러나 하늘의 물리학에서부터 팔랑스테르의 건설까지 일직선으로 이어지는 논리적 길은 보이지 않는다.

푸리에는 오히려 비판자로서의 역할이 더 돋보인다. 그는 급격하게 산업화로 치닫는 프랑스 실물 경제를 잘못된 방향으로 나아가는 반면교사로 여겼다. 그런 인식을 바탕으로 『잘못된 산업*La fausse industrie*』(1835/1836)에서는 영국인 토머스 스펜스(1750~1814)의 모델에 따라 조건 없는 기본 소득을 주장했다. 현대 문명에서는 누구도 더 이상 수렵이나 채집, 어업으로 먹고살 수가 없다. 그렇기 때문에 사회는 개인에게 생존에 필요한 최소한의 소득을 보장해야 한다. 이 생각은 푸리에에게는 너무나 당연했다.

만일 산업이 인간에게서 자유롭게 사용할 수 있는 땅과 자원을 앗아 간다면 삶의 토대를 그렇게 붕괴한 것에 대해 기본 소득으로 상쇄할 의무가 있다는 것이다.

비판가이자 유토피아주의자인 푸리에는 말년에 마침내 자신의 이론에 호응하는 독자를 발견했다. 1832년 한 투자자가 랑부예 인근의 500헥타르 부지에 팔랑스테르를 처음 건설한 것이다. 그런데 이 공동체의 건설에 푸리에를 완전히 배제한 것은 원저작자로서는 참으로 가슴 아픈 일이었다. 또한 그는 영국인 경쟁자 로버트 오언(1771~1858)에 대해서도 굉장히 신경질적으로 반응했다. 오언이 꿈꾼 공산주의적 재화 공동체는 푸리에의 목표를 훌쩍 뛰어넘었을 뿐 아니라 많은 화제가 되었기 때문이다. 1837년 10월에 예순다섯 살의 푸리에는 파리의 집에서 죽은 채로 발견되었다. 덩굴이 무성하고 앵무새가 날아다니는, 자기 이념의 마지막 온실이었던 곳이다.

살아서는 거의 주목을 받지 못했거나, 아니면 대개 헛소리나 지껄이는 공상가로 폄하되던 푸리에는 곧 시대의 아이콘이 되었다. 죽은 지 몇 년 되지 않아 그의 이름이 프랑스 좌파의 입에 쉼 없이 회자되었다. 스탕달, 발자크, 샤를 오귀스탱 생트뵈브(1804~1869) 같은 작가들도 그에게서 영감을 받았고, 마르크스는 훗날 파리에 있는 그의 무덤을 참배했으며, 엥겔스는 그의 이념을 〈천재적 세계관〉으로 치켜세웠다.[55] 심지어 미국에서는 푸리에 모델에 따라 팔랑스테르가 두 곳 세워졌다. 매사추세츠의 브루크 농장과 뉴저지주 레드뱅크의 노스아메리칸 팔랑크스가 그것이다. 밀은 푸리에가 주창한 기본 소득의 이념을 완화해서 받아들였고, 프랑스에서는 19세기 중반 자본주의 체제에 대한 대안으로 국민 협동조합의 이념이 꽃을 피웠다. 스위스인 카를 뷔르클리(1823~1901)는 푸리에의 열광적 추종자로서 1851년에 취리히 소비자 연맹을 세웠다. 가격 상승과 무관하게 상품을 판매하고, 상업의 폭리를 막기 위해서였는데, 이것은 장기적으로 성공을 거두었다. 반면에 1855년 텍사스에 팔랑스테르를 세우려던 뷔르클리의 **유토피아** 프로젝트는 실패로 돌아가고 말았다. 경제가 노예제에 기반을 둔 국가에서는 그런 식의 사회주의적 유토피아가 번성할 수 없었다. 반면에 보완된 협동조합 모델, 즉 사람들이 함께 살면서 함께 일하고, 아동과 노인을 공동체가 돌보는 협동조합 모델은 20세기의 수많은 사회적 대안 프로젝트에서 결실을 맺었고, 21세기에 들어서도 그 매력을 잃지 않고 있다.

사회적인 것의 물리학

푸리에가 부르고뉴에서 『대논문』을 쓸 무렵 파리에서는 열일곱 살의 청년 콩트가 에콜 폴리테크니크에서 강의를 듣고 있었다. 나폴레옹의 실각이 막 확정되었고, 이와 함께 왕정복고가 시작되었다. 몽펠리에 출신의 이 젊은이는 신동, 특히 수학 신동으로 여겨졌다. 1794년에 설립된 이 공과 대학은 그에게 새로운 영감을 풍부하게 제공했다. 그는 이곳에서 수학하면서 자신을 미래의 주인공으로 생각했다. 젊은 엔지니어들은 파리 고등 사범학교의 인문학자들을 더 이상 경쟁자로 여기지 않았다. 이제부터는 오직 기술만이 사회적 진보를 이끌 거라고 확신했기 때문이다. 앞으로도 결코 사라지지 않을 믿음이지만, 다른 한편으로는 오만한 믿음이었다.

콩트의 에콜 폴리테크니크 재학 기간은 길지 않았다. 그는 독선적이고 다혈질적인 성격 때문에 가끔 질책을 들었고, 그 와중에 진보에 열광하던 이 엘리트 대학이 루이 18세에 의해 문을 닫자

고향으로 돌아갈 수밖에 없었다. 대신에 그는 1816년 여름 몽펠리에에서 의학 기초 지식을 습득했다. 1년 뒤에는 보충 수업 교사로 다시 파리로 돌아갔다. 거기서 그는 예순 살 가까이 된 생시몽을 알게 되었다. 생시몽은 더 이상 무명이 아니었다. 백작은 많은 제자와 함께 여러 방대한 집필을 준비하고 있었다. 『산업 체계론』 외에 『산업의 교리 문답서*Catéchisme des industriels*』(1823/1824), 『사회 조직론*De l'organisation sociale*』(1824) 같은 책이었다. 생시몽의 새로운 개인 비서로 채용된 콩트는 모든 프로젝트에 참여했다. 그러나 7년 동안의 성공적인 협력 작업 이후 관계는 끝나고 말았다. 생시몽은 콩트의 대담한 초고 논문 「과학적 연구 계획」을 『산업의 교리 문답서』에 자신의 이름으로 넣으려 했고, 이 일을 계기로 콩트는 그와의 관계를 단절했다. 물론 그는 그전부터 이미 단순한 아이디어 제공자나 비서 말고 다른 역할을 스스로 준비해 두고 있었다. 자신이 직접 설계도를 그리고 현실로 옮길 가능성을 찾는 일이었다.

그의 설계도 맨 앞에는 냉철한 진단이 자리했다. 1789년의 혁명은 세상의 낡은 관계를 불가역적으로 파괴했고, 진보의 정신에 불을 지폈다. 하지만 동시에 수백 년 동안 성공적으로 지속되어 온 질서를 산산조각 내기만 했을 뿐 정작 새로운 질서를 만들어 내지는 못했다. 계몽주의자와 혁명가의 이념, 즉 자유와 국민 주권, 권력 분립은 귀족과 교회를 향한 훌륭한 전투적 수사였다. 하지만 말로만 하는 전투 기계는 산업적 기계가 될 수 없었다. 수사적 전투 기계는 파괴만 할 뿐 무언가를 건설적으로 구축하지는 못했기 때문이다. 콩트는 보날드와 메스트르에게서 계몽주의자를 비판하는 법을 배웠다. 그자들은 어떤 형태의 새로운 사회적 접착제도 만들어 내지 못한다. 개인의 자유나 심지어 국민 주권도 만인의 행복을 창출하지 못한다. 오히려 이제는 각자가 이기주의에 빠진다.

그래서 백성들이 하나의 공통된 의지를 갖게 되면 폭도가 된다. 몽테스키외가 주창한 권력 분립에 대해서도 콩트는 좋게 보지 않았다. 본래적인 의미의 권력 분립은 **정신적인 영역**과 **실용적인 영역** 사이의 분립이어야 한다. 하지만 중세와 봉건 시대의 성공적 모델, 즉 한편에는 모두를 연결하는 정신적 이데올로기(여기서는 기독교다), 다른 편에는 국가적 이해관계를 가진 세속적 군주가 있는 이 성공적 모델은 다시 소생할 수 없다. 이 점에서 콩트는 보수적인 전통주의자들과 확실히 선을 긋는다. 기독교는 마법이 풀리면서 이제 허황된 이야기로 탄로 났다. 미래의 정신적 권력이 뭐가 될지는 몰라도 가톨릭교회는 절대 아니다. 이제 질서**와** 진보가 새로 만들어져야 한다. 누구에 의해? 바로 콩트에 의해!

원래 콩트가 하려고 했던 일에는 기획실과 흰색 가운을 입은 막강한 참모부가 필요했다. 하지만 현실의 그 앞에는 아무것도 없었다. 다시 문을 연 공과 대학은 그에게 교수직을 거부했다. 스물일곱 살의 콩트는 궁여지책으로 파리 포부르 몽마르트르가의 집을 사설 강연소로 바꾸었다. 1826년 초 전직 매춘부인 아내 카롤린 마신과 사는 집에 수강생들이 찾아왔다. 그중에는 유명한 자연 연구자 알렉산더 폰 훔볼트(1769~1859)도 있었다. 그런데 강의는 세 번으로 끝났다. 콩트에게 정신병 증세가 나타났기 때문이다. 그는 반년 동안 정신 병원에 입원해 있다가 조울증은 〈치료 불가능〉하다는 말을 듣고 퇴원했다. 1827년 4월 그는 절망한 채 집으로 돌아왔고, 다행히 제정신을 회복했다. 이후 그의 표현에 따르면 〈뇌수 위생〉을 철저히 지켜야만 온전한 정신 상태를 유지할 수 있었다.

1829년에 콩트는 생자크가의 새집에서 강의를 속행했다. 그 무렵 에콜 폴리테크니크는 그에게 입학 사정관 자리를 내주었다. 시대 상황은 여전히 혼란스러웠다. 왕정복고의 종료, 1830년 7월 혁명의 발발, 이어진 내전. 그러나 이 모든 것이 그에겐 그저 배경 음악에 불과했다. 그의 거대한 야망은 인류의 미래사를 영원히 바꾸는 작업으로 향해 있었다. 푸리에에 비해 한 치도 뒤지지 않는 야망이었다. 1830년부터 1842년까지 『실증 철학 강의*Cours de philosophie positive*』 여섯 권이 차례로 출간되었다. 그 속에는 과학에 대한 믿음을 비롯해 객관적 인식으로 인간의 공동생활을 최상으로 만들 수 있다는 믿음이 짙게 깔려 있었다. 이 재야 학자는 일단 자신의 시대부터 분석한다. 그가 사는 세상은 분명 두 개의 속도로 움직이고 있었다. 자연 과학이 한 걸음에 10킬로미터를 가는 거인의 속도로 진군하고 기술이 경제를 급속도로 혁신하고 있다면, 이에 반해 정신의 세계는 한참 뒤처져 있었다. 어떤 정치 세력이건, 어떤 헌법이건, 어떤 법률가의 세계이건 과학 없이 〈헛소리〉만 지껄여 댔다. 그렇다 보니 인간 삶과 공동생활에 대한 진정한 학문이 없는 것도 이상한 일이 아니었다. 콩트는 자신이야말로 그런 학문의 초석을 놓을 위대한 인물이라고 생각했다. 이 신생 학문은 처음엔 〈사회 물리학〉이라 불렸지만, 『실증 철학 강의』 제4권(1835)에 이르러 마침내 〈사회학〉이라는 이름을 얻게 되었다.

신생 학문은 지금까지의 모든 〈비과학적〉 철학을 대체해야 했다. 이런 측면에서는 콩트는 생시몽과 데스튀트 드 트라시의 모범을 따랐다. 그러니까 지금까지의 앎과 기존의 학문을 철저히 정리한 것이다. 이어 우리는 콩트가 스스로 이름 붙인 **백과사전적 법칙**을 만나게 된다. 인류 역사를 돌아보면 앎은 추상적인 것에서 구체적인 것으로, 단순한 것에서 복잡한 것으로 발전해 왔다. 모든 학문의 시작에는 수학이 있었고, 그 뒤에 천문학, 물리학, 화학, 생물학이 잇따르다가 마침내 가장 현대적이고 구체적이고 복잡한 사회학에 이르렀다. 철학은 지금까지 해온 꼴을 보면 과학성의 결핍으로 인해 여기에 낄 수 없다. 만일 콩트가 쇼펜하우어와 키르케고르를 읽었다면(당시 프랑스인 중에서 이 두 철학자의 책을 읽은 사람은 거의 없었다) 그들의 사상을 주관적인 망상이라고 비웃었을지 모른다. 그건 심리학에 대해서도 마찬가지다. 그는 자신을 카바니스와 멘드비랑, 데스튀트 드 트라시와 극단적으로 구분한다. 이들은 미래 학문을 인간 심리의 정밀한 연구 위에 세우려고 했는데, 자신의 내면에 귀를 기울인 다음 거기서부터 과학적 추론을 끄집어내는 것은 과학이 아니라 헛짓거리였다. 그가 볼 때 심리학은 〈신학의 마지막 변이〉에 지나지 않았다. 논리학도 쓰레기통에 버려야 할 것에 불과했다. 논리학이라는 게 건강한 인간 오성 말고 뭐가 더 있느냐는 것이다.

인간 정신이 객관적 세계를 적절하게 파악할 수 있을까? 혹은 그런 객관적 세계라는 게 과연 있기나 할까? 이 질문은 물론 콩트가 처음 제기한 것이 아니다. 하지만 이런 측면에서 더욱 강하게 문제를 제기함으로써 철학을 현대화의 길로 이끈 이 인물은 안티철학자라고 불러도 무방해 보인다. 21세기까지도 수많은 자연 과학자가 이 점에서는 그를 추종하고 있다. 콩트가 볼 때 과학은 사물의 근원을 묻지 않는다. 과학이 과학적 그물로 잡을 수 없는 것은 물고기가 아니다. 중요한 것이 아니라는 말이다. 모든 사회적 갈등은 인간 사회라는 유기적 조직을 전체적으로 적절하게 이해할 때에만 과학적으로 해결할 수 있다.

사랑과 효율성

콩트가 볼 때 사회학은 생물학에서 비롯되었다. 그건 우연이 아니다. 19세기 첫 30년 동안 파리 자연사 박물관에서는 1800년 이후 〈생물학〉이라고 불린 분과가 붐을 이루었다. 예전에는 자연학이었던 것이 이제는 〈생명 과학〉이 되었다. 그것은 카루스 같은 심리학자에게 혼을 불어넣은 독일 자연 철학의 대척점에 있었다. 엄격성이나 방법론적인 면에서 말이다. 장 바티스트 드 라마르크(1744~1829), 에티엔 조프루아 생틸레르(1772~1844), 특히 조르주 퀴비에(1769~1832) 같은 프랑스 스타들의 책은 독일 자연 철학과는 달리 〈과학〉이 되라고 요구했다. 그들의 책은 과학적 진보를 상징화했고, 계속 널리 읽혔으며, 완전히 다른 분과의 대표자들까지 매료시켰다. 예를 들어 발자크는 퀴비에의 모범에 따라 전체 사회적 유기체를 문학적으로 해부했다.

생물학처럼 콩트의 사회학에도 공간과 시간이라는 두 차원이 있었다. 퀴비에는 모든 동물 강(綱)의 유기체에는 서로 다른 〈설계도〉가 있다고 생각했다. 생물은 적절한 공간에서 기관들의 완벽한 협력 작업을 통해 〈살아간다〉. 콩트의 눈에 이것은 물리학의 과학성이 생물학으로 들어간 것처럼 보였다. 시간적 차원은 발달사, 즉 진화에서 나타났다. 당시 진화의 과학성에 대해선 논란이 많았다. 앞서 언급한 자연학의 세 대가의 입장이 서로 달랐기 때문이다. 라마르크와 생틸레르는 〈변이〉, 즉 수백만 년에 걸친 동물 종의 점진적 변형을 믿었다면 퀴리에는 그것을 부정했다. 지상의 무수한 재앙으로 수많은 동물 종이 소멸되고 새로운 종이 탄생했다는 사실 말고는 증명된 것이 없다는 이유에서다. 대부분의 동시대인처럼 콩트도 퀴비에의 편에 섰다. 종의 한계는 넘어설 수 없다는 것이다. 물론 콩트는 퀴비에의 경쟁자들에게서도 배운 것이 없지 않았다. 우선 유기체의 특성은 환경의 영향을 받고 그로써 진보가 이루어진다는 라마르크의 견해에 전적으로 동의했다. 라마르크가 볼 때 자연사는 단순한 것에서 복잡한 것으로의 부단한 상승이었다. 조개 같은 원시적 유기체에서 점점 더 복잡한 조개들이 생겨난다. 그렇다면 가장 오래된 동물 종이 가장 완벽한 종이다. 왜냐하면 원숭이나 인간 같은 동물은 가장 먼 길을 달려 진화해 왔기 때문이다.

오늘날 우리는 이 생각이 잘못되었다는 것을 알지만, 그것을 알 리 없는 콩트는 라마르크의 모델에 따라 **3단계론**을 구상한다. 모든 종이 시간의 흐름에 따라 완전화의 과정을 걷는 것처럼 인류도 지속적으로 더 높은 단계로 발전한다. 개인뿐 아니라 사회 전체가 말이다. 인간은 아이일 때는 세계를 마법적인 것으로 지각한다. 그러다 좀 더 나이가 들면 스스로 이해되지 않는 것들을 신과 같은 궁극의 원인으로 돌리고 정의나 진리 같은 원칙을 믿는다. 완전히 성숙하고 나서야 인간은 그런 형이상학적인 것은 존재하지 않으며 오직 사실과 작용 관련성만 존재한다는 사실을 깨닫는다. 전체로서의 인류도 마찬가지다. 인간은 처음엔 **신학적 단계**에 머무르다가 차츰 **형이상학적 단계**, 즉 이성적 각성의 단계로 발전한다. 이 두 번째 단계에는 〈최초의 원인〉과 〈최후의 목적〉이 존재한다. 세 번째 단계에서 인간은 그것과도 결별하고 서로 관련성으로 엮인 객관적인 현상만 바라본다. 이 단계가 바로 **실증주의**다. 더는 허무맹랑한 이야기를 믿지 않고 오로지 사실만 믿으며, 또 필요하기는 하지만 〈부정적일〉 수밖에 없는 계몽주의의 파괴 작업이 끝나면 세계가 치유될 거라고 믿는 의식 상태다.

생물학의 새로운 인식을 사회에 전이하는 것은 콩트에겐 사회학의 토대를 세우는 데 반드시 필요한 작업이었다. 사회학은 물리학을 기반으로 지하실에는 화학이, 각 층에는 생물학이 자리 잡은 거대한 집의 지붕이다. 그런데 그는 인류사가 지금껏 더 높은 단계로의 지속적인 발전이 아니었다고 생각하는 계몽주의 시각과 맞서 싸워야 했다. 낙관주의자인 콩도르세조차 자유를 사랑하던 고대에 비해 중세 및 이후의 봉건 시대를 역사의 퇴보로 여기지 않았던가! 콩트는 그 자신은 몰랐지만 헤겔과 놀라울 정도로 유사한 확신을 가지고 이 문제를 정리하고자 나선다. 솔직히 중세 기독교 질서의 안정성은 경탄스럽기 그지없었다. 천 년 동안 유지된 것을 단순히 어둡고 나쁜 것으로 치부할 수는 없었다. 사회 기술적으로 종교 권력과 세속 권력의 이원성은 인류사에서 성공적인 모델이었고, 그렇다면 그것 역시 진보가 틀림없다. 기독교가 형이상학적인 헛소리이지만, 사회적으로는 인간의 성취였다. 그런 점에서 기독교 역시 진보의 구도에 맞아떨어진다.

하지만 인류사에는 어쨌든 일시적으로라도 퇴보 현상이 나타나지 않을까? 1789년 혁명 이후의 혼란스러운 시대만큼 그것을 더 명확하게 보여 준 것이 뭐가 있을까? 이에 대해 콩트는 변증법적으로 반박한다. 노예 소유주나 국왕 또는 교회는 각자의 방식으로 역사의 전진에 기여했다. 그들의 질서가 뒤집어질 때마다 인류가 새로운 단계로 상승했다는 것이다. 헤겔이 변증법이라고 부르며 〈이성의 계략〉에 맡긴 것이 콩트에게는 시행착오를 통한 필연적인 〈종의 발전〉이 되었다.

그러나 사회학과 인간 생물학의 동일시에는 한계가 있다. 거대 공동체로서 호모 사피엔스 종을 보편적 조화라는 완전화의 길로 나아가게 하는 힘은 무엇일까? 주지의 사실처럼 다른 동물은 만인의 행복이나 세계 평화를 추구하지 않는다. 이 문제에 대해서도 콩트는 출구를 발견한다. 『실증 철학 강의』 제5권에서 그는 그 힘, 즉 자연의 힘을 사랑에서 찾는다. 정의로운 세계 질서를 구축하려면 과학적 진보와 기술만으로는 부족하다. 보편적인 인간애가 없으면 모든 게 무용지물이다. 따라서 과거의 가톨릭교회처럼 인간애의 이념과 도덕을 인간 사회에 심어 줄 정신적인 힘이 필요하다. 사랑과 도덕만이 이기심을 억누를 수 있다. 인류라는 전체 유기체가 퀴비에의 설계도에 따라 원활하게 움직이려면 〈여러 개인적이고 민족적인 기관을 총체적인 내적 연대로 끊임없이 연결시키는 사회적인 거대한 통일체〉가 만들어져야 한다.[56] 이 연대가 사랑과 도덕을 새로운 종교로 묶는 사회적 영역에 도달하게 하는 동력이다. 정서적, 도덕적으로 자기 자신과 일치하는 인간만이 자신의 종을 전진시킬 수 있다. 구성원들의 내적 질서 없이는 외적 질서도 없다. 모든 선의 중심에는 **사회 감정**이 있다.

『실증 철학 강의』의 마지막 권은 1842년에 출간되었다. 그 직후 콩트는 아내와 헤어지고 클로딜드 드 보를 만났다. 그가 두 손으로 떠받들던 여인이다. 2년에 걸친 낭만적인 플라토닉 러브는 숭배하던 여인의 죽음으로 끝나고 말았다. 그럼에도 이 관계는 콩트의 저서에 깊은 흔적을 남겼다. 원래 그는 새 저서 『실증 정치학 체계*Système de politique positive*』에서 사회학이 어떻게 실용적인 사회 질서로 실현될 수 있을지를 날카롭게 논증할 생각이었다. 하지만 1851년부터 1854년 사이에 출간된 이 네 권짜리 책은 콩트의 가슴속에 깊이 자리하고 있던 두 개의 영혼, 즉 영적인 것과 사랑을 드러냈다. 이 둘은 이전 저서들에 비하면 점점 더 크게 부각되었고, 기술자의 냉철한 시선은 뒤로 물러났다.

콩트의 실증주의가 〈심장의 새로운 지배〉 또는 〈모든 것을 아우르는 사랑〉으로 나아간 것은 이 프로젝트를 시작할 때만 해도 전혀 의도한 것이 아니었다.[57] 그는 흠모하던 19세기의 철학자이자 수학자인 블레즈 파스칼(1623~1662)을 끌어들이며 〈심장의 질서〉를 미래 사회의 중심에 놓으려 했다. 이 요구는 그의 엄격한 국가 이념, 즉 학자에겐 〈사유〉를, 여성에겐 〈감정〉을, 프롤레타리아에겐 〈행위〉를 각각의 기능으로 정해 놓은 이념과 이상한 대비를 이루었다. 남녀의 동등한 권리와 노동자 해방도 그의 주된 관심사가 아니었다. 중요한 것은 개인의 권리가 아니라 이전의 보날드나 메스트르와 비슷하게 오직 의무뿐이었다.

최상위 의무는 영구적으로 규정된 실증주의적 질서에 편입

되어 마찰 없이 제 기능을 다하는 것이었다. 개인적인 행동의 여지는 많지 않았다. 개인의 역할을 규정하는 것은 질서였다. 사회에서 개인적 역할의 진화는 자연사에서 종의 한계를 벗어나는 것만큼이나 있을 수 없는 일이었다. 그렇다면 방직 공장의 참담한 환경에서 하루에 12~16시간씩 등골 빠지게 일하는 노동자에게 〈모든 것을 아우르는 사랑〉의 달콤함이라는 게 과연 무슨 의미가 있을까? 과거 푸리에의 협동조합식 공동체도 발전 가능성이 부족했고, 이상을 향한 궤도도 독단적으로 확정되어 있었다. 자유로운 자기 발전을 강조하지만 엄격하게 정해진 시간 체제 속에서 효율적으로 일하라는 강요만큼이나 말이다. 그런데 콩트의 실증주의적 이상 사회는 푸리에보다 몇 배는 더 독단적으로 보인다. 거대한 전체에 유익한 존재가 되어야 한다고 아예 단단히 못을 박아 버린다. 그의 이상 사회에서 사회적 변화나 진화는 들어설 자리가 없다. 노동자는 영원히 노동자로 살아야 한다. 퀴비에의 이론처럼 종이 진화 과정에서 스스로를 바꿀 수 없듯이 말이다. 사회와 개인은 동적이지만, 계급은 정적이다. 경제 권력은 산업가와 자본가, 〈귀족〉 계급에게 불가침의 권리로 주어져 있다. 〈프롤레타리아〉 계급은 효율적인 생산 규칙이 정해 놓은 대로 일하고 복종해야 한다. 이제는 믿음도 본인이 원하는 대로 가질 수 없다. 계몽주의자들은 믿음의 자유를 요구했지만, 콩트는 실증주의를 국가 종교 또는 인류교의 차원으로 끌어올려 믿으라고 명령한다.

인류교

실증주의는 어떻게 관철되고, 어떻게 세계 지배권을 획득할 수 있을까? 승리의 나팔 소리가 울려 퍼질 진보의 진군은 3단계 법칙에 따라 이미 예정되어 있었다. 그럼에도 인간에게는 그런 발전 과정을 적극적으로 추동할 특별한 사명이 있었다. 콩트는 자신이 까맣게 모르고 있던 마르크스와 놀라울 정도로 유사하게, 사회가 한편으론 어떻게 저절로 특정 방향을 향해 논리적으로 발전해 나가는지, 다른 한편으론 그런 발전을 위해 구체적으로 싸워 줄 어떤 사람이 필요한지 설명했다. 인간 개선을 목표로 삼은 이 두 사상가는 그러려면 일시적인 〈독재〉가 필요하다는 사실을 거의 동시에 깨달았다. 다만 독재의 주체가 달랐다. 마르크스는 프롤레타리아 독재를, 콩트는 〈실증주의적 삼두 정치(三頭政治)〉의 독재를 주장했다.

죽은 뒤 세계의 절반 가까이에서 흉상과 포스터, 초상화, 동상이 세워지게 될 마르크스와 달리 콩트는 생전에 자신의 이미지를 세계 속에 영원히 남기는 일에 앞장섰다. 종교 창시자 중심의 지도자 숭배 문화가 존재하는 실증주의 종교는 이미지 종교였다. 공산주의자의 상징색이 빨간색이라면 실증주의자는 녹색이었다. 콩트는 예술가들에게 구애를 펼쳐 자신의 그림과 흉상, 메달을 제작하게 했다. 이것들을 걸거나 전시하는 것은 실증주의 운동의 일원임을 증명하는 것이었다. 위대한 스승은 종교 창시에 필요한 모든 것을 직접 준비했다. 예를 들면 가정 예식, 공식 예식, 제식, 묵상, 기도, 축제, 성사 같은 것이었다. 이제는 콩트 자신이 가톨릭교회의 성인들을 모두 대체했고, 제도판 위에서 **대(大)존재**, 즉 인류 자체를 숭배하는 실증주의 사원을 설계했다. 세례, 결혼식, 장례식도 위대한 인류의 이름으로 거행되었다. 통일 유럽의 미래 수도이자 〈서양 공화국〉의 메카로 파리가 선택되었다. 모든 사원은 이 도시의 모델에 따라 설계되었다. 거리 이름이 바뀌고, 깨끗이 청소되고, 널찍한 가로수 길이 사방으로 쭉쭉 뻗어 나간 파리의 모습은 몇십 년 뒤 파리 지사 조르주 외젠 오스만(1809~1891)이 실시한 도시 개선 사업의 선취이자, 훗날 아돌프 히틀러(1889~1945)의 건축가 알베르트 슈페어(1905~1981)의 꿈이기도 했다. 기독교력은 이제 다른 시간 계산으로 움직이는 〈실증주의력〉으로 대체되었다. 이로써 좌우 양쪽을 불문하고 20세기의 전체주의를 지탱하는 이미지와 상징의 권력이 19세기 중반 파리의 한 작은 집에서 생성되었다. 위대함에 대한 격정, 완전화의 과정으로서 사회 개혁, 전체의 조화, 지도자와 이데올로기 숭배, 이 모든 것을 콩트는 아주 좋은 의도로 뒤섞어 묘약으로 만들어 냈고, 이것은 훌로 성스러운 독재의 처방전으로 자리 잡았다. 로만 폴란스키의 영화 「뱀파이어의 춤Tanz der Vampire」에 나오는 아브론시우스 교수와 비슷하게 콩트는 자신이 그렇게 물리치고자 했던 악을 오히려 자기 손으로 세계 속으로 내보내는 결과를 낳았다.

하지만 전체주의만 콩트의 이미지 창고와 이념 창고로 들어간 것이 아니었다. 인류의 세 번째 단계에 도달한 성숙한 유럽, 그중에서도 프랑스와 영국이 온 인류의 미래가 될 거라는 핵심 이념 역시 후대에 큰 영향을 끼쳤다. 콩트는 이렇게 확신했다. 〈뉴질랜드의 야만인들〉은 아직 몽매한 1단계에 머물러 있다면, 서유럽은 이미 〈최종 체제〉에 근접했다. 세계는 이런 서유럽을 통해 치유되어야 하고, 점진적인 치유 단계를 거쳐 마침내 〈서양 공화국〉이 세계 정부가 될 것이다. 자본주의와 과학적 진보, 사회적 공공심(公共心)의 혼합, 서구의 계몽 원칙, 〈서구적 가치〉, 이것들이 바로 인류의 미래가 되어야 한다. 이로써 콩트는 오늘날까지도 중단 없이 유지되어 온 서구 사회 모델의 이상화를 표방하고 있는 셈이다. 비록 그의 가치 규범에는 국민 주권이라는 중요한 요소가 빠져 있지만 말이다.

훗날 콩트의 뒤를 이은 과학으로서의 사회학은 창시자의 역사 철학적 낙관주의를 새롭게 표명하는 일에 쉼 없이 매진했다. 미국의 탤컷 파슨스(1902~1979)와 독일의 니클라스 루만(1927~1998) 같은 20세기 사회학자들은 자신들의 저서에서 점점 높은 단계로 발전해 나가는 사회 진화 과정을 묘사했는데, 이미 그 끝은 정해져 있었다. 서구 모델에 따라 기능적으로 철저히 세분화된 사회가 그것이다. 20세기 후반기의 시민 사회도 그런 사회로 나아가는 듯하다. 그 과정에서 서구 사회가 다른 사회들에 〈도움〉을 준다면 그것은 낮은 단계에서 현재 시대에 적합한 더 높은 단계로 끌어올리기 위함이다.

오늘날까지도 전 세계에서 벌어지고 있는 〈서구〉 국가들의 개입 전쟁에는 이런 정신과 논리가 밑바탕에 깔려 있다. 물론 현실적으로 보면 유해하고 파괴적인 이데올로기일 때가 많은 논리이지만. 베트남이나 아랍 세계에서 서구의 호전적인 휴머니스트들이 〈자유〉를 수호한다는 명분으로 관련된 전통이 전혀 없는 국가에 서구 민주주의를 심으려 한다면 그건 여전히 19세기를 살고 있는 셈이다. 철학적으로 보면 현재의 국가 건설은 콩트를 비롯해 이후의 식민지 시대와 떼어 놓고 생각할 수 없다. 즉 자본주의에 기초한 자유 민주주의 질서는 보편적 가치로서 오직 거기에 따라 설계된 질서와 진보를 세계 곳곳에 건설하는 것이 서구의 사명이라는 것이다. 콩트의 실증주의와 마찬가지로 서구 세계는 스스로를 지상에서 가능한 가장 훌륭한 사회라고 생각한다. 각 지역의 문화적 차이와 전통은 완전히 무시한 채.

이런 측면에서 보자면 오늘날 서구에서 그런 자기 확신이 무너지고 있는 것은 도움이 될지 모른다. 트럼프 치하의 미국이 다들 〈역사의 끝〉이라고 예언한 그런 국가일까? 인류 진보의 정점일까? 엄청난 규모의 전횡과 신화, 거짓말이 돌아오면서 서구의 확신은 불안해지고 있다. 마찬가지로 오늘날 유럽 연합으로 대변되는 〈서양 공화국〉도 흔들리고 있다. 과연 서양 공화국은 콩트가 신

없는 교회라고 부를 만큼 확고부동한 것으로 여겼던 진정한 가치 공동체를 이룰 수 있을까? 현재의 유럽 연합에서 종교가 된 것은 자본주의뿐인 듯하다. 그게 〈정신적 권력〉의 역할을 맡기에 충분할까?

자본주의 경제와 계몽적 가치의 조합은 콩트가 주장한 인류 발전의 논리적 종착점이 아닐지도 모른다. 그건 오히려 일시적인 협력 관계일 가능성이 높다. 단순한 것에서 완전한 것으로 발전한다는 라마르크의 진화론은 퇴보를 모른다. 그건 인류의 사회적 진화에 대해서도 마찬가지다. 그렇다면 과거의 콩트처럼 진보를 숭배하는 실리콘 밸리의 실증주의자들이 언젠가 서구 민주주의를 사회 기술로 대체할지 누가 알겠는가? 그것은 낙원의 모습으로 가장한 인공 두뇌학 독재의 길이다. 지금 그 길을 노골적으로 거리낌 없이 달려가고 있는 나라가 중국이다. 콩트에게 뿌리를 둔 제목처럼 보이는 중국의 〈인민 개조 계획〉에는 권리 말고 의무만, 자유로운 개성 말고 복종만, 개인 말고 거대한 전체만 존재한다. 사회의 정신적 권력은 공산주의이고, 세속적 권력은 **산업**이다. 오늘날 역사상 어떤 국가보다 실증주의적 정신에 가장 근접한 나라는 프랑스나 브라질이 아니라 바로 중국이다. 콩트 방식의 〈소시오크라시 sociocracy〉의 목표는 자유가 아니라 전체주의적 통제다.

세계 정치와 개입 전쟁에서 서구인들의 우월감, 애플 스토어로 대변되는 상업적 신전의 테크노 숭배, 인류 진보에 대한 절대적 믿음, 극동 스타일과 서구 스타일의 디지털 권력 기구, 이 모든 것은 콩트의 정신적 유산이다. 하지만 그걸 아직도 알아주는 사람이 있을까? 실증주의의 창시자는 1857년에 죽어 파리의 페르 라셰즈 공동묘지에 묻혔다. 묘지 울타리 앞의 비석에는 그의 대표작 세 권이 장식되어 있다. 브라질 사람들은 오늘날 그가 살았던 파리의 집을 콩트 박물관으로 개조해서 관리한다. 세계 공동체의 메카 주민으로 선택된 파리 시민들은 19세기 말에야 그의 진가를 알아보고, 1902년 소르본 광장에 그의 동상을 세웠다. 왼편에는 팔에 아이를 안은 성모가, 오른편에는 뮤즈의 키스를 받고 있는 그리스 신화 속의 아도니스가, 기단 꼭대기에는 단호하고 성숙한 표정의 사상가가 조각되어 있다. 그의 3단계론을 상징적으로 보여 주는 석조상이다.

최대 다수의 행복

지독하게 급진적인 바보 / 사회주의 국가 / 인간 해방 /
유토피아와 현실

지독하게 급진적인 바보

콩트처럼 제러미 벤담(1748~1832)도 기념비가 전혀 남아 있지 않다. 대신 그는 생전의 모습 그대로를 후대에 남기고 싶었던 모양이다. 자신이 죽으면 미라를 만들라고 하면서 유리 눈을 늘 주머니에 넣고 다녔다고 하니 말이다. 그런데 19세기 영국의 미라 제작술은 고대 이집트에 비해 거의 진보하지 않았고, 수요도 무척 적었다. 벤담은 뉴질랜드 마오리족의 보존 기술을 염두에 두고 있었지만, 당시의 미라 기술자들은 그 수준에 미치지 못했다. 그래서 그들은 메마른 침팬지의 몸에다 하듯이 그의 시신에 짚을 채워 넣었다. 얼굴은 기괴하게 일그러졌고, 결국 철학자의 두상은 곧 지하실의 밀폐된 공간으로 옮겨졌다. 다만 프록코트와 블라우스를 입고 밀짚모자를 쓴 몸통만 유니버시티 칼리지 런던의 벽장에 전시되었다. 머리는 나중에 모형을 떠서 왁스로 만들었다. 생물학적으로는 머리가 없는 상태이지만 그럼에도 이 대학의 설립자는 사후에도 모든 큰 행사에 참석했다. 이것도 그러라고 생전에 기록으로 남겨 둔 것이다. 이로써 그는 늘 투표를 하지 않고 묵묵히 자리만 지키고 있지만, 자신에게 영원히 투표권이 있음을 죽어서도 과시하고 싶었다.

벤담이 스스로 〈오토 아이콘Auto Icon〉이라고 이름 붙인 미라 상태로 자신의 육신을 후대에 남긴 것은 그의 별난 사고와도 전적으로 일치한다. 런던 스피탈필즈 출신의 이 박식한 법률가는 시대에 맞는 도발과 함께 영국 사회를 흔들어 깨웠다. 유복한 변호사의 아들로 태어난 그는 7년 동안 유명한 웨스트민스터 학교를 다녔고, 열다섯 살에 옥스퍼드 퀸스 칼리지를 졸업했다. 그런데 법학 공부는 그에게 영 감흥을 주지 못했다. 영국의 보통법common law 체계는 여러모로 모순적이고 거추장스러웠다. 벤담은 그런 법학을 좀 더 단순하고 우아하게 만들고 싶었다. 그래서 호기심에 부풀어 자연 과학과 뉴턴의 물리학, 스웨덴의 칼 폰 린네(1707~1778)의 자연 분류 체계를 공부했다. 그 밖에 흄과 볼테르, 엘베시우스 같은 계몽주의자들의 책도 읽었다.

벤담은 스물한 살에 변호사 자격증을 땄지만 개업을 하지는 않았다. 태어날 때부터 워낙 재산이 많아 생의 에너지를 인류의 개선에 쏟아부을 작정이었다. 출발점은 흄의 『인간 본성론*A Treatise of Human Nature*』에서 찾았다. 18세기의 이 선임자는 도덕을 과거와는 완전히 다른 토대 위에 세웠다. 행위와 법은 무엇보다 인간과 사회의 행복에 **유익한지**에 초점을 맞추어야 한다는 것이다. 심지어 흄의 친구 애덤 스미스(1723~1790)는 이 논리를 자본주의를 옹호하는 데 사용했다. 중요한 것은 어떤 상인이 고결한 동기를 갖고 있느냐가 아니라 그의 성공이 국가적 부를 증진했느냐이다. 벤담은 유용성의 원칙이 매력적이라고 생각했다. **모든** 개인적이고 사회적인 문제에도 이것을 적용할 수 있지 않을까?

이 젊은 철학자는 감전된 것처럼 전율을 느꼈다. 여기서 새로운 사유, 즉 공리주의의 토대가 나왔다. 이유와 행위의 동기를 더 이상 캐묻지 않는 철학이었다. 핵심적인 것은 오직 어떤 조치나 어떤 법이 행복을 얼마나 촉진하느냐이다. 자연 과학 공식처럼 단순하면서도 근사한 기준이었다. 행복은 좋고, 고통은 나쁘다! 유일하게 의미 있는 도덕적 문제는 이것이다. 최대 다수의 최대 행복을 위해 나는 무엇을 해야 하는가?

벤담은 연구에 몰두했다. 법체계에 대한 새로운 토대를 만들고, 통치술에 대해 쓰고, 유익성의 기준에 따라 처벌 조항을 고민했다. 이 공리주의자의 세계에 〈자연법〉은 존재하지 않았다. 인간 사회에서 옳고 그른 것은 인간이 결정하는 것이지 신이나 자연이 결정하는 것이 아니라는 말이다. 이로써 그는 〈법실증주의〉의 기초를 세운다. 법에서는 더 이상 도덕적인 문제를 들이대서는 안 된다. 관건은 사회가 최대한 장애물 없이 돌아가기 위한 합리적인 규칙이지, 나머지는 전혀 중요하지 않다.

이런 관점에서 벤담은 1789년의 인권 선언도 〈근거 없는 헛소리〉로 깎아내린다. 〈인권〉은 자연적으로 주어진 것이 아니라 인간을 법률적으로 보호하기 위해 인간에게 그런 권리가 **있다고 여기는 것**뿐이다. 다른 한편으로 그는 고통과 행복을 느끼는 다른 모든 생명체에게도 동일한 권리를 인정해야 한다고 주장한다. 동물에게도 그런 권리가 있다는 것이다. 〈우리와 똑같이 감정을 가진 존재임에도 다리 수와 피부의 털, 꼬리 유무에 따라 운명이 갈린다는 게 얼마나 말이 안 되는지를 깨닫는 날이 반드시 올 것이다. 왜 극복할 수 없는 한계가 기준이 되어야 하는가? 그게 아니라면 동물에게는 사유 능력이나 언어 능력이 없다는 게 논거가 될 수 있을까? 다 자란 말이나 개를 보라. 그들은 하루나 일주일, 또는 한 달 된 우리 갓난아기들과는 비교할 수 없을 정도로 똑똑하고 의사를 잘 전달한다. 그렇다면 중요한 것은 무엇인가?. 그들이 생각하고 말할 수 있느냐가 아니라 **고통을 느낄 수 있느냐** 하는 것이다.〉[58]

하지만 동물이 고통을 느낀다고 해서 고통 없이 죽여서 먹는 것까지 금지한 것은 아니다. 자신이 죽는 걸 모르는 상태에서 통증 없이 죽는다면 고통스럽지 않기 때문이다. 그런데 이 논리가 마음에 안 드는 인간을 죽이는 것까지 정당화한다는 사실을 벤담은 떠올리지 못한 듯하다. 이 대담한 개혁가는 자신의 도덕적 해결 공식에 취해 그 안에 담긴 모순을 충분히 인지하지 못했다. 대신 형법 체계를 완전히 뜯어고치는 것을 자신의 소명으로 여겼다. 그가 볼 때 기존의 형법은 불필요하고 잘못된 도덕의 수렁에 빠져 있다. 벌은 누군가를 참회하게 하려고 가하는 것이 아니라 공포를 주어 그런 행위를 못하게 하려고 존재할 뿐이다. 이탈리아 형법학자 체

사례 베카리아(1738~1794)와 마찬가지로 벤담도 처벌을 예방적 수단으로 보았다. 처벌이 중할수록 인간은 그런 위험을 감수해야 할지 좀 더 깊이 고민하게 된다는 것이다.

벤담은 이전의 많은 계몽주의자와는 달리 인간을 도덕적으로 만들려고 하지 않았다. 그가 『도덕 및 입법의 원리 서설*An Introduction to the Principles of Morals and Legislation*』에서 강조한 것도 비용과 이익 계산이었다. 나를 이끄는 것은 미덕도 아니고, 칸트가 말한 〈내 안의 도덕 법칙〉도 아니다. 그것들은 영리한 자기 관리와 현명한 결과 예상으로 대체되어야 한다. 벤담이 볼 때 정확한 계산에 바탕을 둔 개인의 이기심은 선에 대한 의지보다 훨씬 믿을 만하고 중요했다. 공동선을 보장하는 것은 행복 공식에 따라 제정된 지혜로운 법적 테두리 안에서 이루어지는 개인의 이익 추구다.

1781년에 그의 강령과도 같은 대표작이 완성되었다. 하지만 출간은 8년 뒤에야 이루어졌다. 이 독창적인 사상가는 1770년대 말부터 영국과 프랑스의 실력자들과 교류했다. 1785년부터 1787년까지는 벨라루스의 크리차우에 있는 동생 집에 머물렀다. 그의 동생 새뮤얼 벤담은 차르 제국에 놀러 간 게 아니었다. 그는 현대 감옥의 건축가였다. 벤담은 동생의 아이디어에 감탄했고, 불타는 사명감으로 현대 형무소를 직접 설계했다. 여기서도 급진적인 해결책을 찾아내지 못했다면 벤담이 아닐 것이다. 그의 감옥은 판옵티콘, 즉 중앙에 감시탑이 있는 원형의 돔 건물이었다. 모든 감방은 감시탑의 간수가 매 순간 모든 죄수의 움직임을 감시할 수 있도록 개방형으로 설계되었다(34면 그림 참조). 질서와 위생, 특히 투명한 감시가 돋보이는 공간이었다. 이 빅브라더 감옥은 시대 상황이 여의치 않아 영국에서 실제로 건축되지 못했다. 여기에 관심이 많았던 프랑스인들도 그의 계획을 실행에 옮기지 못했다.

벤담은 포기하지 않았다. **투명한 감시를 통한 예방**이라는 천재적인 아이디어가 이렇게 사장될 수는 없었다. 이제 판옵티콘은 감옥 모델이 아닌 경제적 사업 모델로 넘어간다. 이 영리한 철학자는 죄수에 이어 새로운 목표 집단으로 빈민과 걸인을 선택한다. 국가가 하나의 주식회사라면 사회 주변부의 가난을 완화하는 동시에 주주들까지 부자로 만들려면 어떻게 해야 할까? 상시적 감시 상태에서 빈민과 걸인을 열심히 일하게 만드는 판옵티콘을 대량으로 건설하는 것이 좋은 방법이다. 노동의 수확으로 건축비와 운영비는 재빨리 충당되고, 머지않아 고수익까지 얻을 수 있다. 얼마나 기발한 생각인가! 빈민들은 강제로 배정되어 일을 하지만 대신 안정된 숙소에서 자고, 의미 있는 역할을 하고, 위생적인 환경에서 생활한다. 주주들도 환상적인 수익에 입을 다물지 못한다. 이게 최대 다수의 최대 행복이 아니고 무엇이겠는가! 냉정한 손익 계산, 행복의 약속과 짝을 이룬 이익 추구, 사생활의 보호 대신 총체적 투명성, 전통적 도덕 대신 사회 기술적 해결책, 모든 게 놀랍기 그지없다! 만일 벤담이 18세기 중반이 아니라 20세기 후반에 태어났다면 실리콘 밸리에서도 아마 큰 성공을 거두었을 것이다.

생산 모델로서의 판옵티콘도 현실로 옮겨지지 못했다. 그럼에도 이 기발한 아이디어 개발자는 진보를 위해 노력한 대가로 2만 3천 파운드라는 거금을 받았다. 게다가 프랑스 혁명가들은 1792년에 그를 조지 워싱턴(1732~1799), 실러, 페스탈로치와 함께 프랑스 명예 시민으로 임명했다. 그러나 벤담이 열망한 자유는 보편적 인권에 바탕을 둔 자유가 아니었다. 그의 자유는 절대적인 경제적 자유로 제한되어 있었다. 반면에 그의 국가관은 판옵티콘의 이념에 단단하게 묶여 있었다. 개인적 취향과 관련해선 모든 시민이 동성애든 소아 성애든 마음대로 즐길 수 있었지만, 국가가 그들의 삶에 설정한 좁은 틀을 벗어나는 것은 허용되지 않았다. 그에 비해 보편적 이익을 위해서라면 어떤 강제도 정당화되었다. 그로 인한 피해자는 판옵티콘에서 강제로 노동을 했던 빈민과 걸인만이 아니었다. 벤담의 이상 국가에서는 모든 개인이 감시와 사찰을 받았다. 그것도 태어나서부터 무덤에 들어갈 때까지 말이다. 완벽한 통제만이 완벽한 안전을 만들고, 완벽한 안전만이 자유를 보장한다고 생각했기 때문이다. 따라서 생각할 수 있는 모든 피해와 범죄 행위, 한계 위반은 미리 걸러서 못하도록 제지했다. 오늘날 캘리포니아에서부터 중국에 이르기까지 안전 광신도들과 열광적인 사회 기술자들은 도처에 카메라와 센서를 설치하고 있지만, 아직 그런 기술적 수단이 없었던 벤담으로서는 사복 경찰과 밀정을 꿈꿀 수밖에 없었다. 게다가 기계로 읽어 낼 수 있는 개인 신분증 같은 것도 없었기에 신분 확인을 위해 전 국민의 몸에 강제로 문신을 새기는 방법밖에 떠올리지 못했다.

외적 강제에 자신을 내맡기고 싶지 않은 사람은 스스로 알아서 자신을 통제하는 법을 익혀야 한다. 벤담이 1814년부터 착수한 작품이 바로 그런 내용을 다룬다. 제목은 『의무론 또는 도덕의 과학*Deontology, Or the Science of Morality*』이다. 린네의 자연 분류 체계처럼 벤담도 〈윤리학의 린네〉로서 모든 미덕과 악덕을 체계화하고 싶었다. 〈의무론〉이라는 새로운 개념은 이미 그 어원에서부터 추진 방향이 명확히 드러난다. 인간에게는 어떤 것도 미리 정해져 있지 않고, 어떤 것도 〈존재론적으로ontologically〉 미리 주어져 있지 않다는 것이다. 게다가 아리스토텔레스가 말한 것처럼 그 자체로 〈미덕〉과 〈악덕〉인 것은 없다. 대신 모든 미덕과 악덕은 타인 또는 공동선과 **관련해서** 미덕이 되거나 악덕이 될 뿐이다. 도덕은 항구적인 것을 다루는 학문이 아니라 기능적 가치를 따지는 학문이다. 어떤 행위와 어떤 성향도 〈그 자체로〉 하나의 가치를 갖고 있지 않고, 어떤 것도 그 자체로 성스럽거나 영원하지 않다.

린네가 동식물을 체계화하기 위한 특징을 찾은 것처럼 벤담도 냉정한 시선으로 도덕을 정돈한다. 인간 간의 모든 관계가 측정되고 분류된다. 이것은 유익할까, 저것은 최대 다수의 행복에 도움이 될까, 아니면 없애야 할까? 이로써 그는 〈결과주의〉, 즉 중요한 건 동기가 아니라 오직 결과뿐이라는 이념의 가장 중요한 선구자가 되었다. 벤담은 이어 심층 단계를 위한 교안 작성에 들어간다. 전적으로 과학과 기술에 초점을 맞춘 교안이다. 국가도 급진적인 이념에 따라 새롭게 탈바꿈해야 했다. 1823년부터 영국 정계에 뛰어든 신생 정당 **급진당**이 부르주아 계급의 정치적 대변 기구 역할을 했고, 벤담이 선봉에 섰다. 그들은 여성까지 포함해서 만인의 보통 선거권을 요구했다. 당시 영국에서는 충분한 재산을 가진 남성만 투표를 할 수 있었다. 총 인구 750만 명 가운데 약 25만 명이었다. 그건 바뀌어야 했다. 바꿀 것은 그것 말고도 많았다. 사형 제도를 없애야 했고, 국가 통제에서 민주주의적 투명성을 높여야 했으며, 언론의 자유를 더 많이 보장해야 했다. 벤담이 1830년에 출간한 『헌법전*Constitutional Code*』은 오늘날 자유 민주주의 헌법론의 고전이 되었다. 2년 뒤 그는 실제 현실에서 정치적 성공을 거두었다. 그 책이 1832년의 선거권 개혁에 지대한 영향을 끼친 것이다.

반면 독일에서 이 영국인은 거의 점수를 따지 못했다. 생몰 연도가 벤담과 거의 비슷한 괴테는 그를 〈지독하게 급진적인 바보〉라고 칭했다.[59] 시인이 볼 때 공리주의는 삶의 모든 지혜를 무시하는 이념이었다. 감정에 부당한 짓을 저지르지 않고는 인간적인 것을 행복과 고통의 수학 방정식으로 풀 수는 없었다. 사실 벤담은 감정과 담을 쌓은 인물이었다. 전기 작가들도 그를 자폐증 환자로 볼 때가 많았다. 인간 사이의 해결할 수 없는 문제를 집요하게 하나의 공식으로만 풀려고 한 사람이라는 뜻이다. 특히 벤담에게 격분한 사람은 마르크스였다. 그에게 〈제러미 뭔가 하는 인간은 부르주아적 우둔함의 천재〉였다.[60] 인간에 대해 아는 것이 전혀 없는 벤담의 눈에는 〈모든 인간 존재〉가 비용과 이익만 따지는 〈영국의 가게 주인〉으로 비칠 수밖에 없다는 것이다. 마르크스가 볼 때 벤담은 〈지독한 자만심〉에 젖어 〈식상하고 무미건조한 상투어〉를 장황하게 늘어놓는 인간에 불과했다.[61]

사회주의 국가

마르크스는 벤담이 감정 없는 삭막한 이념 외에 좋은 이념도 갖고 있었다는 사실을 몰랐다. 벤담은 오언이 스코틀랜드의 뉴래너크에서 운영하던 한 기업에 투자했다. 이 젊은 남자는 맨체스터 방직 공장의 공장장으로 일하면서 좋은 명성을 쌓았고, 이어 뉴래너크에서는 지금까지 없던 방식으로 기업을 운영해 보려고 투자자를 모았다. 당시엔 경쟁에서 이기려면 최대한 가혹하게 노동자를 착취해야 한다는 경제 이론이 만연했는데, 그는 이것을 헛소리로 여겼다. 그는 자신이 평소 생각하던 것을 행동으로 옮겼다. 지금껏 뉴래너크는 도둑질과 약탈, 이주 노동자들의 알코올 중독, 인근 고아원에서 데려온 아이들에 대한 잔인한 착취로 악명이 높았다. 그런 곳을 오언은 새로운 노동을 위한 모범적인 공장으로 만들었다. 이제 노동자들은 하루에 열네 시간이 아니라 열 시간 반만 일했다. 그마저도 1810년부터는 여덟 시간으로 줄였다. 또한 노동자들은 예전보다 낮은 월세로 더 나은 숙소를 얻었다. 이 모든 것은 노동에 좀 더 적극적인 동기를 부여했다. 그뿐이 아니다. 오언은 아동 노동을 퇴치하려고 애썼고, 아이들에 대한 보편적 교육을 요구했다. 게다가 노동자들에게 의료보험과 기업 연금도 들게 했다.

이 모든 조치의 배경에는 철학적 견해가 깔려 있었다. 오언은 인간이 무엇보다 환경에 의해 만들어진다고 믿었다. 즉 존재가 의식을 규정한다고 생각한 것이다. 이는 새롭고 선구적인 생각이었다. 오언은 1813년에 『신사회론*A New View of Society*』을 썼고, 1817년에는 『매뉴팩처 시스템의 결과에 대한 관찰: 건강과 도덕에 가장 유해한 부분의 개선을 위한 조언*Observations on the Effect of the Manufacturing System: With Hints for the Improvement of Those Parts of which are Most Injurious to Health and Morals*』을 발표했는데, 두 책은 사회적 낙관주의의 선언서였다.

오언이 뉴래너크에서 보여 준 것은 19세기 초의 영국에서는 완전히 새로운 시도였다. 더구나 결과도 대성공이었다. 벤담도 당연히 이 성공을 기뻐했다. 오언은 노동 조건만 개선한 것이 아니라 기술 혁신에 역점을 두었고, 작업 단계마다 효율성을 높이려 애썼다. 또한 노동 동기를 높이는 수단으로 체벌 대신 평가 시스템을 도입했다. 작업대 옆에는 상이한 색이 붙어 있었는데, 노동자들이 얼마나 성실하게 일하는지를 색깔로 구분했다. 뉴래너크 공장은 막대한 수익을 거두었고, 세계 각지에서 유명 인사들이 이 새로운 노동 세계의 〈기적〉을 확인하려고 스코틀랜드를 찾았다. 그중에는 러시아의 니콜라이 1세를 비롯해 유럽의 다른 군주들도 있었다. 직접 방문할 형편이 안 되는 군주들은 사람을 보내 정보라도 수집하고자 했다.

오언의 공장이 얼마나 이례적이고 획기적인 사건이었는지는 영국의 나머지 공장들과 비교해 보면 금방 드러난다. 공장에 기계가 들어오면서 노동자들의 생산 조건과 삶의 상황은 더욱 나빠졌다. 기대 수명은 35세에서 31세로 떨어졌고, 가난한 농부와 영세 수공업자는 비참한 산업 프롤레타리아로 전락했다. 영국 의사 찰스 홀(1740~1825)은 1805년에 『문명이 유럽인들에게 끼친 결과*The Effects of Civilization on the People in European States*』를 발표해서 세상을 떠들썩하게 했다. 내용은 이렇다. 자본주의 경제 체제는 안타깝게도 가난을 줄이는 것이 아니라 더 확대시킨다. 부자들에게 판매할 물건만 생산될 뿐 사람들에게 정말 필요한 것, 예를 들어 곡물은 생산되지 않는다. 상황이 이렇다 보니 곡물 가격은 천정부지로 오르고, 그로 인해 가난한 사람은 더욱 가난해진다. 자유 시장은 사회적 격차를 해소하는 것이 아니라 오히려 점점 더 키운다. 한쪽의 부는 다른 쪽의 빈곤이다.

홀은 막 동트던 지본주의의 예리한 관찰자였다. 영국 국민 경제학의 고전주의자들과 싸우면서 얻은 그의 견해는 나중에 마르크스에게로 이어진다. 노동자가 열여섯 시간 동안 일해서 받는 임금이 한 시간 노동으로 창출한 상품 가치밖에 되지 않는다면 그건 **착취**다. 이를 통해 자본가는 막대한 **잉여 가치**를 손에 넣는다. 〈부〉에 대한 홀의 정의도 훗날 마르크스의 저작에 그대로 스며든다. 부자는 많은 물건을 소유한 자가 아니라 타인의 노동을 좌지우지하는 권력을 가진 자다.

홀은 데번셔주의 태비스톡에서 의사로 활동하면서 주민들의 참담한 실상을 목격하고 울분을 감추지 않았다. 매일같이 만나는 것은 농업 노동자들의 불행한 삶이었다. 그는 이런 부조리를 없애기 위해 일련의 조치를 고안해 냈다. 우선 토지는 좀 더 공평하게 분배되어야 한다. 부유한 대지주는 재산을 한층 더 늘릴 목적으로 자녀를 결혼시켜서는 안 된다. 세금은 사회적 격차를 줄이기 위한 차원에서 소득 수준에 따라 매겨져야 한다(요즘 모든 선진국에서 그렇게 하고 있다). 사치품은 전면 금지하거나, 과세율을 최고 수준으로 높여야 한다. 홀의 대담한 요구는 당연히 당국과 기득권층의 눈 밖에 날 수밖에 없었다. 결국 그는 1816년 채무 불이행이라는 구실로 9년 형을 선고받았고, 석방 직후 눈을 감았다.

홀은 자신의 제안을 유토피아적인 것이 아니라 충분히 실현 가능한 것으로 생각했다. 이 이론들이 그를 친구 스펜스와 함께 사회주의자 초기 그룹의 일원으로 만들었다. 그보다 열 살이 어린 서적상 스펜스는 타인강 상류의 뉴캐슬 출신으로 홀과는 비교가 안 될 만큼 타협을 모르는 사람이었다. 그에게 큰 영향을 준 것은 모험가이자 사회 혁명가인 토머스 페인(1736~1809)의 책이었는데, 이 전투적인 책을 알리는 데 기여한 사람이 바로 스펜스였다. 페인은 북아메리카 식민지들이 영국으로부터 독립하는 데 앞장섰고, 인권에 기초한 국가를 꿈꾸었다. 그런데 스펜스는 페인보다 더 멀리 나갔다. 그는 1775년, 그러니까 프랑스인들의 인권 선언이 나오기 14년 전에 벌써 만인을 위한 기초 생활 보장법을 주창하고 나섰다. 프랑스 혁명가들이 빠뜨린 인간 생존의 기본권이었다.

스펜스가 강연 〈토지 국유화〉에서 밝힌 내용의 핵심은 이렇다. 어떤 인간도 땅에서 나는 것 없이는 살 수 없기에 토지에 대한 권리는 천부적 자연권이다. 〈한 나라 또는 한 지역의 땅이나 토지는, 그러니까 거기에 속하거나 그 주변 것들까지 모두 포함해서 항상 그 지역에 사는 주민들에게 공평하게 돌아가야 함은 지극히 당연하다. 왜냐하면 …… 우리는 땅이나 땅에서 나는 수확물 없이는 살아갈 방도가 없기 때문이다. 따라서 없으면 도저히 살 수 없는 토지에 대해 우리는 우리 자신의 생명권만큼이나 중요한 소유권을 갖고 있다!〉[62]

스펜스는 자신의 이념을 구체적으로 다듬었다. 영국인이라면 누구나 1년에 3개월 동안 기본 소득을 받는다. 재원은 밭의 임대 수익에 매긴 세금으로 충당한다. 가장 좋기로는 땅을 완전히 공동체 소유로 만든 뒤 개별적인 이용자 공동체에 경매로 넘기는 것이다. 수백 년 전에는 공동 소유였으나 지금은 울타리를 쳐서 사유지로 만든 땅은 빨리 원상 복귀를 해야 한다. 스펜스의 제안은 훗날 〈조건 없는 기본 소득〉의 이념으로 진군을 계속해 나간다. 그의 〈공동 소유〉는 오늘날에도 공동선 경제학자들에게 영감을 주고 있다. 만일 그들이 〈공유 생산〉, 즉 실제 논밭에서건 디지털 영역에서건 함께 경작하는 공동의 땅을 미래의 경제로 본다면 말이다. 원칙은 동일하다. 모두가 다수의 이익을 위해 일한다는 것이다.

기본 소득은 스펜스에게 필생의 화두였다. 그는 강연에서 밝힌 이념을 늘 제목을 바꾸어 가며 여러 차례 간행했다. 그러다 홀처럼 감옥에 갔다. 수감 기간은 짧았지만, 횟수는 한 번 더 많았다. 그사이 프랑스로 이주한 존경하는 페인도 이제 스펜스의 이념에 귀를 기울였다. 얼마 안 가 페인도 기본 소득을 요구했다. 그런데 일회성 지급이라는 이상하고도 비실용적인 방식이었다. 그럼에도 그의 저술 『농업의 정의*Agrarian Justice*』(1797)는 스펜스의 제안보다 훨씬 더 유명해졌다. 그런 면에서 스펜스는 운이 나빴다. 그건 그의 두 번째 선구적인 작업, 즉 여성 해방의 문제에서도 마찬가지였다. 스펜스는 여성에게도 똑같이 기본 소득을 지급해야 하고, 동등한 양성 권리를 주장했다. 이로써 프랑스의 엘베시우스와 함께 여성 인권의 중요한 선구자가 되었다. 하지만 여성 해방의 옹호자라는 이미지 면에서도 그는 오늘날까지 영국 사회주의의 가장 중요한 세 번째 선구자인 한 인물의 그림자에 가려져 있다. 그 남자의 이름은 고드윈이다.

인간 해방

고드윈은 다방면으로 박식한 사람이었고, 그의 저작들은 홀과 스펜스에 비해 한층 깊이가 있었다. 필화로 인한 삶의 고비를 무사히 넘길 수 있었던 것도 그 때문이었다. 예를 들어 영국 총리 윌리엄 피트 주니어(1759~1806)는 고드윈의 두 번째 책 『정치적 정의와 그것이 일반 미덕과 행복에 미치는 영향*Enquiry Concerning Political*

Justice, and its Influence on General Virtue and Happiness』(1793)이 정치적으로 어떤 해악도 끼치지 않을 거라고 친히 판정 내렸다. 노동자들이 책을 사 보기에는 너무 비싸기도 하거니와 이해하기도 어렵다는 이유에서였다.

고드윈은 성직자 교육 과정을 밟았음에도 당대의 가장 중요한 사회 개혁적 작가가 되었다. 앞서 언급한 그의 주저는 벤담의 『도덕 및 입법의 원리 서설』이 나온 지 4년 뒤에 출간되었는데, 여기서 그는 공리주의적 입장을 취했다. 모든 도덕적 행위는 사회에 좋고 유익한지에 따라 판단되어야 한다는 것이다. 기준은 벤담과 마찬가지로 최대 다수의 행복이었다. 행복이 아니면 인간은 대체 무엇을 추구하겠는가?

다수의 행복을 이루려면 그 무엇으로도 침해받지 않는 이성적 정치가 필요하다. 그렇다면 어떤 지배 체제가 이성을 자유롭게 펼치고 행복을 촉진하는 데 적합할까? 군주제나 귀족정처럼 소수의 지배자가 거의 신적인 권리를 누리는 체제의 경우 이성적 정치는 물론이거니와 최대 다수의 행복은 입에 올릴 수 없다. 17세기에 홉스가 제안한 전제적 중앙 집권제도 해결책이 아니다. 그것은 필연적으로 권력 남용으로 이어지기 때문이다. 그렇다면 로크와 루소의 사회 계약론은 어떨까? 고드윈은 이들에 대해서도 무자비하게 칼을 휘두른다. 자신을 다스릴 사람들을 백성이 직접 뽑는다고 하더라도 진정한 행복에 이르려면 그들에게 너무 많은 권리를 내주어야 하기 때문이다. 게다가 루소가 말한 **보편 의지** 같은 것은 존재하지 않는다. 이성을 국가에 맡긴다는 건 이성을 송두리째 상실한다는 것을 의미한다. 결국 마지막에 남는 건 억압뿐이다.

여기서 나오는 결론은 무엇일까? 간단하다. 국가는 없어져야 한다! 이성과 도덕을 국가 같은 상급 기관에 맡겨선 안 된다. 인간은 스스로 다스려야 한다. 그것도 스펜스가 꿈꾼 것 같은 협동의 형태가 가장 좋다. 국가에 대한 대안은 협동조합 형태의 자치다. 이 생각은 고드윈에게서 푸리에의 팔랑스테르로 넘어간다. 자치 없이 자기실현은 없다! 자기 결정권을 가진 소규모 공동체에서만 인간 간의 지원과 부조가 번창한다. 벤담에게 걸인들에 대한 체계적인 착취를 가능하게 해준 공리주의가 고드윈에게는 만인의 동등한 권리로 나아간다. 사유 재산은 허용되지만, 삶에 필수적인 모든 재화는 공평하게 분배되어야 한다.

고드윈에게 세계의 악은 홀이나 스펜스와 달리 자본주의 산업 체제에서 오는 것이 아니었다. 물론 협동조합의 이 정신적 아버지도 사회가 소수의 부자와 다수의 빈자로 나누어져 있는 상황을 비난했고, 비인간적인 노동 조건을 한탄했다. 하지만 그의 걱정거리는 나중의 푸리에처럼 무엇보다 조직화에 있었다. 기계가 협동조합의 소유라면 노동자는 더 이상 착취당할 필요가 없다. 스펜스나 홀과 달리 고드윈에게 중요한 것은 더 이상 토지 분배가 아니다. 그는 막 동트기 시작하던 산업화를 바라보며 이렇게 묻는다. 기계는 누구의 것인가? 정치는 누가 결정하는가?

기계와 관련해서 고드윈은 지극히 낙관적이었다. 그는 머릿속으로 인간의 모든 하찮은 노동을 기계가 대신하는 미래를 그렸다. 먼 훗날에는 모든 인간이 하루에 반 시간만 일하게 될 것이다. 기계는 장기적으로 많은 무미건조한 노동으로부터 인간을 해방시키고, 많은 지루한 활동과 획일적인 노동 세계로부터 인간을 구원한다. 산업 혁명이 초기에는 인간을 끔찍하게 단조로운 일만 하는 기계의 하수인으로 만들었지만 언젠가는 인간을 그런 일에서 해방시켜 준다. 18세기 말에는 우리에게 시간을 앗아 갔던 일들이 나중에는 오히려 시간을 선사한다. 작금의 21세기, 그러니까 인공지능을 통해 인간이 단조로운 노동으로부터 해방될 것이라는 장밋빛 약속이 난무하는 이 시대에서 되돌아보면 고드윈의 말은 마치 어두운 시대를 밝히는 환한 예언처럼 들린다. 그러나 21세기가 실제로 그런 축복을 받을 수 있을지는 고드윈의 두 번째 예언이 실현되느냐에 달려 있다.

고드윈은 말한다. 인간의 삶이 자치적 협동조합 형태로 바뀌면 최대 다수의 행복에 도움이 되는 규칙도 만들어진다. 이런 이유에서 협동조합은 민주적이어야 한다. 민주주의는 당연히 상당히 까다롭고 손이 많이 간다. 지혜롭지 않은 다수가 지혜로운 소수를 투표로 이길 때도 많다. 하지만 민주주의는 사람들에게 자존감을 심어 준다. 그게 중요하다. 사회적으로 자신의 가치가 존중받는다고 느끼는 사람만이 성숙한 인간으로 발전할 수 있다. 고드윈은 묻는다. 이상적인 공동생활과 좋은 교육으로 장차 어떤 인간이 만들어질지 누가 알겠는가? 좋은 환경이 만들어 낸 인간은 18세기 말의 인간보다 훨씬 나을 수 있다. 지금 우리 눈앞의 인간을 기준으로 미래의 새로운 인간을 추론하는 것만큼 비이성적인 것은 없다.

고드윈은 혁명가가 아니라 무정부주의자였다. 그가 말하는 협동조합으로 가는 과정에는 폭력적인 봉기가 존재하지 않는다. 그에게 영감을 받은 푸리에처럼 고드윈도 사회의 자연적 진화를 믿는다. 인간 사회는 권위주의적 군주 통치에서 소규모 공동체의 민주적 자치 형태로 자연스럽게 발전해 나간다는 것이다. 지렛대는 봉기가 아니라 교육이다. 무언가를 폭력으로 무너뜨린 사람은 감정만 격화시킬 뿐 이성을 북돋우지 않는다. 오히려 항상 가장 먼저 희생되는 건 이성이다. 그는 앞으로 어떤 일이 벌어질지 모르는 상태에서 미래의 혁명가와 전체주의적 사회주의자들에게 이렇게 단단히 못 박는다. 〈우리는 양쪽 모두에서 사용될 수 있는 무기를 의심스럽게 판단한다. 따라서 어떤 형태의 폭력도 혐오스럽게 바라보아야 한다.〉[63]

사회가 실제로 변하려면 인간은 거기에 준비가 되어 있어야 한다. 그렇지 않으면 억압과 과도한 요구, 방향 상실의 위험이 따른다. 이 때문에 유일하게 올바른 길은 교육이다. 인간은 환경에 적응하는 천부적인 재능이 있다. 비이성적인 사회는 비이성적인 인간을 만들고, 이성적인 사회는 이성적인 인간을 만든다. 그런 점에서 유일한 길은 인간을 교육하고, 더 나은 사회에 서서히 책임감을 느끼게 하는 것이다. 혁명은 끊임없는 진화의 과정으로 일어난다. 이는 일부 실패한 폭발적 분노를 제외하면 마르크스도 공감했던 생각이다. 물론 수동적 저항을 통해 비이성적인 국가에서 벗어나고, 그냥 협력을 중단하는 것만으로 충분하다는 고드윈의 생각에는 동의하지 않았지만 말이다. 아무튼 훗날 영국 식민지 정부를 향해 모한다스 카람찬드 간디(1869~1948)가 걸어간 비폭력 저항 운동의 길이 모든 혁명을 위한 청사진은 아니었다. 만일 19세기 초의 영국 방직 공장 노동자들이 수동적 저항으로 자본주의에서 벗어났다면 폭력과 가난, 굶주림은 극에 달했을 것이고, 성공에 대한 전망도 전혀 없었을 것이다. 교육을 통한 고드윈의 진화 모델은 비인간적일 만큼 긴 호흡이 필요해 보인다.

폭력 혁명은 공리주의의 원칙에 어긋난다. 많은 고통과 혼란을 세상에 야기하기 때문이다. 이 점에서 고드윈은 벤담과 일치한다. 반면에 두 사상가의 핵심적 차이는 형벌에 대한 입장에서 드러난다. 벤담이 전체주의적 감시가 주를 이루는 판옵티콘을 꿈꾸었다면, 고드윈은 오늘날까지도 인정받는 〈재사회화〉의 원칙을 옹호했다. 두 급진적 개혁가는 인간을 바라보는 관점에서 상반된다.

하지만 두 사람은 여성의 평등권과 관련한 요구에서 다시 접점을 찾는다. 고드윈은 1797년에 서른여섯 살의 메리 울스턴크래프트(1759~1797)와 결혼한다. 『여성의 권리 옹호*A Vindication of the Rights of Woman*』라는 책으로 페미니즘의 문을 연 매우 중요한 여성 작가다. 1792년에 출간된 이 책은 계몽주의를 신랄하게 꼬집는다.

사실 계몽주의 철학자들은 몇몇 예외를 제외하면 평등과 자유의 숭고한 이상을 오직 남성의 권리로만 생각했으니까 말이다.

고드윈의 결혼 생활은 반년에 그쳤다. 울스턴크래프트가 딸을 낳고(딸의 이름도 메리다) 산욕열로 죽었기 때문이다. 그때부터 고드윈은 열렬한 여성 해방론자가 되었고, 어떤 미화나 과장 없이 아내의 전기를 솔직하게 쓰기 시작했다. 그 결과 독자들은 위대한 여성 인권 운동가의 삶을 놀라울 정도로 내밀한 구석까지 들여다볼 수 있었다. 고드윈은 메리를 독립적이고 섬세하지만 절망할 때도 드물지 않은 여인으로 그렸다. 그녀는 인습에 저항하던 중에 두 번이나 자살을 시도했다. 홀로 남겨진 고드윈은 아내를 자유로운 여인의 이상으로 여겼고, 이는 당시 영국에서 격렬한 비판을 불렀다. 보수적인 사람들이 볼 때 메리는 사회적 본보기가 될 수 없었다. 그저 너무 도발적이어서 불행한 삶을 맞은 여성의 끔찍한 본보기였을 뿐이다. 다른 한편 고드윈은 결혼을 자연스럽지 못한 일이라며 반대했다. 결혼이 여성을 남자의 소유물로 만들고, 그로써 여성을 기본적으로 억압한다는 이유에서였다. 그럼에도 메리와 결혼한 것은 그가 가진 여러 모순 중 하나다. 어쨌든 그는 여성 해방과 관련해서도 푸리에에게 인상적인 영향을 끼쳤다. 하지만 푸리에는 남성에 의한 여성 억압을 심리적 죄악이라기보다는 경제적 죄악으로 보았다.

고드윈은 남은 반생을 여러 직업을 전전하며 살았다. 그 와중에 재혼을 하고, 많은 책을 썼다. 그중에는 1799년에 발표한 공포 소설 『세인트 리언*St. Leon*』도 있었다. 이 작품은 아마 그의 딸 메리 울스턴크래프트 셸리(1797~1851)가 아버지의 소설에 자극받아 훗날 동일한 장르의 소설을 쓰지 않았다면 완전히 잊혔을 것이다. 딸은 소설에서 아버지가 품었던 진보에 대한 믿음과 기계에 대한 열광을 지독하게 암울한 전망과 함께 버무렸다. 그게 바로

『프랑켄슈타인, 또는 현대의 프로메테우스*Frankenstein; or the Modern Prometheus*』(1818)다. 이 작품은 아버지의 소설과는 달리 엄청난 성공을 거두었다. 고드윈이 1836년에 아흔 살의 나이로 죽었을 때 그를 기억하는 사람은 거의 없었다.

유토피아와 현실

고드윈이 생전에 받았던 가장 혹독한 비판은 공장주나 가톨릭 결혼의 보수적 옹호자들에게서 온 것이 아니라 한 목사에게서 왔다. 토머스 로버트 맬서스(1766~1834)였다. 1798년에 그가 고드윈을 비판하기 위해 쓴 에세이는 오늘날 이것이 원래 누구를 겨냥한 글이었는지조차 까맣게 잊어버릴 정도로 유명해졌다. 그 책이 바로 『인구론*On the Principle of Population*』이다. 맬서스의 저술은 모든 역사적 낙관주의에 대한 냉정한 부정이었다. 그가 보기엔 고드윈은 물론이고 콩도르세도 헛된 꿈을 좇는 망상가에 지나지 않았다. 영국인 맬서스는 미국의 인구 통계에 의거해 이렇게 예상한다. 만인을 위한 삶의 조건이 이상적이면 인구는 폭발적으로 증가한다. 고드윈이 그렇게 소망하던 최상의 노동 조건과 협동, 위생, 최고의 의료 서비스를 갖춘 사회는 급속하게 재앙으로 치닫는다. 인간의 수명은 점점 길어지고, 아이들의 생존 가능성은 점점 높아진다. 하지만 이렇게 많은 사람을 먹여 살릴 만큼 충분한 곡물은 생산되지 않는다. 결국 마지막엔 낙원이 아니라 끔찍한 공포 시나리오가 기다리고 있다. 〈생존 경쟁〉은 없어지지 않고, 만인에 대한 만인의 투쟁이 인간 사회를 혼란에 빠뜨릴 것이다.

맬서스의 주장은 완전히 새로운 것은 아니었다. 18세기 중반 에든버러의 성직자 로버트 월리스(1697~1771)도 똑같은 주장을 했다. 다만 맬서스는 통계를 기반으로 이 견해에 좀 더 확실한 설득력을 부여했다. 월리스가 인구 통계학적 이유에서 공산주의가 불가능하다는 점을 애석하게 생각했다면, 그 후계자는 모든 세계 개선의 이념을 가차 없이 말살시켜 버렸다. 얼마 뒤 메스트르가 『상트페테르부르크의 야화』에서 주장한 것처럼 맬서스도 대다수 인간의 곤궁과 불행은 신이 정해 놓은 운명이기에 다른 대안은 없다고 설명한다.

이 인간 혐오자가 영구적인 명성을 얻게 된 데에는 몇십 년 뒤 그의 책을 읽은 다윈의 덕이 컸다. 다윈에게 그 책에 실린 통계는 〈자연 선택〉의 법칙을 숙고하고 〈생존 투쟁〉을 과학적으로 설명하는 또 다른 자극이 되어 주었다. 그런데 고드윈은 1820년에 이미 『인구에 대해. 인류의 수적 증가 연구*Of Population: An Enquiry Concerning the Power of Increase in the Numbers of Mankind*』를 통해 자신의 비판자 맬서스를 격렬히 반박했다. 설명하면 이렇다. 맬서스가 제시한 인구수는 토대가 빈약하다. 과거의 미국 인구 통계에서 미래 인류의 수를 일반적으로 추론하는 것은 사변적일 뿐 아니라 과학적 정밀성이 결여되었다. 맬서스의 말대로 되려면 어머니 한 명당 평균 여덟 명의 아이를 낳아야 하는데, 대서양 건너편에서는 불가능한 일이다. 더 나은 인류에 대한 자신의 희망을 비판하는 무언가가 반대편에 서 있을 수 있지만, 분명히 말하건대 최소한 〈기하학적 이성〉은 아니다.

고드윈은 더 나은 비판가를 자신의 이념에 호의를 보인 남자들, 특히 오언과 윌리엄 톰프슨(1775~1833)에게서 발견했다. 두 사람은 무정부주의적 개인주의가 정말 고드윈이 주장한 것처럼 그렇게 논리적이고 단순하게 보편 선에 이를 수 있는지 자문한다. 톰프슨은 유복한 아일랜드 귀족으로 협동조합의 원칙이 어떻게 최상으로 실현될 수 있는지 고심하면서 벤담과 고드윈처럼 공리주의에 입각해서 논증을 펼쳐 나간다. 그 과정에서 상이한 두 선구자의 생각과 연결된다. 톰프슨의 태도는 꽤 주목할 만하다. 젊은 시절 그는 프랑스 혁명과 콩도르세에게 열광했고, 자신의 사회적 신분에 반해 보편적 자유 투표를 옹호했으며, 프로테스탄트와 가톨릭교도의 동일한 권리를 요구했다.

맬서스와 고드윈 사이의 논쟁은 톰프슨에겐 인구 증가의 문제를 과학적으로 다루고자 하는 자극으로 작용했다. 이 문제에 대한 답은 주관적 의견이 아닌 〈사회 과학〉의 형태로 내려져야 했다. 그는 1824년 『인간 행복을 가장 촉진하는 부의 분배의 토대에 관한 연구*An Inquiry into the Principles of the Distribution of Wealth Most Conducive to Human Happiness*』를 출간했다. 톰프슨의 요구는 높았다. 그는 이 책으로 부의 정의로운 분배라는 고드윈의 목표가 튼튼한 경제적 토대 위에 서 있어야 함을 보여 주고자 했다. 철학과 경제학은 서로 모순되어서는 안 된다. 이 목적을 위해 그는 맬서스의 열광적인 지지자이자 당대 가장 유명한 경제학자였던 데이비드 리카도(1772~1823)의 저서를 분석하기 시작했다. 리카도의 책 『정치경제학과 과세의 원칙*On the Principles of Political Economy and Taxation*』(1817)은 홀과 스펜스 같은 사회 비판가들이 탄핵했던 바로 그 지점, 그러니까 공장주가 벌어들인 〈잉여 가치〉는 노동자에게 지급하지 않은 임금에 다름없다는 주장에 대한 옹호였다. 리카도는 말한다. 잉여 가치가 존재하기 때문에 경제가 돌아가고, 새로운 투자가 이루어지고, 생산성이 높아진다. 반면에 노동자의 임금을 올려주면 생산성은 떨어지고, 그로써 기업주는 경쟁에서 밀리고, 노동자는 장기적으로 더 큰 가난에 빠지게 된다는 것이다.

이 의견에 대해 톰프슨은 홀과 스펜스, 고드윈의 편에 서서 격하게 반박한다. 일방적으로 공장주의 편에 선 리카도의 해법은 최대 다수의 행복을 위한 올바른 해결책이 될 수 없다. 톰프슨은 리카도의 생존 〈투쟁〉이라는 개념을 〈경쟁competition〉으로 대체하고, 이로써 이 개념에서 생물학적 요소를 제거한다. 인간 사회의 경쟁에서는 최대한 물건을 싸게 생산하는 것뿐 아니라 그렇게 생산된 재화를 구매할 소비자를 충분히 확보하는 것도 중요하다. 노동자는 더 많은 임금을 받을수록 구매력이 높아져 더 많은 상품을 살 수 있다. 따라서 최대 다수의 최대 행복이라는 관점에서 부를 증대하려면 더 많은 임금을 지불하는 것이 필요하다. 원칙적으로 노동자가 자신의 노동으로 생산한 것은 모두 그들의 몫이 되어야 한다. 설사 그 모두가 임금으로 지불되지는 않고 많은 부분이 재투자된다고 하더라도 말이다. 재화의 공정한 분배는 시장에 의해서가 아니라 삶에 필수적인 것이 개인에게 균등하게 돌아가게 하는 사려 깊은 국가에 의해서만 가능하다.

톰프슨은 협동조합 형태의 공산주의 모델과 함께 고드윈의 이상적 구상보다 한 걸음 더 나아간다. 또한 인구 폭발에 대한 맬서스의 염려에 대해서도 해결책을 제시한다. 바로 피임이다. 인간은 동물과 달리 자신이 지금 무슨 일을 하고 있는지 인지한다. 그렇다면 아이를 낳는 일도 의식적으로 조절할 수 있고, 그런 의식은 교육을 통해 훈련된다. 교육을 받지 않은 사람들만 생각 없이 번식할 뿐이다. 반면에 좋은 교육을 받고 교양 있는 사람이라면 자신이 몇 명의 자식을 원하는지 숙고할 수 있다.

톰프슨은 협동조합에 대해 숙고하는 과정에서 프랑스 초기 사회주의자들의 저술을 참조했다. 푸리에가 홀과 스펜스, 고드윈의 생각에서 자극받아 쓴 글을 알고 있었고, 오언의 저작도 알고 있었다. 물론 오언에 대해서는 점점 비판적인 시각으로 바뀌어 갔다. 그가 볼 때 뉴래너크는 결코 미래의 모델이 아니었다. 소수의 부자가 이윤 추구의 목적에서 협동조합 모델에 투자하고 그로써 더 부자가 된다면 사회적 격차 해소는 대체 언제쯤 가능하겠는가?

또한 오언 같은 선구자가 협동조합을 사회적으로 관철하는 것도 무척 아름다운 일이기는 하겠으나 그건 사실 개별 공장주가 아니라 노동자 자신이 해야 할 일이 아닐까?

협동조합을 꿈꾸던 오언은 그사이에 중요한 경험을 했다. 뉴래너크의 노동자 자녀들을 위해 그가 세운 학교가 1824년에 문을 닫은 것이다. 당시의 많은 사람은 그 학교에서 종교적 관용을 가르치는 것을 눈엣가시처럼 생각했다. 특히 막강한 힘을 자랑하던 교회 입장에서는 더더욱 못마땅했다. 결국 오언은 투자자들의 등쌀과 여론의 눈총을 견디다 못해 서서히 칩거에 들어갔다. 근본적으로 잘못된 사회에서 무슨 올바른 노동이 가능하겠는가! 이제 그는 새로운 꿈을 꾸었다. 푸리에의 팔랑스테르와 비슷한 모범적인 공동체를 만드는 것이었다. 그러려면 영국을 떠나야 했다. 그는 이주할 뜻이 있는 800명과 함께 미국의 인디애나로 향했고, 그곳에 뉴하모니 공동체를 건설했다. 훗날 유럽 이주민들이 미국에 건설하려고 했던 많은 이상적 농장의 전형이었다. 그러나 미국 정부의 승인까지 받은 이 프로젝트는 2년 만에 중단되었다. 실패 원인은 여러 가지였다. 그중에서도 사람들의 색깔이 너무 제각각이고, 동기도 너무 달랐던 것이 가장 큰 원인이었다. 이상적 공동체를 실현하려는 사람은 극소수인 데 반해 그저 밑져야 본전이라는 생각으로 참여한 사람이 많았다. 그러다 보니 자급자족 체제는 원활하게 돌아가지 않았고, 노동 윤리도 기대에 미치지 못했다. 대신 성향과 목적이 다른 집단들끼리 쉴 새 없이 다투었다. 이런 상황에서 오언 자신은 뉴래너크에서 벌였던 일과 가산을 정리하기 위해 계속해서 영국을 드나들어야 했다. 뉴하모니에 남아 있던 그의 네 아들과 딸은 그런 공동체를 유지하는 것이 힘에 부쳤다. 결국 그들은 미국과 아일랜드, 스코틀랜드, 영국에서 자신들을 본뜬 많은 공동체가 생겼음에도 정작 자신들의 공동체가 빠르게 와해되는 것을 지켜

볼 수밖에 없었다.

오언은 미국에서 원대한 꿈만 잃은 것이 아니라 가진 돈도 대부분 잃었다. 그 뒤 런던으로 돌아가 선구적인 정신의 상징으로서 자신이 불을 지핀 협동조합과 노동조합 운동의 선봉에 섰다. 또한 노동자들의 대변인으로서 더 나은 노동 조건과 노동권뿐 아니라 아동 노동의 금지, 보편적 교육 체계, 공공 도서관, 여성의 권리를 위해서도 싸웠다. 그 과정에서 1832년에 톰프슨과 최종적으로 결별했다. 인디애나에서의 경험을 통해 오언은 현실 정치의 필요성을 배웠다. 정부와 금융 자본 없이는 어떤 국가도 만들어질 수 없었다. 반면에 톰프슨은 여전히 고드윈과 푸리에의 이념에 기초한 자치적 협동조합을 꿈꾸었다. 그에게 국가란 문제 덩어리일 뿐, 결코 해결의 실마리가 아니었다.

오언의 풍부한 상상력은 꺾이지 않았다. 1832년 그의 머릿속에서 나온 상품 거래소가 그중 하나다. 여기서는 상품이 일종의 암호 화폐에 해당하는 특수 화폐와 교환되었다. 하지만 이 화폐는 런던에서도 버밍엄에서도 그리 오래 사용되지 않았다. 말년에 그의 정치적 견해는 다시 급진적으로 변했다. 하지만 사람들의 관심에서 점점 멀어지는 운명을 피할 수 없었다. 다만 그럴수록 그의 자화상은 점점 더 영웅적으로 변해 갔다. 그러다 마침내 자신이 벤저민 프랭클린(1706~1790)과 토머스 제퍼슨(1743~1826)을 비롯해 다른 앵글로아메리카 위인들의 정신 속에서 인류를 불행으로부터 구해 축복이 가득한 미래로 이끌기 위해 그들과 영적 교류를 하고 있다고 주장하기에 이르렀다. 그와 함께 역사상 〈여러 걸출한 남자와 여자의 정신〉이 이끄는 〈위대하고 찬란한 미래의 혁명〉을 상상으로 만들어 냈다.[64] 그리고 죽기 1년 전에 회고록을 출간했다. 파란만장한 삶을 살았던 이 노혁명가는 1858년 고향인 웨일스의 뉴타운에서 숨을 거두었다.

경험의 과학

훈련된 아이 / 평등의 전제 정치 / 도덕 과학 / 정치 경제학

훈련된 아이

오언이 죽은 해인 1858년은 동인도 회사의 250년 역사가 막을 내린 해이기도 했다. 최종적으로 해체되기 16년 전에 이 회사의 인도 내 자산은 모두 영국 왕실 소유로 넘어갔다. 그와 함께 35년 동안 이 회사에 충직하게 봉직해 온 한 임원도 해고되었다. 19세기 영국에서 가장 중요한 철학자로 꼽히는 밀이다.

키르케고르처럼 어린 밀도 교육 실험의 희생자였다. 스코틀랜드 출신의 기자였던 아버지 제임스 밀(1773~1836)은 첫아들이 태어나자마자 계획을 세웠다. 벤담과 교분이 깊었던 그는 어린 아들인 밀이 나중에 영국 의회에서 〈급진 세력〉의 대변자가 되길 바랐고, 실제로 그렇게 키울 수 있다고 믿었다. 고드윈이나 오언과 마찬가지로 환경이 인간을 만든다고 생각한 것이다. 이것은 〈연상 심리학〉과 관련이 있고, 헤르바르트와 비슷한 면이 있는 관점이었다. 아버지의 욕심은 정말 이보다 클 수 있나 싶을 정도였다. 아들은 그의 실험실 토끼로서 사리사욕이 없는 동시에 탁월한 정신으로 철저히 프로그램화되어야 했다. 키르케고르의 경우와 마찬가지로 아버지는 아들을 또래 아이들은 물론이고 다른 유해한 환경으로부터 완전히 차단했다. 아들은 아버지에게만 교육을 받았고, 사회적으로 고립되었으며, 컴퓨터처럼 입력하는 글만 받아먹었다. 세 살 때 이미 산수와 고대 그리스어 수업을 받았고, 여덟 살 때는 기하학과 라틴어가 추가되었다. 가끔 긴장 완화를 위해 흄의 저술이나 대니얼 디포(1660~1731)의 『로빈슨 크루소*Robinson Crusoe*』, 에드워드 기번(1737~1794)의 『로마 제국 쇠망사*Verfall und Untergang des Römischen Reiches*』가 준비되어 있었다.

아들이 열한 살 때 제임스 밀은 『영국령 인도의 역사*History of British India*』 집필에 착수했다. 밀은 자신의 아버지의 작업에 함께 빠져들었고, 이 책 덕분에 아버지는 동인도 회사에서 꽤 괜찮은 직책을 얻기도 했다. 정치적으로 제임스 밀은 벤담과 무척 가까웠다. 그에게 〈급진주의자〉가 된다는 것은 모든 이해관계를 합리적으로 검토하는 것을 의미했다. 사회주의는 그가 볼 때 과도한 감상주의에 지나지 않았다. 이기적인 인류가 사회주의에 적합한 인간이 되려면 아무리 긴 세월이 지나도 난망해 보였기 때문이다. 게다가 재산이 많았던 벤담과 마찬가지로 사회적으로 출세한 제임스 밀로서도 사유 재산의 보호는 아주 중요했다. 어쨌든 그의 아들은 열세 살 때부터 홉스와 리카도를 비롯해 감상적인 것과는 거리가 먼 책들을 읽었다. 이로써 청소년기의 일상은 읽고 발췌한 것을 나름의 짧은 논문으로 정리해 아버지에게 설명하고 검사를 받는 것으로 이루어져 있었다. 더구나 이렇게 배운 것을 되새기기 위해 여러 동생들을 직접 가르치기도 했다.

열네 살 생일 직전에 이 섬세한 소년은 처음으로 프랑스라는 넓고 큰 세상으로 갈 수 있었다. 숙소는 툴루즈에서 멀지 않은 벤담의 동생 새뮤얼의 집이었다. 그는 몇 주 만에 프랑스어를 배웠다. 게다가 여기서도 책을 손에서 놓는 법이 없었다. 사람들이 그의 생각을 다른 데로 돌리려고 강제로 책을 빼앗자 그제야 프랑스 남부의 아름다운 경치가 눈에 들어왔다. 이후 그곳은 평생 그의 사랑이 되었다. 그는 식물을 찾아 몇 시간씩 자연 속을 거닐었고, 발견한 식물들을 꼼꼼하게 분류해 목록으로 만들었다.

영국으로 돌아온 밀은 벤담의 저술들을 연구했다. 그와 함께 씨앗에서 싹이 텄다. 열다섯 살 소년이 즉시 확신에 사로잡혀 공리주의의 열렬한 옹호자가 된 것이다. 이후의 트레이닝 과정으로 아버지는 법학을 준비해 놓았다. 벤담처럼 〈법실증주의자〉였던 존 오스틴(1790~1859)에게서 밀은 최고의 선생을 발견했다. 게다가 그의 부인 세라에게서는 독일어까지 배웠다. 그렇지 않았다면 칸트를 원문으로 읽을 수 없었을 것이다. 어쨌든 소년은 완벽하게 계획에 따라 움직였고, 차곡차곡 〈세계의 개혁가〉가 될 준비를 해나갔다. 1822~1823년 겨울 열여섯 살의 소년은 친구들을 모아 공리주의 협회를 만들었다. 1823년에는 동인도 회사에 취직하면서 직업 전선에 뛰어들었다. 그의 첫 평론은 〈급진주의자들〉의 대표 잡지 『웨스트민스터 리뷰*Westminster Review*』에 실렸다. 1825년에는 런던 토론 협회를 설립했고, 벤담의 비서가 되었으며, 왕국의 젊은 엘리트들과 토론을 벌였고, 오언의 지지자들과 맞서 싸웠다. 다만 오언의 지지자 가운데 그가 〈높이 평가할 만한 남자〉라고 칭한 톰프슨에게는 존경심을 품었다.[65]

그런데 위기가 찾아왔다! 1826~1827년 겨울 이 젊은이에게 감당 못할 공허감이 덮쳤다. 지금껏 완벽하게 프로그램화된 기계로서의 그가 스스로에게 엄청난 거리감을 느낀 것이다. 자신이 하는 어떤 일에서도 더 이상 중요한 것은 남아 있지 않은 듯했고, 자신을 행복하게 해주는 것도 없는 듯했다. 그는 이렇게 말한다. 〈살아갈 만한 가치가 있는 것은 아무것도 남아 있지 않은 듯했다.〉[66] 그러다 서서히 자신이 지금 어떤 병을 앓고 있는지 깨달았다. 〈습관적 분석이 감정을 압살할 때〉 생기는 병으로서 〈분석적 정신이 보완과 수정 능력을 상실하고, 인간의 다른 측면들을 방치할 때 필연적으로 생길 수밖에 없는 결과〉였다.[67]

밀은 자신에게 정서 함양 과정이 없었음을 깨닫고 그것을 습득하기로 마음먹었다. 물론 삶의 바다에 풍덩 뛰어들어 습득하는 방식이 아니라 지금까지 해왔던 대로 독서를 통한 방법을 사용했다. 밀은 낭만주의 문학에 빠져들었다. 행복과 기쁨은 아버지의 말과는 달리 개인이 이성적, 도덕적으로 올바른 행동을 했을 때 논리적 귀결의 형태로 찾아오는 것이 아니었다. 공리주의는 수학적 연산이 아니라 감정이 있는 존재들과 연결된 이념이었다. 이 존재들은 사고뿐 아니라 감정에 의해서도 영향을 받는다. 개인에게는 모두 자기만의 〈내적 문화〉가 있고, 그 속에 담긴 모든 것은 이성적인 것이든 그렇지 않은 것이든 스스로 발현되려는 경향이 있다. 이런 깨달음과 함께 밀은 벤담에게서 한 걸음 멀어졌다. 그건 아버지로부터도 멀어졌다는 것을 의미한다. 사실 〈생각 기계〉처럼 프로그램화되어 있던 아들은 사랑과 신뢰, 공감을 한 번도 느껴 본 적이 없었다.

애정과 사랑이 무엇인지 알게 된 것은 1830년에 아름답고 명석한 해리엇 테일러(1807~1858)를 만나면서였다. 스물두 살의 이 여인은 런던 대상인의 아내였다. 둘은 급속하게 사랑에 빠졌다. 물론 플라토닉 사랑에 머물 수밖에 없었다. 하지만 그것만으로도 스캔들이 되기에 충분했다. 이 일로 밀은 가족 및 주변 사람들과 소원해졌다. 대신 애인과의 정신적인 사랑이 그에게 활력을 주었다. 그는 동인도 회사 일을 하면서 에세이와 평론을 썼다. 1831년 5월에는 잡지 『이그재미너*Examiner*』에 「시대정신」이라는 제목의 기사를 연재했다. 여기서 밀은 〈시대정신〉이라는 새로운 유행어를 도마 위에 올려놓고 비아냥거렸다. 이것은 명확한 것이 전혀 보이지 않는 혼란스러움의 표현이 아닐까? 〈시대정신〉은 항상 공공질서가 무너지거나 격변의 시기에 출몰하는 게 분명했다. 밀은 당시를 사회적, 내적 결속력이 와해된 시대로 보았다. 막 『실증 철학 강의』 제1권을 출간한 콩트가 내린 것과 같은 진단이었다.

그렇다면 이런 시대는 어떻게 구해야 할까? 밀은 생시몽주의자, 그중에서도 콩트의 책을 집중해서 읽었고, 그들의 〈담대함〉과 〈선입견 없는 태도〉에 깊은 감명을 받았다.[68] 1830년의 혁명기에는 파리로 가서 직접 감동을 맛보기도 했다. 그가 생시몽주의자들에게 취한 〈가장 큰 이득〉은 역사 진보에 대한 절대적 믿음이었다. 그는 콩트와 마찬가지로 인류 역사를 안정기와 격변기로 구분되는 진보의 역사로 보았다. 그렇다면 사회주의에 대해서는 어떻게 생각했을까? 그의 아버지와 벤담은 사회주의를 시종일관 거부했고, 경제적 자유를 포기할 수 없는 권리로 못 박았다. 특히 벤담에게는 고리의 돈놀이도 아무 문제가 없었다. 그러나 생시몽주의자들의 책에는 〈사회의 노동과 자본은 전체의 이익을 위해 사용되어야 한다〉라고 적혀 있었다.[69] 국가는 각 개인을 능력에 따라 계급으로 나누고, 개인은 각자의 활동에 따라 임금을 받아야 한다는 것이다. 뭐가 옳을까? 직접적인 유용성을 추구하는 자유주의가 옳을까, 아니면 〈인간 삶의 최고 이상〉을 추구하는 사회주의가 옳을까? 이 물음은 밀에게 필생의 화두였다.

평등의 전제 정치

1835년까지만 해도 밀의 사고 과정은 아직 전혀 완성되지 않았다. 그때 그의 손에 들어온 한 권의 책이 그의 정신적 생성 과정에 결정적인 영향을 끼쳤다. 밀과 동갑내기인 프랑스 귀족 알렉시 드 토크빌(1805~1859)이 쓴 책이었다. 이 법률가는 스물한 살 때 프랑스 조정의 지시로 미국 여행을 떠났다. 미국 시찰을 통해 더 나은 법체계와 현대적 형벌 시스템을 배우기 위해서였다. 그런데 여행에서 돌아온 뒤 토크빌은 공모상을 받은 형벌 시스템에 관한 논문만 집필한 것이 아니라 그보다 훨씬 방대한 저서도 썼다. 1835년에 출간된 첫 권이 바로 그 유명한 『미국 민주주의*De la démocratie en Amérique*』다.

이 젊은 귀족은 원대한 선구자적 정신으로 자신의 책에 이런 모토를 붙였다. 〈새로운 세계에 필요한 새로운 정치학.〉 사실 토크빌이 원한 것은 이것밖에 없었다. 그는 미국 민주주의의 강점과 약점을 선입견 없이 분석했다. 미국이 미래의 유럽에 적합한 것을 미리 보여 주고 있다고 확신했기 때문이다. 콩도르세와 콩트, 다른 생시몽주의자들처럼 토크빌도 미래가 예정되어 있다고 생각했다. 세계가 점점 더 진보적인 사회로 나아가리라는 것이다. 실제로 그는 미국을 여행하면서 인상적인 것을 많이 보았다. 민주주의는 책상에서 머리로 짜내는 것이 아닐뿐더러 법률이라는 그릇에 명문화한 정의의 개념을 훨씬 뛰어넘는다. 민주주의는 사회 구성원들이 그것을 내면화할 때만 순조롭게 돌아갈 수 있다. 민주적 문화는 정신적 자세, 확신, 시민들 간의 교류 방식, 치열한 정치적 공방 속에서 형성된다.

밀은 이 책을 읽고 흥분을 감추지 못했다. 토크빌은 벤담의 대담한 이론에서 빠져 있던 바로 그 부분을 지적하고 있지 않은가? 다시 말해 정의의 실현은 단순히 원리와 수학적 덧셈의 문제만이 아니라는 사실을 보여 주고 있지 않은가? 공동체가 원활하게 돌아가려면 심리학과 문화도 중요하지 않을까? 새로운 것은 또 있었다. 적합한 민주주의적 인프라에 대한 토크빌의 견해였다. 그는 연방제와 자치, 교회 역할의 축소를 침이 마르도록 칭찬했다. 이것은 지금껏 밀에게 정신적 양분을 제공해 준 생시몽주의 정신과 완전히 배치되는 것이었다. 그런 만큼 충격도 컸다. 민주주의를 규제하고 담보하는 것은 강력한 국가가 아니고, 시민들 스스로 자신의 운명에 대해 폭넓게 책임을 져야 한다고 주장하니까 말이다!

이 책을 포함해 1840년에 출간된 제2권에 대한 평론을 쓰면서 밀은 인식의 폭이 한층 넓어졌다. 국가는 시민의 자주성을 제한해서는 안 된다고 깨달은 것이다. 토크빌이 루소와 몽테스키외의 사유를 토대로 분석한 바에 따르면 민주주의는 대개 시민의 자주성을 제한하는 쪽으로 치달을 수밖에 없다. 연방제 미국에서조차 사람들은 국가를 너무 믿는다. 그들은 도처에서 자신의 자유를 활발하게 사용하는 대신 주로 경제적 성공에만 관심을 보인다. 이로써 연방제 구조가 선사한 자유는 하찮은 물질적 탐욕과 정치적 무관심에 자리를 내주고, 국민은 소비자로 전락하고, 공동체 정신은 이기심에 함몰된다. 시민들의 정치적 의식이 낮으면 나라를 다스리는 건 그들이 아니라 전제적 행정 당국이다. 시민의 자주성이 줄어들수록 관료주의는 몸집을 키운다. 모든 것이 규범화와 행정화의 방향으로 치닫고, 결국에는 〈평등의 전제 정치〉에 이른다. 이제는 그런 규범에서 이탈하려는 사람은 거의 없다. 개인주의라고 부를 만한 것은 수많은 소비재 사이에서의 개인적인 선택밖에 없다. 이제 시민들은 공동체에 없어서는 안 될 정말 중요한 요소, 즉 스스로 다스릴 자치 능력을 잃고 만다. 그들은 더 이상 스스로에 대해 충분히 숙고하지 못하고, 어떤 이념과 정치적 동인도 발전시키지 못한다. 게다가 스스로를 다스릴 능력이 없는 사람이 어떻게 자신들을 통치할 인물을 올바로 뽑을 수 있겠는가? 19세기 초에 제기된 이 물음은 180여 년이 지난 지금, 그러니까 트럼프가 다스리는 이 시대에도 아연할 정도로 딱 들어맞는 듯하다.

절제된 연방제 국가, 최고도의 시민적 자주성과 개성, 생동감 넘치는 〈정치 문화〉, 강요 대신 자유로운 참여, 이것들이야말로 관료주의를 막는 핵심 요소다. 토크빌이 미래 민주주의의 청사진으로 제시한 이것들은 생시몽주의에 전적으로 어긋난다. 밀은 한때 콩트의 권위주의 국가의 처방전을 탐냈지만, 지금은 그의 해결 모델에서 완전히 등을 돌린다. 처음엔 평등 쪽으로 기울어졌던 자유와 평등의 저울도 이젠 자유 쪽으로 무게 중심을 옮긴다. 그와 함께 콩트와의 서신 교환도 끝난다. 게다가 나중에 콩트의 『실증 정치학 체계』를 읽으면서는 자신의 생각이 옳았음을 재차 확인한다. 밀은 새로운 인류교의 전도사가 철학자들에게 과거 중세 교회의 역할을 맡기는 것을 보고 경악한다. 또한 철학자들이 사람들에게 생각뿐 아니라 믿음까지 규정하는 것을 보고는 너무 놀라 입을 다물지 못한다. 결국 밀은 이렇게 쓴다. 〈사회사상가와 정치사상가들에게 이 책은 만일 인간이 사변에 치우쳐 자유와 개성의 가치를 놓칠 때 생길 수 있는 결과에 대한 경고다.〉[70]

그런데 바람직한 정치 문화에 대한 깨달음을 자신에게 그렇게 많이 선사했던 토크빌이 자유와 개성의 가치를 일관되게 옹호하지 않은 것도 마찬가지로 밀을 당혹스럽게 했다. 민주주의의 수호자인 토크빌은 프랑스 루이 필리프 조정의 실세 장관 프랑수아 기조(1787~1874)로 대변되는 정치의 무차별적인 경제화에 반대했다. 기조는 만인이 아니라 인구의 단 2퍼센트에게만 선거권을 인정하는 대신 시민들에게 경제적 축복을 약속했다. 반면에 토크빌은 미국에 대해 자신이 예전에 했던 말을 되풀이했다. 경제적 부만 추구하는 사람은 국민으로서의 사명과 의무를 망각하고 있다는 것이다. 그런데 이 귀족도 식민주의에 대해서만큼은 완전히 다른 시선을 갖고 있었다. 로크의 주장을 되풀이하는 우를 범한 것이다. 아메리카 인디언들은 그 땅에 살기는 했지만 그 땅의 소유자는 아니다. 왜냐하면 땅을 적절하게 경작해서 경제적 이득을 취하지 않았기 때문이다. 그런데 이보다 더 나쁜 인식이 있다. 토크빌은 알제리를 오스만 제국으로부터 빼앗아 프랑스 식민지로 만들어야 한다고 끊임없이 부르짖었다. 그것도 차마 입에 올릴 수 없을 만큼 가혹한 수단을 써서라도 말이다. 〈내가 존중하는 사람들은 이렇게 말한다. 수확물을 불 지르고, 곡간을 약탈하고, 마지막엔 무장하지 않은 자들과 여자, 아이들까지 감금하는 것이 나쁜 짓이라고 말이다. 나는 그들의 말에 동의하지 않는다. 나는 그게 아랍인들과 전쟁을 벌이려고 하는 민족이라면 누구나 따라야 할 꼭 필요한 일이라고 생각한다.〉[71] 그의 목표는 분명했다. 인종 차별 정책을 펴는 정권을 알제리에 세우고, 현지인들을 무자비하게 탄압하고 착취하자! 이런 목표 속에는 자유와 개성, 정치적 문화가 존재할 리 없다. 미국과 프랑스에서는 민주주의의 토대가 되는 풍속을 촉진하자던 사람이 알제리에서는 그것을 헌신짝처럼 재빨리 쓰레기통에 던져 버린다.

1841년에 밀은 편지 친구의 이런 제국주의적인 견해에 격분해서 토크빌과의 관계를 완전히 끊어 버렸다. 인간을 두 부류로 나누는 것, 즉 유럽인이냐 아니면 아랍인 또는 인디언이냐에 따라 인간을 구분하는 것은 그의 신념에 맞지 않았다. 민주주의적 평등과 공화주의적 자유에 대한 견해에서도 그는 외톨이가 된 느낌이었다. 그런 면에서는 의회의 〈급진주의자들〉도 도움이 되지 않았다. 그는 그들을 지원했지만, 속으론 〈중도〉 성향의 정치인으로밖에 보지 않았다. 밀은 1836년에 세상을 떠난 아버지가 생전에 많은 글을 썼던 계간지 『웨스트민스터 리뷰』의 발행인 역할을 얼마간 맡았지만, 거기에 실린 글들에 만족하지 못했다. 1840년에는 그 역할마저 포기했다. 그에겐 오래전부터 품고 있던 생각을 두 편의 저작으로 완성할 시간이 필요했다. 하나는 인간이 어떻게 세계와 사회에 대해 좀 더 확실한 인식에 이를 수 있는가 하는 문제를, 다른 하나는 정치학과 경제학을 하나로 묶어 자유로운 사회를 어떻게 구조적으로나 경제적으로 가장 훌륭하게 조직할 것인가 하는 문제를 다룰 생각이었다.

도덕 과학

밀은 자신의 견해를 검증하고 또 검증하는 매우 꼼꼼한 사상가였다. 첫 번째 책인 『논리학 체계*A System of Logic*』(1843)도 무려 10년이 넘는 장고 끝에 출간되었다. 밀을 아는 사람이라면 이 주제가 처음엔 좀 낯설 수 있다. 밀은 논리학을 위한 논리학에는 관심이 없었기 때문이다. 하지만 그의 의도는 분명했다. 이전의 많은 철학자들처럼 일단 자신의 이론을 펼칠 마당을 철저히 청소하고, 전임자들이 남긴 오물을 깨끗이 제거하고자 했다. 밀이 보기에 철학은 자연 과학 수준의 학문이어야 했다. 광물학자이자 도덕 철학자인 윌리엄 휴얼(1794~1866)도 같은 요구를 했다. 다방면으로 관심이 많았던 이 케임브리지 대학 교수는 1834년 **과학자**라는 개념을 정립한 사람이었다. 밀이 자신의 논리학을 아직 부화하고 있는 동안 휴얼은 두 권의 방대한 작품을 발표했다. 『귀납적 과학의 역사. 시작부터 현재까지*History of the Inductive Sciences: From the Earliest to the Present Times*』(1837)와 『역사에 기반한 귀납적 과학의 철학*The Philosophy of the Inductive Sciences, Founded Upon Their History*』(1840)이 그것이다.

자연 과학은 1830년대와 1840년에 찬란한 봄을 맞았다. 1831년 영국의 실험 물리학자 마이클 패러데이(1791~1867)는 전자기 유도를 발견했다. 스코틀랜드의 물리학자 제임스 클러크 맥스웰(1831~1879)이 1864년 전자기 유도 이론을 만들기 전의 중요한 선구적 작업이었다. 독일의 하일브론에서는 율리우스 로베르트 폰 마이어(1814~1878)가 열역학의 첫 번째 핵심 명제를 제시했고, 기센에서는 유스투스 폰 리비히(1803~1873)가 식품 화학과 농업 화학 분야에서 혁명을 일으켰다. 자연 연구 협회들이 우후죽순으로 설립되었고, 자연사 박물관이 대도시에서 문을 열었으며, 새로운 연구소들이 곳곳에서 생겨났다.

인류를 이끌어 가려는 사람은 **과학**을 해야 한다. 그건 자연 연구도 그렇지만 인간 연구도 마찬가지다. 철학은 그 사유의 토대가 과학적으로 깔끔하게 정리되어야만 **과학**이 된다. 그렇다면 어떤 방법으로 가능할까? 철학자는 어떻게 이론의 여지가 없는 진리에 이를 수 있을까? 밀은 자신의 정치적 견해가 어쩐지 애매하게 느껴졌고, 확고한 토대가 절실해 보였다. 그의 관심사는 위대한 철학자가 되는 것이 아니었다. 과거의 홉스, 로크, 흄처럼 무의 상태에서 출발하지 않은 인식론은 결국 진리가 아닌 이런저런 의견에 그치고 만다. 그런데 특이하게도 밀은 두 가지 거대한 인식론적 문제에서 한 가지만 제기한다. **나는 내가 안다는 것을 어떻게 아는가?** 로크와 흄, 버클리가 관심을 가졌던, **현실은 얼마나 현실적인가?**라는 두 번째 질문은 주변부로 밀린다.

밀이 자신의 **논리학**으로 무장 해제를 하려 했던 이들은 자신의 인식을 **직관적 확실성** 위에 세우려고 했던 과거의 수많은 철학자였다. 이 직관적 확실성은 2천 년 넘게 무언가 신과 관련이 있는 것으로 여겨져 왔다. 17세기에는 거기에 수학이 추가되었다. 데카르트와 스피노자, 라이프니츠는 신과 수학으로 논증했고, 〈합리주의적〉 체계를 수학적 인식에서 추론해 냈다. 이것은 17세기와 18세기 영국의 〈경험주의자들〉이 격렬하게 반박했던 방법론이었다. 로크와 버클리, 흄에게 거의 모든 인식은 경험에서 나오는 것이었다. 그런데 난제는 바로 이 〈거의〉에 있었다. 수학에는 여전히 풀리지 않는 다음 문제가 남아 있었기 때문이다. 수학적 명제도 직관적으로 확실하지 않을까? 칸트는 『순수 이성 비판』에서 멋진 곡예술로 합리론과 경험론 사이에 다리를 놓으면서 수학적 확실성을 〈선험적 판단〉, 즉 **직관적이고 언제나** 옳은 인식으로 천명했다. 그렇다면 이것들은 경험 세계에서 검증될 수 없는 것이었다.

바로 이 입장을 밀은 단호히 거부했다. 아울러 직관적 확실성을 갖가지 다양한 논거로 옹호한 철학자를 모두 똑같이 취급했다. 그들 사이의 섬세한 차이는 중요하지 않았다. 밀의 관심은 애초에 사회 질서와 정치에 있었다. 그런 점에서 직관적 진리의 추종자들은 그에겐 너무나도 명백한 적이었다. 구체적으로 말하자면, 영국 의회나 여타 나라에서 증명할 수도 없는 명제와 선입견으로 사회 진보를 가로막는 보수주의자들이 그의 적이었다. 밀의 말을 직접 들어 보자. 〈내 확신으로는, 외적 진리를 관찰과 경험이 아닌 내적 관조나 의식에서 인식할 수 있다는 생각이야말로 오늘날의 잘못된 신조와 나쁜 사회 제도의 이지적인 주 버팀목이다. 이 버팀목 덕분에 기원조차 기억나지 않는 온갖 뿌리 깊은 믿음과 강렬한 감정은 오성으로 자기 정당성을 확보해야 할 의무를 저버리고, 스스로가 모든 것에 대한 확실한 보증이자 원초적 정당성임을 내세운다. 인간 속의 뿌리 깊은 선입견을 신성시하는 데 이만큼 순응적인 도구를 고안해 낼 수는 없을 듯하다.〉[72]

직관적 확실성이 존재하지 않고 선험적 판단이 불가능하다면 인식의 원천으로 남는 것은 경험뿐이다. 뿌리를 더듬어 보면 모든 앎은 감각적 체험에서 나온다. 그런 경험을 토대로 우리는 결론을 도출한다. 우리 속에서 숙고를 통해 발견한 법칙을 토대로 결론을 도출하는 것이 아니라는 말이다. 이런 바탕 위에서 밀은 논리학을 설계한다. 이건 나중에 자세히 다루게 될 것이다. 여기서는 『논리학 체계』의 마지막 부분, 즉 「도덕 과학의 논리학」이라는 제목이 붙은 장에 드러난 그의 정치적 견해만 다루겠다.

〈정신과학〉은 어떤 논리로 작동할까? 여기서 정신과학은 밀의 **도덕 과학**을 번역한 말로 독일에서 승승장구한 개념이다. 어쨌든 그 논리는 처음엔 자연 과학과 다르지 않아 보였다. 인간도 자연의 일부이기 때문이다. 밀은 콩트처럼 정신의 과학을 자연 과학으로 보려고 했다. 자연 과학의 가장 중요한 인식 방법은 귀납법이다. 즉 개별적인 것에서 일반적인 것을 도출하는 방식이다. 하지만 밀은 콩트와 달리 생물학에 매달리지 않았다. 그에게 더 중요한 것은 일반적인 과학적 방법론이었다.

밀이 정신과학을 위해 해결해야 했던 핵심 문제는 자유 의지다. 생각해 보라. 인간은 자유 의지가 있기에 다른 모든 자연과 구별되지 않던가! 그럼 이런 의문이 생긴다. 인간이 자연법칙이 아니라 자유 의지에 따라 행동한다면 인간에겐 어떻게 자연 과학적 방법을 적용해야 할까? 이 물음은 고대로 거슬러 올라갈 정도로 뿌리 깊다. 밀은 쇼펜하우어처럼 흄에게 연결한다. 영국에서 가장 중요한 이 계몽주의 철학자는 자유 의지에 의문을 제기한다. 인간이 사물을 〈원인〉과 〈결과〉라는 인과율에 따라 설명할 수밖에 없는 세계에서는 자유가 존재할 수 없다. 인간으로서 나를 추동하는 것은 하나의 동기이고, 이것은 다른 동기에서 나온다. 내 마음은 서로에게서 뿜어져 나오는 동기들의 사슬로 이루어져 있다. 나의 행동에 결정적인 것은 언제나 가장 강한 소망이다. 쇼펜하우어는 여기서 이런 결론을 내린다. 의지는 모호한 형이상학적 힘이자 자연의 비밀스러운 필연성이다. 나는 나의 욕망을 욕망할 수 없다.

반면에 밀은 흄에게서 완전히 다른 결론을 도출한다. 모든 동기와 행동이 단지 선행하는 동기나 행동의 결과일 뿐이라면 관건은 인간을 특정 행동으로 이끄는 환경을 최대한 적절하게 조사하는 것이다. 흄의 정의에 따르면 의지는 자유롭지 않다. 하지만 그게 동기들의 사슬에 아무런 영향을 끼칠 수 없다는 뜻은 아니다. 사랑을 듬뿍 받고 자란 아이는 많은 측면에서 그렇지 않은 아이와 다르게 행동한다. 비록 두 아이의 행위 동기가 선행하는 행위 동기에서 나온 것이라고 하더라도 말이다.

그렇다면 의지의 부자유와 일정한 조건에 따른 행동 변화의 가능성은 서로 배척하지 않는다. 이것이 의지 문제와 관련한 밀의 결론이다. 여기서 난제는 인간 심리가 헤아릴 수 없을 만큼 복잡하다는 점이다. 더구나 그런 가늠할 길 없는 심리가 수백만 개 넘게 모여 사는 사회는 얼마나 더 복잡하겠는가? 그 때문에 밀은 콩트와 마찬가지로 정신과학과 사회 과학을 모든 자연 과학 중에서 가장 어려운 학문으로 여겼다. 천문학과 기상학도 확실한 예측이 거의 불가능할 정도로 무수한 자료와 연결되어 있어서 어려움이 크다. 인간 사회도 딱 그만큼 예측하기 어렵다. 그런 점에서 사회적 과정과 발전은 시시각각 변하는 날씨와 비슷할 때가 많다.

그렇다면 **도덕 과학자**는 구체적으로 무엇을 할 수 있을까? 성격과 행동을 탐구하는 **비교 행동학**으로 눈을 돌려야 했다. 예전에는 〈인간학〉이라 불렸고, 밀의 시대에는 〈심리학〉으로 더 많이 불렸던 영역이 이젠 정밀과학으로 다시 태어나야 했다. **심리학**이라는 개념은 1830년대에 영국에서 유행했다. 특히 이 개념을 대중화한 사람은 스코틀랜드 출신의 유명한 철학자 윌리엄 해밀턴(1788~1856)이었다. 비교 행동학은 심리학의 기반 위에서 **정치적 비교 행동학**으로 나아가야 했다. 그것은 공동체와 국가 내 인간들의 행동을 최대한 정밀하게 탐구하는 학문을 말한다. 하지만 **도덕 과학자**가 철저하게 귀납적 방법만 쓸 수 없다는 것은 자명했다. 대신 집단과 공동체의 행동에 대한 실험이 필요했다(오늘날 심리학에서 일반적으로 쓰는 방법이다). 하지만 밀의 시대에는 그런 실험이 거의 불가능했다. 심지어 정치에 대해서는 더더욱 그랬다. 따라서 일반적인 것에서 개별적인 것을 단계적으로 추론하는 연역법에도 자리가 마련되었다. **행동 모델**을 확정 짓는 데 귀납법이 유용했다면, 행동의 **원인**을 밝히는 데는 연역법이 도움이 되었다.

밀은 **도덕 과학자**를 위해 총 네 가지 방법을 구분해 놓았다. 화학적 방법, 기하학적 방법, 물리학적 방법, 역사적 방법이 그것이다. 처음의 두 가지는 별 쓸모가 없다. 결론을 도출하지 못하거나 잘못된 결론에 이르거나 둘 중 하나이기 때문이다. 화학자의 시선으로 인간을 바라보면 결국 개별적 관찰에 국한될 수밖에 없다. 그 과정에서 동기와 행위의 혼합체를 발견하지만 거기서 더 깊은 인식을 얻지는 못한다. 왜냐하면 화학자는 관찰에서 더 높은 결론을 끌어내지 못하기 때문이다. 그의 관찰은 동시에 그의 설명이기도 하다. 그러다 보니 모든 것은 경험이고, 경험에 머물러 있다. 기하학자는 완전히 다르다. 그는 하나의 개념 정의에서 시작하고, 거기서 다른 모든 것을 도출한다. 밀이 『논리학 체계』를 쓰면서 머릿속에 떠올렸던 것은 아버지가 정부에 대해 쓴 에세이였다. 제임스 밀은 벤담처럼 인간은 늘 자신에게 이득이 되는 것만 하려고 하는 이기주의자라고 정의했다. 올바른 정치에 대한 그 밖의 모든 추론도 이 정의에 토대를 두고 있다. 하지만 이 개념 정의가 옳다고 누가 말할 수 있을까? 기하학자는 결국 자신이 이미 알고 있는 것만 증명할 뿐이다. 이 방법은 새로운 사회학에는 무익하다. 너무 심한 고정 관념에 사로잡혀 있기 때문이다.

이제 세 번째와 네 번째 방법이 남았다. 물리학자(여기서 밀이 염두에 둔 물리학자는 천문학자다)는 기하학자와 달리 작용과 반작용을 거듭하면서 서로 충돌하는 여러 힘을 안다. 이런 상이한 힘들은 인간을 추동하는 본질적 요소에 대한 명백한 규정보다 인간 심리에 훨씬 더 가깝다. 밀이 모르던 헤르바르트가 들었으면 반색을 했을 소리다. 어쨌든 천문학자는 대개 원인을 알고, 그 원인의 결과를 조사한다. 반면에 **도덕 과학자**는 거의 항상 결과를 알고, 그것의 원인을 조사한다. 예를 들어 인간은 왜 특정 상황에서 그런 행동을 할까? 숨겨진 행동 모델과 법칙성은 무엇일까? 이런 질문을 던지는 이유는 분명하다. 더 나은 사회를 만들려면 인간 행동의 모델과 그 법칙성을 알아야 하기 때문이다. 그에 대한 답은 네 번째 방법만이 제시할 수 있다. 이 방법은 인간의 행동에서 그 동인을 끄집어내기 위해 〈인간 역사〉를 동원한다. 콩트의 생각도 다르지 않았다. 밀은 이 프랑스인처럼 인간 행동의 법칙성을 아주 정밀하게 규정한 뒤 그 토대 위에서 최상의 사회 질서를 세우는 것이 꿈이었다.

밀은 자신의 연구 프로그램을 현실로 옮기지 못했다. 자가 동력이 넘치던 콩트의 식지 않는 열정과 사명감 같은 건 밀에겐 낯설었다. 밥벌이로 동인도 회사에 몸담고 있는 처지라 비교 행동학을 총체적으로 연구하기에는 시간이 없었다. 게다가 시류도 그를 도와주지 않았다. 시대가 그에게 요구한 것은 중요한 경제 사회적 문제들에 대한 해결책을 최대한 빨리 찾아내라는 것이지, 인간 성격의 모든 요인을 경험적으로 탐구하라는 것이 아니었다. 현실 정치와 거리를 둔 콩트가 자기만의 실증주의적 마법의 성을 짓고, 책상머리의 철학자들을 사제로 임명하고, 교회를 인류의 성전으로 바꾸었다면 밀은 무척 실용적인 제안으로 인간의 일상사에 개입했다. 그는 연인 테일러의 적극적인 지원을 받으며 구체적인 제안을 담은 아주 명석한 이론서를 썼다. 그 책이 『정치 경제학 원리 *Principles of Political Economy*』(1848)다.

정치 경제학

1836년이었다. 밀은 콩트와 토크빌의 사이 어디쯤에선가 공리주의의 올바른 실행을 찾던 중에 「정치 경제학의 정의와 방법」이라는 짧은 에세이를 썼다. 이 글을 통해 이 앵글로색슨 철학 신동은 **도덕 과학** 외에 훗날의 인간 사회에서 큰 경력을 쌓게 될 **정치 경제학**이라는 또 다른 개념을 부각시켰다. 정치와 경제는 결코 분리되어서는 안 되고 늘 서로 관련지어 생각해야 한다(물론 오늘날에는 분위기가 사뭇 다르다). 왜냐하면 어떤 경제 정책이 좋고 나쁜지는 경험론에 기반한 경제학자들이 결정하는 것이 아니기 때문이다. 경제 정책의 좋고 나쁨은 그 **목표**에 따라 평가되어야 한다. 그것은 내가 생산성을 어떻게 높일지, 재화를 어떻게 분배할지의 문제에만 달린 것이 아니라 내가 무엇을 **공정하다**고 여기는지, 왜 그렇게 생각하는지의 문제에도 달려 있다. 경제 정책은 자유 및 평등의 가능성과 한계에 대한 원칙적인 물음을 제기한다. 간단히 말해, 모든 거대한 경제 문제는 단순히 경제적 문제만이 아니다. 그것은 심리적 문제인 동시에 문화적 문제이자, 특히 철학적 문제이기도 하다.

밀은 『정치 경제학 원리』에서 바로 이 길을 걷는다. 그러면서 아버지나 벤담과는 달리 인간이 태생적으로 어떤 존재인지 확정짓는 것을 경계한다. 인간은 이기주의자라는 벤담의 주장도 그가 볼 땐 동전의 한 면일 뿐이다. 인간은 돈만 좇지 않는다. 무위도식을 즐기고, 낭비와 향락을 좋아하고, 정신적 양식을 사랑하는 사람도 많다. 인간은 한 가지만이 아니라 많은 것을 추구한다. 인간의 욕구 가운데 가장 강한 것으로 **자유**와 **권력**을 빼놓을 수 없다. 자유는 내가 하고 싶은 것을 하기 위해 필요하고, 권력은 나 자신의 생각대로 세상을 만들기 위해 필요하다. 인간은 종종 자유가 위협받으면 물질을 희생해서라도 자유를 지키려 한다. 이는 부에 대한 추구가 다른 모든 것보다 위에 있지 않음을 보여 주는 확실한 증거다. 공장주와 금융 투자자들이 스스로에게 아무것도 베풀지 않고 모든 자본을 즉시 재투자하면 그건 향락에 대한 즐거움을 포기하는 것이자 인간의 일부 본성에 반하는 행동이다.

17세기 이후 영국에서는 인간을 **타고난 상인**, 즉 호모 메르카토리우스homo mercatorius로 보는 전통이 팽배했다. 하지만 인간에 대한 그런 식의 이해는 밀이 보기엔 너무 부족했다. 로크와 스미스의 그런 인간상은 시급하게 수정될 필요가 있었다. 밀은 비록 책의 서문에서는 스미스를 시대의 본보기로 예찬했지만, 〈현시대의 확장된 지식과 진보적 이념〉을 통해 그 위대한 국민 경제학자의 생각을 다시 고쳐 쓸 필요가 있다고 여겼다. 국민 경제는 〈유년기 상태에서 어느 정도 깨어나야〉 하고, **도덕 과학**의 새로운 수준에 적

응해야 한다.[73]

밀이 볼 때 〈현시대 최상의 사회 이념〉은 스미스가 살았던 18세기 말과는 다를 수밖에 없다. 한 사회에서 노동과 부의 분배 문제를 경제학에만 맡겨선 안 된다. 스미스에게는 시장의 〈보이지 않는 손〉이 중요했다면, 밀에게는 늘 국가의 보이는 손도 중요했다. 스미스는 생산 법칙과 분배 법칙을 구분하지 않았고, 효율적 생산이 부의 불평등한 분배로 이어지더라도 어쩔 수 없는 일로 여겼다. 반면에 밀은 왜 스미스가 분배 문제를 경제에만 맡기고 국가에는 도움을 청하지 않는지 도무지 이해가 되지 않았다. 밀도 스미스와 마찬가지로 생산의 효율성을 최대한 높이기 위해 기업의 자유를 제한하지 않았다. 그러면서도 모든 노동자가 사회적 부와 관련해서 적절한 몫을 받을 수 있도록 하는 데 큰 관심을 기울였다.

밀은 인구 과잉이 사회에 심각한 위험이 될 수 있다는 점에서 맬서스와 의견이 같았다. 〈적은 인구보다 많은 인구를 먹여 살리는 것이 힘들기〉 때문이다.[74] 다만 그런 염려를 한다고 해서 사회적 부를 최대한 불공정하게 분배해서 가난한 사람들이 자연스럽게 충분히 죽어 나가게 해야 한다고 생각하지는 않았다. 그렇다고 인구 과잉에 대응하는 최선의 수단이 부의 공정한 분배라고 말한 고드윈의 생각에도 동의하지 않았다. 밀이 볼 때 인구 과잉은 〈전체 주민이 모든 생산 수단을 공동 소유하고, 생산물을 지극히 평등하게 분배한다〉고 하더라도 여전히 문제로 남았다.[75]

그런데 고드윈이 전제했고, 20세기 유럽에서 인상적으로 증명된 바 있는 사실, 즉 부의 적절한 분배가 출생률을 떨어뜨린다는 사실은 그의 시야 밖에 있었다. 그가 볼 때 최대 다수의 부는 인구가 너무 빠르게 증가하지 않는 것에 달려 있었다. 거꾸로 인구 증가가 부에 달려 있다는 사실은 알지 못했다. 그는 이 중요한 지점을 놓쳤기에 결국 인구 증가에 대한 조치로 스스로도 확신하지 못했던 수단을 제시할 수밖에 없었다. 외국으로부터 곡물 수입을 늘리고 국가 주도로 국민의 해외 이주를 관리하자는 것이다.

생산 법칙과 관련해서 밀은 두 유명한 전임자, 즉 스미스와 리카도의 어깨 위에 올라탔다. 그들과 마찬가지로 그는 땅, 노동, 자본을 생산의 세 요소로 보았다. 또한 분업의 장점과 자본 확대의 필요성에 대해서도 언급했다. 그런데 오언의 뉴래너크 실험이 알려진 뒤에는 노동 동기의 심리학도 결정적인 생산 요인임을 알아차렸다. 밀은 영국 노동자들을 조직하려는 소망과 〈만인 평등〉 사상이 그들을 게으르게 하고 폭도로 만들 수 있다는 염려 사이에서 이리저리 갈등했다. 스미스와 리카도가 그렇게 쟁취하고자 했던 자유 무역에 대한 판단에도 그런 복잡한 심정이 섞여 있었다. 스미스와 리카도의 생각은 분명했다. 규제를 받지 않는 국제 시장에 모든 것을 맡기는 것이 **언제나** 최선이라는 것이다. 하지만 밀은 전임자들과 달리 거기서 어떤 자연법칙과 논리적 필연성을 찾지 못했다. 오히려 토착 경제가 일부 영역에서 경쟁력을 갖출 만큼 강해지려면 보호 관세가 필요하다고 생각했다.

이 골똘한 사색가는 땅의 효율적 이용에 대해서도 의구심을 표했다. 『정치 경제학 원리』 제4권에 나오는 그의 반론은 푸리에와 함께 자본주의에 대한 가장 초기의 경제적 비판에 해당한다. 〈자연이 자유롭게 활동할 여지를 더 이상 남겨 두지 않고, 인간에게 양식을 생산해 줄 땅뙈기라면 전부 개간하고, 꽃피는 들판과 초원을 싹 밀어 버린 다음 밭으로 만들고, 인간이 사육할 수 없는 동물은 식량 확보 측면에서 경쟁자로 여겨 모두 소멸시키고, 쓸모없는 숲과 나무는 모조리 뽑아 버리고, 꽃이나 야생 덤불이 자랄 수 있는 땅은 거의 남기지 않고, 체계적 농업이라는 미명 아래 득이 되지 않는 식물은 잡초라 부르며 즉시 파헤쳐 버리는 그런 세계가 우리에게 즐거움과 만족을 줄 수 있을까? 만일 이 땅이 그런 사랑스러운 요소들을 잃어버린다면, 다시 말해 인구와 재산의 무한한 증가에 토대가 되어 준 그런 요소들을 잃어버린다면, 그것도 더 훌륭하거나 더 행복한 사람이 아니라 오직 더 많은 사람을 먹여 살리기 위해 그런 요소들을 잃어버려야 한다면 나는 후대를 위해 진심으로 바란다. 그런 일이 일어나기 전에 차라리 정체 상태에 만족하면서 살기를.〉[76]

〈정체 상태〉는 밀의 발명품이다. 경제는 더 많은 부를 생산해서 공정하게 분배하려면 당연히 성장해야 한다. 다만 **무한히** 성장해서는 안 된다. 그렇지 않으면 자연은 모두 파괴되고 만다. 그 때문에 자본주의 경제에는 내적 한계가 설정되어야 한다. 그것도 단순히 생태적인 이유만이 아니라 심리적 이유에서도 그렇다. 〈나는 남들이 일반적으로 필요로 하는 것보다 훨씬 더 많이 가진 사람들이 부의 과시 말고는 딱히 별다른 즐거움을 주지 못하는 물건을 소비하려고 재산을 두 배로 늘리는 것이 왜 축하할 일인지 이해가 안 된다.〉[77]

그렇다면 부와 자연 착취의 한계는 어떻게 설정될 수 있을까? 어떤 형태든 혁명은 분명 아니다. 훗날의 이야기이지만, 이건 21세기 산업 사회가 점점 절실하게 관심을 가질 수밖에 없는 문제이기도 하다. 모든 자본주의 경제가 시스템적으로 성장을 추구할 수밖에 없다면 〈정체 상태〉에는 어떻게 도달할 수 있을까? 성장에서 벗어난 이 사회는 어떤 모습이고, 어떻게 돌아갈까? 그리고 어떻게 하면 그리로 갈 수 있을까? 밀의 머릿속에는 〈슬기로움과 절제〉를 강조하는 것 말고는 떠오르는 것이 없었다. 성장이 그것으로 이익을 보는 개별 인간들의 무절제한 욕망의 결과가 아니라 시스템적으로 불가피한 것이라면 그것 말고 무슨 방법이 있겠는가?

밀은 19세기 중반에 이미 올바른 문제를 제기했다. 그러나 답을 찾는 건 어려웠다. 그건 사유 재산과 공정한 분배의 문제에 대해서도 마찬가지였다. 여기선 밀의 평소 모습은 보이지 않고 줄곧 답을 찾기만 하는 인간만 존재한다. 그는 테일러의 영향 아래 『정치 경제학 원리』를 두 번이나 강도 높게 개정했고, 쇄를 거듭할수록 사회주의에 높은 가치를 부여했다. 하지만 나이가 들면서 다시 사회주의와 거리를 두었다. 밀이 사유 재산을 인정한 것은 그것이 자연법적 권리이기 때문이 아니었다. 이 점에서는 로크와 스미스, 리카도의 의견과 배치된다. 밀에겐 사유 재산의 소유가 모두에게 **유익하기** 때문에 바람직하고 옳은 것일 뿐이다. 예를 들어 공장주가 기계를 소유하는 것은 그것으로 생산의 효율성을 극대화할 수 있기 때문에 정당화된다. 따라서 사유 재산의 불평등한 분배는 원칙적으로 잘못된 것이 아니다. 이런 점에서 그는 비현실적인 기대를 갖고 있기는 하지만 〈천재성의 부인할 수 없는 증거〉라고 자신이 인정한 푸리에와 비슷하다.[78] 어쨌든 밀은 사유 재산의 동등한 분배가 완벽하게 이루어질 것이라는 환상에 매몰되어서는 안 된다고도 말한다. 인간은 얼마 안 가 서로 속임수를 써서 상대의 재산을 빼앗을 것이고, 그러면 분배의 평등 원칙은 곧 와해되리라는 것이다. 사유 재산의 평등한 분배를 슬기롭게 구축하려면 일단 삶의 환경을 바꾸고, 그에 맞는 교육을 실시해야 한다. 이 점에서는 고드윈이나 오언에게 한 걸음 다가선다. 사회주의는 아름다운 목표이고, 앞으로도 계속 그럴 테지만, 인간이 공동체 의식과 교양, 문화의 길로 점진적으로 발전하지 않으면 불가능하다.

이런 이유에서 밀은 자본주의의 대안을 찾지 못했다. 그렇다고 더 나은 미래로 가는 문이 열리지 않았다는 뜻은 아니다. 어쩌면 경제는 언젠가 공동선의 경제가 될 수 있지 않을까? 어쩌면 고드윈이나 푸리에의 협동조합이 실제로 더 낫고, 심지어 밀 당시의 산업 생산보다 효율적이지 않을까? 어쩌면 그것들이 영원히 좀 더 공정할 수도 있었다. 하지만 경쟁 없는 경제를 어떻게 상상할 수 있으며, 협동조합 내에서 경쟁을 어떻게 확보할 수 있을까? 게다가 푸리에의 판타지나 생시몽주의자들의 구원 계획처럼 인간에게 개인의 자유를 빼앗는 행복 시스템의 독재는 어떻게 막을 수 있을까?

이렇게 많은 올바른 문제 제기에다 이토록 훌륭한 성찰이라니! 밀은 이전의 명석한 철학자들처럼 자기 자신과 체스를 두면서 늘 흑을 잡고 이기는 게임을 하는 체스꾼을 닮았다. 어떤 훌륭한 이념도 최소한 그만큼 훌륭한 반론 없이는 나오지 못한다! 그는 자기 안에서 반론과 반론을 거듭하면서 거의 항상 온건한 중도 입장을 택한다. 생시몽주의자들이 요구한 상속권 폐지는 옳다. 하지만 고인의 자녀에게 아무것도 물려줄 수 없는 것은 잘못이다. 그리되면 부모들은 생전에 재산을 모을 동기가 줄어들 것이기 때문이다. 노동자의 임금을 적절하게 올리는 것은 옳다. 하지만 똑같은 금액을 주는 것은 틀렸다. 그리되면 게으른 사람이나 성실한 사람이나 차이가 없을 테니까. 스펜스나 푸리에의 주장처럼 만인에게 〈기본 소득〉을 지급하는 것은 원칙적으론 옳다. 하지만 빈민에 국한해서 기초 생활이 가능할 정도로만 지급해야 한다. 그 밖에 밀은 오언처럼 아동 노동을 배척하지만, 완전히 금지하지는 않는다.

경제적 과실을 좀 더 공정하게 분배하고자 애썼던 밀은 동시대 영국인들에게는 〈급진주의자〉 또는 〈사회주의자〉로 비쳤다. 하지만 본인은 이 꼬리표 중 어느 것이 자신에게 어울리는지 평생 확신하지 못했다. 어쨌든 그는 자본주의를 앞으로 상당 기간 동안 실질적인 대안이 없는 경제 체제로 보았고, 경쟁을 통한 효율성 증대의 축복을 믿었다. 또한 그에게 국가란 생시몽처럼 무한한 능력을 가진 조직체도 아니고, 고드윈이나 푸리에처럼 언젠가 사멸하게 될 구조물도 아니었다.

온갖 대담한 개혁안에도 불구하고 이 정치 경제학자가 한 젊은이에게 거부감을 불러일으킨 것은 어찌 보면 당연했다. 『정치경제학 원리』가 출간된 직후 런던으로 이주한 이 독일 청년에게 밀은 〈부르주아 경제학자〉이자 한물간 과거의 남자였다. 밀이 인간 문제와 인간 욕구의 문제로 여긴 것도 그 청년에겐 삶의 환경에서 유래한 문제일 뿐이었다. 부르주아 경제학자는 계급과 역사 과정 속에서 사유하는 대신 자신이 사는 사회만을 사회로 여겼고, 당대 영국인들의 욕구만을 욕구로 여겼다. 반면에 그 젊은 독일인은 실제로 다가올 미래를 짧은 투쟁문 속에 강경하고 명확한 어조로 담아낸다. 이 문건이 『공산당 선언*Das Kommunistische Manifest*』이고, 저자는 마르크스였다.

하나뿐인 진정한 공산주의

역사는 전진한다 / 포이어바흐 / 베를린, 쾰른, 파리 /
사회주의의 세계 수도 / 중요한 건 세계를 바꾸는 것이다! /
사냥꾼, 어부, 목동, 비평가 / 1848년, 유령의 해

역사는 전진한다

1818년 3월 쇼펜하우어는 드레스덴의 한 호텔방에서 드디어 『의지와 표상으로서의 세계』의 집필을 끝냈다. 자유롭지 않은 의지와 염세주의적 세계관에 대한 일종의 선언문이었다.

그로부터 2개월 뒤인 5월 5일 거기서 서쪽으로 600킬로미터쯤 떨어진, 깊은 고요에 잠긴 듯한 도시 트리어에서 한 남자가 태어났다. 자신의 의지와 표상력으로 플라톤 이후 어떤 철학자도 꿈꾸지 못한 방식으로 세상을 바꾸고자 했던 마르크스다. 그의 철학은 낙관주의적 세계관의 철학이자, 실행력을 갖춘 사람들의 자유의지로 언제든 세계를 바꿀 수 있다는 확신의 철학이었다. 물론 마르크스도 인간을 철제 기계처럼 세계 흐름을 추동하면서 모든 것을 휩쓸고 가는 자연과 세계 사건의 일부로 보기는 했지만, 모호한 의지가 아니라 인간 스스로 세계사의 역동적 기계를 조종할 수 있다고 믿었다.

근대 이후 가장 영향력 있는 사상가를 배출한 도시 트리어는 인구 1만 2천 명의 소도시였다. 마르크스는 유서 깊은 랍비 집안에서 태어났는데, 아버지는 마르크스가 태어난 직후 기독교로 개종했다. 그 덕분에 프로이센 조정에서 법률가로 일할 수 있었다. 딸만 여럿인 집안의 외동아들인 마르크스는 물질적 어려움 없이 많은 사랑을 받으며 자랐다. 김나지움에 입학할 때는 반 아이들과 현격하게 차이가 날 정도로 명석함을 자랑했다. 그의 정신적 멘토는 누나 친구의 아버지인 루트비히 폰 베스트팔렌(1770~1842)이었다. 귀족 출신의 트리어 변호사 협회 회장이던 그는 마르크스의 아버지보다 훨씬 정치적이었다. 아버지는 속내를 잘 드러내지 않는 사람이었던 데 비해 베스트팔렌은 어린 마르크스에게 생시몽에 대한 이야기를 열정적으로 들려주었다. 하지만 정치와 혁명

사상에 대한 마르크스의 관심을 일깨운 건 이 정신적 멘토만이 아니었다. 그의 가슴속에는 변혁과 유토피아의 세계에서 큰 역할을 맡겠다는 뜨거운 야망이 일찌감치 꿈틀대고 있었다. 그렇다면 어떤 역할을 말하는 것일까?

마르크스는 아버지의 소망대로 고등학교를 졸업하고 본 대학에 진학했다. 거기서 두 학기 동안 별 감흥 없이 법학을 공부했다. 마르크스에게 더 흥미로웠던 것은 벌써 일흔 살 가까이 된 슐레겔의 강의였다. 젊은 시절 뭇사람의 환호를 받았던 이 낭만주의자는 본 대학에서 〈인도학과〉 교수로 재직하면서 비교 문학과 문헌학을 강의했다. 그럼에도 1836년 가을 마르크스는 당시 놀라운 속도로 비상하던 독일 최대의 도시 베를린으로 갈 기회를 잡았을 때 본에 대한 미련이 전혀 없었다. 그가 보기에 본은 자신에게 무언가 의미 있는 것을 선사할 도시가 아니었다. 베를린에 대한 기대는 달랐다. 어쩌면 자신에게 딱 맞는 도시일 것 같다는 생각이 들었다.

1809년 훔볼트의 주도로 설립된 이 대학은 그사이 독일어권에서 가장 중요한 대학으로 자리를 잡았다. 법학자 가운데에는 당대의 석학으로 이름을 날리던 프리드리히 카를 폰 사비니(1779~1861)가 이 대학에 있었다. 마르크스는 에두아르트 간스(1797~1839)에게서 형법과 프로이센 보통법을 공부했다. 몇 년 전 베를린에서 사망한 헤겔의 정신적 제자였다. 마르크스가 프로이센의 수도로 왔을 때 이 위대한 스승은 만인의 입에 회자되고 있는 상황이었다. 대학 강좌도 막강한 그의 제자 군단이 모두 꿰차고 있었다. 그들은 스승의 뜻을 이어받아 프로이센을 국가의 표본으로 추켜세웠다. 그러니까 올바른 기관으로 대변되는 인간 정신이 자기 자신에게 이름으로써 〈역사의 끝〉에 도달한 사회가 프로이센이라는 것이다.

그러나 역사의 끝은 여기가 아니었다. 역사는 베를린에서조차 요동치고 들끓었다. 시대의 신호는 프랑스와 영국에서만 변혁과 역동성, 변화로 나타나는 데 그치지 않았다. 프로이센도 그사이 산업화의 격랑에 휩쓸렸고, 경제적 변혁은 선연했다. 대학 학생회는 새로운 시대정신에 맞게 통일 독일을 요구했고, 〈혁명〉이라는 말이 여기저기서 귀엣말로 옮겨졌다.

현 상태를 옹호하는 이른바 헤겔 우파와는 달리 마르크스의 스승 간스는 거대한 사회적 변화의 필요성을 느꼈다. 그는 프로이센 인구의 4분의 3이 여전히 부의 축복에서 배제된 것을 안타까워했고, 정치가 소수의 사람에게만 득이 될 뿐 일반 백성에게는 전혀 도움이 되지 않는 것을 비판했으며, 당국이 비판적 시민을 검열로 통제하고 마구잡이로 체포하는 현실을 개탄했다. 간스가 보기에 이런 사회가 〈역사의 끝〉일 리 없었다. 그래서도 안 되었다. 그는 헤겔과 달리 1830년 프랑스에서 일어난 7월 혁명을 역겨운 사건이 아니라 더 많은 자유로 나아가는 역사의 진보로 보았다. 물론 대학 학생회처럼 〈민주주의〉나 〈공화국〉을 꿈꾸지 않고 여전히 국가의 충실한 종복으로서 입헌 군주제를 옹호하기는 했지만, 민족국가의 와해를 굳게 소망했다. 그의 이상은 자유주의와 사회 복지에 입각한 통일 유럽이었다.

간스의 정치적 입장은 그리 급진적이지 않은 반면에 경제적 입장은 꽤 급진적이었다. 그는 이렇게 쓴다. 〈인간을 동물처럼 수탈하는〉 사회는 자유 사회가 아닌 〈노예제 사회〉다.[79] 착취를 막는 적절한 수단으로 그는 〈직업 단체Korporation〉*를 꿈꾼 헤겔보다 몇 걸음 더 나아가 〈국유화〉를 추천했다. 젊은 마르크스는 착취에 관

* 헤겔은 보편성(국가)과 특수성(개인)의 직접적 일치가 국가에 의한 개인적 자유의 억압으로 이어진다고 보았기에 그것을 막을 중간 집단으로 〈직업 단체〉의 필요성을 강조했다. 요즘으로 치면 일종의 시민 사회나 시민 단체를 말한다.

한 간스의 강의를 비상한 관심으로 경청했다. 그러나 그가 베를린에 머문 지 채 2년이 되지 않았을 때 그 경탄스러운 스승은 뇌졸중으로 쓰러져 숨을 거두고 말았다.

마르크스의 지적 성장에 영향을 미친 또 다른 중요한 인물이 등장했다. 젊은 신학 강사 브루노 바우어(1809~1882)였다. 처음엔 헤겔 우파로 출발한 그는 원래 자신이 맞서 싸우려 했던 복음서 비판가 다비트 프리드리히 슈트라우스(1808~1874)의 견해에 빠르게 합류했다. 슈트라우스는 튀빙겐에서 예수의 삶을 기록한 원전들을 꼼꼼하게 연구했다. 그 결과물로 나온 『비판적으로 고찰한 예수의 삶*Das Leben Jesu, Kritisch bearbeitet*』(1835)은 신학계에 지진과도 같은 충격파를 일으켰다. 우리가 역사적 인물 예수에 대해 아는 것은 전무하다는 것이다. 슈트라우스가 볼 때 나사렛의 남자는 〈신화〉였다. 기독교인들이 〈그리스도〉를 어떤 인물로 상상하건 그리스도는 역사적 실존 인물과는 아무 관련이 없기 때문이다.

바우어는 즉시 설득되었다. 이어 비슷한 나이를 가지고 있는 다른 헤겔 좌파들과 함께 비판가 모임을 결성했고, 아홉 살 어린 마르크스도 그 모임에 가입했다. 그는 토론에 참여하기 위해 헤겔의 근본 사상을 서둘러 습득했다. 숙소도 바우어가 주도하는 이 〈박사 클럽〉의 여름 회동 장소인 베를린 슈트랄라우의 여관으로 잡았다. 이 도시의 프랑스 거리에 있는 한 카페에는 자유사상가들이 뻔질나게 드나들었는데, 그중에는 마르크스도 포함되어 있었다. 하지만 아직 목소리를 크게 낼 수 있는 상황은 아니었다. 〈박사들〉이 헤겔 이후와 헤겔을 넘어서는 세계사적 다른 진보에 대해 토론을 벌일 때면 연장자들이 주도권을 잡았다. 그리고 이 모임에서 헤겔 외에 열띤 토론의 대상이 되었던 사람은 베를린에서 멀리 떨어진 프랑켄 지방의 브루크베르크에서 연금 생활자로 살아가는 인물이었다.

포이어바흐

루트비히 포이어바흐(1804~1872)는 애당초 유명한 사람이 될 좋은 토양에서 태어났다. 아버지는 유명한 법학자로서 현대 형법의 창시자 중 한 명이었다. 5남 3녀 중 넷째 아들로 태어난 포이어바흐는 교양 있는 부르주아 집안에서 좋은 자극과 훌륭한 교육을 받으며 자랐다. 큰형 안젤름은 고전 문헌학 및 고고학 교수로 나중에 같은 이름의 화가 아들을 두었다. 둘째 형 카를은 스물두 살에 수학 박사 학위를 받았고, 독일어권에서 그의 이름을 따서 〈포이어바흐 원〉이라고 불리는 삼각형의 구점원(九點圓)을 발견했다. 셋째 형 에두아르트는 뮌헨과 에를랑겐에서 법학 교수로 재직했고, 동생 프리드리히는 문헌학자였다.

포이허바흐는 뮌헨과 밤베르크, 안스바흐에서 어린 시절을 보냈다. 착하고 조용하고 성실한 아이였다. 다만 세속적인 가족 분위기와는 어울리지 않게 유난히 종교적 경건성이 강했다. 사춘기 때 포이허바흐는 신학자가 될 생각으로 랍비에게 히브리어를 배웠다. 하지만 그런 경건성도 그가 이른 나이에 〈병석에 누워 괴로워하는 조국〉을 치료하고자 나선 자유주의적 비판 운동에 쏠리는 마음을 막지는 못했다.[80] 그의 이런 성향에는 대학 학생회에서 적극적으로 활동하면서 새로운 독일, 즉 통일된 자유 공화국 건설을 위해 싸웠던 세 형의 역할이 컸다. 형들은 모두 카를스바트 결의 이후 당국과 갈등을 겪었다. 그것도 반역죄라는 무시무시한 죄목으로 말이다. 그럼에도 그들이 구금을 면한 것은 호탕한 성격의 바이에른 국왕 덕분이었다.

1823년 봄 포이어바흐는 국왕 장학금으로 하이델베르크에서 개신교 신학을 공부하기 시작했다. 그런데 그의 재능에 매료된 사람은 아버지의 친구이자 자유주의적 동지인 하인리히 에버하르트 고틀로프 파울루스(1761~1851)가 아니라 보수적 성향의 카를 다우프(1765~1836)였다. 헤겔의 친구로서 헤겔 철학에도 정통한 사람이었다. 포이어바흐는 독일에서 가장 유명한 이 철학자의 중요성을 즉시 알아보았고, 하이델베르크에서 단 두 학기만 수학한 뒤 곧장 그 위대한 스승의 강의를 직접 듣기 위해 베를린으로 향했다. 거기서 그는 철학을 공부했고, 헤겔의 강의를 스펀지처럼 빨아들였고, 스승의 칭찬을 받기도 했다.

그러나 포이어바흐는 학업을 마무리 지으러 바이에른으로 돌아가야 했다. 이렇게 해서 1826년에 안스바흐로 갔다가 다시 에를랑겐으로 옮겨 해부학을 공부했다. 하지만 그가 한층 더 열정적으로 파고든 것은 고대 철학이었다. 1828년에 그는 『이성의 무한성, 통일성, 보편성*Die Unendlichkeit, Einheit und Allgemeinheit der Vernunft*』이라는 논문으로 박사 학위를 받았다. 이 젊은 철학자는 아직 헤겔의 사유 체계 안에서 움직였다. 이성에서 개별 인간보다 더 위대한 무언가를 보았고, 모든 인간을 동시에 연결시키는 무언가를 인식했다. 〈나는 생각한다. 그러므로 나는 모든 인간이다.〉[81] 그런데 포이어바흐는 한 중요한 지점에서 헤겔을 뛰어넘었다. 이성의 독재 시대가 개막된 이후(헤겔에 따르면 19세기 초를 가리킨다) 또 다른 〈새로운 역사〉가 시작되고 있다는 것이다. 헤겔이 영원한 끝으로 보았던 지점에서, 야망으로 불타는 이 젊은 사상가는 위대한 출발을 보았다.

포이어바흐는 에를랑겐 대학에서 시간 강사로 일했다. 과거에 피히테와 셸링이 학생들을 가르쳤던 곳이다. 그런데 포이어바흐는 이 유명한 두 전임자에 대해서는 별 관심이 없었다. 〈나〉 또는 〈자신〉에서 출발하는 이상주의적 주체 철학을 거부한 것이다. 그의 철학은 인간보다 더 거대한 무언가를 추구했다. 한때 그를 경건한 인간으로 만들었던 모종의 깊은 갈망 같은 것이었다. 바로 그점 때문에 포이어바흐는 헤겔을 존경했고, 그의 사유 체계를 확장하려고 했다. 이렇게 해서 그는 헤겔이 거부한 심리학을 연구했고, 거기다 헤겔이 마찬가지로 별로 대단하게 여기지 않았던 자연 과학적 지식을 보충했다.

그런데 헤겔에 대한 포이어바흐의 변절은 이런 식의 사유 확장이 아닌 정치적 입장을 통해 이루어진다. 1830년 7월 파리 시민들이 다시 거리로 나와 바리케이드를 설치하고 당국에 반기를 들었다. 헤겔로서는 무척 안타까운 노릇이었겠지만, 현실 속의 역사는 계속 전진했다. 혁명의 물결은 독일도 비켜 가지 않았다. 대학 학생회와 수공업자 단체들이 꿈꾸던 것이 이제야 드디어 실현되는 것일까? 일부 소시민과 성직자, 수공업 장인들도 제후의 전횡이 끝나고 통일된 공화국이 찾아오길 열망했다. 심지어 어떤 이들은 젊은 의대생 게오르크 뷔히너(1813~1837)가 「헤센 지방의 전령」에서 부르짖었던 것처럼 전반적인 소유관계의 혁명을 요구했다. 함바흐 축제가 한창이던 1832년 5월 27일 독일 곳곳에서 정치적 시위가 발생했다.

포이어바흐의 정신에도 불꽃이 붙었다. 프랑스의 7월 혁명 시점에 맞추어 그는 긴 제목의 책을 한 권 냈다. 『한 사상가가 종이 위에 써 내려간 죽음과 불멸성에 대한 생각 및 신학적, 풍자적 2행시 부록*Gedanken über Tod und Unsterblichkeit aus den Papieren eines Denkers, nebst einem Anhang theologisch-satirischer Xenien*』. 이 저술은 종교적 경건성으로부터의 개인적 해방을 의미한다. 포이어바흐는 이제 자신에게서 걸어 나와 강렬한 단어와 비유적인 표현으로, 냉정한 로마인들부터 현재의 도덕주의적 프로테스탄티즘에 이르기까지 서양인들이 어떻게 이상적인 피안의 세계를 단계적으로 창조해 나갔는지 묘사한다. 그의 설명은 이렇다. 심리적으로 보면 이 모든 건 이해할 만하다. 다만 참을 수 없는 것은 신을 만들어 내는 과정에서 보인 인간 중심적 사고다. 어떻게 신을 인간적 속성을 가진 존재로 만들 수 있을까? 기독교의 신은 거대한 에고를 갈망하는 작은 에고의 욕망에서 비롯된 〈가장이자 순경이자 경비원〉에 지나지 않는다. 자기 안에서 이기주의가 아니라 진정한 영성을 느끼는 사람은 그런 인격적인 신으로 할 수 있는 게 없다. 진정으로 영적인 것은 오직 범신론뿐이다. 기독교인들에게 신이라는 이름으로 이상화된 인간은 포이어바흐에겐 〈사랑〉과 〈자연〉을 의미했다.

청구서는 곧장 날아왔다. 책은 판매가 금지되었고, 학생들은 포이어바흐의 강의를 들을 수 없었다. 이로써 보수적인 에를랑겐 대학에서의 아카데미 경력도 끝나고 말았다. 포이어바흐는 하루아침에 대학의 학문적 희망에서 기피하는 불온 인물이 되었다. 하지만 그 정도로 굳건한 자의식에 상처를 받을 사람이 아니었다. 원래 무척 예민하고 대인 접촉을 꺼리는 성정이었지만, 자기 자신에 대한 자부심만큼은 대단했다. 그런데 이런 상황에서 에를랑겐에 계속 남아 있어야 할까? 차라리 파리로 가는 게 낫지 않을까? 거기엔 혁명의 시인 하인리히 하이네(1797~1856)와 루트비히 뵈르네(1786~1837)가 이미 가 있지 않던가! 그런데 파리의 헤겔 전문가 빅토르 쿠쟁(1792~1867)은 포이어바흐의 편지에 반응이 없었다. 이제 어디로 가야 할까? 아메리카? 그리스? 대학에서 일자리를 잃은 이 시간 강사는 돈까지 떨어졌다. 그런 와중에 궁여지책으로 점점 더 집필에 매달렸다. 그는 여러 권으로 된 철학사를 쓸 생각이었다. 이미 헤겔이 강의의 형태로 그런 작업을 처음 시도했다. 자신의 철학을 다른 모든 철학의 극복으로 역사 속에 자리매김하려는 의도로 말이다. 포이어바흐의 의도도 중립적이지 않았다. 베이컨과 스피노자를 다룬 제1권은 범신론 철학에 대한 예찬이었고, 라이프니츠에 대한 제2권도 다르지 않았다.

1836년 가난에 찌든 전직 시간 강사는 안스바흐에서 멀지 않은 브루크베르크에 나타났다. 책 인세와 틈틈이 받는 잡지 원고료로는 생활이 되지 않았다. 그러던 차에 다행히 베르타 뢰브라는 여성을 만나 사랑에 빠졌다. 도자기 매뉴팩처 공장의 상속녀였다. 그는 그녀와 결혼했고, 작은 공장에서 나오는 수입은 안정적인 생활을 보장해 주었다. 마르크스가 다채롭고 활기찬 대학 생활을 시작한 그해에 포이어바흐는 그 세계와 영원히 작별을 고했다. 그는 매일 아름다운 자연으로 산책을 다녔고, 양봉 조합을 만들었다. 누군가를 가르치는 것은 도자기 공장 노동자와 농부, 수공업자들의 요청으로 술집에서 그들 앞에 선 게 전부였다. 그는 소박하고 정직한 그 사람들이 좋았다. 그와 함께 이제는 아카데미 세계가 아니라 그들을 위해 글을 쓰려고 더더욱 노력했다.

1837년 가을 매사에 적극적인 아르놀트 루게(1802~1880)는 청년 헤겔파(헤겔 좌파)와 포어메르츠 사상가들의 시대 비판 잡지인 『독일 과학과 예술을 위한 할레 연감*Hallische Jahrbücher für deutsche Wissenschaft und Kunst*』의 기고가로 포이어바흐를 섭외했다. 대학에서 쫓겨난 이 철학자는 드디어 자신이 뛰어놀 판을 찾았다. 그는 잡지 서평을 통해 헤겔에게서 더욱 멀어졌을 뿐 아니라 그 위대한 사상가의 체계에 대해서도 근본적인 의문을 품었다. 〈우리에게 필요한 건 사유 체계가 아니라 철저한 조사다. 그것도 발전사적인 부분을 다루는 자유롭고 비판적인 연구다.〉[82] 예전에 그렇게 열렬히 옹호했던 이성 철학에 대한 비판에서 출발한 포이어바흐의 사상적 열정에 『독일 과학과 예술을 위한 할레 연감』의 발행인과 독자들은 깊은 인상을 받았다. 그들은 그에게서 전제 조건 없이 사유하는 인간을 보았다. 포이어바흐는 종교에 대한 가차 없는 비판 외에 다른 모든 세계관에 대해서도 〈이데올로기 비판〉의 칼날을 들이댔다. 그 와중에 셸링의 이상주의적 철학은 한순간에 하찮은 것으로 추락했고, 사유를 그저 〈뇌 작용〉으로만 보는 새로운 유물론적 흐름도 대단하지 않은 것으로 취급되었다. 사유가 사유하는 사람에게 진정으로 어떤 것인지는 생리학적 과정으로 설명되지 않는다는 것이다.

철학과 신학에 대한 포이어바흐의 관심은 인간학적으로 흘렀다. 인간은 왜 그런 생각을 할까? 인간은 왜 체계를 만들까? 인간은 왜 이성을 감정보다 더 높이 평가할까? 인간은 왜 인격적인 신을 만들어 낼까? 이런 질문과 함께 그는 사상적 세계에서 하나에 정착하지 못하고 모든 것과 갈등을 빚었다. 하지만 그것은 동시에 독일이 처한 시대적 정수를 찌르는 것이기도 했다. 그는 사유 체계의 한계를 뛰어넘어 확고한 시선으로 근원을 들여다보고자 했다. 포이어바흐는 이미 더 이상 장래가 촉망되는 신예가 아니었다. 청년 헤겔파의 눈에는 헤겔을 대신할 진정한 철학자의 모습으로 비쳤다.

1841년 포이어바흐는 종교 비판을 담은 자신의 대표작 『기독교의 본질*Das Wesen des Christentums*』을 발표했다. 이 책에서 그는 예전보다 훨씬 더 명확하게 당대의 기독교와 담판을 지었다. 그가 종교에서 인정한 것은 이미지에 대한 인간의 욕구이지, 믿음의 내용이 아니었다. 인간학자로서 그의 관심은 다음 물음으로 이어졌다. 인간은 인격적인 신을 왜, 어떻게 고안했을까? 기독교의 시초에 있었던 것은 무엇일까? 〈그 유령이 아직 피와 살로 이루어져 있을 때는 어떤 모습이었을까?〉[83] 그는 〈정신적인 자연 연구자〉로서 종교의 **기능**을 분석했고, 그건 그에게 너무나 분명했다. 인간이 자신들의 고결한 욕망과 생각, 특히 사랑을 신에게 투사했다는 것이다. 그중 어떤 것도 신에 관한 것은 없다. 모두 인간에 관한 것이다. 종교 속에서 인간은 자기 자신과 관계를 맺고, 자신의 인간성을 발굴해 낸다. 이렇게 잠재된 인간성을 우리 인간은 회복해야 한다. 우리는 우리의 선한 본성과 섬세한 감각적, 사유적 움직임을 잘 숙고해야 한다. 그러면 신이 하늘로 자리를 옮기고 없는 이 세상이 천국과 더 유사하고, 최소한 지금까지보다는 더 나은 곳이 될 것이다.

이 책은 아름답고 명확하고 이해하기 쉬운 언어로 쓰였다. 포이어바흐는 쇼펜하우어와 비슷한 시기에 지식인의 새로운 역할 모델을 찾아냈다. 대중에게 자신의 생각을 이해받는 동시에 배움이 없는 사람도 충분히 설득할 수 있는 공공의 지식인이 그것이다. 18세기에는 하나로 융합되었던 철학 세계와 대학 세계가 이제 다시 분리되었다. 정치적, 사회적으로 영향을 끼치고자 하는 사람은 강단 철학자들과는 다른 언어로 이야기해야 했다. 이런 정신 속에서 포이어바흐는 1842년 『철학 개혁을 위한 임시 테제*Vorläufige Thesen zur Reform der Philosophie*』를 썼다. 철학자라면 개념의 모래성을 지어서는 안 되고, 신을 끌어들여서도 안 되고, 철학에서 신학의 신비적 요소를 제거하고, 대신 사유와 지성 같은 진정한 신비의 영역에 관심을 보여야 한다. 아울러 물질적인 토대로 시선을 돌리지 않고는 어떤 정신적 과정도 완벽히 이해할 수 없다. 〈철학의 출발인 존재는 의식과 떼어 놓을 수 없고, 그 의식은 존재와 떼어 놓을 수 없다.〉[84] 이 말에는 마르크스의 가장 유명한 테제가 어른거린다. 〈존재가 의식을 규정한다.〉

베를린, 쾰른, 파리

1843년 10월 포이어바흐는 파리에 있던 마르크스로부터 편지를 받았다. 망명지 파리에 도착하자마자 마르크스는 루게와 함께 새로운 잡지 『독일 프랑스 연감*Deutsch-Französischen Jahrbücher*』을 발행할 계획이었다. 존경하는 포이어바흐에게 환심을 살 목적으로 셸링 철학을 완전히 무너뜨릴 원고를 보내 달라고 청한 것이었다. 그는 1841년에 대학을 마치고 기자가 되었다. 이어 예나 대학에서 데모크리토스와 에피쿠로스의 자연 철학으로 박사 학위를 받았고, 인간이 물리적 세계에서 자유로울 수 있는 방법을 조명했다. 그가 보았을 때 에피쿠로스는 원자들이 우연히 정상 궤도에서 이탈할 수 있다고 봄으로써 이 문제를 해결했다. 이 물리적 우연이 바로 자유의 토대다. 자연에서는 모든 것이 계획대로 움직이지 않는다. 가끔은 우연이 새로운 것을 만들어 내기도 한다. 마르크스가 평생 관심을 보인 주제는 다음과 같다. 한편으론 〈유물론자〉이면서 다른 한편으론 어떻게 인간의 자유를 믿을 수 있을까? 그것도 스스로 세계를 바꿀 수 있는 자유 말이다. 마르크스가 볼 때 그건 가능했다. 아무리 골똘히 생각해도 그건 자연 과학과 결코 모순되지 않는다.

마르크스는 박사 학위를 마친 뒤에도 대학에서 자리를 얻지 못했다. 1841년 가을 그의 동지 바우어가 불온한 정치 활동으로 베를린 대학에서 강의 권한을 박탈당했는데, 그건 마르크스에게도 마찬가지로 적용되었다. 다만 다행스러운 점은 곧이어 그가 자신을 절대적으로 신봉하는 사람을 만났다는 것이다. 모제스 헤스(1812~1875)였다. 유복한 유대인 가문의 이 남자는 아주 젊을 때 본에서 프랑스 사회주의에 열광했다. 1837년에 출간된 그의 책 『인류의 거룩한 역사. 스피노자의 한 제자에 대하여*Heilige Geschichte der Menschheit. Von einem Jünger Spinozas*』는 공상적 사회주의자들의 요구를 처음으로 독일 상황에 적용했다. 헤스는 계급 차이를 철폐하고, 남녀의 동등한 권리를 보장하고, 누구나 가난 없이 살 수 있는 사회주의적 복지 국가를 건설하라고 요구했다. 마르크스를 만날 무렵 헤스는 막 두 번째 책 『유럽의 삼권 분립*Die europäische Triarchie*』을 완성했다. 서문은 다음과 같은 문장으로 시작한다. 〈독일 철학은 사명을 다했고, 세상의 온갖 진리로 우리를 이끌었다. 이제 우리는 다시 하늘에서 땅으로 이어지는 다리를 놓아야 한다.〉[85]

헤스는 마르크스가 정확히 그런 과업을 수행할 사람이라고 생각했다. 마르크스의 이 새 멘토는 이제 철학을 끝내고, 독일에 만연한 사회적 폐단을 시정하기 위해 〈라이니셰 차이퉁〉이라는 신문사를 설립했다. 청년 마르크스는 이 신문사 편집부에 들어갔고, 1842년 10월에 편집장으로 승진했다. 스물네 살의 이 청년은 곧 두려움 없이 당국에 단호히 맞서고, 언론 탄압 같은 사회적 폐단을 강력히 비판하는 불굴의 행동가이자 매력적인 글쟁이로서의 면모를 여실히 드러냈다. 헤스는 그를 〈두 뺨과 팔, 코, 귀에 털이 수북하고, 고압적이고, 거칠고, 격정적이고, 자의식으로 똘똘 뭉쳐 있고, 진지하고, 박식한 남자〉로 기억했다.[86] 그런데 신문사는 불과 반년밖에 유지되지 못했다. 신문은 금지되었고, 마르크스는 막 결혼한 예니 폰 베스트팔렌(그의 옛 멘토 베스트팔렌의 딸)과 함께 파리로 망명을 떠나야 했다.

그의 미래는 이제 루게의 손에 달려 있었다. 루게는 포이어바흐도 기고했던 잡지 『독일 과학과 예술을 위한 할레 연감』의 발행을 검열 압박으로 중지한 뒤 이제 파리에서 마르크스를 편집장으로 영입해 새로운 잡지 『독일 프랑스 연감』을 간행할 생각이었다. 파리의 분위기는 호의적으로 보였다. 독일 포어메르츠 운동 때 들불처럼 일었던 거의 모든 것이 브뤼셀과 파리에서 그대로 재현되었다. 특히 프랑스에는 사회주의 지성들의 화려한 무대가 펼쳐져 있었다. 훗날 발터 베냐민(1892~1940)의 표현대로 인구 100만 명의 이 도시는 〈19세기의 수도〉나 다름없었다. 베를린보다 세 배나 큰 이 도시의 카페, 레스토랑, 예술가들의 아지트, 극장, 오페라장, 연주회장, 살롱에서는 정신적 삶이 약동했고, 새로운 신문과 잡지도 우후죽순으로 발행되었다. 게다가 프랑스는 1830년대에 비약적인 경제 발전을 누렸다. 18세기에 영국이 이미 맛본 그런 발전이었다. 산업화는 급속도로 진전되었다. 특히 섬유 산업에서의 진전은 눈부셨다. 하지만 그와 함께 사회적 그늘도 짙어졌다. 영국이 이미 겪었고, 독일의 제후 국가들에서도 점점 뚜렷이 나타나던 사회적 불평등은 확대되었고, 권리를 찾지 못한 채 점점 나락으로 떨어지는 산업 노동자들의 수는 불어났다. 그들은 일주일에 80시간까지 정말 비참한 조건에서 등골 휘게 일했다.

1843년 마르크스는 이런 분위기의 파리에 도착했다. 루게 부부와 시인 게오르크 헤르베크(1817~1875) 부부도 함께했다. 동행인들의 생계는 모두 루게가 책임졌다. 도착한 지 얼마 지나지 않아 마르크스는 포이어바흐에게 구애 편지를 썼다. 이 위대한 선구적 사상가와 개인적으로 아는 사이는 아니었다. 어쨌든 『독일 프랑스 연감』에 필진으로 참여해 달라는 그의 구애는 실패로 돌아갔다. 포이어바흐는 당시 종교 비판을 마무리 짓느라 너무 바빠서 셸링에 대해 글을 쓸 시간이 없었고, 그럴 마음도 없었다. 그는 당시 유럽의 거의 모든 곳에서 유령처럼 떠도는 것 같던 새로운 〈매력적인 진리〉, 즉 〈공산주의〉에 감전된 것처럼 푹 빠져 있었다.[87] 그러나 1844년 여름 한 신실한 수공업자 청년이 그 위대한 종교 비판가에게 공산주의의 불을 붙인 것은 곧 파리에서 상연될 사회 혁명적 이념의 거대한 드라마에서 보면 아주 작은 주석에 불과했으니…….

사회주의의 세계 수도

포이어바흐와 달리 마르크스는 프랑스의 수도 한가운데에 있었다. 콩트는 1년 전 『실증 철학 강의』를 끝냈고, 막 〈인류교〉의 윤곽을 그리고 있었다. 쾰른과 베를린 또는 바이에른 지방에서는 공상적인 사회 비전을 공공연히 제시하는 것이 스캔들이었다면 파리에서는 예삿일이었다. 여기서는 〈사회주의〉, 〈공산주의〉, 〈혁명〉 같은 말이 백주 대낮에 버젓이 사람들의 입에 오르내렸다. 산업 혁명으로 삶이 점점 빨라지고, 굴뚝에서 검은 연기가 치솟고, 증기선과 기차가 강과 들을 지나 숨 가쁘게 달려가고, 전신을 이용한 메시지가 국경을 넘어 바삐 오가고, 잿빛 노동자들이 공장 문에서 점점 더 많이 쏟아져 나올수록 다른 사회에 대한 희망적인 전망은 더욱 다채로워졌고, 비판가들의 목소리는 더욱 커지고 공상적이고 반항적이고 대담해졌다. 자본주의의 역동성은 동시에 반대파의 가능성 감각에도 불을 지폈다. 자본이 세계를 혁명할 수 있다면 정의로운 세계의 사도들이 혁명하지 못할 이유가 어디 있겠는가? 새로운 시대가 매일 조금씩 동트는 것을 본 사람이라면 그 새로움이 유산자 계급이 희망하는 이윤과는 완전히 다른 것이 되기를 꿈꿀 수도 있지 않을까?

파리는 유토피아주의자들의 낙원이었다. 생시몽과 푸리에가 뿌린 씨는 곳곳에서 싹을 틔우고 꽃을 피웠다. 그들의 제자와 지지자들은 살롱에서 자기들의 이념을 설파했고, 그 과정에서 치열하게 싸웠다. 푸리에는 『평화로운 민주주의*La Démocratie pacifique*』라는 잡지를 통해 자신의 사상을 대중에게 알리는 데 크게 기여한 경제학자 빅토르 콩시데랑(1808~1893)을 후계자로 생각했다. 콩시데랑은 스승과 함께 〈노동권〉을 요구했고, 〈직접 민주주의〉의 개념을 정립했으며, 여성의 참정권을 소리 높여 부르짖었다.

생시몽을 추종한 사람은 훨씬 많았다. 그중에는 조르주 상드(1804~1876)와 하이네 같은 유명한 시인도 있었다. 그사이 바르텔미 프로스퍼 앙팡탱(1796~1864)이 생시몽의 뒤를 이어 지도

자에 올라 스승의 학설을 일종의 밀교적인 종파로 만들었다. 그는 우주에 내재한 양성적 리비도의 영적 교리를 설파했고, 사랑의 새로운 유기적 시대를 약속했다. 앙팡탱은 〈살아 있는 법〉을 자처하며 자신을 〈아버지〉라 부르게 했다. 경찰에 체포되어 몇 개월을 감옥에서 보낸 이 구루는 이집트와 알제리로 떠났다. 그러다 마침내 이전의 환상에서 깨어나 프랑스로 돌아와서는 우체국장을 맡았다. 리옹에서 철도 공무원으로 보낸 마지막 몇 년은 별로 우주적으로 보이지 않았다.

경제학자이자 엔지니어인 미셸 슈발리에(1806~1879)는 앙팡탱의 초기 동지였다. 그도 앙팡탱과 함께 체포된 후 미국으로 떠났다. 다시 프랑스에 돌아왔을 때는 사회주의적 진보에 대한 믿음 가운데 남은 것은 기술에 대한 믿음뿐이었다. 슈발리에도 콩트처럼 과학과 공학적 기술이 세상을 구원할 것이라고 믿었다. 그의 원대한 포부는 앙팡탱이 추구했던 프로젝트, 즉 수에즈 운하와 이집트 아스완 댐 건설을 향해 있었다. 실제로 이 프랑스인들은 훗날 수에즈 운하 건설에 돌파구를 여는 역할을 했다. 물론 앙팡탱과 슈발리에가 이 일에 관여한 지 20년 뒤의 일이지만. 어쨌든 더 나은 세상을 만들겠다는 꿈은 이제 더 나은 세계적 인프라 구축의 꿈으로 바뀌었다. 슈발리에는 파나마 운하 건설 계획을 세웠고, 상품과 금융 자본이 자유롭게 오갈 수 있는 글로벌한 네트워크까지 꿈꾸었다. 푸리에의 이념에 따라 설립된 협동조합들은 자유로운 사랑과 시골적인 공동체를 동경한 반면에, 생시몽주의자 슈발리에는 세계를 하나로 묶는 기술과 자본의 힘에 열광했다.

세 번째 그룹은 혁명적 행동주의자들이다. 그들의 우상은 유명한 멋쟁이 필리포 부오나로티(1761~1837)였다. 토스카나 귀족 가문 출신의 이 남자는 스물세 살 때 〈평등한 자들의 모반〉에 가담했다. 프랑수아 노엘 바뵈프(1760~1797)가 주축이 되어 일으킨 무장 봉기였다. 〈그라쿠스〉라 불리기도 했던 바뵈프가 어떤 사람이었고, 그의 봉기가 어떤 규모였으며 얼마나 중요했는지에 대해선 1830년대에는 더 이상 확실하지 않았다. 분명한 건 그가 혁명 실패 이후 재차 필사적으로 혁명을 시도했던 실존 인물이라는 사실뿐이다. 그는 정확한 규모를 알 수 없는 동지 그룹과 함께 1793년의 급진적 민주 헌법 초안을 현실로 옮기려고 부단히 싸웠다. 부오나로티는 1828년 이 혁명가와 자기 자신에게 문학적 기념비를 세웠다. 『평등한 자들을 위한 바뵈프의 모반*Conspiration pour l'égalité, dite de Babeuf*』이 그것이다. 이후 그는 바뵈프의 합법적인 후계자로 활동했다. 목표는 바뵈프의 이념에 따른 〈위대한 민족 재화 공동체〉 건설이었다. 생시몽이나 푸리에와 달리 부오나로티의 이념에는 명확한 혁명 프로그램이 담겨 있었다. 폭력 혁명, 독재 〈위원회〉 설치, 모든 재산의 국유화, 사유 재산 철폐, 공동선 시스템 속으로 능력에 맞는 시민들의 배치 같은 것이다. 최상위에는 농민과 수공업자가 있고, 놀고먹는 이들은 강제 노동에 처한다. 세계는 단순한 삶을 통해 치료되어야 한다. 악덕에 찌든 도회지의 삶이 아닌 소박한 시골 생활, 화려하고 사치스러운 옷 대신 획일적인 옷이 지배한다. 예술과 문화도 오직 정치에만 복무한다. 1828년판 마오쩌둥의 문화 혁명이다. 부오나로티는 1837년 파리에서 숨을 거두었다. 그의 후계자는 변호사 루이 오귀스트 블랑키(1805~1881)였다. 열의가 넘치는 이 혁명가는 나중에 파리 코뮌의 가장 중요한 투쟁가 중 한 명이 된다. 〈프롤레타리아 독재〉라는 유명한 말도 그에게서 유래했다.

또 다른 좌파 지도자도 인지도 면에선 별로 밀리지 않는다. 에티엔 카베(1788~1856) 이야기다. 그는 자신의 유토피아를 현실로 옮김으로써 스스로 벌을 받은 혁명가 중의 한 명이다. 이 법률가는 7월 혁명 당시 주도 세력이었다. 하지만 그가 권좌에 오르게

도와준 시민왕 루이 필리프의 왕정복고와는 완전히 다른 것을 상상하고 있었다. 카베는 역사의 수레바퀴를 계속 돌리고 싶었고, 지배 관계와 소유관계를 바꾸고, 공산주의에 돌파구를 마련하고자 했다. 그가 창간한 신문 『르 포퓔레르*Le Populaire*』는 그에게 명성을 안겨 주었고, 판매 부수도 많았다. 1843년 마르크스가 파리에 왔을 때 카베는 런던에서 5년 동안의 강제적 망명 생활을 청산하고 돌아와 있었는데, 곧이어 파리 지식인 사이에서 유명한 유토피아 소설 『이카리아 여행*Voyage en Icarie*』을 발표했다. 지도자 이카루스가 이끄는 이상적 공동체 이카리아에 관한 이야기였다. 소설 속 이상 사회의 모습은 이렇다. 계속 진전된 산업화는 경제에 활력을 불어넣고, 노동자들을 혹사로부터 해방시킨다. 공장과 기계가 모두 공동 소유이기에 만인의 생활 수준은 향상된다. 그런데 해방자 이카루스에 대한 숭배와 검열, 권위주의 국가의 모습은 별로 매력적으로 보이지 않는다. 특히 그것들이 20세기에 어떤 결과로 이어졌는지 아는 우리로서는 말이다. 어쨌든 오늘날의 시각에서 보면 그건 스탈린주의의 청사진처럼 보인다. 물론 카베가 그런 유토피아를 실제로 건설할 수 있느냐는 다른 문제였지만 말이다. 그런데 모든 사회 이념 가운데 가장 설득력이 있는 공산주의가 30년에서 100년 사이에 평화롭게 구축될 수 있는 나라는 프랑스가 아니었다.[88] 〈파파 카베〉(그의 친구들과 적들은 그를 이렇게 불렀다)가 아무리 부르주아지를 공산주의로 끌어들이려고 애써도 그들은 그의 말에 귀 기울이지 않았다. 아니 상황은 정반대였다. 노동자들의 조직이 단단해질수록 유산자 계급의 반대는 더욱 단호해졌다. 절망한 카베는 결국 1848년에 〈대규모 이주〉를 결심했다. 1만에서 2만 명에 이르는 지지자들이 그를 따라 먼저 〈이카리아〉로 떠나고, 이어 〈10만 명에서 100만 명〉이 그 뒤를 따를 것이라고 천명했다.[89] 그러나 실제로 그를 따라나선 사람은 소수였다. 처음엔 위대한 지도자 없이 선발대가 미국 텍사스 레드강 변의 황무지로 출발했다. 나중에는 카베와 함께 일리노이주의 작은 보금자리 노부로 향했다. 그러나 실제 삶이라는 게 늘 그렇듯 새로운 이카루스는 거기서 날개를 단 영웅이 되지 못했다. 꿈의 공동체인 이카리아를 부유하게 만들고 인간을 자유롭게 해줄 기계는 턱없이 부족했다. 그런 상황에서 인류의 사도는 흡사 칼뱅주의와 비슷한 금욕적 체제를 구축했고, 그것이 결국 그의 실권을 불렀다. 곧이어 카베는 1856년 세인트루이스에서 죽었고, 그의 이상적 공동체 이카리아도 얼마 뒤에 와해되었다.

사실 사회주의의 스펙트럼은 이보다 훨씬 넓다. 위그 펠리시테 로베르 드 라므네(1782~1854)는 처음엔 보날드와 메스트르의 정신에 입각한 보수적 성직자가 되고자 했다. 그러나 루소의 팬이었던 그는 정반대 길을 걸으며 국가와 교회의 분리를 요구했다. 교회는 세속 권력과의 명확한 구분을 통해서만 정신적 지도력의 권한을 도덕적으로 깔끔하게 고수할 수 있다는 것이다. 게다가 라므네는 교황권 지상주의자로서 교황에게 최고의 권위를 부여해야 하지만 오직 믿음의 문제에서만 그래야 한다고 생각했다. 그의 머릿속에 어른거리는 가톨릭주의는 정신적 질서의 수호자여야 했다. 그렇다고 보날드와 메스트르처럼 국가 종교가 될 필요는 없었다. 그는 자유주의적 잡지 『미래*L'Avenir*』의 발간으로 프랑스 주교들의 격분을 샀을 뿐 아니라 결국엔 교황 그레고리오 16세로부터 두 번의 교서로 벌을 받았다. 이 일로 바티칸에 실망한 라므네는 1830년대에 확고한 기독교적 사회주의자가 되었다. 그의 저서 『한 신자의 고백*Paroles d'un croyant*』(1834), 『민중서*Le livre du peuple*』(1837), 『현대적 노예제*De l'esclavage moderne*』(1839)는 큰 성공을 거두었는데, 이에 반발한 마르크스는 『공산당 선언』에서 거룩한 냄새가 나는 그의 사회주의를 거론하며 비난의 화살을 퍼부었다.

1840년대 초에는 이미 강령적 저술을 발표한 두 명의 신예 스타에 대한 토론도 뜨거웠다. 첫 번째 인물은 세 종의 사회주의 잡지 편집장을 동시에 맡은 루이 블랑(1811~1882)이었다. 잇달아 5쇄를 찍은 그의 강령서 『노동 조직*L'organisation du travail*』(1839)은 사회 민주주의의 요강을 밝힌 저술로 인정받았다. 그는 부오나로티나 블랑키와 달리 폭력 혁명이 아니라 노동 조건의 개선을 통한 자본주의에서 사회주의로의 점진적 이행을 꿈꾸었다. 또한 푸리에가 언급한 〈노동권〉의 개념을 확립하고 사회적인 요구로 끌어올렸다. 그런 면에서는 콩시데랑과 공적을 나누어야 한다.

피에르 조제프 프루동(1809~1865)은 『사유 재산이란 무엇인가?*Qu'est-ce que la propriété?*』(1840)에서 비교적 온건한 태도를 보인다. 브장송 출신의 이 인쇄공은 세상의 모든 도덕적 엄숙주의에 단호하게 반기를 든다. 인간은 루소가 말한 〈절대 의지〉 같은 고결한 이념의 힘으로 해방되지 않는다. 보편적 행복으로 가는 길은 오직 개인의 자유로운 성장을 통해서만 가능하다. 법제화된 박애와 경제 조종자로서 강력한 국가라는 생시몽주의자들의 주도 이념은 프루동이 보기엔 인간에게 맞지 않았다. 자본주의의 본래적 문제는 무엇보다 인간이 〈사유 재산〉을 소유하는 방법에 있었다. 모든 인간은 〈소유〉에 대한 권리가 있다. 자신이 두 손으로 일해서 번 것은 소유할 수 있다는 말이다. 반면에 이건 프루동이 홀과 스펜스에게서 받아들인 의견인데, 자본가의 재산은 자신이 직접 일해서 번 것이 아니라 분업의 형태로 일한 타인의 노동에서 착복한 것이다. 그렇게 얻은 재산은 프루동에 따르면 〈도둑질〉이다. 자본가의 이윤은 노동자에게 지불하지 않은 임금과 다름없다. 따라서 공정의 관점에서 보면 자본가가 경제 활동으로 획득한 잉여 가치는 그의 소유가 아니라 모두의 소유여야 한다. 여기서 〈모두의 소유〉를 공산주의와 동등한 뜻으로 받아들여선 안 된다. 〈공산주의는 불평등하다. 물론 사유 재산과는 상반된 의미로 그렇다. 사유 재산은 약자에 대한 강자의 착취이지만, 공산주의는 강자에 대한 약자의 착취다.〉[90]

이처럼 마르크스가 도착한 1843년의 파리는 사회주의자와 공산주의자들이 저마다 다양한 변종을 선보인 사유의 전시장이었다. 한쪽에서는 강력한 주도권을 쥔 국가를, 다른 쪽에서는 자유로운 시골 공동체를 이상으로 제시했고, 어떤 건 밀교적인 분위기로 흐르고, 어떤 건 기술 진보에 대한 맹목적인 믿음을 보였으며, 그 외에 〈마오쩌둥식〉 획일주의와 경제적 유용성에 따른 인간의 차등화, 그리고 20세기에 나타날 지도자 숭배가 나타났다. 게다가 혁명의 진행 시간표와 관련해서도 폭력 혁명 뒤의 독재 체제에서부터 단계적인 〈사회 민주주의식〉 전개까지 퍽 다양했다.

프랑스 수도에서는 콩시데랑, 블랑키, 카베, 라므네, 블랑, 프루동 같은 다양한 사상가들로 인해 마르크스는 완전히 찬밥 신세였다. 이런 상황에서 그들에게 원망을 품지 않았다면 마르크스가 아닐 것이다. 어쨌든 독일에서도 그는 다른 모든 동지처럼 신문과 잡지를 만드는 일 말고는 별다른 무기가 없는 반항적 아웃사이더에 지나지 않았다. 게다가 프랑스 망명 시절을 비롯해 나중에 벨기에와 영국 망명 시절에도 늘 주변부에 머물렀다. 마르크스는 공산주의의 새로운 주도 이념 없이는 일이 되지 않겠다는 사실을 재빨리 알아차렸다. 아울러 공산주의자와 사회주의자에게 공통된 유익한 이념 영역이 이미 잘 정리되고 세심하게 분류되어 있음을 깨달았고, 그들 사이의 일부 영역에서 여전히 치열한 격전이 벌어지고 있음도 알아보았다. 이제는 그냥 단순히 〈사회주의자〉나 〈공산주의자〉일 수는 없었다. 자기만의 이론과 색깔이 필요했다. 자신이 누구의 이론에 더 가까운지, 최종 목표가 무엇인지, 그 목표를 위해 어떤 수단을 준비해 두고 있는지를 제시해야 했다. 어차피 프랑스인들은 독일인들에게 별 관심이 없었다. 이미 두 차례의 혁명으로 단련된 파리 지식인의 눈에 독일인들은 후진적 변두리 사람이었고, 경험도 일천하고 세계사적 의미가 있는 국가를 가져 본 적이 없는 보잘것없는 소국들의 주민일 뿐이었다. 상황이 이렇다 보니 『독일 프랑스 연감』이 주목을 받지 못한 것은 당연한 일이었다. 이 잡지는 창간호만 발행되고 중단되었다. 프랑스인들이 전혀 관심을 보이지 않았기 때문이다.

독일 공산주의는 강령을 천명한 저술도 없었고, 철학적 기반도 없었다. 그들의 공산주의는 생시몽을 받아들인 헤스의 경우처럼 그저 프랑스 수입품이었을 뿐이다. 아니면 반항적인 직인들의 노래에 그 뿌리가 있거나, 하이네와 헤르베크, 페르디난트 프라일리그라트(1810~1876)의 문학 작품 속에나 존재했다. 게다가 독일 노동자와 수공업자들 사이에서 가장 큰 호응을 받았던 사람도 하필 철학 교육이라고는 거의 받아 본 적이 없는 단호하고 용감한 성품의 재봉사 빌헬름 바이틀링(1808~1871)이었다. 마르크스도 그가 쓴 『인류의 현실과 이상*Die Menschheit, wie sie ist und wie sie sein sollte*』(1838)을 입이 마르도록 칭찬한 바 있다. 물론 나중에는 배척했지만.

미래의 이 세계 혁명가가 지속적으로 곁에 둔 동지는 오직 한 사람뿐이었다. 바르멘 출신의 방직 공장주 아들 엥겔스가 1844년 8월 파리의 마르크스를 방문했을 때 둘 사이에 평생의 우정과 창조적인 공생이 시작되었다. 마르크스는 엥겔스의 논문 「국민 경제학 비판 요강」을 읽고 감탄했다. 여기서 저자는 〈허락된 사기 시스템〉을 확립한 경제학자들을 격렬하게 비난했다. 고전적 국민 경제학이 남의 비용으로 치부를 일삼는 〈부당 이익의 경제학〉과 뭐가 다른가?

엥겔스는 자신이 무슨 말을 하는지 알고 말하는 사람이었다.

가정 내의 독실한 신앙심과 경건주의적 분위기는 베르크 공국의 공장뿐 아니라 아버지 회사의 지사가 있던 영국 맨체스터 공장의 노동자들이 착취당하는 현실과는 도저히 맞지 않았다. 그건 위선이었다.

1844~1845년에 엥겔스가 쓰기 시작해서 마르크스와 우정을 맺은 지 얼마 안 되어 발표한 그에 관한 보고서는 명료성 면에서 타의 추종을 불허했다. 『영국 노동자 계급의 상황*Die Lage der arbeitenden Klasse in England*』은 현대 사회의 모순을 고발한 르포 문학의 시작이었다. 두 살 아래인 엥겔스는 마르크스와 달리 경제학에 관한 기본 지식이 충실했고, 헤겔학파인 마르크스가 경제학자가 되어야 한다고 생각했다. 헤겔 철학으로는 할 수 있는 것이 거의 없었기 때문이다. 엥겔스가 1841년 베를린에서 대학을 다닌 것은 군 복무 중의 반가운 기분 전환이나 취미에 불과했다. 그는 셸링의 강의를 들으면서 현실에 발을 딛지 않은 철학을 경멸하게 되었다. 그와 함께 강의를 들었던 키르케고르와 바쿠닌처럼 말이다. 엥겔스는 이전의 헤스가 그랬듯이 마르크스만 철석같이 믿었다. 그러다 보니 자신이 이전 세대의 철학자 가운데 유일하게 높이 평가했던 포이어바흐까지 새 친구를 위해 혹평한 것은 이상한 일이 아니었다.

중요한 건 세계를 바꾸는 것이다!

포이어바흐는 마르크스가 자신을 실제로 어떻게 생각했는지 죽을 때까지 알지 못했다. 1888년에야 엥겔스가 마르크스의 파리 유고에서 「포이어바흐에 관해」라는 제목의 메모 두 장을 발견했다. 브루크베르크의 그 남자가 죽은 지 벌써 16년이 지난 때였다. 거기엔 열한 개의 테제가 적혀 있었는데, 특히 마지막 테제는 철학사에서 가장 유명한 문장 중 하나로 꼽힌다. 〈지금껏 철학자들은 오직 세계를 다양하게 **해석하는** 데만 급급했다. 중요한 건 세계를 **바꾸는** 것이다!〉 마르크스 본인은 이 메모에 별로 의미를 부여하지 않은 것이 분명했다. 그러니 출간 같은 건 생각도 하지 않았다. 훗날 열한 개 테제가 훔볼트 대학, 그러니까 헤겔이 강의했고 마르크스가 평범한 학생으로 수학했던 그 베를린 대학 본관 로비의 붉은 대리석을 장식하게 되리라고는 마르크스 자신은 꿈에도 상상하지 못했을 것이다.

대학에 금빛 글자로 적힌 마르크스의 이 테제는 사실 시대를 초월하지 않았다. 철학사를 돌아보면 세계를 바꾸려고 한 철학자는 플라톤과 초기 스토아학파에서부터 중세의 많은 철학자를 거쳐 베이컨, 로크, 백과전서파, 루소, 콩도르세, 벤담, 생시몽, 콩트에 이르기까지 무수했다. 그렇다면 마르크스가 말한 〈철학자들〉이란 과거의 철학자들이 아니라 헤겔과 그 제자들, 즉 당대의 독일 철학자들을 가리킨다. 거기엔 바우어와 막스 슈티르너(1806~1856)처럼 처음엔 동지였다가 얼마 뒤 마르크스에 의해 철저하게 박살 난 옛 동지들도 포함된다. 또한 마르크스가 경탄했고, 자신의 테제로 칼끝을 겨눈 1845년에도 여전히 높이 평가했던 포이어바흐도 그런 운명을 비켜 갈 수 없다. 마르크스는 자기보다 위에 있거나 자신과 같은 반열의 철학자를 견디지 못했다. 그러니 포이어바흐도 당연히 용납할 수 없었다. 훗날 그는 자기 입으로 이렇게 밝힌다. 자신의 관심사는 〈이전 철학자들과 완전히 담판을 짓는〉 것이었다고.[91]

마르크스는 포이어바흐의 약점을 찾고 있었다. 그것을 발견한 사람은 헤겔 좌파 내의 이단아인 슈티르너였고, 엥겔스는 즉시 마르크스에게 편지를 써서 그 약점을 알렸다. 포이어바흐는 인간이 자신의 고결하고 사랑스럽고 흡사 〈거룩해〉 보이는 속성을 신에게 전이했다고 생각한다. 이제 관건은 그 속성을 하늘에서 다시 꺼내 와 인간 속에서 재발견하는 것이다. 이로써 슈티르너에 따르면 포이어바흐는 신을 마법에서 해방시켰을 뿐 아니라 인간을 신학 속으로 몰아넣었다. 달리 말해 포이어바흐는 종교적 이데올로기를 꿰뚫어 보는 형안을 가진 비판가인 동시에 신학의 마법을 인간의 〈본질〉 속에서 찾아냄으로써 오히려 신학을 구한 경건한 사람이었다. 인간에 대한 이런 황홀한 가치 평가를 슈티르너는 물론이고 마르크스와 엥겔스는 도저히 받아들일 수 없었다.

열한 개 테제의 비판이 바로 이 지점에서 출발한다. 인간에게 일반 보편적인 〈본질〉을 부여하는 것은 날조다. 인간은 아무것도 없는 우주 공간에 사는 것이 아니라 특정 문화와 사회 속에 산다. 성격이 아무리 다양하더라도 인간은 항상 주변 환경의 산물이다. **인간의 본질적 성격은 사회 외부에 있는 것이 아니라 사회와 불가분의 관계로 엮여 있다.** 이는 연상 심리학의 표준적 인식이다. 마르크스는 이 인식을 여섯 번째 테제에서 헤겔의 용어로 말한다. 〈인간 본질은 개별 인간 속에 내재하는 추상적인 개념이 아니라 현실 속 사회적 상황들의 앙상블이다.〉[92] 포이어바흐가 인간의 〈본질〉이라고 불렀던 것은 실제로는 사회가 인간에게 새기고, 인간의 갈등이 사회를 통해 만들어 낸 과정이다. 불변의 본질 같은 건 없다. 오직 〈현실 속의 실제적인 인간〉만 존재한다.

인간을 사회적 산물로 규정한 것은 고드윈과 오언의 사유 결과다. 그렇다면 그런 개념 규정은 세부적으로 어떻게 상상할 수 있을까? 그 규칙과 법칙은 무엇일까? 경제와 소유와는 어떤 관계일까? 이를 바탕으로 지금까지의 역사뿐 아니라 어쩌면 미래의 세계 진행까지 인식하고 설명할 수 있을까? 마르크스는 파리 거처에서 밤낮으로 연구에 몰두했고, 닥치는 대로 책을 읽었으며, 밀의 『논리학 체계』를 발췌했고, 오언과 프랑스 경쟁자들의 책을 읽었고, 과거 베를린 동지들의 견해에 비판적인 주석을 수없이 달았다.

새로운 이론의 윤곽이 서서히 그려졌다. 좀 더 정확히 말하자면, 마르크스가 서로 관련시키고 묶고 중요하다고 생각한 여러 이론의 온전한 앙상블이 처음으로 꼴을 드러냈다. 마르크스는 역사 흐름과 현 사회의 상태, 그 배후에 숨겨진 법칙을 설명하고자 했다. 이제 막 확고한 공산주의자로 거듭난 그가 볼 때 세계를 바꾸어야 한다는 것은 너무나 자명했다. 다만 어떻게, 누구를 통해 바꾸느냐 하는 문제만 남았다. 오늘날에도 사람들의 입에 자주 오르내리는 말이 있다. 공산주의는 선한 인간을 전제로 했기에 지상 어디서도 지속적으로 운영될 수가 없었다고 말이다. 하지만 그건 프랑스 사회주의자와 공산주의자들의 표상이지 마르크스와 상관이 없었다. 그는 〈선한 인간〉의 표상으로는 할 수 있는 것이 아무것도 없다고 생각했다. 그랬기에 인간은 본질적으로 선하다고 생각한 포이어바흐도 마르크스에겐 배척 대상이었다. 그의 이념과 사회 변혁에 필요한 것은 〈선한 인간〉의 관념이 아니라 개별 인간보다 더 크고 영원한 어떤 것이었다. 그는 **사회적 운동 법칙**을 밝히고자 했다. 그것을 밝히면 자연법칙이 자연을 규명하듯 사회도 규정할 수 있다고 믿었다. 하지만 심리학에는 도움을 청하지 않았다. 이 경험적 영혼학에 대한 그의 반감은 최소한 헤겔만큼 강했다.

개인의 심리를 연구한다고 해서 세계사적 흐름에 대해 무엇을 밝힐 수 있을까? 심리학자들은 한 사회의 소유관계와 지배 관계에 대해 무엇을 진단할 수 있을까? 그들이 상품 교환의 법칙에 대해 아는 게 있을까? 현대적으로 비유하자면, 우리의 뇌가 단백질로 이루어져 있다는 사실을 안다고 해서 뇌가 무슨 생각을 하고 왜 그렇게 생각하는지는 알 수 없다. 아무리 발달한 뇌 화학도 누가 공산주의자가 되고, 누가 나치나 자유주의자가 되는지 결정해

주지 못한다. 그것을 알려면 기능과 상호 작용, 시스템에 대한 시각이 필요하다. 거대한 전체에 대한 시각이 필요하다는 말이다. 이 점에서 마르크스는 콩트와 비슷했다. 그는 홉스나 로크, 루소와 달리 사회를 개별 인간을 통해 바라보지 않고 거대한 전체에서 관찰했다. 헤르바르트가 믿은 개인의 〈도야 능력〉도 마르크스에게는 관심의 대상이 아니었다. 그가 볼 때 자기 자신에게 이른다는 것은 인간이 불의한 권력과 잘못된 강요에서 벗어나 종의 본성에 맞게 그 사회에서 살 수 있도록 사회적 제반 관계를 바꾸는 것을 의미했다. 이런 차원이 헤르바르트를 비롯해 다른 많은 심리학자에게는 빠져 있었다. 이들은 인간을 개인적 행복을 만들어 나가는 대장장이로만 볼 뿐 사회와 정치는 부차적인 문제로 제쳐 놓았고, 경제에 대해선 아예 언급조차 하지 않았다.

그럼에도 오늘날의 많은 사람에겐 마르크스의 출발점이 낯설다. 과학이건 대중 매체건 심리적으로 분석되지 않는 개인적이거나 사회적인 사건은 없다. 심리학과 사회 심리학은 인간의 모든 행동에 대한 설명 모델을 만들고, 경험적 연구로 인간 행동을 증명하고 예측한다. 출발점은 사회적 〈존재〉가 아닌 각자의 〈의식〉이다. 전체 사회는 치료할 수 없기에 심리학은 주로 개인에게 집중한다. 다만 집단 히스테리나 집단 지성처럼 집단적 측면을 고려해야 한다면 인간이란 흔히 집단 속에 있을 때 혼자일 때와는 다르게 행동한다는 관점에서 출발한다. 경제 심리학과 행동 경제학이 바로 그 길을 따른다. 이들은 자본주의 사회가 아닌 그 속에 사는 인간의 행동을 심리적으로 연구한다. 반면에 시스템으로서의 자본주의를 병리학적 현상으로 보는 사회 비판적 심리학은 몇십 년의 짧은 막간극에 그쳤다. 이 심리학은 에리히 프롬(1900~1980)과 헤르베르트 마르쿠제(1898~1979)로 대표되는 전쟁 시기와 전후 시기의 비판 이론에서부터 질 들뢰즈(1925~1995), 피에르 부르디외(1930~2002), 자크 랑시에르(1940~) 같은 심리 해부학자들로 대표되는 프랑스 탈구조주의자들에 이른다.

마르크스는 심리학적 냄새가 물씬 풍기는 〈소외〉 같은 개념을 사용하면서도 심리학에 손을 벌리지 않았다. 오히려 아리스토텔레스까지 이르는 철학사로 깊이 파고들었다. 헤스는 마르크스가 파리에 도착하기 몇 년 전에 벌써 아리스토텔레스를 자본주의적 경제에 응용했다. 마르크스는 이를 예술 규칙에 따라 확장시켰다. 그는 **네 가지 소외**를 분석한다. 무언가를 만드는 것은 하나의 상품을 만들어 내는 것이다. 누군가 그것을 직접 만들어도 그건 그의 것이 아니다. 그것은 세상 물건이 되고, 시장에 나와 팔리고, 이로써 생산자에게서 멀어진다. 이렇게 생산자에게서 멀어진 것은 〈상품〉으로서 소유자를 바꾸고, 타인의 소유물이 된다. 이것이 첫 번째 소외다! 노동자가 상품 전체를 생산하지 않고 그중 일부만 생산하는 분업화된 사회에서는 또 다른 소외가 나타난다. 똑같은 일을 반복하는 노동자는 자기 자신에게서 멀어진다. 본성대로 살려면 자신이 만든 물건의 창조자가 되어야 하지만, 〈자기 곁에〉 머물지 못하고 자신이 본래 하고 싶어 하는 것과는 거리가 먼 임금 노동자로 전락한다. 이것이 두 번째 소외다. 자본주의 사회에서 인간은 대부분 노동을 자신이 아닌 타인, 즉 자본가나 회사를 위해서 하기에 그들의 몸과 마음은 모두 타인의 소유다. 이것이 세 번째 소외다! 또한 인간은 노동 세계로부터 소외됨으로써 자신에게서 멀어지고, 그와 함께 공동체적 본성을 잃어버린다. 연대하는 대신 모든 타인을 실존적 투쟁을 벌여야 할 경쟁자로 여기는 것이다. 이 네 번째 소외의 결과, 노동자는 비사회적이고 고립적으로 행동한다.

소외를 이렇게 네 단계로 나눈 아이디어는 포이어바흐에게서 얻었다. 포이어바흐는 인간이 종교에 빠지는 과정을 네 단계로 설명했다. 인간은 처음에는 자신의 재화를 호주머니에서 꺼내어, 그것을 신의 이름으로 객체나 주체로 만들고, 그다음에는 신 앞에 무릎을 꿇고, 마지막으론 종교에 온몸을 바친다는 것이다. 여기서 힌트를 얻어 마르크스는 노동자가 자기 자신으로부터 소외되는 과정을 네 단계로 나누어 설명했다. 바로 거기에 이 젊은 사상가의 천재성이 있다. 마르크스는 매의 눈으로 누군가의 핵심적 구조를 포착하면 바로 다른 맥락으로 전이해서 새로운 방식으로 열매를 맺게 했다!

마르크스는 남의 사유 구조를 자신의 맥락으로 전이하지 않을 경우 타인의 사유에서 특정 부분만 추출해서 자신에게 맞게 잘라 썼다. 예를 들어 〈착취〉라는 말은 홀과 고드윈, 톰프슨에게서 발견했다. 그가 특히 철저하게 이용한 인물은 헤스였다. 그로부터는 공산주의만 가져온 것이 아니었다. 마르크스는 1843년 『독일 프랑스 연감』에 싣기로 했던 돈에 관한 헤스의 독창적인 이론도 자기 것으로 만들었다. 헤스가 쓴 「돈의 본질」은 선구적이었다. 돈은 모든 생산물을 보편적인 양도가 가능한 상품으로 만든다. 그전에는 인간의 창조 표현이었던 것이 이제는 교환 대상으로 바뀐다. 돈이 지배하는 곳에서 인간적인 것은 추상이 된다. 그 자체로 물질적 가치가 전혀 없는 이상한 제3의 도구가 이제 모든 상품의 가치를 결정한다. 모든 것에 가격이 매겨지고 모든 가치는 숫자로 표현된다. 세속적 돈은 그 돈으로 측정되지 않는 모든 것의 가치를 배격한다. 돈의 양이 만물의 척도가 되는 세계에서는 사회적 가치와 인간적 의미는 모두 사라진다.

마르크스는 자기 입으로 분명히 밝힌 적은 없지만 헤스에게 많은 신세를 졌다. 사실 〈소외〉 개념과 돈 이론을 받아들인 것보다 더 유명한 것은 **상부 구조**와 **하부 구조**라는 헤스의 사고 틀이었다. 〈상부 구조〉는 지배층을 가리키고, 그들의 주도적 이데올로기인

〈하부 구조〉는 경제를 의미한다. 그런데 마르크스는 〈하부 구조〉의 개념을 독창적으로 분해한다. **생산력**(노동자와 기계)과 **생산 관계**(생산력에 대한 지배의 양태)로 나눈 것이다. 만일 하부 구조가 바뀌면, 예를 들어 농업 사회에서 산업 사회로 바뀌면 소유관계의 주도권은 귀족에서 부르주아지로 넘어간다. 하부 구조가 바뀌면 동시에 상부 구조도 바뀐다. 제후들의 왕권신수설도 이젠 부르주아적 자유주의로 변한다. 〈존재가 의식을 규정한다〉라는 마르크스의 문장이 포이어바흐의 견본을 자유롭게 바꾸어서 나온 말이라고 하더라도 그와 관련된 사고 틀은 이미 존재했다. 경제가 바뀌면 지배 관계가 바뀌고, 그와 함께 자의식과 시대의 주도 이데올로기도 바뀐다는 것이다.

아직 부족한 게 있었다. 세계사 극장의 모든 사건을 논리적이고 역동적인 과정으로 바꿀 철학적 역사관이었다. 마르크스는 그것을 헤겔에게서 발견했다. 헤겔의 『정신 현상학』에 나오는 〈주인과 노예〉의 상을 자본가와 프롤레타리아의 상으로 재해석한 것이다. 마르크스는 이 위대한 철학자를 언어 표현에 이르기까지 마르지 않는 사유의 샘으로 활용했다. 가장 중요한 것은 마르크스가 헤겔의 역사 철학에 동의했다는 사실이다. 인류 역사는 단계적으로 상승하는 변증법적 발전 과정이다. 다만 헤겔은 정신이 자기 자신에게 도달한다고 생각했고, 마르크스는 인간이 자신에게 딱 맞는 사회에 이르러서야 비로소 자기 자신에게 도달한다고 말한다. 그렇다면 〈역사의 끝〉은 당연히 똑같을 수 없다. 헤겔에게 역사의 끝은 프리드리히 빌헬름 3세의 프로이센 관료 국가이고, 현재 그것은 실현되어 있다. 하지만 마르크스에게 그것은 〈계급 없는 사회〉로서 생시몽이나 푸리에, 카베처럼 아직 실현되지 않은 미래의 과제로 남아 있다.

마르크스는 1845년 맨체스터 도서관에서 발견한 영국의 고전 경제학자들에게서 또 다른 재료를 장만했다. 그중에서도 단연 눈에 띈 인물은 스미스였다. 18세기의 이 위대한 경제학자는 공산주의자가 아니라 확고한 자유주의자였다. 그러나 마르크스는 자본주의 시스템을 묘사하고 그 합법칙성을 설명하는 스미스의 정밀성을 매우 높이 평가했다. 그가 볼 때 스미스는 경제적 정의보다 경제의 성공을 더 중시하고, 이로써 현 상태를 미화하려고 한 어쩔 수 없는 시대의 자식이었다. 실제로 자본주의 경제가 결국 모두에게, 혹은 최소한 대부분의 사람에게 이익이 될 것이라는 스미스의 예언은 70년 뒤에도 이루어지지 않았다. 마르크스가 맨체스터 도서관에서 스미스의 『국부론*The Wealth of Nations*』을 읽는 동안 이 도시에는 엥겔스가 그 참담한 삶을 또렷이 묘사한 바 있는 산업 프롤레타리아들이 곳곳에 넘쳐 났다. 이런 현실 속에서 만인의 부에 대한 스미스의 낙관주의적 전망을 믿는 것은 바보였다. 자본주의가 결국 걸어갈 길은 만인의 행복이 아니라 프루동의 말처럼 **대중의 불행**이었다.

마르크스가 엥겔스와 함께, 살아 있는 프롤레타리아와 죽은 영국의 고전 경제학자들을 살펴보려고 맨체스터를 여행했을 때 그는 이미 그 직전에 파리에서 브뤼셀로 도주한 상태였다. 그가 챙겨 간 원고 뭉치 속에는 그의 핵심 사상이 거의 다 들어 있었다. 이 모든 것을 체계적으로 묶어 줄 사유 과정만 아직 완성되지 않았다. 이 위대한 저작이 세상에 나온 것은 22년 뒤였다. 돌아보면 그게 꼭 필요한 일이었는지는 몰라도 어쨌든 마르크스는 그전에 엥겔스와 힘을 합쳐 일단 경쟁자들을 이 바닥에서 몰아내는 것이 시급하다고 판단했다. 헤겔 좌파인 바우어와 슈티르너를 비롯해 위대한 포이어바흐, 프루동을 따르는 프랑스 경쟁자 모두를 말이다. 그것을 이루어 냈을 때 세계사는 일대 변혁의 기로에 서게 되는데…….

사냥꾼, 어부, 목동, 비평가

원래는 한 장이면 충분했을 것이다. 그런데 엥겔스가 마르크스에게 내민 스무 장의 종이가 곧바로 책이 되었고, 제목은 『독일 이데올로기. 최근 독일 철학과 그 대표자 포이어바흐, B. 바우어, 슈티르너에 대한 비판*Dei deutsche Ideologie. Kritik der neuesten deutschen Philosophie und ihrer Repräsentanten Feuerbach, B. Bauer und Stirner*』이었다. 두 공동 저자의 두 번째 작품이었다. 그전에 바우어는 그들의 첫 번째 책 『신성 가족, 또는 비판적 비판에 대한 비판*Die heilige Familie, oder Kritik der kritischen Kritik*』에서 혹독한 비난을 받았다. 어쨌든 두 저술의 목표는 분명했다. 성가신 좌파 경쟁자들을 이 판에서 싹 몰아내고, 그 과정에서 자신들의 입장을 시험하고 더욱 단단하게 벼리는 것이었다.

마르크스와 엥겔스가 볼 때 바우어는 행동력이 부족했다. 헤겔의 아류로서 이 예전 동지는 오직 의식의 혁명만 중요하다고 믿는 듯했다. 생각이 혁명되면 현실은 오래 버티지 못하리라는 것이다. 마르크스와 엥겔스에게 이런 〈비판적 비판〉은 현실과 동떨어진 엘리트적 생각으로 보였다. 바우어에게 혁명은 오직 선택된 소수 철학자의 머릿속에서만 일어나고, 대중은 수동적인 역할에 그쳤다. 반면에 마르크스와 엥겔스는 이제 처음으로 반박 모델을 제시했다. 적극적인 **프롤레타리아트** 모델이었다. 프롤레타리아트는 프랑스 사회주의자들이 무척 좋아하던 개념이었다. 마르크스와 엥겔스에게 프롤레타리아는 소외된 인간의 전형이었다. 착취당하고 권리를 빼앗긴 그들에게 이제 소외의 시스템을 철폐하고 권력을 잡으라는 역사적 역할이 맡겨진다. 세상을 바꾸는 것은 철학자가 아니라 만국의 프롤레타리아라는 것이다.

프롤레타리아트에 대한 마르크스의 사랑은 여성 노동자들을 보며 특히 안타까워했던 엥겔스와 달리 자신의 경험에서 비롯된 것이 아니었다. 사실 인간적으로 보면 마르크스는 노동자에게 별 관심이 없었다. 그들의 심리도 이러나저러나 상관없었다. 어차피 그에게 개별 인간은 중요하지 않았다. 관건은 무엇보다 그 〈계급〉의 역동성이었다. 그는 이 계급의 세계사적 역할이 이미 논리적 변증법적으로 정해져 있다고 확신했다. 마르크스와 엥겔스는 이렇듯 품속에 프롤레타리아트를 숨겨 놓고 있었기에 옛 동지들을 〈떠들썩한 허언〉만 일삼는 인간들로 치부할 수 있었다. 때가 무르익으면 미래 세계를 실제로 변혁할 힘이 무엇인지 두 사람은 알고 있었다.

이런 의미에서 『독일 이데올로기. 최근 독일 철학과 그 대표자 포이어바흐, B. 바우어, 슈티르너에 대한 비판』는 『신성 가족, 또는 비판적 비판에 대한 비판』이 중단한 지점에서 다시 시작한다. 세계를 움직이는 헤겔 좌파의 모든 생각은 머릿속에서 나온 것일 뿐이다. 그들은 발밑에 땅도 없고 현실성도 없는, 철학적 거품 속의 〈관념적 영웅〉에 지나지 않는다. 층층이 쌓인 개념 세계로 뒤덮인 헤겔 좌파는 20세기의 68혁명가들을 떠올리게 한다. 마르크스와 엥겔스가 보기엔 둘 다 현실과 동떨어지고 자기 과대평가에 사로잡힌 부르주아 혁명가들이다. 반면에 두 공동 저자는 독자들에게(혹은 자기 자신들에게) 객관적인 역사, 즉 경제의 역사를 이야기한다. 인간은 어떻게 식량을 생산해 왔고, 그 뒤 사회를 어떻게 구성했으며, 그에 맞는 지배 형태를 어떻게 만들어 왔을까? 그들은 그 과정을 자기들 이론의 〈순수 경험적〉 토대로 삼았다. 마르크스는 이 지점에서부터 경제사를 분석하고, 고대부터 오늘날까지의 시대를 구분한다. 이 구분은 스미스의 이론을 자유롭게 해석한 것이지만, 거기엔 새로운 〈유물론적〉 입장이 배경처럼 깔려 있다. 현재 우리는 부르주아지와 프롤레타리아트의 계급 대립 속에서 있다. 이는 영원히 지속될 수 없고, 역사가 앞으로 나아간다면 언젠가는 없어져야 할 끔찍한 상태다. 혁명이 일어나면 인간은 다시 자기 결정권을 쥐고, 개인적인 특성에 맞게 살아갈 수 있다. 또한 역사의 시초에 그랬듯이 다들 자기 자신을 위해 생산한다. 물론 점점 성능이 향상되는 기계의 도움을 받아서 말이다. 그로써 인간은 더 이상 소외되지 않는다.

이 전체 작품에서 가장 유명한 구절이 있다. 프롤레타리아의 모든 불행은 분업과 전문화, 임금 노동에 그 원인이 있다. 〈노동이 분업화되면서 사람들은 자신에게 맡겨진 특정한 배타적인 일만 하고 거기서 벗어나지 못한다. 인간은 사냥꾼이거나 어부이거나 목동이거나 비판적 비평가로 일하고, 생계 수단을 잃지 않으려면 그 직업을 고수해야 한다. 하지만 각자가 배타적으로 한 가지 일만 하는 것이 아니라 누구나 아무 분야에서 교육을 받을 수 있고 사회가 생산을 전체적으로 조절하는 공산주의 국가에서, 나는 마음 내키는 대로 오늘은 이 일을 하고, 내일은 저 일을 하고, 아침에는 사냥을 하고, 오후에는 물고기를 잡고, 저녁에는 가축을 몰고, 식사 후에는 비평을 하는 것이 가능하다. 사냥꾼이나 어부, 목동, 비평가가 되지 않고서 말이다.〉[93]

이런 식의 공산주의 개념 정의가 있을까! 여기엔 사유 재산의 철폐도 없고, 차별이 없는 평등의 구현도 없다. 오직 소외된 노동의 종식과 자기 결정권이 보장된 삶이 공산주의의 본질을 이룬다. 그렇다면 정말 궁금해진다. 개인의 이런 자기실현을 위해 〈사회〉는 어떻게 무대 뒤에서 묵묵히, 그리고 쉴 새 없이 〈전반적인 생산을 조절〉할까? 생산 수단의 국유화를 통해? 공동 소유를 통해? 아니면 생산 과정의 자동화와 점점 생산성이 높아지는 기계를 통해? 이 점에 대해 저자들은 침묵한다. 또한 1845년의 공장 굴뚝을 보면서 왜 어디에도 예속되지 않은 탄광 광부나 제철소 노동자를 떠올리지 않고 사냥꾼, 어부, 목동 같은 고대의 목가적 직업을 떠올렸는지도 독자들에게 말해 주지 않는다. 미래의 노동은 인간의 개입 없이도 자동으로 사회에 의해 조절된다는 것일까? 현대의 한 마르크스 전기 작가는 그 구절에 풍자가 담겨 있다고 보았다. 그러니까 목가적 분위기의 이 낭만적인 직업들을 거론함으로써 〈노동을 혐오하는 영국 귀족〉의 삶을 희화화했다는 것이다.[94] 그러나 이것을 풍자나 비아냥으로 보기는 어렵다. 이 구절은 채집인과 사냥꾼, 목동, 어부라는 인간의 원형적 활동을 제시한 푸리에의 말을 충실하게 재현한 것이기 때문이다. 그렇다면 이건 무위도식하는 영국 귀족을 염두에 두고 한 말이 아니라 프랑스 팔랑스테르에서의 삶을 떠올리면서 한 말이다. 사냥꾼, 어부, 목동, 그리고 새로 추가된 비평가는 마르크스와 엥겔스가 곧 유토피아라고 부르게 될 사회주의의 알레고리였다. 자기 결정권이 보장되고 모두가 동경하는 훌륭한 삶의 본보기라는 말이다.

1845년 독일의 현실은 이런 삶과는 한참 거리가 멀었다. 좌파 사상가들도 이런 사회는 대부분 꿈조차 꾸지 못했다. 마르크스와 엥겔스가 독일의 사회 비판가들을 싸잡아 〈고루한〉 인간이라고 비난한 것도 그 때문이다. 그들에게는 상상력이 부족하다. 거기다 재차 표적이 된 헤겔 추종자 바우어는 비판을 위해 비판을 하는 사람에 지나지 않았다. 슈티르너가 막 출간한 『유일자와 사유재산?*Der Einzige und sein Eigentum?*』은 또 어떤가? 역사 철학적 인식은 전혀 없이 그저 사람들에게 **모든 것이 가능하다**는 말만 툭 던져 놓은 소시민적 무정부주의가 아니면 뭐란 말인가? 슈티르너는 모든 인간이 이기주의자가 되고, 마침내 종교와 국가를 비롯해 다른 모든 속박에서 벗어나 자유롭게 사는 것을 허용한다. 하지만 마르크스와 엥겔스가 보기에 〈거룩한 슈티르너〉는 미래에 대한 전망을 전혀 제시하지 못하고 있다. 그에 비하면 망명으로 단련된 확고한 신념을 가지고 프랑스 및 영국의 사회주의와 공산주의를 비판하는 자신들은 얼마나 진보적인가! 저쪽에 프티 부르주아와 문학이 있다면, 이쪽엔 공산주의적 프롤레타리아 노동자 운동이 있었다.

책으로 출간하기에는 분량이 너무 적었던 텍스트는 단편으로 남았다. 엥겔스는 그걸 몹시 애석해했지만 마르크스는 대수롭지 않게 여겼다. 그의 다음 작품은 사실 불필요해 보였다. 독일 좌파가 여전히 추앙하는 프루동이라는 인물로 대변되는 프랑스 사상가들과 담판을 지으려 했던 작품이다. 마르크스는 점잖고 겸손한 프루동을 1844년 파리에서 개인적으로 만나 다정하게 토론을 벌였다. 그의 기억에 따르면 그때 프루동에게 〈헤겔주의를 감염시켜 큰 충격〉을 안겼다고 했다. 하지만 프루동은 그렇게 큰 충격을 받지는 않았을 것 같다. 마르크스의 말을 알아들을 만큼 독일어를 잘하지 않았기 때문이다.[95]

마르크스는 프루동을 자기편으로 끌어들이려는 노력을 브뤼셀에서도 이어 갔고, 그를 통해 자신이 경쟁자로 여기던 좌파 언론인 카를 그륀(1817~1887)에 대한 공격에서 우군을 확보하고자 했다. 하지만 그 노력이 수포로 돌아가자 마르크스도 인내의 한계를 드러냈다. 원래 자기편이 아니면 모두 적으로 간주하는 사람이었다. 결국 프루동도 마르크스로부터 프티 부르주아라는 비난을 받아야 했다. 심지어 프루동이 신작 『경제적 모순의 체계 또는 빈곤의 철학*Système des contradictions économiques ou philosophie de la misère*』을 출간했을 때는 이 책의 저자를 비아냥거릴 의도로 『철학의 빈곤*Misère de la philosophie*』을 쓰기도 했다. 모두 앙심에서 비롯된 행동이었다. 게다가 그가 볼 때 프루동은 헤겔에 관한 지식이 없는 사람이었다. 마르크스와 달리 이 프랑스인은 세계가 자본주의의 종말을 향해 필연적으로 나아가는 사회적 운동 법칙에 따라 움직인다고 생각하지 않았다. 또한 〈독점〉이나 〈대량 빈곤〉의 문제도 정의와 불의의 관점에서만 바라보았다. 반면에 마르크스는 공허하게 돌아가는 자본주의 시스템에서 마치 자연법칙처럼 계급 없는 사회가 필연적으로 샘솟게 될 역사 발전을 믿었다.

프루동이 마르크스의 이 저작에 반응을 보이지 않은 것은 이해가 가고도 남는다. 당대 최고의 좌파 사상가가 일개 무명 철학자를 상대할 이유가 뭐가 있겠는가? 그런데 마르크스는 이 유명한 적을 비판하는 과정에서도 다시 한번 적의 지식을 흠뻑 빨아들였다. 〈잉여 가치〉, 〈독점〉, 〈대량 빈곤〉 같은 프루동의 개념을 즉시 자기 체계에 끼워 넣은 것이다. 이제 이론의 평면도는 거의 완성되었다. 현대 자본주의는 인간이 식량을 경작하고 분배하는 방식에서 비롯되어 몇 단계를 거친 끝에 성장했다. 그 뒤 분업적 생산 방식과 함께 소외가 생겨났고, 대다수 사람들이 임금 노예로 내몰렸다. 그들의 가난은 자본가가 독점한 잉여 가치의 반대급부다. 다시 말해 노동자의 생산성에 대해 적절하게 지불하지 않은 임금이다. 독점과 대량 빈곤은 이 시스템을 점점 더 극단으로 치닫게 하고, 그러다 마침내 생산력(노동자와 기계)은 생산 관계와 해소될 수 없는 대립에 빠진다. 이 지점에서 부르주아 자본주의는 뒤집힌다. 그 옛날 노예제 사회와 귀족 사회가 그랬듯 자본주의도 내부 모순에 의해 붕괴되는 것이다. 이제 프롤레타리아트에게 남은 건 하나다. 단기간의 〈프롤레타리아트 독재〉를 유지하면서 부패한 자본주의를 일소하고, 계급 없는 사회를 건설하는 것이다. 그렇다면 그건 **언제, 어떻게** 가능할까?

1848년, 유령의 해

1848년 3월 3일 마르크스는 브뤼셀에서 추방 명령을 받았다. 서른 살이 채 안 된 나이에 도주와 망명의 삶이 형벌처럼 이어졌다. 다음 기착지는 다시 파리였다. 여기서는 일주일 전에 재차 혁명이 발발했다. 격분한 시민들이 길거리로 쏟아져 나와 세 번째로 바리케이드를 쳤다. 이번에는 〈시민왕〉을 몰아내고 공공연히 전복을 외쳤다. 유럽의 공산주의자, 사회주의자, 공화주의자, 민족주의자, 국제주의자, 그 밖의 자유 투사 들은 감전된 듯한 전율에 휩싸였다. 드디어 모두가 기대하던 최후의 위대한 혁명이 찾아온 것일까?

마르크스가 추방되던 바로 그날 짧은 저술 하나가 인쇄에 들어갔다. 거대 조직이 아니라 자그마한 망명 클럽 수준이었던 런던의 공산주의자 동맹이 마르크스와 엥겔스에게 자신들의 강령을 써달라고 주문한 책이었는데, 그것이 바로 『공산당 선언』이다. 서구 문화권에서는 성서만큼 많이 팔리고, 크나큰 파장을 부른 전설적인 책이다. 주제는 자본주의의 비상과 현재, 미래의 모습이다. 여기서는 자본의 세계화 충동과 사용 욕구, 걷잡을 수 없이 몰아치는 산업 혁명, 예전의 인간들에게는 소중하고 성스러웠던 모든 것을 깡그리 제거해 버리는 〈부르주아지〉의 힘과 위세, 폭력성이 격정적인 언어로 펼쳐진다. 〈상품 판매고를 끊임없이 늘리려는 욕구가 부르주아지를 전 세계로 내몬다. 그들은 세계 곳곳에 둥지를 틀고 본거지를 넓히고 연결망을 구축하고, 세계 시장의 수탈을 통해 모든 나라의 생산과 소비를 범세계적으로 조직한다.〉[96]

마르크스와 엥겔스는 이 모든 것을 1848년, 그러니까 전 지구에 세계화의 물결이 밀어닥치고, 자본주의가 세계 종교가 되기 훨씬 이전에 예견했다. 오늘날 디지털 경제의 파괴적 혁신이 국민경제와 국가 산업을 뒤흔들고, 자본주의적 사고가 최후의 사회적 보루인 복지망에까지 침투하고, 같은 방향이면 모르는 사람도 태워 주던 따뜻한 마음이 우버 택시로 대체되고, 누군가에게 선뜻 방을 내주던 호의가 에어비앤비로 상업화되고, 상품의 〈물신 숭배적 성격〉이 우리를 신분 사회와 이미지 광고 속으로 몰아넣고, 집이든 주식이든 오직 가격에만 관심을 보이는 우리의 모습을 보면 오래전의 그 예언이 맞는 듯하다. 〈오랜 옛날부터 지켜 온 민족적 산업은 파괴되었고, 지금도 날마다 파괴되고 있다. 이 산업은 새로운 산업, 즉 자국의 원료가 아닌 아주 먼 나라에서 들여온 원료를 가공해서 만든 제품을 자국뿐 아니라 전 세계에서 동시에 소비하는 산업에 밀려나고 있다.〉[97] 오늘날 미국에서 설계된 뒤 중국에서 조립되고, 기아와 내전, 아동 노동이 판치는 지역에서 캐온 코발트와 주석, 탄탈, 텅스텐 같은 재료를 사용하는 휴대폰의 제조 과정만 떠올려도 마르크스의 말에 더 추가할 것은 없어 보인다.

『공산당 선언』은 자본주의에 대한 짧지만 함축적인 저술로 오늘날까지도 빛을 잃지 않고 있다. 물론 인류의 역사를 〈계급 투쟁의 역사〉로만 해석한 것은 과장일 수 있으나 그렇다고 완전히 틀린 말은 아니다. 그렇다면 공산주의에 대해서는 어떤 이야기를 하고 있을까? 공산주의는 서두에 바로 유럽을 배회하고, 유럽의 모든 권력으로부터 〈하나의 세력으로 인정받는〉 유령으로 언급된다.[98] 자본주의에 대한 분석은 아주 간명한 데 반해 공산주의에 대한 서술은 수사적으로 들린다. 어쨌든 이 책에서 기술된 것처럼 여러 나라에서 공산주의자들에 대한 〈몰이사냥〉은 실제로 존재했다. 하지만 어떤 공산주의자일까? 마르크스가 물리치고자 했던 기존의 공산주의자들이다. 『공산당 선언』에서는 이 모든 경쟁자가 깔끔하게 정리된다. 예를 들어 라므네 같은 사상가들로 대변되는 〈정통주의자〉들의 〈봉건적 사회주의〉와 자본주의를 혁명하는 대신 수리하려고 했던 〈소시민적 사회주의〉가 이 바닥에서 제거된다. 제거 대상에는 스위스의 경제학자 장 샤를 레오나르 드 시스몽디(1773~1842)도 포함되어 있다. 노동자가 자신이 만든 상품을 구매할 수 있을 만큼 적절한 임금을 받지 못하면 기업주가 장기적으로 이윤을 어디서 확보할 수 있을지를 염려한 인물이다. 게다가 바이틀링의 〈독일 사회주의 또는 진정한 사회주의〉, 〈경제학자, 박애주의자, 인도주의자, 노동 계급의 처지를 개선하려는 자, 자선 사업가〉 등이 주장하는 〈보수적 사회주의 또는 부르주아 사회주의〉도 결별 대상이다. 마지막에는 생시몽, 푸리에, 오언, 카베로 대변되는 〈비판적-공상적 사회주의와 공산주의〉 역시 마르크스의 비판을 비켜 가지 못한다. 이유는 두 가지다. 첫째, 그들은 분파주의로 나아갔고, 둘째, 프롤레타리아트의 역사적 사명을 깨닫지 못했기 때문이다.

이렇듯 기존의 사회주의와 공산주의를 모두 몰아내고 나자 남는 것은 마르크스와 엥겔스를 비롯해 그들이 속한 작은 공산주의자 동맹 하나뿐이었다. 프롤레타리아트의 권력 쟁취라는 역사적 사명을 유일하게 부여받은 선구적 공산주의다. 그런데 이 공산주의는 현실에선 여전히 하나의 〈유령〉에 불과할 뿐 어디서도 〈세력〉이나 권력이 되지 못했다. 만일 마르크스와 엥겔스가 실제로 그런 권력을 꿈꾸었다면 그 생각이 잘못되었다는 것은 파리를 보면서 재빨리 깨달아야 했다. 프랑스인들은 여전히 두 사람에게 별 관심을 보이지 않았고, 프롤레타리아 혁명을 목표로 삼고 단일 대오로 싸우지도 않았다. 새로 구성된 임시 정부에는 블랑 같은 사회주의자뿐 아니라 자유 민주주의 세력과 보수주의자도 참여했다. 이들은 남성만의 보편 선거권을 가결하고 〈노동권〉을 확정 지었다. 하지만 이런 개혁에도 불구하고 혁명 정부는 사유 재산 폐지나 생산 수단 국유화는 생각조차 하지 않았다. 프랑스 2월 혁명이 같은 해 3월에 다른 유럽 국가들로 번져 갔음에도 〈만국 프롤레타리아〉의 대동단결은 요원했다. 각자 자기가 하고 싶은 것만 했고, 마르크스와 엥겔스가 요구한 대로 행동하는 이는 없었다. 그럼에도 곳곳에서 봉기가 일어났다. 폴란드, 이탈리아, 보헤미아, 헝가리, 오스트리아, 프로이센, 바덴, 바이에른, 작센, 홀슈타인 같은 지역들이다.

마르크스는 계속 파리에 머물지 않았다. 쾰른으로 돌아가야 할 일이 생겼다. 마르크스가 브뤼셀에서 추방된 3월 3일 이 도시에서는 시위대 2천 명이 시청 앞에 모여 집회와 결사, 언론의 자유를 요구했다. 거기엔 외국 기업들로부터 국내 경제를 보호하고, 자신들의 일자리가 기계로 대체되는 합리화 과정에 반대하는 목소리도 포함되어 있었다. 그런데 이 두 번째 요구는 마르크스와 엥겔스가 주창하던 것과는 대척점에 있었다. 그러니까 국제 연대 대신 지역주의와 민족주의를, 〈자동화〉의 사회 변혁적 힘에 대한 신뢰 대신 기술에 대한 미래 불안을 표방하고 있었다. 결국 얼마 안 가 브뤼셀에서 추방된 이 두 독일 혁명가는 쾰른에서 봉기를 주동한 지역 대표들과 심하게 싸우고 갈라섰다. 자유주의적 시민이든 수공업자든, 아니면 심지어 프롤레타리아트든 이들과는 어떤 국가도 함께 만들 수 없었다. 그건 독일의 다른 지역에서도 마찬가지였다. 파리의 상황도 근본적으로 삐걱거리고 있었다. 4월 23일 국민의회 선거에서 좌파는 부르주아 계급에 패배했다. 그로써 〈부르주아지〉가 농민의 지지를 바탕으로 다시 승리자로 부상했다.

쾰른에 있던 마르크스는 당혹하고 격분했다. 이어 『라인 신문*Rheinische Zeitung*』을 『신(新)라인 신문*Neue Rheinische Zeitung*』으로 되살려 놓고는 얼마 되지 않은 자신의 전 재산을 거기다 투자했다. 이 신문에서 그는 자신이 이름 붙인 파리 노동자 6월 봉기와 피비린내 나는 패배에 대해 주석을 달았다. 이것으로 프랑스에서의 모든 혁명적 희망은 끝났다는 것이다. 이제부터 프롤레타리아와 부르주아 사이에는 서로 힘을 합쳐서 할 수 있는 일이 더는 남아 있지 않았다. 마르크스의 가슴속에서는 실망과 반항으로 혁명적 열정이 뜨겁게 불타올랐다. 〈6월과 10월 이후의 아무 결실 없는 살육, 2월과 3월부터 이어져 온 지루한 희생의 축제, 반혁명 자체의 끔찍한 카니발리즘, 이것들을 보면서 인민들은 죽음을 앞둔 낡은 사회의 지독한 고통과 새로운 사회의 피비린내 나는 산통을 **줄이고** 단순화하고 집중하려면 오직 한 가지 수단, 즉 **혁명적 테러리즘이라는 한 가지 수단**만 있음을 확신하게 될 것이다. 그렇지 않습니까, 여러분?〉[99]

마르크스는 항상 그렇게 결연하게 폭력 혁명을 부르짖지는 않았다. 하지만 파리의 학살을 비롯해 독일의 이른바 1848년 혁명이 좌절되는 것을 보면서 그는 〈반동 계급〉을 향한 〈세계 전쟁〉을 꿈꿀 수밖에 없었다. 1849년 3월 프랑크푸르트 성 베드로 성당에 국민 의회 대의원들이 모였다. 그중에는 급진적 환상에서 빠르게 깨어난 포이어바흐도 참관인 자격으로 참석했다. 그런데 그날 대의원들은 프로이센 국왕 프리드리히 빌헬름 4세에게 황제 자리를 제안하는 것 외에 더 좋은 생각을 떠올리지 못했다. 물론 빌헬름 4세는 황제 자리를 사양했다. 아무튼 격분한 마르크스는 대의원들의 그런 행태를 독일의 시민 혁명으로부터는 절대 긍정적인 무언가를 기대해선 안 된다는 증거로 보았다. 〈사회적 공화주의 혁명〉이건 〈봉건적 절대주의 반혁명〉이건 독일에서는 결코 그 속살까지 다르지 않았다.[100]

1848년 12월 나폴레옹 보나파르트의 조카 루이 나폴레옹이 4분의 3의 압도적인 지지로 새 프랑스 대통령에 선출되었을 때 남아 있던 마지막 환상도 깨져 버렸다. 이것으로 유령의 해는 끝났다. 마르크스에게 남은 것이라고는 시대의 거대한 주석서를 쓰는 일밖에 없었다. 이렇게 해서 두 편의 걸작이 나왔다. 하나는 『프랑스 계급 투쟁*Die Klassenkämpfe in Frankreich*』이고, 다른 하나는 『루이 나폴레옹의 브뤼메르 18일*Der achtzehnte Brumaire des Louis Bonaparte*』

이었다. 첫 번째 논문은 1850년 마르크스의 『신라인 신문. 정치 경제 리뷰*Neue Rheinische Zeitung Politisch-ökonomische Revne*』에 연재 형태로 실렸다. 두 번째 논문은 1852년 뉴욕에서 〈혁명〉이라는 이름 없는 신문사에서 출간되었다. 발행 부수도 500부밖에 되지 않았다. 이 책의 주제는 스스로 나폴레옹 3세라 칭하며 왕정을 복고시킨 루이 나폴레옹의 권력 찬탈이었다. 마르크스에게 이 새로운 군주는 아주 웃기는 인물이었을 뿐 아니라 부르주아 사회의 타락을 희화적으로 보여 주는 상징이었다. 황제가 되기 위해 꾸민 책략도 삼촌이 일으킨 〈정변의 축소판〉이었다. 마르크스 당시에는 아무도 읽지 않았고 아무도 인용하지 않았던 이 생동감 넘치는 논문의 첫 문장은 훗날 아주 유명한 인용문으로 거듭난다. 〈헤겔은 어디선가 말했다. 모든 거대한 세계사적 사건과 인물은 두 번 등장한다고. 헤겔은 여기다 다음 말을 추가하는 걸 잊었다. 한 번은 비극으로, 다른 한 번은 소극(笑劇)으로.〉[101]

생존을 위한 계급 투쟁

종의 기원 / 인(燐) 없이는 생각도 없다! / 적자생존 /

자본론 / 자유의 공리(公理) / 자유와 국가

종의 기원

대중 과학자와 생물 교사들 사이에 유명한 이야기가 있었다. 탐사선 HMS 비글호에 로버트 피츠로이(1805~1865) 선장의 대화 상대로 승선한 한 젊은 영국인이 갈라파고스 제도에서 거대 멸종 동물들의 화석과 엄청나게 큰 거북, 유난히 부리가 큰 되새를 보고 정밀하게 관찰한 끝에 마침내 자연의 종은 변화한다는 결론에 이르게 되었다는 이야기다.

당시 스물두 살이던 이 연구자의 이름은 다윈이었다. 그런데 현대 진화론이 실제로 그런 식으로 탄생했다면 그건 과학의 모든 위대한 진보가 면밀한 과학적 관찰에서 보편적 원칙을 추론하는 귀납법으로 이루어진다는 테제에 대한 놀라운 증거가 되었을 것이고, 실증주의와 과학주의는 더욱 힘차게 승리의 나팔을 부르며 진군했을 것이고, 반면에 철학은 그 옆에 서서 하릴없이 구경만 했을 것이다.

그러나 이 이야기는 전설이다. 물론 다윈이 비글호에 승선했고, 화석과 새로운 동물 종을 발견했고, 꼼꼼하게 기록했고, 갈라파고스의 새들이 상이한 환경에 적응하는 과정에서 부리 모양이 달라진 것은 사실이다. 하지만 새로운 진화론이 귀납법을 통해 도달한 결론이라는 사실은 틀렸다.

1831년부터 1836년까지 이어진 다윈의 세계 탐사 여행은 기록으로 잘 남아 있다. 무엇보다 그 자신의 기록으로 말이다. 이 기록에는 섬에 따라 부리 모양이 다르고, 잡아먹는 것도 천차만별인 새들이 세밀하게 묘사되어 있다. 그런데 다윈은 이 새들이 되새라는 걸 어떻게 알았을까? 영국 내에 서식하는 조류조차 구분하는 것이 상당히 어려운 시절이었다. 그 젊은 탐험가도 처음엔 갈라파고스 제도에서 만난 새들이 같은 조상에서 유래했고, 서식지가 고립되면서 서로 다르게 분화했으며 그로써 변화가 만들어졌다는 사실을 알지 못했다. 그 사실을 깨달은 것은 런던으로 돌아와 수준 높은 한 전문가를 알고 나서였다. 조류학자 존 굴드(1804~1881)가 그 주인공이다. 게다가 그 시점엔 이미 그와는 완전히 다른 생각이 다윈을 진화론의 길로 이끌고 있었다.

다윈은 슈루즈베리에서 태어나 에든버러에서 의학을 공부했다. 하지만 의학은 그의 적성에 맞지 않았다. 그의 마음을 끄는 분야는 생물학이었다. 1828년부터는 케임브리지에서 신학을 공부하기 시작했지만 이것도 별로 매력적이지 않았다. 아무튼 여기서는 70년 전에 신학자 윌리엄 페일리(1743~1805)가 묵었던 방에서 살았다. 페일리의 『자연 신학*Natural Theology*』은 다윈 시대에도 여전히 베스트셀러였다. 그는 이 책에서 신이 부리와 발톱, 깃털, 지느러미처럼 자연의 수많은 상이한 현상이 최상으로 기능할 수 있도록 어떻게 그렇게 완벽하게 설계했는지 전문 지식을 동원해 상세히 설명한다. 시계공이 시계를 만들듯 신은 자연의 모든 것을 세심하게 조율해 놓았다는 것이다. 다른 어떤 분야보다 생물학에 관심이 많았던 다윈은 이 생각에 깊은 인상을 받았다.

케임브리지에서 학업을 마치고 반년 뒤에 다윈은 비글호를 타고 장거리 탐사 여행을 가지 않겠느냐는 제안을 받는다. 그리고 1836년 가을 풍성한 노획물을 들고 돌아왔을 때 자연 연구자로 각광을 받았다. 자연과 자연의 발전사에 대한 그의 많은 생각이 수많은 비망록에 빼곡히 담겼다. 그런데 이 기록의 이론적 근거나 자극이 된 것 중에서 정작 생물학에서 유래한 것은 드물었다. 다윈이 진화론에 이르게 된 것은 주로 철학적 저술을 통해서였다. 콩트의 『실증 철학 강의』 제1권이 막 출간되었을 때였다. 그 책에 대한 긴 평론이 『에든버러 리뷰*Edinburgh Review*』에 실리자 다윈은 관심 깊게 읽어 보았고, 그 즉시 자연법칙이 〈보편적인〉 것은 맞지만 신에 의해 예정된 것은 아니라는 이 프랑스인의 주장에 설득되었다. 〈콩트 씨는 어떤 형태의 계획에도 반대했다. 그건 내가 가고자 하는 방향과 일치했다.〉[102]

콩트보다 다윈에게 훨씬 더 큰 영향을 끼친 사람은 스미스였다. 다윈은 이 스코틀랜드 철학자이자 경제학자의 저서를 원전으로 읽지 않고 듀갈드 스튜어트(1753~1828)가 쓴 『애덤 스미스의 삶과 작품*On the Life and Writings of Adam Smith*』(1829)이라는 2차 저작물로 읽었다. 스미스는 도덕 철학자로서 경제의 선순환 과정을 이렇게 설명한다. 인간은 누구나 개인의 이익을 추구한다. 그러다 보면 필연적으로 시장에서는 더 큰 이익을 차지하려는 자본주의적 경쟁이 생겨난다. 이 경쟁은 첫눈엔 무질서하고 무자비해 보이지만 마지막엔 경제 번영을 이끈다. 더 강하고 더 똑똑한 시장 참여자가 시장에서 승리하고 약자가 시장에서 축출되면 생산성은 올라갈 수밖에 없고, 그런 생산성의 증가는 국가의 부를 낳는다. 이 모든 것은 정부가 미리 똑똑한 경제 계획을 세워서 가능한 것이 아니라 시장에 자유 경쟁 시스템이 정착되어야 가능하다.

이제 불이 붙은 다윈은 곧이어 벨기에의 천문학자이자 통계학자인 아돌프 케틀레(1796~1874)에게 관심을 보였다. 스미스가 경쟁과 자원, 국가에 대해 써놓았던 것에다 통계학을 보충한 인물이다. 케틀레의 두 권짜리 대표작 『인간과 인간 능력의 발달*Sur l'homme et le développement de ses facultés, ou essai de physique sociale*』(1835)이 1838년에 영어로 번역되어 나오자마자 다윈은 그 책을 구입해 읽었다. 첫 페이지에 이런 대목이 나온다. 〈인간은 아직 누구도 전체적으로건 상호 관련성 면에서건 면밀하게 조사한 적이 없는 특정 법칙에 따라 태어나고 자라고 죽는다.〉[103] 케틀레는 벨기에 인구 동태 연구로 이 결함을 메우고자 했다. 인구가 너무 많아지면 미래엔 모든 사람을 먹여 살리는 것이 힘들 거라는 테제는 다윈도 이미 맬서스의 책을 통해 알고 있었다. 1838년 9월에는 인구 증가에 관한 맬서스의 두 번째 논문을 읽었다. 이미 그때쯤에는 다윈 속에 잠들어 있던 이론도 무르익었던 게 틀림없다. 자연이 돌아가는 방식도 인간의 자본주의 경제 시스템과 다르지 않다. 맬서스가 지칭한 만인에 대한 만인의 경쟁, 즉 **생존 투쟁**은 종국엔 생물 다양성의 번성과 생태계의 안정에 기여한다. 강자는 살아남고 약자는 도태된다. 이 모든 일은 페일리가 상정했던 모종의 사전 계획이나 존재 없이 진행된다. 스미스에게는 시장의 〈보이지 않는 손〉이었던 것이 다윈에게는 자연의 〈보이지 않는 손〉이 된다.

디드로, 라마르크, 생틸레르가 언급한 〈종의 변이〉, 즉 종의 변화 가능성은 이제 완전히 새로운 방식으로 근거가 마련되었다. 스스로를 만들어 나가는 어떤 〈형성 충동〉에도 진화 과정에서 동물 종을 완전하게 만드는 프로그램은 장착되어 있지 않다. 변화는 경쟁을 통해, 그러니까 환경에 가장 잘 적응한 생물이 가장 큰 이득을 보는 〈자연 선택〉을 통해 일어난다. 환경은 시장만큼이나 구조적으로 취약하다. 다윈은 지구가 수백만 년 동안 계속 변해 왔다는 사실을 지질학자 찰스 라이엘(1797~1875)의 책을 통해 알고 있었다. 새로운 환경은 새로운 시장이 그러하듯 새로운 도전을 만들어 낸다. 신속하게 충분히 변화하는 종만이 경제에서건 자연에서건 살아남을 수 있다.

경제에서 자연으로의 이러한 대담한 사고 전환은 온당할까? 다윈은 휴얼의 책을 읽으면서 자신의 생각이 맞다고 느꼈다. 밀의 적수였던 휴얼은 과학에서의 진보를 귀납법으로만 제한하지 않았다. 대신 대담한 가설이 마지막에 어떻게 훌륭하게 증명된 인식에 이를 수 있는지 설명했다. 그게 가능할 때는 항상 연역법과 귀납법이 협력했다. 다윈에게도 똑같은 일이 일어났다. 굴드가 자신에게 설명해 준 갈라파고스 제도의 되새를 비롯해 다양한 거대 거북을 자기 이론의 증거로 깨달았을 때 말이다. 하지만 새로운 길을 연 저서 『자연 선택을 통한 종의 기원*On the Origin of Species by Means of Natural Selection*』이 1859년에 발표되기까지는 아직 20년이 더 필요했다. 그의 이론을 뒷받침하는 무수한 증거를 찾는 시간이었다.

이 책은 격론을 불러일으켰다. 영국 과학계는 처음엔 찬반으로 나뉘었다. 독일에서도 마찬가지였다. 프랑스에서는 〈자연 선택 이론〉이 거의 전적으로 거부되었다. 1860년 12월 마르크스는 런던에서 이 책을 읽었다. 〈지난 4주 동안 …… 나는 갖가지 책을 읽었다. 그중에서 《자연 선택》에 관한 다윈의 책이 단연 관심을 끌었다. 투박한 영국식으로 서술되어 있지만, 우리의 관점에 자연사적 토대가 되어 줄 내용이 담긴 책이다.〉[104]

마르크스는 다윈의 책에서 영국 고전 경제학의 흔적을 대번에 알아보았다. 〈다윈이 어떻게 동식물의 세계에서 분업과 경쟁, 시장 개척, 발명, 그리고 맬서스의 생존 투쟁으로 점철된 영국 사회를 볼 수 있었는지는 생각할수록 희한하다. 그렇다면 동식물의 세계도 홉스가 말한 **만인에 대한 만인의 투쟁**이다. 이건 부르주아 사회가 《정신적 동물 세계》의 역할을 하는 헤겔의 《현상학》을 떠올리게 한다. 그에 비하면 다윈의 경우는 동물 세계가 부르주아 사회 역할을 한다.〉[105]

인(燐) 없이는 생각도 없다!

가장 적응을 잘한 자가 살아남는다는 다윈의 말이 정말 옳기라도 하듯 마르크스는 살아가는 게 몹시 힘들었다. 그가 『종의 기원』을 읽은 것은 런던에서 이미 10년 넘게 살았을 때였다. 경제적 상황은 아주 팍팍했고, 엥겔스의 지원 없이는 목구멍에 풀칠하는 것조차 어려웠다. 각성의 정신은 유럽 도처에서 이미 증발해 버렸고, 공산주의도 당분간은 꿈조차 꿀 수 없었다. 돌아온 왕정 통치자들은 과거의 투사들을 악랄하게 탄압했고, 자본주의는 이렇다 할 저항 없이 곳곳에서 계속 진격해 나가고 있었다. 마르크스는 남은 사회주의자 및 공산주의자들과 여전히 연락을 주고받고 있었음에도 더는 위대한 정치 선동가가 아니었다. 대신 매일매일 **생존 투쟁**을 해야 하는 생활인이었다. 그는 1852년부터 다시 기자로 일했다. 투쟁지의 기자가 아니라 당시 세계에서 가장 많은 부수를 발행하던 『뉴욕 데일리 트리뷴*New York Daily Tribune*』의 프리랜서 유럽 통신원이었다.

만일 그가 그 신문사에 상세한 분석 기사와 방대한 연재 기사를 보내지 않았다면 마르크스가 아닐 것이다. 그는 『공산당 선언』에서 이미 언급한 바 있는 자본주의의 걷잡을 수 없는 성장과 가속도가 붙은 비상, 무조건적인 세계화에 대해 썼다. 이 모든 것은 기본적으로 계획에 따라 움직이는 자연스러운 발전 양상이다. 왜냐하면 자본주의는 사멸하기 전까지 최고조로 발달해야 하기 때문이다. 마르크스의 논리적 목표는 민족적 공산주의가 아니라 세계를 하나로 묶는 공산주의다. 〈거대한 사회 혁명이 부르주아 시대의 결과물, 즉 세계 시장과 현대적 생산력을 자유자재로 제어하고, 가장 진보한 민족들의 공동 통제 아래에 둘 때에야 비로소 인간의 진보는 더 이상 압살당한 자들의 뇌에서 꿀만 빨아먹으려는 끔찍한 이교도적 우상들을 닮지 않을 것이다.〉[106]

마르크스는 영국 국립 도서관의 널찍한 열람실에서 많은 시간을 보냈다. 여기서 마르크스는 기삿거리뿐 아니라 이전부터 계획하고 있던 대작을 위한 자료도 찾고 있었다. 그런데 그사이 인간과 사회에 대한 그의 〈유물론적〉 관점은 더 이상 그 혼자만의 견해가 아니었다. 마르크스가 런던에서 경제학 분야를 깊이 들이파는 동안 독일에서는 〈유물론 논쟁〉이 격렬하게 벌어지고 있었던 것이다.

1830년대엔 아직 대부분의 자연 연구자와 의사들이 카루스 같은 낭만주의자였다면, 1840년에 접어들자 분위기는 확 바뀌었다. 점점 더 많은 자연 과학자가 영혼과 정신에 대한 이상적인 구상으로부터 멀어져 갔다. 새로운 유물론적 견해의 선봉장은 기센 출신의 화학자이자 생물학자인 카를 포크트(1817~1895)였다. 그는 바쿠닌과 프루동, 헤르베크와 개인적으로 아는 사이였고, 좌파 정치인으로 활동하기도 했다.

그가 이해하는 유물론적 자연관은 그의 책 『생리학 편지 *Physiologische Briefen*』에 잘 나타나 있다. 인간에게서 생리학적으로 설명할 수 없는 것은 없다. 영혼이니 의식이니 하는 것까지도 말이다. 〈영혼의 활동〉은 〈뇌 물질의 기능일 뿐이고, 뇌 물질과 함께 발달했다가 다시 사라진다. 따라서 영혼은 신들린 사람에게 악령이 깃드는 것처럼 태아 속에 깃드는 것이 아니다. 영혼은 뇌 발달의 산물이다. 근육 활동이 근육 발달의 산물이고, 분비액이 선(腺) 발달의 산물인 것처럼〉.[107]

흄, 라메트리, 돌바크, 엘베시우스 같은 계몽주의 시대의 유물론자들은 18세기에 이렇게 주장했다. 신은 없고, 비물질적인 영혼도 없고, 자유 의지도 없다고 말이다. 이제 19세기 중반에는 그런 주장이 의학적 수단으로 증명되어야 했다. 게다가 포크트는 이런 탈마법화를 새로운 정치적 출발점, 즉 독일 제후국들에서 귀족 지배의 종식 및 권력 기관으로서 교회의 종말과 연결시킴으로써 동물학 교수직을 박탈당하고 말았다. 물론 그렇다고 그런 추세를 막을 수는 없었다. 1852년 네덜란드 의사 야코프 몰레쇼트(1822~1893)는 『생명의 순환*Der Kreislauf des Lebens*』을 발표하면서 포크트와 마찬가지로 이 세상엔 어떤 형이상학적 첨가물도, 어떤 관념적인 것도, 어떤 신적인 작용도 없다고 주장했다. 인간은 철저히 화학이라는 것이다. 그가 리비히의 『화학 편지*Chemische Briefe*』와 연결시켜 언급한 문장은 특히 유명하다. 〈인(燐) 없이는 생각도 없다.〉[108]

몰레쇼트의 책은 큰 성공을 거두었다. 당시 판매 부수에서 이 책보다 앞선 것은 루트비히 뷔히너(1824~1899)의 『힘과 물질*Kraft und Stoff*』(1855)뿐이었다. 루트비히는 유명한 극작가 게오르크 뷔히너의 동생인데, 50년 동안 총 21쇄를 찍은 그의 책은 19세기 후반기에 가장 성공한 대중 과학서 중 하나였다. 유물론적 세계관에 대한 반향은 엄청났다. 영국과 프랑스보다는 늦었지만, 이젠 독일의 시민 계층에서도 순수 유물론적 세계관을 받아들이는 사람이 점점 늘어났다.

1854년 제31차 자연 연구자 총회에서 공개 논쟁이 불붙었다. 괴팅겐의 동물학 교수 루돌프 바그너(1805~1864)는 〈유물론자들〉이 〈세계 투쟁의 도래〉를 주장하며 사회 질서를 파괴하고 있다고 비난했다. 의지가 자유롭지 않다는 것은 증명되지 않았고, 영혼의 비밀이 자연 과학과 의학을 통해 밝혀진 것도 아니었다. 자연 과학과 세계관의 분리, 앎과 믿음의 분리를 옹호한 바그너의 저술들은 독일에서 인기를 끌었다. 그러나 반대 저술도 많았다. 포크트의 『맹신과 과학*Köhlerglaube und Wissenschaft*』은 바그너가 보인 평범한 수준의 과학적 지식과 정치적 무관심에 냉소를 보냈다. 1848년의 혁명에서 통일된 자유 독일을 위해 싸우지 않은 사람은 독일의 미래에 대해 말할 자격도 없다는 것이다.

정치적 동지를 찾던 포크트는 1859년 런던에 있던 독일 망명객에게도 서신을 보내 의향을 떠보았다. 그런데 마르크스는 바덴 지역의 혁명가 카를 블린트(1826~1907)의 말에 속아 포크트를 프랑스 첩자로 알고 있었다. 이 부당한 오인에 화가 치민 포크트는 마르크스를 가리켜 〈망명자 도당〉의 우두머리이자 음모론자라고 쏘아붙였다. 당연히 마르크스도 가만있지 않았다. 인정사정없이 조롱하는 글로 앙갚음을 했다.

사실 마르크스에게 욕을 먹은 것은 포크트만이 아니었다. 그는 철학의 전체 방향이 마음에 들지 않았다. 마르크스는 포이어바흐를 통해 유물론을 알게 되었고, 이 유물론은 훗날 엥겔스가 〈역사적 유물론〉이라고 이름 붙인 새로운 유물론을 통해서 극복되었다. 마르크스는 영혼의 물적 속성에 대한 포크트, 몰레쇼트, 뷔히너의 견해에 매우 공감했다. 하지만 이를 뛰어넘어 세계사의 흐름도 물질적 원인을 통해 규정된다고 보았다. 즉 인간이 식량을 어떤 방식으로 생산하느냐에 따라 세계사의 흐름이 결정되었다는 것이다. 게다가 인간의 원시 공동체에서 미래의 계급 없는 사회로 나아가는 전 과정에는 헤겔의 변증법이 철칙처럼 깊이 작용하고 있었다.

이런 요소들이 이 자연 연구자들에게는 없었다. 그럼에도 이들은 독일에서 성공한 작가로 이름을 날리고 있었다. 마르크스와 엥겔스는 이들이 못마땅할 수밖에 없었다. 분에 넘치는 대우를 받는 괘씸한 경쟁자들이었다. 1850년대와 1860년대 독일의 교양 있는 교사나 의사, 법률가의 벚나무 서가에는 대개 뷔히너와 몰레쇼트의 책이 꽂혀 있었다. 마르크스를 아는 사람은 없었다. 엥겔스는 이 성공한 대중 과학자들을 깊이 경멸하면서 훗날 〈기계적〉 유물론에 대해 이야기한다. 〈1850년대에 뷔히너와 포크트, 몰레쇼트가 돌아가며 떠들어 댔던 저급하고 통속적인 형태〉의 유물론이 바로 기계적 유물론이라는 것이다.[109] 엥겔스가 〈통속적인 떠돌이 설교 유물론〉[110]이라고 이름 붙인 이 유물론은 실제로 나중에 마르크스주의자들에게는 욕이 되었다. 진보의 역사적, 경제적 토대를 이해하지 못하는 저급한 유물론이라는 것이다.

1859년 『종의 기원』이 출간되자 포크트와 몰레쇼트, 뷔히너는 무릎을 쳤다. 자신들의 견해를 뒷받침해 주는 이론이 나왔다고 생각한 것이다. 그들의 유물론적 자연관에 역사적 깊이를 제공한 것은 헤겔이 아니라 자연 선택 이론이었다. 유물론의 이 〈세 거두〉는 다윈의 테제를 독일에 알리려고 많은 노력을 기울였다. 이 새로운 진화론을 어떻게 판단할지는 전문 과학적 문제가 아니었다. 그에 동의할지 말지는 대개 당사자의 세계관에 달려 있었다.

젊은 생물학자 에른스트 헤켈(1834~1919)은 1863년 슈테틴에서 열린 자연 연구자 총회에서 이렇게 목소리를 높였다. 〈거대한 과학적 학문 체계를 …… 저 밑바닥에서부터〉 뒤흔든 다윈의 이론에는 〈지금까지의 세계관을 뒤집는 인식이 깔려〉 있다.[111] 다윈의 진화론적 설명과 함께 신은 생물학에서 사라졌다. 예전에 갈릴레이가 물리학에서 신을 몰아냈던 것처럼 말이다. 살아 있는 것들의 세계도 기계적 법칙에 따라 돌아간다. 이제 통일적인 자연상과 인간상에 맞서 어떤 것을 내놓을 수 있을까? 헤켈과 포크트, 몰레쇼트, 뷔히너까지 그들이 보기에 바그너의 이론은 완전히 무릎을 꿇었다.

영국의 많은 철학자도 똑같이 생각했다. 당시 영향력 면에서 타의 추종을 불허하던 허버트 스펜서(1820~1903)가 그런 입장의 대표자였다. 철학사에선 그리 중요하지 않지만, 19세기 영국에선 가장 힘 있는 목소리를 냈던 사람이다. 스펜서는 철도 회사의 기술 디자이너 겸 엔지니어로 출발했다. 생시몽주의자에게는 전형적인 출발이었다. 실제로 그는 콩트와 겹치는 지점이 꽤 많았다. 1848년부터 1853년까지 『이코노미스트*Economist*』 편집부에서 일했고, 『사회 정학*Social Statics*』이라는 첫 책을 냈다. 라마르크의 노선을 따르는 것도 콩트와 같았다. 스펜서가 볼 때 사회는 거대한 유기체였다. 그것도 점점 더 완전해지는 길로 나아가는 〈초유기체〉였다. 이렇게 완전화의 길로 나아가다가 마지막엔(여기서 콩트와 엇갈린다) 경제에 국가가 더 이상 필요 없어질 정도로 완벽하게 사회의 모든 요소가 조화롭게 조정된다. 〈진보〉와 〈완전화의 길〉이라는 라마르크의 이 두 가지 진화 원리는 평생 스펜서와 동반한다.

『이코노미스트』의 발행인은 이 야심만만한 편집부원을 런던의 지성 클럽으로 안내했다. 거기서 스펜서는 밀을 알게 되었고, 여성 작가 조지 엘리엇(1819~1880)과 사랑에 빠진다. 나중에는 본인이 직접 젊은 의사 토머스 헨리 헉슬리(1825~1895)를 이 클럽에 끌어들이기도 했다. 이 인물은 나중에 언급할 일이 있을 것이다. 스펜서는 1853년 큰 유산을 상속받았고, 이후 학문적 작업에만 모든 에너지를 쏟았다.

1855년에는 『심리학 원리 *Principles of Psychology*』가 출간되었다. 그런데 이것은 그가 자신의 기념비적 종합 작품으로 계획하고 있던 책의 일부에 지나지 않았다. 그는 아리스토텔레스가 자연의 원리를 연구한 뒤 거기서 생물학을 설명하고, 그 생물학에서 인간 심리학을, 거기서 다시 사회와 윤리를 밝히고자 했듯이 똑같은 것을 하고자 했다. 게다가 스스로를 휴얼의 맥락에서 **과학주의자**라고 생각했다. 사회학은 밀이 요구하고 콩트가 시도한 대로 자연 과학이 되어야 했다. 거기선 어떤 사변이나 형이상학적 전제도 용납되어서는 안 되고, 유일한 인식 원천으로서 경험과 명확하게 정의된 개념만 존재해야 했다. 그의 철학은 물리학에서 자유 무역에 이르기까지 모든 것이 하나의 거대한 유기적 계통으로 연결되어 있었다.

이런 식으로 1860년부터 1893년까지 열한 권짜리 『종합 철학 체계*System of Synthetic Philosophy*』가 완성되었다. 여기서 모든 것을 단단하게 묶는 핵심 사유는 진화였다. 자연의 원리와 법칙에 따르면 생물체는 정신적으로 점점 복잡한 존재로 발달해 나가고, 그러다 가장 높은 단계에 이르면 풍습과 도덕을 갖춘 인간 사회가 형성된다. 그렇다면 이런 몇 가지 기본 원리에서 출발해서 생물학의 형성 법칙을 드러내고, 거기서 심리학을 도출하고, 거기서 다시 사회학과 정치학에 대한 올바른 결론을 끄집어내는 것보다 더 나은 철학의 출발점이 있을까? 콩트보다 더 야심만만하고 철저하고, 마르크스보다 더 완벽하고 과학적인 스펜서는 이처럼 동일한 자연과 사회의 운동 법칙을 명명백백하게 밝히고자 했다.

스펜서의 체계는 동시대인들에게 설득력이 있었다. 지하에 물리학을 깔고, 1층과 2층에 화학과 생물학을 넣고, 3층엔 심리학, 4층엔 사회학, 이 모든 것 위의 다락 층에는 윤리학을 설치하는 방식이었다. 오늘날까지도 지하의 물리학에서 곧장 엘리베이터를 타고 맨 꼭대기 층의 도덕으로 직행할 수 있는 이런 〈건물 관리자로서의 꿈〉은 철학하는 자연 과학자들의 가슴속에 살아 있다. 미국의 유명한 진화 생물학자 에드워드 윌슨(1929~2021)은 1990년대에 똑같은 꿈을 꾸었다. 〈정신의 가장 원대한 프로젝트는 항상 자연 과학과 정신과학을 하나로 결합하려는 시도였고, 그건 앞으로도 변하지 않을 것이다. 오늘날 파편화된 앎과 거기서 비롯된 철학적 혼돈 속에는 실제 세계가 아닌 학자들의 인위적인 산물만 어른거리고 있다.〉[112] 철학자에게 남은 것은 자연 과학에 연결해서 그 일부가 되고, 이론을 조율하고, 개념을 깨끗이 정의하는 것뿐이다. 이런 생각 뒤에 얼마나 순진한 인식론이 깔려 있는지는 지금 이 책을 읽는 독자라면 분명 알고 있을 것이다. 물리학적 원리가 토대에 깔려 있지 않다고 해서 키르케고르 철학을 〈틀렸다〉고 할 수 있을까?

하지만 스펜서가 살았던 시대에는 그 꿈이 당연해 보였다. 다윈의 진화론은 뉴턴의 저술이 18세기의 물리학에 그랬듯이 모든 것을 설명해 주는 이론으로서 생물학에 날개를 달아 주었다. 그런데 스펜서는 가장 중요한 기본 전제를 다윈이 아닌 라마르크에게서 빌려 왔는데, 다윈 이론과 라마르크 이론 사이에 아무 모순도 없는 것처럼 둘을 교묘하게 섞었다. 라마르크는 생물에게 스스로를 완전화의 길로 이끄는 프로그램이 내장되어 있다고 믿었다. 그 때문에 환경적 영향은 유기체를 변화시키는 학습 경험이 될 수 있다. 반면에 다윈은 완전화로 이끄는 내적 프로그램을 인정하지 않았다. 어떤 것이 살아남을지 말지를 결정하는 것은 학습 경험이 아니라 우연이다. 처음부터 살아남을 만큼 환경에 잘 적응한 생물은 없다. 우연히 잘 적응한 것만 살아남을 뿐이다.

스펜서의 경우 이 두 이론은 이상한 방식으로 결합되어 있다. 그에 따르면 인간 사회도 동물 세계와 마찬가지로 치열한 생존 투쟁이 존재한다. 각자 자기 내면의 프로그램을 실현하려 노력하지만, 결국 어려움을 뚫고 목표에 도달하는 사람은 강자들이다. 적응하지 못한 자들과 사회적 약자는 무자비한 진보의 물결에 희생된다. 스펜서는 서로 다른 〈인종〉이 생물학적으로 섞이는 것을 특히 유해한 것으로 보았다. 그런 식의 혼합은 약자와 퇴화를 낳을 수밖에 없다는 것이다. 이런 입장은 다윈과는 합치되지 않는다. 다윈이 볼 때 다양한 변형은 퇴화로 이어지지 않는다. 스펜서의 인종주의는 스스로 뚝딱뚝딱 만들고, 독단적으로 해석한 라마르크주의다. 그에게 인종의 혼합은 자연에 의해 프로그램화된 개별 〈인종들〉의 완전화를 방해한다. 그러나 스펜서가 라마르크와 다윈에게서 도출하고 합성한 것, 즉 순종주의와 생존 투쟁은 과학성과는 별로 관련이 없어 보인다.

그런데 자연 선택의 공식과도 같은 표현이 다윈이 아닌 하필 스펜서에게서 유래한 것은 퍽 특이한 일이다. 〈**적자생존** survival of the fittest〉이라는 말이 그것인데, 이건 스펜서의 『생물학 원리 *Principles of Biology*』(1864) 제1권 164절에 나온다. 많은 차이에도 불구하고 스펜서를 높이 평가했던 다윈은 이 표현을 1869년 『종의 기원』 5쇄에 집어넣는다. 이 개념의 영향사는 상당히 주목할 만한데, 특히 독일에서 더욱 그렇다. 왜냐하면 〈fit〉이라는 단어는 독일어로 번역하기가 무척 까다롭기 때문이다. 스펜서의 독일어판을 비롯해 1860년대와 1870년대의 다른 독일 문헌들에서는 〈가장 알맞은 것의 생존〉이라는 말이 주류를 이루었다. 그러던 것이 얼마 지나지 않아 가장 적응을 잘한 것의 생존, 가장 적합한 것의 생존, 가장 쓸모 있는 것의 생존, 가장 유능한 것, 가장 강한 것, 가장 좋은 것의 생존이니 하는 말이 나왔다. 이 개념들의 상당수에는 그 자체로 강력한 가치 평가가 담겨 있다. 〈유능하다〉는 말은 자연의 우연한 선물로 받은 것이 아니라 자신의 노력으로 얻었다는 뜻이 강하고, 〈쓸모 있다〉는 말은 특정한 무언가에 유익하다는 뜻이고, 〈강하다〉는 것은 많은 동물 종의 진화에서는 별로 중요하지 않고, 〈가장 좋다〉는 것은 불필요한 가치 판단에 불과하다. 그렇다면 적자생존이라는 표현은 일종의 세계관적인 가치 평가이고, 그 번역어들은 진화에 대한 입장보다 저자의 세계관을 더 많이 드러내고 있다.

다윈의 현명한 진화론이 빅토리아니즘, 즉 1837년부터 1901년까지 빅토리아 여왕 치세의 시대정신에 복무해야 할 의무가 있었다면 그런 면에서 스펜서의 생각은 더더욱 확고했다. 과학은 사실 말만 과학이지, 결국 진보 정신과 맹위를 떨치는 자본주의, 그리고 인종주의와 결부된 제국주의적 식민주의의 옹호 수단이었다. 스펜서는 이 모든 시대적 현상과 상응하는 문화를 대안 없는 자연스러운 것으로 정당화했다. 이건 스펜서 혼자만의 생각이 아니었다. 그 뒤에는 영국 고전 경제학에서 결정적인 자극을 받은 진화론을 거꾸로 사회에 전이해서 그것의 확증과 합법성을 얻으려는 지식인 클럽이 있었다.

1970년대에도 영국의 진화 생물학자 리처드 도킨스(1941~)는 금융 자본주의의 개념을 자연에 전이하는 대담한 시도를 했다. 그는 이렇게 쓴다. 인간은 〈자신이 소유한 유전자 주식의 50퍼센트〉를 자식에게 넘기고, 배우자를 선택할 때는 〈위험 분산 전략〉을 쓰며, 인간 간의 관계는 기본적으로 〈투자〉와 다르지 않다. 도킨스는 『이기적 유전자*The Selfish Gene*』에서 자신이 경제학적 개념을 자연에 **전이한** 것이 아니라 자연에서 그런 개념을 **발견했고**, 거기서 사회에 대한 추론을 다시 끄집어냈다고 교묘하게 말을 돌린다. 사실 지금까지도 많은 생물학자가 이런 생각에 여전히 사로잡혀 있다.

문화와 사회의 역사 발전은 자세히 들여다볼수록 스펜서가 한 것처럼 자연 선택 과정으로 설명하기가 점점 어려워진다. 다윈도 그건 자신이 없었다. 인간 종은 결코 자연 선택의 원칙을 통해 현재의 모습으로 발달한 것이 아니기 때문이다. 결정적인 요인은 그가 1871년 『인간의 유래*The Descent of Man*』에서 썼듯이 자연 선택이 아니라 바로 배양 능력이 있는 **성 선택**이다. 다윈이 동식물의 유래를 넘어 영국인의 유래까지 독자들에게 알려 주는 데는 무려 12년이라는 시간이 걸렸다. 영국인들은 다른 모든 인간과 마찬가지로 동물 세계에서 왔다. 다만 아메바나 개미와 달리 인간은 성 파트너를 대체로 신중하게 고른다. 그로써 누가 진화에서 성공을 거둘지 결정하는 핵심 요소는 **환경**이 아니라 **파트너 선택**이다. 그런데 성적 파트너를 심사숙고해서 고를 수 있는 것은 인간에게 아름다움에 대한 감각을 비롯해 사랑과 도덕적 능력에 대한 감각이 있기 때문이다. 결국 다윈이 보기에 인간의 진화를 결정한 것은 환경이 아니라 미학과 사랑, 도덕성이다.

그렇다면 인간의 발전에서 관건은 〈사회 다윈주의〉가 아니라 똑똑한 인간이 살아남는다는 **현자 생존**survival of the smartest이다. 생물학에 관심이 많았던 엥겔스도 비슷한 생각을 했다. 생존 투쟁에 관한 〈투박한 영국식〉 논거는 **한 가지** 진화 요소만 거론하고 있다는 것이다. 엥겔스의 말을 직접 들어 보자. 〈첫째, 나는 다윈의 학설을 **발전론**으로 받아들이기는 하지만, 생존 투쟁이나 자연 선택 같은 다윈의 증명 방법이 새로 발견된 사실에 대한 잠정적이고 불완전한 최초의 표현일 뿐이라고 생각한다. 둘째, 죽은 것이든 산 것이든 자연이라는 육신의 상호 작용은 조화와 충돌, 투쟁과 협력을 포함한다. 셋째, 생존 투쟁에 관한 다윈의 전체 학설은 **만인에 대한 만인의 투쟁**이라는 홉스의 학설, 부르주아 경제학의 경쟁 학설, 맬서스의 인구론 같은 인간 사회의 논리를 살아 있는 자연에 단순히 전이한 것이다. 넷째, 동물 세계와 인간 사회의 본질적 차이는 동물은 기껏해야 **채집**을 하지만, 인간은 **생산**을 한다는 것이다. 중대한 이 차이 하나만으로도 동물 사회의 법칙을 곧장 인간 사회로 전이하는 것은 불가능하다.〉[113]

엥겔스가 1875년에 이 글을 쓸 당시 〈사회 다윈주의〉, 즉 사회 진화론은 영국에서만 만개한 것이 아니라 독일에서도 유행했다. 자연의 법칙이 그러하다면 인간 사회의 법칙도 그러할 것이다. 즉 인간은 태생적으로 이기주의자여서 개인이든 전체 민족이든 어떤 대가를 치르더라도 생존 투쟁에서 승리를 거두려고 한다는 것이다. 이런 식의 전이에는 자연 세계를 일종의 전쟁터로만 이해하는 〈투박한 영국식〉 논리가 깔려 있다. 게다가 이는 **사실 확인에서 규범을 도출해서는 안 된다**는 흄의 유명한 법칙에 어긋나는 것이기도 하다. 어떤 것이 특정한 방식으로 존재한다고 해서 그게 반드시 그래야 하거나 그러지 말아야 하는 것의 근거가 될 수는 없기 때문이다. 예를 들어 독일은 2015년부터 난민을 100만 명 넘게 받아들였는데, 그것을 보고 너무 많다고 단정할 수 없다. 누군가에게는 1만 명만 넘어도, 아니 단 한 명도 너무 많을 수 있지만, 다른 누군가에게는 200만 명도 너무 많은 것이 아니다.

진화 법칙도 마찬가지다. 진화 법칙이 존재한다는 것이 개인이나 민족에게 따라야 할 행동 규범이 미리 정해져 있다는 뜻은 아니다. 칸트의 구분에 따르면, 자연법칙은 **구속력**이 있기는 하지만 **의무**는 아니다. 달리 표현하자면, 중력은 내가 그것을 인정하든 말든 늘 작용한다. 물론 그렇다고 해서 내가 어떻게 살아야 하는지를 말해 주지는 않는다. 내게 그것을 말해 주는 것은 오직 도덕규범뿐이다. 도덕규범의 구속력은 중력과는 다르다. 나는 그것을 어길 수 있고, 타의가 아니라 자발적인 각성이나 순응의 차원에서 지킬 수도 있다.

스펜서를 비롯해 그의 영국과 독일 동지들이 세상에 내놓은 철학적 견해는 틀렸고, 뼛속들이 비인간적이다. 하지만 그런 견해가 자라날 시대적 토양은 매우 비옥했다. 사회 다윈주의는 1870~1871년의 프로이센-프랑스 전쟁으로 크나큰 추동력을 얻었다. 이 전쟁에서 독일의 승리는 전쟁이 〈생존 투쟁〉을 위한 합법적 수단임을 확증해 주는 게 아닌가? 독일처럼 우월한 민족은 다른 나라를 침략해도 된다. 그들은 다른 민족보다 우월하기 때문이다. 전쟁은 오토 폰 비스마르크(1815~1898)가 말한 대로 〈현실 정치〉의 수단이자 자연법칙에 준하는 의무다!

오스트리아 문화사가 프리드리히 폰 헬발트(1842~1892)는 이런 시대정신에 동의하면서 1875년에 이렇게 적었다. 〈프로이센 주도하의 독일 제국이 탄생했다. 《복수》라는 도덕적 원칙의 승리로서가 아니라 더 강한 자의 권리의 **구현**으로서.〉[114] 한때 무척 반항적이던 신학자 슈트라우스조차 말년의 작품 『옛 신앙과 새 신앙

Der alte und der neue Glaube』(1872/1875)에서 사회 다윈주의 앞에서 기독교적 희망을 뒤로 물린다. 〈신사 숙녀 여러분, 인류가 다툼을 평화로운 합의로 조정하게 될 날이 언제인지 아십니까? 인류가 이성적인 대화로만 계속 번식해 나가는 시스템을 만들게 되는 바로 그날입니다.〉[115]

자본론

마르크스는 스펜서와 다윈, 밀을 만난 적이 없었다. 네 사람이 다 같은 시기에 런던에 머물며 작업을 했는데도 말이다. 물론 궁핍했던 이 독일인 망명객은 어차피 유력 영국인을 만날 기회가 없었다. 파리에 있을 때 프랑스의 유력 공산주의자들을 만날 기회가 없었던 것처럼 말이다. 마르크스는 1850년대와 1860년대 초 런던에서는 주변인이었다. 수염을 덥수룩하게 기른 채 매일 영국 국립 도서관에 앉아 신들린 사람처럼 책을 읽고 발췌하고, 글을 썼다. 그러다 1859년 실제로 베를린에서 제대로 된 첫 책이 나왔다. 『정치 경제학 비판*Zur Kritik der politischen Ökonomie*』이 그것이다. 그런데 엥겔스가 기대한 대작은 아직 아니었다. 제목이 11년 전에 출간된 밀의 책을 떠올리게 하는 것은 우연이 아니다. 마르크스도 정치 경제학을 하고 싶었고, 경제와 사회를 함께 뭉뚱그려 생각하고자 했다. 그 과정에서 그는 〈부르주아 경제학〉의 심대한 오류를 꿰뚫어 보았다. 부르주아 경제학은 마치 상품이나 돈이 〈그 자체로〉 하나의 가치를 갖고 있는 것처럼 사물에 의미를 부여하는 오류를 범했다. 마르크스가 볼 때 경제학이 그런 것들을 마치 자연물처럼 다루는 건 사람들 간의 합의에 기초하고 있었다. 사람들이 합의를 보면 이해관계가 생겨나는데, 이 이해관계를 깨닫고 그 속의 〈신비화〉

과정을 폭로하는 것이 필요했다. 마르크스가 바로 그 작업을 했다. 사용 가치와 교환 가치로서 상품의 가치에 대해 숙고하면서 노동의 개념을 분석했고, 헤스에게서 넘겨받은 돈 이론을 확장했으며, 돈의 순환 과정과 축적 과정을 설명했다. 또한 〈상부 토대〉와 〈하부 토대〉의 개념을 기술하면서 생산 위기와 무역 위기의 법칙도 상세히 설명했다.

마르크스가 이 글을 쓸 무렵 영국은 〈빅토리아 시대의 경제적 호황〉을 누렸다. 1857년과 1866년의 경제 위기도 대세에 전혀 지장을 주지 못했다. 물론 독일 망명객은 위기 때마다 옛것의 종말과 새로운 시작이 보이길 강력하게 희망했음에도 말이다. 영국 경제는 유럽과 미국, 인도로 확장되었다. 철강 산업과 금융 산업은 숨 가쁘게 성장했고, 자유 무역은 눈부시게 꽃피웠으며, 런던 인구도 급속도로 불어났다. 19세기 초에 100만 명이던 인구가 19세기 말에는 무려 600만~700만 명으로 불어났다. 1845년에는 국립 미술관을 갖춘 트라팔가 광장이 완성되었다. 마르크스가 막 런던에 도착했을 때였다.

1851년에는 신축 크리스털 팰리스(수정궁)에서 제1회 만국 박람회가 개최되었다. 철골과 유리로 만든 대담하고도 기념비적인 건축물이었다. 박람회 공간의 절반 가까이가 번영을 구가하는 영국 경제의 전시장으로 할애되었다. 도시 곳곳에서 야심만만한 프로젝트가 진행되었고, 비상하는 자본주의의 석조 및 철조 상징들이 생겨났다. 1870년에는 수십 년의 건축 끝에 마침내 국회 의사당이 완공되었고, 1년 뒤에는 연주회장 로열 앨버트 홀이 문을 열었다. 1874년 이 도시에는 기차역이 아홉 개, 전철이 하나 있었고, 세계 최초의 지하철이 뚫렸으며, 전역에 운하 시스템이 갖추어졌다. 수십만 명의 가난한 아일랜드인이 런던으로 이주하고, 무수한 식민지 난민이 행운을 찾아 이 도시로 밀려왔음에도 자본주의의 임박한 붕괴와 프롤레타리아트 독재를 암시하는 징조는 어디에도 나타나지 않았다.

런던은 진보와 경제적 자유방임의 원칙을 보여 주는 도시였다. 스펜서는 그런 시대의 철학자였다. 1860년대 초에 이르면 〈부르주아지〉의 전투적 적들 가운데 남은 사람은 블랑키밖에 없었다. 그는 오랜 구금 생활을 마친 뒤에도 여전히 지치지 않고 벨기에 망명지에서 선동 활동을 벌이고 있었다. 다른 동지들은 이미 죽었거나 점진적 개혁을 주창하는 사회 민주주의로 노선을 바꾸었다. 그런 맥락에서 작가 페르디난트 라살레(1825~1864)는 1863년 독일 땅에 최초의 사회 민주주의 정당인 전독일 노동자 동맹을 창건했다. 그런 라살레의 구애를 받았던 마르크스는 큰 성공을 거둔 이 정치적 동지를 상당히 경멸하는 시선으로 내려다보았다.

그 무렵 마르크스는 지금껏 천착해 왔고, 몇 안 되는 지지자들이 오랫동안 기다려 온 사유의 결과물을 원고지에 써 내려가기 시작했다. 그러다 마침내 1867년 가을에 도저히 끝날 것 같지 않던 긴 집필 기간 때문에 스스로 〈빌어먹을 책〉이라고 불렀던 책이 함부르크에서 출간되었다. 『자본론. 정치 경제학 비판*Das Kapital. Kritik der politischen Ökonomie*』이 그것이다. 식자공은 읽기조차 어려운 이 원고를 800면이 넘는 두꺼운 책으로 제작하는 데 40주라는 시간을 들여야 했다. 초판은 1천 부를 찍었는데, 다윈보다 몇 부가 적었다. 그런데 오늘날 세계 문화유산으로 지정된 다윈의 저서와 달리 이 책은 별다른 논쟁을 불러일으키지 않았다. 15년의 혹독한 작업 끝에 나온 결과물이 실망스럽다는 이야기도 다름 아닌 엥겔스에게 처음 들었다. 『자본론』의 저자처럼 그렇게 글을 어렵게 쓰는 사람은 큰 성공은 말할 것도 없고 세상에 아무런 영향도 끼칠 수 없다는 것이다. 윌리엄 피트 주니어가 고드윈의 책 『정치적 정의와 그것이 일반 미덕과 행복에 미치는 영향』에 대해 했던 말이

『자본론』에도 그대로 적용된다. 어떤 노동자도 이 책을 읽어 낼 수 없으리라는 것이다.

하지만 이 책은 원래 미래 사회의 받침대, 즉 토대를 세울 목적으로 쓰였다. 그래서 경제학을 사회학 및 정치학과 연결시켰고, 이 모든 것을 역사의 동력과 흐름 속에 분류해 넣었다. 『공산당 선언』에서 그랬던 것처럼 이 책도 자본주의의 면밀한 분석과 함께 시작한다. 경제학에서는 왜 재화가 하나의 〈가치〉를 갖고 있을까? 마르크스는 리카도의 논리로 대답한다. 재화에는 그것이 생산되기까지의 노동이 들어 있기 때문이다. 모든 경제적 가치는 그것을 만들어 내는 유일한 요소, 즉 노동에 따라 매겨져야 한다. 자본주의 경제에서 완성된 재화는 모두 〈시장〉에서 상품이 된다. 그건 노동의 산물만이 아니라 노동자 자신의 노동력도 마찬가지다. 가난한 노동자들은 자신을 상품으로 팔고, 자본가는 그 노동자들을 이용해서 마찬가지로 상품으로 팔게 될 재화를 만든다. 이는 만일 〈생산 수단〉을 가진 자들, 즉 공장주가 노동자에게 그들 몫의 합당한 임금만 지불한다면 문제 될 것이 없다. 그러나 공장주는 그러지 않고, 노동자가 스스로를 계속 상품으로 제공해야 할 만큼의 임금만 지불한다. 나머지 이익, 즉 〈잉여 가치〉는 오직 자본가의 수중으로 들어가고, 그것은 더 큰 이익을 내기 위해 재투자된다. 따라서 전체 자본주의 경제는 노동자에게 정당하게 지불하지 않은 임금을 토대로 돌아간다. 노동자가 일한 대가로 받는 임금, 즉 〈교환 가치〉는 그보다 몇 배는 더 비싼 노동력의 〈사용 가치〉와 일치하지 않는다. 여기서 사용 가치는 노동자가 생산하는 상품의 실제 가격을 말한다.

교환 가치와 사용 가치의 구분은 새로운 것이 아니다. 이미 스미스와 리카도도 그런 구분을 했다. 다만 마르크스는 이전의 영국 사회주의자들처럼 두 개념의 차이를 불공정한 자본주의 경제의 단초로 삼았다. 아울러 잉여 가치 속에서 장차 자본주의에 닥칠 몰락의 싹을 보았다. 그 논리는 다음과 같다. 자본가는 점점 세계화되는 시장에서 승리하려면 더 많은 잉여 가치를 확보해 더 많이 투자해야 한다. 그와 함께 노동자의 임금 상황은 점점 나빠진다. 반면에 자본가는 더 많은 원료를 구입하고 더 많은 기계를 들여놓음으로써 시장 경쟁력을 키워 나간다. 기계는 인간보다 훨씬 싸게 먹히기에 미래에는 노동자가 점점 필요 없어진다.

이런 맥락에서 리카도는 이미 〈산업 예비군〉이라는 말을 쓰기도 했다. 하지만 마르크스는 리카도와 달리 기계 투입으로 절약된 자본이 새로운 고용 관계로 이어질 거라고 보지 않았다. 〈제임스 밀, 존 매컬러, 토런스, 시니어, 존 스튜어트 밀 같은 상당수 부르주아 경제학자들은 주장한다. 기계 설비로 노동자들이 밀려나지만, 거기서 절약된 자본은 그만큼의 노동자를 고용하는 데 반드시 재투입될 거라고.〉 그러나 〈경제적 낙관주의를 벗겨 낸 실체적 진실은 이렇다. 기계 장비 때문에 작업장에서 밀려난 노동자들은 노동 시장에 내동댕이쳐지고, 그로써 자본주의적 착취에 무방비 상태로 노출된 노동력의 수만 증가한다. …… 그들에게 미래란 없다. 분업을 통해 진작 불구가 된 이 불쌍한 인간들은 예전의 노동 분야를 벗어나면 별로 가치가 없어서 열악한 환경임에도 끊임없이 사람들로 넘쳐 나고 턱없이 낮은 임금을 받는 소수의 노동 분야에서만 일자리를 찾는다.〉[116]

생산 과정의 〈자동화〉가 급속도로 진행되면 임금은 줄고 실업자는 늘어난다. 동시에 구매력은 떨어진다. 생산성의 증가와 함께 생산은 큰 폭으로 증가하겠지만, 상품을 구매할 여력이 없는 사람들이 늘어난다면 기업은 도산하고 만다. 이건 마르크스가 시스몽디와 톰프슨으로부터 알게 된 논거다. 부르주아지의 몰락을 예고한 마르크스는 1857년과 1866년의 경제 위기에서 그런 몰락의 첫 번째 징조를 본다. 위기 상황에서 힘없는 시장 참여자는 도태되고, 자본의 집중은 심화되고, 마지막엔 시장의 역할이 무력화되면서 소수 독점 자본가가 시장을 지배한다. 그렇다면 이제 자본주의는 시스템 내의 자기모순으로 무너질 때가 임박했다. 〈자본 독점으로 생산 방식은 더욱 발전하겠으나, 결국 자본 독점은 생산 방식을 옥죄는 굴레가 된다. 생산 수단의 집중과 노동의 사회화는 자본주의적 외피와는 도저히 어울릴 수 없는 지점에 도달하고, 그와 함께 그 외피는 폭발하고 만다. 자본주의적 사유 재산의 마지막 종이 울린다. 이제는 착취자들이 착취당할 것이다.〉[117]

오늘날에도 이런 일이 벌어지지 않고 있는 것을 보면 마르크스의 예언은 틀린 듯하다. 하지만 자본주의가 그사이 그의 진단으로부터 많은 것을 배웠고 자체 내의 위험성을 똑똑히 깨달은 것을 생각하면 마르크스는 충분히 자부심을 느껴도 된다. 또한 그를 비롯해 다른 사회주의자들이 불러낸 유령이 이어진 세기들에서 시대의 필수적 교정책으로서 자본주의를 문명화한 정신이었다는 점에서도 자부심을 느껴도 된다. 전 유럽에서 보편화된 노동 운동과 노동조합, 사회 민주당이 그에 대한 예다. 그런데 21세기에도 19세기와 똑같은 문제가 제기되고 있다. **제2의 기계 시대**, 즉 무수한 직업 영역에서 과거처럼 단순히 인간의 육체노동만 대신하는 것이 아니라 정신노동까지 기계가 대체하는 또 다른 거대한 산업혁명은 우리를 어떤 사회로 인도할까? 19세기와 20세기의 조건에서는 가능하지 않았던 후기 자본주의 사회의 조건을 새로 만들어 낼까? 마르크스가 〈산업 예비군〉과 극단적 독점의 형성 속에서 그 본질을 보았던 옛 질서의 붕괴 악령들은 오늘날 우리 문 앞에 다시 서 있다. 반면에 〈계급 없는 사회〉는 여전히 안갯속이다.

이런저런 예언은 차치하고 마르크스의 경우, 고전 경제학을 비롯해 급진적 자유주의의 이데올로기적 선입견을 비판적으로 고찰한 업적을 빼놓을 수 없다. 그는 임금 노동과 착취, 잉여 가치를 대안 없는 것으로 전제한 **자본주의 경제의 철칙**을 믿지 않았다. 대신 재화가 생산되고 권력과 부가 분배되는 사회적 방식에서 생겨나는, 영원한 진보의 변증법적 운동으로서 **역사 철칙**을 믿었다. 여기선 맬서스와 다윈, 스펜서가 말한 〈생존 투쟁〉이나 〈만인에 대한 만인의 투쟁〉은 존재하지 않고, 오직 그때그때 수적으로 우세한 새 계급이 자연법칙에 맞게 옛 계급을 몰아내는, 생존을 위한 계급 투쟁만 존재할 뿐이다. 이를 증명하기 위해 마르크스는 15년 동안 꼼꼼히 정리해 온 무수한 증거와 여록, 해설, 주석을 『자본론』에 실었다. 그 뒤 두 번째, 세 번째 권이 계획되었으니…….

자유의 공리(公理)

마르크스가 런던의 메이틀랜드 파크 로드에서 『자본론』 집필에 매달리는 동안 밀은 남쪽으로 20킬로미터쯤 떨어진 그리니치 블랙히스 파크의 한 저택에 앉아 있었다. 1851년에 테일러와 함께 들어온 집이었다. 해리엇의 남편이 죽고 2년 뒤에야 두 사람은 마침내 결혼할 수 있었다. 그러나 그렇게 오래 열망하던 결혼 생활은 단 7년밖에 허락되지 않았다. 1858년 가을에 부부는 프랑스 남부로 여행을 떠났다. 밀은 그전에 평생 다니던 동인도 회사를 그만두었다. 그는 결핵에 걸렸고, 두 사람은 밀이 젊었을 때 잠시 묵었던 장소로 가고자 했다. 그런데 11월 3일 해리엇이 아비뇽에서 결핵으로 숨을 거두었다. 밀의 충격은 이루 말할 수 없을 정도로 컸다. 그는 아내가 마지막까지 묵었던 호텔방의 가구를 구입해 인근 도시 생베랑의 작은 하얀 집으로 옮겼고, 이후 그곳을 제2의 고향으로 삼아 눌러앉았다. 그러고 얼마 뒤 런던에서 그의 유명한 책 『자유론*On Liberty*』이 출간되었다.

이 책은 분량이 얼마 안 되는데도 정치사상가 밀의 정수와도 같은 사유를 담고 있다. 모든 인간은 성공을 추구한다. 성공하려면 자유롭게 스스로를 펼칠 수 있어야 한다. 예를 들어 미적인 측면에서는 세련된 감각을 키우고, 도덕적 측면에서는 스스로를 도야해야 한다. 자유롭게 자신을 펼칠 수 있는 사람만이 적절하게 자기를 돌보고, 삶을 자유자재로 통제하는 예술에 몰두할 수 있다. 따라서 자유는 인간에게 굉장히 강렬하고 자연스러운 충동이다. 기본 욕구가 충족되어야 하듯 인간 행복의 가장 강렬하고 중요한 요소는 자유다. 자유 없이는 자기 결정권도 없고, 자기 결정권 없이는 적절한 〈자기 돌봄〉도 없으며, 자기 돌봄 없이는 〈삶의 예술〉도, 성공한 인생도 없다.

이런 기본 인식에 대해 밀은 추호의 의심도 없었다. 하지만 그런 인식과 함께 그가 『논리학 체계』에서 제기한 규칙을 스스로 어기고 있음이 비판자들의 눈에 띌 수밖에 없었다. 그 규칙에 따르면 인간에 대한 전제는 경험적으로 엄정하게 증명할 수 있는 것이어야 했다. 이 대목에서 벤담과 밀의 아버지가 내세웠던 인간상, 즉 모든 인간은 이기주의자라는 전제를 방법론적으로 비판한 밀의 모습이 떠오른다. 경험적으로 엄밀하게 증명할 수 없는 사변적 전제로 시작해서는 안 된다는 것이다. 밀은 하나의 공리에서 다른 모든 것을 추론해 내는 기하학자의 방법을 거부했다. 그런데 그런 그가 이제 비슷한 것을 하고 있었다. 자신이 생각하는 인간의 본질에서 출발해서 다른 모든 것을 거기서 이끌어 내고 있었다.

인간은 기본 욕구를 충족했다고 해도 다른 무엇보다 자유를 추구할까? 이 문제는 오늘날까지도 논란이 분분하다. 어쩌면 이건 자유에 대한 욕구를 어떤 것으로 매수할 수 있느냐에 달려 있을지 모른다. 만일 누군가 당신에게 고향 마을을 떠나면 100만 달러를 주겠다고 약속한다면 고향을 떠나지 않을 사람이 과연 몇이나 될까? 만일 자동차에 기름을 평생 공짜로 넣어 준다면 얼마나 많은 사람이 자신의 투표권을 남에게 양도할까? 인간에게 최고의 선이 안락함인지, 안전인지, 자유인지는 보편적으로 답할 수 있는 것이 아니다.

밀은 나중에 이렇게 썼다. 〈자신의 자유를 포기하는 것은 자유가 아니다.〉[118] 왜 아니라는 것일까? 자유에 대한 공리는 그에 대한 좋은 근거가 되지 못한다. 만일 자유를 제한해야만 자신을 제대로 돌볼 수 있다면 그 공리는 흔들릴 수밖에 없다. 그렇다면 다음 둘 중에서 뭐가 더 중요할까? 범죄율을 획기적으로 줄이는 것일까, 아니면 점점 〈스마트해지는〉 도시에서 카메라와 센서로 사람들을 빈틈없이 감시하는 것에 반대하며 개인의 자유를 옹호하는 것일까? 혹자는 인터넷 사용자들의 흔적과 정보를 저장하는 디지털 대기업들의 행태가 거슬릴 수 있으나, 혹자는 〈숨길 게 없다〉는 이유로 그걸 대수롭지 않게 여긴다. 만일 가상 공간에서 정보를 빼내 가는 대가로 돈을 준다면 얼마나 많은 사람이 감사히 받을까?

밀은 아리스토텔레스와 칸트의 도움을 받아 **소극적** 자유와 **적극적** 자유를 구분한다. 소극적 자유는 국가로부터 간섭이나 괴롭힘을 받지 않을 권리로서 내가 나의 적극적 자유, 즉 감각과 오성을 계발하고 삶의 기쁨을 능동적으로 만끽할 수 있는 자유의 전제 조건이다. 소극적 자유에서 핵심은 **제약을 받지 않는 것**이고, 적극적 자유에서는 **사회적 과정에 대한 참여**다. 밀이 볼 때 이 둘은 불가분의 관계로 얽혀 있다. 소극적 자유 없이는 적극적 자유도 없다. 하지만 이 둘은 실제론 분리될 수 있다. 예를 들어 국가는 시민의 개인적 행복을 보장하는 자유, 즉 소비하고, 이익과 성적 만족을 좇고, 신분을 과시하는 등의 자유를 허용하면서도 그보다 더 큰 정치적 자유권은 용납하지 않을 수 있다. 페르시아만 인근 국가들의 상황을 떠올려 보라. 이들 국가에서는 정치적 참여의 가능성이 없음에도 혁명이 일어난다는 것은 거의 상상할 수도 없다.

밀이 19세기 중반에 이 모든 것을 내다보지 못한 것을 두고 비난할 수는 없다. 물론 토크빌은 이와 관련해서 자유와 참여, 민주주의와 개성은 논리적으로 함께 가지는 못한다고 밀에게 경고했지만 말이다. 그러나 밀은 인간이 소비를 통해 매수당할 위험이 크다는 사실을 알지 못했다. 그가 가장 큰 위험으로 예감한 것은 사람들이 여론의 전횡으로 너무 획일화될 위험이었다. 그가 마주한 전선은 토크빌과 달랐다. 귀족 출신의 토크빌은 민주주의에서 시민들을 이기주의로 이끄는 소비 욕구를 경멸했다.

반면에 시민 계급 출신의 밀은 국가를 향한 자유로운 시민들의 권리 투쟁이 앞으로도 한참 더 진행되어야 한다고 생각했다. 영국 의회에서 밀의 적은 보수파였다. 그들은 여전히 시민의 자유를 좁은 경계선 안에 가두는 강력한 국가를 요구했다. 스코틀랜드 출신의 토머스 칼라일(1795~1881)은 밀을 포함해 모든 공리주의적 원칙을 〈돼지들〉을 위한 강령 정도로 취급했다. 〈쾌락〉을 올바른 결정의 기준으로 삼으면 미풍양속은 부패할 수밖에 없다. 비판은 멀리 떨어진 곳에서 오지 않았다. 역사서 저자이자 시대 흐름의 끊임없는 주석자였던 칼라일은 빅토리아 시대에서 가장 영향력이 큰 사상가 중 하나였다. 그의 책은 밀보다 훨씬 많이 팔렸다. 그는 보날드와 궤를 같이하는 보수주의자였다. 물론 보날드만큼 탁월한 지성은 없었지만 말이다. 보날드가 가톨릭교회의 옛 영광을 꿈꾸었다면 반세기 뒤에 칼라일은 역사에 남을 〈위대한 남자들〉의 작업에 열광했다.

밀은 1859년 자유에 관한 글을 쓸 당시 오늘날의 서유럽에서는 너무나 자명한 것을 지키기 위해 전의를 불태워야 했다. 자유권은 서유럽 백인 남자에게만 있는 것이 아니라 모든 인간에게 있다는 것이다. 칼라일은 식민지에서의 노예제 폐지를 반대했다면, 밀은 폐지를 강력하게 부르짖었다. 타인을 지배할 권리는 결코 자연권이 아니었다. 그렇다면 영국 정부도 권력을 행사하기 위해 존재하는 것이 아니라 인간이 자유를 충분히 누릴 수 있도록 지원하고, 타인으로부터 그 자유가 침해되지 않도록 보호하려고 존재하는 것뿐이다. 밀은 이에 대한 영감을 칸트의 책과 훔볼트의 책 『국가 활동의 한계 규정을 위한 시도*Ideen zu einem Versuch, die Gränzen der Wirksamkeit des Staats zu bestimmen*』에서 얻었다. 훔볼트는 이 책을 1792년에 이미 프랑스 혁명의 발발을 지켜보면서 썼지만, 거기에 담긴 자유주의적 관점이 국제적 주목을 받게 된 것은 그게 유고집으로 출간(1851)된 뒤였다. 칸트와 훔볼트의 국가 이해에 기초한 밀 자신의 국가관은 『자유론』 서두에 바로 나온다. 〈인류가 개인이건 집단이건 누군가의 자유로운 행위에 개입할 권한을 갖고 있다면 그의 유일한 근거는 자기 보호다. 또한 우리가 문명사회 내의 누군가에게 그 사람의 의사에 반해 합법적으로 강제적 권력을 행사할 권한을 갖고 있다면 그의 유일한 목적은 타인에 대한 침해 방지다.〉[119]

밀은 〈문명사회〉라는 표현을 의도적으로 사용했다. 자신의 이야기가 〈비문명사회〉에는 해당되지 않음을 명시하고 싶었기 때문이다. 유럽 민주주의가 최선의 국가 형태라는 믿음은 확고했다. 그런 사실을 숨기지도 않았다. 1861년에는 유럽 민주주의를 위해 『대의 정부론*Considerations on Representative Government*』을 집필하기도 했다. 하지만 그런 민주주의의 시행을 위해서는 전제 조건이 엄청나게 많았다. 밀은 그런 요구를 서구 국가들에만 제기할 수 있을 뿐 아프리카나 아시아 국가들에는 할 수 없음을 잘 알고 있었다. 그는 고드윈과 마찬가지로 좀 더 높은 차원의 정의는 폭력이 아니라 오직 점진적인 문화적 발달과 교육을 통해 달성할 수 있다고 믿었다. 또한 콩트와 마찬가지로 이 세상은 선진국과 후진국으로 나뉜다는 전제에서 출발했다. 그러니까 문화와 정치 수준이 나라마다 똑같지 않다는 것이다. 물론 그러면서도 문명화된 민족이 저개발 민족들에게 권리와 문화를 가져다준다는 명분으로 간섭 전쟁을 일으키는 것은 단호히 반대했다. 그의 에세이 『비간섭에 대한 몇 마디 소견*A Few Words on Non-Intervention*』(1859)에 그런 생각이 똑똑히 담겨 있다. 권리와 문화, 민주주의는 인간의 심장 속에 바로 심을 수 있는 것이 아니다. 그런 가치들이 발달해서 성취로 나타나기까지는 오랜 시간이 걸린다. 그럼에도 밀은 인도에 대한 영국의 식민 통치(그의 오랜 밥벌이기도 했다)에서 긍정적인 면을 보았다. 식민 통치가 평화적으로만 진행된다면 인도인들의 발전에 도움이 된다는 것이다.

밀은 고드윈처럼 점점 높은 단계로 나아가는 사회적 진화를 믿었다. 하지만 스펜서와 달리 그런 진화가 특정 민족이나 인종에 의해 수행된다고 생각하지는 않았고, 마르크스처럼 어떤 계급에 맡겨진 역사적 사명이라고 생각하지도 않았다. 밀의 사고는 개인을 중심으로 돌아갔다. 바로 그게 마르크스에게 의심을 불러일으켰다. 그에게 개인은 없었다. 그의 사상에서 중심을 차지하는 것은 특정한 지배 상황에서 특정한 의식 상태에 이른 인간들뿐이었다. 이 두 관점의 장점과 단점은 명확하다. 마르크스는 권력을 잡은 프롤레타리아트가 이전의 다른 권력자들처럼 권력 남용에 빠질 거라고는 생각조차 하지 않았다. 반면에 밀은 원칙적으로 자유와 권력이 영원한 긴장 관계에 있다고 경고했다. 그런 상태에서 만일 예방과 관리가 지혜롭게 이루어지지 않으면 저울은 권력 쪽으로 급속히 기운다고 생각했다. 원래는 자유 쪽으로 기울어야 함에도 말이다.

밀의 약점은 그의 인간학적 기본 공리인 자유의 문제에서 뚜렷이 드러난다. 삶의 기술을 발휘해서 스스로를 최상으로 돌보려면 똑똑해야 한다. 똑똑하고 지적인 사람이 어리석은 사람보다 자유를 더 사랑한다. 하지만 자유의 투사가 가장 지적인 인간이 아니라는 건 인간 삶을 잠시만 둘러보아도 금방 알 수 있다. 또한 역사 과정에서 얼마나 많은 고도의 지성이 불의한 정권과 체제에 순응했던가? 마르크스라면 이렇게 따질 것이다. 내 능력을 펼치려는 욕구가 아무리 강하더라도 사회적 조건이 애초에 그것을 허용하지 않는다면 무슨 소용이 있겠는가?

어쨌든 밀은 인간의 절반, 즉 여성이 자기 권리를 찾을 수 있도록 열정적으로 돕고자 했다. 그게 테일러의 영향 없이 혼자서 그렇게 용기 있게 밀고 나갈 수 있는 일이었다고 말하기는 어려워 보인다. 아무튼 그는 연인을 위해 분명 뭔가를 하고 싶었을 것이다. 반면에 아버지 제임스 밀은 남성에게만 독점적으로 선거권을 부여하는 것을 강력히 지지했다. 그 바람에 톰프슨과 그의 연인 애나 도일 휠러(1780?~1848)의 분노를 사기도 했다. 톰프슨은 연인의 도움을 받아 『여성을 정치적, 시민적, 가정적 노예로 가두려는 남성들에 대한 인간 종의 절반인 여성들의 항변*Appeal of One Half of the Human Race, Women, Against the Pretensions of the Other Half, Men, to Retain Them in Political, and Thence in Civil and Domestic, Slavery*』(1825)을 발표했다. 말년에 밀은 마침내 여성 해방을 화두로 삼았다. 울스턴크래프트와 고드윈에서 시작해서 톰프슨과 휠러를 거쳐 밀에게 이르는 이 일련의 연결 고리 끝에는 밀의 책 『여성의 종속*The Subjection of Women*』(1869)이 자리한다.

고드윈과 푸리에처럼 밀도 남자의 노예 상태로부터 여성을 해방시키는 것을 인간적인 사회, 즉 〈고결한 도덕적 정조(情操)〉가 숨 쉬는 사회로 가는 필수 단계로 보았다.[120] 여성에게 동등한 권리를 거부하는 남성의 논리가 무엇이든 간에 근거는 미약하다.

남자가 선천적으로 여자보다 더 강하다고 주장하는 로크의 논거도 그렇고, 여자는 원래 남자에게 복종하는 것 말고는 다른 것을 원치 않는다는 속이 뻔히 들여다보이는 모든 위선적 주장도 마찬가지다. 남녀가 공히 자유롭게 발전하려면 우선 여성들이 자유로워야 한다. 그런 측면에서 보자면 여성을 동등한 존재로 인정하는 것은 남성의 이익에도 전적으로 부합한다. 〈그래야 인류의 이익에 복무하는 지성의 양이 두 배로 늘어남으로써〉 남성들도 이익을 보기 때문이다.[121] 물론 밀도 남성과 여성 사이의 중요한 성격적 차이를 인정한다. 여성은 종의 보존에 복무하고 인간 간의 관계를 좀 더 세심하게 돌보는 데 반해, 남성은 생업을 꾸려 나가는 면에서 좀 더 능동적인 능력을 발휘한다. 하지만 이런 차이가 남녀의 사회적 역할을 법률적으로 확정 짓는 근거가 되지는 못한다. 여성도 얼마든지 의사나 변호사, 국회 의원이 될 수 있다.

영국에서 여성의 참정권이 인정되기까지는 50년이 더 지나야 했다. 영국은 그런 발전의 선구자가 아니었다. 결국 밀도 더 이상 자신의 요구를 강하게 밀어붙일 수 없었다. 여성의 권리를 옹호하는 책이 출간되기 1년 전에 의원직을 잃었고, 이제 예순두 살의 나이로 생베랑의 집으로 돌아갔다. 거기서 창문 너머로 테일러의 무덤을 내다보곤 했다. 여생은 사회주의와 자신의 관계를 다시 정리하는 것으로 보냈다. 틈나는 대로 자서전도 썼다.

그의 철학 속에 내재한 모순은 말년에도 해결되지 않았다. 최대 다수의 행복을 중시하는 공리주의 원칙은 자유의 공리와 합치될 수 없었다. 철저한 자유주의자이면서 동시에 철저한 공리주의자가 되는 건 불가능했다. 개인의 자유나 만인의 행복, 둘 중 하나가 중심에 서야 했다. 둘을 동시에 충족시키는 건 가당치 않았다. 그건 밀의 국가관도 마찬가지였다. 타인의 침해로부터 개인을 보호하는 것만을 목표로 삼는 자유주의 국가는 가난한 사람들의 교육과 건강, 최저 생활 보장을 최우선하는 복지 국가와 어울리지 않았다. 사회주의와 자유주의는 결국 마지막까지도 화해할 수 없었고, 밀이 둘 사이에 놓은 다리도 부실했다. 그는 결핵에 시달리고 허리가 구부정한 채로 생베랑에서 4년을 더 살다가 1873년 프로방스의 봄이 한창이던 계절에 아비뇽에서 숨을 거두었다. 예순일곱 번째 생일 직전이었다. 그는 죽기 전에 마지막으로 의붓딸에게 이런 말을 했다. 〈나는 할 일을 다 했다.〉 딸도 아버지에 대한 의무를 다했다. 생전의 소망대로 테일러 옆에 묻은 것이다. 밀이 진심으로 사랑했고, 진심으로 사랑받았다고 느낀 유일한 사람 옆에.

자유와 국가

밀의 정치적 영향력이 서서히 사라지는 사이 그가 살던 메이틀랜드 파크 로드에서는 다시 희망의 싹이 움트고 있었다. 1864년 9월 코번트 가든에서 멀지 않은 성 마틴 홀에 2천 명의 노동자들이 모인 것이다. 모두 영국인과 프랑스인이었다. 마르크스는 〈발 디딜 틈 없이〉 가득 찬 홀 안을 보며 15년 전에는 꿈도 꿀 수 없었던 변화를 실감했다. **노동자 계급의 부흥**이었다.[122]

제1인터내셔널이 창설되었고, 마르크스는 이 조직의 〈중앙위원회〉에 들어갔다. 그는 1848년 공산주의자 동맹을 위해 『공산당 선언』을 썼듯이 이 첫 번째 의미 있는 국제 노동자 조직을 위해서도 **창립 기념사**를 썼다. 〈노동자 여러분! 오늘 우리가 이 자리에 모인 것은 바로 지난 1848년부터 1864년까지 노동자 대중의 불행이 한 치도 줄어들지 않았다는 것에 대한 증거입니다. 반면에 저들의 역사책에 이 시기는 산업과 무역의 유례없는 진보로 기록되어 있습니다.〉[123] 마르크스는 최상위 부자 3천 명의 자본이 영국과 웨일스 농민들의 재산을 다 합친 것보다 많다는 사실을 숫자와 통계로 적시했다. 아주 명료한 통계였다. 1864년의 영국 상황을 21세기 초의 글로벌한 이 세계에 적용해도 전혀 무리가 없을 만큼. 오늘날에는 마흔두 명의 억만장자가 전 세계 부의 절반을 소유하고 있다.[124]

마르크스는 이제 자신의 본령이라고 할 수 있는 일을 다시 찾았다. 노동조합이나 협동조합과 손을 잡고, 무수한 집회에 참석하고, 50건이 넘는 보고서와 결의문을 작성했다. 게다가 영국 언론까지 인터내셔널에 관심을 보이자 분위기는 더욱 고조되었다. 그는 인터내셔널 〈서기국〉의 이름으로 미국 대통령 에이브러햄 링컨에게 편지를 보냈다. 거기서 링컨을 〈노동자 계급의 담대하고 강철 같은 아들〉이라 부르며 찬양했고, 〈노예로 묶인 인종을 해방시키는 투쟁〉에 나선 그를 격려하는 한편 〈사회적 세계〉까지 바꾸기를 소망했다.[125]

인터내셔널의 성공은 마르크스에겐 신선한 일이었다. 그의 조직이 내부 구성원뿐 아니라 외부로부터도 진지한 존재로 취급받은 것은 처음이었다. 자본이 국제화된다면 노동자라고 국제적인 연대를 만들지 못할 이유가 어디 있을까? 이 〈강력한 기계〉(마르크스가 노동자 조직을 지칭한 용어다)가 당국에 어떤 압력을 행사할 수 있을지 누가 알까? 성공의 결과는 빠른 속도로 나타났다. 1867년 영국 정부는 투표권을 가진 남성의 수를 확대했다. 이제는 500만 명 가운데 200만 명이 투표를 할 수 있었다. 물론 공장 노동자는 여전히 투표권이 없었다. 대신 수공업자와 민간 업체 직원들은 상당수 투표권을 부여받았다. 영국 정부는 노동 운동을 분열시키고자 했고, 그로써 〈강력한 기계〉의 파괴력이 무디어지길 원했다. 이런 상황을 간파한 마르크스와 인터내셔널 런던 지도부는 내부 사정이 새어 나가는 것을 철저히 통제하기로 합의했다. 왜냐하면 조직 내에서는 여전히 온갖 좌파 노선이 1840년대와 마찬가지로 서로 반목하고 욕하며 싸우고 있었기 때문이다. 그게 드러나는 건 조직에 위험한 일이었다.

아무튼 겉으로 볼 때 인터내셔널은 밀조차 주목할 정도로 무척 강력해 보였다. 1879년 그가 죽은 뒤에 출간된 책 『사회주의 *Socialism*』에 담긴 밀의 생각은 오랜 숙고의 산물이었다. 그는 새로운 사회 질서를 추구하는 투쟁을 긍정적으로 보았다. 젊은 시절 이후 늘 그의 머릿속에 맴돌던 생각이었다. 다만 노동 운동의 지도부가 〈어떤 새로운 사회 형태로 옛것을 대체할지 미리 합의하지 않고 일단 무정부주의에서 시작하지 않기〉만을 간절히 기대했다.[126] 미래에 대한 구체적인 대안 없이는 개혁도 없다! 게다가 밀은 실용주의 입장을 촉구했다. 미래 사회는 인간의 의식 상태가 그것을 받아들일 수 있는 한에서 좋을 뿐이다. 이런 측면에서 보자면 〈사회 구조의 전체적인 혁신은 현재로선 아직 요원〉했다. 왜냐하면 필요한 〈도덕적, 지적 속성들〉은 〈일단 모든 사람에게 시험해 본 뒤 대부분의 사람에게서 형성되어야 하기 때문이다.〉[127] 마르크스의 생각은 달랐다. 인간이 환경에 적응하려면 사회적 환경부터 바꾸어야 했다. 밀의 경우, 사람들이 변화된 환경을 인간적으로 구축하려면 사람부터 바뀌어야 했다. 교육과 동등한 권리, 재산의 공정한 분배가 먼저 오고, 그다음에 새로운 사회 질서가 온다는 것이다. 반면에 마르크스는 전반적인 교육과 동등한 권리, 재산의 재분배가 가능하려면 새로운 사회 질서부터 먼저 이루어져야 한다고 생각했다.

남녀평등의 문제에서 마르크스는 스스로를 선구자로 여겼다. 어쨌든 인터내셔널 서기국에도 해리엇 로(1831~1897)라는 여성이 포함되어 있었다. 그녀는 초창기 여성 참정권자로서 여권 신장을 위해 싸운 지도적 여성이었고, 의회 내에서 밀의 평등권 저서를 열렬히 옹호했다. 마르크스와도 사이가 좋았다. 마초 같은 면을 자주 드러냈던 이 동지가 여권 문제를 겉으로만 번드르르하게 포장할 때도 말이다. 어쨌든 마르크스는 이렇게 말한다. 거대한 〈사회 변혁〉은 〈여성이라는 효소 없이는 불가능하다. …… 한 사회의 진보 수준은 이 아름다운 성(물론 못생긴 여성도 포함한다)의 사회적 지위에 따라 매겨져야 한다〉.[128]

인터내셔널은 1868년의 브뤼셀 총회에서 절정에 이르렀다. 이 자리에서는 땅과 토지, 광산, 산림, 철도를 사회적 재산으로 돌려야 한다는 요구가 제기되었다. 그럴 기회는 2년 반도 채 지나지 않아 찾아온 듯했다. 최소한 프로이센-프랑스 전쟁에서 패배한 프랑스에서는 말이다. 전쟁이 끝나자 독일에서는 독일 제국이 건설되었고, 프랑스에서는 나폴레옹 3세가 실각했다. 프랑스 중앙 정부는 이미 전쟁 중에 통제력을 상실해 버렸다. 시민들은 다시 거리로 나와 바리케이드를 쳤고, 프랑스 시민군 일부도 반란군 진영으로 넘어갔다. 샹젤리제에서 독일의 승전 축하연이 끝나자 파리 코뮌, 즉 좌파 연합의 임시 혁명 정부가 설립되었다. 여러 차례 초청을 받았음에도 런던을 떠나지 않았던 마르크스는 차오르는 기쁨을 감추지 못했다. 사실 그는 그전의 많은 경험을 통해 공산주의 시대가 도래하려면 한참을 더 기다려야 한다고 판단했다. 하지만 파리에서 반란군이 자신들의 목표를 실현하려 하고, 〈프롤레타리아트 독재〉를 사상 처음으로 시험해 보려고 한다는 말을 듣고서는 감격에 겨워 이렇게 소리쳤다. 〈역사상 이렇게 위대한 사례는 없었다!〉[129]

코뮌은 1871년 3월 18일부터 5월 21일까지 정확히 72일 동안 존속했다. 5월 21일부터 28일까지 〈피의 일주일〉이 파리의 거리를 휩쓸었다. 정부군이 코뮌 군대를 무자비하게 학살하면서 파리를 수복한 것이다. 일련의 사태를 보면서 런던에 있던 마르크스는 새로운 깨달음을 얻었다. 〈노동자 계급은 기존의 국가 기구를 그대로 손에 넣고 자기 목적에 따라 가동해서는 안 된다〉는 것이다.[130] 혁명이 성공하려면 제도적으로나 정신적으로 마땅한 인프라가 있어야 한다. 그런 점에서는 밀의 손을 들어 주어야 했다. 〈독재〉의 성격과 관련해서도 마르크스는 배운 것이 있었다. 코뮌이 시도한 바 있는 직접적인 인민 대표부가 이제부터 프롤레타리아트 독재의 표본이 되어야 한다. 그러니까 언제든 소환해서 면직시킬 수 있는 선출된 인민 대표들의 평의회가 독재를 이끌어야 한다는 것이다. 이때 마르크스가 떠올린 것은 그리스의 폴리스였다. 그는 〈기존의 사회 체제〉를 보아뱀처럼 폭력적으로 움켜쥐고 옥죄는 〈정부 기구〉를 거부했다.[131]

마르크스는 자신이 코뮌 뒤에 숨은 진짜 몸통이라는 소문을 듣고 몹시 우쭐해했다. 물론 역사적 사실과는 별 상관이 없는 이야기였다. 어쨌든 그는 갈증에 시달리던 이가 단비를 반기듯 뒤늦은 유명세를 즐겼다. 그런데 하필 그즈음 예전의 동지가 나타나 그의 길을 가로막았다. 감정이 상할 수밖에 없었다. 바쿠닌이었다. 그는 산전수전 다 겪은 황야의 외로운 늑대였다. 2미터에 육박하는 거구에 커다란 두상, 넝쿨처럼 헝클어진 머리칼과 수염은 마르크스의 큰형이라고 해도 믿을 만했다. 하지만 책상머리 행동가인 마르크스와 달리 그는 민중이 고통받는 곳이라면 어디든 달려갔다. 키르케고르, 엥겔스와 같은 시기에 베를린 대학에 다닌 그는 졸업과 동시에 파리로 떠났고, 나중에는 마르크스처럼 브뤼셀로 피신했다. 1848년의 혁명에서는 헤르베크처럼 무장 봉기대와 함께 파리에서 독일로 돌아갔고, 이어 브레슬라우로 도망쳤으며, 1849년에는 드레스덴에서 5월 봉기를 획책했다. 이어 2년의 지하 감옥 금고형을 선고받았고, 형을 마친 뒤에는 러시아로 송환되었다. 이후 10년 동안 그는 상트페테르부르크와 시베리아 유형지에서 인간 이하의 취급을 받으며 고통의 나날을 보냈다. 굶주림과 영양실조는 일상이었고, 치아도 다 빠졌다. 요코하마, 파나마, 샌프란시스코, 보스턴으로 이어진 일련의 도주는 한 편의 드라마 같았다. 그러다 1861년 가을 런던에 도착했고, 2년 뒤 자신을 늘 경쟁자로 여기던 마르크스와 재회했다. 두 남자는 겉으론 듣기 좋은 말을 주고받았지만, 속으론 서로를 좋아하지 않았다.

1869년에 바쿠닌은 인터내셔널 회원이 되었다. 하지만 개인적으로는 마르크스의 적수였고, 사상 면에서도 마르크스와 많이 달랐다. 파리 시절 이후 바쿠닌은 마르크스가 아니라 프루동의 편에 섰다. 사유 방식도 변증법적 역사를 따르지 않고 개인적인 자유의 관점을 따랐다. 〈사회주의 없는 자유는 특권이자 불의〉이고, 〈자유 없는 사회주의는 야만이자 노예제다〉.[132] 오늘날 바쿠닌의 글을 읽다 보면 이 러시아인이 훗날 차르의 형무소나 이오시프 스탈린의 강제 수용소를 알고서 그런 말을 하는 게 아닌가 하는 느낌이 든다. 어느 시대건 국가 기관이 인간 삶을 규정짓고 마음대로 조종할 수 있다고 믿는다면 그건 부당하기 짝이 없다. 바쿠닌은 고드윈과 함께 개인주의적 무정부주의의 대변자였다. 〈계급 없는 사회〉라는 목표 면에서는 마르크스와 일치하지만, 〈프롤레타리아트 독재〉로 가는 길은 단호하게 거부한다. 어떤 경우에도 개인의 자유를 말살하는 권위적 권력은 존재해서는 안 된다. 설사 그게 선한 목표를 내세운 권력이라고 할지라도.

1870년 바쿠닌이 코뮌의 모범이 된 리옹 봉기에 참여한 이후 좌파 사이에서 그의 진군은 거침이 없었다. 특히 남부 유럽에서 그의 인기와 명성은 대단했다. 위기의식을 느낀 마르크스는 1872년 인터내셔널 총회 장소를 헤이그로 옮겼다. 바쿠닌은 그리로 입국할 수가 없었기 때문이다. 마르크스는 총회에 불참한 경쟁자를 비롯해 다른 〈안티 권위주의자들〉까지 모조리 가차 없이 제명해 버렸다. 바쿠닌은 절망한 채 칩거에 들어갔다. 이후 4년의 여생을 스위스에서 중병을 앓으며 보냈다. 그나마 오랜 친구 포크트의 보살핌을 받은 것이 다행이라면 다행이었다. 그러나 승리자도 영원히 승리자일 수는 없었다. 적수가 중병으로 시름시름 죽어 가는 동안 마르크스와 엥겔스도 1876년 인터내셔널을 해체할 수밖에 없는 상황에 처했다. 두 사람은 그간의 끈질긴 분열로 기진맥진했고, 이와 함께 노동자 조직이라는 강력한 기계의 힘도 소진되었다.

마르크스는 그 뒤에도 6년을 더 살았다. 그는 서서히 육신의 질병에 잠식당한 채 아직 나오지 않은 『자본론』 두 권의 집필에 매달렸다. 1881년에는 그의 아내가 세상을 떠났다. 1882년 2월에는 사막의 건조한 기후가 건강에 도움이 될까 싶어 알제리로 여행을 떠났다. 런던으로 돌아와서는 마지막 사진을 찍었다. 이것이 후세인들이 기억하는 그의 모습이다. 두 달 뒤 그는 이발사에게 머리카락과 수염을 모두 밀어 버리게 했다. 젊은 시절 이후 털이 없는 얼굴은 처음이었다. 그는 거울 속의 자기 모습을 보고 웃음을 터뜨렸다고 한다. 1883년 3월 14일 그는 런던에서 후두염으로 죽었다. 담배 연기가 자욱한 방에서 큰 소리로 말을 너무 많이 해서 생긴 병이라고 한다. 친구 엥겔스도 12년 뒤 같은 병으로 숨졌다. 마르크스는 하이게이트 공동묘지의 아내 베스트팔렌 묘 옆에 묻혔다. 1954년 영국 공산당은 두 사람의 묘를 조금 떨어진 곳으로 이장하고는 거대한 회색 좌대 위에 마르크스의 두상을 올려놓았다. 사선 맞은편에는 이데올로기 해석 면에서 그의 가장 유명한 적수였던 스펜서의 유해가 1903년부터 묻혀 있었다.

마르크스는 자신의 사유가 훗날 이 세상에 정말 심대한 결과를 초래하리라고는 짐작조차 하지 못했을 것이다. 그런데 말년에 그가 마지막 『자본론』 집필에 매달리는 동안에도 독일에서는 자본주의의 비상과 몰락과는 완전히 다른 문제에 천착하는 철학자들이 있었다. 굳이 비교하자면, 자신의 몰락에 대한 불안 문제에 푹 빠진 채 마르크스와 평행 우주에 사는 사람들이었으니…….

철학을 어디에 쓸까?

유물론에 대한 의심 / 거친 종합 / 감독자로서의 철학 /
세계로 들어가는 여러 통로 / 기술 심리학 / 철학에 대한 철학

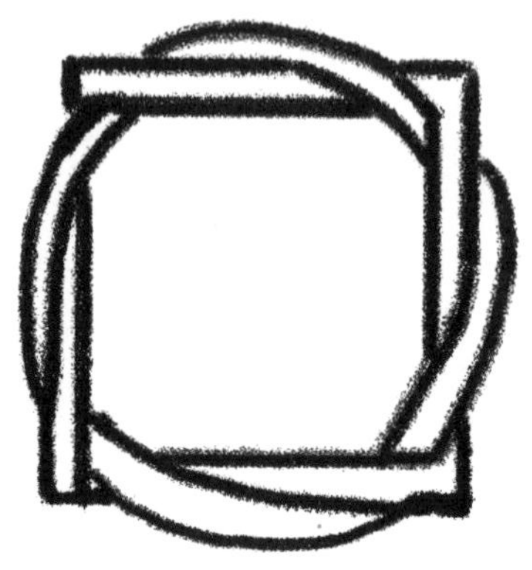

유물론에 대한 의심

1872년 8월 14일 베를린의 유명한 생리학자인 에밀 뒤부아 레몽(1818~1896)은 라이프치히에서 열린 독일 자연 연구자 및 의사들의 제45차 총회 단상에 올랐다. 그가 사는 세계는 3주 후 헤이그에서 노동자 운동 세계 대회를 개최한 인터내셔널의 세계와는 비교도 안 될 만큼 달랐다. 라이프치히에서 논의된 세계관적 문제 가운데 어느 하나도 사회적 문제와 관련이 없었다. 8월 14일은 독일어권에서 열린 이 유력 자연 과학자 대회의 이틀째였다.

우람한 체구의 뒤부아 레몽은 핵심을 찌를 줄 아는 유능하고 노련한 연사였다. 독일 대학계에서는 학문적으로 그를 따라올 사람이 거의 없었다. 2년 전에는 베를린 대학의 총장을 지냈고, 지금은 베를린 인간학 협회 회원이자 프로이센 과학원 원장을 맡고 있었다.

그날 뒤부아 레몽은 철학적 주제에 해당하는 〈자연 인식의 한계〉에 대해 이야기했다. 강당에 모인 사람들을 향한 그의 목소리가 높아졌다. 우리 자연 연구자들이 결코 알아내지 못하는 것이 두 가지 있다. 첫째, 물질의 본질은 무엇이고, 물질이 운동과 어떤 관계인지 우리는 이해하지 못한다. 둘째, 뇌 속에서 전기 생리학적으로 어떤 일이 벌어지는지, 다시 말해 주관적 체험이나 표상, 생각이 어떻게 생겨나는지 알지 못한다. 그는 〈이그노라비무스!Ignorabimus!〉(〈우리는 영원히 알지 못할 것이다〉라는 뜻의 라틴어)라는 말로 연설을 끝냈다.

강당 안이 술렁거렸다. 이미 여러 차례 박수갈채와 격한 야유가 쏟아졌다. 과학자들은 그의 말을 들으면서 한편에선 맞장구를 치거나 환호했고, 다른 한편에선 도발을 느끼거나 격분했다. 노련한 연사도 그런 격렬한 반응을 미처 예상하지 못했다. 뒤부아 레몽이 이 시대의 가장 예민한 지점을 건드린 게 분명했다. 얼마 뒤 그의 견해에 동의하거나 날카롭게 비판하는 책들이 봇물처럼 쏟아졌고, 그 물결은 끝을 모를 정도로 이어졌다. 그의 연설은 반세기가 지나도 화제가 되었다. 많은 과학자와 작가가 그의 주장을 인용했고, 학자들은 양 진영으로 나뉘어 싸웠다. 19세기 후반에 이 연설만큼 그렇게 열띤 토론을 부른 철학적 연설은 없었다.

핵심은 자연 과학의 자기 이해였다. 18세기에는 철학이 신학의 영역에 계속 시비를 걸었다면, 19세기에는 자연 과학이 철학을 상대로 똑같은 일을 했다. 그러니까 형이상학적 사변 대신 경험과 실험, 엄밀한 연구를 앞세워야 하고, 철학은 이제 땅에 묻고, 자연 연구자들의 냉철함으로 세계를 치료해야 한다는 것이다. 같은 맥락에서 콩트는 생물학의 모범에 따라 사회학을 경험학으로 정의 내렸고, 밀은 논리학의 영역에서 연역법보다 귀납법에 우선권을 주었다. 마르크스와 스펜서처럼 서로 무척 다른 인물들도 스스로를 〈유물론자〉로 인식하며 진보에 근거한 세계관을 생물학적 진화와 최상으로 일치시켰다. 이런 상황에서 독일의 저명한 자연 연구자가 단상에 올라 거대한 철학적 물음과 관련해서 〈이그노라비무스〉라는 말로 자연 과학의 무기력을 선포했으니 그 충격이 얼마나 컸겠는가!

이건 어떤 고백일까? 리비히와 몰레쇼트의 말처럼 뇌 속에 인이라는 물질이 없으면 생각이 불가능하다고 해도 그 인이 인간의 생각을 설명해 주지는 않는다. 생각과 인은 동일하지 않기 때문이다. 생각은 인과는 질이 다르고, 느낌도 다르다. 아무리 인을 잘 아는 사람도 그게 어떻게, 왜 생각을 만들어 내는지는 설명할 수 없다. 그렇다면 지금까지 수많은 승리를 거두어 온 자연 과학의 비상은 여기서 갑자기 멈출 수밖에 없었다. 곳곳에서 격분이 터져 나온 것은 당연했다. 뒤부아 레몽의 말이 맞다면 독일과 영국에서 붐을 이룬 유물론적 철학은 쓸모없는 것이 될 터였다. 뒤부아 레몽은 자연의 모든 과정이 원자 운동에 그 원인이 있다고 말했다. 무슨 뜻일까? 혹시 하나의 수수께끼를 다른 수수께끼로 설명하려는 건 아닐까? 원자를 움직이는 것은 무엇일까? 원자는 처음엔 움직이지 않았던 게 아닐까? 그렇다면 움직이지 않는 세계에서 어떻게 갑자기 움직임이 생겼을까? 이 질문들은 철학의 역사만큼 오래되었다. 레우키포스, 데모크리토스, 에피쿠로스 같은 고대 그리스인들은 이 문제를 깊이 고민했다. 중세에는 가장 머리 좋은 인간들이 무(無)로부터의 창조를 설명하려고 이 문제에 뛰어들었다. 이 세계가 만들어지기 전에 신은 무엇을 했을까? 시간과 공간 속에 살았을까? 아니면 어디에 있었을까? 물질과 운동에 대한 물음은 신으로 설명하건 신을 빼고 설명하건 답할 수가 없었다. 뒤부아 레몽은 자신이 이것으로 이전의 다른 많은 사람이 이미 생각했던 것을 말하고 있음을 잘 알고 있었다. 기존의 물리학에 기반을 둔 고전적 역학으로는 이 세계의 수수께끼를 풀 수 없었다.

그건 의식이나 주체성 같은 다른 수수께끼도 마찬가지였다. 정신과 영혼의 활동도 당연히 뇌 없이는 불가능하다. 그런데 이건 영혼과 뇌의 종속적 관계만 생산할 뿐 둘의 동일성을 증명하지는 못한다. 뒤부아 레몽은 뇌 속에서 움직이는 물질밖에 발견하지 못했다. 생각으로 보이는 것은 어디에도 없었다. 라이프니츠도 『단자론*Monadologie*』에서 생각과 감정, 지각에 영향을 끼치는 하나의 기계를 상상했다. 그런데 물방아처럼 생긴 그 기계 속으로 들어가 보니 거기엔 〈서로 밀쳐 내기만 하는 부분들만 있고, 어떤 형태로건 지각을 설명해 줄 수 있는 것은 전혀 보이지 않았다〉.[133]

자연 과학은 결코 철학을 대체할 수 없고, 종교의 정당성도 박탈할 수 없었다. 뒤부아 레몽의 선언은 오해의 여지가 없을 만큼 명확했다. 엄격한 자연 과학적 세계관은 존재하지 않고, 그런 세계관은 불가능하다는 것이다. 유물론자들에게 이만한 도발이 있을까! 9년 전 자연 연구자 총회에서 새로운 유물론적 시대, 즉 신 없는 인간 세계의 사회적 진화를 선포했던 헤켈은 그사이 독일에서 유명 인사가 되었다. 그가 쓴 『자연의 창조사*Natürliche Schöpfungsgeschichte*』(1868)는 몰레쇼트의 『생명의 순환』과 뷔히너의 『힘과 물질』만큼이나 시민 계층의 서가에 수없이 꽂혀 있었다. 헤켈은 다윈과 라마르크의 진화론을 자의적으로 버무린 이 책에서 생명의 탄생과 발달만 설명한 것이 아니라 생물학 분야와 관련해서 모든 거대한 정신적, 사회적 문제도 설명했다. 게다가 그의 이론에 대한 의심이 점점 커질수록 더 많은 청중 앞에서 더욱더 가열하게 자신의 입장을 옹호해 나갔다.

자칭 독일의 다윈 대변자인 헤켈은 이렇게 해석한다. 다윈에 따르면 철학에서 영혼과 육체의 이원론은 더 이상 들어설 자리가 없다. 설득력이 있는 것은 오직 〈일원론〉뿐이다. 모든 물질적인 것과 정신적인 것을 분리하지 않고 한데 모아 생각하는 세계관이다. 〈일원론은 …… 우주에서 신이자 동시에 자연인 단 하나의 실체만 안다. 이 실체의 입장에서는 육체와 정신(또는 물질과 에너지)은 불가분의 관계로 연결되어 있다.〉[134] 달리 표현하자면, 영혼은 비물질적인 고유성이 아니라 모든 유기적 자연에 내재한다! 이로써 물질적인 것에서 어떻게 정신적인 것이 생성되느냐는 질문에 대한 답이 나온다. 정신적인 것은 언제나 물질적인 것 속에 이미 들어 있다는 것이다! 헤켈 본인이 생물학과 진화론을 통해 모두 해결되었다고 밝힌 『세계 수수께끼*Die Welträthsel*』(1899)는 당대 최고의 이론서이자, 무려 30만 부 넘게 판매된 세계적 베스트셀러였다. 새로운 일원론적 시대를 선포한 헤켈은 말년엔 추종자들에 의해 유머러스하게 〈안티 교황〉으로 추대되었다. 본인이 직접 크리스털에 생물학적 세포와 함께 〈영혼〉을 부여한 것이다.

뒤부아 레몽에게 반기를 들었던 모든 사람이 헤켈처럼 과묵한 다윈조차 놀라게 할 만큼 큰 목소리로 울분을 터뜨리고 사명감에 불타는 태도로 반응했던 것은 아니다. 뒤부아 레몽의 제자인 영국의 생리학자 윌리엄 프레이어(1841~1897)는 물질과 물질의 운동에 관한 문제가 어쩌면 기계론적 원자론적 물리학으로는 설명되지 않기 때문에 풀리지 않을 수도 있다고 생각했다. 그렇다면 다른 물리학으로 시도해 보는 건 어떨까? 정신적, 화학적 과정을 설명하려면 지금까지 파악되지 않았던 것을 포착하게 만드는 새로운 유형의 물리학이 필요하지 않을까? 그런데 프레이어는 훗날 아동 심리학과 발달 심리학의 선구자로만 거론될 뿐 그런 새로운 물리학을 직접 창시하지는 않았다. 그럼에도 사고의 방향은 옳았다. 20세기에 들어와 그 질문에 새로운 빛을 던진 양자역학이 고전적 역학과 같은 반열에 오르니까 말이다.

원칙적으로 볼 때 첫 번째 세계 수수께끼는 아예 풀 수 없지는 않는 듯했지만 두 번째 수수께끼는 영원히 풀 수 없는 문제, 또는 주관적 체험의 형태로 남아 있지 않을까? 그리고 이 세계 수수께끼가 계속 남아 있기에 철학의 자리가 보장되는 건 아닐까? 바로 이런 주장을 펼친 사람이 있었다. 당대의 유물론자 가운데 독자의 사랑을 가장 많이 받은 유일한 독일 철학자 에두아르트 폰 하르트만(1842~1906)이었다. 장군의 아들로 태어난 이 베를린 남자는 재야 학자로 스물일곱 살에 벌써 대표작 『무의식의 철학*Die Philosophie des Unbewussten*』(1869)을 출간했는데, 이 책은 수많은 쇄를 거듭하며 줄곧 개정 보완되었다.

하르트만은 쇼펜하우어를 상당 부분 자신의 철학 세계로 끌어들인 첫 번째 철학자였다. 앞서 말했듯이 쇼펜하우어는 세계를 둘로 나누었다. 하나는 자연의 맹목적이고 동물적인 〈의지〉이고, 다른 하나는 우리의 관념과 생각이 깃든 인간 오성의 〈표상〉이다. 반면에 하르트만은 〈의지〉와 〈표상〉을 **하나**의 단계로 설정한다. 둘은 함께 〈무의식〉을 형성하고, 이 무의식에는 저급한 것과 고결한 것, 실제적인 것과 이상적인 것, 논리적인 것과 비논리적인 것 등 모든 것이 담겨 있다. 그의 설명은 간단하다. 일정 정도의 표상이 없으면 그 자체로 맹목적인 의지는 더 높은 목표를 갖지 못한다. 인간이 육체적 욕구를 넘어 어떤 목표와 목적을 추구한다면 의지와 표상은 저 밑바닥에서부터 연결되어야 한다. 하르트만은 이렇게 쓴다. 〈쇼펜하우어는 형이상학적 원칙으로서 의지밖에 모른다. 그에게 표상은 유물론적 의미에서 뇌의 산물이다. …… 그렇다면 …… 의지는 **무의식적** 의지가 분명하다. 반면에 표상은 형이상학적인 것의 현상일 뿐이고, 그 자체로 형이상학적인 것이 될 수 없다. 설사 표상이 무의식이 된다고 해도 셸링의 무의식적 표상과는 비교할 수 없다. 나는 **동등한 권리를 가진 형이상학적** 원칙으로서 셸링의 무의식적 표상을 무의식적 의지의 원칙과 **조화롭게 연결시킨다.**〉[135]

하르트만은 자신의 작업이 큰 성공을 거두었다고 확신했다. 셸링이 말한 〈무의식〉을 쇼펜하우어의 〈의지〉와 마치 동전의 양면처럼 완벽하게 융합시켰다고 믿은 것이다. 그에게 무의식은 모든 것을 관장하는, 즉 나의 욕망, 추구, 목표, 이념을 지배하는 심리 정신적 원칙이다. 또한 헤켈의 세포 영혼처럼 물질적인 것인 동시에 정신적인 것이다. 하지만 그것을 탐구하는 것은 결코 생물학자의 임무가 아니다. 하르트만의 이론적 강령은 카루스에 더 가깝다. 그는 자신의 기념비적 작품에서 카루스를 딱 한 번 언급하면서 간명하게 덧붙인다. 〈내가 이 이론적 시도에서 그의 생각을 얼마나 차용했는지는 독자들의 판단에 맡기겠다.〉[136]

우리가 세계에서 보거나 세계에 대해 생각하는 것은 모두 그 배후에서 깊이 작용하는 무의식의 현상이다. 셸링과 헤겔에게는 절대정신이 그 역할을 했다. 하르트만에 따르면 신비주의자들도 그것을 어렴풋이 알고 있었다. 근세에서는 모든 생명과 존재의 원동력을 이루는 이 영역이 탐구되었다. 그때 무의식의 절대성은 여전히 철학자의 관할이었다. 왜냐하면 여기서는 단순히 물리학이나 생물학이 아니라 형이상학이 핵심 문제일 수밖에 없기 때문이다. 그런데 철학자의 영역 역시 절대적인 것에서 감정과 표상, 생각의 형태로 흘러나와 현실 세계에 자리를 잡은 무의식의 현상들이다. 시간과 공간으로 이루어진 현실 세계는 결국 물질세계다. 절대적인 것의 가장 낮고 대부분 차갑게 식은 형태라는 말이다. 높은 차원의 이성을 추구하는 인간이라면 쇼펜하우어처럼 고통과 괴로움으로 가득 찬 세계로부터 벗어나고자 노력한다. 하르트만은 자신의 책에 라이프니츠도 함께 버무려 넣었는데, 그에 따르면 절대적인 것의 관점에서 보면 최선의 세계는 지금 존재하는 세계다. 반면에 인간의 관점에서 보면 이 세계는 고통과 울부짖음의 도가니다. 오직 자의식이 강한 정신만이 이 상태를 인지하고 이성의 힘으로 삶의 덫에서 벗어날 수 있다. 마지막으로 하르트만은 인류사적인 예언을 한다. 저 높은 곳의 표상이 저 낮은 곳의 의지를 이길 것이고, 논리적인 것이 비논리적인 것에 승리를 거두리라는 것이다. 그 과정에서 세상의 모든 일에는 고결한 형이상학적 목적이 담겨 있다. 헤겔의 경우 역사 과정에서 정신이 자기 인식을 향해 나아갔듯이, 하르트만의 경우 무의식은 〈절대적 지혜〉로 나아간다.

하르트만은 무엇을 했을까? 그는 이 문제에 이렇게 답한다. 19세기 후반에 들어 세계사의 동력은 더 이상 〈절대적 이성〉에 있지 않다. 헤겔의 **이념적** 절대성은 홀로 존재할 수 없다. 그를 위해 생물학자들은 이미 너무나 명백하게 생명의 숨겨진 **동물적** 태엽을 발견했다. 만일 이성 철학을 역사적 오류의 고물 상자 속에 처박아 버리는 유물론자의 편에 설 생각이 없다면 관념론과 유물론을 조합시켜야 한다. 그리하여 하르트만은 셸링의 〈절대성〉과 헤겔의 〈이념〉, 쇼펜하우어의 〈의지〉, 심지어 기존의 세계가 〈가능한 최선의 세계〉라는 라이프니츠의 말까지 한데 넣어 버무린다. 그 과정에서 최신 연구와 무수한 수학 방정식까지 거론하는 기나긴 자연 과학적 여담이 이어지고, 저자는 그것으로 자신이 당대 최고의 철학자임을 과시한다. 하지만 뭔가 대단한 것을 약속하는 듯한 제목에 이끌려 책을 샀던 독자들이 과연 책장을 서론 너머까지 넘길 수 있었을까?

어쨌든 저자는 거의 하룻밤 사이에 유명 인사가 되었다. 그러다 보니 뒤부아 레몽의 연설에 대한 그의 의견 표명은 비중 있게 받아들여졌다. 1873년 2월 그가 쓴 『자연 과학적 자기 인식의 시작들 *Anfänge naturwissenschaftlicher Selbsterkenntnis*』이 『비너 아벤트포스트 *Wiener Abendpost*』에 3부작으로 실렸다. 거기서 하르트만은 뒤부아 레몽을 칭찬했다. 대표적인 자연 연구자가 드디어 자기 분야의 한계를 솔직하게 시인함으로써 자연 과학도 이제 철학이 이미 오래전에 도달한 자기 성찰의 단계에 이르게 되었다는 것이다. 세계의 근원을 규명하려는 사람은 두 가지 인식 체계를 구분해야 한다. 하나는 자연 탐구의 피라미드형 인식 체계다. 이 피라미드의 맨 밑에는 자연학이 있고, 두 번째 단계에는 법칙과 규칙을 연구하는 자연 과학이, 맨 꼭대기에는 해석하고 분류하는 자연 철학이 자리한다. 그 옆에 나란히 두 번째 인식 체계가 서 있다. 이 체계의 핵심은 모든 주관적 속성을 가진 정신이다. 자연 연구자는 이 영역에선 잃을 것도 얻을 것도 없다. 이 두 체계 위에는 지붕 역할을 하는 형이상학이 있다. 왜냐하면 〈형이상학〉이 없으면 〈세계는 완전히 이질적인 두 부분, 즉 육체적 실존의 외적 측면과 정신적 의식의 내적 측면으로 쪼개지기 때문이다. 이질적인 두 영역 사이에 경험적으로 확인된 모든 관계는 이해할 수 없는 기적으로 보인다〉.[137] 하르트만은 모든 것을 아우르는 형이상학이 어떤 것이어야 하는지를 『무의식의 철학』에서 상세히 설명하고 있으니…….

감독자로서의 철학

하르트만은 19세기 후반의 성공한 작가였다. 하지만 그런 사람도 오늘날의 강단 철학에서는 찬밥 신세를 면하지 못하고 있다. 물론 그럴 만한 이유가 있지만, 자연 과학의 눈부신 개선 행진에도 불구하고 정신의 탐구를 철학의 고유 영역으로 지키려고 노력한 사실 하나만으로도 여전히 유의미한 인물로 여겨지는 게 마땅하다. 당대에 하르트만이 그렇게 성공한 데에는 무엇보다 경쟁자가 없었던 덕이 컸다. 19세기 후반기의 독일 강단 철학에서 걸출한 인물이나 새로운 사상이 나오지 않았다는 건 후대의 판단만이 아니다. 마르크스는 인터내셔널을 벗어나면 인정받는 철학자가 아니었고, 헤겔의 수많은 추종자는 점점 설 자리를 잃었으며, 〈관념론〉은 자연 과학에 맞서 할 수 있는 것이 없었다. 이런 상황을 고려하면 헤겔의 마지막 충복이라고 할 수 있는 베를린의 카를 루트비히 미슐레(1801~1893) 교수가 1870년에 이미 빛이 바랜 그 철학적 스승을 〈부정할 수 없는 세계적 철학자〉로 찬양한 것은 코미디에 가까웠다.

관념론의 적인 유물론은 폭넓은 독자층에게 크나큰 사랑을 받았지만, 철학적으로는 빛나는 성과를 거두지 못했다. 어떻게 보면 스스로 해결했다고 여긴 문제 가운데 어느 것 하나 실제로 해결된 것이 없다는 사실조차 깨닫지 못할 정도로 빈약하고 단순했다. 그 때문에 철학사가들은 헤겔 이후의 당시를 가리켜 독일 강단 철학의 〈추락〉이라고까지 말한다. 그런데 이것은 그 위대한 철학자가 제자들에게 유산처럼 남긴 산더미 같은 오류나 혼선하고만 관련이 있는 것이 아니다. 거기엔 갈수록 살벌해지는 정치적 환경도 큰 역할을 했다. 1848년부터 독일에서 교수로 재직하거나 교수가 되려는 사람은 사회 비판적 태도를 취하는 것을 극도로 조심해야 했다. 한때는 피히테와, 그리고 부분적으로는 헤겔과도 연결되어 있던 자유와 민주주의, 심지어 공화주의에 대한 희망은 1848년 이후 사라졌다. 철학은 더 이상 시민 계급의 해방을 위해 기여하지 못했고, 역사는 변증법적으로 발전하지 않았다. 대신 독일 제국 곳곳에서는 감시의 눈초리가 번뜩였고, 당국에 맞서는 반항적 행동에 대한 탄압 조치가 공포 분위기를 조성했다. 유물론자들은 그것을 피부로 느꼈고, 그와 함께 독일에서 교수가 되겠다는 생각을 접어야 했다. 그럼에도 그들의 책은 사람들의 마음을 움직였다. 그들은, 아니 최소한 포크트와 뷔히너 같은 사람들은 생물학만 다룬 것이 아니라 사회적 진화도 다루었다. 형이상학의 안개가 녹아 생리학의 물방울 속으로 흘러 들어갔기 때문이다.

상황은 모순적이었다. 대학의 철학과 교수직은 점점 늘어나고 도처에 새로운 철학 잡지들이 창간되었지만, 정작 철학 분과의 사회적 지위는 추락했다. 계몽 철학의 핵심이었던 사회 비판은 더 이상 보이지 않았다. 이런 맥락에서 뒤부아 레몽의 **이그노라비무스** 연설은 단순히 유물론의 해석적 권위에 대한 거부에 그치지 않았다. 그것은 철학자들이 교회의 권위를 인정하고, 무신론적이고 좀 더 자유로운 사회를 꿈꾸지 않는 현실에 대한 수사학적 확언이기도 했다. 철학자들은 교수직을 얻었지만 사회적 중요성을 상실했다. 게다가 대학이 점점 〈학원화되면서〉 어떤 형태의 독창적인 사고도 움트지 못했다. 쇼펜하우어, 포이어바흐, 콩트, 키르케고르, 밀, 스펜서, 마르크스 같은 당대의 가장 중요한 사상가들은 철학 교수가 아니었고, 직업적 강단 철학에 발을 붙이지 못했다. 강단 철학은 점점 스스로를 사회적 이방인으로 여겼다. 철학자는 강의실 밖에선 결코 학자로서 인정을 받지 못했고, 이제 그런 인정을 받는 이들은 자연 과학자뿐이었다.

시대의 관찰자로서 엥겔스는 철학이 처한 이런 참담한 상황을 노골적으로 표현한다. 독자들 사이에서는 〈한편으론 고루한 속물 스타일의 쇼펜하우어나 …… 하르트만 같은 이들의 일천한 성찰이, 다른 한편으론 포크트와 뷔히너 같은 천박한 유랑 설교자들의 유물론〉이 판치고 있다. 또한 〈대학에서는 온갖 종류의 절충주의가 경쟁을 벌이고 있는데, 철 지난 철학의 쓰레기들로 뒤범벅되어 있고 형이상학적이라는 점에서는 모두 똑같다〉.[138] 의사이자 성공한 작가인 막스 노르다우(1849~1923) 같은 다른 관찰자도 1883년에 엥겔스와 똑같은 진단을 내렸다. 그것도 독일에만 국한하지 않고 자신이 살던 프랑스로까지 확장해서 말이다. 요즘 〈철학계에는 염세주의의 바람이 유행처럼 불고 있다. 쇼펜하우어는 신이고, 하르트만은 그의 선지자다. 콩트의 실증주의는 하나의 교리로서 진보를 모르고, 하나의 종파로서 확산되지도 않는다. 왜냐하면 그의 추종자들조차 스승의 방법이 너무 협소하고 목표가 충분히 높지 않다는 사실을 간파하고 있기 때문이다. 프랑스 철학은 거의 오로지 심리학만 들이판다. 정확히 말하자면 심리 생리학만 들이판다〉.[139]

엥겔스가 〈온갖 종류의 절충주의〉라는 표현을 사용했다면 그건 철학을 동시대의 건축술과 똑같은 수준으로 보고 있는 셈이다. 산업 혁명은 공장과 급수탑, 기차역 같은 새로운 기능성 건축물을 요구했다. 하지만 건축 방식은 산업 혁명 이전의 양식들을 잡탕으로 뒤섞은 것에 지나지 않았다. 공장주의 저택과 은행, 기차역은 르네상스 시대의 궁전을 떠올리게 했고, 공장은 장식 탑이 있는 영국 튜더 양식의 벽돌 성을 닮았다. 그리스 신들과 거인들의 앙상블은 새로운 공동 주택 건물의 전면을 장식했고, 컬러풀한 인조 대리석은 대문과 현관을 치장했다. 시대가 더 빨리 나아갈수록, 경제가 더 현대적으로 상품을 생산할수록, 기술이 더 무심하게 진보를 일구어 낼수록 형식은 점점 더 진부해졌고, 명상이 비집고 들어왔으며, 시민 계급은 고대의 가장무도회에서 스스로를 마음껏 꾸몄다.

철학은 이런 시대를 헤겔이 요구한 것처럼 〈개념화〉하고 미래를 제시할 수 있을까? 혹은 플라톤과 아리스토텔레스, 칸트, 헤겔을 역사적으로 버무린 절충주의에 머물까? 어쩌면 극단적으로 말해서 경험 학문에 추월당해 숨이 다한 건 아닐까? 계몽주의 시대에 철학은 신학과 결별했고, 19세기 전반기엔 심리학과 사회학을 미숙한 상태로 세상으로 내보냈다. 헤겔학파의 관념론은 19세기 중반에 기껏해야 고개를 뻣뻣이 쳐들고 반항적인 태도를 취했다. 철학은 무엇을 해야 할까? 만일 경험 학문을 지향한다면, 심지어 스스로 그런 학문이 되고자 노력한다면 철학은 고유의 영역으로서 심리학자들보다 무엇을 더 잘할 수 있을까? 철학은 원래 무엇이어야 할까? 〈의지〉와 〈관념〉을 형이상학적으로 관장하는 어지러운 〈무의식〉을 다시 붙들어야 할까? 쇼펜하우어처럼 원한과 세계 저주, 염세주의로 돌아가야 할까? 헤켈처럼 살아 있는 세포와 그 발달 법칙에 매달려야 할까? 철학은 경험 학문이 할 수 없는 무엇을 할 수 있을까?

베를린의 철학자이자 문헌학자, 교육학자인 프리드리히 아돌프 트렌델렌부르크(1802~1872)도 이런 질문을 던졌다. 헤겔 철학을 이어받은 그는 독일 철학계를 대표하는 최고 대학의 교수직에 앉아 있었다. 그건 철학에 대한 희망이 곳곳에서 사라지고 있는 시대에는 무거운 짐이기도 했다. 다만 그런 상황을 고려하더라도 트렌델렌부르크의 말에는 힘이 있었다. 이런 상황에서 그가 아니면 누가 철학에 새로운 일거리와 권리를 주자고 과감하게 요구할 수 있을까? 독일 북부 오이틴에서 태어난 이 남자는 원래 유명한 학자 집안 출신이었다. 1833년에 비정규직 교수가, 1837년에는 철학과 교육학의 정규 교수가 되었다. 그는 학문 정책 입안자였고, 최고 학술원들의 고위직 회원이었으며, 당대 가장 영향력 있는 대학의 철학과 교수였다. 트렌델렌부르크만큼 많은 제자를 철학 교수로 배출한 사람은 없었다.

철학을 바라보는 트렌델렌부르크의 시선은 많은 측면에서 전통에 기반하고 있었다. 사실 그렇지 않다면 그가 어떻게 베를린 대학에서 그만큼 출세했겠는가! 그가 볼 때 철학은 저 높은 곳에서 다른 모든 학문을 아우르고 이끄는 최상위 분과였다. 철학은 칸트와 헤겔처럼 세계를 설명해야 했다. 그는 셸링처럼 이상주의적 원칙에 따라 발전하는 하나의 유기적 세계 질서를 믿었다. 하지만 세계의 세세한 부분은 그런 철학적 수단으로 밝혀지지 않았다. 거기에 최적화된 분과로는 이미 자연 과학이 부상해 있었다. 헤겔은 애써 못 본 척하려 했지만, 이제 더 이상 자연 과학의 성공과 명성을 무시할 수 없었다. 피히테와 셸링, 헤겔은 철학에서 차근차근 구축되어 나가는 세계의 빈틈없는 체계를 믿었다. 그러나 그런 환상은 이제 영원히 끝났다. 내용적으로도 철학자들은 물리학과 화학, 생물학이 자신들의 관할권 밖에 있다는 사실을 인정할 수밖에 없었다.

트렌델렌부르크는 철학의 새로운 역할, 즉 감독자로서의 역할을 발견했다. 철학은 개별 학문이 저마다의 채석장에서 캐낸 것들을 결합시켜 하나의 세계 건물로 만드는 학문이라는 것이다. 어떻게 한다는 말일까? 아리스토텔레스와 칸트를 잘 아는 트렌델렌부르크는 철학의 가장 고유한 영역을 **논리학**에서 찾았다. 개별 학문은 사실에만 집요하게 매달리지만, 철학은 그것들의 논리적 관련성을 분석한다. 칸트도 철학의 역할을 그와 비슷하게 보았다. 다만 트렌델렌부르크는 중요한 지점에서 칸트에게서 벗어난다. 쾨니히스베르크의 철학자는 늘 **선험적 판단**을 찾았다. 즉 구체적 경험 저편에서 절대적으로 보편타당한 진리를 찾았다. 그런 점에서는 자신의 〈순수 논리학〉이 모든 경험과 상관없이 타당하다고 믿은 헤겔도 마찬가지다. 그러나 그런 선험적 진리에 대한 믿음은 19세기 중반에 무너졌다. 과학은 사변을 토대로 해서는 안 되었다. 대신 학문의 모든 시작은 **경험**이어야 했다. 철학자 중 상당수도 자연 과학에 의해 웃음거리가 되지 않으려면 이 사실을 인정해야 했다.

이런 토대 위에서 트렌델렌부르크는 수차례 개정 작업을 거쳐 『논리적 연구*Logische Untersuchungen*』(1840/1862/1870)를 마무리했다. 이것으로 그는 철학이 사변을 포기한다면 아직도 왕좌의 학문에 머물 수 있음을 보여 주려 했다. 또한 어리석게도 인간 정신을 물리학이나 생물학으로 환원할 수 있다고 믿는 유물론자들에게 그들의 한계를 똑똑히 지적하고 싶었다. 〈특수 학문들은 스스로 자기 한계를 벗어난다. 자족의 욕구 속에서 스스로 독립된 분과로 완결 짓고 싶어 하지만 맹목적인 전제와 검증되지 않은 기본 개념, 그냥 외부에서 받아들인 원칙, 논증되지 않은 기원들이 자기 속에 있음을 깨달음으로써 자기 한계를 다시 노출시킬 수밖에 없다.〉[140] 자연 과학자는 스스로를 과대평가해서는 안 된다. 이유는 이렇다. 첫째, 그들은 근본적인 문제들에 대한 답을 찾지 못한 상태에서 매우 제한된 영역만 철저하게 들이판다. 둘째, 자연 대상에 대한 순수한 관찰이 아니라 인간 정신에 의해 생성되는 거대한 관련성을 파악할 방법과 시각이 그들에게는 없다. 우리 의식의 세계는 의도와 목적으로 이루어져 있는 데 반해, 자연 세계는 인과율로만 이루어져 있다. 모든 정신이 물질적으로는 생리적 과정을 통해 만들어진다고 하더라도 **질적으로** 정신은 인(燐) 물질과 완전히 다르다. 자연의 힘은 물질적 **유발자**에 그칠 뿐 **의식의 내용**이 될 수 없다. 고대의 데모크리토스부터 시작해서 포크트와 뷔히너, 몰레쇼트에 이르기까지 유물론적 전통은 생각이 너무 짧았고 방향도 잘못되었다.

그 때문에 트렌델렌부르크는 앞으로도 계속 철학이 필요하다고 생각했다. 철학은 다른 학문을 관찰하고, 개별 학문의 논리학을 분석하고 해석한다. 〈학문들은 각자의 고유한 방법을 시도하지만, 부분적으로 그 방법들에 대한 자세한 근거를 알지 못한다. 학문들은 방법이 아니라 그 대상에 초점을 맞추고 있기 때문이다. 이런 측면에서 논리학은 관찰하고 비교하고, 무의식을 의식으로 끌어올리고, 상이한 것을 공통의 기원 속에서 파악하는 임무를 갖고 있다.〉[141] 철학은 학문 중의 학문이다. 트렌델렌부르크가 떠받들었던 아리스토텔레스는 철학이 저기 높은 곳에서 개별 학문들을 넓게 굽어보아야 한다고 생각했다. 하지만 그의 기대와 달리 지금의 철학은 개별 학문으로서 스스로도 건사하기 어려운 상황이다. 대신 철학은 이제 **학문 이론**으로 새롭게 거듭나 활짝 꽃피워야 한다. 각 분야의 과학자들은 자신의 대상을 만족할 만한 수준으로 파악하려면 어떻게 작업해 나가고 사유해야 할지 정확히 알지 못한다. 〈사유 행위〉는 학문마다 똑같지 않기 때문이다. 헤겔에게는 논리학이 개념을 다루는 작업이었다면, 트렌델렌부르크에게는 〈현실 학문〉을 다루는 작업이었다.

그의 철학적 강령은 동시대를 살았던 밀의 **논리학**을 떠올리게 한다. 물론 첫눈에만 그럴 뿐이다. 논리학이 학자들에게 각 분야의 연구 방법을 설명하고 해명해야 한다는 점에서는 독일의 그

형이상학자와 영국의 그 실증주의자가 일치한다. 다시 말해 철학자는 각 분야의 학자가 진리에 좀 더 다가가기 위해 사용하는 방법을 확대경 아래 놓고 정밀하게 검토하고, 과학적 방법론의 논리학을 면밀히 연구해야 한다는 것이다. 하지만 밀과는 달리 트렌델렌부르크는 각각 떨어져 표류하는 학문들을 통합하는 하나의 〈유기적 세계관〉을 믿었다. 세계는 그것 없이는 시간과 공간, 물질, 인과율을 생각하거나 상상할 수 없는 **운동**을 통해 단단하게 결집되어 있다. 이 운동은 인간 정신이 관찰하고 탐구하는 자연 과정들과 마찬가지로 사유 행위에서도 발견된다. 트렌델렌부르크는 자신의 체계가 큰 성공을 거두었다고 여겼다. 그러나 그가 아리스토텔레스와 헤겔, 셸링에게서 이끌어 낸 그 유기적 세계 체계는 시대정신에 의해 간단히 무시되었다. 극소수의 철학자만 오늘날에도 이 잊힌 낭만적 유물에 관심을 가질 뿐이다. 그럼에도 트렌델렌부르크가 혜안이 있는 비판자였고, 나름의 인상적인 학자였다는 점은 인정해야 한다. 허황한 건축가가 아니었다는 말이다.

세계로 들어가는 여러 통로

1880년, 그러니까 트렌델렌부르크가 죽은 지 8년 후 베를린 대학은 한 남자를 철학 교수로 임명했다. 마찬가지로 철학과 자연 과학 사이에 다리를 놓아 줄 거라고 기대한 남자였다. 헤겔과 셸링의 관념론을 비롯해 트렌델렌부르크의 철학까지 모두 쥐 죽은 듯이 조용하던 시기였다. 하지만 통일적 세계관에 대한 소망은 계속 살아 숨 쉬고 있었다. 이제 누가 그것을 이끌 것인가? 방향을 잡아 준 사람은 헤르만 로체(1817~1881)였다.

로체는 바우첸에서 군의관의 아들로 태어나 라이프치히에

서 의학과 철학을 공부했다. 스물세 살에 벌써 의학과 철학 분야에서 교수 자격 학위를 받았다. 1844년에는 스물일곱 살의 나이로 괴팅겐 대학에서 헤르바르트의 자리를 물려받았다. 처음으로 세간의 주목을 받은 것은 『의학 심리학 또는 영혼 생리학 *Medizinische Psychologie oder Physiologie der Seele*』(1852)이라는 책 덕분이었다. 다른 저작도 마찬가지이지만 그는 이 책에서 자신을 양면의 사상가로 드러냈다. 한편으로는 베네케의 맥락에서 인간 심리학을 경험적으로 탐구하고 싶었다. 인간의 모든 심리적 움직임 뒤에는 의학적으로 **묘사**할 수 있는 육체적 과정이 숨어 있다는 것이다. 그러면서도 다른 한편으론 인간의 정신적 삶은 그런 육체적 활동으로 완벽하게 **환원**될 수 없다고 믿었다. 그렇다면 로체는 의학자이면서 동시에 철학자였다. 둘을 하나로 융합시키지는 않았다. 왜냐하면 아무리 면밀한 경험적 연구자도 자신의 진단에 평가를 내려야 하기 때문이다. 인간의 해석은 늘 주관적이고 다의적일 수밖에 없다. 그래서 로체는 〈오래전부터 은밀하게 통계적인 발언을 했다. …… 정밀 생리학에서 제아무리 위대한 발견도 평균 수명은 4년 정도밖에 안 된다〉.[142]

그가 볼 때 자연 연구자들 앞에는 두 가지 커다란 장애물이 있다. 첫째, 자연 연구자는 완벽한 구속력을 가진 객관성에 결코 도달하지 못한다. 둘째, 그물코가 큰 그들의 그물로는 큰 물고기만 잡을 뿐 바다에서 헤엄치는 모든 물고기를 잡을 수 없다. 한마디로 우리의 의식을 이루는 주관적 감정은 결코 포착할 수 없다는 것이다. 이로써 로체는 뒤부아 레몽의 그 유명한 연설이 나오기 20년 전에 벌써 동일한 결론에 이르렀다. 만일 타협 없는 유물론이 옳다면 철학은 앞으로도 계속 쓸데없는 것으로 남거나, 아니면 인간이 **어떤 생각**을 하는지는 한마디도 설명하지 못하면서 진화와 물질대사, 영양, 생리학이 어떻게 사고를 가능하게 하는지만 이야기하는 극도로 지루한 영역으로 전락할 것이다. 유물론은 길을 잃었다. 자연 과학적 고찰은 **세계에 대한 고찰**이 아니다. 세계를 **자연 과학적으로** 고찰하는 하나의 방법일 뿐이다.

물론 로체도 자연 과학과 철학을 화해시키고 싶었다. 하지만 하르트만처럼 설익고 거친 융합으로 하고 싶지는 않았다. 로체가 볼 때 세계를 하나의 통일적 체계로 강제로 쑤셔 넣는 것은 〈존재론적 오해〉였다. 우리는 세계를 과학적으로 인지할 수 있지만 미학적으로, 종교적으로, 경제적으로, 또는 정치적으로도 인지할 수 있다. 하지만 어디서도 그에 대한 보상으로 보편적 진리가 손짓하지는 않는다. 이는 20세기 후반부에 막강한 영향력을 자랑했던 사유 흐름과도 일맥상통하는 관점이다. 이를테면 하인츠 폰 푀르스터(1911~2002)와 에른스트 폰 글라저스펠트(1917~2010)의 〈급진적 구성주의〉, 넬슨 굿맨(1906~1998)의 〈상대적 다원주의〉 같은 것들이다. 하르트만이 19세기 초의 정신을 현대 자연 과학과 연결 지으면서 소생시키려 했고, 트렌델렌부르크는 유기적으로 생성된 하나의 세계를 옹호했다면 로체의 사고는 이미 20세기를 향해 달려가고 있었다.

괴팅겐의 이 철학자는 의학계와 철학계만 설득하는 데 그치고 싶지 않았다. 그즈음 포크트와 몰레쇼트, 뷔히너에게 열광한 거대한 독자층에게도 공감을 얻고 싶었다. 1856년부터 1864년까지 로체는 『소우주. 자연사와 인류사에 관한 이념. 인간학 시론(試論)*Mikrokosmos. Ideen zur Naturgeschichte und Geschichte der Menschheit. Versuch einer Anthropologie*』이라는 세 권짜리 대중서를 출간했다. 제목은 훔볼트의 『우주*Kosmos*』(1845~1862)를 빗댄 것으로 보인다. 이 유명한 자연 연구자는 말년에 물리적 세계 전체를 묘사하는 데 착수해서 대대적인 성공을 거둔 바 있다. 로체 책의 부제는 한 교양 프로젝트, 즉 헤르더의 『인류사의 철학에 관한 이념*Ideen zur Philosophie* *der Geschichte der Menschheit*』(1784~1791)을 떠올리게 한다. 이로써 『소우주』의 범위를 짐작할 수 있다. 물리학에서부터 생물학을 거쳐 인간학과 형이상학에 이르는 저작이라는 것이다. 그런데 당시 같은 시도를 했던 스펜서와는 엄청난 차이가 있어 보인다. 스펜서가 자신의 체계를 소위 완벽하게 설명된 자연 과학적 원칙 위에서 단계적으로 구축하려 했다면, 로체는 세계와 인간을 상이한 **관점**에서 제시하려 했다.

『소우주』의 집필 작업은 다윈이 자연 선택 이론으로 지식인층에게 선풍적인 인기를 불러일으킨 바로 그 시기에 이루어졌다. 1859년에 두 권은 이미 출간되었지만, 인간을 다룬 세 번째 권은 아직 나오지 않은 상태였다. 로체가 볼 때 다윈의 책은 자연 과학적으로는 의미가 컸지만, 철학적으로는 자신이 『소우주』에서 쓴 내용의 반복에 지나지 않았다. 거기엔 이렇게 적혀 있었다. 〈기존의 모든 합목적성은 의도하지 않은 우연들의 경쟁에서 도출될〉 수 있다.[143] 로체는 자신이 자연 선택 이론의 철학적 원작자라고 생각했다. 반면에 다윈은 탁월한 방식으로 그 이론에 대한 증거들을 제시했을 뿐 진화가 왜 그렇게 작동하는지, 어떻게 작동하는지에 대한 철학적 물음에는 답하지 못했다. 따라서 그런 숙고를 위해서는 앞으로도 계속 철학자가 필요할 수밖에 없다는 것이다.

자연 연구자들의 이론은 결단코 전체로서의 현실을 해독하지 못한다. 때문에 철학도 과학적 이론을 출발점으로 삼아서는 안 된다. 로체의 인간학은 구체적 경험에서 출발하지 않고 전통적인 철학 방식을 고수한다. 또한 인간학의 체계는 보편적 성찰에서 추론된다. 인간은 제한된 감각을 가진 자연 존재다. 현실은 그런 인간들에게 전적으로 〈주어진 것〉이 아니기에 인간은 헤겔처럼 사유를 통해 현실을 드러낼 수 없다. 인간이 자연 속에 서 있는 지점은 우연적이고 임의적이다. 또한 거대한 전체 속에서 늘 〈잘못된 위치를 잡고 있다〉. 우리는 세계로 들어가는 여러 **통로**를 만들어 내고, 세계에 대한 상이한 **관점**만 취할 수 있을 뿐이다. 세계 자체의 모습은 그것을 바라보는 인간적 관점들의 총합에서 드러난다. 이런 의미에서 모든 인간은 하나의 〈소우주〉이자 〈거대한 현실의 완벽한 모사〉이고, 세계는 인간의 뇌가 허용하는 관찰 방식들의 앙상블이다. 세계는 방법론적으로는 상이하더라도 항상 **주관적**이다. 또한 제한적이고, 역사적이고, 차단할 수 없다. 그렇다면 인간의 모든 세계 해석은 하나로 수렴된다. 즉 **자기표현**이다!

세계로 들어가는 모든 통로는 관점주의적이다. 로체는 그런 통로를 당대의 자연 과학적 수단으로 찾는 것을 거부하지 않았다. 그에 대한 보기가 그의 〈국부 감각 이론〉이다. 우리는 어떻게 개별적 국부 감각에서 하나의 보편적 공간 표상에 이를 수 있을까? 로체는 말한다. 첫 번째 과정은 물리적이고, 두 번째 과정은 정신적이다. 〈국부 감각〉은 모종의 방식으로 물질적 영역에서 정신적 영역으로 넘어가고, 그 과정에서 변화를 일으킨다. 로체는 우리의 뇌가 감각적으로 받은 자극을 비물질적인 표상으로 바꿈으로써 코드가 바뀐다고 상상했다. 그와 함께 물질적인 것에서 관념적인 것으로의 이행을 주장했다. 물론 철학적으로는 그런 이행을 배제했다. 자연 연구자로서의 로체는 그 수수께끼의 근원을 탐구하고자 했지만, 형이상학자로서의 로체는 원칙적으로 의식을 적절한 연구 대상으로 여기지 않았다. 이 대목에서 둘은 서로의 길을 가로막는다.

현대 심리학의 관점에서 로체는 데카르트에서 시작된 자연 과학적 이원론의 마지막 대표 주자이자, 19세기의 아들이자, 통료의 상징이다. 그에 비해 철학에서는 새로운 길을 연 개척자다. 이는 특히 그의 주저 『철학의 체계*System der Philosophie*』(1874~1879)에서 잘 드러난다. 그는 이 책의 1부인 「논리학」을 이미 젊은 시절에 썼고, 이후에 개정했다. 여기서 그는 훗날 막대한 의미가 부여될 한 쌍의 개념을 철학에 도입했는데, 〈타당성〉과 〈가치〉가 그것이다.

이미 라이프니츠와 칸트도 〈타당성〉의 문제를 다룬 바 있다. 그 배경엔 이런 생각이 깔려 있다. 진리에 대한 요구는 두 가지 방식으로 제기될 수 있다. 하나는 **시간적**이고, 다른 하나는 **논리적**이다. 가령 물리학자는 이렇게 묻는다. 사과는 왜 땅에 떨어질까? 여기선 일단 원인이 존재하고, 그다음에 결과가 나타나는 시간적 과정이 중요하다. 경험적 심리학자도 의식을 연구하면서 이렇게 물을 수 있다. 누군가 이렇게 또는 저렇게 반응하는 이유는 무엇일까? 여기선 어떤 사건이 순차적으로 일어나는 과정 또는 그 **기원**을 올바로 설명할 수 있으면 진실은 드러난다. 반면에 논리학은 완전히 다르다. 〈2+2=4〉라는 명제는 시간적 과정이 아니고, 원인과 결과로 설명할 수 없다. 논리학은 시간과 관련이 없다. 다만 이렇게 묻는다. 〈어떤 것이 **타당하려면** 어떤 조건이 충족되어야 할까?〉 이런 타당성은 관찰과 경험으로는 증명될 수 없고, 오직 논리적 올바름 속에 그 근거가 있다.

기원과 타당성의 구분은 철학에서는 아주 중요하다. 로체도 이 구분에 접속한다. 하지만 흄이나 밀과 달리 논리학을 사실의 진실성을 탐구하기 위한 적절한 수단으로 여기지 않는다. 이유는 간단하다. 논리학은 경험적이지 않고, 칸트의 말마따나 현실이 아닌 인간 정신에 그 근거가 있기 때문이다. 사람들이 진리라 여기는 것은 현실의 모사가 아니라 그저 인간 정신에 일치하는 〈진리〉일 뿐이다. 물론 그런 진리를 찾는 데는 논리학이 아주 중요한 역할을 한다. 표상들을 분류해서 하나의 체계로 묶는 데 도움이 되기 때문이다.

그 점에 대해선 로체도 칸트와 일치한다. 논리학은 〈사유 법칙〉과 〈사유 필연성〉을 다룬다. 인간 정신이 사유 필연성에 따라 현실을 인식하고 구조화하는 것이 맞다면 현실은 인간 정신을 통해 **형태화되는** 것이기도 하다. 우리에게 어떤 것이 **타당한지** 아닌지를 말해 주는 것은 현실이 아니라 사유의 필연성이다. 무언가가 맞는지 맞지 않는지는 개연성이 있느냐 없느냐에 달려 있다는 것이다. 우리가 명확한 관련성을 인식한다면 그건 우리가 사유 법칙에 따라 사물들을 서로 연결시킬 수 있기 때문이다.

로체에 따르면 모든 〈존재〉는 타당성만 검증받는 게 아니라 불가피하게 **가치 평가**도 이루어진다. 칸트도 이미 오래전에 〈삶의 가치〉에 대해 이야기했고, 가치가 실제 현실 속에 존재하는 것이 아님에도 인간은 늘 사물의 가치를 평가한다고 말했다. 가치는 인간이 세계 속에서 방향을 정립하는 데 도움을 주는 수단이다. 그래서 인간에게 유익하거나 좋은 것, 즉 〈소중한〉 것을 유익하지 않거나 나쁜 것과 구분한다. 19세기에 가치의 개념은 급속한 성장을 경험했고, 그와 함께 그 의미에 대한 해석도 분분했다. 리카도 같은 경제학자도 가치라는 말을 사용했고, 마르크스도 교환 가치와 사용 가치, 잉여 가치를 분석했다. 유럽 전역에서 〈가치〉는 국민 경제학에 경제적 성공과 〈가치 창조〉를 판단하는 토대가 되어 주었다.

19세기 후반부에 철학을 하는 사람은 자신이 〈가치〉에 대해 뭔가를 좀 알고, 철학적 〈가치 창조〉와 같은 것을 추구한다는 사실을 드러내고 싶어 했다. 때문에 로체는 칸트보다 훨씬 더 엄격하게 〈타당성〉과 〈가치〉의 개념을 관련시켰다. 우리는 무언가가 **올바르다**고 판단하려면 그것을 가치로서 증명한다. 예를 들면 〈2+2=4〉라는 명제는 가치가 있고, 〈2+2=5〉라는 명제는 가치가 없다. 이건 논리학의 사유 필연성에 따라 무엇이 **올바른 것이어야 하는지**를 우리에게 말해 주는 다른 모든 명제에도 적용된다.

그렇다면 로체에게 논리학은 순수 형식적 사안이 아니라 밀과 마찬가지로 학문 이론이다. 모든 학자는 자신의 사유가 대상의 본질이 아닌 인간 심리학에 근거하고 있음을 명확히 깨달아야 한다. 우리는 생성과 소멸, 인과율, 같음과 다름으로 이루어진 경험 세계와 일대일로 마주하고 있는 게 아니다. 경험 세계는 우리 앞에 숨김없이 드러나 있지 않고, 우리는 인간으로서 그 세계를 인지할 수 있는 방식으로만 볼 뿐이다. 그런 시선에는 목적이 있고, 인간 논리학이 작동하고, 가치 판단이 포함되어 있다. 이런 관점에서 칸트의 충실한 추종자인 로체는 자연 과학자들의 〈수학적, 기계적 구성 원리〉도 하나의 이론적 체계로 보았다. 즉 실용주의적 원리, 미적 원리, 윤리적 원리, 종교적 원리와 마찬가지로 다른 가능한 구성 원리 중 하나로 보았다.

이런 전제들을 고려하면 객관 세계의 표상에 아직 매달릴 필요가 있을까? 로체가 보기에 그 표상은 우리가 객관 세계를 관점주의적으로만 인지하는 것이 사실이라고 하더라도 반드시 필요하다. 그에 대한 근거는 플라톤과 진화론 사이의 대담한 연결이었다. 로체는 이 고대 철학자에게 호감이 많았다. 특히 인간이 사유를 통해 힘겹게 접근해야 할 〈즉자적〉 이데아 세계의 표상에 많은 호감을 갖고 있었다. 플라톤은 그것으로 진화 생물학도 알고 있는 것을 표현하지 않았을까? 인간은 생물학적 존재로서 제한적이기는 하지만 완전히 자의적이지는 않은 인식 기관을 갖고 있다. 이 기관은 사실적 세계와의 대치 속에서 생겨나고, 그런 점에서 둘의 관계는 상호 작용적이다. 존재는 의식을 규정하고, 의식은 우리가 존재라고 믿는 것을 규정한다. 바로 이것이 『철학의 체계』 2부인 「형이상학」의 핵심 내용이다.

로체는 〈신학〉을 다룬 3부를 완성하지 못했지만 그가 말하고자 하는 바는 분명했다. 그가 볼 때 종교적 감정조차 세계에 관한 하나의 관점으로서 나름의 타당성이 있다. 사람들이 벌써 과학만 신봉하는 시대에 그는 종교와 믿음이 휴머니즘에 어떤 기여를 했는지 상기시키려 했다. 반면에 과학은 윤리를 만들지 못한다.

1880년에 로체는 베를린 대학의 철학과로 자리를 옮겼다. 그러나 불과 1년 뒤 폐렴으로 숨졌다. 독일 철학계에서 그는 1920년대까지도 가장 중요한 사상가 중 한 명이었다. 게다가 미국에서는 그의 제자들을 통해 그의 존재가 알려지면서 당대를 대표하는 유럽 사상가로 꼽혔다. 미국 철학자 데이비드 설리번은 스탠퍼드 철학 백과사전에서 그를 가리켜 당시 독일에서 〈가장 영향력이 큰 철학자〉라고 부르면서, 어쩌면 〈세계에서 가장 영향력이 컸을지도〉 모른다고 덧붙였다.[144] 그런 점을 감안하면 오늘날 독일 대학에서 그를 거의 다루지 않는 것은 놀랍다. 아니, 어떻게 보면 희한한 일이다. 로체의 사상은 많은 결실을 맺지 않았던가! 그건 그가 인간을 고유한 소우주로 보면서 세계의 중심에 놓지 않은 것만 떠올려 보아도 알 수 있다. 이 생각은 막스 셸러(1874~1928)부터 헬무트 플레스너(1892~1985)에 이르기까지 철학적 인간학 속에서 재발견된다. 그뿐이 아니다. 논리학에 대한 로체의 생각은 고틀로프 프레게(1848~1925)와 에트문트 후설(1859~1938)에게 영감을 주었다. 하지만 그가 후대에 가장 큰 영향을 끼친 것은 무엇보다 모든 인식과 진리의 진화적 합목적성에 대한 심리학 이론이었다. 이 이론은 윌리엄 제임스(1842~1910)가 이끄는 미국 실용주의의 노선을 결정해 주었다.

기술 심리학

로체가 갑자기 죽자 베를린 대학의 빈자리는 신속하게 채워졌다. 후임자는 트렌델렌부르크의 제자로, 비스바덴 출신의 빌헬름 딜타이(1833~1911)였다. 딜타이는 바젤과 킬, 브레슬라우에서 학생들을 가르치다가 모교인 베를린 대학으로 복귀했다. 그때까지는 아직 세상 사람들의 눈에 크게 띄지 않았다. 책도 슐라이어마허의 전기 첫 권만 출간한 상태였다. 하지만 1887년에 학술원 회원이 되었을 때 전임자 로체에게 조금도 밀리지 않는 당당함을 보였다. 딜타이 자신은 역사적 인물이고, 반면에 로체는 〈보기 드물게 폭넓은 학식〉을 가진 사람이라는 것이다. 아울러 자기 분과의 상태에 대해서도 대담한 발언을 남겼다. 〈철학의 잔해〉라는 표현을 입에 올리면서 이렇게 말한다. 〈형이상학의 체계는 무너졌다.〉 피히테, 셸링, 헤겔이 아무리 위대했더라도 그들에게서 지금 남은 것은 파편뿐이다.

베를린 대학에 부임한 딜타이는 『정신과학 입문*Einleitung in die Geisteswissenschaften*』(1883)에서 장차 새롭게 구축할 철학적 방법에 대한 구상을 전반적으로 밝혔다. 〈정신과학〉은 나중에 언급하게 될 헤르만 폰 헬름홀츠(1821~1894)가 이미 1862년에 정립한 개념이다. 딜타이는 이 〈정신과학〉에 논리적 토대를 세우고, 그 방법을 명확하게 규정하고자 했다. 이 저술은 본인이 방대한 규모로 계획하고 있던 한 저작의 요강에 해당한다. 스스로 철학의 혁신가라고 불렀던 그는 반평생 그 작업에 매달리지만, 그와 관련해서는 더 이상 단 한 권도 나오지 않았다.

딜타이가 자기 분과의 상황을 어떻게 보았는지는 죽기 직전 〈세계관〉에 대해 쓴 모음집의 한 논문에 일목요연하게 기술되어 있는데,[145] 여기서 세계관이라는 말은 세기 전환기에 많은 사람의 입에 회자되었다. 이제는 세계의 체계 대신 세계에 대한 다양한 태도가 화제였다. 관점, 중점, 신념 같은 것이다. 철학은 더 이상 칸트나 피히테, 셸링, 헤겔처럼 객관적인 무엇이 아니라 개인적 취향이나 관심, 심적 상태에 좌우되는, 주관적으로 세계를 바라보는 시선이 되었다.

그런데 딜타이가 볼 때 이것만으로는 한참 부족했다. 그건 그의 스승 트렌델렌부르크도 마찬가지였다. 이 모든 것을 어떻게든 통합하고, 새롭게 숙고해야 했다. 그렇지 않으면 철학은 임의적으로 흐를 수밖에 없었다. 임의적 철학은 곧 철학의 종말을 의미했다. 그건 확실했다. 철학 분과의 의미 상실에 대한 불안은 그의 전체 철학에 활력을 주었고, 그가 새로운 〈정신과학적〉 토대를 찾아 나서는 데 동력이 되었다. 「세계관의 유형 및 형이상학적 체계 속에서 세계관의 형성」이라는 논문은 지극히 황량한 풍경을 선명한 선으로 스케치해 냈다. 딜타이는 꿈속에서 모든 위대한 철학자를 선명하게 보았다. 이 남자들은 세 부류로 나뉘었다. 유물론자이자 실증주의자인 아르키메데스와 장 르 롱 달랑베르(1717~1783), 콩트는 이상주의자인 플라톤과 피히테, 실러를 비웃었다. 세 번째 그룹에는 체계 설계자인 스피노자와 라이프니츠, 헤겔이 속해 있었는데, 이들은 나란히 서서 우주의 신적인 조화에 대해 철학하고 있었다. 그런데 딜타이의 꿈속에서 갑자기 이 모든 그룹이 갈라져 표류하기 시작했다. 〈그룹들 사이의 거리는 시시각각 벌어졌고, 이제는 그들 사이에 땅조차 사라졌다. 끔찍한 적대적 분위기가 그들을 분리시키는 듯했다. 지금껏 철학이 세 번, 아니 어쩌면 그보다 더 많이 그랬던 것 같다는 이상한 불안이 엄습했다. 내 존재의 통일성이 갈가리 찢기는 듯했다. 왜냐하면 나는 그리워하는 심정으로 어떤 때는 이 그룹, 어떤 때는 저 그룹에 끌리면서 그들의 철학을 관철하려고 애썼기 때문이다.〉[146]

딜타이는 철학을 〈관철하려고〉 할 때 트렌델렌부르크와 로체, 뒤부아 레몽의 발자국을 따라갔다. 그가 보기에도 인간 의식은 결코 자연 과학적 수단으로는 밝혀지지 않았다. 그는 자신의 베를린 전임자처럼 〈더 높은 차원의 의식 현상〉이 아니라 감각적 지각을 경험적 심리학의 한 가지 문제로 여겼다. 왜냐하면 〈더 높은 차원의 의식은 낮은 차원의 의식에서 생겨나는 것이 분명하기 때문이다. 이 하위 의식이 토대를 이룬다. 하지만 이것은 기본적인 것에서 완전히 도출될 수 있는 연결들의 단순한 조합이 아니다. 발전, 진화, 전개 같은 표현이 이 영역을 관장하는 인과율을 적절히 설명해 주고 있다〉.[147] 딜타이가 말하고자 하는 것은 1960년대 이후의 철학 논쟁에서 〈창발〉(〈떠오름〉 또는 〈솟구침〉)이라는 표현으로 종합할 수 있다. 즉 다양한 요소들은 상호 작용을 통해 원래 그것들 자체에는 없던 새로운 질을 만들어 낼 수 있다는 것이다. 예를 들어 두 가지 기체인 수소와 산소가 결합해 물이라는 액체가 만들어지는 식이다. 딜타이는 인간 의식도 마찬가지라고 생각했다. 우리의 의식이 아무리 신경 생리학적 과정으로 생성되더라도 그 의식에는 신경 세포와 그 연결들의 작업으로만 환원시킬 수 없는 독자적인 성질이 존재한다는 것이다. 결국 의식이라는 전체는 생리학적 부분들의 합을 뛰어넘고, 속성이 다르고, 그런 의미에서 〈독자적〉이다.

그렇다면 의식을 실제로 규명하고자 한다면 자연 과학적 표본을 따르는 경험적 심리학을 추진해서는 안 된다. 왜냐하면 경험적 현상과 상관없는 지점을 만나면 경험적 심리학은 좌절할 수밖에 없기 때문이다. 이를 위해 필요한 심리학이 의식을 그 자체의 특별한 규칙에 따라 설명하는 **기술 심리학**(記述心理學)이다. 이건 구체적으로 어떤 모습일까?

딜타이는 경험주의자들에 대한 비판과 함께 전속력으로 내달려 콩트와 밀을 따라잡았다. 독일 동료들과 달리 그는 두 사람을 적이 아니라 동맹군으로 보았다. 하지만 두 사람이 일관성 있게 사유하지 못한 것을 안타까워했다. 〈낮은 차원의 영혼적 삶〉은 생리학자가 탐구할 수 있고 탐구해야 한다는 견해에 대해선 그도 경험주의자들과 같은 의견이었다. 물론 그러면서도 너무 경험적으로만 생각하지 말라고 타이른다. 밀처럼 경험주의자이자 연상 심리학자는 개념이나 관념이 어떻게 생겨난다고 생각할까? 우리 의식이 외부 세계의 무언가를 마치 감각으로 사진을 찍는 것 같은 방식으로 생겨날까? 아니면 칸트가 말한 대로 현실을 **포착하고 파악하려면** 개념을 미리 갖고 있어야 할까? 그러나 트렌델렌부르크 이후 이 개념들이 우리 의식에 영원히 입력되어 있지 않은 것은 분명해졌다. 그것들은 선험적이지 않고, 경험에서 생겨난다. 그렇다면 어떤 경험일까?

우리는 경험을 한다면 특정한 시간 속에서 한다. 딜타이의 표현에 따르면 우리의 경험 내용은 〈역사적으로 자라난다〉. 자연 과학에서 우리는 물리학이나 생물학의 불변 법칙과 관계한다. 반면에 인간 세계와 그것을 다루는 〈정신과학〉에서 모든 경험과 인식은 역사적이다. 〈공원의 나무 분포에서부터 거리의 가옥 배치, 수공업자의 합목적적 도구를 거쳐 법원의 형벌 선고에 이르기까지 우리 주위에는 매 순간 역사가 쌓여 간다. 정신이 오늘 자신의 성격을 삶으로 표현한 것이 내일은 역사가 된다. 시간은 앞으로 나아가고, 우리는 로마인들의 폐허와 대성당, 군주들의 별장에 둘러싸여 있다. 역사는 삶과 분리되지 않고, 머나먼 시간 간격에도 불구하고 현재와 떼어 놓을 수 없다.〉[148]

놀랍게도 관념론자는 물론이고 경험주의자도 이것을 오인했다. 역사가 경험 공간의 본질적인 부분이라니! 그렇다면 인간 경험의 영원한 구조를 사유한 칸트만 틀린 것이 아니라 우리 의식이 불변의 영상을 찍는 사진기처럼 세계의 사물과 마주하고 있다고 믿는 경험주의자도 틀렸다. 딜타이는 『정신과학 입문』에서 이렇게 쓴다. 이 세상에는 칸트처럼 〈단순한 사고 행위 같은 이성의 희석된 주스〉도 없고, 경험주의자처럼 불변의 경험도 없다.[149] 대신 정신과학자와 철학자는 〈총체적 인간성〉, 즉 〈언어와 역사 연구로서의 경험〉을 다루어야 한다. 이는 이미 요한 게오르크 하만(1730~1788)과 헤르더가 칸트에게 제기했던 비판이기도 하다.

다만 새로운 것은 딜타이가 경험주의자들에게도 똑같은 비판을 했고, 그와 함께 자연 과학의 영역을 축소시켰다는 점이다. 그가 볼 때 콩트와 밀은 어설픈 경험주의자였다. 두 사람은 경험 과정 속의 역사성을 알지 못했다. 내가 세계를 어떻게 인지하는지는 내가 그 세계를 어떻게 인지했는가와 깊은 관련이 있다. 나의 세계 인지는 나의 〈총체적 인간성〉과 내 삶의 이력, 〈실제적 삶의 과정〉을 통해서만 설명될 수 있을 뿐 내 욕망이나 느낌, 상상을 고립적으로 들여다본다고 해서 설명될 수 있는 것이 아니다. 얼마나 똑똑하고 중요한 비판인가! 이는 오늘날 순간 촬영 영상으로 인간의 전체 의식을 밝히려는 뇌 연구자에게도 해당되지 않을까? 어떤 시간대에 특정 뇌 부위에서 산소 공급이 늘어난 것을 보고 어떻게 내 인격이 눈에 보인다고 할 수 있을까?

〈경험주의가 아니라 경험을!〉 딜타이가 유물론자들에게 한 요구다.[150] 전반적으로 우리의 경험은 선행하는 사고 경험의 결과다. 진정한 경험론자는 이를 주시하고, 경험주의자들처럼 의도적으로 무시하지 않는다. 인간을 설명하려면 우리의 경험과 사고가 그때그때 일어나는 맥락을 고려해야 한다. 〈콩트와 밀, 스펜서가 공허하게 지껄였던 연역법과 귀납법의 기계적 공식 대신 이제 인간 지성의 자기 주권적 성질을 꿰뚫어 보는 인식이 들어서야 한다. 우리는 그런 인식과 그 속에 내재한 의식의 조건들 덕분에 대상을 장악하고 구조화한다. 동시에 나는 그것을 통해 칸트와 나를 구분한다. 사물에 대한 깊은 성찰을 통해 그것들의 조건을 변경하면서. 칸트의 선험성은 경직되고 죽었다. 내가 보기에 의식의 실제적인 전제 조건은 살아 숨 쉬는 역사적 과정이자 발전이다. 그 조건들에

는 자기만의 역사가 있다.〉[151]

철학에 대한 철학

모든 경험은 관점주의적이다. 이 점은 딜타이도 로체와 의견을 같이했다. 다만 역사의 심층 차원을 통해 그 견해를 보완했다. 딜타이는 전임자와 달리 경험에서 출발하는 것 말고는 다른 대안을 알지 못했다. 인간 본성에 대한 사변은 지극히 의심스러웠다. 하지만 로체와 비슷하게 논리학에 대한 재평가 작업이 필요하다고 느꼈다. 그의 〈기술 심리학〉은 더 이상 모든 것을 단단하게 결집하는 거대한 논리학을 찾지 않았다. 트렌델렌부르크와 반대로 딜타이는 통일성을 낳는 논리학의 힘을 포기했다. 로체와 마찬가지로 그도 논리학이 인간의 발명품이라고 여겼다. 그것이 드러내는 것은 영원한 진리나 불변의 원인이 아니라 경험 세계에 대한 우리 오성의 〈적응〉일 뿐이었다.[152]

철학은 모든 것을 아우르는 논리학의 보호자도 아니고 자연과학만큼 객관적이지도 않다. 정밀과학에도 선험적 전제가 있다고 하더라도 철학이 보기에 그 선험성은 시시했다. 자연 과학이 **설명**을 한다면 인간의 정신적 삶을 다루는 정신과학은 **이해**를 한다. 〈이해〉는 철학에서 오랜 전통을 갖고 있다. 라이프니츠의 모나드 monad(단자)는 이해하는 존재다. 헤르더는 칸트와 달리 모든 인식을 역사적, 문화적 관련성에 대한 이해로 보았다. 딜타이가 경탄한 슐라이어마허는 17세기에 만들어진 해석학의 기술을 다시 부각시켰다. 전체를 통해 부분을, 부분을 통해 전체를 이해하는 기술이다. 1868년 역사가 요한 구스타프 드로이젠(1808~1884)은 『역사 요강*Grundriß der Historik*』에서 물리학이나 수학의 〈설명〉을 정신과학의 〈이해〉와 구분했다.

딜타이도 이 구분을 받아들였다. 이해는 고유의 규칙으로 무장한 아주 특별한 기술이다. 인간의 정신적 삶은 결코 완벽하게 설명될 수 없다. 자연 과학적으로 훈련받은 심리학자는 내 생각과 행동을 인과율의 법칙에 따라 억지로 설명하려 하겠지만, 나는 자유롭게 생각하고 행동할 뿐 인과율에 따라 움직이지 않는다. 나는 감정과 기억, 소망, 동기, 불안, 기대, 의무, 습관 같은 것으로 이루어진 하나의 다원적 맥락 속에서 살아간다. 이것들은 물리학에서처럼 단순히 원인과 결과의 고리로 이을 수 없다. 설명하는 심리학자는 이 거대한 관련성의 주인이 되지 못한다. 그는 단지 개별 행동들을 따로 떼어 내어 그에 대한 원인을 찾을 뿐이다. 설명하는 심리학자는 내 의식을 해독하지 못하고, 〈모든 심리적 힘의 상호 작용〉에 무기력하게 손을 놓고 있을 수밖에 없다. 어떻게 내 〈태도〉나 〈세계관〉을 인과적으로 도출해 낼 수 있겠는가? 이 모든 복잡한 과정은 설명되지 않고 오직 이해만 할 수 있을 따름이다. 이해를 위해선 부분을 전체에, 전체를 다시 부분에 관련시켜야 한다. 딜타이는 이렇게 쓴다. 〈한 세계관의 근원 뿌리〉는 인과적 관련성이 아니라 〈삶〉이다.[153] 왜냐하면 〈세계관은 사고의 산물이 아니기〉 때문이다. 〈세계관은 인식에 대한 단순한 의지에서 생기지 않는다. …… 그것은 삶의 자세, 삶의 경험, 정신적 총체성의 구조에서 생겨난다〉.[154]

딜타이는 이해와 함께 〈정신과학〉에 독자적 방법론을 제공했고, 자연 과학과 면밀하게 선을 그었다. 자연 과학은 대상을 무언가로 환원하고, 정신과학은 다양한 삶의 관련성을 해석학적으로 이해한다. 이로써 철학에도 존재 이유가 담보된다. 공리와 약속으로 이루어진 자연 과학과 달리 정신과학은 특유의 경험 학문이다. 왜냐하면 정신과학은 사물을 **우리의 의식 속에서 사실로 나타**

나는 그대로 바라보기 때문이다. 철학은 고유의 **내용**(가령 윤리학 또는 인식론)이 없고, 논리학의 세계도 아니다. 다만 세계가 우리 의식 속에서 어떻게 다양한 방식으로 생성되는지를 정밀하게 묘사하고 분석하는 학문이다.

이런 이유에서 딜타이는 〈생(生)철학〉이라는 개념을 내세웠다. 그가 생철학의 사명으로 요구한 것은 세 가지다. 첫째, 철학자는 자연 과학을 비판적으로 바라보아야 하고, 자연 과학의 전제 조건과 그 인식 범위를 조사해야 한다. 둘째, 철학자는 트렌델렌부르크처럼 모든 학문을 두루 살펴보면서 그것들의 관련성을 밝혀야 한다. 셋째, 철학자는 모든 철학적 체계의 세계관을 조사하고, 그것들의 일면성과 형이상학적 전제, 제한된 관점을 비판해야 한다. 이런 의미에서 생철학은 〈철학에 대한 철학〉이다. 즉 생철학은 미술사가가 미술의 양식과 흐름을 분석하듯 사고의 양식을 분석하는 보편타당한 학문이다.

딜타이는 이해하는 〈정신과학〉의 구상과 함께 세계로 들어가는 대안적 통로, 즉 자연 과학과 다른 길을 열었다. 〈철학에 대한 철학〉은 19세기 말 철학의 신빙성을 떨어뜨린 모든 요소를 철저하게 거부했다. 이 철학은 형이상학적 전제가 없어야 하고, 체계를 세우지 말아야 하고, 사변을 피해야 하고, 독단적 인식을 내세우지 말아야 하고, 초감각적 이념이나 정신을 믿지 말아야 하고, 그러면서도 인간의 정신적 삶을 생리학으로 환원해서는 안 된다.

20세기 초 딜타이는 유명 인사가 되었다. 논문집 『체험과 시(詩)*Das Erlebnis und die Dichtung*』(1906)가 열광적인 환호를 받은 덕분이다. 그렇다면 미래는 그의 것이었을까? 역사는 철학과 세계관의 다양한 유형을 구분하는 그의 지루한 시도를 재빨리 건너뛰어 버렸다. 물론 인간 실존의 역사성을 인식한 것은 변하지 않는 그의 업적이다. 또한 딜타이가 쇼펜하우어 및 키르케고르와 함께 나누어야 하고, 20세기에 다양한 방식으로 전개된 생철학에 자극을 준 것도 그의 업적에 해당한다. 삶은 오직 삶으로만 이해될 수 있다. 어떤 선험적인 것, 형이상학적 종합 체계, 재구성된 인과율로 이해될 수 있는 것이 아니라는 말이다.

그렇다면 이 인식으로 구체적으로 무엇을 할 수 있을까? 콩트와 밀, 마르크스, 스펜서는 각자 자기 방식으로 철학적 사유를 실증적 과학의 시대에 맞게 풀어내고자 했다. 자신들의 철학을 자연 과학만큼이나 객관적으로 만들려고 노력한 것이다. 반면에 딜타이는 자신의 경우 그게 가능하지 않고, **왜** 안 되는지를 정확히 알고 있었다. 인간은 객관적 실재의 인식에 초점을 맞추는 존재가 아니다. 인간은 사진을 찍는 것과 같은 방식으로 대상을 습득하는 것이 아니라 대상을 이해함으로써 자기 것으로 만든다. 이해란 새 경험을 이전 경험과 관련시키는 굉장히 복잡한 과정이다. 자연 과학의 보편타당성은 모든 것을 관점주의적으로 보고 개인의 세계관이 중요하게 작용하는 인간 의식과는 모순적이다.

이런 이유에서 딜타이가 볼 때 윤리와 도덕은 결코 자연 과학만큼 객관적 수준에 이를 수 없다. 그런 시도는 의심스러운 결정, 정확하지 않은 추론, 편파성이나 일면성 같은 것에 부딪혀 좌절하고 만다. 훗날 하이데거 같은 철학자들이 다시 그런 시도를 하지만, 그들의 논증 역시 21세기에는 거의 주목받지 못한다. 그렇지 않다면 매사추세츠 공과 대학에서 어떻게 **도덕 기계**moral machine 같은 온라인 플랫폼을 만들 생각을 했겠는가? 여기서는 수백만 명의 사용자가 도덕적 딜레마의 문제에 답한다. 사람들이 도덕적으로 올바르다고 생각하는 것을 객관적으로 조사하기 위해서다. 예를 들어 자율 주행 차에 입력할 〈합리적〉 도덕은 어떤 것이어야 할까? 위험한 순간이 닥쳤을 때 운전자의 안전이 우선일까, 아니면 다수의 안전이 우선일까? 많은 사람이 다수의 안전에 손을 들어 주었다. 결국 양이 도덕적 질이라는 말이다. 이걸 보고 벤담 같은 사람은 빙그레 웃겠지만, 칸트와 딜타이는 격분한 나머지 무덤 속에서 벌떡 일어났을지 모른다.

딜타이는 도덕의 합리화 가능성에 의심을 품으면서도 동시에 거대한 사회적 도전을 매우 진지하게 받아들였다. 1890년에 그는 윤리학 강의에서 이 도전들을 하나하나 열거했다.

첫 번째는 생물학을 통한 도전이었다. 생물학은 다윈의 진화론과 함께 역사를 해석할 가능성을 얻었고, 실제로 실행에 옮겼다. 생물학은 〈자연 과학적 정신〉을 사회에 적용했으며, 스펜서나 니체처럼 현세를 형이상학적 차원으로 품었다. 두 번째는 해결되지 않는 사회 문제에 구체적으로 답하는 사회주의의 도전이었다. 『자본론』을 읽은 소수의 독자에 속하는 딜타이가 볼 때 마르크스는 사회 문제를 〈자연법칙에 입각해서〉 이지적 방식으로 분석했다. 그와 함께 시민 사회의 상수였던 〈사유 재산과 상속권, 결혼과 가족 제도〉가 갑자기 변수로 변했다. 세 번째는 기독교적 도그마의 해체였다. 이제는 신학자조차 더 이상 진지하게 그런 도그마를 믿지 않기 때문이다. 네 번째는 자연주의적 예술의 도전이었다. 특히 그중에서도 이상적이고 관념적인 것과는 완전히 단절한 채 실제 삶을 전혀 미화하지 않고 세밀하게 묘사하고 해석하는 프랑스 소설이 대표적이다.

이런 새로운 것에 비하면 〈옛것은 하나같이 낡아 보이고, 자연 과학적 이론은 그 토대를 허물어뜨리고 있는 듯하다. …… 이런 상황에서 철학의 한 영역, 즉 윤리적 문제가 새로운 구심점으로 떠오른다. 이는 곧 윤리적 원칙에 대한 새로운 갈망이다〉.[155] 딜타이는 서구 사회가 장차 급변하리라고 확신했다. 다시 말해 사회 전반에 급격한 개조 작업이 일어날 거라고 믿었다. 이런 상황에서 철학이라고 해서 마냥 손을 놓고 있을 수만은 없었다. 철학도 무언가 중요한 기여를 해야 했다. 딜타이는 곳곳에서 〈만연한 시대 분위기〉를 느꼈고, 새로운 〈세계상〉과 〈사고 양식〉을 보았다. 또한 기존 체계의 담벼락에 균열이 생기고 토대가 조금씩 허물어지는 것을 목격했다. 그렇다면 〈철학에 대한 철학〉은 더 나은 사회를 위해 어떤 기여를 할 수 있을까? 윤리적 차원에서 무엇을 해야 할까?

이제 철학자는 더 이상 도덕적 내용을 규정하지는 못하더라도 여전히 진보를 위해 **규칙**과 **가치**를 도덕에 제시할 수는 있다. 또한 〈자유와 즐거움, 문화〉를 기존처럼 소수의 특권층만 누리는 것이 아니라 〈모든 계층〉으로 확대하는 데 기여할 수도 있고,[156] 최대한 많은 사람에게 최상의 교육 기회를 동등하게 부여하는 공정한 교육 제도의 확립을 요구할 수도 있으며, 〈상류 계층〉의 가치 의식에 사회적 진보를 거부하지 말라고 호소할 수도 있다.

딜타이는 정신과학과 철학에 사회의 윤리적 발전에 대한 사명을 부여함으로써 차가운 비판에 직면했다. 특히 나중에 상세히 다루게 될 젊은 사회학자 베버는 노도와 같이 덤벼들었다. 딜타이의 주장에는 낡은 형이상학의 잔재가 숨어 있는 것이 아닐까? 정신과학이 그 이름 그대로 과학이 되려면 〈가치 중립적인〉 태도를 취해야 하지 않을까? 딜타이는 저 높은 곳의 세계관을 비판했지만, 그것들이 세계를 이렇게 또는 저렇게 평가하는 권리까지 박탈하지는 않았다는 것이다. 반면에 베버는 정신과학을 가치 평가로부터 떼어 놓고 싶었다. 이로써 그는 딜타이하고만 싸운 것이 아니라 자신의 경쟁자하고도 시비가 붙었다. 왜냐하면 베를린에서는 한창 생철학과 해석학이 사람들의 입에 오르내리는 동안 마르부르크와 슈트라스부르크, 하이델베르크에서는 완전히 다른 철학인 신칸트주의를 학생들이 배우고 있었기 때문이다.

다시 칸트로!

〈증명된〉 칸트 / 칸트는 심리학자일까? / 철학의 영토 / 외부 세계의 문제 / 인식 비판 / 절대적 가치들 / 문화학

〈증명된〉 칸트

프로이센 국가는 프리드리히 알베르트 랑게(1828~1875)의 권고대로 통치하는 것이 몇 배는 더 현명하지 않았을까? 졸링겐 출신의 이 젊은 남자가 원한 것은 많지 않았다. 프로이센 관료는 일단 시민 의식을 가진 시민이어야 하고, 국가의 명령을 무비판적으로 따르는 집행 기관이 되어서는 안 된다. 랑게는 처음엔 취리히에서, 그다음엔 본에서 철학과 교육학, 고전 문헌학을 공부했고, 1855년에 대학 강사로 임용되면서 「교육 제도와 다양한 시대의 주도적 세계관의 관련성Über den Zusammenhang der Erziehungssysteme mit den herrschenden Weltanschauungen verschiedener Zeitalter」이라는 제목으로 강연을 했다. 이때까지는 문제가 없었다. 그런데 신학 교수의 아들인 그가 1862년 프로이센 국왕의 탄신일에 다른 강연을 하면서 〈공공의 삶에 대한 학교의 입장Die Stellung der Schule zum öffentlichen Leben〉을 밝히는 순간 프로이센 당국은 반역의 냄새를 맡았다. 그렇지 않아도 같은 날 프로이센 내무성은 소속 관료의 모든 정치적 활동을 금하는 포고령을 내린 상태였다. 랑게는 이 법령을 헌법 위반으로 여겼다. 그때부터 프로이센 경찰과 사법부는 그를 사정권 안에 두고 감시하기 시작했다. 그가 김나지움 교사로 근무하면서 살았던 뒤스부르크의 집은 샅샅이 수색을 당했고, 그가 신문사에 기고한 글은 고발되었다. 얼마 뒤 랑게는 프로이센 국가에 대한 신뢰를 완전히 잃어버렸다. 그리고 관료의 시민권을 위해 싸운 것밖에 없던 이 자유주의자는 이제 확고한 사회 민주주의자로 변신한다.

1865년 랑게는 『현재와 미래에 대한 의미로서 노동자 문제 *Die Arbeiterfrage in ihrer Bedeutung für Gegenwart und Zukunft*』를 출간했다. 이 책엔 훗날 딜타이가 미래의 가장 중요한 목표로 삼은 문장, 즉 〈자유와 즐거움, 문화를 모든 계층으로 확대〉하자는 문장과 관련된 내용이 나온다. 랑게는 같은 맥락에서 이렇게 썼다. 우리는 〈삶의 순수한 즐거움을 증진하고, 정신적, 이지적, 감각적 즐거움을 확대하고, 마지막으로 마음의 깊이와 성격의 고결함을 키우는 것에 따른 결과를 충분히 예상할 수 있다. 그것은 그전에 오언이 원했듯이, 억압받는 민중에게 물질적 개선 외에 자유롭고 새로운 형식 속에서 여유와 사교를 제공한다면 나타나는 결과와 비슷할 것이다〉.[157]

이 책은 처음엔 큰 성공을 거두지 못했다. 독일에서 사회주의와 노동자 운동은 이미 오래전에 여러 분파와 흐름으로 쪼개져 있었다. 랑게는 라살레의 전독일 노동자 동맹을 이빨 없는 호랑이라고 공격했다. 그런데 마르크스도 이 책을 좋아하지 않았다. 랑게가 그를 경제적 권위자로 인정하며 몇 페이지에 걸쳐 길게 논평했음에도 말이다. 랑게가 걸어간 특이한 길, 그러니까 사회를 〈이상의 관점〉에서 바라본 윤리적 사회주의는 그 공산주의자가 보기엔 너무 이질적이었다. 게다가 진보의 동력이 생물학적, 문화적 진화에 있다는 주장도 마르크스에게는 너무 다윈주의적으로 비쳤다.

랑게는 1866년 프로이센 당국의 박해에서 벗어나기 위해 뒤스부르크를 떠나 취리히로 가기 전에 자신에게 똑똑하고 사려 깊은 철학자라는 명성을 가져다준 그 책의 출간을 볼 수 있었다. 독일에서 유물론에 대한 열광이 절정에 이른 시점에 쓴 두꺼운 책 『유물론의 역사*Geschichte des Materialismus*』가 그것이다. 랑게는 유물론자들과 몇 가지 점에서 의견이 같았음에도 그들의 시대정신에는 반기를 들었다. 물론 젊은 시절에는 관념적 철학과 전통적 형이상학에 대해 신랄한 비판을 쏟아 내기도 했다. 〈나는 모든 형이상학을 미적이고 주관적인 측면에서만 일리가 있을 뿐 그것만 빼면 일종의 광기로 여긴다. 나의 논리학은 개연성의 계산이고, 나의 윤리학은 도덕 통계학이고, 나의 심리학은 철저하게 생리학에 기반

하고 있다. 한마디로 나는 정밀과학 내에서만 움직이려는 사람이다.〉[158]

이런 식의 회의를 품고 있었다면 랑게는 사실 유물론자가 될 수도 있었을 것이다. 그러나 형이상학자들에게 갖고 있던 의구심이 유물론자들을 향해서도 똑같이 찾아왔다. 그들 역시 절대적 **진리**를 알고 있다는, 흡사 형이상학과 비슷한 주장을 하고 있지 않은가? 랑게는 유물론을 시작부터 현재까지 해부했다. 그 과정에서 온갖 자연 과학적 성공에도 불구하고 무엇보다 철학적 실패를 목격했다. 생리학적 연구가 더 많은 진전을 이룰수록 의식의 비밀을 파헤치겠다는 목표는 점점 멀어져 갔다. 18세기 유물론자라면 아직 모든 사고에 일대일로 대응하는 뇌 속의 과정을 밝힐 수 있으리라는 꿈을 가질 수 있었을 것이다. 하지만 현대 자연 과학이 그와 관련해서 점점 많은 것을 알아 갈수록 그 연결 고리는 점점 약해졌다. 우리 감각이 인지하고 우리 뇌가 가공하는 것은 무수하게 진동하는 뇌 섬유의 작업으로 쪼개졌다. 〈감정과 모든 정신적 실존은 매 순간 변화하는 상호 작용, 즉 무한히 많고 무한히 다양하게 연결된 기본 활동들의 상호 작용일 수 있다. 각각의 기본 활동은 공간적으로 제한되어 있지만, 상호 작용에 따라 무수히 다른 결과를 낳는다. 오르간에서 파이프의 위치는 각각 정해져 있지만 거기서 나오는 **멜로디는 정해져 있지 않은 것처럼.**〉[159] 따라서 〈모든 정신적인 것을 뇌와 신경의 메커니즘으로 환원하는 것이야말로 …… 우리 인식이 정신 자체에는 얼씬도 못 하고도 스스로 문을 닫고 잠가 버리는 한계를 가장 확실하게 보여 주는 방법이다〉.[160]

랑게는 2쇄를 찍으면서 자신의 책을 두 배로 확대했다. 오늘날까지 무려 10쇄를 찍을 만큼 인상적인 성공을 거둔 이 책은 유물론적 철학의 약점을 세상에 공공연히 드러냈다. 또한 마치 그에 대한 치료제인 듯 칸트를 다시 꺼내 들었다. 랑게는 칸트주의자가 아니었다. 필요하면 그 위대한 철학자에 대한 매서운 비난도 마다하지 않았다. 예를 들면 칸트 체계의 〈그릇된 절대성〉은 〈강제적인 연역법의 그릇된 허상〉처럼 역사의 쓰레기통으로 들어가야 한다고 주장했다.[161] 랑게는 칸트를 체계 건축가가 아니라 체계 건축의 비판가로서 높이 샀다. 칸트는 〈코페르니쿠스적 전환〉을 통해 〈모름지기 경험의 대상만이 우리가 다룰 대상이고, 객관성 역시 …… 절대적 객관성이 아니라 인간 및 인간과 유사한 유기체적 조직으로 이루어진 일부 존재만을 위한 객관성〉이라는 사실을 보여 주었다.[162] 모든 존재는 의식의 내용이고, 그로써 절대적으로 참되다고 하는 것도 절대적으로 객관적인 것은 아니다. 만일 인간이 다른 감각 기관을 갖고 있다면 세계는 완전히 다르게 보일 것이고, 그 세계의 진실성도 우리의 것과는 상관이 없을 것이다. 랑게에 따르면 어떤 자연 과학자와 어떤 철학자도 이런 인식을 넘어 원상태로 돌아가서는 안 된다. 그럼에도 유물론자들은 맹목적으로 그런 인식을 무시하고, 자신이 본질적인 것을 보지 못한다는 사실을 깨닫지 못하고 있다.

랑게의 결론은 분명하다. 세계에 대한 앎은 모두 인간 의식 속에서 일어나고, 이 의식은 자연 과학적 수단으로는 결코 적절하게 해독할 수 없다. 그는 자신의 이 견해에 대한 지원 사격으로 당시 가장 유명한 자연 과학자 한 명을 끌어들였다. 랑게는 1855년 본에서 젊은 생리학자 헬름홀츠의 강의를 들었다. 그 과정에서 헬름홀츠가 그에게 끼친 영향은 『유물론의 역사』에 그대로 반영되었다. 이후로도 그는 헬름홀츠의 『생리학적 광학 교범*Handbuch der physiologischen Optik*』(1856~1867)에 나오는 내용을 반복해서 인용했다. 이 자연 연구자는 우리의 감각 지각이 전체 표상 세계를 모델로 삼고 있다는 사실을 보여 주었는데, 그렇다면 이건 칸트의 손을 들어 준 것이 아닐까? 우리 의식이 존재에 대한 표상을 규정하지, 존재 자체가 우리 의식을 규정하는 것이 아니라는 말이다! 게다가 자연 과학도 그것을 증명하고 있다. 그렇다면 우리에겐 의식의 내용만 주어져 있고, 객관적 대상은 주어져 있지 않다고 주장하는 사람은 더 이상 〈관념론자〉가 아니라 〈자연주의자〉다. 경험적 연구의 전문가라는 말이다.

칸트가 실험실에서 증명될 수 있을까? 아마 칸트 자신은 원론적인 이유에서 그것을 부인했을 것이다. 자기 자신을 숙고하는 의식의 내적 세계와 경험주의자의 외적 세계는 서로 만날 수 없다. 그렇다면 헬름홀츠는 어떻게 생각했을까? 대답하기 쉽지 않다. 포츠담 출신으로 훗날 하이델베르크에서 학생들을 가르친 이 남자는 자기 분야, 즉 전체 자연 과학 분야에서 대가로 통했다. 1847년에는 마이어의 열역학 제1명제인 에너지 보존 법칙을 좀 더 정밀하게 규정하고 생물학에도 적용했다. 생리학자로서는 신경 섬유의 신경절 세포 기원을 증명했고, 근육의 물질 대사량을 계산했으며, 개구리의 신경계에서 전류 속도를 측정했다. 게다가 1850년대에는 시각과 청각에 대한 생리학 연구에서 대표 주자로 부상했다. 물리학자로서의 그는 온갖 기상 현상과 화학적 과정의 열역학을 분석했고, 자신의 이름을 딴 헬름홀츠 코일과 헬름홀츠 공명기, 헬름홀츠 방정식을 발명했다. 1870년부터는 베를린 대학 교수로서 뒤부아 레몽과 함께 전기 생리학뿐 아니라 자연 과학 전반에서 대표적인 석학으로 인정받았다.

사실 헬름홀츠가 철학사에서도 중요한 인물이 된 것은 칸트에 대한 관심 때문이었다. 그의 아버지는 피히테의 아들과 교분이 두터웠기에 일찍부터 아들에게 칸트와 피히테를 접하게 했다. 이런 환경 속에서 헬름홀츠는 자연스레 관념론자로 성장했다. 하지만 연구자로서는 엄격한 경험론자였기에 두 분야 사이에서 갈등을 겪을 수밖에 없었다. 자연 과학자로서의 그는 엄정하게 탐구될 수 없는 것은 무엇이건 인정하지 않았다. 그래서 예컨대 크리스토프 빌헬름 후펠란트(1762~1836) 시대 이후 여전히 생물학 분야에서 어른거리는 수상쩍은 〈생명력〉까지 배척했다. 그러나 이런 인과적 기계론의 싹이 그를 유물론자로 만들지는 않았다. 헬름홀츠는 1877년 한 연설에서 이렇게 강조했다. 〈유물론도 형이상학적 가설이라는 사실을 잊지 마시기 바랍니다. 물론 이 가설은 자연과학 분야에서 매우 생산적인 것으로 입증된 바 있지만, 하나의 가설이라는 사실은 변하지 않습니다. 우리가 만일 그 본질을 잊는다면 유물론은 도그마에 빠져 다른 도그마들처럼 과학의 진보에 장애가 되고 극단적 배타성으로 치달을 수 있습니다.〉[163]

헬름홀츠는 당시의 많은 자연 과학자처럼(물론 오늘날도 그렇다) 철학자에 대한 우월감을 갖고 있었다. 그가 볼 때 대부분의 철학자는 〈새로운 앎을 생산해 내지 못할 뿐 아니라 그게 어떻게 생산되는지조차 모르는 발기 불능의 책벌레〉에 지나지 않았다.[164] 하지만 그건 거꾸로 보면 철학에 대한 헬름홀츠의 무지를 드러내는 것이기도 했다. 그는 칸트에게 자극을 받아 에너지 보존 법칙을 새로 규정하게 되었다고 주장하는데, 그건 하나의 주장일 뿐 납득할 만한 근거나 증거는 없다. 헬름홀츠가 칸트를 진정으로 만났다고 할 수 있는 것은 1855년이었다. 그때 그는 이렇게 물었다. 〈이제 우리는 어떤 방식으로 신경 감각의 세계에서 실제 세계로 건너갈 수 있을까?〉[165] 달리 표현하자면, 나는 내 의식 속에서 일어나는 것의 원인이 외부 세계에 있음을 어떻게 알까? 헬름홀츠는 인과 법칙의 원작자로 잘못 알고 있던 칸트를 끌어들인다. 그에 따르면 원인 없이는 결과도 없다. 그런데 여기엔 큰 오해가 있다. 칸트는 인과 법칙을 흄에게서 넘겨받았고, 두 사람은 인과율 속에서 인간과 무관한 외부 세계가 있다는 **어떤** 증거도 찾지 못했다. 왜냐하면 원인과 결과의 구도는 세계 〈자체〉의 법칙이 아니라 **우리 의식**

이 스스로에게 세계를 설명하는 방식일 뿐이기 때문이다. 칸트가 볼 때 〈물 자체〉의 객관적 외부 세계는 그 대상이 **인과율과 상관없이 자유롭기** 때문에 〈물 자체〉다. 우리가 그것을 인식할 수 없는 것도 그 때문이다.

헬름홀츠가 칸트의 선험적 기하학을 비판한 대목은 오히려 칸트를 좀 더 제대로 이해한 것일 수 있다. 칸트에 따르면 기하학은 그 자체로 명증성이 있고, 그로써 구체적인 공간 지각에 종속되지 않는다고 한다. 반면에 헬름홀츠는 이 선험적 앎의 탈주술화에 앞장선다. 그러니까 지각의 전문가로서 그는 비(非)유클리드적 기하학을 경험의 사안으로 보았지, 자기 명증성을 가진 것으로 보지 않았다.

이런 측면에서 보자면, 헬름홀츠가 칸트를 끌어들임으로써 19세기 후반기에 그의 부활에 결정적인 기여를 한 것은 역설적인 구석이 있다. 칸트를 자신의 이론적 증인으로 호출했을 때는 사실 그를 제대로 이해하지 못했고, 반면에 칸트를 제대로 이해한 대목에서는 그를 반박하기 바빴으니 말이다. 어쨌든 그럼에도 헬름홀츠가 그로써 오랫동안 뒷방에 처박혀 있던 그 철학자를 다시 소생시킨 것은 변함없는 사실이다. 당시 가장 유명한 자연 과학자조차 칸트를 소환하고 열심히 연구한다면 다른 이들도 그럴 필요성을 느꼈을 테니까 말이다.

칸트는 심리학자일까?

랑게가 칸트에게 끌린 것은 위대한 체계주의자로서의 면모 때문이 아니었다. 랑게에게 체계는 하찮은 것에 불과했다. 그는 체계 〈비판적인〉 칸트, 오늘날로 치면 〈이데올로기 비판가〉로서의 칸트에게 경탄했다. 사람들의 세계관에 의문을 제기하고, 진리성을 상대화하고, 철학자와 자연 과학자들에게 거울을 내민 그런 칸트의 모습 말이다. 네가 무엇을 알고 있다고 믿건 그건 네 제한된 인식 가능성에 구속받을 수밖에 없다는 것이다.

〈유기적〉 과학에 대한 트렌델렌부르크의 꿈은 1860년대 말에는 완전히 헛된 것으로 판명되었다. 그와 함께 칸트의 르네상스가 찾아왔다. 헤겔 체계는 자연 과학과의 의미 있는 연결점을 거의 제공하지 못한 반면에 칸트는 자연 과학에 무척 관심이 많았다. 그의 철학은 형이상학적 체계만이 아니라 자연 과학적 인식을 포함해 모든 인식에 대한 이론을 제공했다. 헤겔은 자연 과학을 단순한 놀이 재료 정도로 치부했다. 그러니까 철저하게 관념적 이성 철학 밑에 둔 것이다. 그에 비해 칸트는 자연 과학 및 그 방법과 성공을 아주 진지하게 받아들였다. 물론 그럼에도 이 모든 것을 이전의 유물론자들처럼 세계 해석의 수단으로 보지는 않았다. 칸트에 따르면 어떤 자연 연구자도 인간이 왜 도덕적 행위를 하는지 설명할 수 없었다. 도덕적 원인은 자연 속에 있는 것이 아니고 엄격하게 인과적이지도 않다. 그것은 자연법칙처럼 **구속적**이지 않고 **의무적**이다. 그와 함께 도덕적 원인은 그것을 따르거나 따르지 않을 자유를 전제로 한다. 자연에는 자유가 없다. 인간 정신 속에만 자유가 존재한다.

칸트 철학은 자연 과학에 일정 영역을 요구하는 것이 아니라 자연 과학의 면밀한 상황을 설명하고 측정한다. 바로 그것이 트렌델렌부르크의 또 다른 제자인 본 대학의 철학 교수 위르겐 보나 마이어(1829~1897)를 매료시켰다. 그도 칸트에게 접근했다. 하지만 칸트 철학을 세상 만물을 설명하는 수단으로 사용하기 위해서가 아니었다. 오히려 마이어는 칸트 철학을 랑게처럼 비판의 무기로 보았다. 〈원칙에 입각한 비판 철학은 도처에서 우리 인식의 한계를 날카롭게 지적하고, 해결하고자 하지만 결코 해결할 수 없는 문제가 무엇인지, 검토할 만한 이유가 어느 지점에서 더 이상 존재하지 않는지 안다. 비판 철학은 과학적 인식의 추구와 관련해서 비판적 절제만이 타당하다고 설명한다.〉[166]

〈비판적 절제〉를 사용하는 것은 마이어에게 관념 철학의 와해를 알리는 계명이었다. 이런 생각에 동조하는 사람은 많았다. 아직 남아 있는 헤겔과 셸링의 추종자, 새로운 체계로 무장한 기독교 신학자, 그리고 목소리 크고 자의식 강한 유물론자들이었다. 마이어는 랑게와 마찬가지로 1850년대와 1860년대에 독일에서만 그렇게 우글거리던 온갖 형태의 도그마와 연역법, 체계, 총체적 설명을 거부했다. 그가 볼 때 유일하게 받아들일 수 있는 것은 심리학인 듯했다. 그렇다면 심리학을 칸트의 비판 철학과 한데 묶어 우리 의식이 어떤 식으로 작동하는지 설명할 수는 없을까?

이건 아주 새로운 생각은 아니었다. 헤겔의 가장 중요한 적수였던 프리스도 이미 내세운 강령이었다. 게다가 그와 관련해서는 1832년 당시에는 거의 주목받지 못했던 『칸트와 우리 시대의 철학적 과제*Kant und die philosophische Aufgabe unserer Zeit*』에서 철학의 미래가 스스로 이름 붙인 자신의 인식론에 달려 있다고 주장한 영민한 베네케도 빼놓을 수 없다. 1831년 8월, 그러니까 헤겔이 죽은 지 4개월 뒤에 베네케는 〈철학에 대한 관심〉이 철저하게 〈무관심과 비슷한 수준으로 추락할〉 것이라고 예상했다.[167] 〈지금까지처럼 진행되어 온 방향으로 철학이 계속 나아가는 건 전적으로 불가능〉하다.[168] 베네케는 독일 철학의 난해함과 형이상학적 사변, 구체적인 도덕에 대한 이해 부족에 화가 났고, 그에 반대하는 논거로 칸트를 끌어들였다. 칸트는 헤겔과 달리 경험에서 출발했기 때문이다. 칸트의 인식론은 〈인간 인식의 생산에 공동으로 기여하는 여러 인식력의 좀 더 깊은 연구를 통해 …… 인식의 한계〉를 규정한다.[169] 이것은 미래 철학의 과제이기도 하다. 즉 미래 철학은 형이상학적 〈체계들〉을 포기하고, 경험에서 출발하고, 심리학을 추진하고, 인식의 한계를 설정해야 한다는 말이다.

근 40년 뒤 마이어가 들고 나온 근본이념을 이보다 더 적절하게 묘사할 수는 없을 듯하다. 그는 『칸트의 심리학*Kant's Psychologie*』(1870)에서 그 위대한 사상가에 대한 너무나 관념적인 해석에 맞서 칸트를 변호했다. 그의 철학은 근본적으로 〈순수〉 이성과는 아무 관련이 없다. 그렇다면 칸트는 어디서 선험적 인식을 획득했을까? 혹시 심리적 요인이 작용한 것은 아닐까? 칸트는 지속적으로 자신의 내면을 관찰하고, 비추어 보고, 성찰하지 않았을까? 칸트가 경험적 심리학과 합리적 심리학을 구분한 뒤 전자는 저급하고 후자는 불가능하다고 선언한 것은 얼마나 쓸데없는 오류인가! 이로써 칸트는 원래 심리학자였음에도 자기 안의 심리학자를 지워 버렸다.

마이어는 굉장히 적극적이었다. 칸트가 18세기를 계몽했듯이 그도 19세기를 계몽하고자 했다. 포크트와 바그너를 둘러싼 유물론 논쟁에서는 칸트의 〈비판주의적〉 입장을 대변했고, 성급한 세계관을 향해 경고장을 보냈다. 그는 철학 외의 분야에서도 명성을 쌓아 나갔다. 나중에 독일 황제 빌헬름 2세가 되는 왕세자를 틈틈이 가르쳤다고 하는데, 왕세자는 마이어의 철학 강의를 무척 지루해했다는 후문이 있다. 어쨌든 19세기의 이 계몽 사상가는 무수한 강연을 했고, 교육 개혁과 국민 교육을 위해 싸웠다. 또한 자유주의자로서는 교육 제도에 대한 가톨릭교회의 영향을 반대했고, 마찬가지로 한창 기세를 올리던 사회 민주주의에도 반기를 들었다.

그러나 칸트 철학과 연결된 심리학을 추진한다는 그의 구상은 별로 호응을 얻지 못했고, 오히려 격렬한 반발을 살 때가 많았다. 그사이 다른 철학자들도 칸트와의 접목을 시도했다. 그들은 철학의 〈심리화〉에는 전혀 관심이 없었다. 칸트가 소생하자마자 그의 추종자들은 대부분 그를 심리학자가 아니라 정확히 그 반대, 즉 경험적 심리학에 대한 강력한 방어막으로 삼았다.

철학의 영토

〈철학이 합법적으로 과학적 지위를 요구하려 한다면 실제적 영토가 있어야 한다. 어떤 과학도 결코 문제 삼지 못하고 인정할 수밖에 없는 그런 영토 말이다.〉[170] 1860년 예나 대학의 철학 교수 쿠노 피셔(1824~1907)가 철학의 미래 영토를 모래 위에 표시하며 당당하게 한 말이다. 철학은 심리학이나 다른 자연 과학과 엄격히 구분되는 독자적 학문이다. 지금껏 당국의 감시와 탄압에 시달려 왔을 뿐 아니라 프랑스와 영국, 의사들의 유물론에 의해 변방으로 쫓겨난 독일 강단 철학이 이제 자신의 중요성과 역할을 주장하고 나섰다. 철학은 칸트로 대변되던 예전의 그 드높은 지위를 되찾아야 한다는 것이다.

피셔가 평생 매달린 가장 큰 업적은 바로 열한 권짜리 철학사(1852~1901)였다. 이 책에는 그만의 독특한 평가가 고스란히 담겨 있다. 그에게는 단 두 시기의 철학만 있었다. 칸트 이전의 시대와 칸트 이후의 시대다. 피셔는 칸트의 전기 작가로서뿐 아니라 열정적인 연설가이자 카리스마 넘치는 대학 교수로서도 명성을 쌓았다. 하지만 철학을 다시 인식론으로 복원해야 한다는 약속을 이행하지는 못했다. 자연 과학자들은 그를 진지하게 받아들이지 않았고, 그의 말에 동의하지도 않았다.

철학자들은 스스로를 돌아볼 때마다 불안과 난감함이 엄습했다. 무언가 의미 있는 것을 찾아내야 하지 않을까? 이런 상황에서 일부 철학자들은 명확한 연구 과제와는 상관없이 크리스티안 헤르만 바이세(1801~1866)를 떠올렸다. 라이프치히의 철학 교수였던 바이세는 1847년에 이미 철학의 새 출발을 요구했다. 그는 이런 물음을 던졌다. 〈과거의 여러 순간에 그런 축적이, 다시 말해 지금과 매우 비슷한 관련 속에서 칸트가 직접 거론한 단어를 사용하자면 방향 정립이 있지 않았는지, 혹은 또 다른 학문적 진보의 필수적인 조건이 있지 않았는지 …… 선명한 시선으로 되돌아보는 것이 유익하지 않을까? 나는 지금 현재 독일 철학의 발전 과정에서 그런 순간이 시작되었다고 생각한다.〉[171] 바이세의 제자 로체가 바로 그것을 했다. 존재의 사실적 세계와 의식의 논리적 세계를 구분함으로써 과거를 돌아보며 새로운 방향을 찾은 것이다. 사실과 그것의 〈타당성〉을 분리해야 한다는 것은 유물론자들로서는 생각지도 못했을 것이다. 또한 자연 과학적 인식이 객관적인 사실 묘사가 아니라 〈구성construction〉이라는 사실도 결코 떠올리지 못했을 것이다.

철학자이자 신학자인 에두아르트 첼러(1814~1908)도 같은 의견이었다. 그는 1862년 하이델베르크 대학에서 〈인식 이론의 과제와 의미〉라는 제목의 교수 취임 강연에서 피셔와 똑같은 것을 요구했다. 철학은 최우선적으로 인식론이어야 한다. 다른 학문들의 타당성 범위를 규정하고, 철학적으로 근거를 마련하는 학문이어야 한다는 것이다. 그러려면 다시 칸트에서 출발하는 것 말고 더 나은 방법이 있을까? 그의 제자들은 첼러를 〈인식론〉 개념의 창시자로 알고 환호했다. 그러나 이 개념은 이미 30년 전 베네케가 먼저 사용했다. 아무튼 그로 인해 1860년대 초에 센세이션이 일었다. 헤겔학파의 미슐레는 첼러가 헤겔에서 칸트로 진영을 바꾼 것에 앙심을 품고 〈신칸트주의자〉라 부르며 욕했다. 이 말은 나중에 새로운 사조의 일반적인 이름으로 자리 잡았다. 그런데 첼러도 사실 자신의 강령을 현실로 옮기지는 못했다. 그리스 철학의 전문가이자 종교 철학자로서는 이름을 날렸지만, 체계적 인식 이론가로서는 명성을 얻지 못했다.

새로운 칸트학파의 다음 주자도 철학을 한 단계 더 결정적으로 진전시키지 못한 것은 마찬가지였다. 피셔의 제자 오토 리프만(1840~1912)이 그 주인공이다. 그는 1865년 스물다섯 살 때 스승의 저작을 왜곡하고 잘못된 방향으로 추월한 피히테와 셸링, 헤겔, 프리스, 헤르바르트, 쇼펜하우어와 담판을 벌였다. 그의 책 『칸트와 아류들. 비판적 논문*Kant und die Epigonen. Eine kritische Abhandlung*』(1865)은 명료성 면에선 더 이상 바랄 게 없다. 리프만은 일단 〈물자체〉를 도입한 칸트의 근본 오류부터 비판하고 나선다. 이는 칸트의 동시대인들도 제기했고, 오늘날까지도 많은 칸트주의자가 공감하는 비판이다. 하지만 이 비판에 이어 리프만은 칸트 후계자들에 맞서 스승을 철저하게 보호한다. 각 장의 맨 마지막, 그러니까 피히테와 셸링, 헤겔의 〈관념적 방향〉, 프리스의 〈경험론적 방향〉, 쇼펜하우어의 〈초월적 방향〉에 관한 장 마지막에는 늘 다음 문장이 적혀 있다. 〈그러므로 칸트로 돌아가야 한다.〉

실제로 점점 더 많은 철학 교수가 모름지기 철학을 위기에서 구하려면 칸트로 돌아가는 것이 최선의 해결책이라고 생각했다. 칸트 부흥 운동은 대성공을 거두었다. 1870년부터 1882년까지 칸트에 대한 행사는 독일 대학에서 200번 넘게 열렸다. 밀이 여덟 번, 콩트가 다섯 번, 스펜서가 두 번, 그리고 마르크스는 한 번도 열리지 않은 것을 생각하면 가히 칸트 붐이었다고 할 수 있다.[172] 그런데 칸트 추종자들의 이런 엄청난 성공 뒤에는 철학적 이유 외에 정치적 이유도 있었다. 인터내셔널 회원인 랑게만 제외하면 초기 신칸트주의는 부르주아의 놀이터였다. 정치에서 신칸트주의는 국가와 교회의 분리나 시민의 자유권 문제에만 관여했다. 초창기 신칸트주의자들은 대부분 사회적 진화를 꿈꾸는 유물론자들의 정치적 희망에 적의를 드러냈다. 그들의 주장을 〈비판 철학적으로〉 캐물어 들어가면서 말이다. 철학을 인식론으로 제한하는 사람은 철학을 **반성 학문**이나 방법론, 과학 비판으로 여긴다. 또한 학문을 추진하기는 하지만, 유물론자와는 달리 그것을 어떤 형태의 **세계관**과도 연결 짓지 않는다. 그렇다면 초창기의 이들은 엄밀하게 보면 칸트주의자가 아니었다. 염세주의자가 아니면서 쇼펜하우어와 뜻을 같이하고, 유물론자가 아니면서 포크트와 뷔히너, 헤켈, 스펜서에게 공감하고, 독실한 신앙인이 아니면서 종교에서 삶의 의미를 찾는 사람들처럼 말이다. 또한 정치적으로 대부분의 신칸트주의자는 자유주의자였고, 그런 이유로 1871년 이후 통일된 독일 제국 내에서는 비스마르크의 정책에 전반적으로 찬성했다. 한마디로 콩트와 밀, 마르크스, 스펜서 같은 이들이 내세운 미래 사회에 대한 비전과는 몇 광년 떨어져 있는 사람들이라고 할 수 있다.

외부 세계의 문제

19세기 후반부에 마르부르크 대학은 철학의 아성이 아니었다. 볼프가 18세기 초에 여기서 학생들을 가르친 것은 아득한 옛일이었다. 사회학자 랑게는 『유물론의 역사』로 엄청난 성공을 거두었음에도 베를린이나 라이프치히 같은 대학에서는 분명 교수직을 얻기 어려웠을 것이다. 그래서 1872년부터 1875년에 이른 죽음을 맞을 때까지 단 3년만 마르부르크 대학의 강단에 설 수 있었다. 신칸트주의가 제일 먼저 〈학파〉로 형성된 곳이다.

그러나 이 새로운 철학 흐름이 학파가 되려면 하루라도 빨리 자신에게서 심리학을 떼어 내야 했다. 그래야 하는 이유는 분명했다. 칸트를 동시대 심리학과 자꾸 연결시키고 둘을 화해시키려는 베네케와 마이어의 거침없는 진격은 당연히 구렁텅이로 빠지게 될 수밖에 없었다. 이런 식으로 진행된다면 철학은 조만간 급속하게 비상하는 자연 과학의 경쟁자들에게 어린아이 취급을 받거나 아예 쓸모없는 것으로 여겨지지 않을까? 그 때문에 신칸트주의는 심리학과 단호하게 선을 그어야만 했다. 인식론자는 세계의 **기원** 같은 건 무시하고, **타당성**의 세계에다 자기만의 세력권을 구축해야 한다. 그리고 철학은 경험적인 것이 아니라 엄격하게 논리적인 학문이 되어야 한다. 이건 칸트의 생각과 같았다. 하지만 철학은 심리학에 비해 어떤 근거로 자신이 **객관적**이라고 주장할 수 있을까?

칸트의 가장 중요한 깨달음은 이렇다. 나는 세계 〈자체〉에 대해서는 아무것도 말할 수 없고, 오직 **나 자신에게** 나타나는 세계에 대해서만 무언가를 말할 수 있을 뿐이다. 내가 세계에 대해 아는 것은 모두 인식 기관을 통해 내게 주어진 것이다. 세계는 나와 직접적으로 마주하고 있지 않고, 내 의식에 의해 만들어진다. 그 때문에 시간과 공간은 결코 객관적이지 않다. 칸트에 따르면 시간과 공간은 내가 세계에서 방향을 찾아 나가는 데 필요한 내 의식 속의 질서 틀이다. 그것은 지각의 주사선(走査線)이자, 칸트의 표현을 빌리자면 〈직관의 범주들〉이다. 나는 공간과 시간을 결코 경험할 수 없고, 단지 그것들의 병렬과 시간적 순서만 경험할 뿐이다.

그런데 칸트 전문가들은 이런 생각에 불편함을 느꼈다. 왜냐하면 어떤 물리학자도 시공간에 관한 칸트의 정의로는 할 수 있는 게 많지 않았기 때문이다. 철학자가 자연 과학자들에게 진지하게 받아들여지고, 그들의 눈에 너무 별난 인간으로 보이지 않으려면 어떻게든 그들에게 손을 내밀어야 했다. 트렌델렌부르크와 로체가 의도한 것도 바로 그것이었다. 트렌델렌부르크는 이렇게 주장한다. 우리의 의식은 아무것도 허황하게 지어내지 않는다. 시간과 공간이 실제로 존재하지 않는다면 의식도 시간과 공간을 만들어내지 못했을 것이다. 로체는 생물학적 인식 기관이 인간의 발전 과정에서 사물에 최대한 적절하게 적응했을 거라고 설명한다. 그러나 우직한 칸트 학도들이 볼 때 그런 설명은 스승의 순수한 이론에서 벗어난 것이었다. 최소한 칸트만큼 피히테로부터 많은 영감을 받았던 피셔는 시간과 공간이 원칙적으로 객관적일 수 없다고 주장했다. 의식의 일은 의식의 일로 남을 뿐 결코 의식 밖에서 하나의 사실이 되지 않는다는 것이다.

피셔와 트렌델렌부르크의 논쟁은 독일 강단 철학에서 오랫동안 흥미롭게 다루어졌다. 미래는 엄격한 관념론 속에 있을까(피셔), 아니면 관념론과 실재론(사실주의) 사이에서 중재될 수 있을까(트렌델렌부르크, 로체, 랑게)? 보첸 출신의 오스트리아 철학자 알로이스 릴(1844~1924)도 이 문제를 파고들었다. 그의 세 권짜리 저서 『철학적 비판주의와 실증 과학에 대한 그 의미*Der philosophische Kritizismus und seine Bedeutung für die positive Wissenschaft*』는 1876년부터 1887년에 사이에 출간되었다. 거기서 저자는 로크에서부터 흄을 거쳐 칸트에 이르는 여정을 그렸다. 릴도 칸트를 심리학적으로 해석하는 것을 거부했다. 그가 볼 때 칸트는 경험의 논리학자였다. 인식의 감각적, 논리적 토대를 칸트만큼 훌륭하게 묘사한 사람은 아무도 없었다. 다만 릴이 볼 때 선험적 판단에 대한 칸트의 이해와 특히 시공간에 대한 개념 파악은 수정할 필요가 있었다. 칸트에게 시간과 공간은 직관의 선험적 형식으로 〈처음부터〉 우리에게 주어져 있다. 우리 의식은 그것들과 관계하지 않을 수가 없기 때문이다. 무언가는 항상 병렬적이고 순차적이다. 우리가 원하든 원하지 않든.

릴이 볼 때 시간과 공간이 단순히 의식의 주사선일 뿐 실제로 존재하는 것이 아니라는 주장은 자연 과학에 비해 영 마뜩하지 않았다. 그러면서도 우리가 의식을 통해서만 시간과 공간을 안다는 점에서는 칸트의 손을 들어 주었다. 릴의 해결책은 칸트 이전에 흄이 제안했던 것과 비슷했다. 그렇다, 우리는 외부 세계의 절대적 실재성에 대해 아는 것이 없다. 다만 그것을 믿는 것이 그러지 않는 것보다 훨씬 낫다. 객관적 실재에 대한 모든 가정은 비합리적이다. 그럼에도 그에 대한 가정은 굉장히 의미 있는 일이 아닐까? 릴은 유물론자에게는 그들의 객관적 세계를 용인하고, 관념론자에게는 세계에 대한 모든 앎이 의식의 내용이라는 인식을 허용한다. 다만 유물론자가 의식을 물질적인 것으로 환원하거나, 관념론자가 객관 세계를 단순한 의식 내용으로 한정한다면 그건 틀렸다.

인식 비판

릴의 이런 생각은 누구도 만족시킬 수 없었다. 유물론자들은 그를 본체만체했고, 다른 신칸트주의자들은 그가 관념론의 원칙을 일관되게 지키지 않았다고 질책했다. 그중 한 사람이 헤르만 코헨(1842~1918)이다. 독실한 유대교 부모 밑에서 자란 코스비히 출신의 이 남자는 브레슬라우의 랍비 학교를 다녔고, 마르부르크 대학의 랑게 밑에서 교수 학위 논문을 썼으며, 1875년에 스승이 죽자 그의 후임자가 되었다. 그는 곧 칸트에 대한 책을 세 권 썼다. 『칸트의 경험론*Kant's Theorie der Erfahrung*』(1871), 『칸트의 윤리학 논거*Kant's Begründung der Ethik*』(1877), 『칸트의 미학 논거*Kant's Begründung der Aesthetik*』(1889)가 그것이다. 이 책들에는 그가 가장 중요하게 생각하는 문제가 일관되게 담겨 있는데, 신칸트주의의 **핵심 질문**에 해당하는 이 물음은 이렇다. 주관적으로 체험한 것이 주관적이면서 동시에 객관적이라고 주장할 수 있는 타당한 근거는 무엇인가?

트렌델렌부르크와 로체의 설명은 코헨이 볼 때 설득력이 없었다. 객관성에 대한 권리가 있다면 그건 내가 인간 의식과 주관적으로 체험한 것의 영역을 떠나 상상의 외부 관점으로 뛰어듦으로써 생기는 것이 아니다. 사물은 〈그 자체〉로 존재하지 않는다. 객관성에 대한 요구는 **내가 사물을 체험하고 그에 대해 판단하는 방식**에서 그 근거를 찾아야 한다.

우리가 세계를 체험하는 방식은 칸트의 말대로 사유 법칙을 따른다. 우리는 사물을 통제 없이 무작위로 생산하는 것이 아니라 나름의 규칙에 따라 생산한다. 칸트의 철학 체계는 의식이 사물들과 협연하며 만들어 내는 다양한 생성 방식의 체계다. 우리 의식은 **사고 필연성**으로 가득하다. 코헨에 따르면 바로 여기에 객관성의 영역이 존재한다. 우리의 직관이 사물을 녹색으로, 또는 옳거나 아름답다고 판단하면 그것은 이렇게 저렇게 아무렇게나 내려지는 판단이 아니라 **법칙에 맞게** 내려지는 판단이다. 객관성의 토대가 바로 여기에 있다. 객관성은 세계의 속성이 아니라 합법칙적으로 이루어지는 세계에 대한 우리의 **판단**이다.

필연적 사유 법칙을 깨닫는 것이 코헨의 화두였다. 곳곳에서 서로 도입하고 있는 〈인식론〉의 개념으로는 할 수 있는 것이 없었다. 그가 생각하기에 이 개념에서는 심리학 냄새가 진동했다. 심리학은 의식을 설명하기만 할 뿐 〈그것이 어떻게 시작하고 어디서 기원하는지〉 해명하지 못한다.[173] 같은 시기에 딜타이가 우리의 경험과 의식에 대해 마치 지도를 작성하는 것 같은 〈기술 심리학〉을 설계하는 동안 코헨은 심리학에 근본적인 불신임안을 제출한다. 딜타이 버전을 포함해 심리학자들은 기원만 따질 뿐 타당성에 대해서는 아는 게 없다. 코헨은 심리학자들에게 묻는다. 당신들은 우리의 전체 내면세계가 만들어 내고 우리가 거기에 기대어 타당성을 측정하는 판단 구조에 대해 무엇을 아는가? 사람들이 세계에 대한 자신의 판단에 기본적으로 왜 진실 권리를 주장하는지 아는가? 일상에서 왜 그런 진실 요구가 도덕이나 종교, 예술에서의 요구와 다른지 아는가?

코헨은 인식론 대신 〈인식 비판〉에 대해 이야기하고, 이 개념으로 심리학과 명확하게 선을 긋는다. 그에게 논리학은 베네케와 마이어, 로체, 딜타이 같은 사람들의 심리 논리학이 아니다. 그것은 아리스토텔레스, 라이프니츠, 칸트, 트렌델렌부르크의 경우처럼 다른 영역, 즉 타당성의 영역에 속한다.

우리 의식을 규정하는 것은 우리 판단의 논리학이다. 코헨은 이 출발점과 함께 철학사에 마르부르크학파로 기록되는 철학 사조를 창설한다. 1880년대부터는 그의 제자 파울 나토르프(1854~1924)가 그의 편에서 싸운다. 뒤셀도르프에서 목사 아들로 태어난 나토르프는 1885년 마르부르크 대학의 교수가 되었고, 1893년부터는 거기서 철학과 교육학을 가르쳤다. 1887년에는 『인식의 객관적, 주관적 논증*Über objektive und subjektive Begründung der Erkenntnis*』을 출간했다. 그는 코헨과 마찬가지로 그사이 곳곳에서 붐을 일으키던 심리학을 철학과 선명하게 구분했다. 심리학자들이 논리학을 심리학에 종속시킨 것에 대해 분노했다. 왜냐하면 그로써 심리학자들은 신칸트학파의 관점에서 보면 철학에 남은 마지막 영역까지 앗아 갔기 때문이다. 논리학을 심리학적으로 설명할 수 있다면 논리학은 사유의 **한 가지** 가능성으로 전락하고 만다. 그러나 나토르프가 볼 때 논리학은 〈다른 어떤 학문도 따라가지 못할 근본적인 타당성의 학문이다〉.[174]

뭐가 맞을까? 논리학은 **사유의 특정 방식**으로서 심리학적 수단을 이용해 경험적으로 조사할 수 있는 것일까? 아니면 모든 인식론의 뿌리를 이루는 것일까? 다시 말해 논리학은 거기서부터 심리학을 포함해 모든 학문의 타당성을 캐물어 들어갈 수 있는 뿌리일까? 사실 둘 다 맞을 수 있다. 실제 차이는 로체의 말처럼 관점에 있다. 특정 위계질서로 구분되는 것이 아니라는 말이다. 그러나 신칸트학파의 입장에서 위계질서는 무척 중요하다. 사유의 합법칙성이 먼저이고 그다음에 사유의 내용이 뒤따른다는 것이다. 경험적 연구들은 그 내용이다. 그것도 다른 많은 연구 가운데 일부다. 철학은 〈법칙성의 법칙〉을 다루는 데 반해 심리학은 〈특별한 인식 법칙〉만 다룬다.[175]

코헨은 여기가 끝이었지만, 나토르프는 심리학자들의 영역으로 한 걸음 더 진격한다. 그는 심리학자들의 한계를 보여 주려 했을 뿐 아니라 그들이 〈경험 영혼학〉 시절 이후 키르케고르만 빼고 다른 철학자는 별 관심이 없다는 이유로 혼자서만 깔고 앉은 영역에 대한 권리도 박탈하고자 했다. **주관성의 개인적 특수성**의 영역이 그것이다. 나토르프는 피히테처럼 〈나〉로부터 출발할 때만 자의식에 대해 말할 수 있다고 확신했다. 또한 피히테와 마찬가지로 이 자아가 경험적이지 않다고 생각했다. 〈자아를 하나의 대상처럼 상상하거나, 자아와의 관계를 마치 의식 내용 가운데서 일어나는 관계를 통해 드러내고자 하는 모든 표현은 기껏해야 비유적인 명칭의 가치밖에 없다.〉[176] 이런 인식과 함께 나토르프는 20세기 말에 신경 생리학자들이 확증했던 것을 선취한다. 자아는 경험적 기관도 뇌 영역도 아니고, 자연 과학적으로는 포착할 수 없는 관계, 즉 고도로 복잡한 〈자아 상태들〉의 협연을 통해 생겨난다. 뇌 연구는 나토르프의 손을 들어 주었다. 뇌 연구에서도 자아는 〈비유적 명칭〉일 뿐이다.

그런데 18세기 말의 피히테는 자아가 스스로를 하나의 〈자아〉로 표상할 수 있다고 말했다. 반면에 19세기 말의 나토르프는 그건 말도 안 되는 소리라고 치부했다. 피히테의 말처럼 자아가 어떻게 스스로를 〈자아〉로 설정하는지를 다루는 종합적 철학 체계는 헛소리다. 나토르프가 생각하기에 〈자아〉는 〈대상이 될 수 없다〉. 그런데 심리학이 바로 그것을 하고 있었다. 그는 『비판적 방법에 따른 심리학 입문*Einleitung in die Psychologie nach kritischer Methode*』(1888)에서 심리학자들에게 그들이 실제로 하고 있는 일이 무엇인지 가르쳐 준다. 그들은 자아를 탐구하는 것이 아니라 원칙적으로 다가갈 수 없는 자아가 자신의 객관 세계를 어떻게 구축하는지를 보고 있을 뿐이다. 거기서부터 그들은 주관적 동기와 상상을 추론해 낸다. 그런 면에서 심리학자는 탐정과 비슷하다. 본인이 원한다면 탐정 일을 계속할 수는 있지만, 구체적인 범인은 절대 잡을 수 없다.

나토르프에 따르면 그 이유는 논리학에서 찾을 수 있다. 우리가 세계를 파악한다는 것은 곧 사물들 사이의 관계를 생산해 내는 것을 의미한다. 우리는 개념이 아니라 **관련** 속에서 생각한다. 모든 사고는 관련되어 있고, 그로써 상대적이다. 사고는 결코 확고하게 고정될 수 없고, 유동적이고 사물들 사이에 존재한다. 훗날 분석철학은 비트겐슈타인의 가르침에 따라 사고를 언어에서부터 설명하려 한다. 하지만 나토르프가 볼 때 단어와 문장 구조, 의미 같은 것은 결코 사고가 아니다. 사고는 단어와 문장들 **사이에서** 일어나는, 완전히 포착할 수는 없는 논리적 움직임이다. 그런 점에서 사고는 세계를 모사하는 것이 아니라 세계를 **만들어 낸다**.

나토르프의 이런 사고 이론은 철학적으로 매우 중요한 의미를 띤다. 사유가 세계를 만들어 낸다는 생각은 마치 신칸트학파의 헌법 전문(前文)처럼 자리 잡았고, 훗날 하이데거에게도 영향을 끼쳤다. 사유는 경험적으로 파악할 수 없다. 논리학만이 사고를 해독할 수 있고, 심리학은 그럴 능력이 없다. 이 점에서는 신칸트학파의 모든 구성원이 일치한다. 하지만 그럼에도 〈물 자체〉 같은 것은 존재하지 않을까? 물질적인 형태가 아니라면 혹시 관념적인 형태로라도 존재하지 않을까? 이 문제를 두고 다툼이 있었다. 마르부르크학파가 어떤 형태의 〈물 자체〉도 거부했다면, 슈트라스부르크와 하이델베르크의 강력한 경쟁자는 이 문제를 완전히 다르게 보았으니…….

절대적 가치들

〈19세기에 철학을 하는 우리 모두는 칸트의 제자다. 오늘날 그에게로의 회귀는 비판 철학의 이념을 제시했던, 역사적으로 제한된 칸트라는 인물의 단순한 부활이 되어서는 안 된다. 그의 사고의 다양한 동기들 사이에 존재하는 갈등을 더 깊이 파고들수록 우리는 거기서 그가 문제 해결을 통해 만들어 낸 여러 문제의 개정을 위한 수단들을 발견한다. 칸트를 이해한다는 건 곧 그를 뛰어넘는다는 것이다.〉[177] 이것은 빌헬름 빈델반트(1848~1915)가 논문집 『서곡*Präludien*』(1884)의 서문에 쓴 글인데, 그와 함께 신칸트주의의 두 번째 사조, 즉 서남독일학파가 시작된다. 빈델반트의 어조는 자신감에 차 있었고, 그사이 칸트는 독일에서 다시 만인의 입에 오르내렸다. 물론 영국과 프랑스에서는 소수의 철학자만 칸트의 제자임을 고백한 점을 고려하면 앞서 빈델반트가 〈우리 모두〉라고 표현한 것은 과장이다.

흥미로운 건 빈델반트의 자신감만이 아니다. 그의 언어가 바뀐 것도 눈길을 끈다. 그는 〈문제〉와 〈문제 해결〉이 철학의 미래 과업이 되어야 한다고 말한다. 사실 이건 철학자들이 아니라 자연 과학자들의 전문 용어였다. 그렇다면 빈델반트는 이제 더 이상 단순한 칸트 해석자에 머물고 싶지 않았다. 리프만, 피셔, 첼러, 마이어처럼 스승의 충실한 설명자에 그치지 않고 스승을 뛰어넘으려 했다. 1882년 슈트라스부르크 대학의 교수로 취임하면서 했던 연설 〈철학이란 무엇인가?〉에서도 비슷한 말이 나온다. 철학은 칸트 문헌학이 아니라 〈보편타당한 가치들의 비판적 학문〉이다.

빈델반트는 포부를 품고 슈트라스부르크에 도착했다. 예나와 베를린, 괴팅겐에서 의학과 자연 과학, 역사, 철학을 공부한 그에게 가장 큰 영향을 끼친 스승은 피셔와 로체였다. 특히 로체 밑에서는 교수 학위 논문을 썼다. 하지만 로체와는 달리 심리학과 철학을 뒤섞을 생각이 전혀 없었다. 빈델반트는 베네케와 마이어, 로체와는 반대로 그 둘을 엄격하게 분리하고 싶었다. 그렇지 않으면 철학은 개념들의 〈소설〉이나 〈심리학적 쓰레기와 문화사적 쓰레기를 한데 넣고 버무린 스튜〉로 전락하고 말 것이라고 생각했다.[178]

빈델반트의 말은 독일 관념론의 쇠퇴 이후 철학에 새로운 자긍심을 심어 주었다. 신칸트주의는 단순히 하나의 사조나 아름다운 옛 시절에 대한 향수에 그쳐서는 안 된다. 철학자들이 진리를 담당하면서 체계를 구축하던 그 시절 말이다. 빈델반트는 그를 넘어 유물론자들의 공격으로부터 철학을 지키고 싶었고, 경쟁에서 그들을 완전히 따돌리고 싶었다. 새로운 철학은 육체와 영혼의 해석 문제에서 자연 과학자들과 싸우는 대신 그들 체계의 건축술에 대해 평가하고, 그들의 방법론과 진리성에 비추어 그들의 주장을 검증한다. 철학은 여러 분과 중의 하나가 아니라 칸트와 트렌델렌부르크처럼 모든 분과 **위에** 서 있다. 철학의 이러한 새로운 자기이해는 신칸트주의만의 특징에 그치지 않고 20세기 깊숙한 시점까지도 철학의 정체성으로 자리 잡는다.

빈델반트가 볼 때 심리학은 개인과 민족의 수시로 변하는 **표상**을 다룬다. 반면에 철학은 **진리 가치**를 연구한다. 심리학적 판단이 인간 삶을 아무리 줄기차게 증명하더라도 철학은 저 높은 망루에서 **그 판단들을 평가한다**. 다른 학문들이 묘사하고 역사적으로 정리하거나, 아니면 자연 과학처럼 설명한다면 철학은 이 모든 학문의 활동을 평가하고, 그 판단들의 유효 범위와 〈타당성〉을 밝히고, 그것들의 다양한 진실성을 그 〈가치〉에 따라 분류한다.

빈델반트가 1880년대에 〈가치〉에 대해 말한다면 그 용어는 괴팅겐 시절 그의 스승 로체에게서 가져온 것이다. 앞서 설명했듯이 로체는 이 개념을 경제학에서 차용했다. 그는 하나의 진술에 진리 가치가 담겨 있다면, 간단히 말해서 그것이 〈보편타당하다면〉 가치가 있는 것으로 여겼다. 빈델반트의 〈가치 철학〉은 서남독일 학파의 출발점이 되었고, 그로써 빈델반트는 로체의 어깨에 올라탔다.

그렇다면 가치를 함유한 판단은 어떤 사태(事態)에 대해 내려질 수 있을까? 인식론의 문제에만? 아니면 칸트가 〈실천 이성〉이라고 불렀던 것, 즉 관습과 도덕 문제에도? 마르부르크학파엔 실천 이성이 없고, 오직 인식 비판만 존재한다. 하지만 빈델반트는 그 이상을 원한다. 철학이 〈가치 학문〉이 되려면 **규범**을 다루어야 한다. 무엇이 아름답고 옳고 선한지는 규범에 따라 재단되어야 한다. 그렇다면 그런 규범은 어디서 오는가? 빈델반트가 보기에 규범은 〈건강한 의식〉 속에 뿌리가 있고, 그 때문에 〈그 자체로 명증성〉을 갖고 있다. 자기 내면에 귀를 기울이는 사람은 누구나 〈사고 법칙〉과 그에 상응하는 〈규범〉을 느낀다. 칸트에게는 정언 명령이었던 것이 빈델반트에게는 규범의 절대적 보편타당성이다.

이것은 철학적으로 만족스럽지 못하다. 〈아름다움〉의 규범만 보더라도 문화마다 다르지 않을까? 도덕과 관습도 서로 상이하지 않을까? 빈델반트는 어떻게 그런 차이를 무시하고 규범이 명증하다고 주장할 수 있을까? 그 이유는 그의 철학적 사유 자체에서는 찾을 수 없다. 오히려 정치에서 그 이유를 찾는 편이 좀 더 적확할 듯하다. 1878년 독일의 정신적 환경은 급변했다. 황제 빌헬름 1세에 대한 테러가 두 차례 일어나면서 국가 비상사태가 선포된다. 비스마르크는 제국 의회를 해산한다. 재선거가 실시되고, 자유주의자들은 보수주의자들에게 밀려나고, 정부는 일명 〈사회주의자 법〉(사회 민주주의의 공중 위해성 방지법)을 공포한다. 이제부터 모든 사회주의적 집회와 저서는 금지된다. 자유주의적 시민 계층의 일부도 비스마르크 진영으로 넘어간다. 그들에게는 권위주의 국가가 사회 민주주의자들의 자유보다 훨씬 더 가깝게 느껴진다. 자유주의에 큰 위기가 찾아오고, 추종자들 사이에 거대한 균열이 생긴다. 좌파 세력을 견제하기 위해 다수가 차츰 권위주의 국가로 기운다. 하지만 그렇게 생각하는 자유주의자가 과연 자유주의자일까?

시대의 격변은 빈델반트에게도 영향을 끼쳤다. 그것이 철학적인 면에서 그에게 의미한 바는 이렇다. 비판적으로 배후를 캐물어 들어가는 것만으로는 장기적으로 충분치 않다. 그런 입장은 너무 약하다. 시류에 정신적으로 영향을 끼치려면 철학은 다시 하나의 체계, 즉 진리의 절대성을 요구할 수 있는 체계가 되어야 한다. 철학은 이제 인식론의 〈순수 이성〉만큼이나 〈실천 이성〉에도 신경을 써야 한다. 관습과 도덕에 대해 어떤 형태의 궁극적인 보편타당성도 말하지 말아야 하는 철학은 방향 제시의 학문이 될 수 없다. 빈델반트는 철학을 방향 제시의 학문으로 이끌기 위해 당혹스러울 만큼 독단적인 태도를 취하는 것도 마다하지 않는다. 정상적으로 교육받은 독일 제국의 신민이 아름답거나 도덕적으로 좋다고 생각하고, 참과 오류의 기준이라 여기는 것에서 벗어나는 사람은 정신적으로 병든 인간이거나, 일부 민족처럼 우매하고 열등하거나, 아니면 사회주의 같은 급진 이념의 추종자들이다. 선입견 없는 가치 학문을 표방하는 철학자가 어떻게 이토록 문화적 쇼비니즘만큼 편협하고 고루할 수 있을까! 빈델반트는 애국적 광신주의에 귀먹어 칸트가 격분해서 관 뚜껑을 쿵쿵 치는 소리를 듣지 못했던 것일까?

철학은 〈그 자체로〉 보편타당한 가치와 규범을 다루어야 한다. 빈델반트는 이런 자기 이해와 함께 1903년 스승 피셔의 후임으로 하이델베르크로 간다. 그전에 자신의 가장 영민한 제자로 하인리히 리케르트(1863~1936)를 점찍어 두었다. 단치히에서 국가 자유당 정치인의 아들로 태어난 리케르트는 베를린과 취리히에서 대학을 다녔고, 그 뒤 빈델반트가 있는 슈트라스부르크로 옮겨 그 밑에서 1888년에 박사 학위를 받았다. 그리고 3년 뒤 교수 자격시험에 통과해 1894년에 교수가 되었다. 교수 학위 논문은 출간 3년 만에 6쇄를 찍을 만큼 놀라운 성공을 거두었는데, 제목은 『인식의 대상*Der Gegenstand der Erkenntnis*』이었다. 이 저서와 함께 리케르트는 칸트 진영으로 완전히 넘어간다. 우리는 〈물 자체〉의 외부 세계를 원칙적으로 인식할 수 없다. 우리의 의식이 인식할 수 없는 것은 인식 과정에도 중요하지 않다. 릴은 의식 외부의 바깥 세계를 〈그 자체〉로 존재하는 것으로 가정해야 한다고 말하지만, 리케르트는 그 의견을 물리친다. 그런 가정이 왜 우리에게 필요하다는 말인가?

피셔를 포함해 이전의 누구도 로체와 트렌델렌부르크 또는 릴의 〈인식론적 사실주의〉를 리케르트만큼 단호하게 물리친 사람은 없었다. 물리학자와 생물학자, 심리학자, 경험론자와 유물론자들이 아무리 의식 밖의 객관적 실재성을 다루더라도 시종일관 논리적으로 사고하는 리케르트는 의식의 내용만 볼 뿐 의식과 동떨어진 〈피안〉은 보지 않는다. 자신과 자신의 사고에서 벗어날 수 있는 사람은 아무도 없다. 그건 자연 과학자도 마찬가지다. 우리는 늘 내적 관점 속에서 생활하고 생각한다. 우리가 무슨 일을 하건, 무엇을 갈망하건, 어떤 보조 수단을 이용하건 상관없다. 모든 인식은 항상 하나의 가치 평가다.

그럼에도 리케르트는 이제 객관성을 찾아 나선다. 하지만 이 객관성은 의식의 외부가 아니라 코헨과 나토르프, 빈델반트가 그랬듯이 **의식 속**에서 찾아야 한다. 리케르트는 수사학적으로 이렇게 묻는다. 〈우리가 발견하는 질서는 사물들의 질서, 즉 현실일까?〉[179] 마르부르크학파는 객관성을 **사유 필연성** 속에서 찾는다. 그 사유 필연성이 나에게 사물을 특정 방식으로 보게 한다. 그렇지 않으면 내 진술은 **타당하지 않기** 때문이다. 리케르트도 같은 생각이었다. 세계의 객관성은 사물 속에 있는 것이 아니라 사물에 대한 내 **판단** 속에 있다. 이 판단은 임의적이지 않다. 〈나는 판단을 할 때 명증성의 감정에 좌우된다. 내 마음대로 긍정하거나 부정하는 것이 아니다. 나는 내가 종속되어 있고, 따를 수밖에 없는 하나의 힘에 의해 결정되는 것을 느낀다.〉[180]

마르부르크학파에겐 사유 필연성이었던 것이 리케르트에겐 **판단 필연성**이었다. 그렇다면 나로 하여금 어떤 판단은 내리게 하고, 어떤 판단은 내리게 하지 않는 그 힘은 무엇일까? 여기서 리케르트를 마르부르크학파와 구분 짓는 지점이 드러난다. 내가 아침을 먹고 나서 〈나는 아침을 먹었다〉라고 말하면 그건 **내적 당위**에 따라 진실을 말하는 것이다. 이 당위 때문에 나는 자의적으로 생각하지 않고 진실에 맞게 사물을 생각한다. 정상적인 사람은 자신이 판단을 내릴 때 이렇게 진실을 말하라는 내면의 명령을 안다. 이 진실 명령 때문에 우리는 자신이나 세계와의 관계에서 믿음을 잃지 않는다. 물론 나는 남에게 아침을 먹지 않았다고 거짓말할 수는 있다. 하지만 보통 사람이라면 자신이 거짓말을 하고 있고, 일부러 규칙을 어겼음을 안다. 내적 명령은 내가 타인에게 말을 하면서 그것을 애써 무시할 때도 작동한다.

나는 내가 따라야 할 선한 행동에 대한 의무를 내면에서 느낀다는 칸트의 정언 명령은 이로써 리케르트에 의해 확장되었다. 진실과 관련해서도 그것을 지켜야 한다는 내적 명령이 존재한다는 것이다. 최소한 자기 자신에게는 말이다. 내가 진실을 어기면 내 판단은 로체가 말했듯이 아무 가치가 없다. 따라서 진실과 가치는 불가분의 관계로 연결되어 있다. 판단은 그것이 〈명증성의 감정〉을 따를 때 참이다. 외부 현실과 일치한다고 해서 그 판단이 참이 되는 것은 아니다. 〈나는 치통이 있다〉라는 문장이 맞는지는 그 원인을 찾든 못 찾든 치과 의사에 의해 결정되지 않는다. 오직 나 자신만이 진실을 따라야 한다는 내적 명령과의 조율 속에서 그런 결정을 내릴 수 있다. 간단히 말해, 진실이 현실에 좌우되는 것이 아니라 현실이 진실에 좌우된다!

문화학

1894년 빈델반트는 슈트라스부르크 대학의 총장으로서 유명한 연설을 했다. 여기서 그는 자연 과학자의 방법과 역사학자의 방법을 구분했다. 사실 이건 딜타이가 10여 년 전부터 천착해 온 주제였다. 다만 빈델반트는 주안점이 달랐다. 학문 간의 차이는 대상에 있지 않다. 철학자든 자연 과학적으로 연구하는 심리학자든 똑같이 〈정신〉을 탐구할 수 있다. 차이는 방법에 있다. 〈설명〉과 〈이해〉라는 딜타이식 구분으로는 그 차이가 명확히 드러나지 않는다. 차이는 한층 더 근본적이다. 자연 과학자가 **법칙을 정립**한다면 역사학자는 **특수성을 기술**한다. 이를테면 개별 사건을 서술하는 식이다. 이런 차이로 인해 자연 과학자는 추상화로 나아가고, 역사학자는 구체적 사례를 찾는다. 두 세계는 완전히 분리되어 있다. 그럼에도 서로 의지한다. 자연 과학 없이는 인간은 자연을 이해할 수 없고, 그로써 과학 기술을 통해 계획적으로 자연에 개입할 수 없다. 정신과학과 역사학 없이는 인간은 특정 시대와 특정 문화의 사람들이 느끼고 생각하고 행동한 것을 이해하지 못한다.

빈델반트 연설의 절정은 철학이 그로써 자연 과학의 환상을 깨버릴 수 있다는 것이다. 진리와 현실이 자신들의 관할 영역이라고 믿는 자연 과학자들의 환상 말이다. 빈델반트의 제자 리케르트도 얼마 뒤 두 권짜리 저서 『자연 과학적 개념 생성의 한계*Die Grenzen der naturwissenschaftlichen Begriffsbildung*』(1896/1902)에서 바로 그 점을 자연 과학자들에게 지적한다. 그의 주장도 비슷하다. 현실 탐구에는 **동등한 권리**를 가진 두 가지 방법이 존재한다. 여기서 특수성에서 보편성으로 나아가는 자연 과학의 추상적 방법은 **한 가지** 가능성일 뿐이다. 이런 상상을 해보자. 괴테라는 인물에 대한 자연 과학적 판단은 무슨 가치가 있을까? 실질적인 가치는 전혀 없다. 왜냐하면 여기서는 〈인간이라는 개념으로 묶을 수 있는 다른 개체들과 구분되는 괴테의 개성이 무엇인지를 찾는 것이 가장 중요하기 때문이다. 괴테라는 사람을 하나로 묶을 수 있는 보편적 개념은 존재하지 않는다〉.[181] 괴테가 자연 과학의 대상이 아니라서가 아니다. 인간인 그는 문화의 일부이면서 동시에 자연의 일부다. 문제는 자연 과학적 방법으로는 괴테라는 인물 탐구에서 별다른 성과를 내지 못할 뿐 아니라 본질적인 것도 놓치기 때문이다. 그 이유는 명확하고 논리적이다. 개인이 어떤 행동을 하고, 어떤 행동을 하지 않는지는 인과 **법칙**으로 묶을 수 없다. 내가 지금 하고 있는 것, 그러니까 리케르트에 대해 쓰고 있는 것과 바로 다음에 해야 할 것, 즉 점심 식사 시간 사이에 설령 하나의 인과적 **관련성**이 존재하더라도 그것은 엄격한 합법칙성에 종속되지 않는다. 나를 잘 아는 사람조차 내가 다음에 무엇을 할지는 정확히 예측할 수 없다.

따라서 세계에 대한 자연 과학적 고찰은 정확히 세계에 대한 자연 과학의 고찰일 뿐이다. 그 이상도 그 이하도 아니다. 자연 과학은 현실에 대한 관할권 면에서도 리케르트가 이름 붙인 문화학보다 더 우선하지 않는다. 그는 강연 〈문화학과 자연 과학〉(1899)에서 자연 과학과 역사에 대한 빈델반트의 구분을 좀 더 정교하게 다듬은 다음에 〈가치학〉으로서 철학의 구상과 연결시킨다. 자연 과학은 빈델반트가 정의 내렸듯이 **법칙**을 다룬다. 반면에 문화학은 **가치**를 다룬다. 왜냐하면 문화와 역사는 가치 평가로 연결시키는 것 말고는 더 이상 의미 있게 고찰할 수 있는 방법이 없기 때문이다.

사회 심리학, 사회학, 정치학, 언론학, 커뮤니케이션학, 심지어 교육학까지 거의 경험적 방법만 사용하는 21세기 상황을 고려하면 이 분과들의 대문에 리케르트의 말을 커다랗게 써 붙여 놓는 일은 생각할 수 없다. 문화학을 오직 경험적 연구로만 대체하는 것은 마치 리케르트의 심장에 칼을 깊숙이 찔러 넣고 그의 말을 사회적으로 하찮은 것으로 만들어 버리는 것과 비슷하다. 물론 리케르트 당시에도 그의 말에 귀 기울인 사람은 별로 없었다. 〈문화에 관한 그의 초월 철학〉은 단명에 그쳤다. 그런데 돌아보면 〈정신과학〉을 주창한 딜타이조차 다음에 언급할 남자의 무대에서는 조연 역할밖에 하지 못했다. 신칸트주의를 가소롭게 여겼을 뿐 아니라 코헨과 나토르프, 릴, 빈델반트, 리케르트가 정교한 논리적 수술 도구를 의식에다 갖다 댄 지점에서 〈망치를 들고〉 철학을 했던 남자다. 이들은 그 남자의 철거용 쇳덩이가 남긴 잔해 속에 오늘날까지도 파묻혀 있다. 남자의 이름은 니체였다.

세기 전환기 철학

구스타프 클림트가 1900년대에 그린 작품 「광채를 잃은 포동포동한 여신으로서의 철학」.

오스트리아 빈 대학의 천장화 중 철학을 주제로 그렸다.

1800

알렉산더 베인
1818-1903

빌헬름 분트
1832-1920

에른스트 마흐
1838-1916

찰스 샌더스 퍼스
1839-1914

윌리엄 제임스
1842-1910

표트르 알렉세예비치 크로폿킨
1842-1921

리하르트 아베나리우스
1843-1896

프리드리히 니체
1844-1900

페르디난트 퇴니에스
1855-1936

지크문트 프로이트
1856-1939

에밀 뒤르켐
1858-1917

게오르크 지멜
1858-1918

에트문트 후설
1859-1938

존 듀이
1859-1952

에드워드 웨스터마크
1862-1939

조지 허버트 미드
1863-1931

막스 베버
1864-1920

찰스 호턴 쿨리
1864-1929

퍼디낸드 캐닝 스콧 실러
1864-1937

삶의 의미

간호병 니체 / 디오니소스와 바그너 /
시대정신을 거스르며 / 생물적인 것과 비생물적인 것 /
의미, 자부심, 그리고 비극 / 철학의 심리 병리학 / 의식의 현상학 /
자라투스트라 / 권력에의 의지 / 심대한, 너무나 심대한 결과들

간호병 니체

1870년 8월 29일 알자스 지방의 뵈르트로 향하는 기차에 한 간호병이 타고 있었다. 그전에 스물다섯 살의 이 청년은 에를랑겐에서 2주간의 단기 간호 학교 과정을 마친 뒤 손에 총상을 입은 프랑스인과 머리를 크게 다친 소년을 클로로포름으로 마취했고, 열한 살짜리 소녀의 다리를 절단했다. 하지만 팔뼈가 으스러진 프로이센인을 돕지 못했고, 폐에 총알이 박힌 병사가 죽어 가는 것을 지켜볼 수밖에 없었다. 「에를랑겐 야전 간호 학교 보고서」에 따르면, 지금 스위스 〈바젤 대학의 문헌학 교수 니체 박사〉는 제7소대 소속으로 독일-프랑스 국경에서 멀지 않은 전장으로 가는 중이었다. 니체는 〈조국에 대한 의무〉를 다하고 싶었고, 〈프로이센-프랑스 전쟁에서 병사와 간호병의 신분으로 조국에 도움이 되고〉 싶었다.[182] 프로이센 국가에 의구심을 갖고 있었음에도 이 학자 병사는 독일의 승리를 원했고, 영웅적인 일에 보탬이 되고 싶었다.

하지만 작센 출신의 이 남자는 스위스 교수로서 중립을 지킬 의무가 있었다. 프랑스인을 향해 총을 쏘아서는 안 되었다. 허약하고 병적인 니체는 어차피 육체적으로 전쟁 영웅이 될 재목이 아니었다. 전장에 도착한 지 일주일 만에 전쟁의 잔인함은 그에게 생생하게 다가왔다. 2만 명이 넘게 죽은 치열한 전투에서 끔찍한 도살 현장을 목격했고, 역한 시체 냄새를 맡았으며, 부상자들로 가득 찬 야전 병원을 비척거리며 돌아다녔다. 니체는 간호병들에게 봉급을 나눠 주라는 임무를 받고 소대원들과 함께 아그노, 뤼네빌, 낭시, 메츠, 아르쉬르모젤로 기나긴 행군을 했다. 모젤에서는 그의 친구이자 풍경화가인 아돌프 모젠겔(1837~1885)과 함께 열한 명의 중상자를 맡았다. 과도한 업무에 어찌할 바 모르는 상황에서도 이 보조 간호병 두 명은 쏟아지는 비를 피해 화물 열차 안에서 부상자들을 돌보았다. 얼마 뒤 〈간호병〉 니체는 콜레라와 인후염에 감염되었다. 모젠겔은 극도로 위험한 상황에서 병든 친구를 에를랑겐으로 후송해 치료를 받게 했다. 일주일 뒤 니체는 고향 같은 나움부르크로 옮겨졌다. 몸은 쇠약할 대로 쇠약해졌고, 정신은 〈그칠 줄 모르는 고통의 소리〉로 트라우마를 겪고 있었다.

니체는 전쟁과 고통의 〈끔찍한 장면〉이 잊히지 않았다. 젊은 쇼펜하우어가 툴롱에서 갤리선 죄수들의 참상을 보고 잊지 못했던 것과 비슷하다. 그 장면들은 그의 가슴을 헤집어 놓았고, 고전 문헌학자로서 그가 막 착수한 연구에도 이전과는 완전히 다른 암울한 색채를 부여했다. 그는 화물 열차 안에서도 줄곧 자신이 앞으로 해야 할 일, 즉 그리스 비극을 꿈꾸었다. 〈희망 덕분에 …… 나는 전쟁의 신 아레스의 발아래 지축이 흔들리는 동안에도, 전쟁의 경악스러운 결과가 선연히 드러나는 와중에도 끊임없이 내 주제에 몰두할 수 있었다. 나는 선연히 기억한다. 부상자들을 돌보던 화물 열차 안에서 그들 틈에 누워 내 생각이 비극의 세 가지 심연에 머물던 그 외로운 밤들을. 심연의 이름은 광기와 의지와 고통이었다.〉[183]

몹시 예민한 데다 삶의 무게에 시달린 만큼이나 성찰에 있어서는 더욱 격정적이고 비장했던 니체는 전쟁에서 미적인 사건의 오라를 보았다. 그는 전쟁터의 살육을 〈군대의 정령〉에 열광한 〈디오니소스적〉 도취로 여겼고, 부드러운 〈평화의 저녁노을〉을 대체할 새로운 영웅 문화를 꿈꾸었다. 전쟁에 나간 다른 철학자들에 비하면 얼마나 대조적인가! 전쟁에 자원해서 나간 빈델반트는 어떤 형이상학적 생각에 전혀 방해받지 않고 한결같이 독일적인 것에 감격했고, 그것은 경직된 〈필연성〉으로 이어졌다. 시대의 전쟁을 칸트의 의무 수행으로 이해한 리프만은 말할 것도 없다. 그는 〈어느 캉파뉴 지원병의 병영 일지〉인 자신의 작품 『파리 4개월 전.

1870~1871*Vier Monate vor Paris. 1870-1871*』에서 〈기율과 복종의 정신, 그리고 법과 국가에 대한 …… 사심 없고 성실한 의무 수행의 요청〉을 예찬했다. 왜냐하면 〈우리를 위대하게 만드는 것은 정치적 훈육과 질서의 정신이기 때문이다〉.[184] 니체가 전쟁에서 광기와 고통이라는 뜨거운 감정을 보았다면 리프만은 엄격함과 의무, 차가운 이성을 깨달았다.

〈나는 인간이 아니라 다이너마이트였다.〉 니체가 훗날 자신에 대해 한 말이다. 1870년 여름 그는 무엇보다 삶의 무게에 시달리는 정신과 피폐한 몸을 가진 인간이었다. 전쟁의 폭발 물질과는 거리가 먼 겁에 질린 한 마리 짐승이었다. 화물 열차 안에서 그를 살아 있게 하고 그의 정신을 키워 준 것은 바로 활짝 나래를 편 판타지였다. 그는 인류에게 위대한 미래의 길을 제시하기 위해 인류의 현 모습을 비춰 줄 거울 같은 저작을 비장한 심정으로 꿈꾸었다. 니체가 되고 싶었던 건 간호병이 아니라 〈교육자〉, 〈사도〉, 〈구원자〉였으니…….

디오니소스와 바그너

니체는 1844년 10월 15일 라이프치히 인근의 뢰켄이라는 작은 마을에서 태어났다. 아버지는 목사였고, 어머니도 유서 깊은 목사 집안 출신이었다. 아들은 아버지의 장중한 어조와 몸짓을 은연중에 배웠고, 그것이 평생 몸에 배었다. 니체가 채 다섯 살이 되기 전에 아버지는 병명을 알 수 없는 뇌 질환으로 숨을 거두었다. 섬세하고 병적인 체질의 아들은 이루 말할 수 없을 정도로 슬퍼했다. 그는 키르케고르처럼 아버지의 이른 죽음을 자신의 운명과 연결시켰고, 죽음이 자신에게도 서른여섯 살에 서둘러 찾아올 거라 믿었다.

1850년 어머니는 어린 프리드리히와 엘리자베트를 데리고 잘레강 변의 나움부르크로 이사했다. 니체는 공립 소년 학교와 돔 김나지움에서 두각을 나타냈고 얼마 뒤 유명한 추르 포르테 주립 학교로 옮겼다. 1864~1865년 겨울 학기부터는 본 대학에서 신학과 고전 문헌학을 공부했다. 하지만 어머니가 경악했듯이, 곧 대학을 중도에 그만두었다. 대신 자신의 유명한 스승이자 고대 그리스 어문학자인 프리드리히 빌헬름 리츨(1806~1876)을 따라 라이프치히로 옮겼다. 리츨은 제자의 빼어난 재능에 감탄을 숨기지 않았다. 니체는 많은 칭찬을 받았고, 그의 논문들은 상을 받았다. 이제 고전 문헌학자로서 그의 급속한 출셋길은 탄탄대로였다. 니체는 박사 학위도 없고 교수 자격 논문도 쓰지 않은 상태에서 1869년 리츨의 주선으로 바젤 대학에, 처음엔 고전 문헌학 강사로, 그다음엔 정규 교수로 자리를 잡았다. 이는 19세기 후반기임을 감안하더라도 무척 이례적인 일이었다. 어쨌든 이 특출한 재능을 가진 청년은 스물네 살에 이미 자신의 삶에서 최고 자리에 도달했다.

니체는 바젤로 옮겨 1869년 5월에 취임 강연을 했다. 그는 전쟁의 덫에 걸리지 않으려고 프로이센 국적을 포기했다. 하지만 그런 그가 1년 반 뒤 지원병으로 전쟁에 참여할 거라고는 본인도 예상하지 못했다. 아무튼 그는 자신의 내면에서 무언가 부글부글 끓어오르는 것을 느끼고 있었다. 니체는 고전 문헌학자의 전형적인 인물이 아니었다. 행복도 고전 문헌 연구에서 찾지 않았다. 1865년 그는 라이프치히의 헌책방에서 우연히 쇼펜하우어의 『의지와 표상으로서의 세계』를 발견했다. 그는 전율을 느꼈다. 그 책을 읽으면서 엄습한 감정을 그는 〈도취〉라는 말로 표현했다. 이성의 세계는 진정한 세계가 아니고 모든 환한 의식 뒤에 강력한 어두운 의지가 도사리고 있다는 사실은 그의 감각과 정확히 일치했다. 니체는 쇼펜하우어에게서 위대한 사상의 사도이자, 피를 나눈 정신적 동지의 모습을 보았다. 하지만 〈프랑크푸르트의 부처〉가 〈체념〉을 요구했을 때 폭풍처럼 몰아치던 니체의 심장에는 불쾌감이 일었다. 모든 논리학, 모든 명징한 인식이라고 하는 것, 모든 오성의 작업이라고 하는 것은 사실 겉만 번드르르한 허섭스레기가 아닐까? 그것을 깨닫는 것 속에 엄청난 힘이 도사리고 있지 않을까? 막강한 어두운 의지에서 벗어나려고 하는 것보다 그것과 화해하고 그것을 견뎌 내야 하지 않을까?

쇼펜하우어가 세운 삶의 설계는 니체에게 결코 본보기가 아니었다. 그렇다고 세계를 꿰뚫어 보고, 세계의 비밀을 폭로하고, 전통 철학과의 화해를 시도하는 철학자의 모습도 모범이 될 수 없었다. 겉만 번드르르할 뿐 하찮기 그지없는 이성 철학자들에 대한 무한한 우월감은 그의 독특한 몸짓과 태도에서 그대로 드러났다. 니체는 의식 철학의 반대편에 서서 어찌할 바 모르고 방황하는 대신 〈파우스트적인 향기, 십자가, 죽음, 무덤〉, 그리고 무의식의 어두운 힘들과 동맹을 맺었다. 또한 음악에 대한 사랑과 열정을 쇼펜하우어와 공유했다. 그는 어릴 때부터 알던, 자기보다 스물한 살이 많은 바그너의 오페라에 심취해 있었다. 바젤 교수 시절엔 숭배하던 이 음악가의 트리프셴 별장을 자주 방문하곤 했다. 바그너 입장에서 이 교수는 아주 반가운 팬이자, 자신을 알리고 더 유명하게 해줄 일종의 〈홍보 맨〉이었다. 하지만 두 사람의 강한 에고를 감안하면 둘의 관계가 매혹과 반감 사이를 오간 것은 결코 놀랍지 않다.

1860년대 말에 바그너가 니체에게 끼친 영향은 막대했다. 〈나는 이 음악에 대해서만큼은 차가운 비판적 태도를 취할 수 없다. 음악을 듣고 있으면 내 몸속의 세포와 섬유 하나하나가 꿈틀거린다. 이렇게 황홀한 감정이 오래 지속된 적은 없다.〉[185] 니체가 1868년 10월에 쓴 글이다. 두 사람은 쇼펜하우어의 팬이었고, 무의식과 신화적인 것, 비극적인 것에 매료되었고, 새로운 위대한 시대에 대해 같은 희망을 품었다. 하지만 이때 바그너가 인류사의 새 시대를 떠올리기보다 자신과 자신의 음악, 그리고 바이로이트 오페라 극장에서 예정된 자신의 대공연을 더 많이 생각하고 있었다는 사실을 니체는 시간이 가면서 차츰 알게 되었다. 그런 가운데에도 그는 바그너의 음악에 담긴 정신을 어떻게 고전 문헌학에 옮기고, 그것과 대등한 천재적인 무언가를 스스로 만들 수 있을지 고민을 거듭했다. 직접 열심히 작곡을 하던 그의 눈앞에 하나의 음악이 어른거렸다. 〈음표가 아니라 언어로 쓰는〉 음악이었다.[186]

1870년 1월과 2월에 니체는 두 차례 강연을 했다. 주제는 〈그리스 음악 드라마(오페라)〉와 〈소크라테스와 비극〉이었다. 첫 강연은 정식 고전 문헌학자로서 대중에 공개해도 되는 틀 안에서 이루어졌다. 니체는 고대 그리스어문학자들이 카를 오트프리트 뮐러(1797~1840)의 『알렉산드로스 시대까지의 그리스 문학사 *Geschichte der griechischen Literatur bis auf das Zeitalter Alexanders*』(1841)를 통해 알고 있던 것들부터 이야기한다. 그리스 비극은 디오니소스 숭배에서 탄생했다는 것이다. 하지만 니체는 〈심장을 직접적으로〉 때리는 음악의 의미가 〈세계 곳곳에 사는 모든 사람이 이해하는 진실한 보편적 언어〉 속에 있음을 강조한다.[187] 그런데 그리스 드라마의 중심에 언어가 들어서면서 사람들을 도취시키던 고대 그리스의 아르카익 음악은 뒤로 물러날 수밖에 없었다. 이로써 고대 비극은 마법을 잃었고, 새로운 비극이 탄생했다. 이름하여 **로고스**의 비극이다.

니체가 고대 그리스인의 음악보다 바그너의 음악에서 이런 생각을 더 강하게 느낀 것에 대해선 그의 학문 동료들도 그나마 눈감아 줄 수 있었다. 비극이 고대 그리스의 음악 드라마에서 나왔다는 기본 테제까지 니체가 문제 삼지는 않았기 때문이다. 그런데

〈소크라테스와 비극〉에 대한 두 번째 강연은 고전 문헌학의 확고한 지식과 너무 동떨어져 있어 니체가 갑자기 헛소리를 지껄이는 것처럼 들렸다. 왜냐하면 그리스 고전 문화를 설명하는 과정에서 난데없이 의식 철학에 대한 쇼펜하우어의 비판을 끌어들였기 때문이다. 니체가 볼 때 원죄는 소크라테스와 함께 시작한다. 만물의 근원을 캐묻는 그 그리스 철학자는 신화의 힘을 파괴하고, 음악의 마력을 추방하고, 그 자리에 언어와 이성, 즉 로고스를 세운다. 그런데 니체는 쇼펜하우어와 마찬가지로 다른 철학자들과 고대 그리스어문학자들이 중요한 문화적 성취로 여기는 합리주의조차 사기로 여긴다. 세계에 대한 합리적 앎이 현재 신화와 음악에 담긴 무의식의 직관적 확실성을 대체하고 있다. 그로써 쇼펜하우어의 〈의지〉, 직관적인 것, 동물적인 것, 격정적인 것, 그리고 니체의 〈광기와 의지와 고통〉은 지하에 묻히고, 합리적 문화가 그 위에 우뚝 서서 광란의 축제를 벌이고 있다.

이성이 참된 삶과 격정을 어떻게 짓누르는지 니체는 세 번째 텍스트 「디오니소스적 세계관」에서 묘사한다. 여기서 격정적인 것은 〈디오니소스적〉이라는 말로, 이성적인 것은 〈아폴론적〉이라는 말로 표현된다. 디오니소스가 황홀경, 음악, 한계의 초월을 상징한다면 아폴론은 냉철한 것, 형성하는 것, 개인적인 것의 상징이다. 니체는 쇼펜하우어와 함께 디오니소스적인 것에서 근원적인 것과 생동하는 것, 그리고 〈의지〉를 보았다. 반면에 아폴론적인 것은 그런 길들여지지 않는 생명 의지를 언어와 문화, 철학으로 구속한다.

디오니소스적인 것이 파괴적인 것이기도 하다는 사실, 즉 인간 속의 온갖 것이 족쇄가 풀린 채 마구 쏟아져 나오는 전쟁이기도 하다는 사실을 니체는 숨기려 하지 않는다. 그런 측면에서 그가 전쟁(원래는 싸움이다)을 〈만물의 아버지〉라고 부른 헤라클레이토스에게 경탄한 것도 우연이 아니다. 머리와 가슴속의 이런 격정적인 생각과 감정에 떠밀려 그는 전쟁에 자원하고, 책상에서 현실 속으로 뛰어들고, 알자스에서 프로이센-프랑스 전쟁의 일부를 체험하고, 뵈르트 전장을 비척거리며 돌아다니고, 결핵균과 디프테리아에 감염되어 끔찍하게 고통스러워하는 육신의 나약함을 경험하게 된다.

시대정신을 거스르며

1872년 1월 망설임과 글쓰기 장애, 두통, 불면증의 긴 시간이 지나고 니체는 마침내 그리스 문화에 대한 그동안의 강연과 논문을 묶은 작품집을 출간했다. 『음악의 정신에서 나온 비극의 탄생*Die Geburt der Tragödie aus dem Geiste der Musik*』이었다. 책의 주제는 이랬다. 음악은 비극적 신화를 다시 되살릴 수 있다. 음악의 세계는 도덕적으로 변명할 필요가 없고, 미적으로만 말하면 되기 때문이다. 바그너는 감격하면서 스스로를 디오니소스라 여겼다. 반면에 니체의 스승 리츨은 경악했다. 무슨 이런 식의 〈지적 방탕〉이 있단 말인가?[188] 문헌학은 그런 것이 아니었다. 그렇게 될 수도 없었다. 제정신이 있는 문헌학자라면 그렇게 사변적이고 증명되지 않은 몽상적인 것을 쓸 수는 없었다. 심지어 그 책에 대한 평론을 쓴 한 동료는 니체에게 학문을 포기하라고까지 요구했다. 이런 반응은 지금껏 칭찬과 성공에 길들여져 온 젊은 스타 학자에게는 낯선 것이었다. 충격이 컸다. 니체는 1년 전에 바젤 대학에서 전공을 바꾸려고 철학과에 교수직 신청을 했다. 하지만 그마저도 물거품이 되었다. 이제야 그는 어렴풋이 자신의 미래가 대학에 있지 않음을 깨달았다. 자유로운 정신이 되고자 하는 사람은 문헌학자나 관료적인 대학 교원으로 살 수 없었다. 그건 오늘날에도 거의 변하지 않는 사실이다.

니체는 다섯 차례의 강연으로 복수를 했다. 강연 제목은 〈우리 교육 기관의 미래에 대하여〉였다. 그는 플라톤적 대화 방식으로 대학의 순응주의적 태도를 혹독하게 비판했다. 그가 순응 대신 요구한 것은 용기와 독자성, 진정성이었다. 이제부터는 문헌학자뿐 아니라 대학의 모든 철학자까지 싸잡아 적으로 규정하고, 그들을 〈교양 있는 속물〉로 낙인찍었다. 그가 자신의 미래 활동 영역으로 생각한 곳은 더 이상 대학이 아니었다. 그들이 그를 비판적으로 바라본다면 문제는 그가 아니라 그들에게 있었다. 〈진정성〉의 철학자에게는 더 큰 무대와 특히 그를 이해할 수 있는 더 많은 사람이 필요했다. 1870년대 초 그에게 그런 관객이 되어 준 건 바그너의 주변 사람들이었다. 여기서 그는 많은 칭찬을 받았고 높은 평가를 받았다. 물론 어떤 이유에서 그러는지 점점 속이 들여다보였지만 말이다. 만일 바그너 곁에 있어야 한다면 그 젊은 학자는 자신의 대담한 꿈과 힘찬 언어들을 전적으로 바그너를 위해 써야 했다. 하지만 이런 상황에서 자신이 경탄하는 음악가에게조차 거리를 두지 않았다면 니체가 아닐 것이다. 그는 다른 누군가의 홍보 맨이나 사도가 아니라 스스로를 세상의 주인공이라 생각하는 사람이었다.

니체는 바그너의 음악에 일종의 예술 종교처럼 탐닉하던 와중에도 당대의 시대정신을 냉정한 시선으로 해부한다. 그는 대체 어떤 시대에 살고 있는가? 바그너가 일평생 창조적인 자극을 길어 올리고, 니체 자신이 동경했던 소란스러운 1840년대는 아니었다. 1870년대는 여러모로 달랐다. 더 혹독해지지는 않았지만 더 냉혹해졌다. 1840년대에는 정치적 낭만이 있었다. 통일된 자유 공화국에 대한 꿈과 찬란한 독일에 대한 신화였다. 그리고 그것들이

1870년대에 들어 비스마르크에 의해 현실이 되었다. 그런데 현실을 얻으면서 꿈을 잃어버렸다. 니체의 시대는 과학과 기술, 산업적 진보의 냉담한 상징들에 매몰되어 있었다. 이제 독일을 통합하는 힘은 신화와 꿈이 아니라 곳곳으로 뻗은 철도망이었다. 시대정신은 분명했다. 돈벌이가 되는 사업에 대한 영국식 자유주의의 탐욕과 실증주의, 그리고 유물론이었다. 이것들은 바그너의 극장에서 상영되는 도취의 세계에 찬물을 끼얹었다. 경제적 세계는 어떤 형태의 이상주의도 알지 못했고, 인간의 감성은 차가운 변방으로 내쫓긴 채 위대한 예술이 아니라 속물적인 안락함과 사치스러운 장식이 돋보이는 공간 속으로 도피했다. 사람들이 우아한 의자와 푹신한 소파에 앉아 시가를 피우며 즐거움을 누리는 세계에선 예술은 죽고 신화는 사라질 수밖에 없었다. 자연 과학의 탐색하는 시선, 공장주와 투기꾼의 탐욕스러운 눈은 앞을 향하고 있었지만, 사람들의 가슴은 뒤를 돌아보고 있었다.

이런 상황에서 니체는 펜을 들고 시대정신에 반하는 네 권짜리 『반(反)시대적 고찰*Unzeitgemäße Betrachtungen*』을 썼다. 첫 편의 분노는 슈트라우스에게 향했다. 한때는 성경을 자구대로 받아들이지 않고 문헌학적으로 따지는 용감한 신학자였지만, 그로부터 40년이 지난 지금은 『옛 신앙과 새 신앙*Der alte und der neue Glaube*』의 저자로서 반골 이미지를 벗은 지 오래였다. 슈트라우스가 기독교를 이미 모든 의심에서 해방된 것으로 여기고 사회의 윤리적 진보를 예찬한다면 그 역시 시대정신에 순응하는 것이자 제국 창건에 대한 기쁨을 표시하는 것이었다. 정신이 사라진 이런 척박한 시대에 그런 식으로 만족감을 표하는 슈트라우스에게 니체는 격분했다. 특히 슈트라우스가 음악을 편안한 오락 정도로 여기며 칭찬하는 것에는 분노를 참을 수 없었다. 그런 〈싸구려 양말 같은 감성〉 속에서 니체는 비겁한 〈교양 있는 속물〉과 힘을 잃은 시대의 타락한 표현을 보았다. 〈자신들의 노동과 분주함, 고통스러운 현기증이 어디에 도움이 되는지〉 한 번도 자문해 본 적이 없는 시대 말이다.[189]

1870년대 초 니체 본인의 철학, 즉 비판의 무기로서의 철학이 대략적으로 처음 모습을 드러낸다. 그는 동료 문헌학자와 철학자들이 이 시대에 만족감을 넘어 자랑스러움을 느끼는 것에 격하게 반발한다. 1874년 1월에 출간된 『반시대적 고찰』 제2권은 삶의 역사의 장점과 단점을 다룬다. 인간은 왜 역사를 연구할까? 니체는 문화적 이유가 아니라 생물학적 이유를 댄다. 인간은 〈잊을 수 없는 동물〉로서 한 걸음 떨어져 스스로를 관찰하고, 과거를 바라보며 미래를 설계할 수 있다. 그것을 통해 자의식과 자기 이해, 정체성이 생겨난다. 그런데 자기 자신을 바라볼 때 윤곽이 선명한 지평만 생겨나는 것이 아니다. 인간은 자신이 얼마나 왜소하고 하찮은 존재인지, 그러니까 니체의 표현을 빌리자면 〈밤과 망각의 죽은 바다에서 하나의 작은 살아 있는 소용돌이〉에 불과하다는 것을 깨닫는다.[190]

인간은 한 시기를 살아가면서 스스로를 체험하기에 이 시간대에 내용을 채워 넣어야 하는 과제가 주어져 있다. 자신의 시간이 얼마나 한정되어 있는지 아는 사람은 동물처럼 우두커니 삶을 바라볼 수 없다. 인간은 자기 시간을 채우기 위해 무언가를 해야 하는 숙명을 안고 태어난 존재다. 이 행위를 통해 인간은 역사를 만든다. 니체는 키르케고르처럼 인간은 자신의 행위로 스스로를 만들어 나가는 존재라고 여긴다. 〈너 자신이 되어라!〉 이것은 인간학적 명령이자 실존적 요구이면서 동시에 너무 과도한 요구다. 자기 자신을 지속적으로 만들어 나가야 한다면 시시각각 자신이 누구인지 명확하게 아는 사람이 있을까? 곳곳에 정체성의 소도구들이 널려 있다. 역할 모델, 교육 규정, 문화적 요소, 표본 같은 것이다.

스스로를 자기 자신으로 떠올린다는 것은 항상 낯선 옷을 입고 자기 자신을 가장하는 것을 의미한다. 모든 가정된 역할은 자기기만이다.

학문이 성찰 없이 아무렇게나 나눈 것, 즉 한쪽에는 생물학적 본능과 원래적인 삶이 있고, 다른 쪽에는 앎과 지혜가 있다는 식으로 나눈 것은 니체에겐 몽매함의 전형이었다. 왜냐하면 문화사는 인간을 자기 자신으로부터 소외시킨 역사와 다르지 않기 때문이다. 학자들이 이른바 인류의 성취라고 하는 것들을 자랑스러워하며 점점 깊이 연구할수록 인간에게는 원래 맞지 않는 교육의 〈선천적 노화〉 현상이 더욱 도드라지게 나타난다. 인간은 **생각하면서** 자기 자신을 경험하는 것이 아니라 **살면서** 경험하기 때문이다. 그렇다면 〈나는 생각한다, 그러므로 존재한다〉가 아니라 〈나는 산다, 그러므로 생각한다〉가 맞다.[191]

니체는 19세기의 〈질병〉에 해당하는 〈역사의 과잉〉이 삶 위에 쌓아 놓은 단단한 껍질을 제거하고 삶을 다시 소생시키는 것을 자신의 사명으로 보았다. 물론 역사학 자체가 잘못되었다는 것은 아니다. 삶을 끊임없이 하나의 역사적 시간대 속에 끼워 넣고, 모든 살아 있는 것을 분류하고 배치하고 사멸시키는 것이 잘못되었다는 것이다. 다시 말해, 삶이 역사에 복무하는 것이 아니라 역사가 삶에 복무할 때만 역사는 〈유익하다〉. 〈역사〉는 **삶의 목적을 위해** 추진해야 한다.[192] 니체가 그리스 비극에 관한 책에서 그랬듯이, 미래를 위한 힘과 활력을 역사에서 길어 올린다면 역사를 연구하는 것도 충분히 의미가 있다. 반면에 과거의 세세한 일에만 몰두한다면 역사학은 삶의 광채를 빼앗기 때문에 유해하다. 심지어 니체는 망각을 예찬하기까지 한다. 역사상 그런 철학자는 몇 안 된다. 그래, 여기까지는 이해할 만하다. 하지만 삶 자체에 어떤 목적도 없다면서 〈삶의 목적을 위해〉라는 건 무슨 뜻일까? 모든 인식이 결국 표상과 왜곡으로만 이루어져 있다면 삶의 철학자가 삶에 대해 알 수 있는 건 무엇일까?

생물적인 것과 비생물적인 것

역사를 다루는 문헌학과 담판을 지은 니체는 더 이상 바젤의 교수직을 견뎌 내기 힘들었다. 그의 강의에 들어온 학생은 세 명뿐이었다. 게다가 원래 약골인 건강도 극도로 악화되었다. 그는 자신이 오래 살지 못할 것이라고 확신했다. 하지만 대학 당국이 그의 청원에 따라 스물여덟 살의 그에게 1876~1877년도 겨울 학기의 강의를 면제시켜 주기 전에 그는 『반시대적 고찰』의 나머지 두 권을 서둘러 썼다.

제3권의 제목은 『교육자로서의 쇼펜하우어*Schopenhauer als Erzieher*』였다. 이전 책들에서 니체는 시대정신과 문헌학에 대한 자신의 생각을 드러냈다면, 여기서는 생물학에 대한 입장을 밝히고자 했다. 슈트라우스와 담판을 지은 제1권에서 이미 그는 진화론을 다룬 바 있다. 슈트라우스는 생물학적 진화를 자신의 윤리적 세계관 속에 끼워 넣음으로써 둘 사이의 접점을 찾으려고 무던히 애썼다. 유명한 신학자로서는 상당히 주목할 만한 시도였다. 하지만 니체에게 화해란 없었다. 기독교적 윤리와 인간의 동물적 유전자는 결코 합치될 수 없었다. 아폴론적인 문화와 디오니소스적인 자연 사이에는 대립만 존재할 뿐 둘은 함께 갈 수 없었다. 둘 사이의 화해는 불가능했다. 니체는 이렇게 비꼰다. 슈트라우스는 야수성과 도덕을 위선적으로 일치시키는 대신 〈만인에 대한 만인의 투쟁과 강자의 특권〉에서 〈삶에 대한 도덕 지침을 도출해야〉 할 것이라고.[193]

이 지점은 퍽 흥미롭다. 왜냐하면 니체는 여기서 크나큰 실수를 저질렀고, 그 뒤로도 줄기차게 잘못된 방향으로 나아가기 때문이다. 그는 슈트라우스와 달리 1871년에 출간된 다윈의 책 『인간의 유래』를 읽은 것 같지 않다. 〈강자의 특권〉이라는 말은 다윈의 책 어디에도 나오지 않는다. 다만 『종의 기원』을 보면 환경에 가장 잘 적응한 것이 살아남는다는 이야기만 나올 뿐이다. 인간에 관한 다윈의 책은 무척 화해적인 톤을 유지한다. 진화 과정에서 인간의 자연적 속성을 아름답고 선하게 발전시킨 도덕적, 미적, 문화적 우수성이 인간의 특징이라는 것이다. 그러나 니체는 생물학적 문제에는 무지한 채 쇼펜하우어에게서 내려오는 인식만 따르며 그런 생각을 무시한다. 아폴론적인 것이 디오니소스적인 것의 생물학적, 진화적 결과라는 사실은 그의 세계상에 맞지 않는다. 그가 볼 때 이 둘은 엄격하게 분리된 거대한 형이상학적 주춧돌이다. 아폴론적인 것은 디오니소스적인 것을 〈뒤덮을〉 뿐 디오니소스적인 것에서 유기적으로 솟아나지는 않는다. 처음부터 잘못 설정된 이 기둥 때문에 그의 독특한 철학적 설계도 훗날 파탄을 맞는다.

『반시대적 고찰』 제3권에서 니체는 인간의 본성을 재차 집어 들며 동물과의 공통점을 강조한다. 〈우리는 갑작스러운 명료함 속에서 우리 주위와 뒤를 돌아보며 전율을 느낀다. 드넓은 황야에서 인간들의 부산함, 도시 건설, 국가 건립, 전쟁 수행, 끊임없는 이합집산, 뒤엉킨 경주, 서로 하는 짓을 보고 배우고, 서로 속이고, 서로 때려눕히는 행동, 궁지 속의 절규, 승리 속의 환희에 찬 외침, 이 모든 것은 동물성의 연장이다.〉[194]

인간은 지금도 그렇고 앞으로도 동물로 남을 것이다. 삶의 역사는 다윈처럼 밑에서 위로 기술되어야지, 플라톤부터 헤겔까지의 철학처럼 위에서 아래로 기술되어서는 안 된다. 최초에 동물적 본능이 있었지, 이성이 있었던 게 아니다. 여기까지는 충분히 공감할 만하다.

그런데 곧이어 니체 철학에서 심각한 결과로 이어지는 생각이 슬금슬금 다가온다. 그의 생각에 따르면 아무 걱정 없이 살던 동물에서 스스로를 인식하는 인간으로의 길은 미리 예정되어 있는 듯하다. 왜냐하면 〈전 자연이 인간으로 밀어붙이기 때문이다〉. 이로써 〈인간은 동물적 삶의 저주로부터 자연을 구제하는 데 필요한 존재이고, 마침내 인간 속에서 자연은 자신의 모습을 거울에 비추어 보고, 그 거울 속의 모습을 통해 삶은 더 이상 의미 없는 것이 아니고, 형이상학적으로 중요한 의미를 띤다〉.[195] 이런 시각은 다윈의 진화론과는 아무 관련이 없다. 자연 연구자들은 〈전 자연이 인간으로 밀어붙이는〉 그런 세계를 알지 못한다. 더 이상한 것은 자연이 인간 속에서 〈처음으로 목표에 도달했다〉고 느낀다는 사실이다. 왜냐하면 〈자연은 자신에게 목표가 있었다는 사실을 잊을 수밖에 없는데, 인간에게 이르러서야 비로소 자신이 삶 및 생성과 관련해서 고차원적인 유희를 했다는 사실을 이해하기〉 때문이다.[196] 다윈이 볼 때 자연에는 어떤 형태의 목표도 없고, 오직 인간에게만 목표가 있다. 하지만 니체가 볼 때 자연은 쇼펜하우어가 이미 언급했던 무의식적 의지 목표를 갖고 있다. 인간 속에서 자연은 그 목표에서 벗어나고 그것을 뛰어넘는 법을 배운다.

여기서 니체가 계속 품고 가는 것은 셸링의 이념에 대한 쇼펜하우어의 개인적 해석이다. 자연은 인간 속에서 자신을 의식한다는 것이다. 셸링은 자연이 명석한 인간 정신을 통해 그렇게 한다고 생각한 반면, 쇼펜하우어는 자연이 자신의 어두운 충동을 꿰뚫어 봄으로써 그렇게 한다고 생각했다. 이런 생각은 19세기 후반부에 생물학이 밝혀낸 지식과는 아무 상관이 없었다. 하지만 자연 과학자들이 쇼펜하우어의 팬인 니체처럼 보지 않는다면 그건 더더욱 잘못되었다고 생각했다. 자연에 대한 니체의 생각은 경험적 학문에 종속되지 않았다. 그는 이 생각을 쇼펜하우어의 책과 뵈르트 전투 현장의 목격, 고대 디오니소스적인 것의 연구를 통해 획득했다. 다윈에 대해서는 철저히 연구하지 않은 게 분명하다. 그건 유물론자인 포크트와 몰레쇼트, 뷔히너에 대해서도 마찬가지다. 유물론자들은 자연의 필연성이 인간을 지배한다고 생각했다면, 헤겔과 마르크스는 역사적 필연성이 세상을 진전시킨다고 생각했다. 그러나 니체의 필연성은 자연적으로건 사회적으로건 프로그램화된 세계 기계의 논리학에서 나오는 것이 아니었다. 그의 필연성은 미적 체험이었다. 그는 자연의 드라마를 감동적으로 관찰한다. 자연의 드라마는 모든 인간 드라마처럼 필연적으로 최종 막에서 끝을 맺는 형이상학적 운명극이다. 그래서 그는 어떤 형태의 자연 연구에도 흔들리지 않고 자연에 하나의 목표가 있다는 사실을 고수했다. 자연의 목표와 본능의 허망함을 인식하고 뛰어넘어야 한다는 것이다. 쇼펜하우어처럼 금욕과 체념 속에서가 아니라 자부심과 해방된 벅찬 감격 속에서.

의미, 자부심, 그리고 비극

니체가 『반시대적 고찰』 제3권을 썼을 때 쇼펜하우어는 이미 14년 전에 세상을 떠난 뒤였다. 대신 그 자리엔 하르트만이 서 있었다. 웬만한 집의 서가에는 그의 책이 꽂혀 있을 정도로 절정의 명성을 누리던 인물이었다. 그의 사상적 배경에는 염세주의적 세계관과 유물론적 토대, 형이상학적 구원의 판타지가 섞여 있었다. 반면에 얇은 책을 몇 권 낸 게 전부인, 무명이나 다름없던 바젤의 그 고전 문헌학자에 대해서는 아는 사람이 거의 없었다. 니체가 반시대적이라 여겼던 것을 하르트만은 시대에 맞는 것으로 세상에 풀어

놓았다. 무명인이 비할 바 없이 성공한 학자를 호되게 나무란 것은 이상한 일이 아니었다. 니체는 『반시대적 고찰』 제2권에서도 〈당대의 유행 철학〉을 경멸한 바 있는데, 이런 태도는 상대가 누구건 결코 변하지 않았다.

그런데 백지상태의 이 철학자는 자신에게 방향을 제시해 줄 힌트를 하르트만에게서 얻은 것은 언급하지 않았다. 니체가 자기 자신을 좀 더 명료하게 표현하는 데 결정적인 도움을 준 사람도 하르트만이었다. 하르트만의 저서 『무의식의 철학』에 등장하는 무수한 주역과 악역 중에는 슈티르너도 있었다. 이 인물은 책에서 굉장한 혹평을 받았는데, 그것이 오히려 니체의 호기심을 자극했다. 1874년 그는 학생을 시켜 슈티르너의 책 『유일자와 사유 재산?』을 도서관에서 빌려 오게 했다. 책을 읽는 순간 눈이 번쩍 뜨였다. 그의 표현을 빌리자면 〈홉스 이래 가장 대담하고 논리적인 책〉이었다.[197] 슈티르너는 앞서 말했듯이 포이어바흐가 신에 대해 내린 결론, 즉 인간을 예속시키는 힘이란 존재하지 않는다는 결론을 좀 더 극단적으로 몰고 갔다. 그는 여기서 신과 종교라는 옛 힘들의 마력만 박탈한 것이 아니라 이 시대에 등장한 새로운 힘들의 주술도 무력화했다. 〈인류〉, 〈도덕〉, 〈휴머니즘〉, 그리고 〈국가〉와 〈사회〉, 〈자유〉 같은 시민적 개념이었다. 이제 확고한 버팀목은 세상천지 어디에도 없었다. 슈티르너의 사상 속엔 키르케고르만큼이나 인간과 인류가 들어설 자리가 없었다. 개인은 거대한 전체의 일부가 아니라 어디에도 묶여 있지 않은 자유로운 단독자였다. 거대한 통일성이나 이념 같은 개념은 모두 날조이자 허구일 뿐이었다. 진정으로 자유로운 인간이라면 그것들을 깨부수어야 했다.

니체는 슈티르너의 책으로 날개를 달았다. 슈티르너가 할 수 있다면 그가 윤리적 니힐리즘을 주장하지 못할 이유가 어디 있겠는가? 그는 슈티르너의 정신적 후계자로서 스스로 아웃사이더의 역할을 맡았다. 이미 쇼펜하우어가 그 속에서 편안함을 느꼈고, 니체도 그사이 대학에서 생생하게 경험한 역할이었다. 그런데 슈티르너의 역할을 떠맡으려면 영감의 원천을 밝히지 않는 편이 낫겠다고 판단했다. 하지만 하르트만은 알고 있었다. 자신에 대한 니체의 경멸적인 비판을 보면서 이 사람이 자기 저작뿐 아니라 거기에 나오는 슈티르너에 대한 대목까지 꼼꼼히 읽었다는 것을. 그는 나중에 이 사실을 지적하며 니체를 호되게 꾸짖었고, 그를 가리켜 표절자라는 말도 서슴지 않았다.

자신을 뺀 나머지 세계와 홀로 맞서고 있다는 감정은 니체에게 곧 편안한 느낌으로 다가왔다. 1876년 여름 바이로이트에 새로운 오페라 극장이 문을 열었다. 바그너는 목표를 이루었고, 자신의 꿈을 펼칠 무대를 얻었다. 저명인사와 상류층 멋쟁이들이 성장을 한 채 그의 신전을 찾아 만족스럽게 「니벨룽겐의 반지」 초연을 즐겼다. 바그너는 허영과 자만, 밝은 조명과 쉴 새 없는 재잘거림, 체면과 오만함의 전시장 한가운데에서 칭찬과 아부에 도취해 있었다. 그의 〈사도〉인 니체에게는 입과 귀를 내어 줄 시간조차 없었다. 바그너의 명성이 절정에 이른 순간 그의 충실한 사도는 완전히 찬밥 취급을 당했다.

늦어도 그 순간에 니체는 자신이 존경하던 사부와 결별했다. 물론 그전에 나온 『반시대적 고찰』 제4권에서는 여전히 그를 예찬했다. 그는 바그너와 함께 새 시대를 열고 싶었다. 부유하고 성공한 사람들을 위한 오페라 극장을 여는 것이 아니라 말이다. 니체는 바그너가 바이로이트 극장의 혼잡함 속에서 목표에 도달했다는 망상에 빠진 것이 낯설기 그지없었다. 그 순간에 그나마 남아 있던 애착까지 모두 사라졌다. 이제는 그가 소속감을 느낄 만한 곳은 어디에도 남지 않았다. 그는 아무와도 연결되지 않은 채 〈자유로운 정신〉으로 살기로 결심했다. 자신이 **할 수 있는** 것보다 〈훨씬 더 자

유로운 정신이 **되고자 하는**〉 것을 두려워하면서.[198]

니체가 차후 저작에서 답하려고 했던 핵심 질문은 〈삶의 의미〉에 관한 것이었다. 이 문제를 시종일관 철저하게 제기한 사람은 사실 니체가 처음이었다. 19세기 전반기에는 〈가치〉와 〈행복〉 같은 개념이 인기를 끌었다. 삶의 〈의미〉에 대해선 고대 철학자들은 물론이고 계몽주의자나 독일 관념론자들도 다루지 않았다. 니체는 지금껏 키르케고르만 제외하고 어디서도 거론되지 않았던 새로운 차원의 문을 열었다. 진정한 삶이란 무엇이고, 자신의 소명에 맞게 산다는 것은 무슨 뜻일까?

진정성이란 진리와 다르다. 진리의 아폴론적 역사는 이야기하기 쉽다. 니체가 볼 때 그것은 예부터 내려오는 진리에 대한 소크라테스의 의심에서부터 시작해서 자연 과학과 기술의 성공으로 바로 이어진다. 진리는 신화의 탈주술화와 지식의 축적을 통해 생겨난다. 하지만 지식이 지혜를 만들어 내지는 않는다. 〈이 모든 것이 무슨 의미가 있는가?〉라고 묻는 것은 〈이 모든 것이 **나에게** 무슨 의미가 있는가?〉라고 묻는 것과는 완전히 차원이 다르다.

과학은 인간이 어떻게 살아야 하는지를 가르쳐 주지 않는다. 그럼에도 올바른 삶에 대한 문제는 앞으로도 계속 제기되어야 한다. 비록 19세기 말엽의 철학자들은 그런 생각을 거의 하고 있지 않았지만 말이다. 그런데 니체가 여기서 〈인간〉이라는 단어를 아무리 즐겨 사용하고 있더라도 이것이 **모든** 인간을 가리키는 것은 분명 아니다. 생전에는 출간되지 않은 원고 『비극 시대의 그리스 철학*Die Philosophie im tragischen Zeitalter der Griechen*』에서 그는 그 점에 대해 아주 명료하게 말한다. 그리스 문화의 위대성은 노예들의 노동을 토대로 성취되었다. 노예 노동 없이 문화적 번성은 없다. 문화적 번성을 아무리 다른 식으로 정당화하더라도 말이다. 문화가 전부이고, 개인은 중요하지 않다. 물론 개인이 탁월한 문화 창조자인 경우만 빼고 말이다. 니체는 이런 생각을 자신의 시대에도 그대로 전이한다. 문화적 위대성은 억압과 잔인함, 냉혹함을 요구한다. 바젤 노동자들의 노동을 하루 열두 시간에서 열한 시간으로 줄이는 것은? 그건 필요 없다. 아동 노동은? 그것도 완전히 정상이다. 노동자를 위한 교육 기관의 창설은? 그건 재앙의 시작이다. 노동자들이 교육을 받으면 어느 날 갑자기 폭도로 변해 모든 문화를 파괴할 것이다. 그렇다면 민주주의는? 한 국가의 위대성을 이루는 모든 차이를 균등하게 만드는 비문화적인 지배 형태에 지나지 않는다. 문화가 꽃피우려면 불의가 만연해야 한다. 특권층은 소외된 사람들의 노동으로 살아가야 하고, 이들을 마음껏 짓눌러야 한다. 그건 고대 그리스든 현재든 마찬가지다. 칼라일이 제국주의 시대의 영국에서 옹호했던 것을 니체가 독일 제국에서 똑같이 주장하고 있다.

그렇다면 이런 관점에서 〈인간〉에 대해 계속 말할 수 있을까? 그게 일반 〈인간〉이 아니라 소수의 특권층을 가리키는 말이라면 자기 인식을 통해 족쇄에서 벗어나고자 노력하는 인간의 본성은 어떤 생물학적 토대를 갖고 있을까? 그리고 고드윈과 오언, 밀, 마르크스가 썼던 것처럼 〈인간〉은 자신이 사는 환경과 사회적 상황의 산물이 아닐까? 하지만 니체는 기술적 진보와 생산성 증가, 교육 개선, 보편적 교육의 실시, 똑똑한 사회 조직을 통한 만인의 해방과는 거리가 먼 사람이었다. 그는 〈노동의 품위〉를 나불거리는 사람들, 예를 들어 개신교 공장주나 좌파 노동 운동가를 처음엔 위선자로, 그다음엔 바보 멍청이로 여겼다.

노동자에 대한 니체의 오만한 경멸은 뿌리 깊었다. 1871년 파리 코뮌이 단기간 권력을 잡았을 때 그는 경악했다. 귀한 예술품들이 파괴되고 있다는 이야기를 듣고는 격분해서 반도들에 대한 단호한 조치를 촉구했다. 휴직 중이라 일도 하지 않고 가만히 앉아 봉급이나 챙기던 그 교수에게는 연민이나 정의 따위는 없었다. 그가 원한 것은 비극적 노예 국가, 필요하다면 불공정한 노예 국가였다. 바그너에게서 멀어질수록 〈비극〉에 대한 그의 내향적 욕구는 예술 영역에서 걸어 나와 점점 사회와 도덕의 영역으로 옮겨 갔다.

니체가 진보와 사회 운동, 민주주의, 모든 형태의 평등권 요구에 낯가림이 심했던 것은 결코 이상한 일이 아니다. 그런 것들은 그가 꿈꾼 진보와는 거리가 멀었다. 그의 진보는 〈비극적〉 특권층을 희생해서 많은 사람이 동등한 권리를 누리는 것이 아니라 파토스와 열정, 위대함을 만들어 내는 것이어야 했다. 목표 역시 〈행복〉이 아니다. 니체가 볼 때 행복을 찾는 사람은 사실 〈영국인들〉뿐이다. 그의 목표는 최대한의 진정성 속에서 온몸으로 오롯이 느끼는 열정적 삶이다. 올바르게 산다는 것은 슈티르너와 마찬가지로 도덕적으로 사는 것이 아니라 인습과 도덕, 기대 행동, 영혼의 위안, 잘못된 진리에 불굴의 자세로 냉정하게 맞서는 것을 의미한다.

하지만 그런 태도는 니체의 저작 속에서만 근사하게 기술되어 있을 뿐 그의 사생활에서는 찾아보기 어렵다. 예를 들어 그는 1876년 한 여인에게 너무 성급하게 청혼을 했다가 퇴짜를 맞았다. 게다가 자신을 향한 비판도 덤덤하게 받아들이지 않고 마음의 상처를 입었다. 그는 아주 예민한 사람이었고, 자신이 아는 누구에게도 지속적으로 화를 내지 못했으며, 단단한 목석같은 인간이 되고 싶었음에도 깊은 동정을 느낄 때가 많았다. 결국 불굴의 냉담함 같은 건 그의 삶 어디에서도 보이지 않는다. 그러기엔 허약한 육신이 그를 괴롭히고, 정신을 흐리게 했다. 인간적인, 너무나 인간적인 감정과 불안, 걱정이 그를 휘몰아쳤다. 그가 그 위대한 작품, 그러니까 1878년 자신의 의지에 반해 저자의 이름을 기입한 채 출간한 그 책을 쓰는 동안에도 말이다.

철학의 심리 병리학

사실 니체는 처음으로 체계적인 책을 쓸 생각이었다. 그러니까 또다시 다른 철학자들에 대한 해설만 담은 책이 아니라 철학사에 강력한 발자취를 남길 그런 작품을 쓰고 싶었다. 하지만 그가 쓴 글들은 하나의 체계를 만들어 내지 못했다. 개별적인 고찰과 논평으로 쪼개져 있던 그 글들이 묶여 금언으로 이루어진 한 권의 책이 나왔다. 제목은 그 유명한 『인간적인, 너무나 인간적인*Menschliches, Allzumenschliches*』(1878)이었다. 니체가 이 책을 아무리 적절한 형식이었다고 옹호하고, 자신의 사고 지평을 〈완성하려고 했던 것이 아니라〉고 말하더라도 나중의 시도들을 보면 그가 하나의 거대한 〈체계〉를 꿈꾼 것은 분명해 보인다.

그의 모든 성찰에는 딱 한 가지 공통점이 있다. 인간과 인간의 곤궁, 불안, 생각에 대해 마치 자신은 그런 인간에 속하지 않는 듯이 말한다는 사실이다. 그는 사람들이 지금껏 두려워하던 것들을 마치 연극을 보듯 즐기면서 쓰고자 했다. 〈인간, 도덕, 인습적 평가〉를 〈두려움 없이〉 〈자유롭게〉 떠올리면서 말이다.[199] 이 작업을 위해 그는 신칸트학파가 마치 악마가 성수를 대하듯 두려워했던 새로운 유행 학문, 즉 심리학으로 들어간다. 니체는 일단 인간을 소파에 눕힌다. 그러고는 지금껏 인간의 마음을 치료해 왔던 철학자들도 나란히 눕힌다. 생각해 보라. 그들도 자기 환자들과 똑같은 망상을 갖고 있지 않던가? 자신들은 세계를 꿰뚫어 보고, 세계에 대해 판단 내릴 수 있다고 믿지 않던가? 또한 그들 역시 스스로 똑똑하다고 믿지만 결국 동물에 불과하다는 사실을 간과하지 않았던가? 무시무시한 것과 이해할 수 없는 것 앞에서 인간적인 불안으로 벌벌 떨고, 인간의 전형적인 사고 모델 속에 스스로를 가두고, 언어의 좁은 개념 체계 속에 사로잡힌 그런 동물 말이다.

니체는 이 생각을 1873년 그때까지 공개되지 않았던 짧은 텍스트 「도덕 외적 의미에서의 진실과 거짓말」을 쓰다가 중단한 지점과 연결시킨다. 〈오랜 옛날 무수한 태양계로 가득 찬 우주의 외딴 구석에 한 별이 있었고, 거기 사는 영리한 동물들은 인식을 발명했다. 세계사를 통틀어 그렇게 오만하고 거짓된 순간은 없었다. 물론 단 1분의 시간에 그쳤지만. 자연이 몇 번 숨을 내쉬자 별은 뻣뻣하게 굳었고, 영리한 동물들은 죽었다. 누군가 이런 동화를 지어낼 수 있을 것이다. 하지만 자연의 눈에 인간 지성이 얼마나 한심하고 모호하고 덧없고 목적 없고 임의적인 것이었는지는 충분히 드러내지 못할 것이다. 영원들이 있었고, 인간 지성은 거기에 속하지 않았다. 지성은 한 번 사라지면 다시 생기지 않는다. 그것에는 인간 삶을 넘어서는 또 다른 사명이 없기 때문이다. 지성은 지극히 인간적이다. 오직 그것을 가진 자와 생산한 자만이 마치 세계 축이 자기를 중심으로 돌아가는 것처럼 그것을 격정적으로 받아들인다. 하지만 우리가 모기와 말을 할 수 있다면 모기도 그런 격정으로 공중을 날아다니고, 자기 속에서 이 세계의 비행 중심을 느낀다고 하는 말을 들을 것이다. 자연에서 그만큼 비난받아 마땅하고 하찮은 소리는 없다. 짐을 나르는 사람은 자신에게 경탄해 주는 사람이 필요하듯 자부심으로 똘똘 뭉친 인간들, 즉 철학자는 사방에서 우주의 눈이 망원경처럼 자신의 생각과 행위를 바라봐 주기를 바란다.〉[200]

철학의 시작을 이렇게 아름답게 표현한 글이 있을까? 니체의 메시지는 더할 나위 없이 명료하다. 철학자도 동물이다. 그들의 인식은 동물적 의식의 좁은 한계에 갇혀 있고, 감각과 육신에 묶여 있고, 언어에 의해 지극히 제한되어 있다는 것이다. 근대 철학의 어떤 비판가(어쩌면 키르케고르는 빼야 할지 모른다)가 철학의 인식적 요구에 대한 거부를 그렇게 명확한 말로 표현할 수 있을까?

게다가 또다시 키르케고르나 제임스는 빼야 할지 모르지만, 어떤 철학자가 그렇게 문학적으로 아름답게, 그렇게 스스럼없이 비타협적으로 쓸 수 있을까?

이건 위대한 문학으로서의 철학 비평이다! 그것도 딜타이가 〈정신과학〉에 대한 구상을 자연 과학과 동등한 권리를 가진 대안으로 설계했고, 로체가 『철학의 체계』에서 모든 것을 화해시키고자 했고, 마이어가 칸트의 심리학을 의식으로 들어가는 열쇠로 추천하던 시절에 말이다. 철학은 이제 막 발밑에서 다시 단단한 지반을 느꼈고, 니체는 바젤의 서재에서 철학의 수조에 물이 흘러넘치게 했다. 그의 말을 들어 보자. 모든 객관적 인식은 공염불이다. 〈인간이 대체 자기 자신에 대해 아는 게 무엇인가! 한 번만이라도 불 켜진 상자 속에 누워 있는 것처럼 완벽하게 자신을 지각할 수 있을까? 자연은 인간에게 대부분의 것을 침묵한다. 심지어 인간 자신의 몸에 대해서도 말해 주지 않는다. 창자의 굴곡, 혈액의 빠른 흐름, 섬유의 복잡한 떨림에서 떨어져 나와 요술쟁이처럼 당당하게 사술을 부리는 의식 속으로 몸을 쫓아 보낸 뒤 가두어 두기 위해서다. 이어 자연은 그곳을 나오는 열쇠를 버렸다. 오호통재라, 의식의 방에서 조그마한 틈으로, 문 밑으로 밖을 내다보고 싶어 하는 망할 놈의 저주스러운 호기심이여!〉[201]

니체는 바로 이런 혜안, 그러니까 의식의 좁은 방에서 일어나는 인간적 오류와 방황을 한 발짝 떨어져서 바라보는 밝은 시선을 『인간적인, 너무나 인간적인』에서 반복한다. 쾌락으로 가득 찬 광기의 세계, 바그너의 음악, 예술, 종교라는 새로운 신화에 대한 꿈은 이미 끝났다. 니체는 이 책으로 인류뿐 아니라 자기 자신도 치료하고 있다. 이제 그를 잡아끄는 것은 어둠도 바그너도 디오니소스도 아닌 대낮처럼 환한 비판의 눈부신 햇빛이다. 도취의 밤에 이어 명징한 인식의 아침이 찾아왔다. 칸트 같은 철학자들이 세계

〈자체〉를 인식할 수 없다고 보았다면 그건 맞다. 하지만 그럼에도 왜 인간을 동물로 보지 않고 이성을 그렇게 자랑스러워할까? 그 때문에 그들은 삶과 모든 개인의 개별적 운명을 시야에서 놓쳤다. 〈알파요 오메가인 일들〉에 대해서는 침묵하자. 어차피 우리는 그것에 대해 아는 것이 없다. 이 대목에선 차라리 유물론자와 자연주의자의 손을 들어 주는 게 낫다. 그들은 〈찬란한 색깔이 저급하고 경멸스러운 물질에서 추출한 것〉이라는 사실을 보여 주지 않았던가?[202] 우리의 표상과 개념은 〈화학〉이고, 어떤 길도 이 〈일상적이고 저급한〉 과학적 인식을 비켜 가지 못한다. 세계의 어떤 것도 그 자체로 가치 있고 숭고하고 선하고 고결하지 않다. 자연 속에서 발견한 것을 토대로 자기만의 형이상학을 구축한 이들이 있다. 예를 들어 스피노자는 신-자연, 라이프니츠는 최고의 세계, 칸트는 인간의 선한 의지, 헤겔은 정신, 셸링은 절대적인 것의 형이상학을 구축했다. 하지만 이것들은 모두 사상누각이다. 자연에 대한 모든 철학적 인식은 인간의 사고 기관이 만들어 낸 허상이다. 인간의 사고 기관은 절대적 인식이 아니라 오직 생존만이 중요한 진화 과정을 통해 생겨났을 뿐이다. 진정한 형이상학자는 잘못 상상하고 있는 자연 인식의 좁은 궤도 위에서 사유하지 않는다. 그는 자기 자신을 깨부수고 나와 〈연극〉과도 같은 현실 위에 우뚝 〈서 있다〉. 그러면서 〈짓궂은 웃음〉을 지으며 사람들이 목을 매는 사유의 버둥거림을 즐기고, 담대하게 어두운 우주로 시선을 돌린다. 형이상학은 더 이상 설명되지 않는 것을 설명하고, 파악되지 않는 것을 파악하려는 시도가 아니다. 형이상학은 모든 인간적 인식과 모든 철학적, 자연 과학적 인식의 덧없음을 깨닫는 것이다.

이게 맞다면 그건 니체 자신에게도 해당하는 것이 아닐까? 그 역시 〈영리한 동물〉이고, 그의 철학 비평도 인간의 합리적 세계에 사로잡혀 있지 않을까? 니체를 진지하게 받아들이는 사람은 이성적으로 생각할 합리적인 이유가 없다고 여긴다. 하지만 인간을 뛰어넘는 어마어마한 존재의 관점에서 보면 인간의 모든 사고는 참으로 하찮기 그지없다. 그렇다면 합리적 사고의 결함을 합리적 사고로 폭로한 것도 결국 하찮지 않을까! 똑똑한 니체는 자신이 휩쓸려 들어갈 수밖에 없는 이 소용돌이를 인식하지 못할 사람이 아니다. 어쩌면 그 때문에 그가 〈짓궂은 웃음〉을 짓는지 모른다. 조롱을 넘어 장난스럽게 느껴지도록. 그렇다면 니체처럼 논리적으로 생각한다는 것은 곧 비논리적으로 계속 생각을 이어 가는 것을 의미한다.

이건 특히 그가 도덕에 대해 했던 모든 말에 해당한다. 인간은 자신의 의지에 따라 움직이는 동물일 뿐이기 때문에 자유롭지 못하다. 그런데 이성과 오성은 그 사실을 숨기고 우리의 의지가 자유롭다고 말한다. 그러나 진정한 의지의 자유는 존재하지 않는다. 누구도 자신의 욕망과 행위에 책임이 없다. 이런 시각은 고대에서 시작해 르네상스 시대의 피에트로 폼포나치(1462~1525)를 지나 18세기의 흄에 이르기까지 전통이 아주 길다. 쇼펜하우어가 이 문제를 탁월한 방식으로 철학적 안건으로 제출하기 훨씬 이전부터 있었다는 말이다. 그런데 쇼펜하우어는 앞서 언급한 대로 자유롭지 못한 의지를 자유롭게 부정할 수 있는 가능성을 타진함으로써 복잡하게 꼬이고 말았다. 이 지점에서 니체도 똑같이 길을 헤맨다. 인간의 모든 욕망과 사고, 가치 평가, 행위가 자유롭지 못하다면 더 이상 철학을 할 필요가 없다. 철학 비평도 쓸데없다. 왜냐하면 누구도 자신의 세계관을 자유롭게 바꿀 수 없고, 니체가 이제부터 하나씩 정조준한 채 공격하게 될 모든 도덕적 명령을 준수할 수 없기 때문이다.

『인간적인, 너무나 인간적인』에서 니체는 이렇게 요구한다. 〈인간〉은 〈미신적이고 종교적인 개념과 불안〉[203]에서 벗어나고

〈형이상학을 극복해야〉[204] 한다고. 하지만 내 의지가 자유롭지 못하다면 그게 어떻게 가능할까? 자유롭지 못한 의지로는 〈다양한 삶의 상황들의 나직한 목소리에 귀를 기울이고〉, 앞으로 자신을 더 이상 〈불변의 유일자로〉 생각하지 않겠다는 결정을 내릴 수 없다.[205] 게다가 〈인간〉이 자유롭지 못하다면 인간 동물인 니체가 모든 선입견에서 해방되어 자기만의 삶과 사유로 힘껏 비상할 수 있도록 하는 자유는 대체 어디서 나올까?

의식의 현상학

1879년 여름 니체는 자신의 소망에 따라 대학을 완전히 떠나 연금 생활자로 살아간다. 스스로 행위의 철학자로 여겼던 그는 자신의 미래 행위를 위해 더는 일상적 노동을 하지 않았다. 어쨌든 그런 관점에서는 자유로운 인간이 되었다. 니체는 여름엔 장크트모리츠로, 가을과 겨울에는 고향과도 같은 나움부르크로 여행을 떠났다. 건강은 갈수록 악화되었다. 자신의 〈실존〉을 〈끔찍한 짐〉이라고 표현할 정도였다. 이듬해에는 베네치아와 제네바로 갔다. 그곳의 온화한 기후가 신병의 고통을 완화해 줄 거라는 기대를 안고서. 이제 그의 정신도 좀 더 자유로워졌다. 그는 불꽃같은 열정으로 새로운 책의 집필에 매달렸다. 그 결과물이 『여명*Morgenröthe*』(1881)이다.

니체는 이 책을 지금까지의 어둠을 여명처럼 싹 몰아낼 새로운 철학의 시작으로 보았다. 그렇다고 당대 독일 강단 철학의 열등함을 지적하기 위해 딜타이나 빈델반트, 코헨의 철학을 따로 연구할 필요는 없었다. 그들의 오류는 이미 철학을 과학으로 보는 자기 오해적 관점에 잘 드러나 있었다. 과학이 무엇인지를 어떻게 과학적 관점으로 이해하려고 할까? 그건 인간 이성의 사기술이 아닐까? 게다가 니체는 점점 세분화되어 가는 당대 철학은 매력이 없다고 생각했다. 그것들은 진리를 〈타당성〉의 기준으로만 판단하기 때문이다. 인간 존재의 거대한 전체는 그들의 시야에서 완전히 사라졌다. 이 거대한 전체를 다루지 않는다면 뭐 하러 철학을 할까? 〈진리에 대한 즐거움이 적을수록 그에 대한 관심은 줄어든다.〉[206] 『인간적인, 너무나 인간적인』에 나오는 대목이다. 이건 대학에서 몇 학기를 보낸 철학과 학생이라면 다들 경험으로 아는 사실인데, 그런 면에서는 19세기 후반이나 오늘날이나 별반 다르지 않다.

니체 철학은 즐거워야 한다. 또한 〈어떤 희생에도 물러서지 말고, 자신의 소멸 외에 기본적으로 두려워하는 것이 없는〉 〈새로운 열정〉이어야 한다.[207] 『인간적인, 너무나 인간적인』에서 존재에 집중했다면 이제 『여명』에서는 의식에 집중한다. 의식이란 무엇인가? 자잘한 단면들을 반복해서 새롭게 비추는 헤드라이트다. 어떤 때는 세계의 사물이 스쳐 지나가는 빛처럼 우리 의식 속에 떠오르고, 어떤 때는 내적 삶의 감정이 바로 우리의 의식이다. 그리고 우리가 늘 똑같이 하는 것이 있다. 우리는 〈일반화된 세계〉, 그러니까 사물과 상태를 언어로 설명하는 〈표층 세계와 기호 세계〉를 끊임없이 만들어 낸다. 그런데 원칙적으로 이런 〈일반화〉는 우리에게 필요 없다. 그것 없이도 우리의 감각은 이 세계를 잘 헤쳐 나간다. 만일 우리가 세계를 〈피상적이고〉 〈밋밋하고〉 〈상대적으로 어리석은〉 기호로 객관화한다면 그건 타인과 생각을 교환하기 위해서일 뿐이다. 〈의식〉은 〈동물 무리〉인 인간이 서로 소통하는 공통의 토대를 발견하기 위해 존재한다.[208]

니체에 따르면 2천 년 넘게 철학의 중심에 있던 의식은 이제 그 중요성을 잃었다. 의식이 미덥지 못한 것은 본질적인 것을 상당

부분 놓치고 있기 때문이다. 의식은 〈보편적이고〉 투박한 언어를 사용함으로써 실제 세계의 섬세한 뉘앙스를 인지하지 못한다. 또한 〈자아〉에 관한 지극히 불충분한 표상을 자기 속에 구축한다. 우리가 우리 자신에 대한 상을 구축할 수 있는 것은 좀 더 깊은 인식 덕분이 아니며, 우리가 내면의 소리를 들어서도 아니다. 그건 우리가 타인의 시선과 가치 평가를 조합해서 만든 것뿐이다.

이런 인식과 함께 니체는 20세기로 쑥 밀고 들어온다. 비트겐슈타인의 〈분석 철학〉은 무엇보다 언어와 언어의 인식 가능성을 탐구한다. 후설, 셸러, 하이데거의 현상학은 지각의 뉘앙스를 더 잘 묘사할 수 있는 말을 찾고, 감수성이 어떻게 〈감각〉이 되는지 그 방식을 조사한다. 하이데거와 사르트르는 〈자아〉가 우리에 대한 타인의 반향에서 생겨난다는 니체의 구상을 그대로 이어받는다. 니체의 어떤 다른 텍스트도 『여명』만큼 철학의 미래 발전에 생산적이지는 못했다. 그의 문체도 절정에 도달했다. 투박한 언어가 사물과 상태를 환하게 드러내는 대신 오히려 땅에 묻어 버린다면 언어의 섬세화는 필수적이다. 게다가 너무 보편적인 말도 개성이 넘치는 언어로 바꾸어야 한다. 그런 면에서 문학 없이는 철학도 없다!

1880년대에 니체의 텍스트를 읽기 시작한 대부분의 신칸트주의자들은 몹시 언짢았다. 그들은 문학적 언어를 사용할 수 없었다. 〈타당성 요구〉, 〈사유 필연성〉, 〈최종적으로 입증된 판단〉의 세계는 시와 드라마, 소설의 언어로는 기술될 수 없었다. 〈이른바 우리의 모든 의식이 어쩌면 알 수는 없지만 느낄 수 있는 무의식적 텍스트에 대한 어느 정도 환상적인 주석〉이라는 니체의 말은 스스로 과학적이라고 믿는 철학의 토대를 완전히 빼앗는 것이었다.[209] 그들의 〈텍스트〉는 논리적 기호들로 쓰이고, 감정으로는 규명되지 않는다. 니체가 경멸조로 부른 〈정신의 비행사〉로서의 철학자들은 스스로를 보고 싶어 하지 않는다. 그들의 〈의식〉은 니체처럼 본능적 충동의 하나인 〈굶주림〉에서 생겨나는 것이 아니라 잘 프로그램화된 기계처럼 부단히 논리적 작업을 수행한다.

그런데 이 기계가 굶주림을 느끼지 못한다면 그것을 추동하는 것은 무엇일까? 에너지는 어디서 얻을까? 나토르프의 말처럼 자기 자신을 속이지 않으려는 대범한 소망에서? 아니면 니체가 말한 것 같은 인정과 박수갈채, 사랑, 위대함, 권력에 대한 초조한 욕구에서?

자라투스트라

당대의 수많은 철학자는 감정의 힘을 오인했다. 그것이 니체에게 무대로 오르는 관문을 열어 주었다. 결정적인 것은 어떤 것이 논리적으로 참이냐가 아니라 그것이 인간에게 **유의미한가**이다. 니체는 〈삶〉을 희생시켜 인간을 오해하고, 마치 지난 2천 년의 철학이 무언가 통일적이고 완결된 것인 양 믿게 만든 철학의 유령을 만들어 낸다. 이어지는 니체의 칼날은 인정사정없다. 지금까지의 모든 철학은 더 이상 토를 달고 말고 할 것도 없이, 인간이 해결하기 어려운 당혹스러운 육체적, 정신적 욕구의 보상에 지나지 않는다는 것이다.

이 당당한 아웃사이더는 여전히 비평가를 넘어 그 이상이 되고 싶었다. 『여명』에 이어 완전히 새롭고 숭고한 철학의 길고 찬란한 한낮을 보고 싶었다. 그러려면 자신이 지금껏 주요 무기로 사용했던 것들을 정리해야 했다. 쇼펜하우어의 〈의지〉, 〈디오니소스적인 것〉, 〈무의식〉, 〈충동〉, 〈굶주림〉 같은 것이다. 이것들의 법칙은 무엇일까? 이것들은 무엇 또는 누구를 따를까? 이 모든 건 생물학일 뿐일까, 아니면 그 이상일까? 거기서 인간의 미래 삶을 위해 무엇을 도출할 수 있을까?

1881년 봄 니체는 제노바에서 자연 과학 책을 탐닉한다. 그 중에는 마이어의 『천체 역학 소론*Beiträge zur Dynamik des Himmels*』(1848)도 있었다. 열역학 제1법칙을 정립한 유명한 물리학자가 쓴 이 책은 니체가 찾던 열쇠를 제공했다. 지금껏 니체는 자연의 힘에 관한 자신의 주장으로 생물학을 헤쳐 나가는 것이 버거웠다. 생리학과 발전 이론 사이에는 형이상학을 지속적으로 구축하기 위한 어떤 단서도 발견되지 않았다. 그러던 차에 드디어 추상의 영역으로 한 단계 비상할 기회가 생겼고, 물리학이 그 방향을 잡아 주었다. 니체는 마이어의 책에서 우주의 기본적인 힘이 변하지 않는 하나의 고정된 크기라는 내용을 읽었다. 변하는 건 물리적 상태뿐이었다. 니체는 여기서 자기만의 결론을 끄집어냈다. 우주를 지배하는 기본적인 힘의 크기가 늘 일정하다면 정말 새로운 것은 세상에 나타나지 않는다는 것이다.

1881년 7월 끊임없이 여행을 다니던 니체는 스위스 엥가딘의 질스마리아에 처음 도착했다. 지금껏 여기만큼 그의 영혼을 활짝 열리게 한 곳은 없었다. 예전에 루소가 뱅센으로 가던 도중에 철학적 깨달음을 체험했던 것처럼 니체는 여기서 산책을 하면서 극적인 영감을 얻었다. 연극적 상황을 연출할 줄 아는 18세기의 전임자에게 조금도 뒤지지 않을 만큼 격정적인 사람이었다. 니체는 〈깊은 충격을 받고 마음의 폭풍에 휩싸였다〉. 〈머릿속에 번개처럼 어떤 생각이 번쩍 치솟았다. 필연적이고, 주저함이 없는 생각이었다. …… 황홀함이 밀려왔다. 황홀함의 엄청난 파장에 눈물이 샘처럼 솟았고, 그때마다 발걸음은 나도 모르게 한번은 폭풍처럼 빨라지거나 한번은 한없이 느려졌다. 지극히 명료한 의식 상태에서 느껴지는 완벽한 망아지경의 환희였다. 전율의 무수한 가닥이

발가락까지 타고 내렸다.〉〈힘과 신성함의 절대적인 경지였다.〉[210]

이것은 종교적 각성 체험과 흡사하다. 심지어 비슷한 체험을 한 사람을 찾으려면 〈수천 년〉 전으로 돌아가야 한다. 이때부터 니체는 자신을 새로운 종교의 창시자로 여겼다. 다만 새롭고 깊은 진리를 속삭이듯이 선포한다. 하지만 그건 마이어의 에너지 보존 법칙에 대한 니체의 해석을 크게 넘어서지 않았다. 이 세상에 새로운 것이 불가능하다면 새롭다고 말하는 것들은 이미 이전에 한 번 존재했던 것이다. 역사는 제자리에서 맴돈다. 이것이 바로 똑같은 것이 영원히 반복된다는 〈영원 회귀〉다.

이건 아주 독창적이라고 보기는 어렵다. 순환적 세계상은 초기의 많은 문화와 종교에도 있었다. 예를 들어 그리스 스토아학파의 영향을 받은 설교자 솔로몬은 『구약성서』에서 선포한다. 〈태양 아래 새로운 것은 없다.〉 하지만 니체는 자신이 엄청난 진리를 포착했다고 착각한다. 그래서 이전의 종교적 전임자들과 자신을 선명하게 구분한다. 〈영원의 모상(模像)을 **우리의** 삶에 찍자! 이 생각은 삶을 덧없이 잠깐 흘러가는 것으로 무시하고, 알지도 못하는 **다른** 삶을 보라고 가르치는 모든 종교를 뛰어넘는다.〉[211] 하지만 설교자 솔로몬도 비슷한 생각을 했다. 스토아학파는 만물의 순환적 회귀만 가르친 것이 아니라 출구에 대한 희망도 포기했다. 여기서 **나갈 방법**은 없으니까 이 세상에 **잘 맞추어서** 살라는 것이다.

니체가 질스마리아에서 써 내려간 금언집 『즐거운 학문 *Fröhliche Wissenschaft*』에서는 〈영원 회귀〉라는 말이 별로 나오지 않는다. 니체도 자기 이론의 부족함을 알고 있었던 걸까? 그는 산처럼 높은 자기 과신과 골짜기처럼 깊은 자기 회의 사이를 오가며 책의 마지막 부분에서 자신의 분신과도 같은 또 다른 자아를 만들어 낸다. 고대 페르시아의 현자 〈자라투스트라〉다. 니체는 이제부터 글을 쓰는 동안 마치 갑옷을 입듯 이 인물 속으로 들어간다. 다음 작품은 설교자의 강력한 선언처럼 찾아온다. 『자라투스트라는 이렇게 말했다. 모두를 위한, 하지만 누구를 위한 것도 아닌 책*Also sprach Zarathustra. Ein Buch für alle und keinen*』이 그것이다. 이 책은 1883년부터 1885년까지 4부로 나뉘어 집필되었다. 자라투스트라라는 인물 속에는 개인적인 체험과 상심, 슈티르너의 당당한 비도덕이 새로운 자연 과학적 인식과 융합되어 있다. 자라투스트라는 미래의 자유인이다. 그는 온갖 연민으로부터 해방됨으로써 지금껏 유례가 없던 크기의 인간으로 비상한다. 〈자유로운 정신〉과 〈놀랄 만한 건강함〉의 소유자다. 안타깝게도 니체가 갖지 못한 바로 그것들이다. 자라투스트라의 차가운 감정과 도덕과의 거리감은 감수성 강한 작가와는 정반대였고, 이 분신의 건강함은 작가가 가장 절절하게 원하던 것이었다. 니체의 가족, 그러니까 어머니와 빈정거리는 여동생은 그걸 잘 알고 있었다. 심리학적으로 보면 자라투스트라와 니체의 관계는 약골의 소설가 마이와 그가 만든 건장한 주인공 섀터핸드의 관계와 비슷하다.

자라투스트라의 메시지는 분명하다. 종교는 없고, 확고한 인식도 없으며, 철학 속에도 위안이 없음을 인정하고 꿋꿋이 버텨 내라는 것이다. 우리는 스스로에게 가혹해야 하고, 자기기만을 극복해야 하고, 타인에 대한 모든 연민을 버려야 한다. 인간은 자기 자신을 정신적으로 고양하고 단련함으로써 〈초인Übermensch〉이 되어야 한다. 〈나는 자유로운 정신과 자유로운 심장을 가진 그대를 사랑하노라.〉[212] 여기까지는 니체가 그전에도 요구했던 것이다. 반면에 새로운 점은 초인이 이제 개인적인 자기 비상의 결과 그 이상이어야 한다는 것이다. 다시 말해 초인은 새로운 종의 상징이어야 한다. 인간이 원숭이와 구별되듯 인간과 구분되는 새로운 종의 탄생을 알려야 한다. 니체가 『자라투스트라는 이렇게 말했다』의 집필 기간에 썼던 것처럼 초인은 진화의 고등 단계다. 〈뇌만이 아니

라 전체 **몸**의 고차원적 발달〉이다.[213]

니체는 질스마리아에서 사회 다윈주의적 저서를 다수 접했다. 사실 19세기의 마지막 3분의 1 기간 동안 〈인간 배양〉에 대해 말한 사람은 니체만이 아니었다. 영국에서는 스펜서와 다윈의 사촌 프랜시스 골턴(1822~1911)이 미래를 위해 최대한 좋은 유전자를 가진 인간과 민족을 〈골라내야〉 한다는 아주 고약한 생각을 책으로 펴냈다. 프랑스 작가 아르튀르 드 고비노(1816~1882)는 스스로 과학적이라고 오해한 인종주의의 근거를 마련했다. 독일에서는 니체를 열독한 반유대주의 경제학자 오이겐 뒤링(1833~1921)이 일찍부터 인간 종족을 〈엄청나게 다른 속성을 장착한 종〉으로 〈개량〉하자는 말을 입에 담는다.[214] 한때는 자유주의적 입장을 취했던 헤켈은 1870년대 말 스스로 〈귀족적〉이라고 여긴 사회적, 생물학적 도태 이론의 옹호자로 변신한다. 자연에서는 가장 우수한 소수만 살아남고, 다수는 무가치하다. 그렇다면 인간 종도 건강하지 않고 쓸모없는 것들을 정기적으로 청소해야 한다. 그에 대한 마법의 주문이 바로 골턴이 1869년에 처음 세상에 내놓은 〈우생학〉, 즉 〈건강한 유전자 이론〉이다.

니체는 사회 다윈주의적 책들의 유혹에 빠져 〈선택〉과 〈배양〉, 〈우생학〉 쪽으로 기운다. 그는 다윈이 생물학의 발전 법칙을 너무 〈영국식으로〉 기계적으로만 바라본 것이 마음에 들지 않았다. 그 법칙은 정신과 형상화여야 했다. 사실 이것은 엥겔스가 그 전에 다윈에게 했던 비판과 동일하다. 늦어도 생물학자들이 인간에 대해 말하기 시작하면서부터는 더 이상 발전 **메커니즘**에 대한 이야기가 나올 수 없었다. 왜냐하면 인간은 스스로를 만들어 나가고, 기계적 법칙이 아닌 자신의 고유한 법칙으로 환경을 만들어 나가기 때문이다. 그런데 엥겔스가 사회 다윈주의 대신 사회주의적으로 스스로를 조직화할 수 있는 인간의 자유를 보는 지점에서 니체의 자라투스트라는 약자에 대한 강자의 의도적이고 무자비한 투쟁을 원한다. 미래 초인들의 사회 귀족주의에는 모든 폭력 수단이 용인된다. 〈정말 너무 많은 인간이 너무 오랫동안 나뭇가지에 떨어지지 않고 매달려 있다. 폭풍이 몰아쳐 이 썩고 벌레 먹은 것들을 모조리 떨어뜨리기를 바랄 뿐이다.〉[215] 이런 생각은 1884년 니체의 비망록에서 더 한층 뚜렷해진다. 우리는 한편으론 배양을 통해, 다른 한편으론 기형적으로 자란 수백만 명을 말살함으로써 미래의 인간을 만들어 내고 역사상 유례가 없는 고통으로 파멸하는 것을 막아야 한다. 그러려면 〈위대함의 엄청난 에너지〉를 얻어야 한다.[216] 하지만 위대한 미래 인간에 대한 판타지의 관점에서 보면 어린 시절에 이미 의사로부터 유전 질환 진단을 받은 병약한 니체도 그런 폭력적 수단의 제물이 될 수밖에 없을 것이다.

권력에의 의지

니체는 자신이 직접 창조한 자라투스트라에 고무되어 1880년대 중반에 마침내 〈네 권짜리 주저〉를 쓰려고 한다. 이제는 더 이상 금언집이나 선언 형태의 단편이 아닌 체계를 갖춘 책을 쓰고 싶었다. 『가치의 재평가*Die Umwertung der Werthe heißen*』에 이어 『권력에의 의지*Der Wille zur Macht*』, 그리고 마지막으로 『안티크리스트Der Antichrist』가 그것이다. 그의 의도가 정확히 무엇이었는지를 두고는 학계에서 논란이 뜨겁다. 어쨌든 니체는 여름엔 질스마리아에서, 겨울엔 니스에서 글을 썼다. 〈서로 연결된 사유의 건축물〉[217]이 아닌 일련의 짧은 텍스트였다. 이렇게 해서 『선악의 피안. 미래 철학의 서곡*Jenseits von Gut und Böse.Vorspiel einer Philosophie der Zukunft*』(1886)을 시작으로 『도덕의 계보학. 하나의 논박서*Zur Genealogie der*

Moral. Eine Streitschrift』(1887), 『우상의 황혼, 또는 망치를 들고 철학하는 법*Götzen-Dämmerung oder Wie man mit dem Hammer philosophiert*』(1888), 상당히 얇은 저작 『안티그리스도. 기독교에 대한 저주*Antichrist. Fluch auf das Christenthum*』(1888), 자기 자신에 관한 책 『이 사람을 보라. 자기 자신이 되는 법*Ecce homo. Wie man wird, was man ist*』(1888)이 잇따라 출간되었다.

『선악의 피안』은 니체에 따르면 〈현대성에 대한 비판〉이었다. 여기서는 온갖 철학과 형이상학뿐 아니라 자연 과학의 세계관까지 단호한 심판을 받는다. 다만 〈자유로운 정신〉의 슈티르너 철학만큼은 다시 설파하면서 그의 비도덕적 입장을 예찬한다. 미래는 〈노예 도덕〉이 아니라 〈주인 도덕〉이 지배할 것이다. 이게 무슨 뜻인지는 『도덕의 계보학. 하나의 논박서』에 좀 더 상세히 나와 있다. 니체에 따르면 기독교는 자연의 도덕을 재해석했다. 원래 인간은 강하고 혹독하고 무자비한 것을 숭배한다. 그러나 기독교는 약자의 지위를 한껏 올려놓더니 약자를 도덕적으로 자연의 질서 위에 놓았다. 이런 도덕적 왜곡 행위를 니체는 원래대로 되돌리려 한다. 이때 그는 〈금발의 야수〉라는 전사 종족을 꿈꾼다. 〈맹수의 순수한 양심을 가진 이들은 …… 살인과 방화, 능욕, 고문이라는 끔찍한 일을 대학생들의 순진한 장난처럼 아무렇지도 않게 신이 나서 저지르는 인간들이다.〉[218] 나치 친위대가 저지른 범죄를 아는 사람이라면 이 대목에서 니체를 국가 사회주의자로 떠올릴 수도 있지만, 그건 너무 나간 생각이다. 니체라고 해서 나치의 그런 실제적인 학살과 광란을 무해한 문헌처럼 용인하지는 않았을 테니까 말이다.

니체는 『우상의 황혼, 또는 망치를 들고 철학하는 법』을 자신의 철학에 대한 〈완벽한 종합 안내서〉라고 생각했다. 그의 테제는 크게 두 가지였다. 하나는 플라톤과 기독교를 통해 세계의 본래성이 왜곡된 것에 대한 비판이고, 다른 하나는 니체가 괴테나 요한 요아힘 빙켈만(1717~1768)과의 명백한 대립 속에서 직접 재발견해서 세상에 내놓은 〈디오니소스적인 것〉에 대한 문제였다. 그런데 이건 이미 충분히 알려져 있었다. 다만 새로운 것은 니체가 최근의 독서를 통해 받아들인 정신 의학적 용어의 빈번한 사용이었다. 그가 총애한 새로운 말은 바로 〈데카당스〉였다. 니체는 이 개념으로 소크라테스를 혹독하게 비판했고, 이어진 저서 『안티그리스도』에서는 기독교까지 혹평했다. 니체가 『안티그리스도』를 끝낸 1888년 9월 30일은 그에겐 세계사적인 날이었고, 새 시대의 시작을 알리는 날이었다.

자서전적인 자기 성찰서 『이 사람을 보라. 자기 자신이 되는 법』의 어조도 다르지 않았다. 예수냐 니체냐, 〈십자가에 못 박혀 죽은 자〉냐 〈디오니소스〉냐, 독자들은 둘 중 하나를 결정해야 했다. 디오니소스로 결정한 사람은 기독교를 통한 〈2천 년 동안의 반자연 행위와 인간 능욕〉을 이겨 낸 것이다. 아울러 〈지상 최고의 사명, 즉 모든 변종과 기생충 같은 것을 인정사정없이 말살하는 것을 포함해 인류를 더 높은 곳으로 배양하는 사명을 지상 명제로 삼은 삶의 새로운 정당〉에 가입하는 것이다.[219]

1888년 말 니체는 자기 자신과 자라투스트라, 즉 그리 유명하지 않은 전직 고전 문헌학자 니체와 지상 최고의 철학자이자 인류사의 사도 사이를 더는 구분하지 못할 정도로 정신착란에 빠졌다. 〈권력(힘)에의 의지〉를 다룰 위대한 책을 쓸 생각이었지만 이 상태에서는 제대로 된 구상이 어려웠다. 하물며 끝내는 것은 무망한 일이었다. 그렇다면 이 책의 운명은 어떻게 되었을까?

니체는 인간을 〈자연에 도로 건네주고〉[220] 싶었다. 이미 그사이에 〈인간을 더 이상 정신이나 신성에서 도출하지 않고 동물들 틈으로 다시 데려다 놓았기〉[221] 때문이다. 여기서 이런 의문이 든다. 인간이 많은 동물 가운데 하나라면 어떤 행동을 높이 평가하고, 다른 행동을 하찮은 것으로 판단할 도덕적 기준은 존재할까? 니체는 인간을 자기 자신을 속이는 종의 행동 연구자로만 보지 않았다. 그는 인류에게 새로운 도덕을 선사하고 싶었다. 하지만 니체에 따르면 생물학이라는 도덕 외적 세계에서 어떻게 가치와 가치평가에 이를 수 있을까? 이 공백을 메우는 것이 〈권력에의 의지〉였다. 니체의 생물학적 세계에서는 모든 생물 속에 자신을 확장하고 상승시킬 내성적 힘이 있었기 때문이다.

니체의 여동생이 독단적으로 이리저리 짜맞춘 유고작 『권력에의 의지』에서 니체는 〈힘의 축적〉에 대해 이야기한다. 관건은 〈에너지의 단순한 지속이 아니라 소비의 최대 경제학이다. 그래서 **개별적인 힘의 중심들이 점점 더 강해지려는 욕구**가 유일한 리얼리티다.〉 〈자신을 보존만 하고 싶어 하는 것은 없다. 모든 것은 합쳐지고 축적된다.〉[222] 삶은 〈권력의 최대 감정을 추구한다. …… 이것은 바로 힘을 향한 추구다. 가장 밑바닥에, 가장 안쪽에 있는 것은 이 의지다. 기계학은 결과들의 단순한 기호학에 지나지 않는다〉.[223] 이로써 니체가 최초로 제기했고 평생 천착했던 삶의 의미에 대한 물음은 답을 찾는다. 삶의 의미는 삶의 상승이다. 달리 표현하자면 〈권력에의 의지〉를 실현하는 것이다.

이건 어떻게 보아야 할까? 모든 생명체가 더 높은 곳으로 나아가거나, 또는 현 상태 그 〈이상〉을 추구한다는 것은 다윈이 아닌 라마르크의 발전론이다. 하지만 2억 년 넘게 변하지 않은 달팽이와 조개를 보면 이 가설의 타당성에 강한 의문이 들 수밖에 없다. 〈상승〉을 위한 그들의 충동은 어디에 있단 말인가? 그럼에도 니체 당시의 생물학자들 사이에서 완벽화의 테제는 여전히 인기였고, 스펜서도 같은 길을 걸었다. 니체 역시 스펜서와 마찬가지로 자신의 생물학적 테제를 도덕에 전이했다. 지금 여기 **존재하는 것들**은 자신의 목표, 즉 자신이 **무엇이 되어야 할지**에 대한 규칙을 정해야 한다. 그건 어떤 것의 현 상태에서는 그게 무엇이 되어야 할지에 대한 단서가 전혀 드러나지 않는다는 흄의 법칙과 정면으로 배치된다. 모두가 각자 권력을 추구한다는 말이 옳다면 이런 결론을 내릴 수 있다. 그럼에도 인류가 서로 마찰 없이 잘 지내려면 그에 맞는 현명한 게임 규칙을 고안해야 한다고 말이다. 하지만 〈권력에의 의지〉를 인정한다고 해서 그런 의지 앞에 모든 문이 활짝 열려 있다고 주장하는 것은 논리적 추론이 아니다. 게다가 앞으로 보게 되겠지만, 사람에게는 무자비하게 관철하려는 그 의지와 완전히 다른 인간 추구와 행동의 동기도 있을 수 있다. 인간은 자신의 생물학적 힘, 즉 자신의 유전적 잠재력을 최대한 관철하려면 가능한 한 많은 아이를 낳아야 할 텐데 왜 그런 경우는 드물까? 또한 〈권력에의 의지〉가 강력하게 작용하는 한 생물체 속에서 어떻게 전능한 〈권력에의 의지〉보다 더 강력하게 그 의지를 가로막는 반대 힘이 생겨날 수 있을까? 그것도 니체가 〈나약한〉 존재로 낙인찍은 기독교인들에게서 말이다.

그렇다면 니체가 요구한 가치들의 영원 회귀는 삐거덕거릴 수밖에 없게 된다. 본래적인 가치들이 전능한 물리적, 생물학적 의지 덕분이라면 어째서 그것이 특정 시점에 180도로 뒤집어지는 것이 가능하단 말인가? 이것을 설득력 있게 설명할 방법은 없다. 모든 인간에게 의지의 자유가 없다면 왜 기독교인들은 그런 전능한 의지를 전복시킬 수 있을까? 그러나 자신의 말을 세상에 대한 강력한 선포로 생각하는 사람에게 논리는 문제시되지 않는다. 〈강자에겐 더 강하게, 약자에겐 더 약하고 부실하게 작용하지만 어쨌든 새로운 인간을 **배양할** 만큼 강력한〉[224] 이 새로운 이론은 지극히 생산적인 방식으로 시대정신을 강타했고, 그로 인한 결과는 심대했다.

심대한, 너무나 심대한 결과들

1888년 우울증이 니체를 엄습했다. 그는 이렇게 쓴다. 〈나 자신이 그렇게 완벽하게 굴욕당하는 것을 더는 견딜 수 없는 밤들이 찾아왔다.〉[225] 그는 니스에서 토리노로 옮겼다. 정신적으로 말짱했던 마지막 해였다. 1889년 1월 3일 길거리에서 한 마부가 말을 채찍으로 때리는 것을 목격하는 순간 형언할 수 없는 연민이 몰려왔다. 그는 고통받는 말에게 달려가 목을 껴안고 오열했다. 그러다 마침내 정신을 잃고 쓰러졌다. 니체는 그 뒤로 11년을 더 살았다. 하지만 그의 삶에서 더 이상의 상승은 없었다. 남은 건 추락과 퇴행뿐이었다. 여동생이 오빠를 보살피며 유고를 정리했고, 니체가 1900년에 죽자 예술 작품의 운명이라는 게 늘 그렇듯 오빠를 시장에 내놓았다.

니체가 본격적으로 유명해지게 된 것은 작품 개정판이 출시된 1890년부터였다. 그 뒤로 많은 방문객이 우두커니 허공만 바라보는 그 사상가를 보기 위해 바이마르의 질버블리크 빌라를 찾았다. 1890년대 후반기에 인생의 황혼기에 접어든 이 철학자는 사람들에게 매력적인 인물이었다. 그의 저작들은 예술가와 자유분방한 보헤미안들에게 충격과 공감을 안겼다. 자기 자신에게 요구가 많은 사람, 열정적으로 자신을 극복하려는 사람, 깊이와 비극을 찾는 사람은 니체를 읽었다. 덴마크 작가 게오르그 브라네스(1842~1927)는 니체가 쓰러지기 전에 벌써 그를 덴마크에서 유명한 인사로 만들었다. 인지학자 루돌프 슈타이너(1861~1925)는 니체에게서 장기적으로 큰 영향을 받았고, 1895년에는 『프리드리히 니체. 시대에 맞선 투쟁가*Friedrich Nietzsche. Ein Kämpfer gegen seine Zeit*』라는 책을 출간했다. 작곡가 리하르트 슈트라우스(1864~1949)는 1896년에 『자라투스트라는 이렇게 말했다』를 교향곡으로 만들었다. 만은 니체의 영향으로 디오니소스적 예술가를 작품에서 수차례 형상화했다. 그에게 예술은 현기증이 일 정도로 높은 산인 동시에 심연이었고, 예술 속엔 진리와 천재성, 광기가 통합되어 있었다. 만이 20세기 깊숙한 시점까지 끌고 간 예술적 낭만주의 역시 니체의 바그너 숭배에 그 뿌리가 있었고, 냉철한 현대적 진보나 두 번의 세계 대전으로도 흔들리지 않았다.

오스트리아 작가 로베르트 무질(1880~1942)은 지적으로 무척 수준 높게 니체와 대결을 벌였다. 그는 몽상가로서의 니체뿐 아니라 비판가, 심리학자, 현상학자로서의 니체에게도 매료되었다. 무질을 문학으로 이끈 건 철학이었다. 좀 더 자세히 말하자면, 궁극의 원인을 찾지 못하고 삶의 현상들을 부당하게 잘라 먹은 합리주의 철학 때문이었다. 그는 소설을 통해 〈세계 문제를 정신적으로 해결하는 데 기여하고〉 싶었다. 니체가 문학적으로 철학을 했다면 무질은 방대한 미완성 소설 『특성 없는 남자*Der Mann ohne Eigenschaften*』에서 철학적으로 문학을 했다. 게다가 니체보다 한층 세심하고 예리한 무질에게는 누구도 모방할 수 없는 섬세한 해학이 있었다. 니체에게는 없었고, 이것 없이는 위대한 문학이 나오지 못하는 특질이었다. 니체가 판단을 내리는 곳에서 무질은 그 관점들을 진단한다. 올바른 삶의 문제, 학문의 가치, 이성과 감정의 복잡한 관계, 시대정신의 의심스러운 진보, 근거 없는 도덕, 〈신이 세계를 말 그대로〉 만들지는 않았을 거라는 추측 속에서.

니체는 철학의 시선을 다시 실존의 영역으로 돌림게 함으로써 무수한 작가와 음악가, 그리고 미술가에게 영감의 원천이 되었다. 만과 무질 말고도 해리 그라프 케슬러(1868~1937), 하인리히 만(1871~1950), 후고 폰 호프만슈탈(1874~1929), 릴케, 아르투어 슈니츨러(1862~1931), 크리스티안 모르겐슈테른(1871~1914), 게르하르트 하우프트만(1862~1946), 슈테판 게

오르게(1868~1933), 고트프리트 벤(1886~1956), 헤르만 헤세(1877~1962), 가브리엘레 단눈치오(1863~1938), 프루스트, 기욤 아폴리네르(1880~1918), 앙드레 지드(1869~1951), 폴 발레리(1871~1945), 카뮈 등 니체에게 영감을 받은 문학가의 목록은 끝이 없을 정도다. 그건 회화 영역도 마찬가지다. 어떤 철학자도 니체만큼 미술 발전에 큰 영향을 준 사람은 없을 것이다. 칸딘스키, 에드바르 뭉크(1863~1944), 클레, 프란츠 마르크(1880~1916), 아우구스트 마케(1887~1914), 막스 베크만(1884~1950), 파블로 피카소(1881~1973), 오토 딕스(1891~1969), 오귀스트 로댕(1840~1917), 빌헬름 렘브루크(1881~1919) 등 모두 각자의 니체 체험을 갖고 있다.

비판가로서의 니체는 철학적 지식에서 큰 공백이 있었고, 몇몇 문제에서 너무 과도한 판단을 내렸음에도 전반적으로 신선했고, 심지어 어떤 때는 탁월하기까지 했다. 한마디로 숱한 생각의 자식을 낳은 영감의 원천이었다. 반면에 새로운 철학의 건축가로서 니체는 앞서 살펴보았듯이 한 일이 많지 않다. 그건 21세기인 오늘날까지도 그의 철학적 모방자 대부분이 함께 겪는 운명이다. 자부심에 찬 태도, 모든 것을 꿰뚫어 보는 듯한 자세, 사춘기 아이 같은 과도한 감정 폭발, 언어에 대한 사랑, 도발자로서의 역할, 이것들은 인식 비판에는 굉장히 훌륭했지만, 인식론에는 적합하지 않았다.

그럼에도 영향 면에서 니체를 따라올 사람은 거의 없다. 니체의 등장과 함께 예술가이면서 동시에 철학자이고, 도발자이면서 동시에 체계적 혁신가이고자 했던 철학자 유형이 독일 전통에 들어섰다. 반면에 강단 철학, 특히 지천에 깔린 신칸트학파는 스스로를 여전히 엄격한 학자로 자리매김했다. 19세기 말 사람들은 머뭇거리는 가운데 니체와 밀접한 관계를 가졌다. 릴은 1897년에 놀라울 정도로 다정한 책 『프리드리히 니체. 예술가이자 사상가 *Friedrich Nietzsche. Der Künstler und Denker*』를 썼다. 그는 체계적인 사상가였음에도 니체의 비체계적인 사유에 특별한 점수를 주었다. 〈미숙함과 문제성, 사유의 역설, 감정 기복, 건강한 것과 병적인 것의 야릇한 혼합, 이 모든 것 속에 니체 저술의 특별한 매력이 있다. 니체의 저술에서 양분을 얻느냐 독을 얻느냐는 전적으로 그를 이해하느냐 오해하느냐에 달려 있다.〉[226] 니체에 대한 한스 파이잉어(1852~1933)의 평가는 한층 더 후하다. 그는 니체에 대한 자신의 판단을 상세히 기술한 책 『철학자로서의 니체 *Nietzsche als Philosoph*』(1902)에서 그 도발자를 동시대 철학이 더 이상 간과해서는 안 될 정말 중요한 사상가로 선포했다. 우리 모두는 〈니체의 가르침이 과소평가되어선 안 될 빼어난 시대의 효소라는 사실을 인정해야 한다. 그에게는 《자극적》이라는 평범한 수식어만으로는 너무 부족하다. 그는 단순한 자극 이상이었다. 그는 시대의 폭풍이었다〉.[227]

니체가 죽은 시점인 세기 전환기에 그는 모르는 사람이 없을 정도로 유명인이 되었다. 그는 철학의 전환점이자, 현대의 선구자였다. 신칸트학파가 니체의 저술을 꼼꼼히 뒤져 철학적인 것과 비철학적인 것을 가려내는 동안 〈생철학〉은 엄청난 동력을 얻었다. 쇼펜하우어와 키르케고르로부터 시작된 것, 즉 〈이 모든 것은 **나에게** 무슨 의미가 있는가?〉 하는 질문이 이제 학파를 이룬 생철학 사상가들의 중심 문제로 떠올랐다. 딜타이는 자신과 니체 사이에 많은 공통점을 찾아냈다. 생철학과 실존 철학은 앙리 베르그송(1859~1941), 카를 뢰비트(1897~1973), 하이데거, 사르트르와 함께 20세기 전반기에 독일과 프랑스 철학에서 가장 영향력 있는 사조가 되었다.

앞으로 보게 되겠지만 니체는 프로이트의 심리 분석에도 중요한 역할을 했다. 무의미한 세계의 심연과 의미를 갈구하는 어두운 영혼의 심연 사이에서 어쩔 줄 몰라 하는 인간 존재는 프로이트의 출발점과 다르지 않았다. 또한 본능적 존재로서의 인간은 자신의 불안을 억압하거나, 아니면 운명의 짐을 덜어 준다는 이성 철학 속에서 승화되는데, 이런 생각은 심리 분석 곳곳에 깔려 있다. 니체는 사회학에도 비슷한 영향을 끼쳤다. 지멜과 베버는 사회적 도덕의 기능 방식에 대한 니체의 시각을 받아들였다. 도덕은 형이상학과는 거리가 멀고 권력 기관과의 약속이라는 것인데, 독일 사회학의 두 창시자는 이런 생각을 가슴 깊이 새겼다. 반면에 사회주의자 중에는 니체를 비판적으로 바라보는 사람이 많았다. 포이어바흐의 추종자인 율리우스 두보크(1829~1903)는 니체를 모든 사회적 도덕을 무시하는 무자비하고 광포한 자본주의의 화신으로 보았고, 출판업자이자 역사가인 프란츠 메링(1846~1919)은 니체를 착취와 약탈에 골몰하는 대자본의 냉소적 예찬자로 경멸했다.

물론 좌파 사상가 중에도 니체에게서 영향을 받은 사람이 없지 않지만 정치적으로 보면 그는 의심할 바 없이 보수주의자와 인종주의자에게 좋은 토양을 제공했다. 문화 철학자 오스발트 슈펭글러(1880~1936)는 니체를 괴테에 비견될 만한 유일한 독일인으로 꼽았다. 바그너의 사위이자 작가인 휴스턴 스튜어트 체임벌린(1855~1927)은 니체가 바그너와 결별하고, 시종일관 무신론적 태도를 고수한 것에 불쾌감을 표시했지만, 그러면서도 그로부터 많은 것을 얻었다. 특히 인종 배양 및 우생학과 관련해서 말이다. 이런 체임벌린의 생각은 곧장 히틀러와 〈제3제국〉의 수많은 〈인종 청소주의자〉로 이어졌다. 이로써 진화에 대한 니체의 일방적인 해석과 다윈을 넘어서는 생물학주의는 정말 끔찍한 인류 범죄의 씨앗을 뿌렸다. 그렇다면 이런 아쉬움이 든다. 〈초인〉의 사도가 생물학적 전제를 과학적 기준에 맞추어 수정했더라면 훨씬 더 나은 결론이 나오지 않았을지…….

진화와 윤리학

대공작과 무정부주의자 / 자연 속의 사회주의 /
진화냐 윤리냐? / 칸트는 사회주의자였을까? / 동물 도덕

대공작과 무정부주의자

그는 니체보다 두 살이 많았다. 니체가 김나지움에서 횔덜린을 읽고 처음으로 시와 드라마를 쓰고 고전 문헌학자가 되겠다고 마음먹는 동안 이 러시아 청년은 동쪽으로 수천 킬로미터 떨어진 곳에서 눈 덮인 시베리아 벌판을 지나고 있었다. 차르의 소부대가 극동 러시아의 외진 지역으로 탐사를 떠나는 중이었는데, 지휘관은 막 열아홉 살이 된 표트르 알렉세예비치 크로폿킨(1842~1921)이었다. 위험한 탐사의 혹독한 조건 속에서 그 기병 장교는 〈독립적인 삶〉을 즐기고 있었다. 〈가죽 주머니에는 몇 파운드의 빵과 몇 온스의 차만 들어 있었고, 안장 손잡이에는 주전자 하나와 손도끼가 걸려 있었으며, 안장 밑에는 모닥불가 바닥에 깔 담요만 갖춘〉 지극히 소박한 삶이었다.[228]

크로폿킨은 1862년부터 1867년까지 5년 넘게 시베리아에 머물면서 지금껏 알려지지 않은 영역을 탐사하고 과학 서적을 읽었다. 그중에는 다윈의 『종의 기원』도 있었다. 그는 이 책에 푹 빠졌다.

인간의 삶이 〈생존 투쟁〉이라는 사실은 크로폿킨이 시베리아의 겨울에서 매일 느끼는 것이었다. 그런데 이 생존 투쟁이 **개인들 간의** 투쟁일까? 그는 훗날 회고록에서 이렇게 쓴다. 〈시베리아에서 지냈던 세월은 내게 많은 깨달음을 주었다. 나는 인간과 인간 성격을 좀 더 깊이 이해하게 되었을 뿐 아니라 인간 사회의 내적 동인과 기능에 대한 이해력도 높일 수 있었다.〉[229] 그는 〈문명과 동떨어진〉 아무르강 유역의 민족들이 〈만들어 낸 단순한 형태의 사회 조직〉을 연구한 것이 아니지만, 〈어느 정도 공산주의 냄새가 나는 그들의 형제적 조직〉에 깊은 인상을 받았다.

홉스에서부터 스미스와 맬서스를 지나 다윈까지 이르는 핵심 구호인 만인에 대한 만인의 투쟁은 시베리아 동부의 마을들에는 해당되지 않았다. 대신 크로폿킨이 거기서 목격한 것은 거친 자연에 맞선 사람들의 협력과 단결이었다. 다윈이 자기 시대의 영국 사회 질서를 너무 순진하게 자연과 인간에 그대로 전이한 것이 아닐까? 그가 보편적 자연법칙이라고 여긴 것도 크로폿킨이 볼 때는 영국 자본주의의 반영일 뿐이었다. 산업화된 영국이 아닌 다른 지역과 문명권에서는 완전히 다른 규칙이 작동하고 있었다. 자원과 시장 점유를 두고 서로 치열하게 경쟁을 벌이는 자본주의적 투쟁이 왜 시베리아에 사는 사람들의 평화로운 협력보다 더 근원적인 것이 되어야 할까? 그들이 자연에 훨씬 더 가깝다는 점을 고려하면 당연히 그들 사회가 19세기 후반의 영국보다 훨씬 더 근원적이지 않을까?

사실 태생적으로 보면 크로폿킨은 약자에 대한 연민이나 협동과 연대에 대한 기쁨과는 거리가 먼 혈통이었다. 러시아 고위 귀족 가문 출신의 그는 태어나자마자 〈스몰렌스크의 왕자〉가 되었다. 이 가문은 1천 년 넘게 자신의 땅에서 농노를 착취했다. 젊은 대공 크로폿킨은 열다섯 살에 귀족만 들어갈 수 있는 상트페테르부르크 사관 학교에 입학했다. 오늘날의 프랑스 국립 행정 학교(ENA)와 비슷한 엘리트 양성소였다. 그는 자서전에서 그곳의 무도한 기율을 소리 높여 비난했다. 하지만 이 사관 학교를 우수한 성적으로 졸업했다. 그를 일깨운 새로운 관심은 전통적인 차르 전제주의 정신이 아니라 프랑스 혁명과 영국 자유주의, 서유럽의 새로운 공화주의 이념이었다.

차르 알렉산드르 2세가 1863년에 농노제 폐지를 선포하자 크로폿킨은 열광했다. 그는 1861년 6월 수석 졸업 생도로서 차르의 근위대에 배치되었다. 하지만 황제의 거만함이 역겨웠다. 결국 그는 왕궁을 떠나 시베리아 탐사대에 지원했다. 그의 정신은 새로운 생각과 깨달음을 찾아 부지런히 타이가의 자연과 동물, 외딴 마을의 인간들을 연구했다. 그러다 농민을 〈완전히 새로운 시각으로 보기〉 시작했다.

크로폿킨은 스물다섯 살에 상트페테르부르크로 돌아왔다. 시베리아의 자연에 관한 놀라운 관찰은 그를 전문 학계에 필요한 남자로 만들었다. 그러나 그는 자연 연구의 대가가 되고 싶은 마음이 없었다. 자신의 지식을 러시아 민중의 비참한 삶을 개선하는 데 쓰고 싶었다.

그사이 차르의 개혁 의지는 꺾여 있었다. 1866년과 1867년 두 번에 걸친 암살 시도에서 간신히 살아남은 알렉산드르 2세는 자신에게 반기를 드는 모든 정치 세력에 단호한 조처를 취하기 시작했다. 크로폿킨은 군 생활을 접고, 지질학회에 글을 기고하고, 수학과 물리학을 공부하고, 스펜서의 저작에 심취했다. 그는 사회가 더 높은 차원으로 진화한다는 스펜서의 이론을 즉시 받아들였다. 그러나 스펜서가 빅토리아 제국의 시대정신에 얼마나 사로잡혀 있는지 곧 꿰뚫어 보았다. 스펜서에게 진화와 자본주의는 동행하는 한 쌍이었다. 반면에 크로폿킨에게 그런 시선은 선입견과 사고의 오류에 기초하고 있었다.

1870년대 초에 반항적인 대공은 러시아를 떠났다. 외국에서만 지적 영감을 얻을 수 있을 것 같았다. 1872년 2월 니체가 막 『비극의 탄생』을 출간했을 때 크로폿킨은 스위스를 여행하고 있었다. 처음엔 취리히로, 다음엔 제네바로. 취리히에는 러시아 사회주의자들이 우글거렸다. 제네바에서 그는 인터내셔널 지부에 가입했다. 그러나 얼마 안 가 그 지부는 노선 차이로 분열되었다. 크로폿킨이 러시아 봉건 제도의 비판가에서 사회주의적 무정부주의자로 거듭나기까지는 쥐라 연맹(스위스 무정부주의자 그룹)의 시계공들과 함께 보낸 며칠이면 충분했다. 〈시계공들 사이에서 꼬박 일

주일을 머물다가 산을 떠났을 때 나의 사회주의적 소신은 명확해졌다. 나는 무정부주의자였다.〉[230]

스위스 여행길에서 젊은 대공은 프랑스에서 도주한 많은 급진주의자를 만났다. 프랑스에서는 1년 전 국가 권력에 의해 파리 코뮌이 박살났다. 크로폿킨은 확고한 무정부주의자로서 몇 년 동안 러시아와 영국, 스위스를 부지런히 오갔다. 그러면서 신문사를 창간하고 무정부주의를 목청껏 선전했으며, 얼마 뒤에는 곳곳에서 알아보는 유명인이 되었다. 그는 1876년에 체포되어 상트페테르부르크 지하 감옥에 갇혔다. 그 뒤 탈옥해서 스위스로 도주했지만 다시 체포되어 프랑스로 넘겨졌고, 거기서 5년 형을 선고받았다. 하지만 국제적 압박으로 조기에 석방되었다. 마흔네 살의 그는 1886년에 일단 파리로 돌아갔다가 러시아 감옥에서의 경험을 책으로 썼고, 이어 런던으로 옮겼다.

영국에서 크로폿킨은 따뜻한 환대를 받았다. 그사이 길고 무성한 수염에다 금속 테 안경까지 쓴 그의 모습은 동시대인 레프 톨스토이를 점점 닮아 갔다. 물론 풍기는 느낌은 톨스토이보다 한층 부드럽고 다정했다. 크로폿킨도 이제 집필에 불이 붙었다. 그는 러시아 밀정들에게 지속적으로 감시받는 가운데 사회 문제와 국가 조직에 대한 신문 기사들을 쏟아 냈다. 그런 활동 속에서 런던의 가장 중요한 좌파 지식인을 하나둘 알게 되었다. 그중에는 1884년에 창설된 페이비언 협회도 있었는데, 작가 조지 버나드 쇼(1856~1950)와 오스카 와일드(1854~1900)가 여기에 속해 있었다. 크로폿킨은 사회적 진화가 필연적으로 사회주의적 무정부주의로 향할 수밖에 없으리라는 희망을 이들과 공유했다. 그런데 하필 그도 즐겨 기고하던 잡지, 즉 『19세기 *The Nineteenth Century*』에 그 인간 친화적인 무정부주의자가 깊이 실망하고 혹평한 에세이가 실렸으니…….

자연 속의 사회주의

19세기 말엽의 런던에는 세계적으로 유명한 남자가 있었다. 헉슬리였다. 젊은 시절 그는 다윈의 관점을 공개적으로 옹호했다. 토론석상은 한마디로 한 편의 드라마였다. 헉슬리가 다윈에 반대하는 옥스퍼드 주교 새뮤얼 윌버포스(1805~1873)를 거침없이 받아치며 모욕을 주었기 때문이다. 〈다윈의 불도그〉라고 불릴 정도로 다윈을 철저하게 지킨 사람으로 유명한 그 젊은 생물학자는 최초로 인간을 동물 세계에서 오랑우탄, 침팬지, 그리고 얼마 전에 발견된 고릴라 옆에 나란히 세운 사람 중 하나였다. 1882년 다윈의 죽음 이후 헉슬리는 다윈주의의 가장 중요한 대변자였고, 새로운 진화론을 처음부터 변호한 집단 내에서도 그 자리를 끝까지 지킨 최후의 일인이었다. 1880년대 말 영국에서 진화론은 거의 이론이 없는 명백한 사실로 받아들여졌고, 유럽 대륙에서도 점점 동조자를 늘려 나갔다.

헉슬리는 다윈보다 훨씬 강력하게 그의 이론을 하나의 세계관으로 정립했다. 생물학적 토대 위에서 온갖 관념론의 주술을 박탈하는 유물론이었다. 이 점에서는 스펜서와 가깝다. 헉슬리는 1888년 『19세기』에 「인간 사회의 생존 투쟁」이라는 에세이를 발표했다. 여기서 그는 라이프니츠의 낙관주의와 쇼펜하우어의 염세주의에 반기를 들며 인간 본성을 도덕과 상관없이 〈생존 투쟁〉에서 자신의 장점을 찾는 한 동물 종의 특성으로 규정했다. 이 야수를 부족하나마 길들인 것은 두 가지였다. 임금 노동(이 대목에서 헉슬리는 사람들이 경쟁을 해야 한다는 이유에서 임금을 하찮은 것으로 여긴다는 사실을 상기시킨다)과 강력한 국가 기관이 그것이다. 다시 말해 자본주의와 국가가 도덕을 제도화하고 거친 인간 본성을 문명화했다는 것이다. 유명한 이야기다. 그 그림자는 20세기 깊숙이 침투해서 라이프치히의 문화 인류학자 아르놀트 겔렌(1904~1976)의 설명 모델에까지 이른다.

크로폿킨은 경악했다. 대체 헉슬리는 다윈의 진화론으로 무슨 짓을 하고 있는가? 빅토리아 시대의 자본주의를 근거로 삼고 있지 않은가! 이 러시아인이 보기에 영국의 초등학생도 배우는 홉스의 〈만인에 대한 만인의 투쟁〉은 지극히 비과학적이었다. 크로폿킨은 시베리아 오지 마을에서의 경험을 떠올렸다. 그 마을들은 자본주의도 없고 효율적인 국가 기관도 존재하지 않지만, 상호 부조와 나름의 도덕, 스스로 정한 규칙과 규범의 섬세한 네트워크로 얼마나 잘 돌아가던가!

크로폿킨은 자신이 중요한 인식으로 서서히 나아가고 있음을 이미 오래전부터 예감하고 있었다. 그는 프랑스 사회학자 알프레드 빅토르 에스피나(1844~1922)의 책에서 동물 사회의 조직에 대해 읽었고, 뷔히너에게서는 새끼 양육의 본능으로서 〈사랑〉이 동물 세계에서 무리를 유지하는 데 얼마나 중요한지도 배웠다. 이제 남은 것은 이런 인식을 진화론과 체계적으로 연결시키는 일이었다. 〈자연법칙과 발전 요소로서의 상호 부조〉가 다윈 이론에 존재하는 〈아주 커다란 빈틈〉을 메워 줄 수 있다는 인식이었다.[231]

크로폿킨은 『19세기』 발행인에게 헉슬리의 글에 대한 반론을 써도 되는지 묻고 나서 진화 법칙에 대한 그 생물학자의 〈완전한 왜곡〉을 비난하는 긴 연재 기사를 썼다. 그는 일단 개미와 벌, 갈매기와 까마귀, 토끼와 앵무새, 여우와 늑대, 사자와 다람쥐에 대해 보고했다. 이런 동물 세계 곳곳에서는 협력뿐 아니라 무리와 떼, 군집, 집단의 공동선을 위한 행동도 발견되었다. 또한 사심이 없는 봉사와 사심이 있는 봉사도 있었고, 새끼 양육, 사냥, 갈등 조정, 종족 보호에서의 협력과 공동체 정신, 이타심, 배려도 존재했다. 다윈의 의미에서 〈적합성〉은 개별 동물에게만 해당되는 것이 아니라 외부 위험에 대한 동물 종의 내적 단결에서 나타날 때도 많았다. 크로폿킨은 말한다. 여기서 일어나는 것이야말로 진정한 〈생존 경쟁〉이다. 동물 집단이 환경과 충돌하는 과정 속에 생존 경쟁이 존재하는 것이 아니라는 말이다. 생존을 보장하는 것은 이기심, 무자비함, 폭력이 아니라 협동과 단결이다.

영국인들로서는 참으로 난처한 상황이었을 것이다. 무정부주의로 개종한 한 러시아 귀족이 영국 땅에서 자신들의 신생 학문, 즉 진화론의 최대 업적에 과감하게 메스를 들이댔기 때문이다. 그 러시아인의 가장 중요한 메시지는 이렇다. 동물에게도 도덕에 대한 기본적인 조건은 존재한다. 우리의 초창기 선조들도 야만적이거나 비도덕적이지 않고 분명 협력적이었을 것이다. 사회 개혁가 헨리 스티븐스 솔트(1851~1939)는 동물의 사회적 행동에 대한 크로폿킨의 보고에 깊은 감명을 받았고, 그 영향으로 1891년에 이름 있는 동지들과 함께 〈인도주의 연맹〉을 창설했다. 채식주의의 기치 아래 동물 실험에 반대하고, 세상에서 가장 약한 존재인 동물을 다루는 방식을 기준으로 인류의 진보 정도를 측정하고자 하는 단체였다. 곧이어 솔트가 출간한 『동물의 권리 *Animal's Rights*』는 오늘날 동물권 운동의 고전으로 평가받는다.

헉슬리는 크로폿킨의 주장에 시큰둥했다. 딸의 죽음 이후 그의 심리 상태는 점점 어두워졌다. 그가 볼 때 도덕과 자연은 결코 합치되지 않았다. 자연은 지극히 잔인했다. 1893년 청중을 휘어잡는 말솜씨를 자랑하던 예순여덟 살의 헉슬리는 터질 듯이 꽉 찬 옥스퍼드 강당의 연단에 올랐다. 강연 주제는 〈진화와 윤리〉였다. 그는 자연의 비정함과 비도덕성에 대해 이야기했다. 인간이 그런 자연에 맞서고, 자신의 야만적 속성을 잘라 내기 위해 도덕을 도입한 것은 얼마나 다행인가! 헉슬리는 단언한다. 도덕은 우리 속에 존재하는 〈동물성의 괴물을 도살하려고 날카롭게 벼린 인간의 칼〉

이라고.[232]

확신에 찬 멋진 말이지만, 그만큼 비생물학적이다. 다윈에게 도덕성은 자연에서 기원하지만, 헉슬리에게 도덕성은 우리 속의 〈자연을 물리치기 위해〉 〈외부에서〉 오는 듯하다. 그렇다면 이 〈외부〉는 무엇일까? 헉슬리는 확고한 무신론자이자 투철한 유물론자였다. 그렇다면 그의 생각은 분명하다. 자연은 자신이 아닌 것, 즉 도덕을 생산해 낼 수 없다. 사자가 어떻게 채식주의자가 되겠다고 마음먹을 수 있겠는가? 그렇다면 인간은 어째서 자신의 야수적 본능을 거스르는 행동을 할 수 있을까?

크로폿킨의 대답은 명료하다. 도덕은 인간 외부에서 주어진 것이 아니라 인간 본성의 일부라는 것이다. 젊은 프랑스 작가이자 철학자인 장 마리 귀요(1854~1888)는 무척 매력적인 테제를 발견했다. 자기 보존 본능만이 인간의 유일한 본성은 아니고, 발전에의 의지, 불특정 다수에 대한 호기심, 남들과 공동으로 자기실현을 하려는 소망, 이것들도 인간을 몰아가는 크나큰 동력이라는 것이다.

귀요는 니체와 나란히 자신의 책 『의무도 제재도 없는 도덕 *Esquisse d'une morale sans obligation ni sanction*』(1884)에서 도덕의 무의식적 동인을 파헤쳤다. 그런데 무의식과 오성 사이의 희미한 경계 어딘가에 자연적 도덕성의 뿌리가 존재한다는 귀요의 생각은 니체의 마음에 들지 않았다. 니체는 도덕이 무의식에서 기원한다는 생각에는 원칙적으로 동의했음에도 귀요의 추론에 격분하는 논평을 썼다. 그에게 인간은 본성상 결코 도덕적 존재가 아니었기 때문이다. 반면에 크로폿킨은 그 젊은 프랑스 철학자를 통해 자신의 생각이 옳았음을 다시금 확신할 수 있었다. 우리 인간은 이기심뿐 아니라 이타심도 타고난다는 것이다.

1902년 크로폿킨은 지금까지 쓴 많은 에세이와 성찰을 묶어

『상호 부조*Mutual Aid*』라는 책으로 냈다. 전체적으로 자연에서 관건은 상호 간의 억압과 배제가 아니라 오히려 협동과 단결이라는 그의 이론은 시대적 이단이었다. 19세기 말엽의 지배 이데올로기에 극단적으로 맞서는 생각이었다는 말이다. 빅토리아 여왕의 영국, 나폴레옹 3세의 프랑스, 빌헬름 1세의 독일에서는 오직 〈만인에 대한 만인의 투쟁〉만이 시대정신에 가장 환영받고 적합한 생각이었다. 바로 이 토대 위에서 공장주는 노동자를 착취하고, 국가는 타국에 맞서 군인을 동원하고, 백인종은 식민지를 침략하고 약탈할 수 있었다. 강자의 자연권과 다른 것을 주장하는 사람은 의심받기에 충분했다.

프로이센의 법률가 율리우스 헤르만 폰 키르히만(1802~1884)은 혁명가도 사회주의자도 아니었지만, 1866년 베를린 노동자 연맹에서 〈자연 속의 공산주의〉라는 주제로 강연했을 때 당국으로부터 심각한 제재를 받았다.[233] 강연 요지는 이랬다. 장기적으로 보면 권력과 자본에 대한 추구는 결코 인간을 만족시키지 못하는데, 그것이 자연법칙이라는 것이다. 베를린 대법원은 즉각 징계 절차에 착수했고, 〈무도하고 부도덕한 행위〉라는 이유로 그를 라티보르 지방 고등 법원 부원장직에서 해임했다. 프로이센 당국은 인간의 협력적 본성보다 잔혹한 생존 투쟁을 인간의 도덕에 좀 더 맞는 것으로 여긴 게 분명하다.

크로폿킨도 동물들의 협력에 관한 연구를 인간으로 확장했다. 그의 확신은 명확했다. 〈초기 인간들처럼 외부 환경에 무방비 상태로 노출된 피조물은 자신을 보호하고 진보로 나아가는 길을 …… 다른 동물들처럼 상호 부조 속에서 찾을 수밖에 없다.〉 〈전체 종의 이해관계는 생각하지 않고 오직 개인의 이익만 추구하는 무자비한 투쟁〉이 아니라 말이다.[234] 하지만 헉슬리는 초기의 인간을 정확히 그렇게 생각했다. 혹시 그는 〈만인에 대한 만인의 투쟁〉

이라는 홉스의 순수 가정적 〈자연 상태〉를 너무 자구대로 받아들인 게 아닐까? 우리의 조상을 연구하는 생물학자가 어떻게 헉슬리처럼 그런 터무니없는 소리를 쓸 수 있을까? 그는 1888년 한 에세이에서 이렇게 썼다. 〈제한적인 가족 관계를 제외하면 홉스가 제기한 만인에 대한 만인의 투쟁만이 정상적인 상태다.〉[235]

크로폿킨이 보기에 이러한 인간상은 부박하고 잘못되었을 뿐 아니라 위험했다. 그는 인간 세계에서 상호 부조의 발달 과정을 다룬 장에서 우리의 초기 조상에서부터 오늘날의 자연 부족, 〈야만인들〉의 도덕, 중세의 일치된 도덕을 지나 오늘날의 문화에까지 이르는 길을 그렸다.

크로폿킨은 다윈과 마찬가지로 우리와 가장 가까운 혈족이 헉슬리처럼 고릴라라고 생각하지 않고 침팬지라고 가정했다. 침팬지는 더 큰 무리를 형성하고, 고도로 사교적이다. 대부분의 자연 민족도 그와 비슷하다. 그들은 가족과 대가족으로 이루어진 씨족을 형성한다. 크로폿킨의 설명을 들어 보자. 자연 민족의 경우는 공동 재산의 비중이 사유 재산보다 훨씬 크다. 그런 점에서 〈원시적인 형태의 공산주의 사회〉라고 할 수 있다. 부시맨이건 호텐토트족이건, 오스트레일리아나 파푸아의 원주민이건, 아니면 에스키모나 알류트족이건 할 것 없이 〈부족의 연대〉와 〈공동체 정신〉은 곳곳에서 발견된다. 공동생활의 법칙이 명시적으로 적혀 있지는 않지만 규범과 도덕, 관습으로서 준수된다. 인간 간의 평화로운 공존을 위해 필요한 것은 홉스가 말한 정부와 법, 재판정이 아니라 남들로부터의 사회적 인정이다.[236] 나쁜 평판으로 사회적 인정을 상실하는 것만큼 잘못된 행동에 대한 큰 벌은 없다. 도덕적 심판자로서 이런 공공의 시선에 대한 좋은 보기가 알류트족의 상행위다. 무언가를 팔려는 사람은 자신이 가격을 결정하지 않고, 구매자와 중립적인 제3자를 두기로 합의하고, 그 제3자가 조정자로서 가격을 결정한다. 이로써 공정함은 보장되고, 남들에게도 명확히 드러난다.

크로폿킨이 〈야생 민족〉의 문화에 대해 그린 인간상은 퍽 사랑스럽고 평화롭다. 하지만 자연 민족들에게서 노인 유기와 아동 살해, 식인 풍습 같은 끔찍한 일이 벌어지고 있다는 사실도 동시대의 많은 탐험가와 민족 연구자의 보고를 통해 알고 있었다. 그러나 그가 보기에 이런 일은 보편적 규칙이라기보다는 예외에 가까웠다. 예를 들어 보르네오의 다약족 같은 인간 사냥꾼들조차 그런 끔찍한 제의적 관습만 빼면 일상적으로 서로 배려하고 협력하는 모습을 보였다.

크로폿킨의 말이 맞다면 인간 삶의 원초적인 공동체는 무리 또는 씨족이다. 여기서 헉슬리가 다시 반기를 들고 나온다. 그가 볼 때 인류 진화의 시초엔 소가족이 있었다. 다른 모든 사회적 공동체는 훨씬 이후에야 생겨났다. 반면에 크로폿킨이 볼 때 시초엔 대가족 무리가 있었고, 소가족은 아주 먼 훗날 생겨난 발전 양상일 뿐이다. 정확하게 이야기하면 지난 세기 유럽의 발명품이다.

크로폿킨에 따르면 인간은 본성상 사교적이고 전반적으로 평화롭다. 〈그 염세적 철학자〉가 아무리 〈의기양양하게〉 전쟁과 탄압을 진정한 인간 본성으로 떠받든다고 해도, 〈대다수 역사가의 편견과 극적인 역사 순간들에 대한 그들의 두드러진 애착을 제쳐 두면〉 우리는 인간 공동생활이 대개 어떤 식으로건 성공적으로 유지되었음을 확인할 수 있다. 〈환하고 밝은 대낮〉이 규칙이었고 〈폭풍과 태풍은〉 예외였다.[237] 〈야생 상태〉에서 발전한 정착 〈야만족들〉도 상호 부조의 다양한 형태를 보여 주었다. 총회를 열고, 축제를 벌이고, 가진 것의 상당 부분을 서로 나누었다. 19세기 말엽의 서유럽과 비교하면 사유 재산의 역할은 미미했다. 공동체에 중요한 것은 모두 마을의 공동 소유였고, 얼마 뒤에는 새로 분배되었다. 중세에는 직인 조합인 길드가 상호 부조를 담보하는 역할을 했다. 심지어 상인과 수공업자만 길드를 조직한 것이 아니라 걸인들도 단결했다. 막강한 결속력을 자랑하는 이런 단체들이 이탈리아 도시들을 부자로 만들었고, 북유럽에서는 한자 동맹으로 자리 잡았다. 이렇게 번성한 협력과 동맹의 문화는 중앙 집권 체제의 강화와 함께 파괴되었다.

크로폿킨이 볼 때 인간 본성에서 공산주의 성향이 차지하는 비중이 이기주의보다 한층 컸다. 따라서 이기주의자가 되지 않으려면 특별한 기술이 필요한 것이 아니라 그저 자기 본성에 따라 살기만 하면 된다. 삶을 공유하고 돈을 나누고 성공을 함께하는 것이 미움과 시기, 고집, 이기적 승리감보다 한층 중요하다. 크로폿킨은 영국과 독일, 러시아에서 노동자 조직을 금지한 19세기 말의 정치 상황에 고개를 내저었다. 세상이 거꾸로 돌아가는 것도 아니고, 어떻게 수백 년 전엔 지극히 정상적이었던 일이 지금에 와서 금지될 수 있단 말인가!

어떻게 인간을 그렇게 반역사적이고 그릇되게 맹수로 선포하는 소름 끼치는 시각이 있단 말인가? 그런 시각은 장기적으론 행복에 도움이 안 되는데도 인간을 끊임없이 사유 재산에 대한 탐욕으로 내몬다. 또한 더 큰 차원에서 자신에게 전혀 이익이 안 되는데도 개인의 이익만 추구하게 만든다. 크로폿킨은 말한다. 경도된 인간상에 기초한 그런 시각은 퇴치되어야 할 이데올로기다. 〈우리 도덕관념의 분명하고 긍정적인 기원은 …… 상호 부조 속에 있다. 그렇다면 우리는 이렇게 주장해야 한다. 인간의 윤리적 진보에서 핵심적인 비중을 차지하는 것은 상호 투쟁이 아니라 상호 부조다.〉 크로폿킨은 다음과 같은 말로 책을 마무리한다. 〈우리 시대에도 그런 상호 부조의 활동이야말로 인간 종족의 한층 더 자랑스러운 발전에 대한 최고의 담보다.〉[238]

인간 종족의 이런 자랑스러운 발전을 작가는 앞으로 20년 정도 날카로운 관찰자로서 목격한다. 러시아 혁명이 발발했을 때 이 망명객은 오랜 객지 생활을 청산하고 런던에서 상트페테르부르크로 돌아갔다. 크로폿킨이 도착하자 60만 명의 인파가 마치 메시아처럼 그를 환영했다. 시민적 과도 정부는 그에게 즉시 장관 자리를 제안했다. 하지만 이 무정부주의자는 고마워하면서도 사양했다. 그는 공산주의자들 틈에 있는 것이 영 불편했다. 블라디미르 레닌(1870~1924)과의 만남도 실망으로 끝났다. 볼셰비키 정당의 경직된 독재는 한 공산주의적 이상가가 꿈꾸던 자기 규정적이고 자유로운 인민 지배의 세계와는 너무나 달랐다.

대(大)공작이자 무정부주의자이자 자연 연구자였던 크로폿킨은 1921년 2월에 폐렴으로 숨을 거두었다. 레닌 정부는 자신에게 동조하지 않았던, 지배 없는 공산주의 이념의 이 선구자를 기리는 뜻으로 감옥 문을 잠시 개방했다. 갇혀 있던 몇몇 러시아 무정부주의자들에게 장례식 참석을 허락한 것이다. 장례 행렬은 소비에트 연방이 끝나는 날까지 유례가 없을 정도로 길었다. 1만 명이 넘는 추모객이 크로폿킨의 관을 따랐는데, 그중에는 볼셰비키 정권에 결코 찬성하지 않는 반대파가 무수히 섞여 있었다.

진화냐 윤리냐?

크로폿킨은 니체처럼 사회 귀족을 꿈꿀 필요가 없었다. 태어나면서부터 귀족이었기 때문이다. 하지만 귀족적이고 영웅적인 것에는 매력을 느끼지 못했다. 아니, 오히려 역겨워했다. 니체가 미래로 여긴 차가운 감정의 영웅 세계도 크로폿킨은 과거의 유물로 여겼다. 또한 니체가 과중한 사회적 요구에서 이기주의를 보았다면 인간의 얼굴을 한 크로폿킨은 배려와 연민을 보았다. 스위스 엥가딘의 산들이 니체에게 내면의 외로움을 비추어 주었다면 눈 덮인 시베리아의 침엽수림은 크로폿킨에게 혹독한 환경에 맞서는 인간의 연대를 가르쳐 주었다. 미국 작가 잭 런던(1876~1916)이 단편 소설 『하얀 침묵*The White Silence*』(1898)에서 묘사한 것도 바로 그것이다. 툰드라 지역의 하얀 침묵은 우리에게 자연의 비정함뿐 아니라 인간이 왜 공동체 정신을 가져야 하는지 그 이유를 가르쳐 준다.

성격이 그렇게 상반되고, 인간과 자연을 근본적으로 다르게 보더라도 니체와 크로폿킨 사이엔 공통점이 하나 있었다. 둘 다 더 높은 것으로 나아가는 사회적 진화를 믿었다는 것이다. 니체의 경우 〈더 높은 것〉은 초인을, 크로폿킨의 경우는 지배에서 해방된 세계, 즉 자유로운 인간들의 계급 없는 사회를 의미했다. 인류 역사는 이미 〈쓰여 있었고〉 원칙적으로 변함이 없었다. 인류 진보는 미리 정해진 길을 따라 움직이는 진화다. 다만 대부분의 사람은 이 길을 깨닫지 못하기에 계몽해서 알려 주어야 한다. 이것은 관념론자 헤겔이 공산주의자 마르크스와, 무정부주의자 크로폿킨이 인간 비극의 철학자인 니체와 공유한 생각이다.

독일에서는 누구보다도 사회주의자 구스타프 란다우어(1870~1919)가 크로폿킨에게 열광했다. 1904년 그는 크로폿킨의 『상호 부조』를 독일어로 번역하면서 크로폿킨이 인간의 발전 방향을 자연법칙과 비슷한 것으로 묘사하지는 않았지만 〈상호 협력〉의 원칙 아래 더 높이 발전해 나가고 시간이 갈수록 협력의 형태가 점점 더 정교해지는 진화 경향을 포착했다고 믿었다. 매력적이었다. 이후 란다우어는 무정부주의 운동에 적극 참여했고, 그 대가로 목숨을 내놓아야 했다. 1919년 4월 독일의 첫 공산주의 국가인 뮌헨 평의회 공화국의 집권 4주 동안 내각에서 인민 교육을 담당했는데, 1919년 5월 2일 민방위대에 의해 평의회 정권이 실각하면서 살해된 것이다.

그전의 독일 제국 시절엔 다음 문제를 두고 치열한 논쟁이 벌어졌다. 진보의 최종 목표가 정말 사회주의나 공산주의 사회로 미리 확정되어 있는 것일까? 앞서 설명한 대로 마르크스는 헤겔이 주장한 인류의 상승선을 변증법적 발전 방향으로 받아들였다. 심지어 『자본론』 1권 초판 서문에서는 다윈의 진화론에 손을 들어 주면서 〈경제적 사회 구조의 발전〉이 〈자연사적 과정〉이라고 썼다.[239] 또한 영국 식민 정부에 대한 한 텍스트에서는 〈지질학적 혁명이 지구의 표면을 바꾼 것과 비슷한 방식으로 부르주아 산업과 무역이 새로운 세계의 물질적 조건을 만들어 낼〉 것이라고 말했다.[240]

19세기 말경에 벌써 이런 글을 썼다는 게 퍽 놀랍다. 하지만 세상은 마르크스의 의도대로 돌아가지 않았다. 1890년 독일 제국은 정치적 반대파를 탄압하는 〈사회주의자 법〉을 폐지했고, 그전에는 최초의 사회 보장법을 선포하기도 했다. 이 법으로 이제 노동자들은 부족하나마 질병과 사고, 노후에 대한 걱정을 덜 수 있었다. 이로써 프로이센 국가와 자본주의는 기반이 더 한층 탄탄해졌고, 마르크스와 프루동이 예언한 〈대다수 민중의 비참한 상황〉은 일어나지 않았다. 즉 19세기 말에도 노동자들의 삶은 여전히 열악했지만 어쨌든 산업 혁명의 초창기보다는 비참함의 정도가 상당히 줄었고, 심지어 전체적으로 보면 약간 개선되기도 했다.

전 유럽의 사회주의자들에게 이것은 결코 사소한 문제가 아니었다. 마르크스의 예언은 대체 얼마나 더 기다려야 하는 것일까? 그 진단이 정말 과학적이기는 한 것일까? 엥겔스가 그 오랜 동지의 장례식에서 했던 말처럼 마르크스가 다윈과 비견될 만한 업적을 세운 게 맞을까? 자본주의는 필연적으로 사멸할 수밖에 없다는 〈자연법칙적〉 사회주의 이론을 진화론에 가깝게 대입시킬수록 예언한 발전이 예고한 대로 진행되지 않는 것은 더더욱 이해가 되지 않았다.

사회 민주주의 이론가 에두아르트 베른슈타인(1850~1932)도 이 의문에 매달렸다. 독일 당국의 탄압을 피해 스위스로 도주했다가 거기서도 추방된 그는 1888년에 런던으로 향했다. 2년 뒤 사회주의자 법이 폐지되자 체코계 독일 철학자 카를 카우츠키(1854~1938)와 함께 독일 사회 민주당의 에르푸르트 강령을 수립했다. 그런데 독일 제국에서 복지 정책의 발전을 다룬 〈부르주아〉 경제학자들의 연구서를 읽으면서 당 강령에 명시된 마르크스의 낙관주의적 입장에 점점 회의가 들 수밖에 없었다. 〈대량 빈곤 이론〉은 더 이상 버틸 수 없었다. 마르크스가 미리 그려 놓은 역사의 길이 틀렸다면 이제 무엇에 의지해야 할까? 지금껏 베른슈타인은 자기 자신을 언젠가 찾아올 미래를 위해 싸우는 세계사의 집행인으로 느꼈다. 하지만 사회주의의 이런 〈자연법칙성〉이 틀렸다면 사회주의의 길과 목표는 무엇이어야 할까? 이제 그것은 자신이 직접 찾아 새롭게 규정할 수밖에 없었다.

이런 상황에서 베른슈타인은 『사회주의의 전제 조건과 사회 민주주의의 과제*Die Voraussetzungen des Sozialismus und die Aufgaben der Sozialdemokratie*』(1899)를 썼다. 9년 전부터 정치 활동이 허용된 사회 민주당은 그사이 중요한 정치 세력으로 부상했다. 1898년 베른슈타인은 당보 『전진*Vorwärts*』에 이렇게 썼다. 〈오늘날 우리는 투표와 시위를 비롯해 다른 홍보 수단을 통해 100년 전에는 피의 혁명만이 가능케 했던 개혁들을 이루어 냈다.〉[241] 하지만 사회 민주주의가 매일매일 실제적인 성공을 거두려면 윤리적 태도가 필요했다. 그렇다면 무엇이 이 윤리와 일치하고 무엇이 일치하지 않는지를 결정해야 했다. 마르크스는 그것을 제시하지 않았다. 늘 윤리적 공리를 〈부르주아적인 것〉으로 비웃던 사람이었다. 그는 말한다. 노동자 계급에겐 윤리가 필요 없다고. 그 자신이 어차피 미리 정해진 역사 발전의 집행인이기 때문이다. 물론 혁명가에게는 **에토스**, 즉 자신의 사명에 따라 살고자 하는 태도가 필요하다. 하지만 그에게도 **윤리**는 필요 없다. 무엇이 옳고 그른지는 자신이 결정하는 것이 아니라 역사가 결정하기 때문이다. 마르크스는 『프랑스 내전 *Der Bürgerkrieg in Frankreich*』에서 명확한 어조로 밝힌다. 노동자 계급에게는 〈실현해야 할 이상이 없다. 그들은 붕괴하는 부르주아 사회의 품 안에서 이미 발전한 새로운 사회의 원소들을 자유롭게 방출하기만 하면 된다〉.[242]

50년 뒤 베른슈타인은 이 문제를 완전히 다르게 보았다. 그는 실제 역사 흐름을 보면서 마르크스가 헤겔의 역사 철학을 〈있는 그대로〉 받아들인 것이 크나큰 실수였음을 깨달았다. 헤겔의 예언은 자기도취가 너무 심해서 실패할 수밖에 없는 운명이었다. 〈어떤 정치적 환상가도 거의 능가할 수 없을 것 같은 그런 역사적 자기기만은 당시 벌써 경제학을 탄탄하게 연구한 마르크스였다면 도저히 이해가 되지 않았을 것이다. 그 속에는 헤겔식 모순 변증법의 잔재가 남아 있었고, 엥겔스도 그렇지만 마르크스도 평생 그 잔재를 완전히 떨쳐 내지 못했다.〉[243] 노동자 계급은 자기 해방이라는 사명을 어떤 법칙에서 물려받은 것이 아니다. 변증법적 법칙이건, 진화적 법칙이건, 아니면 마르크스와 엥겔스가 다윈의 책을 읽고 나서 주장한 두 개의 혼합된 법칙이건 간에 말이다. 사회 민주당 창립자 아우구스트 베벨(1840~1913)과 에르푸르트 강령의 공동 수립자 카우츠키처럼 이 발자국을 따르면서 〈과학적 사회주의〉를 믿는 사람은 자기를 속이고 있다. 해방의 길은 자본주의의 조기 사망과 단 한 번의 거대 혁명으로 나아가는 것이 아니라 점진적 개혁의 지난한 과정을 거쳐야 한다.

카우츠키의 반응은 오래지 않아 나왔다. 동지의 회의에 찬 발언에 대해 그는 『베른슈타인과 사회 민주주의 강령. 비판에 대한 반박*Bernstein und das Sozialdemokratische Programm. Eine Antikritik*』이라는 책으로 답했다. 베른슈타인의 〈수정주의〉에 대한 좀 더 면밀한 비판은 다른 책 『윤리학과 유물론적 사회 이해*Ethik und materialistische Geschichtsauffassung*』(1906)에 실려 있다. 카우츠키는 마르크스와 마찬가지로 이렇게 주장한다. 윤리적 이상은 〈**과학적** 사회주의, 즉 프롤레타리아 계급 투쟁의 필연적 경향과 목표를 인식할 목적으로 사회적 유기체의 발전 법칙과 운동 법칙을 과학적으로 탐구하는 사회주의 안에는 존재하지 않는다〉.[244]

베른슈타인은 당내에서 소수파였음에도 전혀 굽히지 않았다. 계급 없는 사회 같은 정해진 목표는 존재하지 않는다. 더 높은 곳으로의 인류 발전은 자연 프로그램이 아니라 인간이 끊임없이 어려움을 이겨 내면서 나아가야 할 지속적인 과제다. 크로폿킨은 시베리아의 마을 공동체를 보면서 이른바 사회주의적 자치와 협력이 진정한 인간의 본성이라는 결론을 끄집어냈다. 하지만 그게 본성이라면 영국과 독일의 상황은 왜 그렇게 다를까? 둘 다 결국 인간이 만들어 낸 결과다. 자연이 인간에게 미리 정해 놓은 길은 없다. 인간이 지극히 다른 식으로 행동하고 조직할 뿐이다. 인간은 그 길을 스스로 그려야 하고 스스로 뚫어야 한다. 역사는 그 자체로 어떤 것도 결정 내리지 않는다. 베른슈타인은 1892년에 이미 무정부주의에 대한 비판에서 기존의 모든 기관과 권력 관계, 법을 무너뜨리는 무정부주의자들의 극단적 판타지로는 할 수 있는 게 많지 않음을 깨달았다. 〈우리가 과거로부터 물려받아 계속 발전시켜 나가야 하는 현대 사회는 구조가 너무 복잡해서 틀에 박힌 자의적 방식으로는 구성원들의 안녕을 위험에 빠뜨리지 않고 변형할 방법이 없다.〉[245]

7년 뒤에는 사회주의 당원들에게도 똑같은 비판의 화살이 날아간다. 사회주의도 만인의 행복을 위해 이미 존재하는 청사진이 아니다. 사회주의의 모습은 확정되어 있지 않고, 권리와 정당한 참여에 대한 투쟁으로 만들어진다. 그를 위해서는 윤리가 필요하다. 그렇다면 베른슈타인에게 사회주의는 하나의 〈이상〉이다. 이상은 특정한 자연 과정처럼 실현되는 것이 아니라 부단히 추구하고 쟁취해 나가는 것이다.

미리 정해진 역사가 더 이상 그에 대한 정당성을 제공하지 않는다면 사회주의를 〈올바른〉 이상으로 만드는 것은 무엇일까? 베른슈타인은 랑게에게서 단서를 찾았다. 랑게에 따르면 과학은 사실만 알 뿐 도덕적으로 평가하지 않는다. 그것을 할 수 있는 것은 윤리학뿐이다. 〈이상의 관점〉을 취해 이상에 방향을 맞춘 채 가치 평가를 시도하는 윤리학 말이다. 랑게는 〈이상의 관점〉에서 노동자의 권리를 위해 싸웠다. 베른슈타인도 같은 것을 하고 싶었다. 인간은 모든 측면(그중에서도 특히 물질적 측면)에서 자유로워져야 자기실현을 할 수 있다. 그렇다면 목표는 만인의 자유여야 한다. 세부적으로는 얼마든지 차이가 있더라도 바로 이 목표가 사회주의다. 이런 생각을 한층 더 깊고 세밀하게 발전시킬 수 있는 방법을 베른슈타인은 1904년 『순수 의지의 윤리학*Ethik des reinen Willens*』이라는 책에서 찾아냈다. 저자는 그사이 예순두 살이 된 신칸트학파의 코헨이었다.

칸트는 사회주의자였을까?

신칸트학파는 초창기, 그러니까 1860년대부터 1880년대까지는 자유주의적 프로젝트였다. 그러던 것이 세기 전환기로 넘어가면서 변화의 조짐이 나타났다. 하이델베르크에서는 빈델반트가 보수적이고 민족주의적 목소리를 높이는 동안 〈마르부르크학파〉의 코헨과 나토르프는 점점 사회주의에 개방적인 태도를 취했다.

그들과 한때 동료였던 루돌프 슈탐러(1856~1938)도 비슷한 생각이었다. 법학자였던 그는 1882년부터 1884년까지 마르부르크에서 비정규직 교수로 지내다가 기센과 할레를 거쳐 마침내 베를린 대학으로 자리를 옮겼다. 1896년에는 『유물론적 역사 이해에 따른 경제와 법*Wirtschaft und Recht nach der Materialistischen Geschichtsauffassung*』을 발표했다. 슈탐러는 베른슈타인처럼 사회주의자였지만, 〈과학적 유물론자〉는 아니었다. 그는 〈사회 이상주의자〉로서 노동자를 해방시키고 자본주의의 불공정을 제거하는 목표에 동의했다. 하지만 역사 과정을 미리 정해진 것으로 보지 않았고, 계급 투쟁을 착취라는 악을 없앨 적절한 수단으로 여기지도 않았다.

대신 슈탐러는 마르부르크의 동료 철학자들처럼 칸트에게로 시선을 돌렸다. 삶을 자유롭고 자기 규정적으로 구축할 개인의 존엄에서 모든 사회 구성원에게도 똑같은 조건을 만들어 주어야 한다는 사명이 나온다. 슈탐러는 법학자이자 법철학자로서 이런 생각이 이미 법체계 내에 깊숙이 뿌리내리고 있다고 보았다. 법은 만인을 위한 좋은 삶의 틀, 즉 자유, 정치적 평등, 법적 평등, 더 나아가 경제적 평등, 거기다 안전과 질서의 틀을 만들어 줄 때만 선하고 옳다. 법은 마르크스가 생각한 것처럼 단순히 경제적 상황의 표출이 아니라 칸트의 말대로 사람들이 좋은 삶을 살 수 있게 하는 보편적 원칙에 초점을 맞추어야 한다.

슈탐러는 이러한 자연법적 근거 제시와 함께 당시 지배적인 〈법실증주의〉에 반기를 들었다. 법실증주의에 따르면 법의 뿌리는 철학적 원리가 아니라 법적 규범이다. 법실증주의자 및 그들의 정신적 대부 격인 벤담은 〈정의〉의 규정이 아니라 계약과 확정을 줄기차게 요구한다. 이런 법은 결코 〈윤리적〉이지 않고, 윤리적일 수도 없다. 일례로 교통 법규처럼 말이다. 슈탐러는 이런 견해에 격하게 반발한다. 사회적 조화를 추구하는 사람에게는 그 조화의 목표가 깊숙이 뿌리내린 법체계가 필요하다. 특히 경제적 측면에서 말이다.

그와 비슷한 시기에 졸링겐의 김나지움 교사 카를 포어렌더(1860~1928)도 칸트 철학이 얼마만큼 사회주의적 요구와 관련이 있는지를 집중 연구했다. 마르부르크 출신의 그는 코헨과 나토르프 밑에서 수학했다. 그가 대중적으로 이름을 얻은 것은 쉽게 풀어 쓴 괜찮은 철학사 덕분이었다. 그는 이 책으로 가능한 한 많은 사람이 철학에 관심을 가지기를 원했다. 그런데 포어렌더는 다른 저작 『칸트와 사회주의*Kant und der Sozialismus*』(1900)에서 그 유명한 철학자를 사회주의자로 확정 짓지는 않았지만, 논리적으로 계속 따지고 들면 결국 사회주의와 연결될 수밖에 없는 이론의 아버지로 선포했다. 그렇다면 독일 사회주의자들은 이제 유물론을 제쳐 두고 칸트에게로 돌아가야 할까? 사회적 필연성 대신 〈도덕적 이념〉으로서의 사회주의를 내세워야 할까?

보름스의 김나지움 교사이자 철학자인 프란츠 슈타우딩거(1849~1921)도 포어렌더 대열에 합류한다. 역사를 더 나은 쪽으로 추동하는 것은 역사나 자연의 진화가 아니라 윤리학이다. 모든 사람에게 도덕적 삶을 가능하게 하는 사회보다 더 나은 것이 뭐가 있겠는가? 따라서 도덕은 항상 사회적, 정치적 과제로 이해되어야 하고, 사인으로서의 개인에게 맡겨서는 안 된다. 슈타우딩거는 직접 발로 뛰며 도덕에 기여한다. 1896년부터 소비 협동조합의 일원으로 부지런히 쫓아다니며 노동자들이 스스로 저렴한 식품을 마련할 가능성을 제공한 것이다.

칸트주의자가 왜 사회주의자여야 하고 사회주의자가 왜 칸트주의자여야 하는지에 대해 가장 상세한 근거를 제시한 사람은 코헨이다. 그것도 인식론과 윤리학, 미학에 대한 그의 종합 체계에서 가장 많은 주목을 받은 『순수 의지의 윤리학』에서 말이다. 출발점은 칸트의 세 번째 정언 명령이다. 너 자신을 비롯해 다른 모든 사람의 인격까지 언제나 **수단**이 아닌 **목적**으로 대우하라! 요지는 분명하다. 인간은 그 자체로 자기 목적이기에 결코 다른 목적의 수단이 되어서는 안 된다는 것이다. 코헨은 이 명령을 힘주어 강조한다. 〈이 말 속에 정언 명령의 가장 깊고 강력한 의미가 표방되어 있고, 새로운 시대와 모든 미래의 도덕적 강령이 담겨 있다. …… 이로써 목적을 우선시하는 이 이념은 모든 인간을 최종 목적, 자기 목적으로 규정함으로써 사회주의 이념이 된다.〉[246]

칸트가 사회주의자가 아니었던 것은 그 시대에 사회주의나 노동자 운동이 아직 존재하지 않았기 때문이라고 코헨은 말한다. 18세기 말의 프로이센은 종교를 개인적인 일로, 신을 〈조정의 이념〉으로, 인간을 원칙상 도덕적으로 모두 동등한 존재로 선포한 것만 보더라도 충분히 반역적이고 급진적이었다. 그런데 코헨이 볼 때 18세기의 프로이센에서 〈자유주의적〉이었던 것은 20세기 초의 독일 제국에서는 〈사회주의적〉이었다. 인간은 자기 목적이고, 절대 타인의 수단이 되어서는 안 되는 점만 보아도 그렇다. 그것이 어떻게 자본주의와 동행할 수 있겠는가? 자본가는 자기 이익을 위해 남을 지속적으로 착취하고, 자신의 수단으로 삼는다. 어떤 공장주와 산업가가 노동자를 하나의 인격체로 본단 말인가? 그들에게 노동자는 자신의 목적을 위한 수단일 뿐이다. 〈인간 존엄〉에 관한 칸트의 규정도 자본주의적 착취에 근본적으로 배치된다. 그런 점에서, 아니 바로 그런 점에서만 코헨은 칸트가 〈독일 사회주의의 진정하고 실질적인 창시자〉라고 쓸 수 있었다.[247]

코헨이 볼 때 인간을 자기 목적으로 규정한 칸트의 말을 사회적으로 계속 이어 가면 결과는 분명하다. 모든 사람이 입법에 참여하지 않은 기관과 제도로는 인간의 자기 목적이 실현될 수 없다! 그렇다면 정치뿐 아니라 노동 세계도 참여와 공동 결정을 통해 민주화되어야 한다. 그런데 이것은 현존하는 자본주의와는 합치될 수 없기에 자본주의는 바뀌어야 한다. 공장은 자본가의 사유 재산이 아닌 생산 협동조합의 형태로 공영화되어야 한다. 그래야만 인간들의 〈전체 의지〉가 작동할 수 있기 때문이다. 협동조합은 조합원의 공동 소유다. 이들은 사회 속에서 모든 개인의 목적 실현에 복무할 수 있도록 생산해야 할 의무를 느낀다. 이런 식으로 전체로서의 경제 정책은 기존의 자본주의에는 없는 윤리적 목적을 획득한다. 수요를 자극하는 대신 수요의 충족에 치중하고, 근시안적인 이윤 추구 대신 〈진정성〉과 미래를 내다보는 책임이 지배한다.

여기까지는 상당히 이상적이다. 그런데 이런 상태에 어떻게, 어떤 (폭력적?) 수단으로 도달할 수 있을지에 대한 언급은 없다. 다만 한 가지는 분명하다. 이 모든 것을 현실로 옮기려면 고드윈과 오언도 이미 알고 있었듯이 세상 돌아가는 것을 잘 아는 교육받은 노동자들이 필요하다는 것이다. 코헨의 제자이자 동지인 나토르프가 특히 그런 생각에 매달렸다. 〈사회 이상주의〉는 〈사회 교육학〉으로 확장되어야 한다는 것이다. 나토르프는 헤르바르트 학파가 창조한 이 개념에다 자유로운 〈자기 수양〉, 〈자발적 행위〉, 〈자기 창조〉 같은 규정을 채워 넣는다. 이런 자기 수양은 끝이 없는 과정이다. 왜냐하면 나토르프가 1899년에 쓴 것처럼 인간은 〈현상들의 철저한 해독〉을 통해 세계와 자기 자신을 알 수 있기 때문이다.[248]

하지만 이러한 해독은 철학자 자신에게도 힘들 때가 많았다. 나토르프는 노동자를 자본주의의 굴레로부터 해방시키려는 사회주의자로서 다른 많은 사회 민주주의자도 그랬듯이 제1차 세계 대전을 두 팔 벌려 환영했다. 상황에 대한 완전한 오판 속에서 이 전쟁이 설사 〈눈 뜨고 볼 수 없을 정도로 참혹한 전쟁〉이 될지라도 승리만 거둔다면 〈지상에서 독일의 찬란한 영광〉에 이용되는 것이 아니라 사회주의에 돌파구가 열릴 거라고 희망했다. 『독일의 세계 사명*Deutscher Weltberuf*』, 『독일인들의 날*Der Tag des Deutschen*』 같은 책 제목에서 드러나는, 한쪽으로 경도된 듯한 느낌은 그의 명성에 지속적으로 악영향을 끼쳤다. 물론 나토르프는 국수주의자가 아니었다. 그건 뮌헨 평의회 공화국 시절에 스스로 증명했다. 그는 코헨이 요구한 토지의 협동조합화를 위해 싸웠고, 자본가의 재산을 몰수하고 기업을 공영화하려고 했다. 1924년에 세상을 떠나기 전 마지막 몇 해 동안은 그의 비판 철학 속으로 신비적인 생각이 강하게 스며들었다.

코헨(1912)과 나토르프(1922)의 정년 퇴임과 함께 마르부르크 신칸트학파의 전성기도 끝난다. 그런데 코헨의 후임으로 온 사람이 철학자가 아닌 심리학자 에리히 루돌프 옌슈(1883~1940)였다는 사실은 주목할 만하다. 신칸트학파가 그렇게 격렬하게 맞서 싸웠던 심리학의 개선 행렬은 이제 거칠 것이 없었다. 1921년 옌슈는 제1차 세계 대전 이후 최초로 실험 심리학회 총회를 마르부르크에서 개최했다. 이후 그는 뜨거운 국가 사회주의자이자 인종주의자이자 초(超)심리학자로서 끔찍한 악명을 떨쳤다.

동물 도덕

마르크스와 다윈도 마찬가지이지만, 인류 역사가 점점 더 높은 쪽으로 발전해 나간다는 크로폿킨의 생각은 맞을까? 다툴 여지는 있다. 하지만 인류가 초창기 이후 점점 방대한 문명과 세련된 문화를 구축해 나간 것을 부인할 사람은 별로 없다. 게다가 지난 200년 동안 산업 국가들에서 자유와 풍요로움이 긍정적으로 발전한 것도 부정할 수 없다. 하지만 이런 발전이 변증법적인지 자연법칙적인지, 장기적으로 보면 그게 결국 계급 없는 사회로 이어질지, 또한 그에 합당한 윤리학이 필요한지를 두고는 오늘날까지도 논쟁을 벌일 가치가 충분해 보인다.

이런 측면에서 크로폿킨의 가장 생산적인 유산은 무언가 달랐다. 그는 일찍부터 도덕이 인간의 배타적 발명품이라고 보지 않았다. 헉슬리는 도덕이 〈동물성의 괴물을 도살하려고 날카롭게 벼린 인간의 칼〉이라고 말했다. 그 배경엔 오직 인간만이 윤리와 도덕을 갖고 있고, 윤리와 도덕이 무에서 나온 것이 아니라는 전제가 깔려 있다. 지극히 비생물학적인 추측이다. 반면에 〈동물 세계의 상호 부조〉에 관한 크로폿킨의 연구는 오늘날 무엇보다 영미권에서 사회 생물학이나 진화 심리학이라는 이름으로 자리를 잡은 분과의 종자 역할을 했다. 그들의 기본 물음은 이렇다. 인간의 동물적 유산은 본질적으로 어디에 있고, 우리의 행동에 얼마만큼 영향을 끼칠까?

진화와 윤리에 대해 묻는 것은 세계관적으로 진화나 윤리 사이에서 하나를 결정해야 하는 것과는 다른 물음이다. 진화는 관련성을 **기술**하고, 윤리는 그 관련성이 인간 행위에 미치는 도덕적 **구속성**을 묻는다. 흄의 유명한 구분, 즉 사실과 규범의 구분에 따르면 도덕적 행위 지침은 사실에서 나오지 않는다. 우리의 본능, 어쩌면 우리의 가치까지 결정할지도 모르는 동물적 유산을 갖고 있다는 것은 그 본능을 인정하거나 마음껏 즐기라는 뜻이 아니다. 오히려 자신의 동물적 본능을 최대한 잘 알고, 그로써 자신을 더 잘 이해하는 것이 좋지 않을까?

크로폿킨 당시 동물의 행동과 감정에 대한 연구는 아직 걸음마 수준이었다. 동물의 본성에서 인간을 유추한 것이라고는 틀에 박힌 생각의 반복에 지나지 않았다. 그건 고대 이후 사람들의 입에 자주 오르내리던, 〈인간은 인간에게 늑대〉라는 표현만 떠올려 보아도 알 수 있다. 여기서 드러나는 것은 인간이 늑대를 사회적 존재가 아니라 비사회적 존재로 보고 있다는 것이다. 고대 로마의 플리니우스가 이미 동물 이야기를 수집했음에도 18세기 이후에 이름이 붙은 〈동물 영혼학〉에 대한 관심은 인간의 〈경험 영혼학〉에 훨씬 미치지 못했다. 19세기 중반부터 동물의 행동 모델을 〈본능〉이라는 말로 부르기 시작했을 때도 그것을 연구하는 일은 아주 드물었다.

크로폿킨은 인간 사회에서 〈도덕적〉 행위라 여겨지고, 동물 세계에서도 비슷한 방식으로 다양하게 존재하는 특정 행동에 주목한 초창기 인물 중 한 사람이었다. 무리 생활을 하는 동물들은 어떤 형태로 사회를 구성하고, 그런 조직을 만드는 이유는 무엇일까? 일부 동물들은 왜 동정심을 갖고 있을까? 어째서 인간만 합리적인 동물이라고 하는가? 동물에게도 합리성은 사회적 〈본능〉일 텐데 말이다. 다윈이 암시한 것처럼 윤리적 감정과 사고의 기원은 진화에서 설명할 수 있지 않을까? 베른슈타인과 코헨이 구분한 두 세계, 즉 기술적(記述的) 세계와 규범적 세계에도 자연사적인 종속성과 문화사적인 종속성을 물을 수 있지 않을까?

하지만 이런 연구의 결과가 스펜서나 헤켈의 경우처럼 엄격한 형태의 규범이 될 수 없다는 것은 크로폿킨도 알고 있었다. 〈당위〉, 즉 규범이나 이상의 연구는 기술(記述)의 대상을 참이나 오류, 의무나 비의무에 대한 결정으로 바로 나아가지 않는다. 인간은 넓게 세분화된 행동 레퍼토리를 갖고 있다. 그런데 모든 인간을 〈인간성〉이라는 이름으로 연결할 수 있는 행동은 얼마 되지 않는다. 어쩌면 그 때문에 도덕에서는 포괄적인 도덕 원칙이 아닌 약속과 관습이 중요한 게 아닐까?

이런 관점을 매우 논리적으로 펼친 초기 연구자 중의 한 사람이 핀란드 출신의 철학자이자 사회학자인 에드워드 웨스터마크(1862~1939)다. 1891년 헬싱키의 이 스물여덟 살 청년은 혼인의 기원과 역사에 관한 박사 논문으로 일약 유명해졌다. 이 논문에서 그는 그때까지 정설로 여겨지던 모계제의 신화를 무너뜨렸다. 초창기엔 인간 사회가 모계제였고, 여성이 사회를 지배했다는 신화 말이다. 게다가 그는 문화사 곳곳에서 난혼이 아닌 단혼에 대한 단서를 발견했다. 그렇다면 그가 보기에, 일부일처제를 주장하기 위해 굳이 유대교와 기독교의 과장된 이념을 끌어들일 필요는 없었다.

그의 책은 선풍적인 인기를 끌었고, 서유럽 전역에서 도덕에 관한 선입견 없는 진보적이고 현대적인 관점으로 떠올랐다. 버나드 쇼는 희극 『인간과 초인*Man and Superman*』(1903)에서 여주인공 바이얼릿을 무척 현대적인 여성으로 등장시키는데, 그건 그녀가 웨스터마크의 책을 읽은 데서 드러났다.

앞서 말했듯이 혼인에 관한 책은 저자를 단번에 유명 인사로 만들었을 뿐 아니라 연구 기금까지 쏟아지게 했다. 그의 야심은 점점 커졌다. 웨스터마크는 이제 동물과 인간의 모든 사회적 규칙을 수집해서 평가하는 저작을 쓰고 싶었고, 동물 심리학과 인간학의 밀접한 연결 속에서 〈도덕학〉을 탐구하고 싶었다. 사실 동물 행동학ethology과 민족학ethnology이라는 신생 학문은 알파벳 하나만 다를 정도로 처음엔 유사했다. 둘 다 행동의 다양성과 풍부한 표현 가능성을 탐구하고자 했다. 1898년 웨스터마크는 최대한 많은 문화를 연구하기 위해 세계 일주를 계획했다. 첫 목적지는 모로코였다. 그런데 여기서 만난 것들은 너무 흥미롭고 풍성해서 첫 여행지가 곧 마지막 여행지가 되었다. 그는 마그레브에서 총 9년 동안 머물렀고, 탕헤르에 빌라를 한 채 구입했으며, 그사이 많은 글을 발표해서 1904년에는 런던 정치 경제 대학교의 교수로 초빙되었다. 심지어 1906년에는 헬싱키 대학이 그를 위해 실용 철학 교수직을 따로 만들었다. 그때부터 웨스터마크는 영국과 핀란드, 모로코를 오가며 살았다.

그사이 그의 주저가 출간되었다. 『도덕 이념의 기원과 발전 *The Origin and Development of the Moral Ideas*』이었다. 그는 이 두 권짜리 두꺼운 책을 1906년과 1908년에 나누어 발표했다. 자연 과학과 문화학에 토대를 둔 일종의 도덕 철학이었다. 책의 급진적인 요점은 다음과 같다. 도덕은 생물학적 현상이다. 즉 사회마다 완전히 상이하게 규범화될 수 있는 모순적인 본능들의 앙상블이다. 여기서 절대적인 기준점은 존재하지 않는다. 인간을 인간으로 만드는 것은 우리 속의 도덕 〈법칙〉도, 구속력 있는 공리도, 더 나은 질서의 황금률도 아니다.

칸트 이후 우리가 행위 준칙이라고 부르는 것은 우리 속에 뿌리를 두고 있지 않다. 내면의 목소리는 전적으로 사회적 훈련을 통해 습득된 것일 뿐이다. 판단이라는 것도 우리 마음에 들거나 들지 않음에 따른 감정적 표현에 지나지 않는다(이건 흄과 의견이 같다). 이를 노골적으로 표현하면 이렇다. 우리의 도덕적 원칙은 상수가 아니라 변수다. 그것을 평가하기 위한 객관적 척도는 존재하지 않는다. 우리가 이 모든 걸 깨달으면 많은 것을 잃지만, 대신 이해와 너그러움을 얻는다. 〈도덕적 표준이 존재하지 않음을 인간들이 다시 깨달을 수 있다면 그들의 판단은 더 한층 관용적이 될 것이고, 오성이 그들에게 불어넣는 것에 더 한층 귀를 기울이게 될 것이다.〉[249]

사실 도덕이 감정과 무관하다고 주장한 철학자는 몇 되지 않는다. 특히 아리스토텔레스, 토마스 아퀴나스(1225?~1274), 스피노자, 흄, 스미스는 도덕적 감정을 매우 심도 깊게 다루었다. 하지만 웨스터마크는 이전의 그 어떤 철학자보다 그런 감정을 인간의 동물적 본성 속에 더 깊이 뿌리내리게 했다. 그는 독서와 강의를 통해 알게 된 동물과의 무수한 비교를 통해 우리의 사회적 행동을 결정하는 도덕적 감정의 앙상블을 작성한다. 특히 그가 부각시킨 것은 〈복수심〉이다. 부당하다고 느끼는 행위를 〈보복〉으로 상쇄하려는 감정이다. 그런데 〈복수심〉은 부정적이지만은 않다. 우리가 베푸는 선행도 어찌 보면 그에 대한 보답으로 상쇄되기를 우리는 기대한다. 이건 웨스터마크가 모르고 있던 니체의 생각과 겹친다. 〈복수심〉은 시간이 가면서 점점 복잡한 형태로 제도화됨으로써 사회가 무리 없이 돌아가고 안정되는 데 기여한다.

웨스터마크가 볼 때 사회적 관계들의 또 다른 지주는 〈불의에 대한 공감〉이다. 우리는 남들에게도 부당한 일이 일어나는 것을 원치 않을 때가 많다. 그런 일을 당하는 사람에게 감정 이입을 할 능력이 있기 때문이다. 세 번째 단계로 우리는 이 감정을 보편적인 도덕으로 정립할 추상 능력이 있고, 이로써 **모든 사람**에게 부당한 대우를 받지 말아야 할 권리가 있음을 확정한다. 〈복수심〉 면에서 우리와 공통되는 동물은 많고, 〈불의에 대한 공감〉 면에서는 공통되는 동물이 많지 않아도 일부 존재하기는 한다. 반면에 〈추상화〉라는 세 번째 단계는 전적으로 인간에게만 주어진 능력이다.

안타깝게도 웨스터마크의 〈진화 윤리학〉은 20세기 초 〈도덕적 상대주의〉의 그늘에 묻히고 만다. 빅토리아 시대 말엽의 영국인들은 동물 심리학보다 혼인에 대한 비종교적 설명과 근친상간 금지, 전 세계의 다양한 성생활에 관심이 많았다. 철학은 그냥 철학대로 내버려두고 모든 도덕적 현상과 문화적 규범을 심리학적으로, 사회학적으로, 사회 인류학적으로 설명하는 것은 대담하면서도 유혹적으로 다가왔다. 사실 도덕의 원활한 기능을 위해 딱히 어떤 원칙도 필요하지 않다고 하는 주장은 시대를 떠나 언제나 도발적이다.

웨스터마크는 1939년 제2차 세계 대전 직전에 핀란드의 작은 마을 텐홀라에서 죽었을 때 자신이 인간학에 지대한 영향을 끼쳤음을 확신했다. 예를 들어 그의 유명한 프랑스 후계자 클로드 레비 스트로스(1908~2009)는 큰 찬사와 함께 이 핀란드 철학자를 기렸다. 웨스터마크가 인간성의 총체적 기술을 통해 사회적인 것과 도덕적인 것에 대한 우리의 이해에 혁신을 일으켰다는 것이다. 오늘날 민족학자와 인간학자들이 100년 전의 이 연구자와 일부 다른 시선을 갖고 있다고 해도 그 사실은 크게 변하지 않는다. 왜냐하면 모든 문화에 공통적인 것이 무엇이냐고 물을 때 놀라울 정도로 일치하는 것이 적기 때문이다.

1945년 미국의 인간학자이자 예일 대학 교수 조지 피터 머독(1897~1985)은 모든 문화에 공통적인 것들의 목록을 발표했다. 그가 지목한 후보는 총 예순세 가지였다. 도덕적 행동과 관련해서는 〈윤리〉, 〈예의〉, 〈환대〉, 〈조산(助産)〉, 〈사회 질서〉, 〈법〉, 〈근친상간 금지〉, 〈출산 후의 양육〉, 〈정치적 인도〉, 〈선물〉, 〈임신 규칙〉, 〈성적 제한〉, 〈처벌〉이 거론되었다.

하지만 모든 문화가 저마다 나름의 선악 관념을 갖고 있다는 사실이 선악의 품질에 대해 말해 주는 것은 없다. 일부 문화와 종교에서는 낙태가 〈나쁜〉 것이지만, 다른 곳에서는 그렇지 않다. 〈제3제국〉 시대의 〈좋은〉 나치에 대한 관념도 오늘날의 도덕적 관점에서 보면 끔찍하기 짝이 없다. 사회 인류학적 연구가 아무리 유익하더라도 웨스터마크의 말처럼 그것이 실제로 철학을 대체할 수 있을까? 세기 전환기로 넘어가기 직전에 한 유명한 물리학자가 마치 〈도덕학〉의 도전으로는 충분하지 않다는 듯이 철학에 심대한 테러를 일으킨다. 이전의 어떤 테러도 거의 따라가지 못할 폭발력을 가진 테러였으니…….

나는 누구인가?

어느 여름날의 백일몽 / 나와의 결별 / 모든 것은 감각이다! /

일원론이냐 이원론이냐? / 재발견된 자아 /

심리학이냐 논리학이냐? / 참된 것은 무의식이다!

어느 여름날의 백일몽

1855년 열일곱 살의 한 수학도가 빈 교외에서 산책을 하고 있었는데, 그때의 체험은 이 젊은 자연 과학도에게 평생 깊은 인상을 심어 주었다. 45년 뒤 교수직에서 정년 퇴임을 한 그는 그때의 일을 이렇게 썼다. 〈어느 화창한 여름날 야외에서 불현듯 나를 비롯한 세계가 **하나**로 연결된 감각 덩어리처럼 내게 느껴졌다. 그것도 내 속에서 그 덩어리가 더 한층 강하게 연결되는 느낌이었다. 이 체험에 대한 근원적인 성찰은 나중에야 제대로 이루어졌지만, 아무튼 그 순간은 나의 전체 관점에 결정적인 역할을 했다.〉[250]

그 대학생의 이름은 에른스트 마흐(1838~1916)였다. 그 여름날의 체험에서 그가 끌어낸 결론은 현대 철학의 가장 중요한 교차점 중 하나가 되었다. 그렇다고 마흐는 자기만의 철학 사조, 예를 들어 자기 이름을 딴 〈마흐 철학〉 같은 걸 만들고 싶은 생각은 없었다.[251] 그저 자신을 〈서툰 철학자〉나 〈순박한 관찰자〉로 보았다. 영리하면서도 겸손한 자세다. 하지만 일방적으로 오해받고 해석될 때가 많았던 그의 사유는 바라보는 사람의 관점에 따라 〈실증주의〉이니, 〈경험 비판론〉이니, 〈일원론〉이니, 아니면 〈철학적 인상주의〉이니 하는 다양한 이름이 붙곤 했다.

마흐는 1838년 당시 오스트리아 영토이던 브륀 인근의 히를리츠에서 태어났다. 아버지는 교사였고, 독일계 소수 민족이었다. 마흐는 기억 속에 남아 있는 자신을 〈발달이 무척 느린 허약하고 불쌍한 아이〉로 묘사했다.[252] 아들이 두 살이 되자 아버지는 가족과 함께 빈 인근의 운터지벤브룬에 정착해서 농사를 지었다. 마흐는 일곱 살부터 아홉 살 때까지 집에서 아버지에게 개인 교습을 받았는데, 수공업과 기술에 특히 많은 관심을 보였다. 그런 아이를 베네딕트 수도회에서 운영하는 김나지움에 보내 교육시키려던 시도는 실패로 돌아갔다. 마흐에게 인문계 수업은 힘에 부쳤다. 아버지는 궁여지책으로 아들을 계속 집에서 가르쳤고, 아울러 자신의 진보적인 정치 신념을 아들에게 불어넣었다. 하지만 1850년대 초는 정치적으로 희망이 보이는 시기가 아니었다. 거의 모든 유럽 국가가 그랬듯이 오스트리아-헝가리 제국에서도 정치적 복고주의가 팽배했다. 이런 상황에서 아버지는 아들에게 목수 일을 배우게 했다. 나중에 오스트리아를 떠나 미국에 정착하려면 이런 기술을 배우는 게 도움이 될 거라고 생각했다. 하지만 마흐는 열다섯 살에 재차 김나지움에 들어갔을 때 우수한 성적을 보였고, 그로써 미국으로의 이주 계획은 자연스레 사라졌다.

그런데 마흐에게 처음으로 크나큰 영향을 끼친 교육적 체험은 학교에서 이루어지지 않았다. 청소년 때 그는 아버지의 서가에서 칸트의 책 『학문으로 성립할 수 있는 미래의 형이상학 서설 *Prolegomena zu einer jeden künftigen Metaphysik, die als Wissenschaft wird auftreten können*』을 발견했고, 철학의 학문성에 대한 칸트의 높은 요구를 좋게 평가했다. 철저하게 철학적으로 생각하는 사람은 순진한 현실주의자에 머물러서는 안 된다는 것이다. 왜냐하면 우리는 세계의 모든 사물을 오직 의식의 내용으로서만 포착하기 때문이다. 이것은 기술적, 실용적으로 교육받은 사람에게는 사유의 커다란 도전이었다. 하지만 마흐는 칸트의 초월 철학적 단서 속에서 진리를 깨달았다. 이전의 다른 많은 칸트 비판가처럼 그 역시 의식 세계 외에 자유의 형이상학적 제국, 즉 〈물 자체〉의 세계를 상정하지 않았다. 모든 사물을 기술적, 실용적으로만 생각하는 순진한 현실주의도 틀렸지만, 칸트의 형이상학적 관념론도 만족스럽지 못했다. 진실은 두 극단 사이 어딘가에 있는 게 분명했다. 이 초기의 인식은 평생 그를 따라다녔다.

1855년 마흐는 빈 대학에서 수학과 자연 과학 공부를 시작했고, 5년 뒤 박사 학위를 받았다. 1년 뒤에는 물리학 교수 자격시험에 통과했고, 시간 강사로 학생들을 가르쳤다. 하지만 그의 철학적 관심은 여전히 자연 과학만큼 컸다. 외부 세계와 내부 세계, 즉 물질적인 것과 정신적인 것은 어떻게 상호 작용할까? 혹시 의사이자 심리학자이자 물리학자이자 자연 철학자인 구스타프 테오도어 페히너(1801~1887)가 〈정신 물리학〉이라고 지칭한 것 속에 해결책이 있지 않을까?

페히너는 다방면에 관심이 많은 명석한 학자였다. 로체와 교분이 두터웠고, 각 분과의 한계를 훌쩍 뛰어넘어 사고했다. 게다가 가슴속엔 낭만주의를 품고 있었다. 온 자연에 영혼이 깃들어 있다고 생각한 것이다. 그는 1848년 식물의 〈영혼론〉을 심도 깊게 연구하면서 세간의 주목을 끌었다. 〈동물 영혼〉이 존재한다면 식물처럼 고도로 예민한 존재에게 〈식물 영혼〉이 없다는 것이 말이 될까? 페히너는 라이프치히 대학의 물리학 교수, 나중에는 철학 교수로 재직하면서 물리적인 것과 정신적인 것이 어떻게 일정한 법칙에 맞게 상호 작용하는지를 근본적으로 해명하고 싶었다. 물리적 자극이 정신적 과정과 활발한 관념적 세계에 영향을 주는 것이 어떻게 가능할까? 그때 어떤 일이 일어날까? 이 질문들은 18세기의 경험주의자와 감각주의자들이 이미 제기한 것이지만, 당시엔 만족할 만한 답변이 나오지 않았다.

페히너는 쉰아홉 살에 방대한 분량의 대표작을 발표했다. 두 권짜리 『정신 물리학의 원소들*Elemente der Psychophysik*』(1860)이 그것이다. 그는 정신 물리학을 아직 태동한 지 얼마 안 되는 실험 심리학의 하위 분과로 여겼다. 우리의 감각이 자극을 체험하는 과정을 페히너는 **외적** 정신 물리학, 뇌에서 이 체험들이 신경적으로 가공되는 과정을 **내적** 정신 물리학이라 불렀다. 하지만 안타깝게도 신경 생리학은 아직 내적 정신 물리학을 많이 알아낼 수 있는 수준에 이르지 못했다. 19세기 중반의 철학자와 의학자들이 그에 대해 설명하는 것은 거의 모두 헤르바르트의 판타지만큼 어설펐고, 뇌 속의 움직임은 천체 별들의 움직임과 비슷하게 간주되었다. 그 때문에 라이프치히의 이 연구자는 무엇보다 자극의 지각에 집중했다. 우리 감각은 어떤 자극을 지각할까? 우리는 무엇을 보고 느끼고 듣고 냄새 맡고 맛보고, 무엇을 그렇게 하지 못할까? 페히너는 그와 관련해서 무수한 실험에 돌입했고, 관찰한 것들을 하나하나 꾸준히 기록해 나갔다.

빈에서 마흐는 짜릿한 경험을 한다. 1861년 1월에 이 젊은 물리학자는 숙련된 정신 물리학자에게 편지를 보낸다. 〈제가 수학적 심리학에 관심을 가진 건 꽤 오래됐습니다. 물리학 영역에서 오래전부터 사용해 오던 것과 비슷한 실험 방법과 관찰 방법을 심리학에 도입하는 것이 저의 목표입니다. 하지만 지금껏 이런 생각을 뒷받침해 줄 올바른 토대를 발견하지 못하다가 이제야 드디어 선생님의 정신 물리학에서 전기 충격과도 같은 전율을 느꼈습니다. 저는 뜨거운 가슴으로 선생님의 책을 읽었습니다. 제 기대를 훨씬 뛰어넘더군요. 그런데 선생님의 방법을 더 한층 확장시킬 수 있을 것 같다는…….〉[253]

1864년에 마흐는 그라츠 대학의 수학 교수가 되었고, 1867~1868년 겨울 학기에는 프라하 대학에서 물리학 연구소장을 맡아 강의와 연구를 이어 갔다. 1872년 여기서 그의 첫 방대한 저서가 출간된다. 『노동 보존 법칙의 역사와 뿌리*Die Geschichte und die Wurzel des Satzes von der Erhaltung der Arbeit*』다. 수학과 경제학 용어가 뒤섞인 이 이상한 제목부터 벌써 상당한 수준의 지식과 이해력을 요구한다. 마흐는 이 책에서 세 가지 문제를 해명하고 싶었다. 과학 이론이란 무엇이고 어디에 유용할까? 물리적 자극은 어떻게 정신적 상태로 이어질까? 물리학이 두 번째 문제에 만족할 만한 답을 내리지 못하는 이유는 무엇일까? 즉각 설명이 뒤따른다. 문제는 고전적 역학의 한계에 있다. 마흐에 따르면 물리학에는 절대적 시간, 절대적 공간, 절대적 운동처럼 잘못된 길로 이끄는 쓸데없는 실체 개념이 우글거린다. 물리학자가 실재라고 여기는 것은 경험으로 확증될 가능성이 전혀 없는 무모한 사변에 지나지 않는다. 그건 철학도 마찬가지다. 철학자는 대부분의 물리학자처럼 유물론자 아니면 칸트 같은 형이상학적 관념론자이기 때문에 실패할 수밖에 없다. 이 두 방향에서는 정신 물리학적 문제를 해결할 수 없다.

그렇다면 무엇을 해야 할까? 마흐는 철거를 추천한다. 처음부터 다시 시작하고, 사변을 그만두고, 증명되지 않는 〈실체들〉을 포기하자는 것이다. 미래 과학자는 경험이 우리에게 가르치는 지식만으로 작업해 나가야 한다. 인식에 꼭 필요한 개념적 도구만 갖고서 말이다. 우리 인간 의식이 작업해 나가는 방식도 이와 다르지 않다. 경험론의 아버지라 불리는 로크도 그 옛날 〈인간 의식의 협소함〉에 대해 이야기했다. 마흐는 모든 인식 이론가에게 이론 전개에서 삶과 다른 방식을 사용하지 말 것을 요구한다. 마법의 주문은 그가 동료인 헬름홀츠, 구스타프 로베르트 키르히호프(1824~1887), 리하르트 아베나리우스(1843~1896)에게 힌트를 얻은 〈사유의 경제학〉이다.

마흐는 이 거대한 정신 물리학적 문제들을 한편으론 철학적으로 심사숙고했고, 다른 한편으론 프라하 물리학 연구소에서 감각적 지각, 즉 청각과 시각에 대해 무수한 실험을 했다. 곧이어 두 권의 책이 발표되었다. 『시각 청각적 감각 *Optisch-akustische Empfindungen*』(1872)과 『운동 감각론 요강 *Grundlinien der Lehre von den Bewegungsempfindungen*』(1875)이다. 그가 실험에서 밝혀낸 것은 이렇다. 한 물체의 가속과 관성은 그 자체로 따로 확정된 것이 아니라 우주 속 다른 물질들과의 관련 속에서만 상대적으로 확인될 수 있다. 〈마흐 원칙〉이라 불리는, 뉴턴 물리학에 대한 이 폭넓은 비판은 훗날 알베르트 아인슈타인(1879~1955)이 1916년(마흐가 죽은 해)에 내세운 〈일반 상대성 이론〉의 중요한 선구적 작업이 된다. 1880년대에도 그는 로켓과 초음속에 대한 실험을 이어 가고, 그로써 마흐 젠더 간섭계, 마흐 매듭, 마흐 수, 마흐 원뿔, 마흐 미터, 마흐 파장 등의 형태로 물리학에 이름을 남긴다. 1924년에는 음속의 단위도 그의 이름을 따서 마하*로 결정되는데, 훗날 콩코드 초음속 제트기가 마하 2의 속도로 굉음을 내며 날 수 있게 된 것도 모두 이 연구들 덕분이다.

나와의 결별

마흐는 프라하 실험실과 니더작센의 들판에서 로켓 실험 및 공기 저항 실험을 하는 동안 다른 한편으로는 철학사에 영원히 각인될 인식을 얻었다. 1886년에 『감각 분석에 관한 소론*Beiträge zur Analyse der Empfindungen*』이 출간되었고, 14년 뒤에는 『감각 분석 및 물리적인 것과 정신적인 것의 관계*Die Analyse der Empfindungen und das Verhältnis des Physischen zum Psychischen*』(1900)라는 제목으로 보완되었다. 개정판은 큰 성공을 거두었는데, 모든 사상가가 자기만의 새로운 시대와 세계를 예고하던 세기 전환기의 특징을 전형적으로 보여 주는 책이었다. 이로써 마흐의 저작은 헤켈의 『세계 수수께끼』, 프로이트의 『꿈의 해석*Die Traumdeutung*』, 지멜의 『돈의 철

* 독일어 발음은 〈마흐〉다. 그런데 이 발음을 정확히 몰랐던 누군가가 〈마하〉라고 말하면서 우리나라에서는 마흐가 마하가 되었다. 음악가 바흐를 한때 〈바하〉로 잘못 불렀던 것처럼.

학*Philosophie des Geldes*』, 니체의 『권력에의 의지』와 같은 반열에 올랐다.

주제는 페히너의 정신 물리학을 강하게 떠올리게 했다. 마흐는 1872년에 출간된 자신의 첫 이론적 강령서를 이 저작으로 개정 보완했는데, 우선적인 관심은 인식론을 새로운 토대 위에 세우는 것이었다. 그러려면 다른 인식 이론가들처럼 예부터 철학을 움직여 온 두 가지 문제에 대해 좋은 답을 찾아야 했다. 현실은 얼마나 현실적인가? 나는 내가 안다는 것을 어떻게 아는가?

첫 번째 질문은 다윈 시대의 마흐에겐 큰 문제가 아니었다. 인간 정신은 환경에 대한 지속적 적응을 통해 생겨난 진화의 산물이다. 그 때문에 우리는 자신이 지각하는 것이 실재와 관련이 많다는 사실을 확고하게 받아들일 수 있다. 물론 칸트 책을 읽은 독자라면 우리가 그 실재성에 직접적으로 다가가지 못하고 오직 의식 내용의 형식으로만 접근할 수 있다고 생각하겠지만, 그조차도 문제 될 것이 없다. 우리에게 실재성으로 보이는 것이 실제 현실이라는 사실은 선험적으로 담보되는 것이 아니라 진화론의 결과다. 인간은 이 세계에서 살아남을 만큼 세계에 잘 적응했다. 인간이 지속적으로 자기 환경과의 관계에서 스스로를 속이는 것은 잘못되었다. 그리되면 살아남을 수가 없다. 따라서 사유 경제적으로 보자면 우리는 물리적 세계가 실제로 존재하고, 원칙적으로 그 세계를 올바로 인식할 수 있다는 것을 확고한 출발점으로 삼아야 한다.

그렇다면 남은 건 두 번째 질문이다. 마흐의 사유 세계에서 이 질문은 다시 세 가지로 나뉜다. 첫째, 외부 자극이 표상과 개념이 된다면 나의 내부 세계는 외부 세계와 어떻게 연결되어 있을까? 둘째, 색깔과 소리, 그러니까 주변 환경과 멜로디가 이 순간 외부 자극을 통해 내게 전달되지 않는데도 나는 어째서 그것들을 내 속에서 생생하게 느낄 수 있을까? 셋째, 나는 내가 〈나〉라는 사실,

그것도 자기 자신에 대해 안다는 것을 아는 아주 특별한 〈나〉라는 사실을 어떻게 알까? 지금껏 경험론은 이 물음들, 그중에서도 특히 두 번째와 세 번째 물음에 가로막혔다. 그렇다면 무엇이 도움이 될까? 혹시 경험 비판주의가?

마흐 철학을 지칭하는 말로 자주 사용되는 〈경험 비판주의〉라는 까다로운 개념은 그가 직접 만든 것이 아니다. 이것은 취리히 대학 교수 아베나리우스의 귀납적 철학을 대변하는 강령이다. 원래 이름이 하버만인 아베나리우스는 철학과 문헌학, 심리학을 공부했다. 1876년에는 『최소 에너지 단위 원칙에 따른 세계 사유로서의 철학. 순수 경험 비판 서설*Philosophie als Denken der Welt gemäß dem Prinzip des kleinsten Kraftmaßes. Prolegomena zu einer Kritik der reinen Erfahrung*』이라는 긴 제목의 짧은 책에서 자신의 생각을 과감하게 펼쳐 나갔다. 아베나리우스는 정신적인 면에서 마흐의 가까운 혈족이었다. 그도 〈순수 경험〉이 아닌 것은 어떤 것도 인정하지 않았고, 주체와 객체의 이원론을 거부했으며, 〈일원론〉을 지지했다. 대신 두 권짜리 주저 『순수 경험 비판*Kritik der reinen Erfahrung*』(1888/1890)에서 여러 〈가치〉를 구분했다. 우리가 〈주변 환경〉에서 지각하는 것은 〈R-가치〉, 언어와 인식은 〈E-가치〉, 중앙 신경계는 〈C-가치〉를 갖고 있었다. 아베나리우스는 철학 전통 자체를 거부했기에 여기 등장하는 영문 알파벳은 자의적으로 선택한 것일 뿐 특별한 의미가 없다. 〈순수 경험〉의 알파벳은 칸트의 많은 개념과 비슷한 방식으로 새롭게 발명되어야 했다. 수백 개의 단락에 차례로 적힌 번호와 수많은 수학 방정식은 경험을 최대한 과학적으로 다루려는 시도의 증명이었다. 하지만 이런 열성적인 노력에도 불구하고 전체 연구는 오히려 의도치 않게 희극적으로 느껴질 때가 많았다. 아베나리우스가 소망한 성공을 거두지 못한 건 놀랍지 않다. 〈관심 경제학attention economy〉의 관점에서 보자면 〈사유 경제학〉의 아버지는 패배자다.

마흐는 아베나리우스의 약점을 대번에 알아보고, 『감각 분석』에서 이렇게 쓴다. 〈나는 인위적인 용어들에 대한 깊은 거부감에서 어쩌면 아베나리우스와 상반된 극단에 빠졌을지도 모른다는 점을 인정하고 싶다.〉[254] 이런 식으로 마흐는 경험의 수학화를 기피했다. 물론 제로 베이스에서 다시 출발하자는 점은 아베나리우스와 같았다. 즉 300년 전에 데카르트가 사용한 유명한 방법론을 다시 끌어오자는 것이다. 사유 경제학자로서 방법론적으로 엄격한 그 물리학자도 데카르트와 같은 방향으로 나아갔다. 하지만 데카르트가 모든 감각적 경험을 불신한 반면에 이 물리학자는 경험으로 알 수 없는 것은 모두 버렸다. 그 과정에서 희생된 최대의 제물은 〈나〉였다. 마흐가 보기에 〈세계〉와 교류하는 〈내〉가 나라는 생각은 데카르트 이후 철학의 가장 큰 오류였다. 만일 사유 활동 없이 어떤 생각도 존재할 수 없다는 점을 깨달으면 〈나〉에 대한 근거는 찾을 길이 없어진다. 하나의 **활동**, 그러니까 표상과 개념의 연결로서 지금 여기서 생각하고 있는 활동만 인식될 뿐이다.

마흐는 『감각 분석』 서두에서 명확한 말로 이렇게 공언한다. 〈자아는 구제 불능이다. 부분적으로는 이런 인식이, 부분적으로는 이 인식에 대한 두려움이 정말 이상한 염세적, 낙관적, 종교적, 철학적 도착(倒錯)으로 이어졌다. 심리 분석의 결과에서 드러난 단순한 진실을 더는 배제해서는 안 된다. 그와 함께 개인의 삶에서 다양한 형태로 변주되는 자아에다, 그러니까 수면 중에, 명상 중에, 깊은 사색 중에, 혹은 모든 것을 잊을 만큼 행복한 순간 중에 부분 또는 전체가 사라지는 자아에 더 이상 예전처럼 높은 가치를 부여할 필요가 없다. …… 이를 통해 우리는 타인의 자아에 대한 경멸과 자신의 자아에 대한 과대평가를 원천적으로 배제하는 좀 더 자유롭고 변용되지 않은 인생관에 이를 수 있다.〉[255]

얼마나 정곡을 찌르는 말인가! 자신이 〈나〉가 아니고, 그로써 완벽하게 순간에 몰입할 수 있을 때만큼 행복한 것은 없다. 마흐가 체험했던 그 여름날처럼 말이다. 그런데 **몰입**에 대한 찬가처럼 들리는 이 말은 사실 그 이상을 원한다. 왜냐하면 수십억 명의 인간이 자기 자신이라고 착각하고 있는 〈나〉가 일시적으로가 아니라 영원히 사라지길 바라기 때문이다. 그런데 마흐는 사람들이 왜 그렇게 하는지, 또 그게 진화나 특별한 사유 경제학적 해결책과 어떤 관련이 있는지에 대해서는 주목하지 않는다. 〈나〉의 발전, 그리고 내가 내 행위의 장본인이라는 사실에 대한 앎이 진화상의 커다란 성공은 아닐까? 일부 거꾸로 생각하는 철학자뿐 아니라 몇몇 동물도 자기 자신에 대한 의식, 즉 자의식을 갖고 있지 않을까?

마흐도 〈자아〉의 개념을 본인이 원한 만큼 그렇게 깔끔하게 비켜 가지는 못했다. 물론 최소한 〈실체〉로서의 〈자아〉는 떨쳐 버리려 했고, 〈상수〉로서의 〈자아〉는 더더욱 내동댕이치고 싶어 했다. 마흐에 따르면, 〈나〉 자신에게 말을 건다는 것은 이 〈나〉가 시간의 흐름과 상관없이 항상 동일하게 유지되고 있다는 뜻이 아니다. 그건 자아 감각일 수는 있지만, 〈나〉의 자기 동일성, 즉 변하지 않는 독립적 자아는 존재하지 않는다. 마흐는 『감각 분석』 첫머리의 한 주석에서 〈나〉가 얼마나 덧없고 피상적인지를 보여 주는 두 가지 예를 든다. 사람은 자신을 〈인간적으로 매우 나쁘게〉 볼 때만 자기를 〈나〉로 여긴다. 〈젊을 때 길을 가다가 나는 정말 불쾌하고 역겨운 얼굴을 보았다. 그런데 그게 실은 마주 보고 세워 놓은 두 거울 사이를 지나가다가 본 나 자신의 얼굴이라는 사실을 알아차리고는 적잖게 놀랐다. 또 한 번은 야간 기차에서 내린 뒤 몹시 피곤한 채로 옴니버스에 올랐을 때 반대편에서 어떤 남자가 버스에 오르는 것을 보았다. 그때 나는 순간적으로 퇴물이 된 훈장 같은 남자라고 생각했다. 그런데 그것도 맞은편 커다란 거울에 비친 내

모습이었다. 그렇다면 추레한 훈장 같은 외모가 내가 기대하는 특별한 인상보다 훨씬 더 일상적인 내 모습이었다.〉[256]

마흐에 따르면 〈나〉가 이렇게 덧없고, 믿을 만하지 못하고, 유동적이고, 스스로에 대해 아는 것이 없다면 확고한 〈나〉라고 할 만한 것은 없다. 따라서 이 사유 경제학자는 〈나〉를 제쳐 둔다. 그가 볼 때 감각만이 〈**홀로** 세계 속을 거닐〉 뿐이다.[257] 마흐는 이런 식으로 흄이 이미 18세기에 확인했던 것을 표현했다. 만일 〈나〉가 있다면 그건 경험의 대상으로서가 아니라 〈지각의 조합〉으로서의 나만 존재한다. 이건 환상이다. 아니 어쩌면 인간에게 꼭 필요한 환상일지 모른다. 뇌 속에 자신을 관리 감독하는 슈퍼바이저가 있다는 아름다운 (그리고 포기할 수 없는?) 감정을 안겨 주는 그런 환상 말이다.

맞는 말일까? 자아는 허상일까? 모든 일반인이 자기라고 믿는 것은 뇌 속의 자기기만적인 마법의 주문일까? 서구 철학자들이 지난 2천 년 동안 자기 확실성 속에서 굳게 믿은 〈나〉, 그러니까 세계의 사물들과 웬만큼 성공적으로 씨름해 온 〈나〉는 사기일까? 혹시 우리의 자아는 나의 모든 정신적, 감정적, 의지적 행위가 들락거리는 상부의 작은 방이 아닐까? 혹은 삶의 모든 부침을 버티게 하는 성곽일까? 내가 수십 년 살아가는 동안 나 자신을 동일한 존재로 느끼게 하는 편집되지 않은 영화일까?

철학과 자연 과학의 답은 당연히 오늘날까지도 명확하지 않다. 어차피 전통적 철학은 몇몇 예외만 제외하면 〈나〉가 대상이나 실체라고 주장하지 않았다. 칸트는 〈외적 감각의 대상〉으로서의 몸에 대비해 〈내적 감각의 대상〉으로서 〈나〉에 대해 말했다. 우리가 〈나〉라고 부르는 것은 무엇보다 〈자아 감정〉이다. 생물학적으로는 파악할 수 없지만, 그럼에도 정신적으로 존재하는 자아의 멜로디이다. 교향악단을 구성하는 악기 하나하나의 소리를 정밀하게 묘사한다고 해서 교향악의 멜로디가 드러나는 것이 아니듯 자아도 대상으로서는 파악할 수 없다. 오늘날 많은 뇌 과학자는 **하나**의 〈나〉가 아니라 여러 개의 〈나의 상태〉가 존재한다고 말한다. **몸으로서의 나**는 지금 나와 더불어 살아가는 몸이 실제로 나의 몸임을 알게 해주고, **공간 지각으로서의 나**는 내가 지금 어디에 있는지 말해 준다. **관점으로서의 나**는 내가 경험하는 세계의 중심이라는 사실을 전해 주고, **체험 주체로서의 나**는 나의 감각적 인상과 감정이 남의 것이 아니라 실제로 나의 것임을 말해 준다. **자신의 주인이자 통제자로서의 나**는 내가 내 생각과 행위에 책임을 져야 한다는 사실을 분명히 해주고, **자서전적인 나**는 내가 나 자신의 영화에서 주인공이고, 내가 시종일관 동일한 존재로서 스스로를 체험하고 있음을 보장한다. **성찰적 나**는 나에 대해 숙고하는 것을 가능하게 하고, 마지막으로 **도덕적 나**는 나에게 뭐가 선하고 뭐가 악한지 말해 주는 양심 같은 것을 내 속에 형성한다.[258]

이 모든 자아 상태와 관련해서 정신 병리학자들은 이런저런 자아가 제대로 작동하지 않을 때 뇌 속에 생리학적 장애가 발생하는 것을 발견했다. 예를 들어 영국의 정신 분석학자 올리버 색스(1933~2015)가 쓴 『아내를 모자로 착각한 남자*The Man Who Mistook His Wife for a Hat*』(1985)처럼 말이다. 국부적 자아 장애를 가진 환자를 영상 의학적으로 조사해 보면 정상적으로 작동하지 않는 뇌 부위가 발견된다. 가령 **몸으로서의 나**와 **공간 지각으로서의 나**는 두정엽과 관련이 있고, **관점으로서의 나**는 오른쪽 아래의 측두엽과 관련이 있다. **체험 주체로서의 나**도 오른쪽 아래의 측두엽의 기능과 어느 정도 관련이 있지만, 편도체와 림프계의 다른 영역과도 연결되어 있다.

그런데 이 자아 상태들이 여기서 아무리 깔끔하게 나누어진다고 하더라도 실제로 우리 뇌에서는 다 함께 버무려진다. 물론 어떤 때는 하나의 〈나〉가 불쑥 고개를 내밀고, 어떤 때는 다른 〈나〉가 강하게 고개를 쳐들기도 하지만, 우리의 일상적 의식 속에서는 이 모든 것이 거의 구분이 안 될 정도로 서로 뒤엉킨 채 작용한다. 일부는 가끔만 목소리를 내고, 나머지는 늘 함께한다. 각각의 태생도 무척 다양해 보인다. 어떤 것은 느껴지기만 하고, 나머지는 확실하게 인지된다. 관점으로서의 〈나〉에 대해서는 내가 할 수 있는 게 별로 없다. 그 〈나〉는 모든 사람에게 미리 주어져 있다. 그건 몸으로서의 나도 마찬가지다. 하지만 자서전적인 나는 의심할 바 없이 내가 직접 창조할 수 있다. 그것도 말을 통해서 말이다. 나는 나에 대해 이야기하고, 그로써 나 자신과 남들에게 나의 자아를 이야기할 뿐 아니라 동시에 나를 만들어 나간다. 동일한 것이 나의 성찰적 자아에도 해당된다. 어쩌면 나의 도덕적 자아도 마찬가지일지 모른다.

어쨌든 정상적인 사람이라면 생후 18~24개월에 보편적인 자아 감정을 형성한다. 유아가 처음으로 거울과 사진을 보면서 자신을 알아보는 시기다. 그러다 나중에 사회적, 법률적 〈인격체〉가 생겨난다. 자신의 행동에 책임질 수 있는 사회 구성원으로서의 자아다. 이 능력과 특성의 일부는 사춘기나 그 이후에 뇌에서 발달한다. 인격 발달은 자아 감정과 불가분의 관계에 있다. 이로써 인간이 〈나〉라는 슈퍼바이저에 의해 정신적으로 단단히 결집되어 있다는 오래된 생각은 부정되기보다 오히려 확증된다. 이 자아는 복잡한 사안이고, 가끔 다양한 자아로 나누어지기도 하지만, 그럼에도 자연 과학적으로는 간단하게 해명되지 않는, 느껴진 현실과 비슷하다. 그렇다면 하나의 〈나〉가 있다는 것을 확인하는 데는 우리가 스스로를 하나의 〈나〉로 느낀다는 관찰만으로 충분하지 않을까? 사회학자 루만은 말한다. 〈인간은 개체다. 그냥 간단히 개체여야 한다는 요구로서의 개체다. 그것으로 충분하다.〉 자아에 대해서도 똑같은 말을 할 수 있지 않을까?

마흐도 이렇게 쓴다. 〈자아는 변하지 않고 정해져 있고 선명하게 구분된 통일체가 아니다.〉 이 말은 맞다. 하지만 그렇다고 해서 우리의 감각만이 〈**홀로** 세계 속을 거닐〉 뿐이라는 것은 너무 나갔다. 자아는 상당히 세심한 유치원 교사로서 늘 우리 자신을 관찰하고, 함께 느끼고, 정도의 차이는 있지만 우리 자신에게 주의를 기울인다. 모호하고 다층적이고 다중 관점적 자아로서 말이다. 그러나 마흐는 느껴진 자아 없이 인식론을 통과하고 싶었고, 〈주체〉와 〈객체〉 대신 새로운 초석, 즉 **원소**를 세운다.

모든 것은 감각이다!

이와 관련한 핵심 내용은 마흐의 자서전에 잘 실려 있다. 그는 이렇게 쓴다. 〈인간의 내면 삶은 원소들로 분해될 수 있고, 인간의 체험은 두 가지 원소 집단에 달려 있다. 하나는 외적인 삶, 물리적 삶 또는 감각적 삶이고, 다른 하나는 내면의 삶 또는 표상의 삶으로서 정신적 삶이다.〉[259] 외부 세계와 내부 세계의 구분은 이미 페히너로부터 알고 있기에 특별히 새로울 건 없다. 다만 새로운 것은 물리학적 냄새를 풍기는 〈원소〉 개념이다. 철학자가 〈나〉와 〈세계〉를 구분하는 지점에서 마흐는 감각적 경험을 가능하게 하는, 신경계와 연결된 하나의 인식 기구만 상정한다. 객관성은 칸트처럼 사유의 논리적 전제 조건들을 골똘히 생각함으로써 밝혀지는 것이 아니다. 마흐에게 객관적인 것은 인간의 생물학적, 생리학적 기본 장치다. 정신 물리학자는 초월적 선험 대신 **생리학적 선험**만 안다.

마흐가 볼 때 전체 세계는 원소로 이루어져 있다. 그런데 원소는 그것이 우리에게 외부 세계의 물리적 자극으로 다가오느냐,

아니면 우리가 그것을 의식의 정신적 산물로 여기느냐에 따라 양적으로 다르게 나타난다. 어떤 것이 〈나〉 또는 〈세계〉, 주관적 또는 객관적으로 비칠지는 사물의 속성이 아니라 관점의 문제다. 내면의 시각에서 보면 사물은 정신적으로 보이고, 외부의 시각에서 보면 물질적으로 보인다. 이로써 마흐에겐 철학에서 가장 큰 골칫거리 중 하나였던 몸-영혼의 문제가 해결된다. 물질적인 것이 정신적으로 변하는 것이 아니라 무언가가 물질적인지 정신적인지는 **관찰의 문제**일 뿐이다.

내면의 시각에서 보면 세계는 **감각의 앙상블**이다. 감각 하나하나는 모두 진실하다. 왜냐하면 실존하는 것이기 때문이다. 잘못된 감각은 없다. 다만 잘못된 추론만 있을 따름이다. 하늘이 우리 눈에 파랗게 보인다면 하늘은 실제로 파랗게 보이는 것이다. 반면에 우리 눈에 파랗게 보인다고 해서 물리적으로 볼 때 하늘이 파랗다고 말하는 것은 진실한 감각을 잘못 추론한 것이다. 이 둘을 구분하기 위해 필요한 것이 과학이다. 과학은 인간이 습득한 인식 방법 가운데 진화의 최고 단계다. 내가 특정 사물에 대해 더 많이 알수록 잘못된 경험을 할 위험은 점점 줄어든다. 인식은 이점이 있기 때문에 존재한다. 다시 말해 불필요한 경험에 에너지를 낭비하는 것을 막고 생존을 보장해 주는 것이 인식이다.

인식을 점점 넓혀 나가려면 인간은 자신의 경험을 최상으로 저장하는 법을 배워야 한다. 이러한 정보 저장고가 개념이다. 개념은 사유 경제학의 원칙을 따른다. 하나의 개념은 수천의 몸짓보다 더 많은 것을 말하고, 비할 바 없이 정교하다. 인간은 언어를 통해 자신의 감각을 파악하고, 좀 더 쉽게 조망하고, 체계화할 수 있다. 그로써 우리의 내면세계는 조금씩 윤곽이 드러나고, 그러다 마지막에는 이념과 이론 같은 지극히 복잡한 표상으로까지 나아간다. 이 모든 것의 최상위 단계에는 정밀과학이 있다. 이것은 개념 대신 수나 알파벳처럼 한층 더 추상적인 기호로 작업한다. 근대적 인간은 자신들이 직접 만든 상징 우주, 즉 극단적으로 농축된 기호의 우주 속에 산다. 동물적 본능의 점진적 상실을 감수하고 얻은 엄청난 진보다.

이어 미래의 철학자, 심리학자, 신경 과학자를 위한 연구 강령이 언급된다. **감각 복합체**를 연구해야 한다는 것이다. 이건 간단한 일이 아니다. 〈감각〉은 철학에서 가장 까다로운 개념 가운데 하나다. 그것을 확고하게 포착할 방법은 없다. 이런 점에서 많은 철학자가 어떻게든 감각을 비켜 가려고 했던 이유를 충분히 짐작할 수 있다. 기억하겠지만 헤르바르트는 감각을 조사하고자 했던 소수의 철학자 중 하나다. 경험 세계의 현상은 어떻게 내적 표상이 될까? 외부 세계가 감각을 통해 내부 세계와 소통한다면 우리는 감각을 어떻게 이해해야 할까? 헤르바르트는 여기서 자신이 지극히 어려운 영역과 관계하고 있음을 알아차리고, 그 해결을 위해 종합적인 내적 천체 물리학을 발명한다. 검증되지는 않지만 제법 근사한 물리학이다. 하지만 근본적인 문제는 사라지지 않는다. 감각에 대해 말하는 사람은 부득이 대상과 자극을 언급할 수밖에 없다. 하지만 감각 자체는 대상도 자극도 아니다. 우리는 감각을 통해 〈아름답다〉, 〈유쾌하다〉, 〈충격적이다〉, 〈혼란스럽다〉, 〈편안하다〉, 〈역겹다〉는 말을 한다. 하지만 이런 말은 감각이 아니라 판단이다. **자극은 감각 이전에 존재하고, 판단은 감각 이후에 존재한다.** 감각 자체는 사물과 판단 사이를 이리저리 떠도는 유령과 비슷해서 잡을 수가 없다.

감각을 설명할 수 없는 것은 마흐도 마찬가지였다. 하지만 그는 애초에 설명할 생각을 하지 않았다. 감각은 정신적 원소, 즉 정신을 이루는 가장 기본적인 요소다. 무엇이 기본적인지는 따져 물을 필요가 없다. 지금껏 물리학자와 철학자들은 물리적 몸과 의식적 자아를 실체로, 둘 사이의 감각은 설명이 부족한 것으로 여길 때가 많았다. 하지만 마흐는 거꾸로 감각을 실체로, 몸과 자아를 설명이 부족한 것으로 보았다. 〈자아〉는 이미 멀리 휴가를 보냈기에 이제 그에게 남은 건 물리적 몸뿐이다. 그렇다면 몸은 무엇일까? 마흐는 감각 이론서를 출간하기 3년 전에 발표한 『발전 속의 역학. 역사 비판적 설명*Die Mechanik in ihrer Entwicklung. Historisch-kritisch dargestellt*』(1883)에서 그것을 밝히고 있다. 〈몸은 동일한 공간 감각 및 시간 감각과 연결된, 촉각과 빛 **감각**의 지속적인 총합이다.〉[260] 마흐를 〈인상주의자〉라고 부르는 이유가 여기서 이해된다. 그에게 물질은 감각들의 합법칙적인 연결에 지나지 않는다. **실재적인 것**은 인상뿐이다. 물리학이나 철학이 실체라고 설명한 것들은 실재가 아니다.

이제부터 마흐는 완전히 맨손으로 나아간다. 〈형이상학적〉 목발에 해당하는 〈자아〉와 〈몸, 물질, 대상 또는 사물〉은 옆으로 치워 버린다. 이제 남은 건 감각, 즉 정신적으로 지각된 원소뿐이다. 이것들이 우리의 〈세계〉를 구축한다. 외부 세계의 특정 자극이 반복해서 똑같은 감각을 불러일으킨다면 우리는 이 자극의 기원을 실제적인 것, 즉 〈실체〉로 여긴다. 이것이 가능한 이유는 우리가 기억을 갖고 있고, 그전에 저장해 둔 감각을 새 감각과 조율할 수 있기 때문이다. 우리 감각은 기억을 통해 입체화되고, 우리는 그것을 시간적, 공간적으로 정리한다. 게다가 마흐에 따르면 감각 자체는 결코 중립적이지 않다. 우리가 감각하는 모든 것은 가치 판단, 즉 칸트도 이미 알고 있듯이 〈편안하거나 불편한〉 판단을 수반한다. 이 점에서 인간은 동물과 구분되지 않는다. 다만 우리는 이 가치 판단을 추상화함으로써 다른 가치 판단, 즉 〈옳거나 그르다〉고 하는 판단을 추가할 수 있다. 이것이 다른 동물과의 가장 큰 차이이고, 이런 가치 판단 없이는 도덕도 학문도 존재할 수 없다.

인간은 무의식적으로건 의식적으로건(마흐에게 이 차이는 그리 중요하지 않다) 지각하는 모든 것을 평가하기에 우리의 감각은 표상을 불러일으킨다. 이 표상은 연상적으로 서로 연결된 감각들에 다름 아니고, 이 감각들은 예를 들어 나의 〈자아〉, 나의 세계관, 나의 정치 신념, 나의 도덕관념처럼 거대한 표상 복합체로 확장될 수 있다. 나는 단순한 표상에 대해서는 언어가 필요하지 않지만, 이 표상들을 거대한 복합체로 그물망처럼 연결하는 데에는 개념의 도움이 필요하다.

그렇다면 인간에게는 왜 그런 욕구가 생길까? 마흐에 따르면 우리의 생존 의지 때문이다. 생존 의지는 우리를 앞으로 나아가게 하고, 그 과정에서 점점 더 세분화된다. 이 의지가 복잡해질수록 표상은 더 까다로워지고, 표상이 복잡해질수록 의지도 더 까다로워진다. 이 의지는 마흐에게 무척 중요한 만큼 설명도 쉽게 이루어져야 했다. 그가 보기에 쇼펜하우어가 거대한 어둠의 힘이라 여겼던 것은 복잡한 물리적 상호 작용 속에서 이루어지는 중요한 조절 메커니즘에 지나지 않는다.

마흐가 썼던 모든 것은 둘 중 하나다. 물리학에서 의식으로 전이한 것이 아니면 내면의 목소리에 귀 기울이고 스스로를 관찰해서 깨달은 것이다. 그런데 결과는 그 자신도 인정했듯이 전적으로 만족스럽지는 못했다. 그는 자신의 이론을 신경 과학적으로 증명하고 싶었다. 하지만 세기 전환기의 뇌 연구는 그런 이론을 검증하기에는 아직 한참 모자랐다. 스페인 의사 산티아고 라몬 이 카할(1852~1934)은 1906년 뇌의 최소 단위, 즉 뉴런의 의미를 깨닫고 그것들의 섬세한 연결과 가지치기를 밝혀낸 업적으로 노벨상을 받았다. 그의 영국인 동료 찰스 스콧 셰링턴(1857~1952)은 1897년 신경 세포 간의 연결 부위를 찾아내 〈시냅스〉라 이름 붙이고 그 기능을 밝혀냈다. 이런 성과에도 불구하고 세기 전환기의 연구는 감각들의 복잡한 관련성을 찾아낼 수준은 아니었다. 그러니 자극이 의식으로 이어지는 수수께끼에 대해서는 말할 것도 없었다. 그런데 신경 생물학자들은 마흐의 이론에서 현대 뇌 연구를 위한 중요한 선구적 작업을 알아보았다. 오늘날 우리가 감각을 파동으로 확장되는 신경적 흥분 상태로 여긴다면 그 생각의 대부(代父)는 바로 마흐였다. 오늘날 뇌 과학자와 정신 철학자들이 〈세계〉를 뇌 속의 〈대리 기관〉이라고 본다면 철학하는 이 물리학자는 예전에 벌써 프라하 실험실에서 그것을 정확하게 알아보았다.

일원론이냐 이원론이냐?

마흐는 물리학자와 철학자로서는 굉장히 중요한 인물이었지만 심리학자들 사이에서는 논란이 분분했다. 실험 심리학이 아무리 거침없이 승리의 진군을 계속해 나가더라도 심리학이 맨 처음 연구의 출발점으로 삼았던 〈자아〉를 포기하라는 것에 동의할 심리학자가 어디 있겠는가? 게다가 심리학이 더는 〈자아〉의 자연 과학이 아니라면 대체 뭐란 말인가?

마흐 당시 영국에서는 스코틀랜드 출신의 알렉산더 베인(1818~1903)이 심리학 영역에 확고한 울타리를 쳤다. 밀과 가까운 친구로 다방면에 관심이 많은 남자였다. 가난한 집안 출신의 그는 학교 수업에 쓸 영어 문법서를 썼고, 그 밖에 국민 교육과 관련해 많은 아이디어를 냈다. 수업 시간에는 과거의 잔재를 청산하고 많은 것을 현대화할 필요가 있음을 강조했다. 베인은 자연 과학을 강화하고 싶었고, 학생들에게 현대 언어를 배우라고 가르쳤다. 심리학자로서 이름을 얻은 데에는 1855년과 1859년에 잇따라 발표한 『감각과 지성*The Senses and the Intellect*』 및 『감정과 의지*The Emotions* *and the Will*』 덕이 컸다. 콩트와 밀이 사회학과 논리학에 많은 업적을 세운 것처럼 베인은 심리학에 똑같은 일을 하고 싶었다. 이 분과는 기존의 모든 형이상학을 쓰레기통에 버려야 한다. 모든 심리 상태는 생리학적으로 명확하게 설명될 수 있다. 〈심리학〉 분과는 그 자체로 자연 과학이다. 인간이 〈의지〉라고 부르는 것조차 신체 활동에 그 뿌리가 있다. 동시대 독일에서 만년의 쇼펜하우어와 청년 하르트만이 의지에 대해 생각했던 것과는 어마어마하게 큰 차이가 있는 주장이다. 베인이 볼 때 두 독일인이 형이상학적 원칙으로 생각했던 것은 육체적 욕구의 보잘것없는 표현에 지나지 않았다.

그에 반해 독일에서는 심리학이 아직 한참 더 철학과 밀접하게 연결되어 있었다. 페히너와 그의 라이프치히 동료 에른스트 하인리히 베버(1795~1878)는 〈정신 물리학〉을 실험으로 탐구하고 설명하려는 소수파에 속했다. 시대에 좀 더 전형적인 것은 로체처럼 전통 철학을 경험 심리학적 연구와 연결시키는 것이었다. 심리학은 〈마음의 생리학〉이어야 하지만, 〈철학적 심리학〉은 그것과 뚝 떨어져서 혼자 계속 좀 더 높은 차원의 의식 과정을 담당했다. 생리학은 투박한 것을, 철학은 복잡한 것을 담당하는 식의 이런 영역 분담은 로체의 심리학에서도 바뀌지 않았다. 그는 심리학 영역에서 탐구욕이 무척 강했음에도 실험적인 방법은 쓰지 않았다. 측정을 거부했고, 자료를 분석하지 않았으며, 수학적 방식을 질책했다. 로체의 작업실은 실험실이 아니라 서재였다.

전환은 로체가 죽기 직전인 1879년에 찾아왔다. 전환의 주인공은 라이프치히 철학 교수 빌헬름 분트(1832~1920)였다. 네카라우 출신의 이 남자는 하이델베르크와 튀빙겐에서 의학, 자연 과학, 철학을 공부했다. 베를린에서는 유명한 생리학자 요하네스 뮐러(1801~1858)의 연구소와 뒤부아 레몽 밑에서 일했다. 1858년부터 1863년까지는 하이델베르크에서 헬름홀츠의 조교로 일했고, 거기서 『감각 지각론*Beiträge zur Theorie der Sinneswahrnehmung*』을 출간했다. 자기 분과의 석학들 밑에서 배운 분트는 하이델베르크에서 인간학과 의학 심리학 담당 교수가 되었다. 1874년에는 취리히에서 단기간 귀납적 철학을 강의하다가 아베나리우스에게 자리를 물려주었다. 1875년부터는 라이프치히에서의 기나긴 활동 기간이 시작되었다. 실험실 심리학의 중심지이자 페히너와 베버가 근무하는 대학이었다. 여기서 분트는 〈실험적 심리학 실험소〉를 세웠고, 1884년에는 〈실험 심리학 연구소〉로 이름을 바꾸었다.

분트는 하이델베르크에 있을 때 이미 『생리학적 심리학 요강*Grundzüge der Physiologischen Psychologie*』(1874)을 썼다. 그는 22년 전 로체의 『의학 심리학 또는 영혼 생리학』처럼 생리학적 과정과 심리학적 과정을 나누었다. 이 둘은 질적으로 완전히 달랐다. 한쪽에서는 단순한 영혼 과정이, 다른 쪽에서는 의식적 영혼 과정이 진행된다. 그렇다면 영혼 속에서 이 둘의 협연은 어떻게 이루어질까? 여기서 분트가 〈자아〉 대신 〈영혼〉이라는 용어를 쓰고 있다면 그건 동시대의 마흐처럼 실체를 떠올리면서 한 말이 아니다. 우리가 〈영혼〉이라고 부르는 것은 사실 **심리적 사건**, 즉 우리의 마음속에서 일어나는 일에 다름 아니다.

이 실험 심리학자는 저마다 독특한 삶의 내력을 가진 전체로서의 인간을 탐구하지 않는다. 그가 과학적으로 주목한 것은 **사건**이다. 한 인간의 행위나 사건을 이해하려면 세 가지를 조사해야 한다. 느낌, 생각, 그리고 분트가 추가한 **욕망**이다. 〈의지〉를 보지 못하면 거의 모든 영혼 활동은 이해되지 않는다. 이 중요한 보충으로 분트는 페히너와 베버를 뛰어넘는다. 이때 그는 쇼펜하우어보다 훨씬 더 철저하게 〈욕망〉을 해부한다. 〈프랑크푸르트의 부처〉에게는 의지가 모든 것을 관장하는 유일한 근원 충동이었다면, 분트에게 〈욕망〉은 모든 감정과 심지어 충동까지 앞서는 근원적 동기 유발자일 뿐이다. 쇼펜하우어가 하나의 통일체로 보았던 것을 분트는 처음엔 하나의 동인으로, 그다음엔 욕구와 탐욕, 소망, 동경, 그밖에 다른 동기들이 무수히 섞여 있는 것으로 보았다.

마흐가 자신의 확고한 토대를 〈원소〉에서 찾았다면 분트는 의지의 〈근본적 사실〉에서 찾았다. 시간이 흐르면서 라이프치히 실험실에서 나온 결과들은 『생리학적 심리학 요강』을 세 권으로 불어나게 했고, 아울러 그를 당대 유럽에서 가장 중요한 심리학자로 만들었다. 세계 각지에서 대학생들이 분트의 실험실에서 이루어지는 영혼 분석 작업을 직접 목격하고자 라이프치히로 몰려들었고, 200명 가까운 학생이 그 밑에서 박사 논문을 썼다. 그러나 분트는 이 정도로 만족하지 않았다. 모든 고전 분과, 즉 논리학, 윤리학, 형이상학을 심리학 연구 수준으로 끌어올려 어떤 모순도 없는 체계를 세우고자 했다.

그러나 분트가 〈체계〉라고 생각했던 것은 철학적, 심리학적 설명이 어지럽게 뒤섞인 방대한 자료 수집의 형태로만 점점 커져 나갔다. 『논리학*Logik*』(1880)에서 그는 밀을 이어받아 올바른 과학적 방법론 문제를 다루었지만, 새로운 내용은 전혀 없이 세 권의 책만 채워 나갔다. 『윤리학*Ethik*』(1886)에서는 칸트의 도덕 계명을 자연에서 나타나는 보편적 정신 발전의 합법칙적인 산물로 해석했다. 삶이 점점 의도적으로 변할수록 인간은 선으로의 의지와 함께 최고 단계에 이르기 위해 점점 윤리적으로 변해 간다는 것이다. **칸트와 스펜서의 융합**, 이것은 쾨니히스베르크의 위대한 철학자로서는 도저히 받아들일 수 없는 잡탕 철학이었다. 게다가 분트가 열 권짜리 『민족 심리학*Völkerpsychologie*』(1900~1920)에서 민족을 자기만의 발전 법칙을 가진 복잡한 유기체로 파악한 것은 너무 멀리 나간 것이었다. 이로써 그는 웨스터마크 뒤로 한참 밀릴 수밖에 없었다.

그런데 라이프치히의 이 심리학자는 마지막까지 자신을 위대한 종합 철학자로 생각했다. 그것도 〈오성의 요구와 마음의 욕구〉를 〈만족할 만한 세계관과 인생관〉으로 통합한 〈어떤 모순도 없는 체계〉를 세운 최초의 철학자로 말이다.[261] 1889년 『철학 체계 *System der Philosophie*』에서 그가 직접 쓴 글이다. 분트는 『윤리학』에서 그랬듯이 이 책에서도 칸트와 연결 고리를 만든다. 심리학은 인간 오성이 파악할 수 있는 것만 묘사할 수 있다. 다른 건 모두 이성과 형이상학의 몫이다. 이것들은 앞으로도 계속 우리에게 중요한 〈전제〉를 제공할 것이다. 이 점에서 분트는 마흐와 극단적으로 갈라진다. 마흐가 볼 때 실험 심리학의 시대에 형이상학은 이미 수명을 다했다. 반면에 분트는 여전히 그것을 포기할 수 없는 것으로 보았다. 그에겐 모든 한정된 의지 영역을 뛰어넘어 전 인류를 〈특정 목적 의지의 의도적 실행으로 통합하는 전체 의지〉로 주장하려면 형이상학이 필요했다. 분트가 볼 때 사회적 진화의 시초엔 모호한 개별 의지가 있었고, 마지막 목표 지점엔 윤리적 전체 의지가 있었다. 자연주의적 빵틀에다 라이프니츠의 단자론을 조금, 셸링과 헤겔 철학을 한 움큼 넣어 구운 철학이다. 그에 따르면 진화의 오븐에서는 정신 물리학적 전체 의지의 효모가 벌써 부풀어 오르고 있다.

마흐는 프라하에서 이 모든 것을 점점 의아해하는 시선으로 바라보고 있었다. 그전까지 그렇게 촉망받던 라이프치히의 정신 물리학이 다시 형이상학의 늪에 빠진 것일까? 영혼과 세계, 의식과 물질이라는 불길한 〈이원론〉이 끝내 유지되는 것일까? 심리학은 이원론을 떨쳐 버리고 마흐 이후 오랫동안 숙제로 남아 있던 〈일원론〉을 쟁취할 수 없을까? 심리학이 〈의지〉를 형이상학의 황홀경 속에 빠뜨린 채 계속 허우적거려야 할까? 정치적으로도 두 사람은 확고하게 갈렸다. 분트는 점점 보수적인 색채를 띠어 갔고, 마흐는 확고한 신념으로 사회 민주주의를 지지했다. 분트가 의지 공동체의 표현으로 보았던 〈민족성〉을 마흐는 강력하게 거부했다. 그는 세기 전환기의 오스트리아에서 거세게 불붙기 시작하던 국수주의를 〈한탄스러운 편협함과 끔찍한 퇴보〉의 전형으로 여겼다.[262] 이런 확고한 사회 민주주의적 신념과 오스트리아 사회 민주당 당수 빅토르 아들러(1852~1918)와의 친분 때문에 그사이 여기저기서 유명해진 마흐를 빈 대학으로 초빙하려는 계획도 계속 미루어졌다. 마흐가 그렇게 열망하던 이 계획은 1895년에야 성사되었다. 빈 대학에서 〈철학, 특히 귀납적 학문의 역사〉를 담당하는 교수 자리였다. 그러나 빈에서 지낸 지 3년 만에 마흐는 뇌졸중으로 쓰러졌다.

그럼에도 1901년에 퇴임한 마흐는 세기 전환기의 아이콘이 된다. 온갖 분과의 학자와 수많은 지성인이 교류를 청했다. 게다가 「대중 과학 강연」(1896)에서는 난해한 자연 과학적 문제들을 일반인도 충분히 알아들을 수 있게 설명함으로써 대중적 인기를 얻었다. 1905년에 그의 두 번째 철학 주저 『인식과 오류*Erkenntnis und Irrtum*』가 출간되었다. 여기서 그는 『감각 분석』에서 준비했던 것을 한층 정교하게 다듬었다. 모든 사고는 생존에 이용된다. 단, 판타지 속에서 예술적 연상으로 독립하는 경우만 빼고 말이다. 인류의 진보에서 더 많은 사유가 검증되고 〈진실로 확인〉될수록 우리의 세계상은 점점 더 과학적으로 변하고, 그러다 마침내 인간 종의 사유는 완벽한 과학성을 획득하게 된다. 따라서 자연 과학적 실험도 아직 거친 단계의 창조적 표상에 다름 아니다. 그것의 〈진실성〉, 다시 말해 실험 결과가 항구적이고, 그래서 〈참〉으로 증명되는지에 따라 우리가 부단히 조절해 나가는 표상 말이다. 마흐가 볼 때 많은 오류도 진리로 가는 도상의 중요한 단계다. 1908년에 마흐로 박사 논문을 썼던 무질은 마흐의 그런 생각을 『특성 없는 남자』에서 다음과 같이 아름다운 표현으로 남긴다. 〈우리는 헤매면서 나아간다!〉

재발견된 자아

마흐 철학은 미완성 상태였음에도, 아니 바로 그 점 때문에 빈의 공학자와 철학자, 문학가 모두 그에게 열광했다. 사람들은 전통 철학이 그의 새로운 〈일원론〉으로 해체되는 과정을 황홀한 시선으로 따라갔다. 마흐는 감각 인상주의로 자신은 알 리 없었겠지만 세기말의 시대정신을 누구보다 정확히 명중시켰다. 사람들은 이 급진적인 사상가에게 경탄했고, 그를 시대의 구루로 여겼다. 훗날 인공 두뇌학자 노버트 위너(1894~1964), 현상학자 빌렘 플루서(1920~1991), 미디어 이론가 마셜 매클루언(1911~1980) 같은 독창적인 사상가들에 비견될 만큼.

세기 전환기의 빈은 인구 200만의 대도시로 불과 30~40년 만에 세계의 문화 수도 가운데 하나로 우뚝 섰다. 도시의 화려한 외관은 합스부르크 왕가의 찬란한 과거를 거울처럼 비추고 있었지만, 정작 그 뒤에서는 철학자와 문학가, 예술가, 건축가, 음악가 들이 과거 오랫동안 만들어 왔던 도시의 자화상을 파괴하고 있었다. 분리주의*의 제7차 전시회를 위해 구스타프 클림트(1862~1918)는 빈 대학의 천장에 〈철학〉 파트를 그렸다(352면 그림 참조). 이 그림에서는 생성과 생산적 존재 옆에 죽음과 소멸이 나란히 서 있다. 세계 수수께끼로서의 지구는 어두컴컴하고, 분위기는 음습하

* 19세기 말 독일과 오스트리아를 중심으로 기존의 역사주의에서 벗어나 보수적이고 폐쇄적인 예술을 타파하고 진보적인 예술 창조를 목표로 삼았던 흐름.

고, 어떤 이성도 인간의 악몽을 환하게 비추지 못하고, 포동포동하고 흐릿한 앎의 여신도 더 이상 광채를 발하지 않는다. 건축가 오토 바그너(1841~1918)와 아돌프 로스(1870~1933)는 19세기 역사주의*의 건축 양식과 단절하고 현대 건축술의 길을 제시했으며, 음악에서는 구스타프 말러(1860~1911)와 쇤베르크가 〈새로운 음악〉의 개척자이자 대표자를 자청하고 나섰다.

그러나 문화의 변혁은 지성과 예술의 떠들썩한 운동에 그치지 않았다. 분위기는 들끓었고, 토대가 무너진 곳에서는 폭력의 판타지, 즉 마음껏 폭력을 펼치려는 근본주의가 번성했다. 1907년 가을 열여덟 살의 히틀러가 빈 미술 대학에 지원했다가 고배를 마셨다. 많은 대표적인 지식인과 의사, 사업가, 법률가 들이 유대인이었기에 반유대주의 역시 활개를 쳤다. 우파의 판타지는 좌파의 판타지만큼 번성했다. 빈은 사회 민주주의자 빅토르 아들러의 도시인 동시에 오스트리아의 마르크스주의자 오토 바우어(1881~1938)의 도시이자, 시온주의의 중요한 대부 격인 테오도어 헤르츨(1860~1904)의 도시였다.

수많은 외국 지식인도 세기 전환기에 빈으로 이주했다. 그들 가운데 젊은 러시아 의사이자 철학자인 알렉산드르 보그다노프(1873~1928)는 마흐에 대해 알게 되었다. 볼셰비키주의자였던 그는 세 권짜리 저작 『경험 일원론*Empiriomonismus*』(1904~1906)을 써서 젊은 러시아 인텔리겐치아들에게 마흐를 알렸고, 이 때문에 레닌으로부터 혹독한 비판을 받았다. 볼셰비키 당의 창시자는 마흐의 경험 비판주의가 유물론의 토대를 허물고, 그와 동시에 마르크스주의적 세계관까지 무너뜨릴 것이라고 염려했다. 틀린 말은 아니었다. 그래서 레닌은 헬싱키와 제네바로 도주해야 하는 혼

* 모든 사회 현상은 역사적 생성 과정에 있고, 가치와 진리도 역사 발전 과정 속에서 파악해야 한다는 사상.

란스러운 정치 투쟁 와중에도 따로 시간을 내어 보그다노프의 책을 비판하는 400면 분량의 책을 썼다. 『유물론과 경험 비판주의 *Materialismus und Empiriokritizismus*』(1908)가 그것이다.

다방면으로 박학다식한 이 혁명가는 버클리와 흄 이후의 경험론적 전통을 프랑스 계몽주의의 유물론과 대치시킴으로써 현재까지 이르는 갈등 전선을 부각시켰다. 그는 〈물질〉에 대한 저마다의 표상을 밝혀내려고 포이어바흐, 헬름홀츠, 신칸트학파 할 것 없이 모두 철저히 해부했다. 레닌이 볼 때 아베나리우스와 마흐의 감각론은 19세기 말경 물질이 사라진 물리학의 결과가 아니라 그런 물리학이 처한 위기의 표현이었다. 경험 비판주의는 그 자신이 말한 것처럼 자아와 물질의 이원론 저편에 있지 않았다. 레닌은 마흐의 이론을 관념론, 그러니까 마르크스와 엥겔스를 통해 이미 극복된 것으로 여겨졌던 철학 전통의 최신 절규로 보았다.

그사이 빈의 카페 첸트랄Café Central에서는 마흐를 두고 문학가들 사이에 치열한 논쟁이 벌어졌다. 작가이자 비평가로서 빈 문화계의 핵심 인물인 헤르만 바르(1863~1934)는 1903년에 「구제할 길 없는 자아」라는 에세이를 신문에 발표했다. 그는 마흐의 『감각 분석』을 거론하면서 이 저작에 담긴 〈놀라울 정도의 명료함〉을 격정적으로 예찬했다. 저자 개인에 대한 칭찬도 아끼지 않았다. 마흐는 〈악의 없는 조롱을 유머로 부드럽게 풀어내는 재주〉가 있고, 〈가끔 언어의 한계를 넘어서는 것 같은 까다로운 문제를 우아하고 생동감 넘치게 설명할 줄 아는〉 사람이라는 것이다. 바르는 〈자아〉의 〈구제 불능성〉에 완벽하게 동의했다. 〈자아〉는 〈단지 이름뿐으로 하나의 허상에 지나지 않는다. 그것은 우리가 머릿속의 표상을 정리하기 위해 실용적으로 필요한 임시변통이다. 존재하는 것은 색깔과 소리, 온기, 압력, 장소, 시간의 연결뿐이고, 이 연결들에 기분과 감정, 의지가 구속된다. 모든 것은 영원한 변화 속에 있다. 영속성이나 지속성이라는 것도 일부 변화가 상당히 느리게 진행되기에 그렇게 보이는 것뿐이다. 세계는 중단 없이 계속되고, 그런 가운데 부단히 소멸된다. 존재하는 것은 바로 이러한 과정이다. 색깔과 소리, 온기를 빼면 남는 것은 없다〉.[263]

바르의 동료 작가 호프만슈탈은 자아의 상실을 당혹스럽게 경험한다. 1902년 여름 그는 『찬도스 경의 편지*Chandos-Brief*』에서 유명한 문장을 쓴다. 〈무언가를 연관 지어 생각하거나 말하는 능력이 내게서 완전히 사라졌다. …… 정신, 영혼, 육체라는 말을 발설하는 것만으로도 설명할 수 없는 불쾌감이 치민다. (왜냐하면) 어떤 판단을 내리기 위해 자연스럽게 혀를 이용해서 내뱉는 그런 추상어들은 마치 썩은 버섯처럼 입안에서 바로 부서져 버리기 때문이다.〉[264] 더 이상 버팀목은 없었다. 자아도 계속 이리저리 휩쓸리고, 덧없고, 기분에 좌우되고, 자기기만에 사로잡혀 있었다. 슈니츨러의 드라마와 리하르트 베어호프만(1866~1945)의 작품을 관통한 것도 바로 그것이었다.

〈빈 모더니즘〉의 작가들이 아주 신이 나거나, 아니면 살짝 불안해하며 자아의 해체에 대해 글을 쓰는 동안 당시 영향력 있는 한 철학자는 해체된 〈자아〉를 다시 하나로 묶기 시작했다. 프란츠 브렌타노(1838~1917)는 마흐와 나란히 빈 철학계를 대표하는 인물이었는데, 1895년에 피렌체로 이주했다. 낭만주의 작가 클레멘스 브렌타노(1778~1842)의 조카인 그는 원래 가톨릭 성직자의 길을 걸었다. 그러다 가톨릭교회가 1870년 제1차 바티칸 공회의에서 교황의 무오류성에 관한 도그마를 선포하자 반기를 들었고, 1873년 뷔르츠부르크에서 성직자의 길을 떠나 곧장 빈 대학의 철학 교수가 되었다. 그 무렵 그의 방대한 주저 『경험론적 관점의 심리학*Psychologie vom empirischen Standpunkt*』(1874)이 발표되었다.

브렌타노도 다른 많은 심리학자처럼 최대한 객관적이고 과학적인 심리학을 원했다. 그가 전범으로 삼은 사람은 로크와 흄, 밀, 그리고 당시에는 거의 잊힌 수학자이자 철학자인 베른하르트 볼차노(1781~1848)였다. 브렌타노는 1837년에 출간된 볼차노의 네 권짜리 저서 『과학론*Wissenschaftslehre*』을 빈 대학 시절에 접했다. 그런데 점점 더 경험론적인 방법으로 넘어가던 동료들과 달리 그는 심리학의 객관성과 과학성을 위해 자연 과학적 방법론을 동원하지 않았다. 심리 현상은 의식 상태다. 우리는 무언가를 떠올리고 판단하고, 그러면서 마음의 움직임을 행동으로 옮긴다. 여기서 무슨 일이 벌어지는지 알려면 우리 자신을 인지해야 한다. 타인은 우리의 표상 내용을 인지할 수 없기 때문이다. 따라서 심리학은 자기 자신에 대한 인지를 실험으로 대체할 수 없다. 무언가가 우리의 관찰자가 아닌 우리 자신에게 뚜렷하고 명료할 때만 **명증성**이 나타난다.

브렌타노는 아리스토텔레스와 중세 스콜라 철학을 다시 꺼내 들면서 〈지향성Intentionalität〉이라는 철학 개념을 소생시킨다. 우리가 무언가를 체험한다는 것은 그것과 관련을 맺는다는 뜻이다. 우리는 어떤 집을 보면서 그것이 우리 집이거나 다른 누군가의 집이라고 판단한다. 어린 시절을 떠올릴 경우에는 과거를 우리 자신의 현재 느낌이나 판단과 관련시킨다. 모든 감정과 사고는 우리가 표상하거나 떠올리는 것이 실제로 존재하든 그렇지 않든 〈자기 자신과 관련을 맺는 것〉을 뜻한다.

따라서 브렌타노에 따르면 올바른 심리학은 자연 과학이 아니라 의식 철학이다. 의식은 〈명증성〉이라는 기준의 도움으로 자기 자신에 대한 명료성을 확보하고, 자기 자신을 지각한다. 이때 의식은 내가 나 자신이나 다른 무엇과 관계를 맺는 다양한 사고 행위를 구분한다. 결국 브렌타노의 철학은 〈행동 심리학〉이다. 그에 따르면 물리학자인 마흐가 찾지 못한 〈자아〉는 자연 과학적으로도 결코 발견될 수 없다. 그렇다고 자아를 〈형이상학적 오류〉로 간주해서는 안 된다. 〈자아〉는 무언가와 관련을 맺는 내 체험의 중심으로서 포착하지는 못하지만 늘 존재한다.

우리가 사물과 어떻게 관련을 맺는지, 그리고 어떤 합법칙성에 따라 객체를 파악하는지 알아내려면 지각을 집중적으로 연구해야 한다. 브렌타노는 생전에 발표되지 않은 『기술 심리학 *Deskriptive Psychologie*』에서 그 작업을 했다. 그로써 마흐의 공간 지각에 대한 연구와 함께 새로운 분과, 즉 형태 심리학에 깊은 영감을 주었다. 이 분과의 창시자인 오스트리아 철학자 크리스티안 폰 에렌펠스(1859~1932)는 브렌타노의 제자였다. 베를린 심리학 연구소 소장 카를 슈툼프(1848~1936)도 마찬가지였다. 그는 〈베를린 형태 심리학 학파〉의 수장으로서 소리와 음악에 대한 지각 문제를 집중적으로 연구했다.

체험이란 무엇일까? 누가 그것을 해독할 수 있을까? 자연 과학일까, 아니면 자기 관찰일까? 객관적 측정일까, 내면의 목소리에 귀 기울이는 방법일까? 모든 인식의 올바른 출발점은 무엇일까? 〈원소〉일까, 〈의지〉일까, 아니면 〈지향성〉일까?

마흐가 『감각 분석』을 쓰고, 브렌타노가 『기술 심리학』을 숙고하는 사이 빈의 거리에서는 또 다른 두 남자가 어슬렁거리고 있었다. 나중에 그런 문제들에 대해 결정적인 기여를 하게 될 사람들이다. 한 남자는 20대 중반이고, 다른 남자는 20대 후반이었다. 오늘날을 기준으로 보면 당시의 어떤 사상가도 이 두 남자의 빛을 넘지 못했다. 첫 번째 남자는 수학자로서 군 복무 중이었고, 브렌타노 심리학에 열광했다. 두 번째 남자는 신경 병리학 분야에서 막 교수 자격시험을 통과한 강사로서 의대 시절부터 브렌타노 강의를 들었으며, 그럼에도 심리학을 확고한 자연 과학 토대 위에 세우려 했다. 후설과 프로이트의 이야기다.

심리학이냐 논리학이냐?

브렌타노의 강의실에 앉아 있던 젊은 수학자는 자신의 길을 찾는 사람이었다. 1859년 메렌 지방의 프로스니츠에서 유대인 포목상의 아들로 태어난 그는 라이프치히에서 수학과 물리학, 천문학을 공부했다. 브렌타노의 강의를 듣기 전에 벌써 후설의 가슴을 뜨겁게 달군 스승이 있었다. 한창 기세를 올리고 있던 분트였다. 그의 강의는 후설의 가슴속에 논리학의 세계와 정신 논리학의 세계를 연결시키려는 소망을 일깨웠다. 논리학과 심리학은 어떤 관련이 있을까? 하나는 다른 하나 없이도 존재할 수 있을까? 무엇이 더 근원적일까? 논리학은 결국 베네케 계열의 심리학자들이 짐작하던 것처럼 명료함에 대한 심리학적 욕구에서 탄생한 사유의 특별한 예술 형식일 뿐일까? 아니면 논리학은 트렌델렌부르크와 신칸트학파가 생각한 것처럼 독립적인 사실 학문으로서 심리학의 모든 주관적 욕구보다 우선하고, 그와 무관한 것일까?

1878년 후설은 베를린에서 수학 공부를 이어 갔을 때 교육학자이자 철학자인 프리드리히 파울젠(1846~1908)의 강의를 들었다. 여기서 칸트의 사유 세계를 처음 접했다. 물론 헬름홀츠와 마이어, 랑게의 이론에 기대어 심리학적으로 해석한 칸트의 세계였다. 어쨌든 철학적 문제에 대한 관심이 그를 빈으로 이끌었다. 후설은 1881년 빈 대학으로 옮기고, 2년 뒤 수학과에서 박사 학위를 받았다.

후설은 군 복무 중이던 1884년부터 1886년까지 브렌타노의 강의를 도강했다. 반골 기질의 전직 성직자가 심리학을 객관적 토대 위에 세우려고 한 것은 후설의 관심과 정확히 일치했다. 젊은 수학자는 브렌타노에게서 모든 형이상학에 대한 비판뿐 아니라 칸트에 대한 부정적 판단도 물려받았다. 수학과 심리학의 토대는 결코 사변이 되어서는 안 되고 엄정한 과학적 기준을 충족해야 한다는 것이다. 이 기준을 후설은 평생 간직한다. 게다가 브렌타노로부터 경험 심리학에 대한 비판도 배웠다. 인간 의식 속에서 일어나는 모든 일은 브렌타노가 강조한 것처럼 〈지향성〉, 즉 의도와 관련이 있는 것이지 결코 자연 과학처럼 인과율에 따라 움직이지 않는다는 것이다. **의도**를 갖고 무언가를 한다는 것은 물리적 **필연성**에 따라 무언가를 한다는 것과는 사뭇 다르다. 후설은 이 가르침을 가슴 깊이 새겼다.

그렇다면 반박할 수 없는 확실성을 자연 과학적 방법으로 얻을 수 없다면 어떻게 얻을 수 있을까? 브렌타노의 기술 심리학은 말한다. 어떤 인식이 직접적으로 **명증하면**, 즉 더 이상 의심을 제기할 수 없을 만큼 그 자체로 명백하면 그런 확실성이 생긴다. 후설도 이 열차에 올라탄다. 그는 사유 기술의 법칙에 따라 명증성을 계속 찾아 나간다. 이제 부족한 것은 우리 의식 속의 **지향성**에서 일어나는 것을 의식의 **객관 학문**으로 부를 수 있을 만큼 명증하게 묘사할 올바른 방법뿐이다.

브렌타노는 남에게 물려줄 정규 교수직에 있지 않았기 때문에 후설은 잘레강 변의 할레로 옮겼다. 거기서 1887년 슈툼프 밑에서 『수의 개념*Über den Begriff der Zahl*』이라는 논문으로 교수 자격 학위를 받았다. 그런데 4년 뒤에는 수학을 심리학으로 완벽하게 설명하려는 시도를 포기하게 된다. 다음 저작 『산술 철학*Philosophie der Arithmetik*』에서 그는 정반대 질문을 던진다. 우리는 결코 상상할 수 없는 수를 어떻게 떠올릴 수 있는 것일까? 〈3〉이라는 숫자는 얼마든지 떠올릴 수 있다. 단지 사과 세 개만 생각하면 되기 때문이다. 하지만 그보다 훨씬 더 큰 수는 감각적으로 떠올릴 수가 없다. 그러기엔 시간과 상상력이 부족하다. 그렇다면 수학자들이 단단히 붙들고 있는 구조물은 심리학을 떠난다. 그들에게 규칙을 정해

주는 것은 심리학이 아니라 객관적 논리학이다. 그게 일상 경험과 수학 사이에 다리를 놓아 주지는 못하지만 말이다. 이 관찰은 후설에게 수학 너머를 가리킨다. 그게 뜻하는 바는 다음과 같다. 심리학과 무관한 논리학의 독자적 세계가 존재하는 것은 분명하다. 후설의 이 생각은 로체의 「논리학」과 수학자 프레게를 통해 한층 더 보강된다. 프레게는 이 철학사의 제4권에서 다룰 인물인데, 그의 비판 덕분에 후설은 1890년대 중반에 완전히 심리학과 등지게 된다.

후설은 『논리적 연구*Logische Untersuchungen*』(1900/1901)에서 브렌타노 및 심리학과의 결별을 공식 선언한다. 그가 반박하고자 했던 적수에는 마흐와 아베나리우스도 포함되어 있었다. 후설은 〈사유 경제학〉* 원칙에 분개했다. 두 경험 비판주의자는 과학이 좀 더 정밀한 수단과 추상적 공식으로 일상의 경험을 단계적으로 가공해 나간다고 주장했다. 그러나 후설이 볼 때 과학은 그런 것이 아니고 일상 경험과는 무관했다. 과학은 〈순수 논리학〉을 따르고, 어떤 심리학에도 영향을 받지 않는다.

후설은 완전히 다른 측면에서도 〈사유 경제학〉을 비판할 수 있었을 것이다. 아베나리우스와 마흐의 주장처럼 진화는 정말 경제적 원칙에 따라 움직일까? 그렇다면 수백만 종의 동식물은 왜 존재할까? 그건 자원의 경제성을 무시한 낭비가 아닐까? 20세기 후반기에 폴란드 철학자 스타니스와프 렘(1921~2006)이 썼듯이 오직 햇빛으로만 에너지를 공급받는 바닷말이 엄청나게 더 효율적이고 경제적이지 않을까? 생물학적으로 훨씬 발달한 다른 종들, 일례로 생명 에너지를 얻으려고 하루 종일 힘겹게 먹잇감을 노

* 과학적 이론과 설명을 평가하는 실증주의적 도구. 여기서는 어떤 사실 또는 현상에 대한 설명들 가운데 최소한의 가정으로 이루어진 가장 경제적인 이론, 즉 논리적으로 가장 단순한 설명이 선호된다.

려야 하는 독수리보다 말이다. 그뿐이 아니다. 인간과 같은 생물이 하는 많은 일도 사유 경제성에 위배되지 않을까? 예를 들어 인식의 토대를 철학하는 것이 대체 무슨 가치가 있을까? 그게 어떤 면에서 생존에 유리할까?

그러나 후설은 진화 생물학적으로 반박하지 않고, 마흐가 과학을 심리학적으로 끌어낸 것을 질책했다. 마흐에 대한 비판은 앞으로도 20년 동안 자주 이어지는데, 그건 아베나리우스와 마흐의 강령이 모두 마음에 들지 않아서가 아니라 일부에 대한 아쉬움이 더욱 커서 그랬다. 마흐가 이전의 모든 전제를 쓰레기통에 던져 버리고 최고의 〈명증성〉을 감각에서 찾은 것은 후설도 충분히 공감할 수 있었다. 그가 원한 것도 직접적으로 명증한 철학이었다. 하지만 철학하는 수학자는 철학하는 물리학자의 원소론이 명증하다는 사실에 강한 회의를 품었다. 마흐가 고안한 대로 느끼는 사람은 없었다. 정상적인 사람이라면 자신의 감각이 〈홀로 세계 속을 거닌다〉고 생각하지 않았다. 대신 인간은 자기 자신을 모든 의도와 생각, 소망, 표상의 출발점으로 여긴다. 〈자아〉는 구제될 수 있다. 수상쩍은 〈원소〉가 아니라 브렌타노가 말한 인간 의식의 〈지향성〉을 중심에 놓는다면 말이다. 〈**인물**〉로서의 〈자아〉, 〈**체험 주체**〉로서의 〈자아〉, 〈**의도**〉의 출발점으로서의 〈자아〉는 단순한 가설이 아니다. 〈나〉와 〈세계〉, 체험하는 주체와 체험되는 객체의 틀은 결코 부실하지 않다. 인간은 체험하는 것과 어떤 형태로든 관계를 맺기 때문이다. 우리의 체험은 〈의식 행위〉나 〈지향적 체험〉 속에서 일어난다. 후설은 브렌타노에 대한 온갖 비판에도 불구하고 이 인식만은 가슴에 품고 마흐에 대해 무장한다.

1901년 후설은 마흔한 살의 나이로 괴팅겐의 철학 교수가 되었다. 그리고는 자신의 생각을 정리한다. 그러니까 당대의 가장 중요한 인식론들에 대한 비판을 시도한 것이다. **경험 심리학**은 의식 상태의 **원인**을 캐물으며, 그것을 인과율적으로 역추적하고자 한다. 하지만 아무리 많은 실험을 해도 확고한 인식에 이를 수 있는 길은 없다. 그들이 객관적이라 여기는 것은 항상 외부 해석일 뿐이다. **경험 비판주의자**는 인간을 **요소들**로 이루어진 세계 속의 감각 복합체로 묘사하고 싶어 한다. 그것도 자연 과학적 방법으로 말이다. 하지만 이런 〈요소들〉은 사유의 가설일 뿐 자기 명증성이 없다. 세 번째 중요한 흐름인 **신칸트학파**에 대해선 후설도 사실 호감을 갖고 있었다. 최소한 논리학에 대한 믿음과 심리학에 대한 비판 면에서는 공감대가 있었기 때문이다. 그런데 후설이 보기에 신칸트학파의 사유 체계는 이상할 정도로 생기가 없었다. **판단**을 출발점으로 삼은 것은 분명 논리적으로 옳다. 신칸트학파의 〈판단〉은 브렌타노의 〈의도〉와도 그렇게 거리가 멀지 않다. 하지만 신칸트학파에게는 감각적 차원이 빠져 있고, 의식 행위에 대한 정확한 묘사가 없다. 또한 지각의 법칙에 대한 앎도 부족하다. 예를 들어 무언가에 〈감정 이입을 하는〉 의식의 가능성에 대해선 아는 것이 없다.

후설은 〈감정 이입〉의 개념을 뮌헨 대학의 철학 교수 테오도어 립스(1851~1914)에게서 넘겨받았다. 립스는 분트가 라이프치히에서 했던 일을 뮌헨에서 반복했다. 실험 심리학 연구소를 세운 것이다. 그는 살아생전에는 아주 유명했지만 오늘날에는 기껏해야 감정 이입의 선구자 정도로만 알려져 있다. 우리는 남에게 감정 이입하면서 우리 자신을 **객관화한다**. 감정 이입 속에서 그것의 한계를 경험하기 때문이다. 우리는 우리 자신이 결코 타자가 될 수 없고, 타인과 마주하고 있는 사람이라는 것을 느낀다. 이로써 감정 이입은 자기 체험과 자기 인식의 수단이 된다. 니체가 터를 닦고, 훗날 후설을 지나 하이데거와 사르트르에게까지 이르는 생각이다.

후설은 마침내 립스의 야심 찬 강령까지 받아들일 정도로 그에게서 강한 영감을 받았다. 철학은 **현상학**이 되어야 한다는 것이다. 이 포고로 인해 많은 대학생이 뮌헨에서 후설이 있는 괴팅겐으로 몰려들었다. 후설의 현상학이 립스의 현상학보다 많은 것을 약속했기 때문이다. 뮌헨의 교수가 〈현상학〉으로 이해한 것은 브렌타노의 기술 심리학과 상당히 유사했다. 그러니까 우리 지각과 그것의 가공 과정을 세밀하게 묘사하는 것이 현상학이라는 것이다. 반면에 후설은 완전히 새로운 철학을 발명하고 싶어 했다. 새로운 심리학적 관찰과 개념에만 머물고 싶지 않았다. 그것들은 그에게 새로운 건물을 짓기 위한 건축 재료였다. **의식 활동의 완벽한 논리학**이라는 새 건물 말이다.

그가 고안한 건축술은 모든 것 중에서 최고만 모아 새롭게 조합한 것이다. 골격은 신칸트학파와 다르지 않게 지향적 사고 행위의 논리학으로 이루어져 있었고, 벽돌과 모르타르는 후설이 수많은 인상적인 개념으로 확장한 지각 심리학의 풍부한 지식으로 구성되어 있었다. 게다가 장엄한 설계도를 그리려면 방대한 지식이 필요했다. 후설은 신칸트학파와 접촉했다. 1905년에 평소 높이 평가하던 베를린의 딜타이를 방문했고, 1906년에는 마침내 그곳 대학의 열망하던 정교수 자리를 얻었다. 그러나 사물의 〈본질 직관〉으로서의 〈현상학〉으로 가는 야심 찬 길은 멀고도 험했다. 후설은 한 강연 원고에서 이렇게 썼다. 〈얼마나 많은 불투명함이 …… 얼마나 많은 어중간한 작업과 고통스러운 불안이 세부적인 것들 속에 있는지…….〉[265] 이 철학사의 제4권에서 알게 되겠지만 그 염려와 자기 회의는 사실로 확인된다. 하지만 여기서는 일단 같은 시기에 자기 이론의 대장정에 오른 다른 젊은이에게로 시선을 돌려 보자. 유명한 만큼 악명도 높고, 후설과는 완전히 다른 자기만의 〈본질 직관〉을 건설한 사람이었으니…….

참된 것은 무의식이다!

1870년대 중반 의대생 지기스문트 슐로모 프로이트가 순수한 호기심과 관심에서 유명한 브렌타노의 강의실에 앉아 있었다. 지겨운 병원 생활을 잠시 잊게 해주는 반가운 기분 전환이었다. 프로이트는 철학 문제에 굉장히 관심이 많았다. 심지어 1875년 봄에는 의학에서 철학으로 전공을 바꾸어 박사 과정을 밟으려고 고민도 했다. 하지만 스승 브렌타노가 열아홉 살의 제자에게 한 조언은 달랐다. 전공을 바꿀 게 아니라 로체처럼 두 분과에서 박사 학위를 받으면 되지 않겠느냐는 것이다. 동시에 두 편의 박사 논문을 쓴다는 건 자신감이 충만한 프로이트에게도 너무 무리한 일이었다.

프로이트는 1856년 메렌 지방의 프라이베르크에서 태어났다. 당시는 오스트리아 땅이었지만 지금은 체코 땅인 곳이다. 프로이트의 아버지도 후설의 아버지처럼 유대계 포목상이었다. 하지만 부자는 아니었다. 프로이트가 태어나고 얼마 지나지 않아 아버지는 파산했고, 아들은 여덟 형제자매 중 맏이로 가난한 가정 환경에서 자랐다. 가족은 처음엔 라이프치히로 이사했다가 얼마 뒤 빈으로 옮겼다. 프로이트는 뛰어난 학생이자 어머니가 가장 아끼는 자식이었다. 고등학교도 최우수 성적으로 졸업했고, 1873년부터는 빈 대학에서 의학을 공부했다.

프로이트도 후설과 마찬가지로 분과를 넘나드는 경계인이었다. 그의 관심은 정확히 자연 과학과 정신과학 사이에 있었다. 삶과 죽음, 진화와 실존에 관한 철학적 문제가 그를 사로잡았다. 먼지가 켜켜이 쌓인 강단 철학은 아니었다. 반면에 자연 과학에는 전체를 바라보는 근원적 시각이 부족했다. 세세한 경험론적인 연구만 너무 많았고, 총체적인 인식은 너무 적었다. 만일 한 생물학자가 인기 있는 헤켈처럼 거대한 실존 문제에 대담하게 접근할 경우에도 대개 급진적인 유물론만 설파했다. 하지만 본인이 해결했다고 여긴 문제들에 대한 본질적인 답은 내놓지 못했다. 여기서 프로이트는 깨달았다. 진리는 점진적인 자연 과학적 작업 방식만으로는 드러나지 않는다. 자연 과학이 거대한 철학적 관련성을 완전히 놓치지 않아야 진리가 드러날 수 있다.

1879년 브렌타노는 언어에 재능이 많은 프로이트에게 일종의 아르바이트로 일거리를 주선해 주었다. 밀의 세 작품 『여성 해방론 *Über Frauenemancipation*』과 『노동자 문제 *Die Arbeiterfrage*』, 『사회주의 *Der Socialismus*』를 독일어로 번역하는 일이었다. 프로이트에게 이 일은 사회 정치적 문제에 대한 철학적 생각을 처음으로 접한 인상적인 시간이었다. 그런 가운데에도 의과 대학 생활은 계속 이어졌다. 그가 일한 곳은 에른스트 빌헬름 폰 브뤼케(1819~1892)의 음습한 지하 실험실이었다. 브뤼케는 뒤부아 레몽이나 헬름홀츠와 어깨를 겨룰 만한 당대의 유명한 생리학자였다. 프로이트는 실험실에서 뱀장어와 바다칠성장어의 배를 갈랐고, 수컷의 음낭과 척수를 연구했다. 이 논문으로 그는 1881년에 의학 박사 학위를 받았다.

그러나 프로이트는 대학에 오래 남을 수가 없었다. 돈이 없었기 때문이다. 그는 우울한 심정으로 빈 종합 병원에서 일자리를 구했다. 거기서 3년 동안 일하면서 유명한 뇌 해부학자 테오도어 마이네르트(1833~1892)의 레지던트로서 다시 한번 어류를 해부했다. 이번에는 주로 바다칠성장어의 뇌였다. 그런데 그가 무언가 큰 돌파구를 기대한 것은 이 어류의 뇌가 아니라 자기 자신에 대한 코카인 실험이었다. 그는 코카인이 히스테리 신경병에 도움이 될 것이라고 가정했다. 심지어 이 야심만만한 신예 과학자는 코카인에 관한 논문을 다섯 편이나 발표했다. 물론 성공을 거두지는 못했다. 모르핀에 중독된 친구를 코카인으로 치료하는 시도도 실패로 돌아갔다. 이제 지크문트로 개명한 프로이트는 이 일을 책에서는 쓰지 않기로 마음먹는다.

1885년 그는 자신감에 가득 차서 파리로 연구 여행을 떠나는데, 한 편지에서 이렇게 쓴다. 〈여기 생활은 정말 멋져. 빈으로 돌아갈 때쯤이면 내 등 뒤에 커다란 후광이 생길지도 몰라. 치료가 불가능해 보이는 신경병 환자들을 내가 치료하고 있거든.〉[266] 프로이트는 파리에서 장 마르탱 샤르코(1825~1893)를 만난다. 〈히스테리 환자들의 나폴레옹〉이라 불리던 신경병 분야의 대가였다. 그는 프로이트에게 많은 정신 장애와 관련해서 생리학적 원인이 아니라 심리학적 원인을 들여다보는 눈을 열어 주었고, 최면과 암시의 기술을 가르쳐 주었다.

빈으로 돌아온 프로이트는 시청 근처에 신경과 병원을 열었고, 아울러 소아병 전문 공공 의료원에서 신경 정신과 과장도 맡았다. 그는 명망 있는 랍비 집안이자 학자 가문 출신의 마르타 베르나이스(1861~1951)와 결혼해 여섯 명의 자녀를 두었다. 그러나 다정하고 자상한 아버지와는 거리가 멀었다. 이상하게도 자기 자식들에게만큼은 쉽게 다가가지 못하고 소원하게 지냈다. 1890년대 초 서른다섯 살의 프로이트는 뇌 해부 연구에 집중적으로 매달렸고, 뇌 질환으로 인한 언어 장애에 관한 논문을 썼다. 그 과정에서 뇌 연구에 어떤 엄청난 미래가 있는지 깨달았다. 그런데 라몬 이 카할의 새로운 신경 이론으로 〈심리 기제〉를 설명하려던 『심리학 초안*Entwurf einer Psychologie*』(1895)은 빛을 보지 못하고 서랍 속에 묻혔다.

신경 질환을 치료하고 정신 장애를 제거하려는 프로이트의 야심 찬 요구를 충족하기에는 뇌 연구가 가야 할 길은 아직 한참 멀었다. 뇌 신경 세포들의 기능과 협업에 관한 라몬 이 카할의 새로운 인식도 너무 추상적이고 일반적인 수준에 머물러 있었다. 이 스페인 의사가 자신의 〈합리적 심리학〉에 근거를 마련하려고 마드리드에서 죽은 사람의 뇌를 해부대 위에 올려놓았다면, 프로이트는 다른 방법을 선택했다. 빈에서 살아 있는 연구 대상을 소파에 앉혀 놓고 그들의 뇌 속을 조사한 것이다.

그렇다면 거기서 무엇을 찾겠다는 것일까? 브렌타노의 〈기술 심리학〉에는 실험 같은 건 전혀 존재하지 않는다. 오직 내면의 목소리에만 귀를 기울인다. 그게 과학일까? 그에 반해 실험 심리학의 실험들은 과학적이다. 하지만 이것도 기껏해야 슈툼프가 1904년에 〈똑똑한 한스〉라고 불린, 계산까지 할 줄 아는 유명한 천재 말을 상대로 했던 것처럼 말의 지능을 검증하는 정도로만 적합하지 않을까? 기술 심리학으로건 실험 심리학으로건 인간을 치료하거나 인간의 〈무의식〉을 끄집어낼 수는 없다.

바로 이것이 프로이트의 새로운 목표였다. 〈무의식〉의 영역은 이전의 모든 철학자가 발을 들여놓았다가 전사한 어둡고 머나먼 땅이었다. 프로이트는 이 땅을 처음으로 측정하고 싶었다. 1889년 그는 프랑스 낭시의 이폴리트 베른하임(1840~1919)을 방문했다. 〈최면 후 암시〉*라는 수단으로 실험을 했던 내과의이자 신경학자였다. 프로이트는 이 만남을 계기로 의식된 것이 아니라 〈의식되지 않은 것〉이 훨씬 더 중요하다는 결론을 끌어냈다. 참된 것은 의식이 아니라 무의식이다! 프로이트가 볼 때 인간의 대다수 행동에 책임이 있는 것은 내면 깊숙한 곳에 숨겨져 있다. 다행히 거기로 들어가는 통로는 있고, 우리는 그것을 찾기만 하면 된다.

〈무의식〉에 대해선 셸링을 비롯해 카루스, 하르트만도 이미 언급한 바 있다. 그런 만큼 새로운 개념이 아니다. 다만 프로이트의 연구가 이들과 구분되는 것은 무의식을 체계적으로 탐구한 아주 진지한 시도였다는 점이다. 심지어 그는 뇌 속의 어디에 무의식

* 최면에서 깨어난 뒤에도 작용하는 암시.

이 있는지도 대충 짐작하고 있었다. 끝뇌 피질하 중앙과 뇌간 속이다. 그의 스승 마이네르트가 뇌 해부를 통해 추측한 내용이다. 하지만 1890년대의 뇌 연구 수단으로는 무의식에 접근하는 것은 불가능했다.

1891년 프로이트는 베르크가세 19번지로 이사했다. 앞으로 47년 동안 머물면서 연구에 몰두하게 될 집이었다. 1896년부터는 자신의 작업에 **정신 분석**이라는 이름을 붙였다. 이 개념은 친분 있는 의사 요제프 브로이어(1842~1925)에게서 넘겨받은 것인데, 브로이어에게 정신 분석은 꼬치꼬치 물어서 알아내는 일종의 〈탐문 방식〉을 의미했다. 그는 트라우마를 앓는 환자 베르타 파펜하임(1859~1936)에게 이 방법을 시도했다. 환자가 마음속 깊은 곳의 상처를 솔직하게 털어놓도록 유도한 것이다. 프로이트도 여성들이 스스로 성폭행 경험을 말하도록 함으로써 마음의 상처를 더 듬었다. 하지만 그전에 자기 자신부터 탐문했고, 그 결과 1897년에 남성을 대표해서 자기 자신에 대해 〈오이디푸스 콤플렉스〉 진단을 내렸다. 3~5세 남자아이가 어머니에게 사랑을 느끼고 아버지에게 반감을 갖는 성향이다.

엄밀하게 보자면 프로이트의 발견은 과학이 아니었다. 심리학의 대표 주자 분트와 마흐는 프로이트를 주목하지 않았다. 당대의 유명한 정신과 의사들, 예를 들어 스위스의 아우구스테 포렐(1848~1931), 하이델베르크 대학에 있던 분트의 제자 에밀 크레펠린(1856~1926)도 프로이트를 거들떠보지 않았다. 심지어 딜타이처럼 〈생철학〉을 했던 철학자들도 그에게 관심을 갖지 않았다.

프로이트가 잇따라 출간한 책들도 별 성공을 거두지 못했다. 프로이트 스스로 선구적 작업이자 걸작으로 여긴 『꿈의 해석』을 비롯해 『일상생활의 정신병리학*Zur Psychopathologie des Alltagslebens*』

(1904), 『농담과 무의식의 관계*Der Witz und seine Beziehung zum Unbewussten*』(1905), 『성욕에 관한 세 편의 에세이*Drei Abhandlungen zur Sexualtheorie*』(1905), 『문화적 성도덕과 현대인의 신경병*Die kulturelle Sexualmoral und die moderne Nervosität*』(1908)이 그렇다.

20세기 초 철학 분야에서 프로이트가 서 있던 위치를 묻는다면 답은 다음과 같다. 철학 바로 옆이다! 1900년에 그는 막 출간된 니체 작품집을 구입했다. 하지만 비슷한 생각이 너무 많지 않을까 불안해하고, 그로 인해 자기만의 독창적인 시각을 잃을까 봐 걱정이 되어서 니체의 작품을 읽지 않았다. 그러다 한참 뒤에야 니체의 〈예감과 인식이 정말 놀라운 방식으로 정신 분석의 지난한 결과들과 일치할 때가 많다〉라는 사실을 인정한다.[267]

프로이트는 정신 분석과 함께 자기만의 고유한 연구 세계를 구축했다. 꿈과 농담, 성욕은 지극히 중요한 일상적 문제이자 〈영혼학〉의 고전적 모티프였다. 그럼에도 철학자들, 특히 논리학자들은 되도록 피해 가고 싶어 하는 주제였다. 거꾸로 프로이트 역시 철학과 심리학, 정신 의학에서 한창 논의되는 것들과의 조율에는 전혀 관심을 보이지 않았다. 그뿐이 아니다. 〈자아〉나 〈지향성〉에 대한 당대의 논쟁, 논리학 또는 의식 행위에 관한 정신 논리학에 대한 논의에도 결코 끼어들 생각이 없었다.

그럼에도 이 정신 분석가는 베르크가세의 집에서 아카데미 세계가 자신을 알아주지 않는다는 것에 깊이 낙담했다. 그런 만큼 1902년에 비정규 명예 교수이지만 빈 대학에서 자리를 얻었을 때 그의 기쁨은 무척 컸다. 그는 〈심리학 수요회〉로 자신의 세력권을 만들어 나가기 시작했다. 나중에 설립된 빈 정신 분석 학회의 전신이다. 그의 시대를 알리는 종소리는 곧 울릴 것이고, 그가 일찍부터 그렇게 열망하던 세계적 명성은 결국 찾아올 것이다. 그와는 달리 대서양 건너편의 한 비슷한 천재는 굉장히 새로운 상징 이론을 만들었지만, 그 온전한 의미는 사후 수십 년 뒤에야 이해되는 운명을 겪었으니…….

명료함을 찾아서

다시 불려 나온 칸트 / 논리학 대 경험 / 실용주의 /
기호와 정신 / 사랑의 형이상학

다시 불려 나온 칸트

1872년 하버드 대학은 아직 세계적으로 유명하지 않았다. 1861년에 설립된 매사추세츠 공과 대학도 훗날 세계에서 가장 뛰어난 공학자와 생명 공학자들의 엘리트 양성소가 되리라는 예상과는 거리가 한참 멀었다. 이렇듯 하버드 대학이 위치한 매사추세츠주의 케임브리지는 아직 북아메리카 대서양 연안에서 큰 야심을 품고 비상하는 소도시에 지나지 않았다. 참혹한 내전이 끝난 지 채 7년이 지나지 않았기에 곳곳에 흔적이 남아 있었다. 독일에서 비스마르크가 독일 제국을 건설하고, 프랑스 군대가 파리 코뮌을 격파하고, 다윈이 『인간의 유래』를 발표하고, 마르크스가 인터내셔널로 제2의 봄을 만끽하고, 니체가 『음악의 정신에서 나온 비극의 탄생』을 집필하는 동안 미국의 뉴잉글랜드 지역에서는 새로운 출발을 알리는 각성의 정신이 태동하고 있었다. 인간을 행복하게 해주는 것은 세계관이나 종교나 학설이 아니라 경제적 부흥과 기술적 진보라는 것이다.

1872년 케임브리지에서 미래의 철학에 대해 논의하려고 처음으로 여러 분과의 젊은 학자들이 모였다. 이 작은 형이상학 클럽에는 물리학자, 생물학자, 법학자, 신학자, 작가 들이 참석했다. 훗날 이 모임은 지대한 영향을 끼친 새로운 철학, 즉 미국 **실용주의**의 산실로 역사에 이름을 올린다. 게다가 이 클럽에서 최소한 두 명은 새로운 사유 흐름의 아버지로서 큰 명성을 얻었다. 나이가 적은 사람은 백만장자의 상속자이자 섬세한 감각의 소유자로서 막 박사 학위를 받은 의사 제임스였고, 나이가 좀 더 많은 사람은 측량 기사이자 화학자이자 탁월한 논리학자이자 원숙한 과학사가였던 찰스 샌더스 퍼스(1839~1914)였다.

퍼스는 서른두 살 때 형이상학 클럽을 만들었다. 스물다섯 살부터는 하버드 대학에서 부업으로 과학 이론과 과학사를 강의했다. 이 주제는 시대 분위기에 잘 맞았다. 유럽에서는 실증주의자 콩트와 밀이 모든 철학적 주제를 과학적 방법으로 설명하고자 했다. 아버지가 하버드 대학의 수학 교수였던 퍼스는 그런 시대적 경향을 잘 알고 있었다. 그는 닥치는 대로 철학을 섭렵했다. 중세 철학자 요하네스 둔스 스코투스(1266~1308)부터 로체에 이르기까지 무수한 철학자가 그의 사정거리 안에 들었다. 열여섯 살부터 열아홉 살 때까지는 칸트의 『순수 이성 비판』을 들이팠다. 남들이 성경을 외우듯 그 책의 내용을 달달 외울 정도로 말이다. 그는 측량 기사로서 미국 해안 경비대와 대지 측량으로 돈을 벌면서 조금씩 칸트에게 접근해 나갔다. 쾨니히스베르크의 철학자는 놀라울 정도로 경이로웠다. 하지만 그런 경탄 때문에 칸트에 대한 비판까지 거두지는 않았다. 퍼스는 칸트가 18세기 말에 가능한 수단으로 분석한 것들을 19세기 말의 과학적 논리학과 방법론의 수준에서 재조명하고자 했다.

이 논리학자의 마음에 들지 않은 것은 일단 칸트의 〈범주〉였다. 우리가 세계를 파악하고 논리적으로 이해하는 데 필요한 도구 말이다. 칸트는 표준적 범주로 네 가지를 발견했다. 양, 질, 관계, 양상이다. 그런데 이 범주 하나하나에 다시 세 가지 가능성을 제시한다. 예를 들어 양의 경우, **하나**가 있거나 **많이** 있거나 **전부**가 있다. 양상의 경우는 무언가가 **가능**하거나 불가능하고, 무언가가 **존재**하거나 존재하지 않고, 무언가가 **필연적**이거나 우연적이다. 이런 식으로 칸트는 네 가지 범주에다 각각 세 가지 가능성을 더해 총 열두 가지 범주를 설정한다.

퍼스는 납득하기 어려웠다. 항상 가장 간결하고 우아한 형식을 추구하는 논리학자가 보기에는 세 가지면 충분했다. 칸트가 〈양상〉과 함께 거론한 **가능성, 실재성, 필연성**이다. 퍼스는 살아가면서 이 세 가지 범주를 항상 새롭게 조명하고, 하나의 포괄적 체계로 확장한다. 그러다 마지막에 생물학과 지각 심리학, 논리학을 하나로 묶는 이론이 나온다. 인간이 세계를 어떻게 파악하는지 설명하는 우리 의식의 문법이다.

칸트가 〈가능성〉이라고 부른 것이 퍼스에게서는 **일차적 상태**firstness다. 우리가 무언가를 체험한다면 분류되지 않은 자극들이 우리 신경계를 건드린다. 우리는 그것이 무엇인지 아직 모른 채 무언가에 대한 혼란스러운 가능성만 경험한다. 그런 면에서 일차적 상태는 불확실하고 직접적이다. 두 번째 단계에서야 우리는 그때 우리에게 다가온 것이 하나의 특정한 사물이라는 표상을 갖게 된다. 우리의 신경은 에너지를 계속 전달하고, 우리는 그것을 통해 하나의 자극을 다른 자극과 구분한다. 이런 식으로 인식하는 의지가 형성되고, 그와 함께 어떤 것에 대한 〈지금, 여기〉에 대한 감각, 즉 〈실존〉이 생겨난다. 무언가를 실존하는 것으로 파악하는 것, 즉 하나의 주체나 객체로 파악하는 것이 퍼스에게는 **이차적 상태**secondness다. 마지막 **삼차적 상태**thirdness에서 우리 의식은 인상을 가공하고, 그것들을 개념과 생각으로 조합한다. 우리는 이제 종합적 신경계의 도움으로 추상화하고 암시하고 연상할 수 있다. 또한 결론을 도출하고, 그 과정에서 관련성과 그것들의 〈필연성〉을 깨닫는다.

퍼스는 이 새로운 의식 이론에 대한 첫 성찰을 1868년 『미국 인문, 과학 아카데미 회보*Proceedings of the American Academy of Arts and Science*』에 「새로운 범주 목록」이라는, 다소 겸손한 제목으로 발표한다. 논리적으로 보이는 것이 생리학적으로도 설득력이 있다는 사실에 관심을 보인 것은 나중의 일이다. 지금은 칸트의 두 번째 지점을 수정하는 것이 우선이었다. 칸트는 의식에 관한 현대 **과학**의 생각과 맞지 않았다. 특히 〈물 자체〉라고 하는 그 낡고 성가신

문제가 그랬다.

고대 철학자들은 세계를 둘로 나누었다. 한쪽엔 인간 의식의 세계가 있고, 다른 쪽엔 객관적 사물 세계가 있다. 후자는 논리학의 세계이자, 플라톤의 경우엔 〈이데아〉의 세계다. 여기서 이런 물음이 제기된다. 나는 사물을, 그러니까 사물 〈자체〉를 어떻게 올바로 인식할 수 있을까? 퍼스가 잘 아는 중세 철학에서 그에 대해 논쟁이 불붙었다. 내가 알고 있다고 여기는 사물은 정말 〈그 자체〉로 존재할까? 특히 〈인류〉나 〈사랑〉 같은 추상적인 것은 〈그 자체〉로 존재할까? 이로써 훗날 버클리, 흄, 칸트를 다음 물음으로 이끈 의심의 씨앗이 뿌려진다. 인간 의식은 과연 사물 〈자체〉에 대해 뭔가를 알 수 있을까? 우리는 인간만의 표상 세계 속에서 살아가는 게 아닐까? 우리의 모든 표상은 마치 하나의 용기(容器) 같은 인간 의식 속에 갇혀 있지 않을까? 칸트는 마침내 이런 이론을 세운다. 우리의 모든 생각은 용기 속에 갇혀 있지만 그럼에도 〈물 자체〉의 세계는 존재한다. 우리가 예감만 할 뿐 들어설 수는 없는 그 수상쩍은 〈자유의 제국〉이 존재한다는 것이다.

〈물 자체〉의 세계는 앞서 언급했듯이 칸트 당시에도 동시대인들로부터 강한 의심을 받았다. 헬름슈테트 대학의 슐체는 1792년에 이미 명석한 논거와 함께 그 세계를 허튼소리로 치부했다. 같은 시기에 대서양 건너편에서 퍼스의 노력과 함께 칸트의 부활을 기쁘게 바라보던 대부분의 신칸트주의자들도 이미 〈물 자체〉와 결별한 상태였다. 그렇다면 퍼스의 비판은 전혀 새로운 것이 아니었다. 다만 그는 이 지점에서 칸트하고만 담판을 벌인 게 아니라 모든 〈유명론적(唯名論的)〉 전통과도 담판을 지었다. 오컴의 윌리엄이나 버클리, 흄, 칸트처럼 우리 의식이 〈물 자체〉를 올바로 파악할 수 있다는 사실을 의심하는 사람은 〈물 자체〉의 존재를 인정한다는 전제를 깔고 있는 셈이다. 하지만 우리 의식이 단지 외부와 차단된 용기일 뿐이라면 우리는 〈물 자체〉의 세계가 있음을 어떻게 알까? 우리 의식이 〈세계 자체〉와 차단되어 있다는 상상과 이 〈세계 자체〉가 존재한다는 상상은 서로 모순이 된다. 내가 알 수 있는 것은 항상 의식의 내용뿐이기 때문이다. 만일 〈물 자체〉가 존재한다면 그건 둘 중 하나다. 우리의 **의식 속**에 존재하거나, 아니면 존재하지 않는다. 〈물 자체〉와 〈의식 속〉은 서로 배치되기에 여기서 도출되는 결론은 하나다. 우리가 들어갈 수 없는 〈세계 자체〉에 대한 모든 이야기는 헛소리다. 세계에 존재하는 모든 것은 인식할 수 있다.

논리학 대 경험

퍼스는 인간이 일대일로 접촉할 수 없는 〈물 자체〉가 존재한다는 생각을 깨부수었다. 하지만 칸트의 명성에 금이 가게 하려고 그런 건 아니었다. 별로 알려지지 않은 이 측량 기사에게 최대의 적은 위대한 밀이었다. 두 사람은 한 가지 중요한 전제를 공유한다. 진리는 직관적으로 증명될 수 없다. 사색하는 이성이 자기 자신 속에서 발견하는 〈선험적 판단〉은 존재하지 않는다. 유일한 인식 방법은 **과학**이다. 그런데 두 사람 사이엔 큰 차이가 있었다. 밀에게 모든 앎은 **경험**에 기초했다. 반면에 퍼스가 볼 때 세계는 예전의 갈릴레이가 그랬듯이 수학적 언어, 특히 형식 **논리학**으로 쓰여 있다. 논리학은 경험 학문이 아니다. 구체적인 경험과는 완전히 무관하게 존재한다.

1843년에 밀이 출간한 『논리학 체계』는 그때까지 이 주제와 관련해서 가장 중요한 책이었다. 밀은 인간이 어떻게 경험을 하고, 어떻게 인식에 이르는지 보여 주고자 했다. 일단 우리는 개념을 사용해서 세계를 인식한다고 말한다. 그렇다면 이 개념들은 얼마나 〈진실〉할까? 중세의 절반 동안 〈현실론〉과 〈유명론〉은 우리의 추상적 개념이 얼마나 〈진실한지〉를 두고 싸웠다. 볼프강이라는 개인은 존재하고, 내가 지금 보고 있는 말도 실존한다. 하지만 **전체**로서의 인간, **전체**로서의 동물은 실제로 존재할까? 〈현실론자〉에게는 인간도 실존한다. 반면에 〈유명론자〉가 보기에 존재하는 것은 볼프강뿐이다. 집합 명사로서의 인간은 유익한 언어 관습일 뿐 그에 상응하는 실존은 없다. 그건 사랑이나 선, 혹은 신도 마찬가지다(신의 존재 유무는 이단의 폭발성이 잠재된 예민한 문제였다). 중세 말기와 나중에 데카르트, 홉스에 이르러 이 두 입장을 중재하는 세 번째 버전이 등장한다. 그에 따르면 〈인간〉 같은 보편 개념은 외적 실재성을 반영한 게 아니라 우리 모두가 자기 속에서 발견하는 생각에 대한 이름이라는 것이다. 보편 개념은 무언가에 대한 우리의 〈구상〉에 이름을 붙여 준다. 그렇다면 그것들은 유명론자들의 말처럼 결코 임의적이지 않고 사유 필연적이다. 이 〈개념론〉은 유명론자들의 날카로움을 완화시켜 주었다.

밀은 이 중재안을 받아들일 수 없었다. 그는 유명론자였다. 인간은 외적 실재로서도, 내적 실재의 모사로서도 존재하지 않는다. 왜냐하면 내가 인간에 대해 말한다면 그건 하나의 표상에 이름을 붙여 달라고 요구하는 것이 아니기 때문이다. 내가 요구하는 것은 무언가 실제적인 것을 지칭하는 것이다. 그것이 실재성으로 존재하지 않는다는 것을 알고 있더라도 말이다. 밀은 버클리와 함께 **전체**로서의 물질을 실존하는 것으로 여기지 않았다. 그에게 모든 보편 개념은 관습이다.

게다가 개념은 두 가지 양식으로 나타난다. 하나는 〈이것은 말이다〉처럼 대상을 지칭하고, 다른 하나는 〈저 말은 희다〉처럼 대상에 **속성**을 부여한다. 첫 번째 양태는 외연이고, 두 번째는 내포다. 내포는 〈공통의 의미con-notation〉를 통해 설명한다면 외연은 〈여긴 슈투트가르트다〉처럼 하나의 특정 대상에만 해당된다. 내포는 많은 대상과 관계할 수 있다. 〈여긴 잿빛 슈투트가르트다.〉 또는 〈이건 회색 나귀다〉. 슈투트가르트가 존재하느냐는 문제는 논의 대상이 될 수 없다. 당연히 실존하기 때문이다. 반면에 슈투트가르트가 잿빛이냐 하는 문제는 충분히 논의가 가능하다. 외연은 사실과 일치할 때 진실하다. 외연에는 **지시**만 있고, **의미**는 없다. 〈슈투트가르트〉에 무슨 의미가 있겠는가? 반면에 내포는 사실에 따라 검증할 수도 없고 검증하려고 해서도 안 된다. 그럼에도 사물에 의미를 부여한다. 〈슈투트가르트는 잿빛이다〉라는 문장은 이 도시에 부정적인 느낌을, 〈슈투트가르트는 아름답다〉라는 문장은 긍정적인 느낌을 함축적으로 제공한다. 내포가 만일 사실에 따라 검증될 수 있다면(가령 슈투트가르트는 인구 약 63만 명의 도시다) 그건 **실제적인** 진술의 일부다. 검증될 수 없다면(가령 슈투트가르트는 멋진 도시다) 그건 단지 **말**verbal일 뿐이다. 따라서 어떤 것의 실존은 그게 **감각적으로 상상 가능한지**, 또 어디까지 그럴 수 있는지에 따라 측정된다. 그리고 어떤 것이 **참**인지는 **이름**(슈투트가르트, 잿빛, 아름답다)**의 올바른 사용**과 조합에 따라 결정된다.

퍼스는 밀의 『논리학 체계』를 읽고 격분했다. 어떻게 수학이나 자연 과학의 복잡한 이론을 그런 식으로 증명하거나 부정하려고 했을까? 이 모든 것은 감각에 따라 판단할 일이 아니고, 언어 조합으로 진실 가치를 물을 일도 아니다. 퍼스에게 한 진술의 진실 가치는 올바른 말을 사용하느냐에 달려 있지 않다. 그는 이렇게 쓴다. 〈횡설수설하는 말〉도 얼마든지 가능하다. 누군가 평생 자신이 중요하게 생각하는 맥락에서 잘못된 말을 일관되게 사용한다면 그건 논리적 오류가 아니다. 누군가 〈아마〉라는 뜻으로 〈혹시〉라는 단어를 사용한다면 그건 의미론적으론 그릇된 말을 사용한 것이다. 〈혹시〉는 〈어쩌다 우연히〉라는 뜻이기 때문이다. 올바른 말은 〈어쩌면〉일 것이다. 그럼에도 그 누군가는 〈혹시〉라는 말을 평생 〈어쩌면〉이라는 말 대신 성공적으로 사용할 수 있다. 여기서 〈성공적〉이라는 뜻은 그 말이 자기 기능을 다했다는 것이다. 퍼스에게는 바로 이것이 진실 문제에서 결정적이다. 즉 이 말은 어떤 **기능**을 완수하는가? 한 걸음 더 나아가, 그 말은 어떤 **행동**을 야기하는가?

무언가가 옳고 그른지, 참되거나 참되지 않은지는 감각적 표상의 차원에서 결정될 수 있는 문제가 아니라 그것의 논리적 기능에 따라 결정된다. 실제로 오늘날의 언어 철학자들은 일차적으로 발화 문장의 **구조**를 조사하고, 거기서부터 진실의 성격을 결정한다. 게다가 진실에 관한 밀의 정의처럼 발화된 말의 문맥은 숨겨져 있다. 〈슈투트가르트는 멋진 도시다.〉 이 문장은 말 그대로 그 도시가 멋지다는 뜻일 수도 있지만 동시에 반어적인 뜻일 수도 있다. 같은 말이라도 상관의 명령이냐 시(詩)의 일부냐에 따라 완전히 다른 의미로 쓰일 수 있다.

퍼스가 경험론자 밀을 공격한 두 번째 지점은 논리적 추론 방식이다. 밀은 중세 이후의 많은 비판가와 함께 일반적인 것에서 특수한 것을 추론하는 논리학의 약점을 간파했다. 〈모든 인간은 죽는다. 소크라테스는 인간이다. 그러므로 소크라테스는 죽는다.〉 아리스토텔레스의 이 삼단 논법에는 한 가지 맹점이 있다. 이 논리의 성공은 전적으로 전제에 좌우된다는 것이다. 만일 내가 〈모든 인간은 개다. 소크라테스는 인간이다. 고로 소크라테스는 개다〉라고 말한다면 그건 잘못된 대전제에서 출발한 잘못된 결론이다. 게다가 이 논법의 결론은 항상 대전제를 증명할 뿐 세계에 대한 새로운 인식을 가져오지 못한다. 새로운 인식을 위해선 일반에서 개별(연역법)을 끌어내서는 안 되고, 개별에서 일반(귀납법)을 도출해야 한다. 우리가 이만큼 많은 중요한 인식을 가지고 있는 것은 우리 자신의 경험이나 현재와 과거에 살았던 다른 사람들의 경험 덕분이다. 하지만 다른 한편으론 우리가 그런 경험을 해석할 수 있다는 점을 고려하면 연역법에도 나름의 역할이 부여된다.

근본적인 진리의 문제와 관련해서 밀은 어떤 것도 포로로 잡지 않았다. 모든 것은 귀납적으로 획득된다는 것이다. 만일 기하학에 명백한 경험과 논증이 없으면 어떻게 되겠는가? 산술학과 대수학은? 이것들은 경험을 추상화한 것이다. 모든 수학적 증명은 경험에서 사실로 확인되고, 우리가 그 반대를 상상할 수 없기에 유효하다. 밀은 귀납적 추론의 다섯 가지 규칙을 제시한다. 일치법, 차이법, 일치 차이 병용법(倂用法), 잉여법, 공변법(共變法)인데, 이것들은 〈밀의 방법〉이라는 이름으로 과학사에 기록된다.

퍼스는 다시 그사이로 다리를 쭉 밀어 넣는다. 일단 밀이 연역법과 귀납법이라는 두 개의 논리적 추론 방법밖에 모른다는 것이 마음에 들지 않았다. 아리스토텔레스의 논리학에 이미 **아파고게**apagoge라는 간접 환원법이 있지 않았던가! 하나의 결과를 마주하면 그리로 이끈 가능한 법칙을 그 결과에서부터 추론하는 방법이다. 1893년 퍼스는 여기서 힌트를 얻어 처음으로 **귀추법**이라는 말을 사용했다. **개별에서 하나의 법칙을 이끌어 내는 가설적 추론 방법**이다. 이 귀추법과 가설의 수정 가능성이 과학을 역동적으로 이끌고 앞으로 나아가게 한다. 휴얼도 예전에 이미 밀에 대해 동일한 비판을 했다. 케임브리지 교수 휴얼은 당시 자신의 젊은 경쟁자였던 밀을 향해, 어떤 자연 과학자도 귀납적 방법을 쓰지 않는다고 호통쳤다. 언제든 수정 가능한 추정과 가설에서 출발하고, 그를 통해 새로운 것을 발견하는 축복받은 연구자의 직관은 어디 있단 말인가?

그런데 밀은 연구자의 그런 직관을 결코 부정하지 않았고, 의도적으로 인정했다. 그의 법칙들은 연구 과정을 기술한 것이 아니라 오직 과학적 진실의 근거를 마련하는 문제에 주력했다. 하지만 늦어도 퍼스가 도입한 귀추법과 함께 논리학의 스펙트럼은 다시 확대되었다.

그런데 귀추법의 인식은 경험적으로는 규명되지 않는다. 예를 들어 나는 내 앞의 흰 콩을 보고, 내 옆의 자루에서 나온 모든 콩이 희다는 규칙을 안다. 하지만 그렇다고 해서 내 앞의 모든 콩이 그 자루에서 나왔다는 사실까지 증명되는 것은 아니다. 콩이 그 자루에서 나왔을 가능성은 무척 높지만, 경험으로 확실하게 검증된 앎은 아니다. 귀납법도 똑같지 않을까? 내 앞에 콩이 있다. 나는 그것이 내 옆의 자루에서 나온 것임을 안다. 콩은 모두 희다. 그렇다면 나는 자루 속의 모든 콩이 희다고 추론한다. 깔끔한 귀납적 추론이다. 하지만 경험적 증거는 아니다. 그것을 확인하려면 나는 자루를 열어 모든 콩을 검사해야 한다. 귀납법도 귀추법도 경험 하나로만 유지되지 않는다. 그것들은 옳은 결론에 이르든 잘못된 결론에 이르든 상관없이 항상 타당한 불변의 추론 **방식**이다. 퍼스에게 논리학은 〈보편타당한 개념〉, 즉 그냥 존재하는 무엇이다. 사실과의 일치를 통해 그 타당성을 증명하려는 것은 가능하지도 필요하지도 않다.

퍼스가 밀과 담판을 지은 것은 결국 전체 철학 전통, 즉 인식 비판과의 결별을 뜻한다. 만일 본래적 현실에 직접적으로 접근할 수 없다면 나는 세계에 대한 올바른 인식을 어떻게 얻을 수 있을까? 참된 인식에 대한 이런 전통적인 문제 제기는 퍼스가 볼 때 애초에 잘못 설정된 물음이다. 대신 이제 질문을 바꾸어야 한다. 귀납법과 귀추법의 결론이 경험적으로 검증될 수 없다면 나는 논리학의 도움으로 어떻게 세계에 대한 참된 진술에 이를 수 있을까? 다시 말해 문제는 내가 어떻게 참된 인식에 이르느냐가 아니라 내가 어떻게 그 인식의 **의미**를 검증할 수 있느냐 하는 것이다. 칸트의 **인식 비판**은 이제 퍼스에 이르러 **의미 비판**이 된다. 현실에 존재하는 모든 것은 원칙적으로 인식될 수 있다! 그것을 위해 가장 좋은 수단은 **논리학**이다. 이것은 인간이 진화 과정에서 현실을 점점 매끈하게 잘라 내기 위해 자연으로부터 끈질기게 얻어 낸 날카로운 칼이다. 다만 문제는 수많은 귀납법적, 귀추법적 추론 중에서 어떤 것이 궁극적으로 참이고 오류인지 검증할 기준이 무엇이냐는 것이다. 이 질문에 답하기 위해 퍼스는 형이상학 클럽 회원들과 토론을 벌인다.

실용주의

이 클럽에서 가장 유명한 인물은 마흔한 살의 생물학자 촌시 라이트(1830~1875)였다. 다른 회원들보다 열 살가량 많고, 이 모임에서 존경받는 사람이었다. 그는 다윈 진화론의 열성적인 옹호자로서 진화론 비판자를 비롯해 다윈의 진의를 왜곡하는 추종자, 특히 그중에서 스펜서에 맞서 다윈의 보루를 자처했다. 게다가 크로폿킨보다 훨씬 먼저 동물에게서 의식의 발달과 인간에게서 자의식의 점진적 발달 문제를 연구했다. 진화론과 관련해서 퍼스의 기본적인 인식은 라이트의 덕이 컸다. 하지만 그보다 더 큰 영향을 끼친 것은 라이트의 다른 생각이었다. 연구의 모든 추상적 원칙은 단 한 가지 기능만 수행한다는 것이다. 즉 현실을 모사하는 것이 아니라 현실에 **유익해야** 한다!

법학자 니컬러스 세인트 존 그린(1830~1876)이 형이상학 클럽에서 베인의 진화 심리학에 대해 강연한 내용도 그에 일치했다. 그는 감정과 의지에 관한 저서에서, 모든 인간적 사고와 견해의 뿌리에는 **실용적 기능**이 있다고 설명한다. 우리는 무언가에 대해 확신을 얻으면 안정되고 편안해진다. 반면에 불쾌감이 밀어닥치면 안정된 확신의 집을 떠나 그 확신을 의심하게 된다.

퍼스는 두 사람에게 설득되었다. 일단 베인으로부터는, 인간은 전적으로 실용적인 이유에서 확신을 찾고, 그 확신은 시간이 가면서 습관과 행위 패턴으로 점점 공고해진다는 이론을 받아들였다. 이어 라이트로부터는, 한 이론의 가치는 유용성에 의해 측정된다는 생각을 받아들였다. 그렇다면 학문에서건 일상에서건 **의미들**은 항상 기능적으로 생겨난다. 의미는 특정한 확신을 표현하고, 행위 습관을 확고히 하고, 현실에서 쓸 만한 것으로 입증된다. 형이상학 클럽에서 퍼스의 말에 귀를 기울이던 제임스는 훗날 그의 강연을 실용주의의 창립 선언문이라 불렀다.

1878년에 퍼스는 자신의 가장 유명한 논문「우리의 생각을 명료하게 하는 법」을 발표했다. 거기엔 이렇게 적혀 있다. 〈활동 중인 사고에는 생각을 다시 멈추게 하려는 유일한 동기만 있다. 확신과 관련이 없는 것은 생각의 일부가 아니다.〉[268] 여기서 퍼스는 칸트에 기대어 〈실용주의 공리〉라고 부른 일곱 가지 유형을 제시한다. 그중 가장 유명한 것은 이렇다. 〈우리가 생각하는 개념의 대상이 어떤 실질적인 의미를 가진 결과를 낳을지 숙고하라. 그 결과들의 개념이 우리가 대상에 대해 갖고 있는 개념의 전부다.〉[269] 달리 말하자면 어떤 생각의 **의미**는 그 생각이 불러일으키는 **행동 방식**(혹은 그럴 마음의 자세)과 일치한다.

의미가 어떻게 생성되는지에 대한 퍼스의 설명은 인식론과 전혀 상관없이 이루어진다. 예전에는 하나의 주체가 인식 대상인 세계와 마주하고 있었다면 이제 퍼스에게는 〈주체〉가 중요하지 않다. 그렇다고 마흐처럼 〈자아〉를 완전히 말소할 필요까지는 없다고 생각한다. 왜냐하면 무엇이 의미가 있고, 의미가 없는지는 골똑한 생각으로 드러나는 게 아니라 오직 타인과의 교류를 통해 드러나기 때문이다. 퍼스는 말한다. 〈어찌 됐건 우리는 인간이 전체가 아니라 본질적으로 하나의 사회 구성원임을 안다. 그런 의미에서 혼자에게만 의미가 있는 개인의 경험은 아무것도 아니다. 만일 누군가 남들이 보지 못하는 것을 본다면 우리는 그걸 환상이라고 부른다. 우리가 생각해야 할 것은《내》경험이 아니라《우리》의 경험이다. 이《우리》에는 무한한 가능성이 있다.〉[270]

의미는 문맥 속에서 생겨난다. 그건 **진리**도 마찬가지다. 무언가가 참인지 아닌지는 개별 인간이 결정하지 못한다. 개인은 스스로 참이라고 여기는 것을 혼자서 현실과 비교해서 믿을 만하게 결정 내릴 능력이 없다. 그렇다면 모든 의미는 원칙적으로 모든 과학적 가설과 마찬가지로 오류일 수 있다. 퍼스가 **오류 가능주의**라고 부른 원칙이다.

그렇다면 진리는 어떻게 생길까? 퍼스는 미발표 원고『논리학』(1873)에서 네 가지 가능성을 제시한다. 처음은 **고집**의 방법이다. 남의 말이나 가르침에는 완전히 눈 감고 귀 닫은 채 자신이 한 번 참이라고 생각한 것을 끈질기게 밀고 나갈 경우 그건 내게 진리로 굳어진다. 퍼스는 이 완고한 고집을 사회적 행동 방식으로는 바람직하지 않다고 보았다. 두 번째는 **권위**의 방법이다. 이건 가톨릭교회의 권위를 통해 무엇이 진리인지 저 위에서 확고하게 정해 놓은 기독교적 중세를 떠올리면 된다. 그러나 다들 알다시피 이런 권위는 영원히 지속되지 못한다. 세 번째 가능성은 **선험적** 방법이다. 칸트 같은 사상가가 반박할 수 없는 궁극의 인식으로 제시한 방법이다. 퍼스는 이전의 칸트 비판에서 밝혔듯이, 이것이 사변에 머물 수밖에 없고 결코 영속적일 수 없다는 이유로 이 방법을 제쳐 둔다. 이제 남은 건 네 번째 방법, 즉 **과학적** 방법이다. 이상적으로 보면 무한에 가까운 연구자 공동체가 수많은 가설의 논리적 정합성을 검증한다. 그렇게 계속 진리를 탐색해 나가다 보면 데카르트와 라이프니츠, 칸트 같은 사상가들이 이룩한 그 어떤 것보다 〈더 높은 수준의 사유 명료성〉[271]에 도달할 수 있다. 저 끝에서는 이상적 연구자 공동체에 의해 해독된, 점점 더 올바르게 이해된 세계가 우리에게 손짓한다.

낙관주의적 측면에서 퍼스는 마흐와 비슷하다. 두 자연 과학자는 실재성의 비밀을 풀고 인류사의 수많은 오류를 제거할 전 지구적 연구자 공동체를 꿈꾼다. 그럼에도 둘 사이의 차이는 상당히 크다. 마흐에게 진리란 주장(명제)과 실재의 일치다. 기존의 철학 전통에 따르는 이 입장은 이미 많은 연구자에 의해 배척되었다. 반면에 퍼스에게 진리란 **무한한 연구자 공동체 내부에서의 일치**다. 그렇게 일치된 의견은 실재와 동등한 의미로 간주된다. 마흐는 **진리 대응주의자**다. 즉 주장과 실제적 사실의 일치성에서 진리가 도출된다는 것이다. 그에 반해 퍼스는 근대 철학사에서 최초의 **정합주의자**라고 볼 수 있다. 즉 한 진술의 진리성은 연구자들의 합의를 통해 확증된 논리적 정합성에 따라 결정된다.

단초는 굉장히 현대적이다. 왜냐하면 진리가 실제 현실과 대조해서 검증되어야만 진리가 될 수 있다는 관념의 종말을 의미하기 때문이다. 퍼스의 진리는 **현실과 대조**하거나 **선험적으로 규정**되는 것이 아니라 **기나긴 과정** 속에서 **탐사**된다. 그를 위해선 논리학의 올바른 사용과 무한한 연구자 공동체, 즉 **이상적 커뮤니티**가 필요하다. 퍼스는 과학적 연구가 오직 진리의 탐사만 추구한다는 낙관주의적 전제 면에서 마흐와 일치한다. 하지만 실제로 과학계가 그럴까? 거기서도 시기와 질투, 다양한 세계관, 개인적 출세욕, 독창성에 대한 욕구가 판을 친다는 사실은 퍼스의 전제에서는 보이지 않는다. 그의 이상적 커뮤니티는 허구다. 혹은 그 자신의 말처럼 칸트의 의미에서 〈규제적 이념〉*이다. 즉 그것이 있어야만 우리의 사고와 행동을 좋은 방향으로 이끌 수 있다.

이상적 커뮤니티가 얼마나 이상적이지 않은지를 그 논리학자는 몸소 경험한다. 처음에는 일이 술술 풀리는 듯했다. 퍼스는 5년 동안 유럽에 머물면서 탁월한 연구자들을 만났다. 1879년에는 볼티모어에 새로 문을 연 존스 홉킨스 대학에서 시간 강사 자리를 얻었다. 그는 새로운 형이상학 클럽을 만들어 사람들을 모았고, 수학과 논리학 연구에 매진했다. 그 일환으로 영국의 수학자 조지 불(1815~1864)과 오거스터스 드 모르간(1806~1871)의 선구적 작업들을 공부했다. 불이 『생각의 법칙*Laws of Thought*』(1854)에서 밝혔듯이 퍼스도 인간의 모든 정신적 과정을 논리적 과정, 즉 논리적 기호로 표현할 수 있는 과정으로 여겼다. 그는 불의 대수학을 두 가지 연산으로 환원함으로써 좀 더 단순화했다. 무언가를 논리적으로 만드는 것은 NAND(Not And) 아니면 NOR(Not Or)다. NAND는 둘 다 참일 때만 거짓이고, 다른 경우는 모두 참이 되는 논리 연산으로서 가령, 사자는 개이면서 고양이가 될 수 없다. NOR는 둘 다 거짓일 때 참인 연산으로서 가령, 어떤 사람은 존재하거나 존재하지 않을 수 있다. 그 밖에 퍼스는 자신의 일차적, 이차적, 삼차적 상태 이론이 단순히 심리학적인 것이 아니라 논리적이라는 것을 증명하기 위해 논리학에 대수학적 기호를 도입한다. 논리적으로 보면 일차적 상태는 **절대적 상관성**이다. 여기서는 그 무엇도 다른 것과 관련되지 않는다. 이차적 상태는 **단순 상관성**이다. 나는 무언가를 다른 것과의 관련 속에서 정의 내린다. 삼차적

* 칸트는 『순수 이성 비판』에서 〈구성적 이념〉과 〈규제적 이념〉을 구분한다. 신을 예로 들어 보자. 구성적 이념으로서의 신은 실제로 세계를 창조하고 주재하고, 실존하는 초월자를 말한다. 칸트는 신이 〈구성적 이념〉이 아니라 〈규제적 이념〉이라고 말한다. 즉 〈없을 수도 있지만 있다〉라고 상정하자는 것이다. 우리는 윤리적 행동을 심판하는 신이 있다고 믿어야 평소 자신의 행동을 반성하고, 좀 더 윤리적으로 행동하게 된다. 이처럼 실존하지는 않지만 우리의 행위를 규제하는 데 도움이 되기에 상정하는 것이 규제적 이념이다.

상태는 **활용적 상관성**이다. 여기서는 복잡한 많은 관련성이 가능하다.

퍼스는 모든 정신적 과정을 논리적 기호로 표현하려는 시도와 함께 논리학에 혁명을 일으켰다. 그가 전혀 모르고 있던, 비슷한 시기의 예나 대학 수학자 프레게와 더불어 말이다. 하지만 행복한 시간은 오래가지 않았다. 1884년 퍼스는 대학 당국으로부터 해고를 통보받았다. 이유는 첫 부인과의 이혼 때문일 수도 있고, 그의 악명 높은 까다로운 성격 때문일 수도 있고, 아니면 논리학자에겐 드물지 않은 오만함 때문일 수도 있다. 그가 스물다섯 살 때부터 쓰고자 했던 방대한 체계적 저작은 별다른 진척 없이 미완성 상태로 남아 있었다. 지금껏 그가 철학에 관해 발표했던 글은 모두 잡지에 기고한 것이었다. 그로써 그의 책상 위에는 무수한 초고와 체계적 성찰, 개별적 관찰들이 쌓여 있었다. 초기 작업 이후 계속 수정 보완된 일차성, 이차성, 삼차성의 범주론은 그가 형식 논리학에서 일구어 낸 혁신과 어떻게 완벽하게 합치될 수 있을까? 실용주의 및 정합주의와는 어떻게 멋들어지게 연결될 수 있을까? 형이상학적 상부 구조에 관한 숙고도 오래전부터 진행되고 있었다. 논리학이 주도하는 철학(〈논리적 관념론〉)을 진화의 자연 과학적 과정에 편입시키는 작업이었다.

퍼스는 논리학 분야에서의 개척적인 작업과 논리적 관념론, 그리고 다른 수많은 미공개 개별 연구 때문에 종종 라이프니츠와 비교된다. 하지만 살아가는 내내 삶의 문이 활짝 열려 있던 라이프니츠와 달리 퍼스는 짧은 대학 경력과 함께 세상의 문이 완전히 닫힌다. 그는 두 번째 아내와 펜실베이니아주 밀퍼드의 한 작은 농장에 정착하기로 결심하면서 연구 공동체와 절연한다. 1891년에는 해안 경비대 일도 새로 부임한 상사와의 불화 때문에 그만둔다. 그가 밀퍼드에서 정밀한 연구 끝에 썼던 글들은 몇몇 지인만 빼고 대중에게 알려지지 않았는데, 여기서 탄생한 것이 바로 철학에 대한 그의 가장 큰 업적인 논리적 기호 이론, 즉 **기호학**이다.

기호와 정신

우리는 무엇으로 생각할까? 기호로 한다. 그냥 어쩔 수 없이. 퍼스는 이것을 일찍이 깨달았다. 〈우리는 기호 없이 생각할 능력이 없다.〉[272] 우리는 무언가를 경험하면 매번 특정 **인상**(일차적 상태)을 경험의 **대상**(이차적 상태)으로 바꾸고, 그런 다음 좀 더 정확하게 **해석**한다(삼차적 상태). 이런 생각의 근본적인 뼈대는 칸트에게서 출발했다. 우리는 특정 판단력의 도움으로 경험에서 표상을 만들어 내고, 그것을 개념으로 정리한다. 이 과정이 정확히 어떻게 진행되는지, 그때 어떤 가능성이 있는지, 그리고 이것이 **기호의 생산**과 어떻게 연결되는지를 퍼스는 좀 더 정밀하게 밝혀내고자 했다.

퍼스는 중세 스콜라 학파에게서 영감을 받았다. 중세 말기의 논리학자, 특히 그중에서도 신분을 정확히 특정 지을 수 없는 페트루스 히스파누스(1205~1277)와 독일의 보편학자 니콜라우스 폰 쿠에스(1401~1464)는 세계의 모든 인식을 규칙에 따른 기호 해석으로 보았다. 여기서 퍼스는 일차적, 이차적, 삼차적 상태의 논리적 구도에 맞게 정확히 **세 가지** 논리 가능성을 본다. 우리는 불특정한 인상이라는 일차적 차원에서는 감각적 기호quali sign만 지각하고, 그림과 비슷한 이 기호icon를 무의식적으로 정적, 소리, 또는 색채rhema로 해석한다. 구체적인 예를 들어 보겠다. 어디선가 따르릉 소리가 들린다. 우리는 대상의 구분이라는 이차적 차원에서 이 신호를 구체적 존재로 받아들인다sin sign. 이 기호는 우리에게 그게 무엇인지 지시한다index. 우리는 이제 하나의 진술(명제)을 형성할 수 있다. 가령 따르릉 소리를 현관 벨소리로 인지하는 것이다. 삼차적 차원에서 우리는 좀 더 추상적인 기호Legi sign를 해석할 수 있는데, 이 기호들은 우리의 경험을 익숙한 행위 모델로 편입시킨다symbol. 이제 현관에서 따르릉 소리가 세 번 울리면 뭔가 급한 일이 있는 것처럼 보이고, 그제야 우리는 그게 우리 집에 오기로 한 친구의 신호이거나, 소포 배달임을 깨닫는다. 이런 복잡한 사고 관련성을 퍼스는 **논거**라고 부른다.

범주론에 따르면 첫 번째 감각적 기호는 하나의 가능성을, 두 번째 기호는 실제 대상을, 세 번째 추상적 기호는 하나의 필연성을 가리킨다. 이 세 가지 기호는 다시 대상과의 관계에 따라 세 가지 유형, 즉 도상(圖像), 지표(指標), 상징으로 나뉘고, 그것들을 해석할 세 가지 복잡한 가능성, 즉 형태rhema, 진술proposition, 논거argument로 이어진다. 지각된 도상의 직접성에서 진술과 역동적 행위가 나오고, 상징은 좀 더 복잡한 판단과 논리적 추론을 가능하게 한다.

퍼스가 평생 갈고닦은 새로운 기호학semiotic은 정확하게 같은 시기에 그가 전혀 모르던 다른 누군가에 의해 비슷한 방식으로 탄생했다. 스위스의 언어학자 페르디낭 드 소쉬르(1857~1913)가 그 주인공이다. 그 역시 스스로 〈sémiologie〉라고 부른 기호 이론을 만들었다. 그런데 그의 선구적 연구서 『일반 언어학 강의*Cours de linguistique générale*』는 생전에는 발표되지 않았고, 사후 3년 뒤에야 세상에 공개되었다. 파리와 제네바에서 학생들을 가르쳤던 이 스위스 학자는 **언어** 기호 문제에만 천착했다. 그럼에도 퍼스와의 공통점은 상당했다. 소쉬르에게도 어떤 기호에 담긴 뜻을 결정하는 것은 기호 자체가 아니다. 모든 기호에는 항상 의미의 **가변성**이 존재하기 때문이다. 소쉬르의 말처럼 기호는 **임의적**이다. 예를 들어 〈돼지〉는 실제 대상인 동물을 가리킬 수도 있지만 욕으로 사용되기도 한다. 물론 모든 말이 임의적으로 사용되거나 이해되는 것은 아니지만, 그 의미가 명확하게 확정되어 있는 것도 아니다. 어떤 것이 무엇을 뜻하는지는 대상 자체에 달린 것이 아니라 그것을 지칭하는 말의 **사용**을 통해, 그리고 같은 의미로 사용된 다른 말과의 차이를 통해 생겨난다. 그렇게 보자면 소쉬르의 기호학 역시 실용주의에 뿌리를 두고 있다. 즉 의미는 누군가가 기호를 특정 문맥 속에서 해석하는 것을 통해 생겨난다는 말이다. 대상 자체에는 의미가 없다. 의미를 결정하는 것은 언어 **행위**다.

사랑의 형이상학

퍼스는 자신의 기호학을 보완하는 동안 궁여지책으로 사전 집필과 번역, 평론으로 생계를 유지했다. 1890년에는 독일계 미국인 폴 카루스(1852~1919)가 운영하던 자유사상 잡지 『일원론자*The Monist*』와 『공개 법정*The Open Court*』의 고정 필진으로 활동했다. 자연 과학과 종교의 관계 문제를 주로 다룬 잡지였는데, 퍼스에게는 자신의 형이상학적 입장, 즉 아직 완성되지 않은 전체 학문적 설계도의 기본 토대를 공개할 좋은 기회였다.

그렇다면 이 논리학자가 볼 때 태초엔 무엇이 있었을까? 모든 존재의 근원 원인이 물질이 아닌 것은 분명했다. 마찬가지로 인과율일 가능성도 적었다. 세계는 대부분의 과학자들이 믿는 것처럼 자연법칙적으로 정해진 원인과 결과의 변하지 않는 연속으로 생성된 것이 아니었다. 퍼스는 그런 소박한 생각에 만족할 수 없었다. 물질과 인과율은 그것들이 기원한 근원 원인이 필요 없기 때문이다. 따라서 그가 보기에 태초엔 정신이 있었다. 독일 자연 철학자 셸링이 〈절대적인 것〉이라고 부른 알 수 없는 에너지였다. 이 정신이 시간과 공간, 물질, 자연법칙을 창조했다. 심지어 퍼스는 물질이 〈정신의 허약한 형식〉일 뿐이라고 생각했고, 자연법칙은 영원하고 절대적이지 않을 뿐 아니라 〈깊게 뿌리내린 습관〉에서 생겨난다고 보았다.[273]

이와 함께 일차적, 이차적, 삼차적 차원으로 이루어진 범주들의 순서는 우주에도 해당된다. 태초엔 우연성과 불확실성이 있었다. 그것이 서서히 유희적 법칙으로 발전했고, 사물들은 무언가 확실한 것으로 존재하기 시작했다(이차적 상태). 그러다 삼차적 차원에 이르러 행동 모델과 습관이 생겨났다. 하늘에서처럼 지상에서도, 지상에서처럼 인간 의식 속에서도. 모든 것은 동일한 논리적 순서를 따른다. 〈이렇듯 습관으로 나아가는 경향이 시작되었고, 여기서 진화의 다른 원칙들과 함께 우주의 모든 법칙성이 발달했다.〉[274]

퍼스에게 모든 것은 진화에 예속된다. 동식물뿐 아니라 자연법칙도 마찬가지다. 자연 상수들이 영원히 변하지 않는다는 것은 말이 안 된다. 물리학조차 진화적으로 바뀌지 말아야 할 이유가 없다. 이로써 퍼스는 다윈을 훌쩍 뛰어넘는다. 게다가 그는 자연을 관장하는 것이 우연이라고 생각하지도 않는다. 세계가 본질상 정신적이고 논리적이라면 진화 역시 단순히 주사위 놀이일 수 없다. 물론 다윈의 말처럼 자연에 대한 우연한 적응은 존재한다. 하지만 기계적인 필연성과 형성력도 존재한다.

퍼스가 보기에 우주의 중심적인 형성력은 사랑이다! 쇼펜하우어도 이미 사랑을 〈우주의 중앙난방〉이라고 말한 바 있지만, 그럼에도 자연을 냉정하고 잔인한 것으로 간주했다. 반면에 퍼스는 사랑이 자연과 불가분의 관계로 연결되어 있다고 믿었다. 사랑은 물리적 동역학과 생물학적 성장을 관장하는 힘으로서 번식을 촉진하고, 살아 있는 것에 섬세한 감수성을 부여한다. 또한 고도로 발달한 생물이 다른 존재에게 연민을 느끼고 서로 배려하면 환하게 빛난다. 진화는 사랑의 힘을 통해서만 점점 더 높이 발달한다. 발전의 끝에는 고차원적 감수성의 산물인 인간 의식이 자리 잡고 있다. 그것은 타인 없이는 존재할 수도, 세계를 인식할 수도 없다. 실용주의 공리조차 이런 식으로 사랑과 연결된다. 인간은 타인과의 지속적인 교류 없이는 세계를 안전하게 헤쳐 나갈 수 없다. 인간은 사랑으로 세계를 헤쳐 나가면서 자연의 진보에 박차를 가하고, 거대한 우주적 조화를 함께 만들어 나간다.

퍼스가 밀퍼드의 농장에 세우고자 했던 사유의 건물은 상상할 수 없을 만큼 웅장했다. 가능성, 현실성, 필연성의 세 가지 논리적 범주가 깊숙이 작용하는 세계는 불확실한 정신에서 점점 완벽해지는 조화로 발전한다. 자연의 일부인 인간은 매 순간 동일한 과정을 극복해 나간다. 불확실한 감정은 명석한 기호 해석의 도움으로 복잡한 판단이 된다. 이 판단들의 의미는 일종의 의견 조정 기구인 무한한 연구자 공동체에 의해 검증된다. 이렇게 해서 〈참〉으로 인식된 사실들의 총합과 사람들 사이의 사랑은 점점 늘어난다. 인식과 윤리는 서로 고무하기 때문이다.

그런데 퍼스 자신은 정작 이 대담한 사유의 성을 거대한 연구자 공동체로부터 검증을 받거나 조율할 생각을 하지 않았다. 그의 경제적 상황은 점점 더 나빠졌다. 늘어나는 빚을 감당하지 못해 땅과 집까지 저당을 잡혀야 했다. 이런 상황에서 과거 형이상학 클럽의 한 좋은 친구가 실용주의의 아버지를 경제적 파탄으로부터 구해 주었다. 퍼스에게 끊임없이 강의와 공개 강연을 주선해 준 것이다. 그의 이름은 제임스였으니……

문제 해결은 삶에 있다

자유와 필연성 / 의식의 흐름 / 모든 것은 경험이다 /
실용주의라는 호텔의 복도 / 진리의 유용성 / 믿음에의 의지 /
실용주의는 휴머니즘인가? / 역할과 자기 정체성 /
실천으로서의 철학

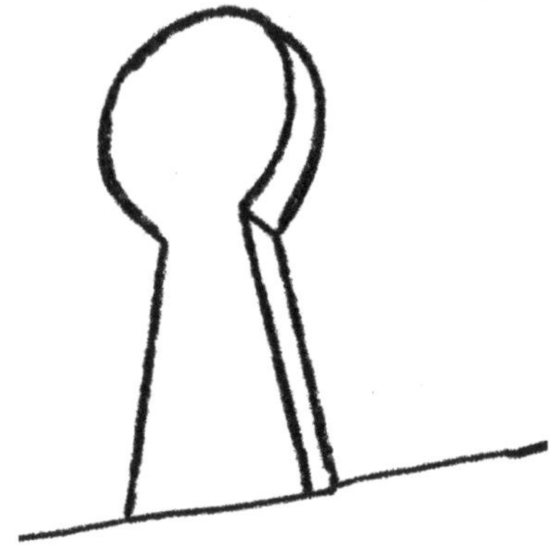

자유와 필연성

19세기 말엽의 철학자 중에서 오늘날 텔레비전 연속극의 대화 소재로 쓰일 만한 사람이 있을까? 미국에서 방영된 SF 드라마 「스타트렉: 넥스트 제너레이션」(1987~1994)의 〈사마리탄 스나레〉 편에서 피카드 선장은 젊은 동료에게 교양용으로 두꺼운 철학책 한 권을 선물한다. 바로 제임스의 책이다. 드라마 작가들은 1989년에도 이 책이 유용하고, 24세기의 우주선 함대 장교도 읽어야 한다고 생각했던 모양이다.

사실 그리 놀랍지 않은 일이다. 오늘날까지 미국의 철학자 가운데 가장 인기가 많은 제임스는 역사에 중요한 심리학자로만 이름이 오른 것이 아니라 『다원적 우주*A Pluralistic Universe*』라는 제목으로 출간된 하버드 대학 1908~1909년 겨울 학기 강연집의 저자이기도 하다. 거기엔 주옥같은 말이 많이 나온다. 〈세계를 자기 집처럼 편하게 느끼려면〉 인간은 세계의 다양함을 감내하는 법을 배워야 한다. 만물을 하나로 묶는 유일자나 전체, 절대적 원칙은 없다. 전체의 가치는 그 부분인 개인 하나하나에 있다. 그럼에도 우리는 관념적으로 상정된 전체와의 관련성을 통해 개인에게 가치를 부여할 때가 많다. 이런 전체는 실재하지 않는다. 다만 인간의 깊은 욕망으로서만 〈참〉이다. 죽음을 얼마 남겨 두지 않은 말년의 제임스가 했던 이 말들은 24세기에도 변함없이 심금을 울리는 깨달음이다.

제임스는 형이상학 클럽에서 퍼스의 벗이자 대화 상대였다. 그렇지만 퍼스와는 달리 다정하고 매력적이고 정중한 사람이었다. 그는 학자 집안에서 자랐다. 하지만 아버지는 퍼스와 마찬가지로 교수가 아니라 재야 학자였다. 윌리엄의 가족은 할아버지가 평생 벌어 둔 큰 재산으로 물질적인 걱정 없이 살았다. 뉴욕에 있는 부모의 집은 미국 동부 해안에서 소규모 학자 그룹의 아지트가 되었다. 그 덕분에 윌리엄은 일찍이 작가이자 철학자인 랠프 월도 에머슨(1803~1882)이나 칼라일 같은 유명한 남자들을 알게 되었다. 칼라일은 알다시피 밀의 유명한 적수였다. 윌리엄은 아버지가 자신의 찬란한 영웅들의 이야기를 들려줄 때면 쫑긋 귀를 세우고 들었다. 스웨덴의 보편학자이자 신비주의자로서 천국의 비전을 안고 세상을 주유했던 에마누엘 스베덴보리(1688~1772)와 지상에서 천국을 꿈꾸었던 공상적 사회주의자 푸리에 같은 사람들이었다.

제임스의 아동기는 여행으로 점철되어 있었다. 쇼펜하우어와 마찬가지로 제임스의 가족 역시 쉴 새 없이 뉴욕에서 런던으로, 거기서 파리와 불로뉴쉬르메르로, 다시 뉴포트, 제네바, 본으로 여행을 다녔다. 이 여행은 윌리엄뿐 아니라 나중에 작가가 된 한 살 어린 동생 헨리 제임스(1843~1916)의 성장에도 중대한 영향을 끼쳤다. 윌리엄은 처음엔 화가가 되고 싶었지만, 열아홉 살이 되자 하버드 대학의 화학과에 등록했다. 퍼스를 만난 것도 여기서였다.

청년 제임스는 실용적인 관점에서 모든 것에 관심을 보였다. 1862년에는 화학에서 생물학으로 재빨리 전공을 바꾸었다. 막 세상에 나온 다윈의 진화론에 순식간에 사로잡혔기 때문이다. 1864년에는 다윈의 이론에 반대하는 유명한 스위스계 미국인 연구자 루이 아가시(1807~1873)와 함께 브라질로 아마존 탐사를 떠났다. 이 경험을 계기로 그는 단순한 자연 몽상가에서 확고한 자연 과학자로 거듭나게 되었다. 그러나 브라질에서는 온천에서 휴양을 해야 할 정도로 심하게 앓아누웠다. 그렇다고 가만히 누워만 있을 제임스가 아니었다. 그는 쉬는 동안에도 연구 활동을 멈추지 않았다. 나중에는 드레스덴과 베를린을 방문해 강의를 들었고, 병리학자 루돌프 비르호(1821~1902)의 가르침에 귀를 기울였다. 하이델베르크에서는 헬름홀츠와 분트의 강의를, 파리에서는 세계적으로 유명한 생리학자 클로드 베르나르(1813~1878)의 강의를 들었다. 라이프치히에서는 페히너의 정신 물리학에 강한 인상을 받았다.

1868년 가을 미국으로 돌아왔을 때 제임스는 자연 과학적 철학으로 무장한 정통 의학자가 되었다. 하지만 하버드 대학 의학부에서 취득한 박사 학위는 형식적인 것에 지나지 않았다. 점점 건강이 악화되었고 우울증까지 겹쳤다. 스물일곱 살의 청년은 자연 과학적 세계상의 논리적 결과에 흠칫 겁이 났다. 자연 속의 모든 것이 원인과 결과의 틀에 따라 움직인다면 자유 의지가 들어설 틈이 없다. 이런 생각은 이미 많은 고대 철학자가 표명했다. 르네상스 철학자 폼포나치는 그 생각을 최신으로 업데이트했고, 흄은 그것을 확증했으며, 쇼펜하우어는 그 생각에 사로잡혔다. 제임스에게 이런 인식은 개인적으로 삶의 재앙이었다. 그래서 그의 철학에서는 어릴 때부터 간직해 온 믿음에 대한 손상과 온건한 종교적 세계상에 대한 의심이 맨 앞에 있었다. 만일 자신이 아무런 결정을 내릴 수 없다면 그런 자신을 어떻게 계속 중요하게 받아들일 수 있을까? 필연성만 존재한다면 자유란 없다! 갑자기 그는 자신의 삶이 참으로 하찮게 느껴졌다.

제임스는 프랑스 철학자 샤를 르누비에(1815~1903)의 『보편적 비판 시론*Essais de critique générale*』을 읽고 나서야 수평선에서 빛이 비치는 것을 보았다. 몽펠리에 출신의 이 재야 학자는 칸트를 집중적으로 연구했고, 다른 많은 이처럼 〈물 자체〉를 거부했다. 그런데 우리의 의식이 객관적 실재와 접촉할 방법이 없다는 칸트의 인식에서 그가 도출해 낸 것은 칸트를 훌쩍 뛰어넘었다. 본질적인 것은 영적이고, 그로써 파악할 수 없다는 것이다. 이런 면에서 르누비에는 자신이 높이 평가하고, 칸트도 청년 시절에 집중적으로 연구했던 스베덴보리와 생각이 비슷했다. 영적인 것은 우리 자신의 의지에서 그 실재가 가장 생생히 느껴진다. 인간 의지는 쇼펜하우어의 말처럼 자연 충동이 아니라 자유롭다. 의지를 땅에 묻으려는 그 어떤 시도도 결코 성공할 수 없다. 이유는 분명하다. 인과 고리의 시작에 뭐가 있을까? 무엇이 인과 고리를 불러일으킬까? 만년의 퍼스처럼 그것은 정신적인 것이지 결코 물질적인 것이 될 수 없다.

제임스는 르누비에의 저술을 읽고 나자 이루 말할 수 없이 마음이 편안해지게 되었다. 의지의 자유는 자연 과학적 도구로 증명할 길이 없었지만, 그건 의지의 부자유도 마찬가지였다. 제임스는 이제 가벼운 마음으로 1872년 하버드에서 생리학과 해부학 강의를 시작했다. 이제는 자유 의지를 부정하는 결정론도 더 이상 두렵지 않았다. 그건 그가 전혀 모르고 있던 니체가 독일에서 차가운 쾌감으로 예찬하던 도덕 없는 자연주의적 윤리학에 대해서도 마찬가지였다. 제임스는 아직도 경험론자인 동시에 휴머니스트가 될 수 있다는 사실을 깨달았다. 그가 보기에 의식은 정확히 같은 시기에 라이프치히에서 〈우리는 영원히 알지 못할 것이다!〉라고 선언한 뒤부아 레몽의 생각과 마찬가지로 물질적으로는 설명할 수 없었다.

제임스는 이렇게 생각을 깔끔하게 정리한 채 형이상학 클럽에 들어갔고, 거기서 퍼스를 비롯해 다른 회원들과 나중에 자신이 이름 붙인 〈실용주의〉에 대해 토론을 벌인다. 실용주의적 세계관이 자연 과학적 결정론보다 몇 배는 더 똑똑하지 않을까? 진리는 실제 **사물**의 양태가 아니라 사물이 **실재하는** 양태다. 〈실재성〉과 진리는 연구자 공동체가 사물에 있다고 **기대하는** 품질 인증서로서 집단적 의미 형성 과정의 결과물이지, 결코 〈즉자 대자적으로〉 존재하는 것이 아니다. 이런 편안한 인식을 가슴에 품고 제임스는 이제 『심리학 교범』의 집필에 뛰어든다. 이건 현대 자연 과학적 요구를 모두 충족시키는 저술이어야 했다. **과학**으로서의 심리학은 인간성의 상실로 이어지는 것이 아니라 인간성을 어떻게 설명할 수 있는지를 보여 주어야 했기 때문이다.

의식의 흐름

제임스는 이 저술이 15년 넘게 걸릴 거라고는 예상하지 못했다. 그는 1875년 하버드 대학에 실험 심리학 연구소를 설립했음에도 자신은 직접 실험을 하지 않았다. 심리적 과정이 생리적 과정과 일치한다고 생각하지 않았기 때문이다. 오히려 그는 로체와 브렌타노의 가르침을 좇아 섬세한 자기 관찰, 즉 내성법을 전적으로 신뢰했다. 그가 볼 때 엄격한 의미에서의 자연 과학은 외부 관찰이 아니라 자기 관찰이었다. 하지만 내 마음처럼 그렇게 모호하고 민감한 대상에 최대한 가깝게 다가가려면 나에 대한 관찰만을 연구자들의 토론에 맡겨서는 안 되고, 이 관찰 이전에 갖고 있던 나에 대한 지식도 성찰해야 한다.

흄은 인간 영혼을 관찰하는 방법으로 두 가지를 제시했다. 화가의 방법과 해부학자의 방법이다. 두 분과를 모두 잘 알고 있던 제임스는 두 가지 방법을 결합시켰다. 이때 가정해 놓은 특별한 전제가 있다. 설명하면 이렇다. 인간 의식은 진화의 산물이다. 의식이 지금과 같은 양태를 띠게 된 것은 발전사의 흐름 속에서 그렇게 형성되어 왔기 때문이다. 모든 삶은 문제 해결이다. 우리 의식은 선행하는 무수한 문제 해결의 산물이다. 여기서 가장 중요한 것은 늘 생존과 공동 삶이다. 우리의 감성과 지적 가공, 행위는 정확히 이 목표에 맞추어져 있고, 그에 대한 마법의 주문은 **적응**이다. 우리가 〈현실〉이라고 부르는 것은 우리의 인식 가능성과 분리할 수 없고, 〈앎〉이라고 부르는 것은 환경에 대한 우리의 경험과 떼어 놓을 수 없다.

여기서 곧장 두 번째 전제가 나온다. 어떤 형태로건 감각적 경험에서 도출되지 않은 인식은 없다! 로크, 버클리, 흄 같은 경험론자와 디드로, 콩디야크, 카바니스 같은 프랑스 감각론자도 이미 했던 주장이다. 그런데 제임스는 라이트에게 자극받아 이제 다윈의 진화론으로 이론의 토대를 구축하고, 고전적 경험론자들과는 다른 빛을 인간의 마음에 비추는 새 개념을 도입한다. 우리의 의식과 〈자아〉는 제임스에겐 대상이 아니라 **과정**이다. 모든 것은 강물과 같은 흐름, 즉 〈의식의 흐름〉 속에 있다. 어떤 것도 똑같이 두 번 일어나지 않고, 그를 통해 사건들은 의식의 강이 계속 흘러가는 가운데 서로 구분된다. 제임스는 〈자아〉를 대상으로 보지 않지만, 마흐와 달리 〈자아〉를 아예 없애 버리려 하지 않는다. 〈자아〉는 의식의 흐름 속에서 사건을 분류하는 과정이자 활동으로서, 〈그리고〉, 〈왜냐하면〉, 〈그럼에도 불구하고〉, 〈만일〉 등으로 사건을 연결해서 의미를 만들어 낸다. 만일 〈자아〉가 없으면 우리는 흐르는 물살 속에서 길을 잃는다. 우리는 그 사건들을 파악하지도 이해하지도 못할 테니까.

〈자아I〉는 우리의 세계를 구조화하는 과정이다. 자아가 자기 자신을 관찰한다면 〈보이는 나me〉의 역할로 들어간다. 〈보이는 나〉는 〈자아〉를 물끄러미 지켜보고, 자아는 몸과 외관 및 사회적 행동, 생각까지 관찰하고 판단한다. 〈보이는 나〉는 쉬지 않고 자기와의 말없는 대화 속에서 〈자아〉에 대해 주석을 달고, 그로써 우리의 정체성을 보장한다. 만일 제임스가 우리의 의식은 〈우리가 모르고 있던, 어쩌면 알 수 없지만 느껴지기는 하는 텍스트에 대한 많건 적건 판타지적 주석〉[275]이라고 말한다면 니체와 똑같은 것을 말한 셈이다. 다만 주석의 당사자를 거론하며 〈보이는 나〉라고 불렀다. 그렇다면 체험은 허구, 즉 지어낸 것일까? 니체가 1881년에 던진 질문이다. 제임스는 1890년에 자신의 두 권짜리 책 『심리학 원칙*Principles of Psychology*』에서 답한다. 당연하다. 그게 아니면 뭐겠는가?

우리의 감성은 결코 허구로부터 자유롭지 않다. 만일 고전적 경험론자들이 생각했던 것처럼 우리의 감성이 외적 자극에 반응하기 위해서만 존재한다고 믿는다면 큰 착각이다. 감성은 의식 흐름의 일부다. 예를 들어 우리가 곰을 만났을 때 도망치지 못하고 그 자리에 얼어붙는다면 그건 불안을 느꼈기 때문이다. 그런데 우리는 우리 속에서 불안이라는 **실체**를 느끼는 것이 아니라 단지 심장 박동, 땀방울, 근육 긴장 같은 당혹스러운 육체적 신호만 갖고 있을 뿐이다.

그렇다면 분명해진다. 〈불안〉이라는 것은 신경계의 그런 당혹스러운 현상을 우리가 **해석**한 것이다. 다시 말해 〈불안〉은 곰에 대한 반응이 아니라 우리 몸에 나타난 증상에 대한 해석이다. 우리 의식은 외부 세계가 아니라 우리 신경계에 반응한다. 강한 자극과 약한 자극밖에 구분할 줄 모르는 신경들로 인해 우리는 자극들로 넘쳐난다. 그것들의 질을 평가하는 것이 우리 의식의 몫이다. 고도로 복잡한 체계인 의식은 쉬지 않고 똑같은 것을 반복한다. **구분을 다른 구분들과 구분하는 것**이다. 진화의 적응 과정에서 다른 무엇보다 중요한 것이 바로 이것이다.

제임스의 감성론은 선구적이고, 20세기의 구성주의와 현대 신경 생물학으로 곧장 이어진다. **체험하는 자아**와 **성찰하는 자아**로 자의식을 설명한 것도 심리학의 중요한 성취에 속하는데, 이 설명은 오늘날까지도 나중에 프로이트가 〈이드〉, 〈자아〉, 〈초자아〉라고 나눈 것보다 더 확고하게 자리를 잡는다.

하지만 제임스는 자신이 무엇을 설명할 수 있고, 무엇을 설명할 수 없는지 그 한계도 잘 알고 있었다. 그는 앞서 언급한 책의 마지막 장에서 인생 테마, 즉 의지의 자유 문제에 대해 쓴다. 일단 경험 심리학으로는 이 문제를 해결할 수 없음을 솔직히 인정한다. 모든 심리 과정은 생리 과정에 그 뿌리가 있다. 그럼에도 심리 과정의 질은 다르다. 의식과 뇌는 똑같지 않다. 제임스가 볼 때 인간의 자발적 행동을 제대로 설명할 수 있는 생리학자는 없다. 자발적 행동을 일으키는 에너지는 어디서 나올까? 에너지 보존 법칙은 우리에게 분명히 말한다. 에너지는 새로 생성되지 않고 전환될 뿐이라고. 하지만 의식의 경우는 다른 듯하다. 제임스에게 그것은 생리학이 특정한 심리 과정의 비밀을 풀 수 없는 명확한 증거로 보였다. 최소한 인간의 자발적 의지나 갑작스러운 충동과 결심만큼은 경험 심리학의 범위에서 벗어난다. 헤르바르트 이후 반백 년이 지난 뒤에도 심리학자들에게는 여전히 풀리지 않는 똑같은 문제가 제기되고 있었으니…….

모든 것은 경험이다

제임스는 『심리학 원칙』으로 거의 하룻밤 사이에 라이프치히에서 실험 심리학을 추진하던 분트와 비슷한 수준의 당대 최고 심리학자로 부상했다. 이 책은 심리학 역사에서 이정표와 같았다. 그러나 저자는 그 정도에 만족하지 않았다. 심리학이 흥미로운 새 분야인 것은 분명하지만, 그것의 설명 가능성은 상당히 제한되어 있었다. 인간과 인간 세계를 실제로 규명하려면 여전히 철학을 해야 했다. 왜냐하면 자연 과학은 개별 문제에서 아무리 날카로운 인식을 선

보인다 해도 결코 전체를 포착할 수는 없었기 때문이다. 대신 자연 과학은 다른 학문에서 검증되지 않은 건축 재료를 입수한다. 하지만 그로써 개별 인식들의 더미는 차곡차곡 쌓이지만, 하나의 통일적 전체는 생기지 않는다. 그 때문에 형이상학, 즉 학문에 대한 학문은 계속 필요하다.

제임스의 말을 직접 들어 보자. 〈지질학자의 의도는 시간 자체의 이해와는 아무 상관이 없다. 연구자는 역학의 영역에서 행위와 반응이 어떻게 가능한지 알 필요가 없다. 심리학자는 자신을 비롯해 자신이 연구하는 의식이 어떻게 외부 세계에 대한 앎을 획득하는지 질문을 던지지 않아도 충분하다. 그러나 어떤 관점에서 보면 부차적인 문제가 다른 관점에서는 주 의미를 얻을 수 있다는 것은 분명하다. 우리가 세계에 대한 인식의 최대치를 하나의 전체로서 획득하고자 한다면 이른 시간 안에 형이상학이 모든 것 가운데 가장 중요한 문제가 될 수밖에 없다.〉[276]

그러나 제임스는 뼛속 깊이 자연 과학자였기에 전통적 형이상학, 즉 세계의 법칙성을 선험적으로 정의 내리는 형이상학을 꿈꾸지 않았다. 그랬기에 자신의 친구이자 영향력 있는 하버드 대학 교수인 조사이아 로이스(1855~1916)가 여전히 헤겔 철학과의 연관성을 찾고, 그의 형이상학을 옹호하는 것을 도저히 이해할 수 없었다. 제임스는 〈**절대적인 것은 잊어라!**〉라는 말로 반박했다.[277] 제임스가 볼 때 형이상학자는 수상쩍은 이름을 입에 올림으로써 악령을 자신의 의지 밑에 복속시키려는 심령술사였다. 〈우주는 인간 오성에는 항상 일종의 수수께끼처럼 보였다. 그 수수께끼를 푸는 열쇠는 순간적인 깨달음을 주거나 힘을 가져다주는 말과 이름에서 찾아야 했다. 이 말이 곧 우주의 **원칙**이었다. 그것을 가지는 것은 곧 우주 자체의 소유를 뜻했다. 우주의 수수께끼를 푸는 말 중에는 신, 물질, 이성, 절대성, 에너지 등이 있다. 만일 당신이 이

말들을 알면 마음이 편안해진다. 그러면 당신은 마침내 당신의 형이상학에 도달한다.〉[278]

하지만 세계에 대한 어떤 생각과 사색도 텅 빈 우주 공간에서 일어나지 않는다. 절대적인 것을 인식할 수 있는 장소는 어디에도 없다. 우리가 느끼고 사유하는 것은 모두 의식 흐름의 일부다. 모든 것은 경험이다! 경험 저편은 없다. 제임스는 고전적 경험론자들이 이와 관련해서 일관된 태도를 유지하지 않는 것이 의아했다. 흄 같은 사상가에게 외부 세계의 지속적인 자극을 개념으로 바꾸는 것은 우리의 의식이다. 정말 의식이 그렇게 할까? 현실에서 우리는 끊임없이 개념 이전의 경험과 개념에서 벗어난 경험을 하지 않는가? 흄이 의식의 부가적 활동으로 여긴 모든 **연결**도 결국 경험을 통해 규정되지 않을까? 우리는 비가 내린다는 것을 직관적으로 이해하지 않을까? 하늘에 낀 먹구름을 보면서 말이다. 제임스가 볼 때 지금까지의 경험론은 너무 머뭇거렸다. 모든 현실이 늘 경험 현실이라면 모든 연결도 우리 경험의 일부다. 고전적 경험론은 충분하지 않다. 필요한 것은 **급진적 경험론**이다.

그런데 급진적 경험론은 모든 형이상학의 반대편에 서 있다. 경험론자들은 경험 외에는 어떤 것도 인정하지 않고, 형이상학은 〈경험 위에〉 있기 때문이다. 특이한 것은 제임스의 심장에는 두 가지 영혼이 깃들어 있었다는 점이다. 그가 경험적 심리학자로서 아무리 중요한 인물이라 하더라도 경험론자를 좋아하지는 않았다. 골수 경험론자는 오직 사실만 믿는다. 철학적으로 보면 유물론자이고, 종교와는 완전히 담을 쌓고, 곳곳에서 회의주의자를 자처하고, 삶을 숙명론적으로 바라본다. 그들은 제임스에게 필생의 화두였던 자유 의지를 어디서도 발견할 수 없었다. 또한 남들의 환상을 깨기 위해 쉴 새 없이 움직였고, 독선적으로 냉정한 염세주의에 탐닉했다.

다정다감한 성격의 제임스는 그런 사람들과 어울리지 않았다. 이들은 그가 평생 싸웠고, 그를 자주 우울하게 만든 그런 인간들이었다. 제임스는 자기 입으로도 밝혔듯이 〈감수성이 예민한〉 사람이었다. 하지만 관념론과 종교성, 확고한 낙관주의, 그리고 선험적이거나 도그마적인 지혜에 대한 다감한 애착은 다른 한편으론 자신의 지성에 대한 모독이었다. 그는 인간적으로는 로이스 같은 사람을 좋아했지만, 지성적으로는 그런 사람을 따르고 싶지 않았다. 이로써 제임스가 스스로에게 부과한 사명은 분명해 보인다. 로이스나 다른 철학적 관념론자들만큼 그렇게 부당하고 과도한 것을 주장하지 않으면서 형이상학과 낙관주의를 구하는 일이었다.

급진적 경험론자가 형이상학을 만든다면 어떤 식의 형이상학일까? 제임스가 생각하고 있던 것은 〈경험적 형이상학〉이었다. 그것은 각 학문이 개별적으로 밝혀낸 것들을 수집한다. 이렇게 계속 나아가다 보면 거대하고 본질적인 문제들에 대한 탁월한 지식이 축적되지 않을까? 여기서 핵심은 (앞서 스펜서와 관련해서 언급한 바 있는) 하버드 대학의 생물학자 윌슨이 1990년대에 **통섭** consilience이라 불렀던 지식의 통합성이다. 이는 거대한 협력 속에서만 인식될 수 있는 모든 학문의 공통 토대다.

그런데 이런 야심만만한 프로그램은 본질적인 문제들이 사전에 먼저 해명되어야 성공을 거둘 수 있다. 의식은 물리적으로 해독될 수 있을까? 인간 심리에는 독자적인 메커니즘이 있을까? 이런 거대한 수수께끼는 정보 수집만으론 풀리지 않는다. 제임스는 모든 학자가 동일한 토대, 즉 의식의 흐름에서 출발하자고 제안한다. 우리가 실재라고 부르는 것은 경험의 흘러가는 과정이다. 이 과정을 〈의식〉이라는 이름의 실체로 설명하는 규정은 모두 쓸데없고 혼란만 부추긴다. 〈자아〉와 〈세계〉라는 실체의 구분도 영양가가 없기는 마찬가지다. 둘 다 연속적인 경험 과정 속에서 똑같은 방식으로 체험되고, 나중에야 자기 해석과 철학자, 심리학자를 통해 인위적으로 나누어진다.

이런 생각과 함께 제임스는 19세기에서 20세기로 넘어가는 전환기에 갑자기 마흐와 가까워졌다. 두 사람은 서로를 높이 평가했고, 편지를 주고받았으며, 빈에서 만남도 가졌다. 둘 다 〈급진적 경험론자〉이자 〈일원론자〉로서 몸과 마음의 구분을 부차적인 것으로 여겼다. 물론 둘 사이엔 여전히 큰 차이가 **하나** 존재했다. 제임스는 〈자아〉를 실체로 인정하지 않았음에도 완전히 없애 버리려 하지는 않았다. 그러니까 〈나〉와 〈보이는 나〉로 이루어진 〈자신〉에게는 의식의 흐름 속에서 우리 세계를 구조화하는 중요한 **기능**이 있다고 보았다. 마흐는 1912년에 이렇게 회상한다. 〈유명한 심리학자 제임스와 나눈 대화가 지금도 생생하다. 그는《자기》가 허상임을 인정하지 않으려 했다. 그걸 보면서 박식함이라는 것이 가끔은 아주 단순하고 생산적인 생각을 몰아내기도 하는 것을 느꼈다.〉[279]

물리학자인 마흐와 심리학자인 제임스의 차이는 쉽게 드러난다. 마흐는 〈원소〉라는 물리학적 단위에서 출발할 때 가장 확실하다고 느낀 반면에, 제임스는 어떤 경우든 이렇게 묻는다. **그건 어디에 좋을까?** 〈자기〉에 대한 인정이 무언가에 유익한 것은 분명하다. 그렇지 않으면 수십억 명의 사람이 〈자기〉라는 느낌 없이 살아야 할 테니까. 모든 행동은 **관심 기반** 행동이다. 인간이 느끼고 생각하고 행동하는 모든 것은 그 **기능**을 캐물을 수 있다. 달리 말해서, 형이상학적 사변이나 가정된 〈실체들〉로 설명하는 것보다 기능으로 설명하는 것이 훨씬 더 적확하다는 것이다. 제임스는 형이상학 클럽에서 배운 퍼스의 가르침을 평생 잊지 않았다. 그러나 그 모임의 다른 회원들과 달리 제임스는 〈실용주의〉를 단순히 연구의 논리학으로 보지 않았다. 그에게 그것은 철학의 확고한 **토대**였다. 즉 인간이 느끼고 욕망하고 생각하고 행동하고 믿는 모든 것에 대한 최상의 설명이었다.

실용주의라는 호텔의 복도

1898년 8월 26일은 특별한 날이었다. 수십 년의 잉태기 끝에 마침내 〈실용주의〉가 공식적으로 탄생했다. 캘리포니아 대학교 버클리 캠퍼스의 철학 협회에서 제임스를 강연에 초청했다. 이제 그 유창한 연사는 1천여 명의 청중이 빼곡히 들어찬 강당에서 연설을 시작한다. 제목은 〈철학적 구상과 실용주의적 결과〉다. 제임스는 형이상학 클럽에서 퍼스가 밝힌 〈실용주의 공리〉를 이야기하고, 부분적으로 퍼스와 큰 차이를 보이는 자기만의 결론을 설명한다. 인간이 경험하고 생각하고 행동하는 모든 것에는 목적이나 관심이 있다. 따라서 어떤 것이 무엇인지, 무엇이어야 하는지는 이 목적이나 관심에서부터 설명되어야 한다. 목적은 생물학적, 심리학적, 사회적인 것일 수 있다. 우리가 그것을 이해하려면 개인이나 집단에 그것이 어떤 기능을 하는지 알아야 한다. 다른 설명은 의미도 없고 생산적이지도 않다.

제임스에게 〈실용주의〉는 인간이 하는 모든 것, 즉 **개인적**인 행동에 대한 설명이다. 아울러 그런 행동에 토대를 둔 철학적 세계관이기도 하다. 퍼스는 〈실용주의〉라는 말을 명시적으로 사용하지는 않았지만 어쨌든 그에게 실용주의는 과학 공동체, 즉 사회적 맥락 속에서만 의미가 생겨나고 그것을 위해선 상응하는 규칙이 필요하다는 것을 아는 공동체의 **합리적** 행동이다. 결국 제임스의 실용주의가 **심리적**이라면, 퍼스의 실용주의는 **논리적**이다.

퍼스는 자신의 친구이자 후원자인 제임스가 실용주의로 세계적인 유명 인사가 되는 것을 복잡한 심경으로 지켜보았다. 그가 볼 때 제임스는 〈실용주의〉 개념을 허용 범위를 넘어 확대하고 희석시켰다. 퍼스가 평생 갈고닦은 논리학도 진리를 상대적 유용성에 따라 평가하는 제임스의 실용주의적 원칙에 의해 밀려났다. 1905년 퍼스는 마침내 아주 단호하게 제임스와 거리를 두었다. 자신의 실용주의가 〈그 작자의 발톱 밑에서 배은망덕한 방식으로 왜곡되었다〉는 것이다. 따라서 그는 〈자신의 자식에게 작별 인사를 고하기로〉 마음먹었다.[280] 이제부터 퍼스는 자신의 철학을 프래그머티시즘pragmaticism이라고 불렀다. 〈너무 혐오스러워 이제는 누구도 훔쳐 갈 생각을 하지 않기〉를 바라는 마음으로 붙인 이름이다.[281]

제임스는 퍼스의 거친 비판을 나쁘게 받아들이지 않았다. 오히려 대중의 뇌리에서 잊힌 이 친구를 계속 도와주었다. 그가 경제적으로 먹고살 수 있도록 길을 열어 주고, 그의 이론을 알릴 공간과 연단을 마련해 주면서, 제임스는 퍼스의 일관되게 논리적인 사유를 높이 평가했다. 자신은 그 사유에 동의하지 않았음에도 말이다. 어쨌든 이 심리학자는 1906~1907년 겨울 학기에 뉴욕 컬럼비아 대학에서 일련의 철학 강연을 하면서 철학자로서의 명성을 쌓아 가기 시작했다. 제목은 〈실용주의. 몇 가지 옛 사유 방식에 대한 새 이름〉이었다. 강연에서 그는 실용주의를 철학의 〈경직성을 해소하고〉 잡동사니를 제거할 최선의 방법으로 내세웠다. 모든 거대 문제는 한 가지 기준에 따라 평가될 수 있다. 어떤 이념과 구상, 구분의 **실용적인 결과**는 무엇일까? 제임스는 차이를 만드는 구분과 그렇지 않은 구분에 대해 다시 한번 이야기한다. 현대적 보기를 들어 설명해 보자. 인간은 정말 자유 의지를 갖고 있을까, 아니면 단지 자유롭게 행동한다는 완벽한 환상 속에서 사는 것뿐일까? 이 둘의 차이는 어디에 있을까? 만일 실용적인 차이가 존재하지 않는다면 이 구분은 무용지물이다. 그러니까 전혀 중요하지 않다는 말이다.

제임스의 실용주의적 관점에는 그것을 뒷받침하는 강력한 논거가 있었다. 다윈의 진화론이다. 그건 그의 심리학에서도 마찬가지였다. 아무튼 인간 지능이 하늘에서 뚝 떨어진 것이 아니라 생존 투쟁과 부단한 적응 과정에서 형성된 것이라는 사실을 인정한다면 새로운 철학적 결론이 내려질 수밖에 없다. 인간 정신은 결코 〈근원적인 사물과 원칙, 범주, 그리고 추정된 필연성〉을 바탕으로 명백하거나 잘 숨겨진 객관성을 인식하기 위해 만들어진 것이 아니라는 말이다.[282] 그렇다면 관건은 예나 지금이나 〈존재〉가 아니라 〈지능〉이라는 수단의 도움으로 복잡한 환경을 무사히 헤쳐 나가 살아남는 것이다. 우리 오성이 지금의 모습을 띠고 있는 것은 그것이 생존에 유리했기 때문이다. 그렇다면 우리 같은 척추동물의 뇌가 이해하는 모든 것은 〈결과이자 산물이자 결론이자 사실이다〉.[283] 따라서 실용주의 철학에서도 중요한 것은 오직 그것뿐이다.

제임스는 방법론과 관련해선 타협을 모르지만, 인간에게 어떤 것이 유익한지에 대해선 한없이 너그럽다. 그에게 실용주의는 〈호텔 복도〉와 비슷하다. 무수한 〈방들이 복도를 따라 열려 있다. 한 방에는 무신론적 책을 쓰는 사람이 있고, 다음 방에는 무릎을 꿇고 믿음과 힘을 갈구하는 사람이 있으며, 세 번째 방에는 물질의 속성을 연구하는 화학자가 있다. 네 번째 방에서는 관념론적 형이상학의 체계가 만들어지고, 다섯 번째 방에서는 모든 형이상학의 오류를 증명하려고 애쓴다. 이 복도는 모두의 것이다. 다들 자신에게 맞는 길을 찾기 위해 이 복도를 지나간다. 그러다 적당한 방이 있으면 들어갔다가 마음에 들지 않으면 다시 나온다〉.[284]

진리의 유용성

이 세상에는 인간이 자신의 의식 흐름 속에서 유익하다고 느끼는 것만 실재한다. 〈자기〉도 주변 환경을 헤쳐 나가는 데 유익하기에 존재하는 것뿐이다. 즉 자아는 우리에게 방향 정립의 역할을 한다는 것이다. 그렇다면 제임스가 유익하다고 여기는 모든 것이 정말 실재할까? 인간이 일상 경험에서 유용하다고 여기는 것과 무관하게 그게 그냥 **참**이기에 존재하는 것은 없을까?

이 질문에 대한 제임스의 답은 많은 동시대인을 당황하게 만들었다. 경험과 상관없는 상황에서만 번복할 수 없는 진리가 존재한다는 것이다. 예를 들어 〈2+3=5〉는 불변의 진리로 간주될 수 있다. 이런 경우를 제외하면 내가 〈진리〉 또는 〈참〉이라고 부르는 다른 것은 모두 유익한 구성물에 지나지 않는다. 사바나 지역에 살던 우리 조상들의 머릿속에는 수백만 년이 흐르는 동안 하나의 생각이 자리를 잡았다. 일부 특정한 인식은 그것을 갖고 있는 사람과 무관하게 〈참〉이라고 가정하는 것이 유익하다는 생각이다. 어떤 인식도 그것을 갖고 있는 사람과 완전히 무관할 수는 없다고 하더라도 말이다. 이 때문에 〈진리〉에 대한 요구는 예나 지금이나 일상에서 보기 드물게 굉장히 높다. 나의 진리가 나에게 맞다는 것만으로 충분할까? 모두는 아니더라도 남들의 동의는 중요하지 않을까?

내가 무언가를 〈진리〉로 받아들이느냐 받아들이지 않느냐는 적절한 설명이 가능한 심리 과정이다. 나는 새로운 정보를 만나면 일단 그것이 나의 (사고) 세계에 맞는지 검증한다. 내 머릿속에 저장된 기존의 인식 묶음과 비교 검사를 한다는 말이다. 그 정보가 지금까지의 내 인식과 맞지 않다면 나는 그 정보를 잘못되었거나 바보 같거나 터무니없는 것으로 간주한다. 여기서 그런 검사 과정이 너무 어려워서는 안 된다. 베인에 따르면 인간은 자신에게 의문을 제기하는 것을 극도로 꺼리기 때문이다. 우리는 새로운 인식이 우리에게 맞을 때만 그것을 받아들인다. 그 말은 곧 그것을 무시하거나 부정하지 않는 것이 우리에게 어떻게든 더 낫다는 뜻이기도 하다. 이런 일반적 의미에서 제임스는 〈유용성〉에 대해 말한다. 진리가 반드시 실질적으로 유용할 필요는 없다. 드물기는 하지만 가끔 우리는 불편하거나 마뜩하지 않은 것도 진실로 받아들인다. 그런 진실에 눈감거나 부정하는 것이 결국 어리석은 짓이라는 것을 알기 때문이다. 가까운 친구가 죽었다는 소식을 들었을 때 그 정보가 우리에게 유익한 것이라고는 눈곱만큼도 없다. 그렇다고 해서 그 정보를 사실로 받아들이지 않는 것은 바보 같은 짓이다. 결국 유용성이란 우리가 이 세계에서 성공적으로 **방향을 찾아 나가는 목적에 부합**하기 때문에 우리가 어떤 정보를 〈참〉으로 받아들이는 것을 의미한다.

참은 누군가가 그 자체로 자신을 위한 것이라고 이해함으로써 생겨난다. 진실 입증은 논리적이 아니라 심리적 과정이다. 논리학자 퍼스는 정확하게 이 부분에 강력하게 반기를 들었고, 제임스와 확실하게 거리를 두었다. 제임스가 두 가지 거대한 진리론, 즉 **진리 대응주의**와 퍼스의 **정합주의**를 거부하고 있다는 것이다. 제임스가 진리 대응주의와 선을 그은 것은 분명하다. 자신의 표상이 객관적 사실과 일치하는지 확실하게 검증할 수 있는 사람은 없다. 왜냐하면 표상이건 사실이건 일단 의식의 흐름 속에서 완전하게 동등한 수준으로 체험되고, 그 뒤에야 둘로 분류되기 때문이다. 그 자체로 존재하는 객관성에 대한 직접적인 접근 없이는 나는 어떤 것도 비교할 수 없다.

퍼스의 정합주의도 만족스럽지 못하기는 마찬가지였다. 기억을 되살려 보자. 퍼스에게 진리는 (이상적) 연구자 집단이 여러 주장과 가설을 꾸준히 검증하고, **기나긴 과정 속에서** 진실을 입증함으로써 생겨난다. 반면에 제임스가 보기에 그건 기껏해야 특수 사례에 지나지 않는다. 진리성에 대한 요구가 높은 많은 진리는 결코 객관적으로 입증될 수 없다. 예를 들면 우리의 가치, 인생관, 믿음 같은 것이다. 그럼에도 우리는 그것을 진실하다고 여기는 것이 중요하다. 그것들은 우리가 삶의 방향을 찾아가는 데 도움이 되기 때문이다. 게다가 우리 삶에 대한 신뢰와 기대를 키워 준다. 만일 전문가들이 무한한 과정 속에서 진실이라고 합의한 것만 진실이라면 남는 것은 많지 않다. 하지만 실제 현실에서 인간은 상당히 많은 진실이 필요하고, 그 때문에 그것들을 끊임없이 새로 만들어 낸다.

그런 주관적 진리는 당연히 영원한 진리가 아니라 전형적인 인간의 진리다. 〈인간적인 것의 흔적은 …… 모든 것에 스며들어 있다.〉 반면에 우리가 〈독립적인 진리〉 또는 〈더 개선될 것이 없는 진리〉라고 여기는 것은 〈살아 있는 나무의 죽은 심장에 지나지 않는다. 그것들의 실존이 말하는 것은 분명하다. 진리도 고생물학적 연구 방식에 따라 움직이고, 시효가 다하고, 오랜 근무 시간 속에서 머리가 세고 경직되고, 인간의 관점에서 보면 늙어서 화석화할 수 있다는 것이다〉.[285]

진리는 모두 상대적이고 완벽하게 객관적이거나 절대적이지 않다는 주장으로 제임스는 진리를 임의적인 것으로 만든다는 비난을 받았다. 그러나 그건 그에게 중요한 포인트가 아니었다. 핵심은 이렇다. 인간 동물은 결코 자기 생각과 욕구의 좁은 상자를 떠날 수 없고, 그 둘은 분리할 수 없다. 우리는 생각하고 싶은 대로 생각한다. 그것이 방향 정립에 대한 욕구 충족에 도움이 되기 때문이다. 그 때문에 우리의 언어도 절대적 진리를 인식하고 표현하는 데 좋은 도구가 아니다. 〈우리는 그런 인간적인 요소를 없앨 수 없다.

우리의 명사와 형용사는 모두 우리 속에 내재된 유전자이고, 우리가 이 개념들을 집어넣은 이론의 내적 질서와 구조는 전적으로 인간적인 의도에 지배받을 수밖에 없다. 지성 공동체의 합의는 그중 하나일 뿐이다.〉[286]

우리가 특정한 무언가를 참이라고 여긴다면 그건 자기 목적이나 고도의 인식적 관심에 따른 것이 아니다. 우리는 머릿속에 특정한 말뚝을 단단히 박아 놓아야만 계속 의미 있게 생각을 이어 갈 수 있다. 그렇지 않으면 우리는 길을 잃고 만다. 현실을 최대한 정확하게 묘사하는 것은 무의미하지 않다. 오히려 현실을 풍성하게 만든다. 현실은 그런 묘사와 함께 새로운 인식과 이론으로 확장되기 때문이다. 우리가 세계에 대해 더 많이 숙고하고, 더 많은 것을 알아낼수록 세계는 더 복잡해진다. 제임스가 높이 평가한 로체에게서 빌려 온 생각이다. 인간은 각자 자기만의 〈소우주〉라고 했던 로체의 표현이 이제 제임스를 만나 하나의 근사한 이론이 되었다.

내게 유익하고, 그것이 사실로 입증된 것을 진리로 여기는 제임스의 구상은 근대 철학사에서 다른 누구보다 진리를 더 주관적으로 만들었다. 그로써 진리를 이상적 공동체에 의해 객관적으로 탐구하게 하려던 퍼스의 생각과는 아득히 멀어졌다. 그런데 제임스가 이 이론으로 앵글로색슨 철학에 강한 영향을 미칠수록 비판도 더욱 거세졌다. 논리학자, 합리주의자, 경험론적 자연 과학자 할 것 없이 격렬하게 반발했다. 사람들은 제임스를 〈지나치게 자유분방한 사람〉으로 지목하면서 실용주의를 〈US 달러 철학〉으로 전락시켰다고 비난했다. 제임스의 말대로라면 연구자의 객관성은 어디에 있으며, 이성의 진리는 어디에 있을까? 훗날 미국 철학자 브랜드 블랜셔드(1892~1987)가 했던 아마 가장 똑똑한 반박이었다.[287] 실용주의의 영향을 받으며 성장한 그는 실용주의자들이 스스로 인정하지는 않지만 함축적 진리를 등 뒤에 숨기고 있다는 사실을 간파했다. 만일 어떤 실용주의자가 진리란 기능적 유용성이 있어야 하고 그것이 현실에서 실증되어야 한다고 정의 내린다면 그건 진리성에 대한 요구를 표명한 것이다. 즉 어떤 것이 진리가 되려면 유익한 기능성과 입증성이 있어야 한다는 것이다. 그런데 이 정의 자체에 기능성과 입증성이 있는지는 그 자신도 확신할 수 없다. 따라서 그도 이 정의가 맞다는 것을 자신에게 말해 주는 무언가를 믿는 듯하다. 그건 진리 대응론자가 말하는 것과 똑같은 것일 가능성이 높다. 그러니까 진리에 대한 실용주의자의 정의는 모종의 방식으로 현실과 일치한다는…….

믿음에의 의지

제임스가 자신의 실용주의를 매우 개인적인 가치 판단과 연결시킨 것은 자유 의지에 대한 그의 형이상학과 신에 대한 이해에서 잘 드러난다. 영적인 것에 대한 관심 면에서도 그는 로체와 일치했다. 자연 과학에 아무리 정통하고 마음의 생리학을 아무리 풍부한 지식으로 설명하더라도 두 사람은 종교적 믿음의 세계를 파멸시킬 수 없었다. 다만 로체는 종교에 관한 책을 쓰다가 중단한 반면에 제임스는 1896년 여름에 이미, 그러니까 실용주의라는 말을 아직 정식으로 입에 올리기 전에 예일 대학과 브라운 대학의 철학 클럽을 위해 글을 하나 썼고, 거기다 나중에 관련 에세이들을 묶어 『믿음에의 의지*The Will to Belief*』라는 책을 냈다.

제임스는 다윈 이후에도 과연 신을 믿는 것이 가능한지 스스로에게 물었다. 일반 경험론자라면 아마 분명한 어조로 아니라고 답할 것이다. 하지만 급진적 경험론자에게는 다른 답도 가능해 보였다. 제임스는 신이나 자유 의지, 선 같은 형이상학적 가정만 허구로 간주한 것이 아니라 자연 과학 이론에도 똑같은 의심을 품었다. 그들도 모두 증명되지 않은 전제를 내걸고 있지 않을까? 가령 자연법칙이 영원히 변치 않을 것이라거나, 자연은 항상 논리적 법칙을 따른다거나 하는 전제 말이다. 그러나 제임스가 보기에 자연 과학자도 한낱 인간일 뿐이다. 그들은 유용한 이론을 제시하고, 정선된 유익한 방법으로 특정 법칙과 사건을 발견하기는 하지만, 그렇다고 진리를 독점할 수 있는 것은 아니다. 〈객관적 실존과 확실성은 분명 갖고 놀 수 있는 아름다운 이상이지만, 달빛이 비치고 꿈이 출몰하는 이 행성의 어디에서 그것들을 발견할 수 있을까?〉[288]

제임스가 볼 때 어떤 경험론자도 자유 의지가 있는지 없는지를 밝혀낼 수단을 갖고 있지 않다. 곳곳에서 인과율을 찾는 사람은 당연히 인간의 감정과 사고, 행동에서도 그것을 찾을 수 있다. 하지만 그것들이 인과율로 완벽하게 설명될 수 있을까? 제임스는 자유 의지를 부정하는 수많은 진화론 추종자에게 아마 오늘날까지도 가장 훌륭하게 여겨지는 반론을 편다. 수백만 년 넘게 인간이 점점 복잡해지는 환경에 좀 더 적절하게 적응할 수 있도록 배려해 온 진화가 왜 인간에게 자유 의지가 있다는 터무니없는 환상을 심어 주었을까? 우리가 의지를 자유롭다고 여기는 것이 스스로를 속이는 것이 아닐 가능성은 스스로를 속이고 있을 가능성보다 훨씬 더 높다. 물론 우리는 완전히 자유롭지는 않다. 우리는 우리의 과거 경험에 묶여 있으며, 우리의 사고와 행위는 그것과 무척 관련이 많다. 그럼에도 우리에겐 관심의 커서를 조종해서 우리가 원하는 곳에 멈출 수 있는 자유가 있지 않을까? 그게 맞다면 우리는 자유 의지를 믿기로 자유롭게 결정함으로써 그런 의지를 사용해야 한다!

자유 의지에 관한 이 말은 믿음에도 해당된다. 우리는 어차피 믿음에 대해 확실하게 아는 것이 없기에 자연 과학도 믿음을 부정할 수 없다. 다만 종교가 퍼뜨리는 구체적인 이야기나 설명은 반박할 수 있다. 그럼에도 조물주와 〈선함〉의 실존을 믿을지 말지는 전적으로 개인의 판단에 달려 있다. 그런데 제임스는 이것저것 다 따져 보았을 때 믿음을 갖는 편이 더 낫다고 생각한다. 칸트처럼 인간에게 도덕적 의무감을 느끼게 하려면 믿음이 필요하다는 것이다. 신을 믿으면 자연 과학은 넘볼 수 없는 도덕적 심판 기관이 생긴다. 그런 점에서 개인과 인류에게는 신을 믿는 편이 한층 유익하다. 이런 믿음의 토대는 감정이고, 인간의 모든 동기와 의도 역시 감정에 기초한다. 심지어 감정과 거리를 두려는 의도조차.

자유 의지와 마찬가지로 믿음에 대한 욕구도 많은 사람의 기본 욕구에 속한다. 그들은 믿음에 대한 욕구를 자신의 내면을 들여다봄으로써 발견하는데, 이 욕구는 인간의 자의식과 많은 관련이 있다. 믿음은 알다시피 산도 움직인다. 믿음에 기초해서 무언가 특정한 일을 해야겠다고 생각하면 그것은 인간 사회에 실질적인 결과로 나타난다. 흄은 **존재**(사실)와 **당위**(규범)를 엄격하게 분리했지만, 일상의 경험으로 보면 그건 사실이 아니다. 당위가 존재를 만들어 낼 때도 무척 많다. 이로써 그 급진적 경험론자는 실용주의자로서 또다시 고전적 경험론자들에게 반기를 든다.

제임스의 이런 생각은 1928년 미국의 사회학자 도러시 스웨인 토머스(1899~1977)와 윌리엄 아이작 토머스(1863~1947)에 의해 되살아난다. 훗날 토머스 정리(定理)라고 불리게 될 원칙은 이렇다. **인간이 어떤 상황을 실재라고 규정하면 그 상황은 실제 결과로 나타난다.**[289] 예를 들어 교황과 십자군은 성지를 무슬림으로부터 해방시켜야겠다는 가상의 사명을 실제로 느꼈기 때문에 십자군 원정에 의한 실제 전투가 일어났다. 그건 식민지 지배자와 국가 사회주의자의 인종주의적 광기도 마찬가지다. 또한 누군가 자기 자식이 귀신에 들렸다는 환상에 빠지면 그 역시 아이들에게 구체적인 결과로 나타날 수 있고, 누군가 납득할 만한 이유 없이 자신을 너무 뚱뚱하다고 여기면 그 또한 대개 거식증 같은 실질적인 결과로 이어질 수 있다.

인간이 항상 이론적으로나 실질적으로 자신에게 유익해 보이는 것만 인식한다면 그건 우주에 대한 우리의 이해에도 영향을 끼친다. 제임스는 퍼스와 마찬가지로 만년에 우주론에까지 손을 댄다. 요점은 이렇다. 우리가 생각하는 **그런 우주**는 존재하지 않고, 인간의 입장에서 보는 관점만 존재한다. 우리는 어떤 때는 사물을 논리적이거나 인과율적으로 보고, 어떤 때는 도덕적이거나 미적으로 본다. 제임스는 로체와 함께 이 모든 관점을 저마다의 방식으로 타당하다고 여겼다. 미국 시인 뮤리얼 루카이저(1913~1980)의 아름다운 시 「어둠의 속도The Speed of Darkness」에 그와 유사한 의미를 담은 구절이 나온다. 이 철학사 시리즈 제1권의 제사(題詞)로 쓰인 시구를 소개하면 이렇다. **우주는 원자가 아닌 이야기로 이루어져 있다.** 하지만 제임스라면 이렇게 말했을 것이다. 우주는 원자로도 이루어져 있지만 이야기로도 이루어져 있다고.

제임스가 인간과 인간 세계, 우주에 대해 풀어놓은 〈이야기들〉은 그를 당대의 가장 미국적인 철학자로 만들게 되었다. 그러나 제임스의 예민한 몸은 기대보다 더 무기력하게 원자와 생리학의 압력에 무릎을 꿇었다. 그는 스위스로 마지막 휴양을 떠났지만 건강은 회복되지 않았다. 1910년 8월에 고통스러워하는 육신은 막바지에 내몰렸고, 제임스는 예순여덟 살의 일기로 자신의 농장이 있던 뉴햄프셔의 초코루아에서 숨을 거두었다. 그가 한 친구와 함께 직접 지명을 바꾼 곳이다. 초코루아 산자락의 아늑한 호수 풍경은 그에게 잔잔히 흘러가는 의식의 강물을 찾아가는 안식처였다. 〈이 풍경은 내 삶에서 다른 어떤 것보다 더 멋지게 의식을 일으켜 세운 듯하다. 그것은 내가 삶의 베일을 통과하기를 바라는, 그

것도 이름 없이, 변함없이 통과하기를 소망하는 내 유일한 기억이다.〉[290]

실용주의는 휴머니즘인가?

제임스의 선구적 작업은 입이 마르도록 칭찬할 만한 일이다. 냉철한 과학자 시인이었던 그는 마음 논리학의 수수께끼를 풀었고, 모든 잘못된 형이상학으로부터 과학을 해방시켰다. fact(사실)의 어원은 라틴어 〈facere〉(만들다, 행하다)이다. 그렇다면 사실은 행위에서 온다. 인간은 자기 세계의 건축가이자 자기 삶의 발명가다. 자기 삶의 고고학자가 아니다. 제임스는 환경에 대한 적응에 기반한 진화론을 이전의 어떤 철학자보다 더 진지하게 받아들이면서 세계상을 우리의 방향 정립에 도움을 주는 지도로 인식했다. 우리는 우리에게 도움이 되었던 것을 이 지도에 계속 그려 나가고, 우리의 삶에서 중요한 차이를 만들어 낸 구분들을 표시해 나간다. 이 지도의 설계는 우리 의식의 큰 성과다. 의식은 자극을 감정으로 바꾸고, 감정의 도움으로 생각을 구축한다. 본래적 의미의 논리학은 경험적으로 파악할 수 없는 **구분들의 심리 논리학**이다. 이 점에서 제임스는 결정적으로 퍼스와 갈라진다. 제임스에게서 점점 멀어지던 이 친구는 논리학을 의식의 성과로 본 것이 아니라 의식을 논리학의 성과로 보았다.

제임스가 직접 만든 실재론과 환경에 적응하라는 요구에서 훗날 20세기의 많은 분야에서 각광을 받은 〈구성주의〉가 나온다. 그런데 평생 좌절과 실패로 점철되었던 퍼스도 받아 마땅한 명성을 누린다. 물론 먼 훗날의 일이다. 1914년에 그가 죽고 나자 처음에는 몇몇 논리학자만 그에게 경의를 표했다. 그러다 1950년대와

1960년대에 이르러 그의 기호학이 집중적으로 조명받기 시작했고, 급기야 프랑크푸르트의 철학자 카를 오토 아펠(1922~2017)이 1960년대 말에 퍼스의 저작들을 독일에서 출간했을 때 그에게는 〈가장 위대한 미국 철학자〉라는 수식어가 붙었다. 아펠은 어떤 주장이 타당성과 진리성을 인정받으려면 〈이상적 의사소통 공동체〉의 묵시적 동의가 전제되어야 한다는 퍼스의 생각을 받아들였다. 진리를 선험적으로 규명하고자 했던 칸트 철학은 이제 퍼스를 통해 개조되어야 한다. 타당성과 진리성은 선험적으로 입증되는 것이 아니라 남들의 동의를 통해 증명된다. 이런 생각을 기초로 아펠은 이른바 초월적 실용주의를 설계하고, 나중에 위르겐 하버마스(1929~)와 함께 〈담론 윤리학〉을 정립한다. 모든 판단은 잠정적으로 다른 모든 이와 조정되어야 하기에 타인에 대한 **존중**은 필수적이다. 아펠이 보기에 이상적 의사소통 공동체에서부터 굳건한 윤리학에 이르는 길은 필연적인 논리적 과정이다.

실용주의는 어떻게 윤리학에 이를 수 있을까? 이건 퍼스와 제임스의 바로 다음 세대도 이미 관심을 보인 문제다. 독일의 알토나에서 태어나 영국에서 자란 철학자 퍼디낸드 캐닝 스콧 실러(1864~1937)는 1891년에 『스핑크스의 비밀. 진화의 철학적 연구 *Riddles of the Sphinx. A Study in the Philosophy of Evolution*』라는 제목의 책을 출간했다. 저자가 서문에서 밝혔듯이 안전상의 이유로 익명으로 발표한 작품이었다. 그가 볼 때 스핑크스의 수수께끼는 인류의 거대한 문제였다. 자유 의지와 의식의 수수께끼, 신과 인생의 의미에 대한 물음, 그리고 미와 진리, 정의 같은 〈보편 개념〉에 대한 문제는 누가 풀 수 있을까? 제임스와 마찬가지로 실러도 이렇게 결론 내렸다. 자연 과학자든 철학적 관념론자든 이 문제의 답은 찾을 수 없다는 것이다.

그렇다면 남은 방법은 제임스의 경우처럼 자연 과학에 정통한 형이상학을 만들려면 두 분야의 협력밖에 없었다. 두 관점이 결합될 때에만 왜 우주가 존재하고, 왜 생명이 태어나고, 어떻게 무의식에서 의식이 생기는지 설명할 수 있을지 모른다. 그런데 실러가 보기에 몇 가지는 벌써 확인된 것처럼 보였다. 진화는 모든 모순이 사라진 완벽한 조화의 목표를 향해 상승하는 직선이라는 것이다. 선은 악을 이기고, 시간은 멈추어 서고, 감정과 오성은 더 이상 분리되지 않는다.

이 책의 저자가 누군지를 두고 빠르게 소문이 돌았다. 실러는 뉴욕 이타카에 있는 코넬 대학 교수로 재직하다가 곧 옥스퍼드로 자리를 옮겼는데, 제임스를 집중적으로 연구하고 나서 그의 철학을 좀 더 논리적으로 보완하고자 했다. 제임스가 신을 믿는 것이 더 낫다고 말했다면 실러는 그것 말고도 원인과 결과의 영원한 타당성, 시공간의 실재, 자연의 초시간적인 법칙성을 함께 믿는 것이 더 낫다고 말했다. 그게 전 인류뿐 아니라 개인에게도 의미가 있는 일이라는 것이다. 이런 의미에서 실러는 실용주의를 〈휴머니즘〉이라 불렀다. 세계는 인간의 욕구를 통해, 인간의 욕구를 위해 제작되어 있다는 것이다. 하지만 극도로 주관적인 진리 개념과 모든 것을 관통하는 〈휴머니즘〉, 더 높은 것으로 나아가는 목표 지향적인 진화에 대한 그의 믿음은 옥스퍼드의 다른 철학자 동료들에게는 평생 수상쩍은 것으로 낙인찍혔다. 그가 사람들로부터 더 많은 인정을 받은 곳은 미국이었다. 실러는 이곳에서 1929년부터 세상을 떠난 1937년까지 서던 캘리포니아 대학에서 학생들을 가르쳤다.

20세기 초 대서양 건너편에서는 실용주의가 가장 중요한 철학 사조로 떠올랐다. 거기엔 퍼스와 제임스, 실러가 믿었던 인류의 지속적인 진보에 대한 희망이 짙게 배어 있었다. 당시 그들 외에 또 다른 실용주의적 낙관주의자로 찰스 호턴 쿨리(1864~1929)

가 있었다. 앤아버의 미시간 대학 근처에서 고위 법률가의 아들로 나고 자란 그는 대학도 그곳에서 다녔다. 그런데 쿨리의 관심은 하나의 전공에 국한되지 않았다. 1년 만에 공과 대학을 마친 뒤 정치학을 공부했다. 정치학과를 졸업한 뒤에는 독일로 건너가 잠깐 뮌헨에서 경제학과 사회학을 가르쳤다. 박사 학위는 뉴욕의 컬럼비아 대학에서 현대 교통망에 관한 연구로 받았다.

쿨리는 철학자의 역할을 개척자로 이해했다. 그런 신념 면에서는 제임스나 실러보다 한층 더 확고했다. 학식과 분석적 관심은 그 자체에 목적이 있는 것이 아니라 사회 개선을 사명으로 삼아야 한다. 쿨리는 미시간 대학 경제학부에 사회학 교수로 재직했다. 지상에서 가장 빠른 속도로 산업화되는 미국의 급성장은 다른 한편으론 사회에 막대한 도전장을 던졌다. 미국을 위대하게 만든 이기주의를 수백만 명의 새 도시들에서 어떻게 문명화할 수 있을까? 그러려면 어떤 조직과 기관이 필요할까? 세기 전환기에 점점 뚜렷하게 나타나던 대도시에서의 폭력과 부패, 이기심, 착취를 막으려면 미래의 사회 질서는 어떤 모습이어야 할까?

쿨리는 『인간 본성과 사회 질서*Human Nature and the Social Order*』(1902)라는 책에서 그에 대한 답을 내놓는다. 오랫동안 다윈과 스펜서를 연구해 왔지만, 진화를 개체의 이기적 시각에서만 바라보는 출발점에는 동의할 수 없었다. 최소한 인간만큼은 개인적이면서도 사회적인 관심에서 형성되지 않은 의지는 하나도 없다. 쿨리는 퍼스와 제임스에게서 개인은 사회와 대립하는 것이 아니라 사회와 불가분의 관계로 연결된 존재라고 배웠다. 대체 우리는 남들이 우리에게 반사하는 거울상과 뭐가 다른가? 우리는 항상 남들이 상상하는 시선을 통해 우리 자신을 보고, 거기서부터 자존감을 발전시킨다. 이로써 쿨리는 자신이 전혀 모르고 있던 니체와 무관하게 **거울 자아**looking glass self 이론을 구축해 나간다.

각자가 결국 타인의 거울, 즉 남들의 시선에 비치는 〈나〉라는 점에서 인간 사회는 동물 집단이나 동물 국가와 근본적으로 구분된다. 열등한 동물과 관련된 진화는 인간에게 해당되지 않는다. 거기다 스펜서가 보지 못했거나 보려고 하지 않았던 요소들이 추가된다. 인간 사회는 개체들의 몸이 아니라 서로 간의 정신적 상상으로 이루어져 있다. 이러한 상호 거울 비추기가 동물 공동체를 훌쩍 뛰어넘는 〈우리 감정〉을 만들어 낸다. 게다가 기차, 도로, 증기선, 전보, 전화 같은 새로운 기술적 성취를 생각하면 오늘날 이런 〈우리 공동체〉는 예전보다 더 빠르고 근사하게 연결된다. 이로써 전 세계는 하나의 네트워크, 즉 쿨리의 낙관적인 표현처럼 〈하나의 거대한 가족〉이 된다. 이를 위해 최상의 조건을 만드는 것이 사회학의 사명이다. 다시 말해 사회학은 일종의 사회 종교로서 공존의 번성을 위한 이상적 토양을 연구해야 한다.

쿨리는 진보에 대한 낙관주의와 함께 퍼스와 제임스, 실러의 대열에 합류한다. 인류의 과거를 돌아보면 신학자를 비롯해 플라톤 같은 일부 관념론자들이 세계의 시초로 상정해 놓은 신적인 장엄함은 들어설 자리가 없다. 거기엔 어떤 숭고한 창조도, 이상적 이데아의 세계도 없다. 발견되는 것이라고는 자연력과 원숭이뿐이다. 그렇다면 찬란한 영광은 미래에 있다. 그리로 가는 길로서의 진화에는 이미 그런 능력이 장착되어 있다. 퍼스는 진화를 진리와 사랑의 승리로 나아가는 기나긴 과정으로 본다. 진보에 대한 제임스의 믿음은 그가 〈개선주의〉, 즉 더 나은 것으로 세계가 계속 발전해 나간다는 신념과 밀접하게 연결되어 있다. 선과 악은 세계에서 싸우지 않는다. 선악의 순수한 형태는 거의 존재하지 않기 때문이다. 요는 이 지구를 매일 조금씩 더 정의롭고 더 **낫게** 만드는 것이다. 이런 의미에서 실용주의는 이미 제임스에게서 휴머니즘이 되었다. 그러니까 사회적 세계는 인간의 욕구에 걷잡을 수 없이 적응해 나간다는 것이다.

역할과 자기 정체성

쿨리가 인류를 심적 운명 공동체로 이해한 것은 사유 면에서는 논리적 귀결일 뿐이다. 심적 네트워크라는 그의 사회 이론은 친구이자 동료인 조지 허버트 미드(1863~1931) 이후 자리 잡은 〈상징적 상호 작용론〉의 초석이 되었다. 매사추세츠주의 사우스해들리에서 목사의 아들로 태어난 미드는 제임스와 똑같은 문제로 씨름했다. 다윈의 안전한 품 안에서 과거의 설명 모델로는 더 이상 설명되지 않는 것을 어떻게 보존하고, 어떤 새로운 근거 위에 세울 수 있을까? 만일 신이 죽고 관념적 형이상학이 산산이 흩어졌다면 미래에는 누가 또는 무엇이 인간 사회에 버팀목이 되어 줄까?

쿨리와 마찬가지로 미드도 사회가 개별 인간의 심리학으로는 설명되지 않는다고 생각했다. 집단에는 자기만의 고유한 법칙이 있다. 만일 곤충이 일을 나누어 한다면 그건 생물학적인 프로그램에 따른 행동이다. 반면에 인간은 사회적 동인에 따라 움직이고 조직화된다. 인간 세계는 여타 생물들과는 완전히 다른 조건들로 구축되어 있다. 인간 사회의 분업을 설명하기 위해선 개별 인간의 생물학이나 심리학으로 접근해서는 안 된다. 그 안에는 답이 없다. 그렇다면 한 집단이나 사회는 수시로 변하는 상호 간의 기대를 어떻게 안정적으로 고정시킬 수 있을까? 인간이 서로를 지속적으로 방해하는 것이 아니라 더 자주 서로를 돕는 일은 어떻게 가능할까?

미드는 1888년부터 1891년까지 라이프치히 대학의 분트 밑에서 공부하면서 동물들이 〈몸짓〉으로 소통한다는 사실을 알게 되었다. 그런데 스승은 모방을 통해 다른 동물이 특정한 몸짓을 배운다고 생각한 반면에 미드는 이 문제를 좀 더 복잡하게 여겼다. 이빨을 드러내거나 울부짖는 몸짓은 단순히 본능적인 모방으로 배우는 것이 아니라 의도적으로 사용되고, 그 과정에서 개별 동물은 자기 자신을 지각한다. 즉 자신이 무엇을 하는지 〈안다〉는 말이다. 인간의 경우 이것은 아주 특별한 수준으로 이루어진다. 타인에 대한 우리의 반응은 생물학적으로 분명히 정해져 있지 않다. 우리의 신경계는 반응에 대해 멈칫거리며 반응하는 것도 허용한다. 특히 몸짓보다 말이 더 그렇다. 인간은 대개 타인이 몸짓이나 말, 그러니까 우리의 의사소통 〈상징들〉에 어떻게 반응할지 시간을 두고 생각한다. 우리는 공동체에서 어떤 행위를 할 때마다 그에 대한 타인의 특정한 반응을 기대한다. 우리 자신도 타인이 그런 기대를 가질 수 있도록 행동한다. 우리는 서로 상응하는 기대를 기대하기 때문이다. 간단히 말해서, 인간은 상호 기대를 갖고 있고, 타인의 내적 세계를 읽고 특별한 일이 없는 한 그 세계에 맞추려고 노력한다. 이런 의미에서 인간은 사회적 **역할**을 맡는다. 장차 사회학에서 엄청난 성공을 거두게 될 개념이다.

미드는 제임스에게서 〈**보는 나**I〉와 〈**보이는 나**me〉의 구분을 받아들인다. 두 개념은 사회적 역할 놀이가 어떻게 이루어지는지 설명하기에 적합하다. 〈I〉는 나의 동물적 충동이고, 〈me〉는 내 안에 내재화된 타인의 기대다. 내 행동에 대한 타인의 기대와 나의 욕망이 상호 작용해 만들어 낸 결과가 바로 **자아**self다. 내가 내 안의 충동과 타인의 기대를 조화롭게 조율할수록 자아의 상태는 점점 좋아진다. 나는 늘 새로운 사회적 상황에서 세분화된 역할 행동을 하고, 그것을 나 자신과 일치시킨다. 미드에 따르면 아이들의 놀이가 바로 이 목적에 이용된다. 혼자 **놀이**를 할 때 아이는 상대를 머릿속으로 고안해 내고, 두 역할 속으로 들어간다. **게임**을 할 때는 여러 명의 아이가 한데 어울려 놀면서 서로의 기대와 행동을 조율한다. 전자는 다른 아이들의 기대를 이해하는 데 도움이 되고, 후자는 타인의 기대를 분업적으로 조정함으로써 게임의 승리라는 공동 목표로 나아가는 데 유익하다.

미드는 자신의 객체 이론으로 철학에 아주 중요한 기여를 한다. 물론 무시될 때도 많았다. 인간은 자신의 환경을 정말 다양한 〈객체〉로 나눔으로써 분류한다. 그와 함께 사람, 사물, 견해, 심지어 세계관까지도 확고한 선이 그어지고 평가된 객체가 된다. 이 객체들이 어떤 모습일지는 내 삶으로 걸어 들어오는 주관적 환경을 통해 결정된다. 그런 식으로 나는 개와 뮐러 씨, 축구 클럽, 메르세데스 벤츠, 공산주의에 대한 확고한 신념을 갖는다. 한 객체의 가치는 그것이 생산되는 과정과 결코 분리할 수 없다. 결국 결정적인 것은 사물 자체가 아니라 객체가 형성되고 그로써 평가되는 〈행위〉다.

이런 생각은 도덕에도 큰 영향을 끼친다. 여기서도 관건은 주로 상황과 문맥이다. 미드에 따르면 그 자체로 도덕적인 결정은 무척 드물다. 우리는 대개 구체적인 사회적 상황 속에서 우리가 무엇을 할지 꽤 정확히 알기 때문이다. 우리가 무언가 과도한 요구에 시달리거나 어떤 갈등이 생겼을 때를 생각해 보라. 남들이 내게 원하는 행동과 관련해서 나는 나 자신이 원하는 것을 어떻게 평가할까? 미드가 크로폿킨처럼 생물학적인 것으로 여긴, 타인을 배려하는 행동은 이런 상황에선 별 도움이 되지 않는다. 도덕 철학이 제시하는 것도 도움이 되지 않기는 마찬가지다. 공리주의는 내 행위의 동기에 대한 평가를 포기하고 오직 결과에만 관심을 보인다. 칸트의 경우, 나는 의무의 범주에서 나를 특정 욕망으로 이끄는 선한 의지와 일치하는 것만을 행해야 한다. 미드가 보기엔 둘 다 동일한 오류를 범하고 있다. 그들은 도덕의 핵심이 자신의 즐거움을 남의 즐거움이나 피해와 조율하는 것이라고 믿는다. 또한 두 경우에서 내가 동일한 것을 배울 거라고 믿는다. 즉 만인의 행복, 또는 대다수의 행복을 고려해서 결정을 내리는 것이 가장 행복하다는 것을 알게 될 거라는 말이다.

하지만 도덕에서는 정말 즐거움이 핵심일까? 미드는 완전히 다른 제안을 한다. 그에게 중요한 것은 갈등 상황에서 **자기 정체성**을 지키는 것이다. 만일 내가 어떤 행동을 해야 할지 모른다면 나는 정체성 위기에 빠진다. 이건 내 자아의 안정성 복원이 필요한 아주 불쾌한 상황이다. 미국의 사회 심리학자 레온 페스팅거(1919~1989)와 스탠리 샥터(1922~1997)는 이를 기반으로 1950년대에 유명한 **인지 부조화 이론**을 발전시켰다. 인지 부조화는 어떤 일에 대한 내 정보나 행위가 내 감정과 신념, 가치관과 모순될 때 생긴다. 미드의 말처럼 우리는 이런 상태를 최대한 빨리 제거하기 위해 온갖 노력을 다한다.

자아의 혼란 상태는 어떤 상황을 새롭게 평가할 것을 내게 강요한다. 미드에 따르면 나는 그와 동시에 나 자신을 새롭게 평가한다. 그로써 나의 도덕적 의식은 더 높은 단계에서 새로 제기될 가능성을 얻는다. 반성의 수준이 높아질수록 합리성은 더 커진다. 이런 논리에 따르면 인간 및 전체 사회는 시간이 갈수록 더 도덕적이고 반성적이고 합리적이고 관용적이 된다. 바로 이것이 미드가 다른 실용주의자들과 공유한 희망이다. 퍼스와 마찬가지로 그는 인류가 거대한 의사소통 공동체로 나아가는 도상에서 더 관대해지고, 더 열려 있고, 더 많은 앎을 추구하고, 더 **민주적**이 될 거라고 보았다. 그 결과 언젠가는 가혹한 사법적 처벌과 애국주의, 전쟁이 더는 필요하지 않은 날이 온다. 인류는 그것들을 극복해 낼 것이고, 과학적 진보를 가속화할 것이고, 세계를 하나로 묶고 민주적으로 만드는 재화들의 세계 시장을 만들어 낼 것이다. 그런데 이 길은 미리 정해져 있지 않다. 이 모든 건 고도의 개연성으로 긴 시간을 갖고 그리 나아갈 뿐이다. 왜냐하면 인류는 점점 인구가 늘어나는 세계에서 자신들의 문제를 창의적으로 해결해 나갈 수 있기 때문이다.

이런 생각은 미드의 사후에야 발표되었다. 『정신, 자아, 사회 *Mind, Self, and Society*』(1932)에 담긴 그의 사회 소통 이론이 그것이다. 그 외에 〈객체〉의 생성과 윤리학에 대한 성찰은 『행위의 철학 *The Philosophy of the Act*』(1938)에 담겨 있다. 그런데 미드가 이런 생각을 실제로 글로 풀어낸 것은 세기 전환기였다. 당시 그 사회학자는 네오고딕 양식의 연구실 창문 너머로 도시 남쪽을 바라보고 있었다. 1894년부터 그는 뉴욕과 나란히 현대의 실험실이 된 다른 대도시, 즉 시카고에서 가르치고 연구했다. 옆방에는 현대 사회의 또 다른 개척자가 연구에 열중하고 있었는데, 퍼스 및 제임스와 어깨를 겨룬 실용주의의 유명한 세 별 가운데 마지막 별이다. 그의 이름은 존 듀이(1859~1952)였다.

실천으로서의 철학

〈주르기스와 오나가 어슬렁거리며 걸어가는 거리는 축소형 산악지대를 닮았다. 도로는 대개 가옥들보다 1미터는 낮았고, 가옥들은 높지막이 설치된 판자 다리로 연결되어 있었다. 돌로 포장된 길은 없었다. 주위엔 온통 산과 계곡, 개천, 하수도, 그리고 악취 나는 칙칙한 물로 가득 찬 커다란 웅덩이들뿐이었다. 이 웅덩이에서 아이들이 놀고 있었다. 말 그대로 진창에서 뒹굴고 있었다. 아이들은 여기저기서 혹시 돈 되는 거라도 걸리지 않을까 싶어 발끝으로 땅을 헤집었다. 두 사람은 적잖이 놀랐다. 하늘을 가릴 정도로 시커

멓게 날아다니는 파리 떼도, 코를 찌르는 이상한 악취도 놀라웠다. 썩고 죽어 가는 것들에서 나는 고약한 냄새였다.〉[291]

미국 작가 업턴 싱클레어(1878~1968)가 『정글*The Jungle*』이라는 소설에서 1904년의 시카고 풍경을 그린 대목인데, 이전의 누구도 따라가지 못할 만큼 생생한 묘사가 돋보인다. 이 소설은 육류 산업에서 일하는 노동자들의 비참한 삶과 실패한 대중 봉기를 그린다. 사회 참여적 성향의 작가가 고른 이 사회 드라마의 무대 배경은 아주 적절해 보인다. 시카고는 1850년에만 해도 인구 3만 명의 작은 도시였다. 그러던 것이 1890년 이후 100만 명의 도시로 거듭났고, 1904년에는 200만 명에 육박했다. 그런데 뉴욕과 더불어 세계에서 가장 빨리 성장한 시카고는 이런 급속한 발전에 준비가 되어 있지 않았다. 도시에서 첫 고층 빌딩이 올라가고 1893년에는 세계 박람회까지 개최되는 동안 무수한 이주민 사이에서는 역병이 돌았다. 그들의 허름한 오두막은 쓰레기 더미 위에 지어졌기 때문이다. 1886년 5월, 경찰은 도시에서 일어난 대규모 노동자 봉기를 잔인하게 피로 진압하고 주동자까지 살해했다. 헤이마켓 사건으로 역사에 기록된 이 노동자 봉기를 기념해서 훗날 5월 1일을 노동절로 제정한다. 한편에서는 노동자들의 비참함, 착취, 노동 운동이, 다른 한편에서는 브레이크 없이 질주하는 자본주의와 진보에 대한 맹목적인 믿음이 팽배한 가운데 시카고는 전통과 진보 사이에서 요동친 세기말의 빈과는 완전히 다른 용광로가 되었다.

베르톨트 브레히트(1898~1956)가 훗날 싱클레어의 흔적을 좇아 「도살장의 성 요한나heilige Johanna der Schlachthöfe」의 배경으로 삼기도 했던 이 도시는 자신의 문제를 잘 알고 있었다. 1870년부터 1900년 사이에 여기서 대학이 네 곳 생겨났다. 그중 가장 야심이 컸던 대학은 돈이 많은 시카고 사립 대학이었다. 이 대학은 순식간에 미국의 주요 대학으로 떠올랐다. 1894년에 서른네 살의 듀이가 미드와 함께 이 대학으로 왔다. 그전에는 둘 다 앤아버의 미시간 대학에 있었다. 명석한 두뇌를 자랑하던 듀이는 젊을 때 존스 홉킨스 대학에서 완고한 퍼스의 강의를 들었고, 거기서 칸트 심리학으로 박사 학위를 받았다. 그런데 처음에 헤겔에게 빠진 이후로는 제임스의 『심리학 원칙』만큼 듀이의 사고 과정에 강한 영향을 끼친 책은 없었다. 듀이는 젊은 연구소장으로서 시카고에 도착할 당시에 이미 제임스처럼 경험론자가 되어 있었다. 그의 우상이 1890년대에 걸었던 실용주의의 길을 듀이도 함께 열광하며 걸었고, 중간에 한 번도 그 길을 떠나지 않았다.

듀이는 삶이 문제 해결의 장이라는 사실을 제임스보다 훨씬 더 직접적으로 토로했다. 대학 당국 역시 교수들에게 현실에 실질적인 도움이 되는 이론을 원했다. 정신과학과 사회 과학의 대변자들은 사회 기술자, 즉 도시의 많은 시급한 사회 문제를 해결하는 사람이 되어야 한다는 것이다.

그런데 듀이는 사회 문제를 다루기 전에 제임스의 『심리학 원칙』이 최종적으로 완결하지 못한 것을 보완하고자 했다. 생리학과 의식은 서로 얼마나 정밀하게 상호 작용을 하고, 의지는 얼마나 자유롭다고 말할 수 있을까? 듀이는 1896년 영국 잡지 『마인드 *Mind*』에 실은 기고문에서 생리학자들의 통상적인 사고 틀이 틀렸다고 선언한다. 우리의 의식은 중립적인 자극, 예를 들어 빛이나 소리, 물리적 저항을 단순히 받아들이고 거기에 반응하는 것이 아니라 어떤 자극에 반응하고 어떤 것을 무시할지 선택한다. 주의력의 커서는 자극에 의해 켜지는 것이 아니라 처음부터 관여한다. 그렇다면 우리를 건드리는 자극은 단순히 주어지는 것이 아니라 그 자체로 우리에게 허용되어야 한다. 좀 더 정확히 말하자면 우리의 의식 속에 〈자극〉으로 생성되어야 한다. 생리학자에게는 자극에서 의식에 이르는 과정이 곡선이었다면 듀이에게는 〈회로〉다. 우리는 이전 경험에 기초해서 특정 자극을 〈중요한 것〉으로 받아들이고, 의식의 회로 속에 의미 있는 것으로 저장한다.

1912년에 듀이는 『철학, 심리학, 과학적 방법 저널*Journal of Philosophy, Psychology and Scientific Methods*』에 「지각과 유기적 활동」이라는 논문을 발표한다. 예전보다 좀 더 확장된 그의 설명은 미드에게만 영향을 끼친 것이 아니다. 기대에 대한 고려와 결과에 대한 예측을 우리에게 허용하는 미드의 지연된 지각 이론은 듀이 없이는 생각할 수 없다. 듀이의 회로 모델은 시대를 한참 앞서 나간 것이었다. 듀이의 시카고 동료 존 B. 왓슨(1878~1958)을 중심으로 한 〈행동주의자들〉은 앞으로도 수십 년 동안 동물과 인간의 모든 행동을 자극과 반응의 틀로만 고집스레 설명한다. 이 틀에 따르면 자극은 우리에게 전적으로 바로 〈수용된다〉. 이에 대해 듀이는 반론을 편다. 축구 경기를 볼 때 많은 사람이 축구공과 선수들의 플레이에만 집중하지만, 일부 팬은 그 외에도 선수들의 멋진 외모를 인지하고, 유행에 맞거나 맞지 않는 유니폼에 시선을 주기도 한다. 우리의 주의력 커서는 의식이 어떤 것을 중요한 자극으로 받아들일지 말지를 결정한다. 그렇다면 행동주의자들은 이미 출발점부터 틀렸다. 그럼에도 그들은 부적절하게 단순화한 자극과 반응의 틀로 1950년대까지 논의를 주도한다.

듀이가 말하고자 하는 바는 간단하다. 그는 쿨리처럼 인간이 기계처럼 행동하지 않는다는 것을 보여 주고 싶었다. 인간은 환경에 가치 중립적으로 반응하는 대신 항상 자신의 사회적 경험에도 반응한다. 인간을 인간으로 만드는 것은 칸트부터 헤겔에 이르는 철학적 관념론자들이 주장한 모종의 선험적 규정 속에 있는 것이 아니라 우리가 환경과 소통하는 특별한 방식 속에 있다. 우리는 환경에 단순히 **반응하는 것이 아니라** 세계를 우리 자신의 세계로 **구**

축한다.

인간이 사회적 경험으로 자신의 세계를 구축하는 것이 사실이라면 교육과 관련해서도 엄청난 변화가 일어날 수밖에 없다. 자라나는 세대가 자신의 세계를 최대한 지적으로 구축하는 동시에 남들과 공감할 수 있는 감수성을 키워 나가는 쪽으로 교육의 초점을 맞추어야 하기 때문이다. 하지만 듀이의 눈에 비친 미국 교육 제도는 그런 것과는 거리가 멀어 보였다. 버몬트에서 보낸 어릴 적 경험을 비롯해 자신의 다섯 자녀가 앤아버와 시카고의 학교에서 받은 교육을 보면 그건 악몽과 다름없었다. 교사는 아이들을 인격체로 보지 않고 개별 〈능력〉, 즉 계산 능력과 읽기 능력, 쓰기 능력 등으로 분해해 버린다. 가르칠 내용은 이미 확고하게 정해져 있고, 능력은 개별 근육처럼 훈련으로 키워진다. 다윈과 제임스 이후 우리의 방향 정립과 미래 행동에 중요해 보이고, 그 때문에 우리에게 의미 있는 것만을 지속적으로 가르친다면 그런 교육은 혁신되어야 한다. 어떤 것이 우리에게 유익한지를 결정하는 것은 우리의 의지와 **관심**이다. 그렇다면 우리는 〈능력〉을 훈련시키는 대신 아이의 〈자아〉와 가치 판단, 정체성 확립, 의미 형성 과정을 돌보아야 한다.

듀이는 1895년 『헤르바르트 연감*Herbart Yearbook*』에 발표한 논문 「의지의 친척으로서의 관심」과 함께 프리드리히 프뢰벨(1782~1852)과 페스탈로치, 헤르바르트를 훌쩍 뛰어넘는다. 그는 아이들이 자신의 정체성에 맞게 배워야 한다는 사실을 그전의 어떤 사람보다 명확하게 주장한다. 그건 그에게 실용주의적 근본 신념의 논리적 귀결이었다. 1896년에 그는 아내 앨리스와 함께 아이들의 경험에 기초한 학습을 시험해 보려고 시카고 대학 부속 실험 학교를 세운다. 주입식 교육 대신 프로젝트 수업, 무조건적인 암기식 교육 대신 실험적인 수업 위주의 학교였다.

3년 뒤 듀이는 자신의 교육학에 적합한 사회학적 근거를 『학교와 사회*The School and Society*』라는 책에서 구체적으로 밝힌다. 산업 혁명이 진행되면서 예전에는 당연했던 많은 것이 사라졌다. 옛날에 아이들은 부모의 농사일을 거들었고, 나무나 다른 재료를 다루는 법을 배웠으며, 부엌에서 요리도 함께했다. 그러나 단조로운 공장 노동은 그에 대한 관심과 기술의 가치를 떨어뜨렸고, 기계적으로 움직이는 단순한 인간을 양산했다. 사회가 그렇다면 학교는 아이의 전인적인 면에 주의를 기울이고, 아이의 관심과 성향을 다양하게 촉진해야 한다. 특히 점점 더 빠른 속도로 발전하는 공동체에 대한 관심 속에서 말이다. 쿨리와 마찬가지로 듀이는 아이의 개인적인 발전을 사회와 떼어 놓을 수 없는 것으로 보았다. 이는 『민주주의와 교육: 교육 철학 입문*Democracy and Education: An Introduction to the Philosophy of Education*』(1916)에서 심화된 관점이다.

전통적 교육 제도에 대한 비판과 관련해서 듀이는 혼자가 아니었다. 그의 교육학적 저술들은 무엇보다 독일어권에서 〈진보주의 교육〉이 번창하던 시대와 일치했다. 그러나 실제 현실에서의 성공은 대서양 양쪽 어디서도 이루어지지 않았다. 미국 교육 당국은 어떤 형태든 진보적 개혁 구상을 집요하게 거부했다. 시카고 대학은 1904년에 이미 그런 입장을 분명히 했다. 결국 듀이는 실험 학교 문을 닫고, 시카고를 떠나 뉴욕의 컬럼비아 대학으로 자리를 옮겼으며, 거기서 1930년에 정년퇴직했다. 그는 제임스처럼 청중을 휘어잡는 뛰어난 연사가 아니었음에도 제임스의 후계자가 되기에 충분했다. 미국에서 가장 유명한 지성인으로서 사회적 논쟁에도 적극 개입했다. 그 결과 미국 심리학 협회와 철학자 협회는 그를 자기들 단체의 의장으로 뽑았다. 듀이의 책 『내일의 학교*Schools of To-Morrow*』는 국제적인 성공을 거두었다. 앞으로 화제가 될 그의 다른 저서들과 함께.

이 철학사 시리즈의 제4권에서는 듀이의 족적을 다시 쫓아갈 텐데, 그전에 유럽에서 같은 시기에 성장의 길을 걷던 사회학을 살펴보기로 하자.

개인과 사회

사회적인 것의 기하학 / 현대 사회의 연대성 / 사회에 대한 이해 /
돈의 철학 / 강철처럼 단단한 껍질 /
과학자는 가치 판단을 내려도 될까? / 문화의 비극 /
구원으로서의 전쟁

사회적인 것의 기하학

그는 당대에 가장 뛰어난 문화 철학자였다. 하지만 세상을 떠나기 4년 전인 56세에야 정교수가 될 정도로 현실 운은 없는 사람이었다. 상궤를 벗어나 그의 정신은 지금껏 엄격하게 분리되어 있던 세계를 분석해서 서로 연결시켰다. 그의 날카로운 관찰력을 비켜 갈 수 있는 것은 없었다. 그의 눈에는 어떤 작은 부분도, 어떤 사회적 역학도, 어떤 마음의 움직임도 전체적인 윤곽을 그리지 못할 정도로 하찮게 보이지 않았다. 이렇게 해서 그는 세기 전환기의 파노라마를 과학적으로 포착한 화가가 되었고, 심리학의 소우주를 사회학의 대우주 속에 비춘 걸출한 사상가가 되었다. 아마 그 이전에도 그 이후에도 누구도 하지 못한 일이었다.

지멜은 딱 맞는 시대에 딱 맞는 곳에서 태어났다. 그가 살았던 도시에는 연구할 재료가 무진장 널려 있었다. 세기 전환기의 베를린은 미국 대도시들에 거의 뒤지지 않았다. 물론 미국 대도시들의 비상은 놀라웠다. 독일 산업계의 거물이자 나중에 외무 장관이 된 발터 라테나우(1867~1922)는 1899년에 이렇게 쓴다. 〈베를린은 지고, 시카고가 떠오른다.〉[292] 미국 작가 마크 트웨인(1835~1910)까지 베를린과 비교해서 시카고에 〈경의의 시선〉을 보내기도 했다.[293]

하지만 유럽에서 베를린만큼 급속도로 성장한 도시는 없었다. 1870년에 80만 명이던 인구는 1905년에 200만 명이 넘었다. 주민의 절반 이상이 주로 시골에서 온 이주민이었다. 당시 베를린은 대륙에서 가장 빠르게 움직이는 도시로서 전기화와 교통의 세계 수도였다. 이 도시에는 1881년부터 전차가 다녔다. 1890년대에는 전기 회사 지멘스와 아에게가 도시의 거대한 지하철망 건설을 두고 경쟁을 벌였다. 열 개의 장거리 철도역은 매일 수십만 명을 부지런히 도시로 실어 나르고 다시 시골로 데려다주었다. 1898년 겨울 슈피첼베르크 남작 부인은 이렇게 쓴다. 베를린은 〈바퀴 굴러가는 소리〉 때문에 〈귀가 찢어질 듯하고〉, 너무 부산스럽고 정신이 없다.[294] 수레, 트램 궤도, 마차, 두 발 또는 세 발 달린 이동 수단의 〈끊어지지 않는 선〉으로 이어진 〈주요 교통망의 분망함〉은 유럽에서는 유례가 없었다.[295] 교통 동맥을 따라 상점과 술집, 매음굴이 즐비하게 들어섰다. 이 게걸스러운 산업 도시는 점점 확장되었고, 인근 마을을 모조리 집어삼켰다. 기관차와 증기 기관 공장의 굴뚝에서 뿜어져 나오는 잿빛 연기는 도시를 희뿌옇게 뒤덮었고, 가난한 이들의 집과 빛이 들지 않는 뒷마당에까지 음습하게 스며들었다. 건축 투자가들은 노동자 숙소 건설로 떼돈을 벌었다. 하지만 그들의 숙소는 사람이 살 수 있을까 싶을 정도로 좁고 누추했다. 파리 광장과 운터 덴 린덴 거리에서는 화려한 건물이 쉴 새 없이 들어섰지만, 주민의 절반 가까이는 간신히 난방만 되는 단칸방에 살았다. 급속하게 늘어나는 범죄와 전염병, 노숙자 무리는 뉴욕과 시카고뿐 아니라 베를린에서도 쉽게 볼 수 있는 일상적인 풍경이었다.

지멜은 이 모든 것을 시대의 목격자로서 관찰했다. 하지만 자신과 나이가 같은 드로잉 화가이자 사진가인 하인리히 칠레(1858~1929)처럼 그런 〈살풍경〉을 아픈 마음으로 그린 기록자는 아니었다. 지멜은 진동을 측정하고, 직선과 곡선을 계산하는 냉정한 지진계였다. 그가 사랑한 것은 사람들보다는 자신이 높은 망루에서 내려다보며 알기 쉽게 그린 사람들의 다양한 행동 양태였다.

지멜은 베를린 상인 가문의 후손이었다. 아버지는 초콜릿 판매로 돈을 벌었다. 한창 주가를 날리던 펠릭스 앤드 자로티에 투자해서 벌어들인 돈도 상당했다. 지멜이 열여섯 살에 아버지가 죽었다. 그때 도움의 손길을 내민 사람은 출판업을 하던 율리우스 프리틀렌더(1813~1884)였다. 그는 지멜뿐 아니라 그의 여섯 형제자매까지 돌보아 주었다. 나중에는 지멜을 양자로 받아들였고, 1882년에는 막대한 재산까지 남겼다. 그 덕분에 지멜은 평생 돈 걱정 없이 연구에 전념할 수 있었다.

지멜은 발군의 실력을 보인 뛰어난 학생이었다. 1876년에는 고향 도시에서 역사와 민족 심리학을 공부했다. 스승은 테오도어 몸젠(1817~1903), 하인리히 폰 지벨(1817~1895), 하인리히 폰 트라이치케(1834~1896) 같은 석학이었다. 그러나 지멜의 학문적 열정은 끝이 없었다. 그는 철학으로 전공을 바꾸고, 첼러와 프리드리히 하름스(1819~1880)의 강의를 들었다. 그러나 베를린 철학계의 상황은 상당히 좋지 않았다. 트렌델렌부르크는 얼마 전에 죽었고, 딜타이는 1882년에야 베를린에 왔다. 앞서 신칸트주의 대부 중 한 명으로 언급한 바 있는 첼러는 체계적 사상가로서가 아니라 주로 그리스 고전에 대한 지식으로 인기를 끌었다. 하름스도 일류 철학자로 보기는 어려웠다. 그의 최대 업적은 포이어바흐와 쇼펜하우어를 일찍이 자신의 강의 목록에 포함시킨 것뿐이다.

1881년 지멜이 박사 학위 논문을 제출하자 교수들은 난감해했다. 『음악의 시작에 관한 심리학적-민족학적 연구*Psychologisch-ethnologische Studien über die Anfänge der Musik*』는 다윈의 진화론 및 민족 심리학의 도움으로 음악의 기원을 밝히려는 시도였다. 이게 뭘까? 이게 철학일까? 논문은 통과되지 못했다. 첼러는 너무 〈잠언적〉이라는 평가를 내놓았다. 지멜은 좀 더 관습에 맞는 논문을 제출했고, 그제야 심사 위원들의 마음은 한결 편해졌다. 그는 결국 『칸트의 물리적 단자론에 따른 물질의 본질*Das Wesen der Materie nach Kant's Physischer Monadologie*』로 박사 학위를 받았다. 그러나 최고 점수가 아닌 중간 점수로 통과했다.

교수 자격 심사 과정은 훨씬 더 순탄치 않았다. 칸트의 시공간 이론을 기존의 틀에 맞게 다룬 교수 학위 논문은 1884년 첼러와 막 합류한 딜타이에게서 좋은 평가를 받았다. 하지만 문제는 시범 강의에서 터졌다. 여기서 첼러와 격하게 부딪친 것이다. 심사위원 첼러가 인간의 영혼이 뇌의 특정 부위에 있다고 말하자 지멜은 불같이 화를 내며 그의 잘못을 꾸짖었고, 첼러는 즉석에서 그를 떨어뜨려 버렸다. 이후 지멜은 〈윤리적 이상과 논리적, 미적 이상과의 관계〉라는 주제로 재차 강의를 한 뒤에야 간신히 시간 강사 자리를 얻을 수 있었다. 하지만 정규 교수직은 베를린에서도 다른 대학에서도 얻지 못했다. 지멜은 항고 절차를 밟았지만 그조차 수포로 돌아갔다. 이례적인 시도였다. 지멜은 동료들에게 미움을 샀다. 공명심이 너무 강하고, 관심이 너무 다방면으로 흩어져 있다는 이유에서였다. 지멜은 강의에서 심리학과 사회학, 철학의 문제를 분야에 구애받지 않고 자유롭게 논했다. 학생들은 환호했다. 자주 열린 그의 공개 강의실은 늘 학생들로 북적거렸다. 느리기는 하지만 다방면으로 지식이 많고 정곡을 찌르는 그의 강의를 듣기 위해서였다. 실제로 그가 다룬 주제는 〈염세주의〉에서부터 〈윤리학의 기본 특징〉, 〈심리학의 주요 이론〉, 〈사회학의 문제점〉, 〈특히 자연과학과의 관련성 속에서 살펴본 최신 철학 이론〉에 이르기까지 무척 다양했다.

1885년 지멜이 베를린에서 수많은 청중을 사로잡는 동안 런던에서는 스펜서의 세 권짜리 책 『사회학 원리*Principles of Sociology*』가 나왔다. 스펜서는 〈제1원리〉의 토대를 세웠고, 그것을 생물학과 심리학에 적용하고 난 뒤 이제 사회학에 손을 댔다. 사회학은 그의 〈종합 철학〉에서 단연 가장 분량이 많은 분야였다. 저자는 〈제1원리〉에서 약속했던 것을 지키고 싶어 했다. 즉 진화 과정에서 태초의 〈불특정한 동질성〉이 어떻게 〈상호 관련적인 특정한 이질성〉으로 발전하는지 보여 주고자 했다. 그것에 대한 핵심 개념은 〈세분화〉였다. 모든 물질, 모든 생물학, 그리고 거기서 기원하는 모든 문화는 자연법칙적으로 계속 분화되고, 그로써 현대 사회가 만들어진다는 것이다.

지멜은 『사회학 원리』를 읽으면서 매력과 거부감을 동시에 느꼈다. 진화를 부단한 세분화의 과정으로 본 것은 즉각 동의할 수 있었다. 하지만 그 때문에 전체 진화를 〈자연법칙〉으로 여긴 것은 이해가 되지 않았다. 지멜은 최신 자연 과학적 연구들을 잘 알고 있었기에, 콩트가 믿었고 스펜서가 여전히 믿고 있는 자연 과학적 〈법칙들〉을 믿을 수가 없었다. 물리학은 현재 토대의 위기에 빠져들고 있지 않은가? 물리학자들은 물질이 무엇인지를 두고 근본적으로 다투고 있지 않은가? 그들은 우주의 최소 단위로 여겨지는 원자들이 어떻게 상호 작용하는지 이해나 하고 있을까? 이런 상황에서 〈제1원리〉와 〈법칙〉을 운운하면서 문화와 사회에 직접 대입하는 것은 거칠기 짝이 없고, 진실을 호도하는 것이었다.

지멜의 결론은 이렇다. 사회적 세분화는 좋다. 하지만 자연법칙적 발전은 아니다. 만일 사회가 끊임없이 세분화되는 〈규칙〉과 〈법칙성〉에 대해 쓰고자 한다면 최소 입자와 자연력을 기웃거려서는 안 된다. 우리는 전형, 즉 지멜의 표현에 따르면 이 과정에서 분명히 드러나는 〈기하학〉을 묘사해야 한다. 그는 자연 과학자처럼 **설명하지 않고**, 딜타이와 마찬가지로 **이해한다**. 그 때문에 모든 사회학은 〈형식〉 사회학이어야 한다. 형식 사회학은 묘사하지만, 스펜서처럼 방향의 의미와 내용적 목표를 숨기고 있지 않다. 이 사회학은 의미와 목표를 정하는 대신 〈상호 작용〉으로 이루어진 복잡한 구조에 전념한다. 이 구조에서 모든 현대 사회가 조합되기 때문이다. 지멜은 1890년에 출간된 『사회 분화론. 사회학적, 심리학적 연구*Über sociale Differenzierung. Sociologische und psychologische Untersuchungen*』에서 이렇게 쓴다. 〈사회적 정신〉은 〈그 구성원들의

상호 작용이 만들어 내는 것들의 총계〉로 바뀌어야 한다.[296]

지멜은 사회적 세분화에 **기능적인** 측면으로 접근한다. 어떤 상호 작용이 서구인들을 점점 더 개인주의적으로 만들까? 이때 사회 조직은 왜 점점 더 촘촘해질까? 인간은 그사이 자신의 삶에서 점점 더 많은 목표와 목적을 추구함으로써 놀랍게도 점점 고립되는 것이 아니라 오히려 사회만 점점 더 복잡해지고 있다. 그렇다면 개인주의화와 사회화는 불가분의 관계로 얽혀 있다. 그 이유는 무엇일까?

이것은 세기 전환기의 사회학자들을 가장 강렬하게 사로잡은 질문이었다. 그 복잡한 문법을 이해하는 사람만이 자기 시대를 이해하고, 나아가 미래도 파악할 수 있기 때문이다. 여기서 누구나 쉽게 상상할 수 있는 두 가지 설명 방식은 배제된다. 자연법칙을 논리적으로 설명하는 방식과 인간의 충동을 심리적으로 설명하는 방식이다. 이것들로는 그 질문에 대한 답을 찾을 수 없다. 둘 다 근거가 너무 부족하다. 인간 사회는 복잡성이 어떤 특정 단계에 이르면 수많은 상호 작용을 통해 완전히 새로운 구도가 펼쳐진다. 분업을 통해서건, 아니면 교역이나 교통, 성 역할, 세대 간 관계를 통해서건 서로 다양하게 반응하는 발전 양상이 나타나고, 구조들 역시 끊임없이 바뀐다. 전체 사회에는 논리학으로나 개인적 심리학으로는 설명되지 않는 자기만의 고유한 역학이 있다.

사회학은 상호 작용 속에서 지금껏 누구도 보지 못했던 자신의 화두를 발견한다. 상호 작용을 연구해야만 개인주의화와 사회화가 왜 서로 배제하지 않고 내적으로 영향을 끼치는지 이해할 수 있다. 지멜이 보기에 거기서 나온 결과는 다음과 같다. 개인은 점점 강하게 발전할수록 더 많은 사회적 역할을 맡을 수밖에 없다. 이를 통해 개인은 다양한 사회적 구조의 일부가 되고, 동시에 이 사회적 구조는 더욱 공고해진다.

지멜과 함께 철학사를 돌아보자. 개인의 특수성과 관련해서 루소만큼 그렇게 열성적으로 대부 역할을 한 사람은 거의 없었다. 그런데 감수성이 넘치는 이 개인주의자는 그와 동시에 민주주의에서 모든 남자의 동등한 권리를 부르짖는다. 왜 그랬을까? 개성은 권리를 통해 보호되어야 하기 때문이다. 특권층의 일원도 아닌 내가 개인이라는 이유 하나만으로 권리를 보장받는다면 그건 **만인**에게도 당연히 해당된다. 이는 사회적 공동생활에 엄청나게 중요한 의미가 있다. **개성**과 **법 앞의 평등**은 함께 간다. 이것이 뜻하는 바는 이렇다. 집단주의 없이는 개인주의도 없다! 이제부터 그 위대한 개인주의자는 더 이상 사회에서 벗어난 지점에 서 있지 않다. 지멜은 그에 대한 근사한 상을 예술적 보헤미아 세계를 묘사하면서 제시한다. 예술적 아방가르드와 정치적 아나키스트들이 줄곧 집단으로 결속하는 것은 이상하지 않은가? 그건 곧 〈집단 반대파들의 집단〉이니 말이다.[297]

〈문화적 척도〉를 갖고 싶은 사람은 사회 구성원이 얼마나 많은 사회적 모임에서 활동하는지 연구해야 한다.[298] 거꾸로 사회학자는 개인이 어떤 사회적 모임에서, 그리고 얼마나 많은 모임에서 교류하는지를 보며 개인을 묘사한다. 이런 〈집단적 조합의 총계〉가 개인을 특별하게 만들기 때문이다. 어떤 타인도 사회적 기하학의 이런 모임들과 관련해서 나와 완전히 똑같은 교집합을 가질 수 없다. 이는 미래의 방향을 제시하는 선구적 발견이다! 왜냐하면 지멜은 이로써 미드가 몇십 년 동안 확대 보완하고, 미국의 문화인류학자 랠프 린턴(1893~1953)이 훗날 수정한 〈사회적 역할〉 이론을 선취하고 있기 때문이다. 21세기의 소셜 네트워크와 그것의 상업적 이용이 나타나기 100년도 더 전에 지멜은 이미 개인을 교집합으로 이루어진 하나의 모델로, 사회적인 것 속에서 읽어 낼 수 있는 흔적의 총계로 묘사했다.

그런데 개인의 행동을 〈프로파일링〉과 알고리즘 방식으로 분석하는 실리콘 밸리 자본주의의 대변인들과 달리 지멜은 사회적 흔적이 전체로서의 개인이 아니라는 사실을 알고 있었다. 그것으로 읽을 수 있는 것은 〈양적 개성〉일 뿐이다. 사회학은 이런 개성만으로도 충분하지만 철학은 그렇지 않다. 같은 시기 하버드 대학의 제임스가 심리학이 많은 거대 문제에 답하려면 철학이 필요하다는 사실을 알고 있었다면, 베를린의 지멜은 사회학의 한계를 언급했다. 사회학자는 〈질적 개인〉을 결코 알아내지 못한다. 총체적 문화 철학의 관점에서 볼 때 사회학의 집은 너무 좁았다.

이 때문에 지멜은 향후 10년에 걸쳐 사회학의 한계를 문화 철학적으로 극복하고, 사회학의 문제를 생각 가능한 모든 관점에서 조명하는 저서의 집필에 착수한다. 그런데 이 작품이 끝나기 전에 프랑스에서 일종의 경쟁 프로젝트, 즉 사회적 세분화 과정에 대한 대안적 구상이 태동한다. 이 구상이 불러일으킨 관심은 지멜을 훨씬 뛰어넘는다.

현대 사회의 연대성

그 내향적인 학생은 별로 눈에 띄지 않았다. 이 소심한 프랑스인이 1885년 베를린에서 유명한 경제학자 구스타프 폰 슈몰러(1838~1917)와 아돌프 바그너(1835~1917)의 강의를 들으면서 생각한 것들은 나중에야 두 편의 신문 기사로 대중에게 알려졌다. 에밀 뒤르켐(1858~1917)의 이야기다. 베를린의 두 스승에게서 받은 영향은 그를 평생 따라다녔다. 슈몰러와 바그너는 〈강단 사회주의〉*, 즉 독일 제국에 더 많은 사회 복지 정책을 요구한 운동의 지도적 인물이었다. 그들이 그런 요구를 한 데에는 사회 개량의 이슈를 선점함으로써 점점 세력을 넓혀 나가는 사회 민주주의자들의 근거를 빼앗기 위한 목적이 컸다. 하지만 슈몰러에게는 이런 전략적 목표만 있었던 것이 아니다. 그는 도덕을 하나의 〈문화적 가치〉로 보았다. 다시 말해 하층민에게 사회적 안전망을 제공하는 것은 경제와 국가의 도덕적 사명이라는 것이다.

현대 사회의 붕괴는 막아야 했다. 삶의 세계가 세기말처럼 그렇게 급격하게 바뀐다면 전문가들이 필요했다. 좋은 옛 도덕은 낯선 새 조건 속에서 제도적으로 적절히 보완되어야 했다. 그렇지 않으면 무정부 상태가 생기고 사회 시스템은 무너질 것이다. 〈강단사회주의자들〉은 그렇게 생각했고, 뒤르켐에게도 이것은 필생의 주제가 되었다. 그는 경악스러운 시선으로 19세기를 돌아보았다. 특히 프랑스의 정치 발전에 집중했다. 프랑스 혁명 이후 이 나라는 여덟 번의 체제 변화와 열네 번의 헌법 개정을 경험했다. 지속적 진보를 원하는 생시몽주의자들의 꿈은 실현되지 않았다. 사회 문제는 해결되지 않았고, 하층민의 삶은 여전히 끔찍했다. 교육 제도에서 주도적인 역할을 하는 것은 콩트의 시민 종교가 아니라 여전히 가톨릭교회였다. 게다가 1870~1871년의 프로이센-프랑스 전쟁에서 패함으로써 위대한 국가 프랑스는 더 이상 그리 위대해 보이지 않았다. 콩트가 프랑스의 정신으로 세계를 치유하고, 파리가 서양의 메카가 될 거라고 꿈꾸었던 시대는 끝났다.

세계를 개선하려는 콩트의 사회학은 뭐가 잘못되었을까? 뒤르켐은 묻는다. 찬란하고 진보적이고 잘 조직화된 사회의 건설이라는 옛 목표에 도달하려면 우리는 장차 무엇을 개선해야 할까? 로렌 출신의 랍비 아들로 태어난 그는 베를린 대학의 강의실에 이

* 자본주의 체제를 유지한 채 사회 복지 정책으로 자본주의의 여러 문제점을 점진적으로 고쳐 나가자는 이론. 1870년대에 바그너와 슈몰러 같은 독일 경제학자들이 대학 강단에서 주창했다.

어 라이프치히에서도 또 다른 중요한 자극을 받는다. 분트는 이 모든 암울한 상황에도 불구하고 현재를 긍정적으로 보는 법을 가르쳤다. 윤리적인 것은 단순히 도달할 수 없는 철학적 요구만이 아니다. 그것은 사실로서 존재한다. 보라! 진보적인 산업 국가들에서 사회 복지 정책이 점점 발달해 나가고 있지 않은가!

독일 대학 재학 시절 뒤르켐이 딜타이와 동갑의 젊은 강사 지멜의 강의를 듣지 않은 게 독이 되었다고 주장하는 사람이 많다. 하지만 모르는 것이 약일 때도 있다. 무지는 오히려 이 야심만만한 프랑스인이 꽤 완성된 자기만의 체계, 심지어 〈뒤르켐 학파〉라는 새로운 사조를 창건하는 데 도움이 되었다. 딜타이와 지멜은 무던히 노력했음에도 그런 완결성과 뚜렷한 경계를 가진 이론을 만들지 못했다. 반면에 뒤르켐은 모든 근본적인 의심에서 벗어나 여전히 사회학이 명확하게 인식할 수 있는 발전 법칙과 연결되어 있다고 믿었다. 이런 측면에서 그는 콩트와 생시몽주의의 충직한 후계자였다. 발전 법칙이 말하는 요지는 하나다. 사회는 모든 혼돈에도 불구하고 도덕적으로 점점 상승해 나간다. 그것도 〈강단 사회주의자들〉이 요구했던 개혁을 통해서만이 아니라 발전의 〈내적〉 논리학을 통해.

지멜처럼 뒤르켐도 사회 분화론을 발전시켰다. 독일에서 돌아와 처음엔 보르도 대학에서 강사로 일하다가 나중에 사회학과 교육학 교수가 되었다. 이후 방대한 저서 집필에 쉼 없이 매달렸다. 『사회 분업론: 고차원적인 사회 조직에 관한 연구*De la division du travail social: Étude sur l'organisation des sociétés supérieures*』였다.

제목이 좀 당혹스럽다. 왜냐하면 뒤르켐의 동시대인들은 강력한 정치적 입장을 기대했기 때문이다. 아무튼 분업은 분화된 사회의 축복일까, 저주일까? 이 물음은 곳곳이 지뢰밭이다. 스미스 이후 경제학자들은 분업을 통한 엄청난 생산성 증가를 침이 마르도록 강조했다면 마르크스와 엥겔스는 그것을 자본주의 전반의 족쇄로 보았다. 분업이 세분화될수록 인간 본성은 단조롭고 지루한 임금 노동의 노예가 된다. 반면에 뒤르켐은 슈몰러에게서 분업이 인간 본성에서 비롯되었고, 인간 본성에 맞다고 배웠다. 생각해 보라. 인간은 각자 다른 능력과 재주를 갖고 있지 않은가? 여기까지는 맞다. 하지만 19세기 말의 일률적인 산업 노동의 현장을 돌아보면 생각은 달라진다. 노동이 항상 똑같은 손놀림의 반복으로 환원되지 않았던가?

까다롭기 그지없는 문제다. 뒤르켐은 성급한 입장 표명을 피한다. 대신 분업이 어떻게 순조롭게 **작동**하는지, 그 이유는 무엇인지 알고 싶어 한다. 출발점은 지멜과 비슷하다. 즉 현대 국가와 현대 경제의 수많은 기관 사이에서 어떻게 그렇게 성공적인 상호 협력이 가능할까? 인간이 점점 고도로 분화된 사회로 나아간다면 우리에게는 어떤 일이 벌어질까? 사회는 왜 해체되지 않고, 심지어 더 공고해질까? 뒤르켐의 말을 직접 들어 보자. 〈자율성은 점점 높아지는데도 어째서 개인은 점점 사회에 종속되는가? 개인이 어떻게 개성 넘치면서도 동시에 사회 연대적인 존재가 될 수 있을까?〉[299]

지멜에게는 분업이 현대 사회를 이해하는 여러 요소 가운데 하나일 뿐이었지만 뒤르켐에게는 그 이해에 꼭 필요한 열쇠였다. 일단 그는 스미스를 비롯해 스펜서도 줄기차게 세계를 향해 소리쳤던 그 유명한 고전적 관점을 깨부순다. 분업은 경제적으로 **유익하기** 때문에 완전히 자리 잡을 수 있었다는 것이다. 뒤르켐은 이것을 케케묵은 헛소리로 치부했다. 분업의 좋은 결과라고 해봤자 기껏해야 경제적 이득밖에 없다. 그게 동기가 될 수는 없다. 진정한 동기는 사회적 도전에 있다. 인구가 계속 불어나면 도시화가 빠른 속도로 진행되고, 사람 간의 교류와 상품 교역이 폭발적으로 늘고,

거기다 커뮤니케이션까지 기하급수적으로 증가한다.

이런 도전들은 어떻게 극복할 수 있을까? 방대한 규모의 전문가 집단을 통해 극복할 수 있다! 사람은 누구나 자기만의 사회적 은신처를 찾는다. 그와 함께 맹목적인 경쟁이 사람들을 만인에 대한 만인의 투쟁으로 내모는 것을 막을 수 있다. 하지만 동시에 사회적 의존성은 높아진다. 사람들은 더 이상 혼자서 모든 것을 처리할 수 없고, 서로를 필요로 한다. 그런 점에서 각자가 자기 배에 탄 단순한 사회들의 〈역학적 연대성〉에서는 혼돈과 무정부 상태가 태동하지 않는다. 대신 점점 세분화하는 분업이 생겨나고, 그와 함께 상호 의존성과 계약으로 이루어진 새로운 〈유기적 연대성〉이 발달한다. 또한 단순한 소규모 사회들의 옛 도덕적 질서는 대체되고, 분업적 의존성으로 이루어진 새로운 도덕 질서가 생겨난다.

여기까지는 논리적이다. 그런데 뒤르켐은 베를린에 오래 살면서 연대성이라고는 찾아보기 어려운 〈비유기적인 것〉을 너무 많이 보았다. 그는 19세기 말엽의 산업 사회가 완벽하게 돌아가는 도덕 공동체가 아님을 정확히 알고 있었다. 원래 모습 그대로 순조롭게 흘러가는 것은 거의 없었다. 무엇에 책임이 있을까? 뒤르켐이 보기에 경제와 사회의 급속한 변화에 일차적 책임이 있었다. 사회 질서와 도덕은 이런 발전 양상을 따라가지 못했고, 그 결과 가치 상실이 나타났다. 뒤르켐은 시인 철학자 귀요에게서 이런 상황을 잘 설명해 주는 〈아노미〉*라는 개념을 발견해 사회학에 도입했다. 변화가 너무 빠르게 진행되면 불공정하고 가끔은 비인간적인 분업이 강요된다. 뒤르켐이 보기에 바로 이런 현상이 당시 프랑스를 비롯해 독일과 영국 도처에서 일어나고 있었다. 그는 〈강단 사회주의자들〉처럼 지금껏 등한시했던 것들을 뒤늦게라도 만회하고, 도덕 질서가 새로운 상황에 적응할 수 있도록 만들 의무가

* anomie. 행위를 규제하는 공통 가치나 도덕 기준이 없는 무질서나 혼돈 상태.

국가와 경제에 있다고 보았다.

뒤르켐의 업적은 무엇일까? 무엇보다 새로운 관찰 방법을 들 수 있다. 그가 볼 때 사회 현상은 생물학적 또는 심리학적 설명 모델을 동원하지 않고도 사회적인 것만으로 충분히 만족스럽게 설명할 수 있었다. 사회적인 것의 법칙은 사회 법칙이지, 그 외의 다른 법칙이 아니다. 사회학자의 관심은 〈사회적 사실〉에 있다. 다른 해석과 세계관, 가치관을 끌어들이는 사람은 객관적이지 않고, 오직 자신의 〈이데올로기〉가 옳음을 확인하고자 할 뿐이다. 세기말에 이데올로기라는 말은 더 이상 선입견 없는 학문이 아니라 지극히 편협한 세계관을 가리키는 개념이 되었다.

1895년 뒤르켐은 자신의 방법을 『사회학적 방법의 규칙들*Les règles de la méthode sociologique*』에서 확립했고, 1897년에는 『자살: 사회학 연구*Le suicide: Étude de sociologie*』에서 그 실효성을 입증했다. 이를 위해 그는 자살과 관련해서 무수한 통계 자료를 연구했다. 사회학자로서 뒤르켐은 스스로 목숨을 끊는 개인적 이유에 대해서는 관심이 없었다. 그의 관심은 사회적 기관들의 결속력이었다. 개신교도는 가톨릭교도보다 자살 빈도가 높다. 가톨릭보다 덜 엄격한 공동체에서 살기 때문이다. 유대인은 자살이 드물다. 소수자로서 결속력이 무척 강하기 때문이다. 기혼자도 혼자 사는 사람보다 자살 빈도가 눈에 띄게 낮다. 가족끼리 심리적으로 단단히 연결되어 있기 때문이다. 전쟁조차 뒤르켐에 따르면 구성원들의 연대와 결속력을 강화한다. 민족 간에 대학살이 벌어질 경우 민간인이 스스로 목숨을 끊는 일은 거의 없다. 대대적인 환호와 함께 시작된 제1차 세계 대전 발발 17년 전에 나온 기억해 둘 만한 인식이다.

이로써 뒤르켐은 자신이 증명하고자 했던 것을 증명했다고 생각했다. 통합, 결속, 도덕적 질서는 서로 긴밀하게 연결되어 있고, 기능적으로 세분화된 사회에도 축복이나 다름없다. 현대 사회가 몰락하지 않는 것도 그 때문이다. 현재가 아무리 사회적 충돌과 분배 갈등으로 찢기고, 개인들의 요구가 아무리 나날이 높아진다고 하더라도 미래 사회가 언젠가 지금보다 더 단단하게 결속할 거라는 사실은 결코 부정할 수 없다.

혼돈 속의 이런 낙관주의와 관련해서 뒤르켐은 혼자가 아니었다. 동시대에 살았던 한 독일 동료도 똑같은 입장이었다. 페르디난트 퇴니에스(1855~1936)가 그 주인공이다. 대지주의 아들로 태어난 그는 튀빙겐에서 대학을 다녔고, 킬에서 홉스 연구로 교수 자격 학위를 받았다. 킬에서 강사로 활동하는 동안에는 『공동 사회와 이익 사회*Gemeinschaft und Gesellschaft*』라는 책을 써서 1887년에 출간했다. 퇴니에스의 요구는 뒤르켐에 비해 조금도 뒤지지 않았다. 그도 현대 사회를 내부적으로 결속하는 것이 무엇인지 밝혀내고자 했다. 그 과정에서 계몽주의 시대에 처음 만들어진 〈이익 사회〉라는 전통적 개념을 〈공동 사회〉(공동체)라는 개념과 구분했다. 이익 사회는 구성원들이 각자 합리적인 이유로 자신의 입장을 조정해 공통의 질서를 찾고자 할 때 생겨난다. 이것은 홉스 이후 우리 사회를 규정하는 선도적 이념이다. 그런데 이익 사회로의 의지는 인간의 깊은 소망과 바람에서 나온 것이 아니라 합리적 해결을 위한 인위적인 〈선택 의지〉일 뿐이다. 반면에 〈공동 사회〉는 완전히 다르다. 여기서는 내적 확신을 토대로 서로를 단단히 결속시키는 모든 구성원의 〈본질 의지〉가 지배한다.

퇴니에스의 결론은 분명하다. 이익 사회는 순조롭게 작동하는 공동 사회들로 이루어져 있을 때에야 제대로 돌아간다. 이는 오늘날 미국의 공동체주의에서 재발견되는 생각이다. 그런데 퇴니에스는 당시에 이미 협동조합을 떠올리고 있었고, 그렇게 잘 조직된 공동 사회에서 가장 진보적인 이익 사회가 나올 거라고 희망했다. 이 책은 안타깝게도 처음엔 거의 주목받지 못했다. 한참이 지나서야, 그러니까 1912년에 제2판이 나오고 나서야 큰 반향을 불러일으켰다. 당시의 〈청년 운동〉과 맞아떨어졌기 때문이다. 비슷한 시점에 킬로 돌아온 퇴니에스는 〈국가학〉 교수로서 이미 유명 인사가 되어 있었다. 하지만 당시의 사회학은 퇴니에스의 구상과 여전히 거리가 멀었다. 이익 사회의 뿌리를 〈선택 의지〉의 행위들, 그러니까 의식의 내용에서 찾은 것은 많은 사람에게 비과학적으로 보였다. 게다가 저자가 높이 평가하던 쇼펜하우어와 너무 가깝게 여겨졌다. 〈이익 사회〉와 〈공동 사회〉라는 개념도 확실하게 선이 그어지지 않았다. 그럼에도 퇴니에스는 지멜의 책 『사회 분화론』이 나오기 3년 전에 출간된 자신의 주저로 현대 독일 사회학의 아버지로 여겨지곤 한다.

사회에 대한 이해

퇴니에스가 했던 것처럼 사회학을 인간 의식 행위의 토대 위에 세우는 것은 지멜이라면 상상도 못했을 일이다. 그는 칸트 연구로 확실하게 배운 것이 있었다. 인간은 〈자연〉과 결코 직접적으로 대면할 수 없다는 것이다. 다만 우리는 〈자연〉이라고 여기는 것을 오성의 규격에 따라 정리하고 해석할 뿐이다. 똑같은 것이 역사에도 해당되지 않을 이유가 있을까? 일반 역사든 사회학의 역사든 언제나 해석이다. 우리가 인식했다고 믿는 것, 즉 〈내용〉은 우리에게 항상 〈형식〉을 통해서만 주어진다. 즉 우리가 무언가를 해석하는 **방식**을 통해 주어진다는 말이다. 이런 방식으로 지멜은 〈사회화의 형식들을 그 내용, 즉 충동과 목적, 실체적 사실과 구분함으로써 사회학의 새로운 개념〉을 얻는다. 〈여기서 내용은 개인들 사이에서 받아들여진 상호 작용에 의해 사회화된 것들이다.〉[300]

따라서 지멜은 인간의 심리도, 인간의 의지 행위와 의식 내용도 관찰하지 않는다. 그런 것들은 접근 불가능하다. 오히려 그는 그런 추정 동인들이 협연 속에서 만들어 내는 상호 작용을 연구한다. 충동과 목적이 아니라 **사회적 결과**만이 그의 주제다. 이로써 사회학은 지멜 이후에도 절실하게 필요한 확고한 토대를 얻는다. 베를린의 이 강사는 자기 시대의 엄청난 변혁, 즉 전래되어 오는 옛것들에서 아직은 불분명한 현대로의 이행 과정을 보기 위해 거리로 나간다. 이런 급격한 변화를 심리학의 도움으로 설명할 수 있다는 것에 대해서는 강한 회의를 품는다. 심리학은 결국 〈근거 없는 주관주의와 회의주의〉에 빠지지 않을까?[301] 심리학적 현실은 개인적이고 피상적이다. 반면에 〈살아 있는 상호 작용〉으로 이루어진 사회학적 현실은 상당히 훌륭하게 묘사될 수 있다. 현대에는 모든 것이 상대적이라면 기존의 진리와 가치, 객관성도 결국 **관계** 속에 있다. 이러한 관계를 연구하는 사람만이 확고한 객관성을 요구할 수 있다. 사회학은 이제 기존의 〈모든 확고한 것〉을 그저 의심만 하는 대신 〈새로운 확고한 개념〉을 획득한다.

하지만 이런 지멜의 생각을 누가 따를까? 전통적인 사상가들이 보기에 이런 사회적인 것의 기하학은 과도한 요구였다. 퇴니에스는 자신의 『사회 분화론*Über sociale Differenzierung*』에서 지멜의 생각을 〈미숙하고 불확실하다〉고 말한다. 모든 것을 묶는 테제가 없다는 것이다. 하지만 지멜은 하나의 틀에서 모든 것을 전체적으로 설명하려 하지 않는다. 그에게는 상호 작용 자체가 〈총체적인 형이상학적 원칙〉이다. 하나의 주도 이념 아래 상호 작용들을 묶은 것이 아니라는 말이다.

그런데 상호 작용의 묘사가 학문이 될 수 있을까? 그건 농도로 세계를 표현하는 수묵화의 수준에 머물지 않을까? 딜타이가 〈정신과학〉으로, 빈델반트는 〈역사와 자연 과학〉의 구분으로, 리케르트는 〈문화학〉으로 그랬던 것처럼 지멜은 상호 작용으로 사회학에 자기만의 토대를 세우고자 안간힘을 썼다. 인간 삶과 공동 삶의 다양성을 객관적으로 포착하는 것은 세기 전환기의 학문적 요구였다. 딜타이는 〈해석학의 생성〉이라는 강연에서 인간 삶을 타인을 이해하고, 앞을 내다보면서 타인에게 반응하는 부단한 과정이라고 설명했다. 이는 같은 시기 미드가 시카고 강의실에서 사회를 기대와 그 기대에 대한 기대의 복합체로 설명한 것과 비슷하다. 물론 미드는 그런 생각을 책으로 출간하지는 않았다.

〈이해〉의 핵심적 역할과 관련해서 지멜은 전적으로 딜타이 편에 섰다. 예나 지금이나 인간의 행동은 이해를 통해서만 파악할 수 있다. 지멜이 여러 차례 개정한 『역사 철학의 문제들*Probleme der Geschichtsphilosophie*』(1892/1905/1907)에서 밝혔듯이 인간 마음은 그 과정을 설명할 수 있는 것이 아니라 단지 이해함으로써 접근만 가능할 정도로 항상 복잡하게 얽혀 있다. 역사학자의 이상은 중립적 시각이 될 수 없다. 주관적 관점을 완전히 배제한 사람은 말할 수 있는 것이 없다. 아는 것이 없기 때문이다. 이상적인 것은 립스의 공감 이론처럼 모든 사람 속으로 능숙하게 **감정 이입**을 할 수 있는 주관적 의식이다. 이 이상을 이해하는 사람은 역사에 의미나 합법칙적 과정이 없다는 사실도 이해한다. 마르크스와는 다르게 말이다. 상호 작용은 너무 복잡해서 다른 구조의 희생 없이는 특정 구조를 합법칙적으로 아름답게 그려 낼 수 없다. 지멜의 탁월한 제자이자 작가이자 문화 철학자인 지크프리트 크라카우어(1889~1966)는 훗날 이와 관련해서 아름다운 문장을 남긴다. 〈마이크로 분석으로 얻은 세밀한 부분을 매크로 차원으로 옮겨 놓으면 본모습 그대로 저기 저 위에 도착하는 경우는 없다.〉[302]

역사를 쓰는 사람은 과거의 모난 것들을 둥글게 만들고, 부피가 큰 것들의 몸집을 줄인다. 또한 일직선으로 체험되지 않았던 것들에 시간 순서를 부여하고, 사건들을 그 자체로는 존재하지 않는 의미 관련성으로 연결시킨다. 이건 상당히 의미 있는 작업이다. 관련성 속에서만 이해가 가능하고, 생략을 통해서만 사건들을 납득할 수 있기 때문이다. 정신과학은 진실의 재현이 아니라 구성된 진실의 재현이다. 이런 구성을 많이 알고 깊이 생각할수록 세계상은 더욱 풍부해진다. 같은 시기 〈경험적 형이상학〉에 대해 말한 제임스와 나란히 지멜은 인간 행동을 파악하는 데 도움이 되는 주도면밀한 지시 세계를 꿈꾼다. 이때 현대의 두 형이상학자는 한 가지 점에서 완전히 일치한다. 진실은 항상 실행된 행위를 통해서만 측정될 수 있고, 현실과의 직접적인 접촉이 아닌 수집과 취합을 통해 생겨난다.

바로 이런 시각으로 지멜은 두 권짜리 책 『도덕학 입문*Einleitung in die Moralwissenschaft*』(1892/1893)을 쓰고, 여기서 상호 작용 연구를 위한 자신의 프로그램을 윤리학에서 처음으로 실증한다. 저자는 규범과 가치, 형이상학적 원칙을 정립하는 모든 전통적 윤리학을 불신한다. 웨스터마크 이전에 이미 완전히 비관념적인 방식으로 윤리학에 접근할 것을 요구한 것이다. 도덕은 〈실체〉가 없다. 다만 어느 정도 유익성의 판정을 받은 현상으로서의 도덕만 있을 뿐이다. 이기심이나 이타심 같은 충동에 대해 철학하는 것이 무슨 소용이 있겠는가? 둘 다 순수 형태로 존재하는 일은 드물고, 항상 어떤 행위의 결과로부터 사변적으로 재구성할 수 있을 뿐이다. 심지어 선의로 했던 일이 나쁜 결과를 부르는 경우도 많다. 이 모든 것은 도덕의 본질과 도덕의 다양한 사회적 성격에 대해 아무것도 말해 주지 않는다. 대신 윤리학을 제대로 이해하려면 민족학자와 역사가, 사회학자가 제공하는, 시간과 문화를 아우르는 재료를 연구해야 한다. 간단히 말해서 〈우리에게 이기심과 이타심의 관계를 더 확실하게 가르쳐 주는 것은 이 개념들에 대한 영민한 해부가 아니라 영국 공장법*의 역사다〉.[303] 칸트에 대한 거부가 이보다 더 분명할 수는 없을 듯하다.

그런데 지멜은 도덕학에 대한 〈입문〉만 방대하게 썼을 뿐 더 나아가지는 않았다. 웨스터마크가 했던 것처럼 생각 가능한 모든 규칙과 풍습, 전통, 관습을 문화적 관점에서 연구하는 것은 그의 일이 아니었다. 그가 겨냥한 것은 따로 있었다. 사회적 상호 작용이 도덕에서보다 훨씬 더 깊고 수준 높게 나타나는 영역인데, 현대 사회의 본질을 이루는 돈이 바로 그것이다!

돈의 철학

기나긴 작업 끝에 1900년 『돈의 철학』이 출간되었을 때 야심만만한 저자는 이전의 어떤 경제학자나 심리학자, 철학자보다 더 강도 높고 포괄적이고 정교하게 돈의 문제를 다루었다. 이 책은 사회학 분야뿐 아니라 철학 분야의 걸작이었다. 왜냐하면 지멜은 돈을 통해 가장 강렬한 상호 작용으로서의 교역이 어떻게 사회를 만들어 나가는지를 보여 주었을 뿐 아니라 돈이 이전 사회들의 모든 〈실체적인 것〉을 어떻게 서서히 관계로 해체시켰는지를 실증하기 때문이다. 사회가 왜 예전보다 더 빨리, 더 피상적으로, 더 〈자유롭게 부유하는지〉에 대한 설명을 찾는다면 뒤르켐의 분업은 별 도움이 되지 않는다. 퇴니에스가 말한 공동체의 상실과 복원은 말할 것도 없다. 둘 다 현상에 지나지 않는다. 현대 사회의 〈내적 힘〉을 제대로 조명하려면 돈이 어떻게 굳건한 가치와 위계질서를 훌쩍 뛰어넘는지, 돈이 어떻게 무제한적으로 투입 가능성을 찾는지, 돈이 어

* 19세기 영국 의회에서 여성과 아동의 노동 시간 규제를 비롯해 노동자의 권익을 보호하기 위해 만든 일련의 법안들.

떻게 경제적 소통을 점점 더 가속화하는지 이해해야 한다. 이 모든 것과 함께 돈은 인간의 심리를 바꾸고, 완전히 새로운 문화를 창출해 낸다.

지멜은 베를린에서 경제적 투기가 절정에 이른 시점에 이 글을 썼다. 부동산 기업은 시골 땅을 사들이고, 노동자 숙소를 짓고, 화려한 건물을 올리고, 주식회사를 만든다. 도시들이 그렇게 급속하게 성장한 배경에는 어떤 제약이나 통제도 없는 돈의 유통이 있다. 투기는 논란이 분분한 문제다. 한편에서는 경탄의 대상이지만, 다른 한편에서는 타도의 대상이다. 이제 사업의 세계는 제휴와 술수가 판치는 위험한 도박판이 되었다. 사람들은 수백 년 동안 서 있던 것을 순식간에 허물어뜨렸고, 마찬가지로 빠른 속도로 새것을 지었다. 여기선 샴페인을 터뜨렸고, 저기선 가난이 신음했다. 빠르게 움직이는 돈은 인간을 바꾸었다. 인간은 돈으로 인해 더 한층 경박하고 천박하고 향락적이고 모험적으로 변했다.

어쩌다 그렇게 되었을까? 거룩함과는 아무 관련이 없지만 그 자체로 종교가 된 듯한 이 전능한 돈에는 어떤 이상한 가치가 있을까? 원래는 전혀 쓸모가 없던 것이 어떻게 가치 중의 가치가 될 수 있었는지 설명하기 위해 지멜은 헤스와 마르크스의 선구적 분석을 끌어들인다. 돈은 세상에서 오직 양으로만 질이 측정되는 유일한 물건이다. 아무리 외딴곳에 있는 물건도 돈을 만나면 다른 물건과 비교할 수 있는 척도를 얻고, 그로써 갑자기 교환이 가능해진다. 비교할 수 없기에 그 자체로 절대적이었던 가치들이 숫자로 측정된다. 여기까지가 지멜의 전임자들이 인식한 내용이다. 지멜은 여기서 더 깊이 파고든다. 우선 모든 사회적인 것이 경제적 활동의 결과라는 마르크스의 주장에 의심을 품는다. 즉 사람들이 경제를 추진하는 방식은 특정 문화에 종속되지 않을까? 이건 달걀이 먼저냐 닭이 먼저냐 하는 문제처럼 명확한 답을 내리기 곤란하다. 다만 지멜은 이전의 어떤 경제학자도 제기하지 않았던 질문을 던진다. 돈의 교역은 왜 그렇게 잘 돌아가는가? 대체 가치란 무엇인가? 자연 자체에는 가치가 없다. 그럼에도 인간은 그 가치를 평가한다. 심지어 돈이 〈절대적 가치〉라는 사실을 받아들인다. 이 절대적 가치에 따라 다른 모든 것은 〈가치가 적거나 많은〉 것으로 상대화된다. 그러면서 자신의 가치는 결코 의심받지 않는다.

누구도 돈의 척도를 의심하지 않는다. 왜 그럴까? 지멜은 신칸트학파의 리케르트에게서 힌트를 얻는다. 앞서 얘기한 대로 로체의 이론을 물려받은 서남독일학파는 〈타당성〉과 〈가치〉의 협연을 연구했다. 그에 따르면 인간은 근본적으로 상이한 두 가지 진실을 받아들인다. 하나는 경험적 사실이고, 다른 하나는 논리적으로 옳은 사실이다. 경험이 우리의 표상을 〈존재〉와 〈비존재〉로 분류한다면 논리학은 〈옳음〉과 〈그름〉으로 분류한다. 우리가 옳다고 여기는 것은 진실 가치를 얻는다. 이때 〈옳음〉은 그 자체로 가치가 있다. 옳은 것은 우리에게 중요하고, 그른 것은 대체로 그렇지 않다. 자연 과학이 아무리 사실을 토대로 자신의 세계상을 구축하더라도 우리는 우리 자신에게 옳고, 그래서 가치 있어 보이는 것을 토대로 우리만의 세계상을 구축한다. 이렇듯 우리는 매일 가치 평가를 통해 우리에게 옳은 것과 그른 것을 골라낸다.

사람들의 가치 평가는 대부분 무척 비슷하다. 그건 돈에 대해서도 마찬가지다. 만일 누군가 자신은 돈이 많은 것보다 돈이 없는 게 좋다고 말한다면 그는 성자나 정신병자, 아니면 최소한 이상한 인간이라는 소리를 들을 것이다. 다들 돈을 갖고 싶어 한다는 것이 곧 돈의 가치를 증명한다. 그렇다면 구체적 물건의 가치는 어떻게 측정될까? 아퀴나스 이후의 경제학자들은 이렇게 답한다. 물건의 가치는 유용성과 희귀성에 따라 결정된다. 지멜은 이 문제를 더 깊이 파고든다. 지극히 희귀한 것도 아예 가치가 없을 때가 있다.

값어치 자체를 측정할 방법이 없기 때문이다. 또한 매우 흔한 것은 가격이 저렴할 뿐 아니라 심지어 가치가 없을 때도 많다. 따라서 경제적 가치는 항상 〈희귀성과 비희귀성 사이의 중간치〉를 숫자로 매겨서 정한다.[304] 하지만 그뿐만이 아니다. 가치는 무언가에 대한 사람들의 갈망에도 좌우된다. 가지려는 마음이 없으면 가치도 없다. 현대적 보기를 들어 설명해 보자. 루이뷔통 가방과 롤렉스 시계는 대중에게 흔한 상품이 되었다. 그럼에도 여전히 비싸다. 수많은 사람이 신분의 상징으로 갈망하기 때문이다. 그렇다면 구입에 따른 희생이 클 때, 즉 더 많은 돈과 수고스러움, 시간을 들여야 하는 물건일수록 가치가 높다. 서민에게는 전원주택이 가치가 높지만 백만장자에게는 그렇지 않다. 어떤 것에 대한 갈망이 즉석에서 쉽게 충족되지 않고 나중으로 미루어야 할 때 그 물건은 우리에게 가치가 높다. 즉석에서 충족된 충동은 갈망의 대상을 없애지만 지연된 충동은 그 대상에 〈독자적 의미〉를 부여한다.[305]

미드와의 공통점이 눈에 띄지만 우연일 뿐이다. 만일 미드가 한 대상의 가치란 내가 그것을 사용하는 단계에서 발생하는 것과 불가분의 관계로 연결되어 있다고 말한다면 그건 지멜과 일맥상통하는 말을 한 셈이다. 도덕에서건 상품 구입에서건 관건은 욕구 충족의 〈행위〉다. 우리가 내적으로 갈망하는 것에 더 많은 돈을 지불할수록 우리에게 그 대상의 가치는 더 높아진다. 판매자 역시 대개 그것을 알고 있기에 자신이 파는 물건에 최대한 비싼 가격을 매기고 싶어 한다. 그렇다면 어떤 물건의 경제적 가치는 타인의 갈망과 나의 갈망의 조정, 즉 상호 작용에서 생겨난다. 지멜의 말에 따르면, 갈망은 갈망을 만나고, 서로 무게를 맞추고, 그로써 공통으로 받아들인 제3의 〈경제적 가치〉가 창출된다.

이러한 과정이 수없이 반복되면서 모든 사회 구성원을 서로 연결시키는 확고한 관계 구조가 생성된다. 이런 의미에서 돈은 사회를 새로운 방식으로 결속하는 동시에 신분과 환경, 종교 공동체 같은 전통적 연결을 파괴하는 사회적 접착제다. 돈은 이 과정을 부단히 추진해 나간다. 게다가 무정부주의자처럼 어떤 전통적 한계나 장벽도 받아들이지 않는다. 또한 일정 시간이 지나면 기존의 모든 가치를 무너뜨린 뒤 자신의 가치로 대체한다. 〈돈은 사물의 온갖 다양성을 천편일률적으로 만들고, 사물들 사이의 질적 차이를 양적 차이로 표현하고, 무색무취함과 냉담함으로 모든 가치의 공통분모가 됨으로써 가장 끔찍한 수평기(水平器)로 작동하고, 사물의 핵심과 개성, 특별한 가치, 독특한 고유성을 돌이킬 수 없이 제거해 버린다.〉[306]

그렇다면 현대 사회에서 인간은 무엇을 할까? 교환을 한다. 그것도 쉴 새 없이. 교환할 수 있는 모든 것은 가치가 있다. 경제 영역에서 교환은 모든 상호 작용의 중심축이다. 물론 돈과 상관없는 다른 수많은 교환 관계도 있다. 하지만 다른 영역과 달리 경제에서 중요한 건 **오직** 교환뿐이다. 다시 말해, 다른 가치들로 이루어진 주관적 문화의 영역을 인정하지 않는 객관적인(돈으로 매겨진다는 이유로 객관적인) 문화만 중요하다는 말이다. 현대적으로 표현해서 사회 규범이 시장 규범과 충돌하면 최후의 승자는 항상 시장 규범이다. 이제 어디에도 신성한 것은 없고, 세상 모든 것은 구매가 가능하다. 종종 엄청난 돈을 지불해야 할 때도 있지만 말이다. 아무튼 그 결과 사람들의 〈인생관〉이 바뀌는 건 이상한 일이 아니다. 인간의 운명은 새로워지고, 예전과는 다르게 서로 연결되기 때문이다. 지멜의 저술은 만연한 돈 문화가 사람들의 인생관을 어떻게 바꾸는지에 관심을 보인 첫 번째 책이다. 경제학자들은 대개 그 점에 대해 침묵하곤 했다.

인생관은 사람들이 확실한 경계선을 가진 집단이나 공동체에 더 이상 확고하게 소속되어 있지 않기 때문에 바뀐다. 대신 사람들은 매우 다양하면서도 피상적인 교환 관계를 맺는다. 한 공동체에 대한 강한 종속성은 이제 많은 공동체에 대한 느슨한 종속성으로 바뀐다. 양은 증가하고, 그와 함께 자유가 증가한다. 반면에 소속감의 강도는 약해지고, 아울러 보호받고 있다는 느낌도 줄어든다. 퇴니에스도 동일한 과정을 묘사했지만 돈의 교역에서 주요 원인을 묘사하지는 않았다. 또한 지멜이 내다본 미래의 모습에 대해서도 걱정하지 않았다. 지멜의 예상은 이랬다. 이 과정은 점점 더 진척되어 가다가 언젠가는 물건이든 사람이든 모두 하나의 상품이 되리라는 것이다. 마치 베를린 샤를로텐부르크의 집에서 망원경으로 21세기를 내다보고 있는 듯하다. 사람들이 섹스 파트너를 찾아 인터넷에서 돈을 지불하고, 각종 다양한 플랫폼에서 자기 과시로 가치를 높이려 하고, 인스타그램 같은 SNS에서 〈좋아요〉를 받고, 광고 수익을 올리기 위해 스스로를 대상화하고, 누군가를 공짜로 차에 태워 주려는 호의는 우버 사업 모델이 되고, 누군가에게 숙소를 제공하려는 친절함은 에어비앤비 사업 모델이 되고, 속옷조차 브랜드 상품을 사려고 하고, 자기 자신이 되라는 요구는 완벽한 경제적 활용 수단으로 자신을 내맡기는 것과 더 이상 모순되지 않는 그런 21세기 말이다.

지멜의 선견지명처럼 돈 경제는 오늘날 점점 더 자연법칙으로 인식되고 있다. 모든 것은 돈을 목적으로 하는 하나의 거대하고 명확한 관련성 속에 갇혀 있다. 특이한 것은 이 돈 속에는 과거의 종교처럼 첫 번째 목적도 마지막 목적도 존재하지 않는다는 점이다. 돈의 〈자연법칙적인 우주는 모든 것에 담긴 돈의 가치를 통해 단단히 접합되어〉 있다. 〈마치 돈처럼 수천수만의 형태로 옷을 갈아입지만, 실체와 변화 가능성의 균형을 통해 모두를 모두와 연결시키고, 모두를 모두의 조건으로 만드는, 만물에 생명을 불어넣는 에너지의 본성처럼〉 말이다.[307]

시간이 시계로 측정되듯 세계는 돈으로 측정된다. 두 경우 다 그 속에 근대적 합리성이 녹아 있다. 측정을 통해 세계 속으로 좀 더 〈정교하고 안전하게〉 들어가 정리하려는 근대정신 말이다. 지멜은 마르크스가 경제와 문화의 상호 작용을 간과했음을 비판하면서도 마르크스의 〈소외〉와 〈상품 물신주의〉의 테제에는 공감을 표했다. 〈외적인 것〉, 즉 상품과 물건이 지배권을 넘겨받아 인간의 삶을 〈수많은 습관과 오락, 외적 욕망〉으로 산산이 흩어지게 한다.[308] 사람들은 더 이상 내면의 목소리에 귀를 기울이지 않고, 외적인 것에 빠져 길을 잃는다. 그런데 지멜은 그 책임이 자본주의에만 있는지 확신하지 못한다. 어쩌면 소외는 필연적인 것인지도 모른다. 인간은 항상 목적과 수단을 생각한다. 그런데 목적이 요구하는 것과 수단이 요구하는 것은 다르다. 따라서 둘 사이에는 끊임없이 긴장 관계가 조성된다. 장기적으로 반드시 해소되어야 할 관계다. 〈돈〉이라는 수단은 인간의 목적 자체가 되었다. 어떤 대안적 경제 시스템도, 어떤 사회주의도 소외를 없앨 수 없다. 어쨌든 지멜은 거기에 개입하지 않는다. 다만 이 모든 것을 〈고결하게〉, 그러니까 한 발짝 떨어져서 인지하고, 최대한 조심스럽게 묘사할 뿐이다.

강철처럼 단단한 껍질

지멜이 돈에 관한 획기적인 작품을 쓰는 동안 하이델베르크 대학의 여섯 살 어린 동료는 신경 쇠약증으로 고생하고 있었다. 베버였다. 그는 베를린의 문화 철학자와 공통점이 많았다. 우선 둘 다 유복한 환경에서 자랐다. 특히 베버는 아주 유복했다. 그의 가족뿐 아니라 아내도 독일에서 가장 부유한 상인 가문 출신이었다. 평생 물질적인 걱정에서 해방되어 있으면서도 예민한 성격을 가진 베버는 다방면에 관심이 많았다. 지멜이 교수 자격 학위를 취득할 때 베버는 베를린 대학의 법학 강의실에 앉아 있었다. 그전에는 하이델베르크 대학을 다녔고, 이어 괴팅겐에서 수학했다. 그러다 1889년 베를린에서 박사 학위를 받았고, 1891년에 교수 자격시험을 통과했다. 하지만 법학자로서는 역사에 이름이 거의 오르지 않았다. 그의 멈출 줄 모르는 정신은 지멜과 닮았다. 그는 농업사와 국민 경제학, 문화사, 철학, 사회학, 종교학, 사회 연구, 정치학, 과학론에서 굵직한 발자국을 남겼다.

이 모든 것에도 불구하고 베버는 당대엔 유명하지 않았다. 사회적 지위와 막대한 부, 가문의 다양한 정치적 배경도 그를 유명 인사로 만들어 주지 못했다. 또한 스물아홉 살에 벌써 베를린 대학의 비정규 교수가 되고, 1년 뒤에는 프라이부르크 대학 교수, 서른두 살에는 하이델베르크 대학 교수가 된 것도 그의 이름을 세상에 알리는 것과는 거리가 멀었다. 대학 경력은 그의 삶에서 짧은 일화에 지나지 않았다. 베버는 우울증과 극심한 피로감으로 고생했고, 치료 목적으로 정신병 요양소에 머물기도 했다. 어쨌든 하이델베르크 대학에서의 교수 생활은 불과 4년 만에 끝났다.

1901년에 건강이 좀 회복되었을 때 그는 자신을 위한 큰 화두를 발견했다. 많은 동료가 사회학적 문제에 관심을 가졌듯이 베버도 자신이 사는 이 이상한 시대를 연구하기 시작했다. 〈전기화〉라는 2차 산업 혁명의 급속한 진보와 기술적 변혁, 그리고 대중 사회로의 변화가 지금 기존의 모든 것을 무너뜨리고 와해시킬까? 아니면 우리가 여기서 목격하고 있는 것들은 만인에게 좀 더 나은 사회로 이행하는 과정에서 필연적으로 발생하는 한바탕 소동일 뿐일까? 이런 지속적인 진보에 생명력을 부여하는 것은 어떤 정신일까? 〈생명력〉이라는 표현을 사용해도 된다면 말이다. 한마디로

〈자본주의 정신〉은 좋을까, 나쁠까?

이를 규명하기 위해 베버는 자본주의의 뿌리로 돌아간다. 그에게 자극을 준 것은 국가학자 베르너 좀바르트(1863~1941)가 막 출간한 『현대 자본주의*Der moderne Kapitalismus*』 제1권이었다. 좀바르트는 16세기와 17세기의 프로테스탄티즘에서 자본주의의 〈기원〉을 발견했다. 왜냐하면 자본주의를 단순히 〈물질주의적으로〉만, 즉 순수 경제학적으로만 이해할 수는 없었기 때문이다. 역사가들의 시선도 너무 근시안적이었다. 자본주의를 이해하려면 그것이 생겨난 토양을 연구해야 했다. 베버 역시 좀바르트처럼 장 칼뱅(1509~1564) 이후 프로테스탄트적 삶의 태도에서 이 새로운 정신의 시작을 보았다. 칼뱅주의자, 나중의 감리교도, 경건주의자, 퀘이커파는 지상의 삶을 하나의 〈검증〉으로 이해했기에 아주 독특한 삶의 태도를 발전시켰다. 예정설에 따라 그들은 신의 사랑을 받고 있다는 확실한 증거를 경제적 성공에서 찾았다. 그래서 삶의 목표를 경제적 성공으로 정하고, 지극히 〈합리적으로〉 살았다. 그들의 삶은 〈내세적 확신에 따른 금욕적인〉 삶이었고, 그들의 직업은 신의 부름을 받은 〈소명〉이 되었다.

베버는 프로테스탄트적 삶의 이상이 왜 유럽 곳곳에서 〈합리적 자본주의〉를 가속화하는지 그 이유를 완벽하게 설명했다고는 주장하지 않았다. 다만 유독 네덜란드와 영국, 스위스 같은 프로테스탄트 국가들에서 자본주의를 급속하게 성장시킨 거름이 그 속에 있다고 생각했다. 그는 첫 번째 논문 『프로테스탄트 윤리와 자본주의 정신*Die protestantische Ethik und der Geist des Kapitalismus*』을 출간한 뒤 1904년 8월에 미국으로 가는 배에 올랐다. 적극적인 여권 운동가인 아내 마리아네 베버(1870~1954) 친구이자 신학자인 에른스트 트뢸치(1865~1923)와 함께였다. 예술과 과학 국제회의와 연계해서 세인트루이스에서 열린 세계 박람회를 참관하러 가는 길이었다. 자본주의 연구자인 그에게는 시야를 넓힐 절호의 기회였다. 미국은 자본주의의 미래를 내다볼 최적의 장소로 보였다. 베버는 한 세대 전의 토크빌이 그랬던 것처럼 미국의 경제 시스템과 사회 시스템의 장단점을 면밀하게 분석했다. 그런데 아내나 트뢸치와는 달리 미국의 어두운 면을 바라보는 그의 시선은 확연하게 부드러웠다. 다른 두 사람은 뉴욕과 시카고의 소음과 오물, 악취에 기겁을 했고, 노동자들의 비참한 현실을 통탄했다. 반면에 베버는 진보의 역동성과 자유로운 시장에 경탄했다. 시카고의 정육 가공 공장에서도 신형 컨베이어 벨트만 보았지, 거기에 매달려 노동하는 인간의 운명은 보지 않았다. 마리아네와 트뢸치가 이민자 사회의 해결되지 않은 많은 문제, 예를 들어 인종주의와 남부의 신분 사회를 지적하며 분통을 터뜨렸지만, 베버는 그것을 〈자유로운 라이프 스타일〉이라는 미국식 이상으로 가는 과정에서 극복 가능한 장애물 정도로 보았다.

베버는 미국의 진보 정신에 도취된 채 지칠 줄 모르고 이 나라를 연구했고, 곳곳에서 거대한 자유와 역동성이라는 〈미국의 특징적 모델〉을 발견했다. 그에게 이것들은 프로테스탄티즘의 구조적 정신에서 나온 결과였다. 베버는 나이아가라 폭포를 구경하고, 보스턴에서 유명한 제임스를 만나고, 인디언들과 대화를 나누고, 부동산 경매에 참가하고, 유전 지역을 탐방했다. 게다가 막 걸음마를 뗀 환경 운동과 서부 국립 공원에 관한 이야기를 듣고, 흑인들의 예배에 참석하고, 초창기 흑인 인권 운동가들을 알게 되었다. 그는 각 방면의 대표자들에게 대화를 청했다. 그중에는 종교 단체 대표자가 특히 많았다. 이로써 그는 풍부한 연구 자료를 확보했고, 이를 토대로 차근차근 생각을 정리해 나가기 시작했다. 프로테스탄트 윤리에 관한 두 번째 논문과 훗날 〈교회와 분파, 북아메리카〉에 관한 논문들에 담길 내용이었다. 퇴니에스와 좀바르트도 참석한 국제회의는 가십거리에 지나지 않았다. 베버가 심취한 것은 미국 경제와 사회적 역동성, 도덕 질서 사이의 협연이었다.

현대 자본주의에 대한 프로테스탄트 윤리의 의미를 다룬 그의 두 논문은 오늘날 사회학의 고전이 되었다. 사회학은 이제 〈합리화〉, 〈관료화〉, 〈대중 사회〉 같은 그의 핵심 개념을 빼놓고는 생각할 수도 없게 되었다. 그러나 베버의 이 테제들은 처음엔 극심한 비판에 부딪혔다. 〈유물론적으로〉 사고하는 경제학자와 경제사가들은 그의 결론 도출이 너무 사변적이라고 비난했다. 정밀과학을 추구하는 그로서는 인정하기 어려운 질책이었다. 결국 베버는 자기 관점의 하부 토대를 튼튼히 다지려고 다른 문화와 종교를 집중적으로 탐구했다. 뒤르켐도 같은 시기에 비슷한 연구를 한 것은 눈에 띄는 대목이다. 그사이 소르본 대학의 교수가 된 이 프랑스인도 사회적 행위에 여전히 주도적 역할을 하는 규범과 가치 시스템이 어디서 비롯되는지 알고자 했다. 1912년에 그는 『종교적 삶의 근본 형식들*Les Formes élémentaires de la vie religieuse*』을 발표했다. 초창기 종교들의 토테미즘 속에 우리 가치관의 뿌리가 있고, 세속적 현대 사회에 여전히 그 흔적이 남아 있음을 보여 준 사회학의 고전이다.

베버도 규범의 기원과 도덕의 다양한 게임 규칙에 관심이 많았다. 또한 현대 사회에서도 막히지 않은 강줄기처럼 이어져 자신의 적합한 길을 찾는 옛 구조들의 굳건한 지속력을 강조했다. 하지만 그러면서도 중국의 유교와 도교, 인도의 힌두교와 불교, 고대 유대교에서는 자본주의가 발전하지 못한 합당한 이유가 있음을 적극적으로 보여 주고자 했다. 그런데 세계 여러 문화권에서 경제와 종교의 단단한 연결 고리 속으로 깊이 파고들수록 그런 생각은 점점 옅어졌다. 그의 테제보다 더 선명하게 부각되는 완전히 다른 구조들이 있었다. 베버에 따르면 모든 종교는 발전 과정에서 엇비슷하게 〈합리화〉 과정을 겪는다. 인간의 삶은 그전에 함께 엮여 있던 신화의 양탄자에서 해방된다. 아울러 다양한 사회적 하위 영역이 생겨난다. 그것들은 객관화되고, 지성화되고, 전문화되고, 관료화되고, 방법론과 분과를 만들어 내고, 더 냉철해지고, 합리화되고, 동시에 점점 더 〈비인간적으로 변해 간다〉.

〈합리화〉는 베버에게 가장 중요한 개념이다. 지멜과 뒤르켐이 생각했던 〈사회적 세분화〉의 과정은 〈합리화〉라는 개념으로 훨씬 더 적절하게 설명될 수 있다. 두 동료의 핵심 개념과 달리 베버의 개념 속에는 도덕적 뉘앙스가 울려 퍼진다. 무언가가 사회적으로 분화된다는 것은 전적으로 가치 중립적으로 들리니까 말이다! 그런데 모든 삶의 영역이 서서히 〈합리화되어〉 간다는 것은 환영할 수도 있고, 애석해할 수도 있다. 실제로 이 두 태도는 베버의 급격한 감정 변화 속에 매우 인상적으로 나타난다. 처음에 그는 〈합리화〉 과정을 경제와 사회, 학문, 기술, 법의 방대한 정리 정돈과 체계화로 환호했지만 나중에는 차츰 고개를 갸웃거린다. 도덕과 문화, 예술, 심지어 섹슈얼리티까지 꼭 〈합리화〉가 이루어져야 할까? 믿음과 비밀 없는 객관적 세계, 신화와 비합리성이 일상에서 사라진 세계가 과연 바람직할까? 베버가 〈합리화〉 속에서 느낀 이런 양가감정은 지멜이 『돈의 철학』에서 내세웠던 것과 똑같다. 돈이든 합리화든 전 인류에게 닥친 거대한 탈주술화의 과정이라는 것이다. 천체 물리학에서 첫 성공을 거둔 합리화는 사회적인 것의 미시 물리학이 되었고, 사회적인 것을 뒤엎었다. 가치가 있던 곳에는 이제 돈의 가치만 남았고, 믿음이 지배하던 곳에는 기대가 지배했고, 친밀성이 있던 곳에는 돈의 교역만 만연했다.

냉엄한 논리의 〈합리화〉 과정은 베버에겐 개인적인 문제이기도 했다. 그는 자신의 태생적 뿌리로서 오랜 세월 옳고 선한 것으로 여겨져 왔던 세계, 즉 빌헬름 2세 시대의 프로테스탄트적 부르주아 세계가 갑자기 시대착오적인 것으로 느껴졌다. 그가 프로테스탄트 윤리와 자본주의의 선한 정신에 대한 연구들에서 묘사하고 옹호했던 세계상이 일순간에 무너져 내리는 듯했다. 게다가 미국 곳곳을 둘러보며 경탄했던 진보도 몇 년 뒤에는 의심스러워 보였다. 베버는 노동자와 그 가족이 자본주의에 〈희생되는 것〉을 보며 괴로워했다. 그 희생을 바탕으로 유복한 프로테스탄트들은 19세기 내내 늘 잘 살아 왔다. 그 밖에 그는 〈기계적 대량 생산〉으로 촉발된 문화의 〈탈영혼화〉를 안타까워했고, 화석 연료가 바닥나는 쪽으로 만인의 〈라이프 스타일〉을 이끌어 가는 발전의 〈동력 장치〉를 한탄했다.[309]

베버의 한탄은 극심했고, 문화 비관주의로 덧씌워졌다. 〈화근〉은 〈외적 재화에 대한 걱정〉으로 이루어진 〈얇은 외투〉를 〈강철처럼 단단한 껍질〉로 만든 데 있었다. 〈금욕이 세계를 개조하고 세계에 영향을 끼치려는 동안 이 세계의 외적 재화는 점점 커져 나가다가 마침내 인간에 대해 물샐틈없는 권력이 되었다. 그것도 역사상 유례가 없는 권력이. 오늘날 그 정신이 껍질에서 새어 나왔다. 승승장구하던 자본주의는 기계를 토대로 우뚝 선 이후 더 이상 다른 버팀목이 필요 없게 되었다.〉[310]그렇다면 문화의 선도적 별들 가운데 남은 건 무엇일까? 〈발악과도 같은 자만심으로 위장한 기계적 화석화?〉 그러나 〈이런 문화 발전의 최종 인간들에게는 정신이 없는 전문가와 심장이 없는 향락적 인간이 진리가 될 수 있다. 아무것도 아닌 이런 인간들은 인류가 그전에는 결코 도달하지 못한 단계에 올라섰다고 착각한다〉.[311]

베버의 양가감정은 상상 이상으로 컸다. 자본주의 체제에서 모든 사람이 〈자유로운 라이프 스타일〉을 누리는 것은 대환영이지만, 갖가지 현대적 문제를 야기하는 대중 사회는 경멸했다. 그는 경제적으로는 위대한 낙관주의자이고, 문화적으로는 점점 비관주의자로 변해 가다가 훗날 독일 연방 공화국의 보수주의에 사고 모델과 역할 모델을 제공한다. 사회학의 어떤 고전주의자도 베버만큼 의회 연설에서 많이 거론된 사람은 없으며, 베버가 1904년부터 동료들에게 줄기차게 요구해 온 〈가치 중립성〉*만큼 전후 독일에서 자주 반복된 요구도 없을 것이다.

과학자는 가치 판단을 내려도 될까?

베버의 인생 역작에 대해 결산을 내리는 사람은 그를 프로테스탄티즘에서 자본주의 정신을 이끌어 낸 역사가로만 보지 않는다. 또한 인간 사회의 모든 영역에서 진행되어 온 합리화 과정을 처음 제기한 인물로만 보지도 않는다. 최소한 그만큼 유명한 것은 또 있다. 가치 판단 논쟁에서 그가 취한 입장이다.

1904년 미국에 머물 당시 베버는 「사회학적, 사회 정치학적 인식의 객관성」이라는 논문을 발표했다. 거기엔 무엇보다 1873년에 창립한 사회 정책 학회의 동지들에게 보내는 메시지가 담겨 있었다. 독일의 사회 상황을 어떻게 개선할지 정계에 구체적인 제안을 하는 이 단체는 경제학자, 사회 철학자, 사회학자 같은 회원들로 이루어져 있었는데, 영향력이 상당했다. 그런데 베버는 그들의 열정과 포부에 찬물을 끼얹는다. 객관적으로 연구하는 과학자는 당연히 정치적으로 유익할 수 있다. 예를 들면 특정한 사회적 목적을 달성하는 데 어떤 수단이 적합한지를 연구함으로써 말이다. 과학자는 이 수단들의 비용과 유용성을 신중하게 검토하고, 목적을 총체적으로 밝히고, 이를 통해 모순점에 주목하게 하고, 문제점을 들추어내고, 그것을 해결할 방법을 찾아낼 수 있다. 하지만 과학자

* 사회 과학자라면 개인의 견해와 가치를 개입시키지 않고 과학적 객관성만을 탐구해야 한다는 요구.

가 결코 할 수 없는 것이 하나 있다. 객관적으로 보았을 때 어떤 목적과 어떤 사회적 목표가 바람직하고 그렇지 않은지는 정확히 결정 내릴 수 없다는 것이다. 다시 말해 〈구속력 있는 규범과 이상의 탐구를 통해 실제 현실에 필요한 처방전을 끄집어내는 것은 …… 결코 경험 학문의 임무가 될 수 없다〉.[312]

처방전을 끄집어낼 수 없다고? 그렇다면 사회 정책 학회가 내건 목표는 물거품이 되고 만다. 베버는 말한다. 〈보편타당한 궁극적 이상의 형태 속에서 우리 문제들을 위한 실질적 공통분모를 만들어 내는 것은 …… 현실적으로 달성할 수 없는 목표일 뿐 아니라 그 자체로 터무니없다.〉[313] 사회학자의 감정(鑑定)은 수단에만 해당되지 목적에는 해당되지 않는다. 목적은 수단과 달리 가치와 세계관에 구속되기 때문이다. 여기서 베버는 신칸트학파와도 의견이 갈리는데, 가치는 정밀한 연구의 결과가 될 수 없다. 왜냐하면 본질상 결코 객관적일 수 없기 때문이다. 한동안 가치 판단에 대한 논쟁은 물밑에서 진행된다. 그러다 마침내 1909년에 베버는 사회 정책 학회 회원들에게 공개적으로 문제를 제기한다. 과학자는 자신의 연구에서 바람직한 목표를 이야기해서는 안 된다는 것이다. 이 요구는 옳을까?

사실 이 문제는 답하기 어렵다. 흄 이후의 철학자들은 경험적 사실에서 가치를 도출하거나 규범을 추론할 수 없다는 것을 일반적으로 받아들인다. 그건 사회 정책 학회 회원들도 마찬가지다. 두 번째 지점에 대해서도 이론의 여지가 없다. 즉 경험적 연구는 객관적이고 냉철해야 하며, 오직 실체적 진실에만 복무해야 한다. 하지만 이는 과학적 연구 자체에만 해당될 뿐 틀 조건에는 해당되지 않는다. 왜냐하면 특정한 주제나 과학적 문제 제기를 연구하는 사람은 아무것도 존재하지 않는 우주 공간에서 이것을 하는 것이 아니기 때문이다. 나치의 강제 수용소에서 최대한 많은 사람을 한꺼번에 죽이려면 어떤 가스가 가장 효율적인지를 객관적으로 연구하는 과학자는 자신의 세계관적 가치 판단에서 완전히 벗어나 실험하고, 엄격하게 과학적으로 측정할 수 있다. 하지만 이는 연구 영역의 선택에만 해당되는 것이 아니다. 여기서 순수한 과학적 호기심만을 동기로 제시하는 사람은 비도덕적이고 냉소적이고 인간 경멸적이라는 의심을 살 수밖에 없다. 가치 중립성의 이상은 **방법론**에 해당되지, **주제 설정**에 해당되지 않는다.

어떤 과학자도 자신의 세계관에서 완벽하게 자유롭게, 그리고 자신이 사는 사회와 완벽하게 무관하게 연구하지 않는다. 이는 자연 과학자보다 정신과학자와 사회 과학자에게 훨씬 더 크게 적용된다. 이 사실을 베버보다 더 잘 아는 사람이 있을까! 그는 철저하게 정치적 인간이었다. 대학 때는 학생회에서 활동했고, 나중에는 예비군 장교를 지냈으며, 이후에는 직접 정당에 들어가 정치를 하기도 했다. 국가 자유당에서의 적극적인 활동이 그의 급속한 대학 경력을 촉진한 것은 분명해 보인다. 또한 사회 경제적 문제들에 대한 그의 강력한 입장 역시 단순한 개인적 소견에 그치지 않고, 태생적 환경에서 출발한 국가 자유주의적 세계관 속에 깊이 뿌리내리고 있다.

베버는 결국 사회 정책 학회와 대립각을 세웠고, 그 대안으로 1909년 퇴니에스, 지멜, 그리고 베를린 공과 대학의 하인리히 헤르크너(1863~1932)와 함께 독일 사회학 협회를 창립했다. 그런데 그건 세기 전환기 사회학자들이 과학적 방법론을 두고 싸웠기 때문이 아니다. 베버가 새 협회에서도 불러일으킨 〈가치 판단 논쟁〉은 다음 문제와 관련되어 있었다. 사회 과학과 정신과학의 대변자들은 자신들의 연구 결과를 토대로 정치에 적극 개입해야 할까? 정치가 무엇을 해야 하는지 알려 주기 위해서? 또한 그들은 과학적 토대를 갖춘 관점에서 어떤 정치가 옳고 나쁜지를 평가해야 할까?

이 문제에서 베버의 공공연한 반대파는 슈몰러를 필두로 한 〈강단 사회주의자들〉이었다. 영향력이 강한 이 적수 역시 가치로부터 자유로운 연구를 강력히 주장하기는 했다. 하지만 전문가 집단이 아니라면 누가 현실 정치인에게 어떤 사회 정책이 좋고 나쁜지를 이야기해 줄 수 있을까? 〈강단 사회주의자들〉은 사회 정책 학회를 사회 문제와 관련해서 제국 시대의 싱크 탱크로 보았다. 그들이 권고한 정책은 어떻게든 실현될 가능성을 찾아야 했고, 그게 현실에서 실현되는 순간 그들의 말은 옳은 것으로 간주된다. 1880년대에 이미 비스마르크의 사회 보장법 제정에 그들이 결정적으로 기여하지 않았던가? 게다가 작금의 정치도 그들의 목소리에 귀를 기울이고 있지 않은가? 바로 이 부분에서 베버는 격분한다. 영향력 있는 이 경쟁자들은 도덕적 영역이건 사회적 영역이건 입법자로서 약진해서는 안 된다. 그들의 전체적인 정치적 방향 자체가 베버와 맞지 않았기 때문이다.

1909년 9월에 베버를 중심으로 한 젊은 사회학자들은 대부분 나이가 많은 〈강단 사회주의자들〉과 노골적으로 맞붙었다. 포문은 좀바르트가 열었다. 그는 오스트리아 경제학자 오이겐 필리포비치 폰 필리프스베르크(1858~1917)를 정면으로 공격했다. 필리프스베르크는 노동자 계급의 애국심을 고취하려 했고, 따뜻한 사회 보장 정책과 잔인한 식민지 정책이 뒤섞인 모호한 인물이었다. 그에 따르면 〈국민의 부〉를 늘리는 사람만이 국가의 안정성을 높인다. 하지만 사회 보장을 강조하는 경제학자가 어떻게 〈국민의 부〉를 늘린다는 말을 입에 담을 수 있을까? 좀바르트는 이 화살을 적에게 그대로 날려 보낸다. 〈교회 건축이 부의 증진을 의미하는가? 독실한 사람은 당연히 그렇다고 답할 수 있다. 하지만 무신론자는 교회를 또 짓는 것은 수치라고 답한다. 그런 비생산적인 일에 돈을 쓰는 것은 낭비라는 것이다. …… 모든 것은 주관적 가치 평가에 빠지고, 주관적 평가는 객관적 사실에서 벗어난다.〉[314]

싸움은 몇 년간 이어진다. 베버도 수차례 싸움판에 뛰어들었고, 슈몰러도 지치지 않고 자신의 입장을 방어했다. 사회적 균형을 더 많이 생각하는 사회일수록 더 평화롭고 안정된다는 것은 가치 중립적 입장에서 관찰한 객관적 사실이다. 국가에 그런 사회적 균형을 요구하는 것이 어째서 규칙 위반이라는 말인가? 기본적인 논리는 간단하다. 가치 없이는 정치가 할 수 있는 것은 없다. 보편적으로 받아들여진 〈공동선〉의 이상이 없다면 정치가 무엇을 할 수 있겠는가? 사회학이 공동선을 보장하기 위해 평화, 정의, 안정 같은 가치를 만들어 낼 방법을 고민하지 않는다면 무슨 필요가 있겠는가? 그런데도 베버는 〈모든 세계관과 윤리적 판단, 정치적 이상을 경제학 이론에서 …… 몰아내려는〉 극단주의자들의 〈선봉〉에 있다는 것이다.[315]

정치가 온갖 전문가 위원회와 재단, 협회, 기업들로부터 조언을 구하는 요즘 분위기로 보면 〈가치 중립성〉이라는 베버의 계명은 퍽 낯설어 보인다. 오늘날엔 경험적으로 연구하는 수많은 기관이 정당과 협회, 기업으로부터 조언의 대가로 경제적 후원을 받고 있다. 그럼에도 〈가치 중립성〉에 대한 요구는 독일에서 사회 과학과 정신과학, 그리고 경제학의 자기 이해에 엄청난 영향을 끼쳤고, 지금도 마찬가지다. 과학자는 가치 평가를 내려선 안 된다는 것은 특히 1950년대와 1960년대 미국 사회학의 영향으로 수많은 과학자와 연구소, 대학, 기관의 강령이 되었다. 학문은 자료와 수치를 제공하고, 정치는 그것을 기반으로 무엇이 옳은지 판단한다. 두 영역은 엄격하게 분리되어야 한다. 하지만 이런 주장을 펴는 사람도 사실 정치적으로 가치 중립적이지 않고, 베버가 원했던 것처럼 원칙적으로 자신이 속한 사회의 현 상태를 인정하는 셈이다. 이제 과학자는 현 상태를 더 이상 전문가로서가 아니라 기껏해야 사인의 자격으로만 비판할 수 있다. 그런 점에서 방법론이 아니라 세계관을 두고 벌어진 이 〈가치 판단 논쟁〉이 1960년대의 실증주의 논쟁에서 반복된 것은 이상한 일이 아니다. 독일에서 사회 질서의 옹호론자들은 〈가치 중립성〉을 강력히 주창했고, 그 비판가들은 그것을 〈불가능한 것〉으로 여겼다. 이 논쟁은 이 철학사의 제4권에서 자세히 다룰 것이다.

문화의 비극

학문의 가치 중립성 논쟁에서 지멜은 큰 목소리를 내지 않았다. 물론 그도 경제학자와 사회과학자가 정치적 조언자로서 활개 치는 것을 옹호하지 않았다. 하지만 그와 동시에 가치 중립적 과학자에 대한 베버의 이상이 환상이라는 것도 알고 있었다. 그가 볼 때 두 영역, 즉 객관적 연구와 규범적 가치는 서로 긴밀하게 얽혀 있다. 현실을 살아가는 인간은 〈사회 규범〉과 무관하게 존재하지 않는다. 가치와 사회적 환경, 어릴 적 경험, 그 밖의 다른 삶의 내력은 아무리 과학적으로 연구하는 사람일지라도 외투처럼 쉽게 벗어던질 수 있는 것이 아니다. 누구나 자기 삶의 내력과 언어, 문화의 사고 모델에 묶여 있다. 문화가 그 속에서 살아가는 인간들로 이루어져 있듯이 인간은 그 문화의 일부다.

그런데 지멜은 자신이 사는 시대를 숙고할수록 기분이 점점 더 우울해졌다. 『돈의 철학』에서 그는 돈이라는 새로운 〈객관적 문화〉의 장단점을 분석하면서 균형을 잡으려 노력했지만, 얼마 안 가 단점의 저울접시가 점점 더 아래쪽으로 기우는 것을 느꼈다. 그건 그의 낙관주의에도 영향을 끼쳤다. 처음에 지멜은 사회의 표면만으로도 깊은 속살을 충분히 알 수 있을 거라 믿었고, 사회적인 것의 기하학에서 계몽된 새로운 문화적 형이상학으로 나아가는 길이 열려 있다고 생각했다. 하지만 문화를 깊이 연구할수록 사회학의 도구들, 아니 학문 일반의 도구들이 점점 더 무뎌지는 것 같았다. 늦어도 『돈의 철학』 이후, 아니 그 작업 도중에 벌써 그는 학문의 인식 가능성에 대한 믿음을 상실했다.

그때부터 19세기 철학의 거대한 두 가지 흐름이 어느 사상가보다 더 강력하게 지멜 속에서 합쳐졌다. 한쪽에는 사회학이라는 세련된 새 옷으로 갈아입은 정밀과학으로서의 철학이 있었다. 이 철학은 문화적 〈형식〉, 즉 도덕과 풍습, 법, 종교, 학문, 예술로 표현된 〈문화의 객관적 형식〉을 연구했다. 또한 상호 작용과 교류, 수많은 경계선, 표면의 무늬와 장식을 분석했다. 하지만 그런다고 〈삶〉을 이해할 수 있을까? 지멜은 제임스와 마찬가지로 〈삶〉을 굽이치는 강물이나 부단한 흐름으로 해석했는데, 그런 〈삶〉을 사회학자가 포착할 수 있을까? 〈삶〉은 잡았다 싶어도 금방 손가락 사이로 빠져나가는 물과 같은 것이 아닐까? 어떤 보편 법칙도 개별적인 것을 적절하게 해석할 수는 없다. 그게 실제적인 삶이라면 말이다. 〈주관적 문화〉는 어디에 있을까? 지멜은 쇼펜하우어와 니체를 깊이 연구할수록 학문 일반과 철학을 향한 그들의 비판에 고개가 끄덕거려졌다. 모든 연구자가 삶의 표면을 바라보지만, 실상 삶은 저 깊은 곳에서 일어나는 것이 아닐까? 지멜이 만년에 썼듯이 삶은 〈실존과 힘, 방향의 표현할 길 없는 감정〉이 아닐까?[316]

그게 맞다면 이제 남는 건 지멜이 딜타이와 발맞추어 오랫동안 옹호해 온 정신과학자의 〈이해〉뿐이다. 그러나 그가 이해하고 있는 것은 아무것도 없었다. 딜타이의 말처럼 삶의 실태를 어떤 식으로건 제대로 파악하는 것이 이해의 본질이라면 말이다. 지멜은 이런 회의가 어찌나 컸던지 『돈의 철학』에 버금가는 다른 기념비적인 논문을 쓰겠다는 포부까지 포기했다. 이제부터는 차라리 에세이, 즉 학문과 예술의 경계 지대에서 좀 더 짧은 글을 쓰기로 마음먹었다. 그래서 더 이상 골치 아프게 무언가를 정의 내리거나 학술적으로 논하지 않고, 좀 더 자유롭게 표현하면서도 적절하게 정곡을 찌르는 방법을 택했다. 이때 상어가 산호초를 선회하듯 그가 빙빙 맴돌던 주제들이 있었다. 베버가 자본주의 정신이나 종교의 본질, 그리고 모든 것을 꿰뚫는 합리화 과정 같은 거대 담론을 다루었다면 지멜은 자잘한 주제에 관심을 가졌다. 자칭 〈정신의 모험가〉였던 그는 〈모험가의 철학〉, 〈식사 시간의 사회학〉, 〈여성적 문화〉, 그리고 〈대규모 범죄〉에 대해 썼고, 감사함을 사회적 접착제로, 게으름을 힘의 비축으로, 알프스 투어를 공허한 영혼을 위한 보상으로 해석했다. 또한 점점 빨라지는 속도와 노이로제, 둔감함, 추파, 유행, 도박, 스타일에서 현대의 상징을 보았다.

현대 대도시에 대한 지멜의 분석은 그 주제를 다룬 글 가운데 최고에 속한다. 특히 교통과 가속화, 분주함, 다양한 스타일과 욕구들의 동시성, 군중, 대중문화가 인간에게 끼치는 영향에 관한 글들은 시대를 초월해 타당한 분석으로 보인다. 지멜은 타인과 적당한 거리를 두는 데 필요한 〈둔감함〉을 대도시 주민들의 전형적인 태도로 보았다. 개인은 유행을 통해 서로를 통합하는 동시에 서로를 구분한다. 인간만큼 타자와의 구별을 좋아하는 존재는 없다. 군중 속에서 눈에 띄는 것이 힘들어질수록 유행은 더 중요해지고, 시대가 빨리 움직일수록 스타일도 빨리 바뀐다. 개인은 유행 속에서 하나의 스타일로 나아가고, 그에 합류하지 않는 사람은 아웃사이더로 밀려난다. 하지만 대도시는 항상 두 가지를 강요한다. 획일성과 개성이다. 유행은 이 둘을 먹고산다. 사람은 유행을 따르기에 대중에 적응하고, 유행 가운데 자신에게 맞는 것을 선택함으로써 특별해진다. 결국 현대 대도시의 사람들은 똑같아지려고 하는 동시에 남들과 달라지고 싶어 한다.

그런데 유행이 개인의 자기 정체성을 위해 마련해 놓은 것은 내부가 아니라 외부에 있었다. 사람들은 자신에게 맞는 상품을 선택한다. 즉 주관적으로 특별해지기 위해 〈객관적인 문화〉의 산물을 고른다. 그렇다면 주관적인 특별함의 미래는 어떻게 될까? 이와 관련해서 지멜은 문화 비관주의적 입장이 강하게 밴 우울한 전망을 내놓는다. 현대의 진보는 결국 객관적 문화가 모든 주관적인 것을 〈새로운 형태로 덮어 버리는〉 쪽으로 나아가지 않을까?

사실 〈객관적 문화〉는 인간을 해방시켜 준다. 자연과 자연의 강제력으로부터 인간을 점점 벗어나게 해주니까 말이다. 하지만 이를 위한 모든 똑똑한 수단, 예를 들어 돈과 기술은 인간을 단순히 해방만 시키는 것이 아니라 독자적인 생명력을 확보한 뒤 과거의 강제들이 사라진 곳에서 새로운 방식으로 인간을 속박한다. 인간은 이제 기술 없이는 살 수 없기에 기술에 완전히 얽매인다. 또한 기술이 인간을 점점 높은 단계로 몰아침으로써 수단이 목적이 된다. 인간은 기술의 주인이 되는 대신 기술에 쫓긴다. 그러다 결국 기술은 돈처럼 물신으로 변하고, 그 자체로 확고한 가치가 된다. 우리가 무엇을 잃게 될지에 대해선 신경조차 쓰지 않으면서.

지멜의 논문 「개념과 문화의 비극」(1911/1912), 「현대 문화의 갈등」(1918), 「인생관. 네 개의 형이상학적 주제」(1918)에서는 우울한 분위기가 만연하다. 베버처럼 지멜도 부단한 객관화와 물신 숭배적 상품 세계가 인간의 내적 삶에 요구하는 막대한 대가를 한탄한다. 상품은 점점 풍부해지고, 영혼은 점점 가난해진다. 지멜에 따르면 바로 이것이 현대의 〈비극적 갈등〉이다. 그러나 지금의 젊은이들은 먼 옛날의 〈내적 문화〉를 알지 못하고, 그래서 그것의 상실을 슬퍼하지 않는다. 그렇다면 〈문화의 비극〉은 옛것을 아직 기억하고 있는 자기 세대의 비극일 뿐일까?

거의 모든 문화 비관주의가 그렇듯 지멜의 이 분석도 시대적 제약과 초시대적 요구 사이에서 이리저리 흔들렸다. 이 주제와 관련해서 젊고 훌륭한 대화 상대는 충분히 많았다. 베버의 하이델베르크 집처럼 지멜의 샤를로텐부르크 집은 독일 철학계와 문화계 명사들의 아지트였다. 이 집엔 이미 명성을 얻은 시인 게오르게와 릴케만 드나들었던 게 아니라 장차 혜성처럼 떠오를 에른스트 카시러(1874~1945), 블로흐, 죄르지 루카치(1885~1971)도 왕래했다. 이들은 지멜의 진단에는 동의했지만, 그의 우울한 전망에는 공감하지 않았다. 또한 지멜이 니체 말고도 프랑스 철학자 베르그송에게서 차용한 〈삶〉이라는 개념에도 별 호감을 느끼지 못했다. 예를 들어 카시러는 이 개념이 너무 모호하고 부정확하다고 생각했고, 루카치와 블로흐는 이 개념에 보수적 색채가 너무 강하게 배어 있다고 느꼈다.

만일 지멜이 쇼펜하우어나 니체처럼 우리가 현실 삶을 넘어 그 이상이 되어야 한다고 요구했다면 그건 죄악의 구렁텅이에 빠진 베를린의 끝 모를 탐욕과 전기화된 대도시의 들끓는 에너지를 보면서 한 말이다. 그는 이 도시의 모습에 역겨움과 거부감을 느꼈다. 그랬기에 현실 삶 이상의 내가 되는 길을 예술에서 찾으려 했다. 이 열정적인 미술품 수집가는 렘브란트 하르먼스 판레인(1606~1669)와 미켈란젤로 부오나로티(1475~1564) 같은 화가들에 관한 작품만 쓴 게 아니라 단테 알리기에리(1265~1321)와 괴테, 게오르게 같은 시인들에 대해서도 썼다. 지멜의 예술 취향은 보수적이었다. 그는 인상주의를 사랑했고, 당대의 표현주의를 단호히 거부했다. 표현주의자들의 당혹스러운 작품에는 그가 예술에서 찾았던 것, 그러니까 명상, 안정감, 그리고 자기와의 합일 같은 목적 없는 세계로의 침잠이 없었다. 예술은 〈주관적 문화〉의 도피처이자, 객관화된 수단의 세계에서 문화를 지키는 마지막 보루였다. 여기서 삶 이상의 내가 된다는 것은 렘브란트나 괴테, 아니면 과거의 다른 위대한 예술가들에게서 찾을 수 있는 천박하지 않은 고결한 정신이 된다는 의미였다.

구원으로서의 전쟁

지멜은 왜 제1차 세계 대전의 발발에 환호했을까? 전차와 전투기, 기관총, 철조망의 세계는 〈강철처럼 단단한 껍질〉이었다. 개인을 그저 총알받이로만 여기는 전쟁만큼 인간에 대한 거대한 대상화가 존재할까? 1914년에 전쟁이 시작되었을 때 지멜은 이것이 정말 큰 전쟁이 될 것이고, 그와 함께 급진적인 새 출발이 찾아올 거라고 믿은 몇 안 되는 사람 가운데 하나였다. 예전에는 전쟁의 모든 〈행위는 …… 이후의 결과들로 마무리되었지만〉 이제는 그것을 계기로 세상 모든 것이 앞으로 쭉쭉 밀고 나갈 것이다. 전쟁이 〈며칠이면 충분할 것이고, 예견할 수 없는 독일 미래를 건설하려면 실질적인 것과 순간순간이 중요하다는 사람들의 믿음은 정말 이 시대의 놀라운 점이었다〉.[317] 지멜은 심지어 새로운 독일의 장기적인 발전 가능성을 떠올리면서 헤르바르트의 개념인 〈도야 능력〉까지 입에 올린다. 전쟁을 통해 갑자기 모든 개인이 중심에 서고, 지금껏 무관심이 만연하던 곳에서 이제 개인은 〈예전보다 훨씬 높은 수준의 책임감〉을 느끼게 될 거라는 말이다.[318]

그런데 지멜은 대학 교수로서의 자기 책임을 다하지 못했다. 전쟁 발발 직전 슈트라스부르크 대학에서 마침내 정규 교수직을 얻기는 했지만, 전쟁으로 인해 학생들을 가르칠 기회는 거의 없었다. 사실 그건 그에게 별문제가 되지 않았다. 그는 전쟁에 열광한 다른 많은 지식인처럼 고향에서 전쟁을 지켜보았다. 독일인들을 하나로 뭉치게 하는 아름다운 사건으로서의 전쟁 체험이었다. 그 과정에서 〈고결한〉 절제 같은 건 조금도 보이지 않았다. 이제 그는 전쟁에 희망을 걸었다. 합리화 과정과 영혼의 황폐화, 인간의 소외에 대해 지금까지 축적되어 온 불쾌함이 문화의 정신적 혁신으로서 전쟁을 통해 해소될 거라는 기대였다. 돈이 세상 만물을 평준화하고 삶을 비본래적인 것으로 만들었다면 전쟁이야말로 진정한 삶의 힘이 솟아나는 원천이었다. 〈생동감 넘치는 작전 중에 있는 병사는 분명 자기 안에서 생명력의 고양과 넘치는 역동성을 직접적으로 느낄 것이다.〉[319] 전쟁은 〈황금만능주의〉에 대한 위대한 대안이 아닐까? 심지어 그는 참혹한 도살장이나 다름없었던 랑게마르크 전투와 베르됭 전투조차 〈빛과 어둠〉, 〈고귀함과 천함〉을 명확하게 구분하는 공동체 의식을 만들어 줄 거라고 생각했다. 그의 제자 블로흐와 루카치는 샤를로텐부르크에 있는 스승의 이런 태도 변화에 경악을 금치 못했다.

베버도 크게 다르지 않았다. 그는 방 안에서 편안히 전쟁을 지켜보고만 있고 싶지 않았다. 쉰 살이라는 나이 때문에 전선에 직접 나갈 수 없는 것이 통탄스러웠다. 그래서 하이델베르크 야전 병원에서 장교로 봉사함으로써 아쉬움을 달래려 했다. 그때까지만 해도 전쟁의 영광을 공개적으로 언급하지는 않았다. 다만 한 편지에서 〈위대하고 놀라울 정도로 아름다운〉 전쟁에 대한 기쁨을 표현한 것이 전부였다. 그러나 베버의 감격은 사실 뿌리 깊었다. 학문에 대해서는 아무리 가치 판단의 중립을 요구하더라도 그에게 국가와 민족은 의심할 수 없는 궁극의 최고 가치였기 때문이다.

1916년부터는 활동이 많아진다. 베버는 연설과 수많은 신문 기고문에서 독일이 이 전쟁에서 기필코 승리할 것이라고 역설한다. 최대 걱정거리라면 자신이 경탄하던 미국의 참전이었다. 그는 독일 당국이 미국의 군사력을 터무니없이 과소평가하는 것이 실로 염려스러웠다. 괜한 걱정이 아니었지만, 그럼에도 전쟁은 반드시 계속되어야 한다고 주장했다. 심지어 1918년 11월 말 전쟁이 씁쓸한 종지부를 찍는 그날까지도 승리를 기대했다. 승리를 거둘 수 있다면 〈악마와도 손을 잡아야〉 한다고 생각하면서 말이다.

베버는 어디로 가려고 했던 것일까? 그는 한편으론 군사적 승리의 가능성에 대해 숙고하면서 다른 한편으론 미래를 준비했다. 거만한 황제의 퇴위는 얼마든지 받아들일 수 있었다. 시대에 맞는 것은 영국의 의회 정치 모델이었다. 그 무렵 베버는 1917년 11월과 1919년 1월에 뮌헨 서적 협회에서 두 차례 유명한 연설을 한다. 〈소명으로서의 학문〉과 〈소명으로서의 정치〉가 그것이다. 첫 번째 연설에서 베버는 다시 한번 세계의 탈주술화에 대해 이야기한다. 현대 사회는 모든 사물을 합리적 계산으로 지배할 수 있다는 믿음이 특징이다. 그런데 삶의 의미는 배경을 따져 묻지 않는 과학 기술과 필수적인 전문화 과정, 자연에 대한 통제력으로는 다가갈 수 없다. 두 번째 연설은 훗날 독일 연방 공화국의 정치인들이 가장 자주 인용하는 텍스트가 되었다. 베버가 도덕 철학의 두 가지 전통적 준칙으로 거론한 〈심정 윤리〉와 〈책임 윤리〉*는 오늘날 널리 알려진 교범이나 다름없다. 또한 그가 직업 정치인이 가져야 할 이상적 품성으로 꼽은 〈객관적 열정〉, 〈책임감〉, 〈한 발짝 떨어진 시각〉도 오늘날 무척 자주 언급된다. 종전 직후에 연설을 통해 다시 서구 민주주의에 접목을 시도했지만, 전쟁 중에는 전쟁에 열광한 민족주의자의 말이라고는 쉽게 믿기지 않는 내용이다.

철학자 가운데 제1차 세계 대전을 예찬한 사람은 많다. 우선 로체의 제자로서 예나 대학에 있던 루돌프 오이켄(1846~1926),

* 심정 윤리가 행위의 결과보다 그것을 유발한 동기, 즉 선한 의지를 윤리적 판단의 기준으로 내세운다면 책임 윤리는 행위의 결과를 중시하고 그에 따른 책임을 강조한다.

만년의 헤켈, 종교 철학자 마르틴 부버(1878~1965)가 있다. 괴팅겐에서는 셸러가 전쟁에 환호했고, 마르부르크에서는 나토르프가 열광했다. 전쟁을 독일에 대한 국제적 모반이라고 여긴 퇴니에스는 상대적으로 좀 덜하다. 그는 전쟁을 빨리 끝내기 위해 일종의 민간 〈평화 사절〉로 덴마크와 스웨덴으로 여행을 떠나기도 했다. 반면에 특히 나빴던 사람은 좀바르트다. 그렇지 않아도 오랫동안 반유대주의적 입장을 견지해 온 그는 1915년 졸렬한 작품 『상인과 영웅. 애국적 신념*Händler und Helden. Patriotische Besinnungen*』에서 영국인들까지 저급한 〈상인 민족〉에 포함시켰고, 작가 만은 그런 그에게 환호했다. 퇴니에스는 전쟁이 끝나자 사상적으로 사회주의와 국가 사회주의 사이를 오갔고, 많은 저술을 통해 유대인에 대한 증오를 부추겼다. 이런 점을 고려하면 그가 1934년 나치 기관지 『국민 감시자*Völkischer Beobachter*』의 〈아돌프 히틀러를 지지하는 독일 학자들〉 목록에 자신의 이름을 올린 것은 전혀 이상하지 않다. 좀바르트는 사회 정책 학회의 마지막 회장으로서 1936년에 이 단체의 자진 해산을 주도했고, 1941년에 죽었다.

독일 사회학의 위대한 시기는 도덕적 파탄으로 끝난다. 그전의 어떤 똑똑한 분석과 이론도 독일 제국주의적 요구와 민족주의적 대동단결 앞에서는 무용지물이었다. 1천만 명의 군인과 700만 명의 민간인이 희생된 이 전쟁은 환호와 열광으로 시작해서 국수주의의 발호로 끝맺었다. 그게 아니더라도 퇴니에스처럼 최소한 독일의 무죄를 주장했다. 그렇다면 〈가치 판단 논쟁〉의 화룡점정은 격정적으로 터져 나온 비합리적인 가치 판단들의 홍수였다. 지멜은 종전을 보지 못하고 폐암으로 슈트라스부르크에서 죽었고, 베버는 1920년 여름 뮌헨에서 폐렴으로 숨을 거두었다. 프랑스 혁명이 낳은 19세기의 기나긴 여정은 피비린내 나는 세계 대전과 함께 끝나고, 이어 또 다른 시대가 열리고 있었으니…….

주

1 Étienne Cabet, *Reise nach Ikarien*의 책 표지 안쪽 소개문, Karin Kramer Verlag, 1979.

2 Neidhardt, Friedrichs *<Wanderer über dem Nebelmeer>und Carus'<Ruhe des Pilgers>*, p. 609.

3 Hinz, *Caspar David Friedrich in Briefen und Bekenntnissen*(1968), p. 92.

4 Hinz (1974), p. 149f.

5 Schiller, 「Über das Erhabene」(1793/1794), in: ders.: *Über Kunst und Wirklichkeit. Schriften und Briefe zur Ästhetik*, Reclam 1975, p. 380.

6 Schopenhauer, *Der handschriftliche Nachlaß*, Bd. 1, p. 250.

7 Schopenhauer, *Gesammelte Briefe*, p. 55.

8 Schopenhauer, *Der handschriftliche Nachlaß*, Bd. 2, p. XIV.

9 Schopenhauer, *Ueber das Sehn und die Farben*, p. 3, SW, Bd. 2.

10 Schopenhauer, *Gesammelte Briefe*, p. 20.

11 Schopenhauer, *Die Welt als Wille und Vorstellung*, Bd. 1, p. 217f., SW, Bd. 2.

12 Schopenhauer, *Aphorismen zur Lebensweisheit*, https://gutenberg.spiegel.de/ buch/ aphorismen.

13 Schopenhauer, *Die Welt als Wille und Vorstellung*, Bd. 1, §68, SW, Bd. 2.

14 같은 책, Bd. 2, p. 175f., SW, Bd. 2.

15 Schopenhauer, *Gesammelte Briefe*, p. 245.

16 Kierkegaard, *Philosophische Brocken*, GWT, p. 113.

17 Rohde, *Kierkegaard*, p. 34.

18 Kierkegaard, *Über den Begriff der Ironie*, GWT, p. 255.

19 Rohde, *Kierkegaard*, p. 62.

20 Kierkegaard, *Briefe*, GWT, p. 104.

21 Kierkegaard, *Unwissenschaftliche Nachschrift*, Bd. 1, GWT, p. 111.

22 같은 책, Bd. 2, p. 55.

23 같은 책, Bd. 2, p. 51.

24 Kierkegaard, *Die Krankheit zum Tode*, GWT, p. 8.

25 Kierkegaard, *Entweder-Oder*, Bd. 1, GWT, p. 396.

26 같은 책, p. 5389.

27 Kierkegaard, *Die Krankheit zum Tode*, GWT, p. 9.

28 Rohde, *Kierkegaard*, p. 151.

29 Beneke, *Erfahrungsseelenlehre als Grundlage alles Wissens*, Mittler 1820, p. 7f.

30 Jahnke, *Friedrich Eduard Beneke*, p. 67.

31 *Lettre à M. F***(Fauriel)sur les causes premières* (1806/1807), in: Cabanis: Œuvres complètes,

Bossange frères 1823, Bd. 5, p. 1-89.

32 1778년 4월 초 마르쿠스 헤르츠에게 보낸 편지. Kant, Werke (Akademie-Ausgabe), De Gruyter 1970, Bd. 10. p. 232.

33 Hegel, *Phänomenologie des Geistes* in: ders.: Hauptwerke in sechs Bänden, Meiner 1999, Bd. 2, p. 188.

34 Asmus, *J. F. Herbart*, Bd. 1., p. 104.

35 같은 책, Bd. 1, p. 172.

36 Herbart, *Lehrbuch der Psychologie*, Unzer 1834, 2. Aufl., p. 1.

37 같은 책, p. 15.

38 Kant, *Kritik der praktischen Vernunft*, Werke in sechs Bänden, Wissenschaftliche Buchgesellschaft 2016, Bd. IV., p. 287.

39 Barelmann, *Friedrich Eduard Beneke*, Schriften, p. 114f.

40 Beneke, *Erziehungs-und Unterrichtslehre*, Mittler 1842, 2. Aufl., p. XVI.

41 Carus, *Vorlesungen über Psychologie*, Neudruck, Wissenschaftliche Buchgesellschaft 1958, p. 22.

42 Carus, *Psyche. Zur Entwicklungsgeschichte der Seele*, Scheitlins Verlagsbuchhandlung 1851, 2. Aufl., p. VII.

43 같은 책, p. 1.

44 같은 책, p. 9.

45 Meyer, *Goethes Naturerkenntnis. Ihre Voraussetzung in der Antike, ihre Krönung durch Carus*, Jahrbuch des Freien Deutschen Hochstifts 1929, p. 210.

46 Lepenies, *Auguste Comte* 중에서 콩트 전기 작가 앙리 구티에의 말, p. 18.

47 De Bonald, *Œuvres complètes*, Bd. 3, p. 448 (Übersetzung Spaemann).

48 같은 책, p. 72.

49 Spaemann, *Der Ursprung der Soziologie*, p. 13.

50 Saint-Simon und Thierry, zit. nach Anonym, *Was ist der St. Simonismus?*, G. Basse 1832, p. 7.

51 Fourier, *Theorie der vier Bewegungen*, I. p. 87.

52 같은 책, I. p. 190.

53 같은 책, I. p. 56.

54 같은 책, II. p. 42

55 Engels, *Ein Fragment Fouriers über den Handel*, in: Ökonomisch-philosophische Schriften, p. 124.

56 Comte, *Soziologie*, Bd. 1, Gustav Fischer 1907, p. 297.

57 Wagner, *Auguste Comte*, p. 60.

58 Bentham, *An Introduction to the Principles of Morals and Legislation* (1828), p. 235-236.

59 Michel, *Johann Wolfgang Goethe*: Sämtliche Werke, Briefe, Tagebücher und Gespräche, Bd. 12, Deutscher Klassiker Verlag 1999, p. 715.

60 Marx, *Das Kapital. Kritik der politischen Ökonomie* (1867), in: MEGA II/5, p. 492 (각주 870).

61 같은 책.

62 Spence, *Das Gemeineigentum an Boden*, Hirschfeld 1904, p. 24.

63 Nettlau (1925), https://anarchistischebibliothek.org/library/max-nettlauge schichte-der-

anarchie-i-dervorfruhling-der-anarchie.

64 Spence, *Encyclopedia of Occultism and Parapsychology*, Kessinger Publishing 2003, p. 679.

65 Mill, *Autobiographie*, p. 101.

66 같은 책, p. 139.

67 같은 책, p. 111.

68 같은 책, p. 137.

69 같은 책, p. 136.

70 같은 책, p. 173.

71 Tocqueville, *Gedanken über Algerien*, in: ders.: Kleine Politische Schriften, p. 119.

72 Mill, *Autobiographie*, p. 183f.

73 Mill, *Grundsätze der politischen Ökonomie*, Fues' Verlag 1869, 3. Aufl., p. VII f.

74 같은 책, p. 200.

75 같은 책, 같은 곳.

76 같은 책, p. 62f.

77 같은 책, p. 61.

78 〈푸리에주의의 원리는 콩시데랑의 여러 저서, 특히 『사회의 운명』에서 명확하게 제시되고 강력하게 옹호된다. 하지만 호기심 많은 탐구자라면 푸리에의 저서를 직접 읽어 보는 게 나을 듯하다. 푸리에의 책을 읽다 보면 《천재성의 부인할 수 없는 증거》를 발견할 수 있을 테지만, 그럼에도 물질세계에 대한 지극히 거칠고 비과학적인 공상을 비롯해 인류의 과거와 미래에 대한 흥미롭지만 성급한 사변도 많이 확인할 수 있을 것이다.〉 https://oll.libertyfund.org/pages/reader-mill-socialism.

79 Cornu, *Karl Marx und Friedrich Engels*, Bd. I, p. 81.

80 Winiger, *Ludwig Feuerbach*, p. 48.

81 Feuerbach, *Gesammelte Werke* 1, p. 94f.

82 같은 책, Bd. 4, p. 341.

83 같은 책, Bd. 5, p. 6.

84 http://www.zeno.org/Philosophie/M/Feuerbach,+Ludwig/Vorläufige+Thesen+zur+Reform+der+Philosophie.

85 Hess, *Die europäische Triarchie*, Wigand 1841, p. 7.

86 Neffe, *Marx*, p. 90.

87 Winiger, *Feuerbach*, p. 197.

88 Cabet, *Reise nach Ikarien*(1979), p. 519.

89 같은 책, p. 527.

90 Beyme, Politische Theorien im Zeitalter der Ideologien, p. 673.

91 MEW 13, p. 10.

92 MEW 3, p. 5.

93 같은 책, p. 33.

94 Neffe, *Marx*, p. 147.

95 MEW 16, p. 27.

96 MEW 4, p. 466.

97 같은 책, p. 465f.

98 같은 책, p. 461.

99 MEW 5, p. 455.

100 MEW 6, p. 124.

101 MEW 8, p. 115.

102 "M. le Comte argues against all contrivance - it is what my views tend to." (M.70) http://darwin-online.org.uk/content/frameset?pageseq=1&itemID=CUL-DAR125.-&view-type=text (Übersetzung R.D.P.).

103 Quetelet, *Sur l'homme*, Bachelier 1835, p. 1(저자 번역).

104 MEW 30, p. 131.

105 같은 책, p. 249.

106 MEW 9, p. 226.

107 Vogt, *Physiologische Briefe*, Ricker'sche Buchhandlung 1854, 2. Aufl., p. 633f.

108 Moleschott. *Der Kreislauf des Lebens*, Victor von Zabern 1855, 2. Aufl., p. 377.

109 MEW 21, p. 278.

110 MEW 20, p. 332.

111 Haeckel, *Über die Entwicklungstheorie Darwins*, in: Schmidt (Hrsg.): Ernst Haeckel. Gemeinverständliche Werke, Bd. 5, p. 3 – 32.

112 Wilson, *Die Einheit des Wissens*, Siedler 1998, p. 15.

113 MEW 34, p. 169f.

114 Hellwald, *Culturgeschichte in ihrer natürlichen Entwicklung bis zur Gegenwart*, Lampart & Comp. 1875, p. 734.

115 Strauß, *Der alte und der neue Glaube*, E. Strauß 1872/1875, p. 263.

116 Marx, *Das Kapital*, Bd. 1, IV. Die Produktion des relativen Mehrwerts.

117 MEW 23, p. 791.

118 Mill, *Über die Freiheit* Reclam 1974, Kapitel V, Absatz 9.

119 같은 책, Kapitel I, Absatz 1.

120 Mill, *Die Hörigkeit der Frau*, Helmer 1991, p. 190.

121 같은 책, p. 250.

122 MEW 31, p. 13.

123 MEW 16, p. 5.

124 https://www.welt.de/wirtschaft/article172684758/Oxfam-42-Milliardaere-besitzen-so-vielwie-die-halbe-Welt.html.

125 MEW 16, p. 19.

126 Mill, *Über Sozialismus*, Europäische Verlagsanstalt 2016, p. 17.

127 같은 책, p. 113.

128 MEW 32, p. 582f.

129 MEW 33, p. 205.

130 MEW 17, p. 326.

131 같은 책, p. 591f.

132 Bakunin, *Die revolutionäre Frage*, Unrast 2005, p. 62.

133 Du Bois-Reymond, 「Die sieben Welträthsel. Nachtrag」, in: Bayertz u. a.: Der Ignorabimus-Streit, p. 167f.

134 Haeckel, *Die Welträthsel*, Kröner 1908, p. 13.

135 Von Hartmann, *Philosophie des Unbewussten*, Carl Dunckers, 6. Aufl., p. 24f.

136 같은 책, p. 33.

137 Von Hartmann, 「Anfänge naturwissenschaftlicher Selbsterkenntnis」, in: Bayertz u. a.: Der Ignorabimus-Streit, p. 42.

138 MEW 20, p. 332.

139 Nordau, *Die conventionellen Lügen der Kulturmenschheit*, Schlicke 1884, p. 12.

140 Trendelenburg, *Logische Untersuchungen*, Bethge 1870, 3. Aufl., Bd. I., p. 4.

141 같은 책, 1판 서문, Bd. I, p. IV.

142 Gutenberg.spiegel.de/buch/medizinische-psychologie-834/1.

143 Lotze, *Metaphysik*, 2. Bde., Hirzel 1879, 2. Aufl., p. 464.

144 nx.journalofpragmatism.eu/wp-content/uploads/2009/11/04-hookway.pdf.

145 Dilthey, 「Die Typen der Weltanschauung und ihre Ausbildung in den metaphysischen Systemen」, in: Dilthey, Groethuysen, G. und A. Misch: Weltanschauung. Philosophie und Religion in Darstellungen, Reichl 1911.

146 Dilthey, GS, Bd. VIII, p. 223.

147 Dilthey, GS, Bd. XXII, p. 12.

148 Dilthey: GS, Bd. VII, p. 147f.

149 Dilthey: GS, Bd. I, p. XVIII.

150 Dilthey: GS, Bd. XIX, p. 17ff.

151 같은 책, p. 44.

152 Dilthey, GS, Bd. XVIII, p. 199.

153 Dilthey, GS, Bd. VIII, p. X.

154 같은 책, p. 86.

155 Dilthey, GS, Bd. X, p. 17.

156 Dilthey, GS, Bd. VII, p. 373.

157 Lange, *Die Arbeiterfrage*, Falk & Volmer 1865, p. 6.

158 Köhnke, *Neukantianismus*, p. 233.

159 Lange, *Geschichte des Materialismus*, J. Baedeker 1876, 2. Aufl., p. 851.

160 같은 책, p. 871.

161 Lange, *Geschichte des Materialismus*, J. Baedeker 1876, 1. Aufl., p. 111.

162 같은 책, 2. Aufl., p. 3.

163 https://gutenberg.spiegel.de/buch/raum-und-kraft.

164 Scharlau, *Rudolf Lipschitz. Briefwechsel mit Cantor, Dedekind, Helmholtz, Kronecker, Weierstrass und anderen*, Springer 1986, p. 130.

165 Helmholtz, *Über das Sehen des Menschen*, Voss 1855, p. 116.

166 Köhnke, *Neukantianismus*, p. 160.

167 Beneke, *Kant und die philosophische Aufgabe unserer Zeit*, Mittler 1832, p. 73.

168 같은 책, p. 72.

169 같은 책, p. 21.

170 Fischer, 「Das Problem der menschlichen Erkenntnis als die erste Frage der Philosophie」, in: ders.: *Kant's Leben und die Grundlagen seiner Lehre. Drei Vorträge*, F. Bassermann 1860, p. 79–97, p. 82.

171 Weisse, *In welchem Sinn die deutsche Philosophie jetzt wieder an Kant sich zu orientieren hat*, Dyk'sche Buchhandlung 1841, p. 3f.

172 이 부분에 대해서는 다음 책에 나오는 독일 대학 강의 일람표 참조: Köhnke, *Neukantianismus*, p. 610f.

173 Cohen, *Das Prinzip der Infinitesimal-Methode*, Neudruck Suhrkamp 1968, p. 47f.

174 Natorp, 「Über objektive und subjektive Begründung der Erkenntnis」, in: *Philosophische Monatshefte 23* (1887), p. 257 – 286, 여기서는 p. 264.

175 같은 책, p. 285.

176 Natorp, *Einleitung in die Psychologie nach kritischer Methode*, Mohr 1888, p. 11.

177 Windelband, *Präludien*, Mohr 1884, p. IV.

178 Windelband, 「Über Begriff und Geschichte der Philosophie」, in: *Präludien*, p. 28.

179 Rickert, *Der Gegenstand der Erkenntnis*, Mohr 1892, p. 42f.

180 같은 책, p. 61.

181 Rickert, *Die Grenzen der naturwissenschaftlichen Begriffsbildung*, Mohr 1902, p. 358.

182 https://blog.staatsarchiv-bs.ch/krieg-und-frieden-nietzschein-basel.

183 Nietzsche, KSA, Bd. 7, p. 354.

184 Liebmann, *Vier Monate vor Paris*, Weise 1871, p. 13.

185 Nietzsche, *Briefe* Bd. 2, p. 332.

186 같은 책, p. 298.

187 Nietzsche, KSA, Bd. 1, p. 528f.

188 Janz, *Friedrich Nietzsche*, 1. Bd., p. 470.

189 Nietzsche, KSA, Bd. 1, p. 203.

190 같은 책, p. 248.

191 같은 책, p. 329.

192 같은 책, p. 256f.

193 같은 책, p. 194.

194 같은 책, p. 378.

195 같은 책, p. 378.

196 같은 책, p. 380.

197 Safranski, *Nietzsche*, p. 125.

198 Nietzsche, *Briefe*, Bd. 5, p. 183f.

199 Nietzsche, KSA, Bd. 2, p. 54f.

200 https://gutenberg.spiegel.de/buch/uber-wahrheit-und-luge-im-aussermoralischen-sinne.

201 위와 같음.

202 Nietzsche, KSA, Bd. 2, p. 24.

203 같은 책, p. 41.

204 같은 책, p. 41.

205 같은 책, p. 349.

206 같은 책, p. 209.

207 Nietzsche, KSA, Bd. 3, p. 264.

208 같은 책, p. 353.

209 같은 책, p. 113.

210 Nietzsche, KSA, Bd. 6, p. 339f.

211 Nietzsche, KSA, Bd. 9, p. 503.

212 Nietzsche, KSA, Bd. 4, p. 18.

213 Nietzsche, KSA, Bd. 10, p. 506.

214 Safranski, *Nietzsche*, p. 272.

215 Nietzsche, KSA, Bd. 4, p. 94.

216 Nietzsche, KSA, Bd. 11., p. 98.

217 Nietzsche, *Briefe*, Bd. 8, p. 49.

218 Nietzsche, KSA, Bd. 5, p. 275.

219 Nietzsche, KSA, Bd. 6, p. 313.

220 Nietzsche, KSA, Bd. 7, p. 169.

221 Nietzsche, KSA, Bd. 14, p. 180.

222 https://gutenberg.spiegel.de/buch/der-wille-zur-macht (Abschnitt 689).

223 위와 같음.

224 위와 같음(862절).

225 Nietzsche, *Briefe*, Bd. 8, p. 231.

226 http://www.gleichsatz.de/b-u-t/archiv/FN/riehl_nietzsche.html.

227 Vaihinger, *Nietzsche als Philosoph*, Reuther&Reichard 1916, 4. Aufl., p. 70.

228 Kropotkin, *Memoiren*, Bd. 1, p. 192f.

229 같은 책, p. 238.

230 같은 책, p. 319.

231 Kropotkin, *Gegenseitige Hilfe in der Entwickelung*, Theodor Thomas 1904, S. T. (Vorwort).

232 Huxley, *Evolution and Ethics*, Princeton University Press 1989, p. 83.

233 Kirchmann, *Über den Communismus in der Natur* Ein Vortrag gehalten in dem Berliner Arbeiter-Verein im Februar 1866, L. Heimann's Verlag 1872, 2. Aufl.

234 Kropotkin, *Gegenseitige Hilfe in der Entwickelung*, p. 77f.

235 Huxley, *The Nineteenth Century* (1888), p. 165.

236 이런 이유에서 크로폿킨의 추론은 이렇다. 먹는 것이 먼저이고 도덕이 나중이 아니라 그 반대다. 공동 사냥에 앞서 도덕성, 즉 협력이 존재했다. Kropotkin, *Die Eroberung des Brotes* (1892), Edition Anares 1989, 참조.

237 Kropotkin, *Gegenseitige Hilfe*, p. 119.

238 같은 책, p. 307.

239 MEW 23, p. 16.

240 MEW 9, p. 226.

241 Bernstein, *Die Voraussetzungen des Sozialismus und die Aufgaben der Sozialdemokratie*, Rowohlt 1969, p. 13.

242 MEW 17, p. 343.

243 https://www.marxists.org/deutsch/referenz/bernstein/1899/voraus/kap2.html #p1.

244 Kautsky, *Ethik und materialistische Geschichtsauffassung*, Dietz 1973, p. 141.

245 http://www.gleichsatz.de/b-u-t/spdk/19jhd/ebernstein-doktrin.html.

246 Cohen, *Ethik des reinen Willens*, in: ders.: Werke, Bd. 7, Olms 1981, p. 320f.

247 랑게의 『유물론의 역사』에 대한 비판적 부록이 수록된 서문 in: Werke, Bd. 5/2, Hildesheim 1984, p. 112.

248 Natorp, 「Zur Streitfrage zwischen Empirismus und Kritizismus」, in: Archiv für

systematische Philosophie 5 (1899), p. 194.

249 Westermarck, *Ethical Relativity*, Kegan Paul, Trench, Trubner & Co. 1932, p. 147.

250 Mach, *Die Analyse der Empfindungen* (1900), Wissenschaftliche Buchgesellschaft 1987, p. 24.

251 Mach, *Die Mechanik in ihrer Entwicklung* (1883), F. A. Brockhaus 1933, p. VII; *Erkenntnis und Irrtum* (1905), Barth 1926, p. VII; *Die Analyse der Empfindungen*, p. 300.

252 Mach, *Autobiographie* (1913), in: Blackmore: Three Autobiographical Manuscripts by Ernst Mach, in: Annals of Science 35, 1978, p. 411-418, 여기서는 p. 411.

253 라이프치히 대학 도서관의 페히너 유고, Fechner-CD der Gustav Theodor Fechner Gesellschaft in Leipzig. http://home.uni-leipzig.de/fechner/cd1.htm.

254 Mach, *Analyse*, p. 39.

255 같은 책, p. 17.

256 같은 책, p. 3.

257 Mach, *Erkenntnis und Irrtum*, p. 460.

258 Roth, *Fühlen, Denken, Handeln*, Suhrkamp 2003, p. 379ff.

259 Mach, *Autobiographie*, p. 416.

260 Mach, *Mechanik*, F.A. Brockhaus 1933, 9. Aufl., p. 484.

261 Wundt, *System der Philosophie*, Engelmann 1889, p. 18f.

262 Voigt, 「Verschollene Preziosen」, in: Der Spiegel vom 25. Januar 2011.

263 https://www.univie.ac.at/bahr/sites/all/ks/9-dialog.pdf.

264 https://gutenberg.spiegel.de/buch/ein-brief.

265 Schuhmann, *Husserl-Chronik*, p. 131.

266 Freud (Hrsg.), *Sigmund Freud. Brautbriefe. Briefe an Martha Bernays 1882-1886*, Fischer 1971, p. 94.

267 Freud, GW 14, p. 86.

268 Thought in action has for its only possible motive the attainment of thought at rest; and whatever does not refer to believe is not part of the thought itself (1878, CP 5.396).

269 Peirce, CP 5.402.

270 Peirce, CP 5.402.

271 Peirce, CP 5.394.

272 Peirce, CP 5.265.

273 Moore (Hrsg.): *Pierce. The Essential Writings*, Prometheus Books 1998, p. 168.

274 같은 책, p. 174.

275 Nietzsche, KSA, Bd. 3, p. 113.

276 James, *Psychologie*, Quelle & Meyer 1920, 2. Aufl., p. 462.

277 James (Hrsg.), *The Letters of William James*, Atlantic Monthly 1920, p. 135.

278 James, *Der Pragmatismus*, 2. Vorlesung.

279 마흐가 1912년 10월 22일 프리츠 마우트너에게 보낸 편지. 내용은 다음 책에서 인용. Haller und Stadler, *Ernst Mach*, p. 243.

280 Peirce, CP 5.414.

281 같은 책.

282 James, *Der Pragmatismus*, 2. Vorlesung.

283 같은 책.

284 같은 책.

285 같은 책.

286 James, *Der Pragmatismus*, 7. Vorlesung.

287 Schilpp (Hrsg.), *The Philosophy of Brand Blanshard*, Open Court 1980, p. 47ff.

288 https://www.gleichsatz.de/bu-t/can/sac/james_will2b.html.

289 Thomas, *The Methodology of Behavior Study*, Kap. 13, in: The Child in America: Behavior Problems and Programs. Alfred A. Knopf 1928, p. 553 – 576.

290 〈Scenery seems to wear in one's consciousness better than any other element in life … It stands out as almost the only thing in the memory of which I should like to carry over with me beyond the veil, unamended and unaltered.〉 (저자 번역) Gefunden auf http://tamworthdistilling.com/2017/10/the-history-of-chocorua.

291 https://archive.org/stream/UptonSinclairDerDschungel.

292 Die Zukunft, Bd. 26, 1899, p. 36ff.; Heimböckel, *Walter Rathenau und die Literatur seiner Zeit. Studien zu Werk und Wirkung* Dissertation Universität Duisburg 1995, p. 81.

293 http://www.twainquotes.com/Travel1891.

294 Von Spitzemberg, *Das Tagebuch der Baronin Spitzemberg*, Vandenhoeck & Ruprecht 1960, p. 381.

295 같은 책.

296 Simmel, GA 2, p. 130.

297 Simmel, GA 5, p. 110.

298 Simmel, GA 2, p. 239.

299 Durkheim, *Über soziale Arbeitsteilung*, p. 82.

300 Lichtblau, *Georg Simmel*, p. 181.

301 같은 책, p. 182.

302 Kracauer, Diskussionsbeitrag (1964) in: Iser (Hrsg.): Immanente Ästhetik. Ästhetische Reflexion. Lyrik als Paradigma der Moderne (Poetik & Hermeneutik Bd. 2.), Fink 1966, p. 412.

303 Simmel, GA 4, p. 387f.

304 Simmel, GA 6, p. 44.

305 같은 책, p. 43.

306 Simmel, GA 7, p. 121.

307 Simmel, GA 6, p. 593f.

308 같은 책, p. 638.

309 Weber, *Gesammelte Aufsätze zur Religionssoziologie*, Bd. 1, p. 203f.

310 같은 책, p. 203.

311 같은 책, p. 204.

312 Weber, 「Die "Objektivität" sozialwissenschaftlicher und sozialpolitischer Erkenntnis」, in: Winckelmann, *Max Weber. Gesammelte Aufsätze zur Wissenschaftslehre*, p. 149.

313 같은 책, p. 154.

314 *Verhandlungen des Vereins für Socialpolitik in Wien*, 1909, Duncker und Humblot 1910, p. 568.

315 Schmoller, 「Volkswirtschaft, Volkswirtschaftslehre und-methode」, in: Conrad (Hrsg.): *Handwörterbuch der Staatswissenschaften*, Gustav Fischer 1911, 3. Aufl., p. 493.

316 Simmel, GA 16, p. 205.

317 Simmel, *Der Krieg und die geistigen Entscheidungen. Reden und Aufsätze*, Forgotten Books 2019, p. 8.

318 같은 책, p. 9.

319 http://socio.ch/sim/krieg/krieg_kris.htm.

참고 문헌

이 철학사의 참고 문헌은 각 장별로 표준이 될 만한 텍스트만 정선했다. 쇼펜하우어, 키르케고르, 마르크스, 밀, 니체, 지멜 같은 위대한 철학자들과 관련해서 수많은 텍스트 가운데 유명하거나 쉽게 접근할 수 있는 소수 입문서와 문헌만 적시했다. 그 외의 책들은 개별적인 관점을 좀 더 정밀하게 연구하고 심화하는 데 도움이 될 것이다.

안개 바다 위의 방랑자

프리드리히의 생애에 대해선 다음 책 참조. Sigrid Hinz: *Caspar David Friedrich in Briefen und Bekenntnissen*. Henschelverlag Kunst und Gesellschaft, 1. Aufl. 1968, 2. erw. Aufl. 1974; Gertrud Fiege: *Caspar David Friedrich*, Rowohlt 1977; Herbert Friedrich: *Caspar David Friedrich. Seine Landschaft, seine Liebe, sein Leben*, Maxime 2018. 그림 「안개 바다 위의 방랑자」에 대해선 다음 책 참조. Hans Joachim Neidhardt: *Friedrichs »Wanderer über dem Nebelmeer« und Carus' »Ruhe des Pilgers«. Zum Motiv des Gipfelerlebnisses in der Romantik*, in: Ars auro prior. Studia Ioanni Bialostocki sexagenario dicata, Warschau 1981, S. 607–612. 배경 인물의 모티프에 대해선 다음 문헌 참조. Hartmut Böhme: *Rückenfiguren bei Caspar David Friedrich*, in: Gisela Greve (Hrsg.): *Caspar David Friedrich. Deutungen im Dialog*, edition diskord 2006. 그 밖에 프리드리히의 그림들에 대해선 다음 책 참조. Wieland Schmied: *Caspar David Friedrich*, Prestel 1999; Werner Hofmann: *Caspar David Friedrich. Naturwirklichkeit und Kunstwahrheit*, C. H. Beck 2000, 3. Aufl. 2013; Werner Busch: *Caspar David Friedrich. Ästhetik und Religion*, C. H. Beck 2003, 2. Aufl. 2008; Hubertus Gaßner (Hrsg.): *Caspar David Friedrich. Die Erfindung der Romantik*, Ausstellungskatalog Museum Folkwang, Essen und Hamburger Kunsthalle, Hirmer 2006; Helmut R. Leppien: *Caspar David Friedrich in der Hamburger Kunsthalle*, Hamburger Kunsthalle 2006, 2. Aufl.; Peter Märker: *Caspar David Friedrich. Geschichte als Natur*, Kehrer Verlag 2007; Christian Scholl: C. D. *Friedrich und seine Zeit*, Seemann Henschel 2015. 그 밖에 프리드리히의 그림들에 대해선 다음 책 참조. Hilmar Frank: *Aussichten ins Unermessliche. Perspektivität und Sinnoffenheit bei Caspar David Friedrich*, Akademie Verlag 2004.

헤겔 이후의 철학

의미 없는 세계

쇼펜하우어의 작품들은 다음과 같다. Arthur Hübscher (Hrsg.): *Arthur Schopenhauer. Sämtliche Werke* (SW), 7 Bde., wissenmedia 1988; ders.: *Arthur Schopenhauer. Gesammelte Briefe*, Bouvier 1978; ders.: *Arthur Schopenhauer. Der handschriftliche Nachlaß in fünf Bänden*, dtv 1985; Volker Spierling (Hrsg.): *Arthur Schopenhauer. Philosophische Vorlesungen. Aus dem handschriftlichen Nachlaß*, 4 Bde., Piper 1992. 쇼펜하우어의 삶과 작품은 다음 책 참조. Walther Schneider: *Schopenhauer*, Dausien 1985; Rüdiger Safranski: *Schopenhauer und Die Wilden Jahre der Philosophie* (1987), S. Fischer 2016, 8. Aufl.; Bryan Magee: *The Philosophy of Schopenhauer*, Oxford University Press 1997; Margot Fleischer: *Schopenhauer*, Herder 2001; Sabine Appel: *Arthur Schopenhauer, Leben und Philosophie*, Artemis & Winkler 2007; Dieter Birnbacher: *Schopenhauer*, Reclam 2010; Otto A. Böhmer: *Schopenhauer oder Die Erfindung der Altersweisheit*, C. H. Beck 2010; Volker Spierling: *Arthur Schopenhauer zur Einführung*, Junius 2015, 4. Aufl.; Robert Zimmer: *Arthur Schopenhauer. Ein philosophischer Weltbürger*, dtv 2012; ders.: *Schopenhauer und die Folgen. Die Person Schopenhauers und seine Bedeutung für Kunst und Philosophie der Moderne*, J. B. Metzler 2018. 키르케고르의 작품들은 다음과 같다. Emanuel Hirsch, Hayo Gerdes und Hans Martin Junghans: *Søren Kierkegaard. Gesammelte Werke und Tagebücher* (GWT) (1951 – 1980), Grevenberg 2003 f. 키르케고르의 삶과 작품은 다음 책 참조. Peter P. Rohde: *Kierkegaard in Selbstzeugnissen und Bilddokumenten*, Rowohlt 1959; Michael Theunissen, Wilfried Greve (Hrsg.): *Materialien zur Philosophie Soren Kierkegaards*, Suhrkamp 1979; Konrad Paul Liessmann: *Kierkegaard. Zur Einführung*, Junius 1993, 6. Aufl. 2013; Michael Bösch: *Soren Kierkegaard: Schick-sal-Angst-Freiheit*, Schöningh 1994; Anton Bösl: *Unfreiheit und Selbstverfehlung. Soren Kierkegaards existenzdialektische Bestimmung von Schuld und Sünde*, Herder 1997; Annemarie Pieper: *Soren Kierkegaard* (2000), C. H. Beck 2014, 2. Aufl.; Tilo Wesche: *Kierkegaard. Eine philosophische Einführung*, Reclam 2003; Joakim Garff: *Kierkegaard*, Hanser 2004. Siehe ferner Odo Marquard: *Der Einzelne. Vorlesungen zur Existenzphilosophie* (1974), Reclam 2013.

영혼의 탐사

카바니스의 작품은 온라인에 있다. *Du degré de certitude de la médecine* (1798), (Digitalisat); *Rapports du physique et du moral de l'homme* (1802), zweite Ausgabe 1805, 2 Bde. (Digitalisat); auf Deutsch: *Ueber die Verbindung des Physischen und*

Moralischen in dem Menschen (1804), 2 Bde. (Digitalisat). 멘드비랑의 첫 대표작 *L'influence de l'habitude sur la faculté de penser* (1802)는 다음 온라인 주소에 공개되어 있다. http://classiques.uqac.ca/classiques/maine_de_biran/influence_habitude. 두 번째 작품 *Essai sur les fondements de la psychologie et sur ses rapports avec l'étude de la nature* (1812)는 구글 북스에 실려 있다. 멘드비랑에 대해선 다음 책 참조. Bruce Bégout: *Maine de Biran. La vérité intérieure*, Éditions Payot 1995. 테텐스의 주저는 온라인에서 찾아볼 수 있다. *Philosophische Versuche über die menschliche Natur und ihre Entwicklung* (1777), 2 Bde. (Digitalisat und Google Books). 테텐스에 대해선 다음 책 참조. Gideon Stiening und Udo Thiel (Hrsg.): *Johann Nikolaus Tetens (1736-1807). Philosophie in der Tradition des europäischen Empirismus*, De Gruyter 2014. 〈경험 영혼학 잡지〉는 온라인에서 찾아볼 수 있다. http://www.mze.gla.ac.uk. 베네케의 작품은 현재 절판되어 고서적 전문점에서만 구할 수 있다. 몇 작품은 디지털화되어 있고, 구글 북스에서도 찾아볼 수 있다. 그 작품들은 다음과 같다. *Grundlegung zur Physik der Sitten* (1822), (archive.org); ders.: *Kant und die philosophische Aufgabe unserer Zeit. Eine Jubeldenkschrift auf die Kritik der Reinen Vernunft* (1832), (Google Books); ders.: *Erziehungs-und Unterrichtslehre* (1835/1836), 2 Bde. (Google Books); ders.: *System der Metaphysik und Religionsphilosophie, aus den natürlichen Grundverhältnissen des menschlichen Geistes abgeleitet* (1840), (Google Books); ders.: *Pragmatische Psychologie oder Seelenlehre in der Anwendung auf das Leben* (1850), 2 Bde. (archive.org). 베네케 선집은 다음과 같다. Nikola Barelmann: (Hrsg.): *Friedrich Eduard Beneke. Schriften zur Psychologie und Pädagogik*, Volk und Wissen 1986. 베네케의 삶과 작품은 다음 책 참조. Francis Burke Brandt: *Friedrich Eduard Beneke, the Man and His Philosophy: An Introductory Study* (1895), Neudruck Cornell University Library 2009; Jürgen Jahnke: *Friedrich Eduard Beneke. Psychologie als Grundlage der Pädagogik*, in: Klaus-Peter-Horn und Heidemarie Kemnitz (Hrsg.): *Pädagogik unter den Linden*, Franz Steiner 2002, S. 63 – 77. 헤르바르트의 작품은 온라인에서도 접근 가능하다. Gustav Hartenstein (Hrsg.): *Herbart. Sämmtliche Werke* (1851), (Google Books). Siehe zudem Dietrich Benner: *Johann Friedrich Herbart. Systematische Pädagogik*, 2 Bde., Deutscher Studien Verlag 1997. 헤르바르트의 삶과 작품은 다음 책 참조. Walter Asmus: *Johann Friedrich Herbart. Eine pädagogische Biographie*, 2 Bde., Quelle & Meyer 1968 f. Dietrich Benner: *Die Pädagogik Herbarts. Eine problemgeschichtliche Einführung in die Systematik neuzeitlicher Pädagogik*, Juventa 1993; Matthias Heesch: *Johann Friedrich Herbart zur Einführung*. Junius 1999; Elmar Anhalt: *Bildsamkeit und Selbstorganisation. Johann Friedrich Herbarts Konzept der Bildsamkeit als Grundlage für eine pädagogische Theorie der Selbstorganisation organismischer Aktivität*, Deutscher Studien Verlag 1999. 카루스의 작품은 온라인에서 찾을 수 있다. *Psyche. Zur Entwicklungsgeschichte der Seele* (1846), (Digitalisat); *Vorlesungen über Psychologie, gehalten im Winter 1829/30 zu Dresden*, (archive.org.) *Neun Briefe über Landschaftsmalerei*. 1819-1824, (archive.org.). 카루스의 삶과 작품은 다음 책 참조. Wolfgang Genschorek: *Carl Gustav Carus. Arzt. Künstler. Naturforscher*, Edition Wötzel 1989; Stefan Grosche: *Lebenskunst und Heilkunde bei C. G. Carus* (1789-1869). *Anthropologische Medizin in Goethescher Weltanschauung*, Dissertation 1993 (PDF); Petra Kuhlmann-Hodick u. a. (Hrsg.): *Carl Gustav Carus. Wahrnehmung und Konstruktion. Essays*, Deutscher Kunstverlag 2009 (Begleitband zu den Ausstellungen in Dresden und Berlin); Harald Salfellner (Hrsg.): *Mit Feder und Skalpell*, Vitalis 2014.

질서와 진보

보날드의 작품은 다음과 같다. *Œuvres completes*, 15 Bde., Paris 1817-1843, Neudruck 3 Bde. Archives Karéline 2011. 보날드에게서 출발한 사회학과 관련해선 다음 문헌이 표준적이다. Robert Spaemann: *Der Ursprung der Soziologie aus dem Geist der Restauration. Studien über L. G. A. de Bonald*, Klett-Cotta 1998. 메스트르의 작품은 다음과 같다. *Die Abende von St. Petersburg oder Gespräche über das zeitliche Walten der Vorsehung*, Karolinger 2008; ders.: *Vom Papst. Ausgewählte Texte*, Semele Verlag 2007. Online verfügbar ist *Vom Pabst* (1822), 2 Bde. (Digitalisat). 19세기 초의 진보 이념에 대해선 다음 책 참조. Hans-Christoph Schmidt am Busch u. a. (Hrsg.): *Hegelianismus und Saint-Simonismus*, Mentis 2007. 생시몽의 작품들은 킨들러판으로 출간되었다. Pierre Musso, Juliette Grange und Philippe Régnier: *Henri de Saint-Simon. OEeuvres completes*, Presses universitaires de France 2012. Auf Deutsch erschien Lola Zahn (Hrsg.): *Henri de Saint-Simon. Ausgewählte Schriften*, Akademie Verlag 1977. 생시몽의 삶과 작품에 대해선 다음 책 참조. Friedrich Muckle: *Henri de Saint-Simon. Die Persönlichkeit und ihr Werk* (1923), Neudruck Ulan Press 2012; Frank Edward Manuel: *The New World of Henri Saint-Simon*, Harvard University Press 1956; Olivier Pétré-Grenouilleau (Hrsg.): *Saint-Simon. L'utopie ou la raison en actes*, Payot 2001; Mathurin Marius Dondo: *The French Faust: Henri de Saint-Simon*, Literary Licensing 2011; Jeremy Jennings: *Revolution and the Republic: A History of Political Thought in France since the Eighteenth Century*, Oxford University Press 2011. 푸리에 전집은 다음과 같다. *Œuvres completes*, 12 Bde. (1966-1968), online unter https://gallica.bnf.fr. 독일어판은 다음과 같다. Walter Apelt (Hrsg.): *Charles Fourier. Die harmonische Erziehung*, Volk und Wissen 1958; Theodor W. Adorno und Elisabeth Lenk (Hrsg.): *Charles Fourier. Theorie der vier Bewegungen und der allgemeinen Bestimmungen*, Suhrkamp 1966; Daniel Guérin (Hrsg.): *Charlers Fourier. Aus der Neuen Liebeswelt und Über die Freiheit in der Liebe. Mit einem Anhang Über die Freiheit in der Arbeit*, Wagenbach 1977; Neuausgabe: Margarete Stokowski (Hrsg.): *Charles Fourier. Die Freiheit in der Liebe. Ein Essay*, Edition Nautilus 2017; Lola Zahn (Hrsg.): *Charles Fourier. Ökonomisch-philosophische Schriften. Eine Textauswahl*, Akademie Verlag 1980; Martin Burckhardt (Hrsg.): *Der Philosoph der Kleinanzeige. Ein Fourier-Lesebuch*, Semele 2006; Hans-Christoph Schmidt am Busch (Hrsg.): *Charles Fourier. Über das weltweite soziale Chaos. Ausgewählte Schriften zur Philosophie und Gesellschaftstheorie*, Akademie Verlag 2012. 푸리에의 삶과 작품에 대해선 다음 책 참조. Günter Behrens: *Die soziale Utopie des Charles Fourier*, Dissertation der Universität zu Köln 1977 (Google Books); Roland Barthes: *Sade, Fourier, Loyola*, Suhrkamp 1986; Jonathan F. Beecher: *Charles Fourier. The Visionary and His World*, University of California Press 1987; Walter Euchner (Hrsg.): *Klassiker des Sozialismus. Von Gracchus Babeuf bis Georgi Walentinowitsch Plechanow*, Bd. 1 von 2 Bänden, C. H. Beck 1991; Marvin Chlada und Andreas Gwisdalla: *Charles Fourier. Eine Einführung in sein Denken*, Alibri 2014. 콩트 전집은 다음과 같다. *Œuvres d'Auguste Comte*, 12 Bde., Édition Anthropos 1968-1971. 독일어판은 다음과 같다. Iring Fetscher (Hrsg.): *Auguste Comte. Rede über den Geist des Positivismus*, Meiner 1994: Jürgen Brankel (Hrsg.): *Auguste Comte. System der positiven Politik*, 4 Bde., Edition Turia + Kant 2012. 콩트의 삶과 작품에 대해선 다음 책 참조. Henri Gaston Gouhier: *La philosophie d'Auguste Comte. Esquisses*, Vrin 1986; Werner Fuchs-Heinritz: *Auguste Comte. Einführung in Leben und Werk*, Westdeutscher Verlag 1998; Gerhard Wagner: *Auguste Comte zur Einführung*, Junius 2000; Michael Bock: *Auguste Comte* (1798-1857), in: Dirk Kaesler (Hrsg.): *Klassiker der Soziologie*, 1. Bd., C. H. Beck 2012, 6. Aufl.; Angele Kremer-Marietti: *Le positivisme d'Auguste Comte*, L'Harmattan 2006; dies.: *Auguste Comte et la science politique*, L'Harmattan 2007; Jürgen Brankel: *Theorie und Praxis bei Auguste Comte. Zum Zusammenhang zwischen Wissenschaftssystem und Moral*, Edition Turia + Kant 2008; Wolf Lepenies: *Auguste Comte. Die Macht der Zeichen*, Hanser 2010. 사회학의 태동에 대해선 다음 책 참조. Wolf Lepenies (Hrsg.): *Geschichte der Soziologie. Studien zur kognitiven, sozialen und historischen Identität einer Disziplin*, 4 Bde., Suhrkamp 1981; Hermann Korte: *Einführung in die Geschichte der Soziologie*, VS Verlag für Sozialwissenschaften 2017, 10. Aufl.

최대 다수의 행복

벤담 전집은 다음과 같다. *The Collected Works of Jeremy Bentham*, bisher 34 Bde., Clarendon Press 1961ff. 독일어판 벤담의 대표작은 다음과 같다. *Eine Einführung in die Prinzipien der Moral und Gesetzgebung*, Senging 2013. 판옵티콘에 관한 독일어 저술은 다음과 같다. Jeremy Bentham: *Das Panoptikum*, Matthes & Seitz 2013. 벤담의 삶과 작품에 대해선 다음 책 참조. Douglas G. Long: *Bentham on Liberty: Jeremy Bentham's Idea of Liberty in Relation to his Utilitarianism*, University of Toronto Press 1977; Ross Harrison: *Bentham*, Routledge & Kegan Paul 1983; Frederick Rosen: *Jeremy Bentham and Representative Democracy: A Study of the Constitutional Code*, Clarendon Press 1983; James E. Crimmins: *Secular Utilitarianism: Social Science and the Critique of Religion in the Thought of Jeremy Bentham*, Clarendon Press 1990; Wilhelm Hofmann: *Politik des aufgeklärten Glücks. Jeremy Benthams philosophisch-politisches Denken*, Akademie Verlag 2002; Stephen G. Engelmann: *Imagining Interest in Political Thought: Origins of Economic Rationality*, Duke University Press 2003; Philip Schofield: *Utility and Democracy: The Political Thought of Jeremy Bentham*, Oxford University Press 2006; Christian Welzbacher: *Der radikale Narr des Kapitals. Jeremy Bentham, das »Panoptikum« und die »Auto-Ikone«*, Matthes & Seitz 2011. 홀의 대표작은 다음과 같다. *Effects of Civilization on the People in European States; with Observations on the Principal Conclusions in Mr. Malthus's Essay on Population*, Routledge, Thoemmes Press 1994 (archive.org.). 다음 책도 참조. Georg Adler und Karl Grünberg (Hrsg.): *Hauptwerke des Sozialismus und der Sozialpolitik*, Bd. 1; Heft 1-5. (Enthält: Thomas Spence: *Das Gemeineigentum am Boden*; William Godwin: *Das Eigentum*; Félicité de Lamennais: *Das Volksbuch*; Charles Hall: *Die Wirkungen der Zivilisation auf die Massen*; Prosper Enfantin: *Die Nationalökonomie des Saint-Simonismus*), (1904/1905), Neudruck Auvermann 1974. 홀과 스펜스의 영국 초기 사회주의와 관련해서는 다음 책 참조. William Stafford: *Socialism, Radicalism, and Nostalgia: Social Criticism in Britain, 1775-1830, Cambridge University Press 1987*; John Dinwiddy: *Radicalism and Reform in Britain*, 1780-1850, Continuum International Publishing Group 1992. 스펜스와 관련해선 다음 책 참조. Alastair Bonnett und Keith Armstrong (Hrsg.): *Thomas Spence: The Poor Man's Revolutionary*, Breviary Stuff Publications 2014. 고드윈의 『정치적 정의』는 다음 온라인 주소에 실려 있다. http://knarf.english.upenn.edu/Godwin/pjtp.html. 고드윈과 관련해선 다음 책 참조. Mark Philp (Hrsg.): *Political and Philosophical Writings of William Godwin, Routledge 1993. Zu Godwins Leben und Werk siehe* Helene Saitzeff: *William Godwin und die Anfänge des Anarchismus im XVIII. Jahrhundert. Ein Beitrag zur Geschichte des politischen*

Individualismus, Dissertation Universität Heidelberg 1907 (archive.org.); *Henry Noël Brailsford: Shelley, Godwin, and their Circle, J. J. Williams* 1919 *(archive.org.); Peter H. Marshall: William Godwin: Philosopher, Novelist, Revolutionary*, *Yale University Press 1984*. 오언의 작품은 다음과 같다. *Gregory Claeys (Hrsg.): Selected Works of Robert Owen*, Routledge 1993. Auf Deutsch liegen vor: Liane Jauch und Marie-Luise Römer (Hrsg.): *Robert Owen. Das soziale System*, Reclam 1988; Lola Zahn (Hrsg.): *Robert Owen. Eine neue Auffassung von der Gesellschaft. Ausgewählte Texte*, Akademie Verlag 1989. 오언의 삶과 작품에 대해선 다음 책 참조. Arthur Bestor: *Backwoods Utopias* (1950), University of Pennsylvania Press 1970, 2. Aufl.; Arthur Leslie Morton: *The Life and Ideas of Robert Owen* (1962), International Publishers 1978, 2. Aufl.; Sidney Pollard und *John Salt (Hrsg.): Robert Owen, Prophet of the Poor: Essays in Honor of the Two Hundredth Anniversary of His Birth, Bucknell University Press 1971*; Richard Tames: *Radicals, Railways & Reform*, B. T. Batsford Ltd. 1986; *David* Santilli: *Life of the Mill Man*, B. T. Batsford Ltd. 1987; Gregory Claeys: *Machinery, Money and the Millennium: From Moral Economy to Socialism, 1815-1860*, Princeton University Press 1987; ders.: *Citizens and Saints: Politics and Anti-Politics in Early British Socialism*, Cambridge University Press 1989; Ian L. Donnachie: *Robert Owen*, Tuckwell Press 2000; Ophélie Siméon: *Robert Owen's Experiment at New Lanark: From Paternalism to Socialism*, Palgrave Macmillan 2017, 2. Aufl.; Robert A. Davis und Frank J. O'Hagan: *Robert Owen*, A & C Black 2014, 2. Aufl. 톰프슨이 쓴 『인간 행복을 가장 촉진하는 부의 분배의 토대에 관한 연구』는 archive.org에서 확인할 수 있다. 여성 해방을 다룬 그의 책은 다음과 같다. Dolores Dooley (Hrsg.): *William Thompson: Appeal of One Half of the Human Race*, Cork University Press 1997. 톰프슨의 삶 및 작품과 관련해선 다음 책 참조. Richard Pankhurst: *William Thompson, 1775-1833: Pioneer Socialist*, Pluto Press 1991; Dolores Dooley: *Equality in Community: Sexual Equality in the Writings of William Thompson and Anna Doyle Wheeler*, Cork University Press 1996; Fintan Lane: *William Thompson, Class and His Irish context, 1775-1833*, in: ders. (Hrsg.): *Politics, Society and the Middle Class in Modern Ireland*, Palgrave Macmillan 2009. Siehe ferner Noel W. Thompson: *The People's Science: The Popular Political Economy of Exploitation and Crisis 1816-34*, Cambridge University Press 1984.

경험의 과학

밀의 전집은 다음과 같다. *Collected Works of John Stuart Mill*, 33 Bde., University of Toronto Press, Routledge and Kegan Paul 1963-1991 (vollständig in der Online Library of Liberty). 독일어로 번역된 밀의 주요 작품들은 다음과 같다. Ulrike Ackermann und Hans Jörg Schmidt (Hrsg.): *John Stuart Mill. Ausgewählte Werke*, 5 Bde., Murmann 2012-2016; Michael S. Aßländer, Dieter Birnbacher und Hans G. Nutzinger (Hrsg.): *John Stuart Mill. Schriften zur Politischen Ökonomie*, 5 Bde., Metropolis 2014-2016; Hubertus Buchstein (Hrsg.): *Liberale Gleichheit. Vermischte politische Schriften*, Akademie Verlag 2013; John Stuart Mill: *Autobiographie*, Meiner 2011. 밀의 삶과 작품에 대해선 다음 책 참조. Ralph Schumacher: *John Stuart Mill*, Campus 1994; Jürgen Gaulke: *John Stuart Mill*, Rowohlt 1996; Peter Rinderle: *John Stuart Mill*, C. H. Beck 2000; Erich W. Streissler (Hrsg.): *John Stuart Mill*, Duncker & Humblot 2002; Nicholas Capaldi: *John Stuart Mill: A Biography*, Cambridge University Press 2004; Peter Ulrich und Michael S. Aßländer (Hrsg.): *John Stuart Mill. Der vergessene politische Ökonom und Philosoph*, Haupt 2006; Richard Reeves: *John Stuart Mill: Victorian Firebrand*, Atlantic Books 2007; Dominique Künzel und Michael Schefczyk: *John Stuart Mill zur Einführung*, Junius 2009; Frauke Höntzsch: *Individuelle Freiheit zum Wohle Aller. Die soziale Dimension des Freiheitsbegriffs im Werk des John Stuart Mill*, VS Verlag 2010; dies.: (Hrsg.): *John Stuart Mill und der sozialliberale Staatsbegriff*, Steiner 2011; Hans G. Nutzinger u. a. (Hrsg.): *Ökonomie Nach-Denken. Zur Aktualität von John Stuart Mill*, Metropolis 2014; Simon Derpmann: *Mill. Einführung und Texte*, UTB 2014. 토크빌의 주요 작품은 다음과 같다. *Über die Demokratie in Amerika*, Reclam 1986. Siehe weiterhin ders.: *Kleine Politische Schriften*, Akademie Verlag 2006. 토크빌의 삶과 작품에 대해선 다음 책 참조. Jacob P. Mayer: *Alexis de Tocqueville. Analytiker des Massenzeitalters* (1954), C. H. Beck, 1972, 3. Aufl.; Karl Pisa: *Alexis de Tocqueville. Prophet des Massenzeitalters. Eine Biographie*, DVA 1984; André Jardin: *Alexis de Tocqueville. Leben und Werk*, Campus 1991; Karlfriedrich Herb und Oliver Hidalgo: *Alexis de Tocqueville*, Campus 2005; Hugh Brogan: *Alexis de Tocqueville: Prophet of Democracy in the Age of Revolution*, Profile Books 2006; Harald Bluhm und Skadi Krause (Hrsg.): *Alexis de Tocqueville. Analytiker der Demokratie*, Fink 2016; Skadi Krause: *Eine neue politische Wissenschaft für eine neue Welt. Alexis de Tocqueville im Spiegel seiner Zeit*, Suhrkamp 2017.

하나뿐인 진정한 공산주의

마르크스와 엥겔스의 전집 가운데 권위 있는 두 판본은 다음과 같다. *Marx-Engels-Werke* (MEW), 43 Bde., Dietz 1956-1990, und *Marx-Engels-Gesamtausgabe* (MEGA), Dietz/Akademie Verlag 1975ff. 마르크스의 삶에 대해선 다음 책 참조. Jürgen Neffe: *Marx. Der Unvollendete*, C. Bertelsmann 2017. Siehe weiterhin Auguste Cornu: *Karl Marx und Friedrich Engels. Leben und Werk*, 3 Bde., Aufbau

1954-1968; David McLellan: *Karl Marx. Leben und Werk*, Edition Praeger 1974; ders.: *Karl Marx*, Penguin 1976; Francis Wheen: *Karl Marx*, Bertelsmann 2001; Klaus Körner: *Karl Marx*, dtv 2008; Rolf Hosfeld: *Die Geister, die er rief. Eine neue Karl-Marx-Biografie*, Piper 2009; ders.: *Karl Marx in Selbstzeugnissen und Bild-dokumenten*, Rowohlt 2011, 2. Aufl.; Jonathan Sperber: *Karl Marx. Sein Leben und sein Jahrhundert*, C. H. Beck 2013; Gareth Stedman Jones: *Karl Marx. Die Biographie*, S. Fischer 2017; Wilfried Nippel: *Karl Marx*, C. H. Beck 2018. 마르크스에 관한 수많은 문헌 가운데 중요한 것은 다음과 같다. Louis Althusser: *Für Marx* (1965), Neuausgabe Suhrkamp 2011; Roman Rosdolsky: *Zur Entstehungsgeschichte des Marxschen »Kapital«*, 3 Bde., Europäische Verlagsanstalt 1973/1974; Wolfdietrich Schmied-Kowarzik: *Die Dialektik der gesellschaftlichen Praxis. Zur Genesis und Kernstruktur der Marxschen Theorie*, Alber 1981; Ernest Mandel: *Entstehung und Entwicklung der ökonomischen Lehre von Karl Marx*, Rowohlt 1983; Thomas T. Sekine: *The Dialectic of Capital: A Study of the Inner Logic of Capitalism*, 2 Bde., Brill Academic 2019, 2. Aufl.; Alfred Schmidt: *Der Begriff der Natur in der Lehre von Karl Marx*, Europäische Verlagsanstalt 1993, 4. Aufl.; Iring Fetscher: *Marx*, Herder 1999; Terry Eagleton: *Warum Marx recht hat*, Ullstein 2012; Michael Quante und David P. Schweikard (Hrsg.): *Marx-Handbuch. Leben-Werk-Wirkung*, J. B. Metzler 2015; Kurt Bayertz: *Interpretieren, um zu verändern. Karl Marx und seine Philosophie*, C. H. Beck 2018. 마르크스 사상의 현실적 의미에 대해서는 다음 책 참조. Mathias Greffrath (Hrsg.): *Re: Das Kapital Politische Ökonomie im 21*. Jahrhundert, Kunstmann 2017. 청년 마르크스에 대해서는 다음 책 참조. Michael Heinrich: *Karl Marx und die Geburt der modernen Gesellschaft. Biographie und Werkentwicklung. Bd. 1: 1818-1841*, Schmetterling 2018; Jan Gerber: *Karl Marx in Paris. Die Entdeckung des Kommunismus*, Piper 2018. 포이어바흐의 전집은 다음과 같다. Werner Schuffenhauer (Hrsg.): *Ludwig Feuerbach. Gesammelte Werke* (18 Bde. erschienen von 22 Bänden.), De Gruyter 1967ff. 개별 작품으로 출간된 것은 다음과 같다. Carlo Ascheri und Erich Thies (Hrsg.): *Ludwig Feuerbach. Vorlesungen über die Geschichte der neueren Philosophie von G. Bruno bis G. W. F. Hegel*, Wissenschaftliche Buchgesellschaft 1974; Walter Jaeschke und Werner Schuffenhauer (Hrsg.): *Ludwig Feuerbach, Entwürfe zu einer Neuen Philosophie*, Meiner 1996. 포이어바흐의 삶과 작품에 대해선 다음 책 참조. Werner Schuffenhauer: *Feuerbach und der junge Marx* (1965), Verlag der Wissenschaften 1972, 2. Aufl.; Hans-Jürg Braun: *Die Religionsphilosophie Ludwig Feuerbachs*, Frommann 1972; Alfred Schmidt: *Emanzipatorische Sinnlichkeit. Ludwig Feuerbachs anthropologischer Materialismus*, Hanser 1973; Marx W. Wartofsky: *Feuerbach*, Cambridge University Press 1977;

Hans-Martin Sass: *Ludwig Feuerbach in Selbstzeugnissen und Bilddokumenten* (1978), Rowohlt 1994, 2. Aufl.; Hans-Jürg Braun (Hrsg.): *Solidarität oder Egoismus. Studien zu einer Ethik bei und nach Ludwig Feuerbach*, Akademie Verlag 1994; Walter Jaeschke und Francesco Tomasoni (Hrsg.): *Ludwig Feuerbach und die Geschichte der Philosophie*, Akademie Verlag 1998; Christine Weckwerth: *Ludwig Feuerbach zur Einführung*, Junius 2002; Josef Winiger: *Ludwig Feuerbach, Denker der Menschlichkeit*, Lambert Schneider 2011; Francesco Tomasoni: *Ludwig Feuerbach. Entstehung, Entwicklung und Bedeutung seines Werks*, Waxmann 2015. 시대사적인 배경에 대해선 다음 책 참조. Klaus von Beyme: *Politische Theorien im Zeitalter der Ideologien*, Westdeutscher Verlag 2002. 공산주의 이념사에 대해선 다음 책 참조. Gerd Koenen: *Die Farbe Rot. Ursprünge und Geschichte des Kommunismus*, C. H. Beck 2017; Patrick Eiden-Offe: *Die Poesie der Klasse. Romantischer Antikapitalismus und die Erfindung des Proletariats*, Matthes & Seitz 2017. 19세기 중반 생시몽주의자들의 활동에 대해선 다음 책 참조. Pamela M. Pilbeam: *Saint-Simonians in Nineteenth-Century France: From Free Love to Algeria*, Springer 2014. 카베와 관련해서 권위 있는 참고 문헌은 다음과 같다. Jules Prudhommeaux: *Icarie et son fondateur Etienne Cabet* (1907), Neudruck Slatkine-Megariotis Reprints 1977.

생존을 위한 계급 투쟁

스미스 이론에 대한 다윈의 수용과 변형에 대해선 다음 책 참조. Stephen Jay Gould: *Darwins Mittelweg*, in: ders.: *Der Daumen des Panda*, Birkhäuser 1987, S. 61-71; Scott Gordon: *Darwin and Political Economy: The Connection Reconsidered*, in: *Journal of the History of Biology*, Bd. 22, Nr. 3, 1989, S. 437-459. 스펜서의 『종합 철학 체계』는 다음 인터넷 사이트에 올라와 있다. http://praxeology.net/HS-SP.htm. 스펜서의 삶과 작품에 대해선 다음 책 참조. David Duncan: *The Life and Letters of Herbert Spencer* (1909), 2 Bde., Neudruck University Press of the Pacific 2002; Ronald F. Cooney: *Herbert Spencer: Apostle of Liberty*, Freeman 1973; *Jonathan H. Turner: Herbert Spencer: A Renewed Appreciation, Sage Publications 1985*; John Offer: *Herbert Spencer: Critical Assessments*, Routledge 2004; Mark Francis: *Herbert Spencer and the Invention of Modern Life*, Acumen Publishing 2007. 생물학적 모델의 철학적 전이와 관련해서는 다음 책 참조. Ute Deichmann: *Darwinism, Philosophy, and Experimental Biology*, Springer 2010. 바쿠닌의 작품으로는 다음과 같은 것들이 있다(전집 형태는 아니다). Wolfgang Eckhardt (Hrsg.): *Ausgewählte Schriften*, Bd. 1-6 (von ursprünglich geplanten 12 Bänden), Karin Kramer Verlag 1995-2011. 전집으로 나온 것은 프랑스판이다. Bakounine: *Œuvres completes* (CD-ROM), Edita-KNAW 2000. 그 밖에 바쿠닌에 대해선 다음 책 참조. Wolfgang Eckhardt (Hrsg.): *Michail Bakunin. Die revolutionäre Frage. Föderalismus, Sozialismus, Antitheologismus*, Unrast 2005. 바쿠닌의 삶과 작품에 대해선 다음 책 참조. Justus Franz Wittkop: *Michail A. Bakunin in Selbstzeugnissen und Bilddokumenten*, Rowohlt 1974; Fritz Brupbacher: *Michael Bakunin. Der Satan der Revolte*, Libertad 1979; Wim van Dooren: *Bakunin zur Einführung*, Junius 1985; Madeleine Grawitz: *Bakunin. Ein Leben für die Freiheit*, Edition Nautilus 1999; Wolfgang Eckhardt: *Von der Dresdner Mairevolution zur Ersten Internationale. Untersuchungen zu Leben und Werk Michail Ba-kunins*, Edition AV 2005; ders.: *Bakunin vs. Marx. Russland und andere Konfliktthemen in der Internationalen Arbeiterassoziation*, in: Beiträge zur Marx-Engels-Forschung, Neue Folge 2012, Argument 2014; Michael Lausberg: *Bakunins Philosophie des kollektiven Anarchismus*, Unrast 2008.

철학을 어디에 쓸까?

유물론 논쟁과 이그노라비무스 논쟁에 대해선 다음 책 참조. Kurt Bayertz, Walter Jaeschke und Myriam Gerhard (Hrsg.): *Der Darwinismus-Streit, Der Materialismus-Streit, Der Ignorabimus-Streit*, 3 Bde., Meiner 2012. 다음 책들도 살펴보기 바란다. Frederick Gregory: *Scientific Materialism in Nineteenth Century Germany*, Reidel 1977; Annette Wittkau-Horgby: *Materialismus. Entstehung und Wirkung in den Wissenschaften des 19. Jahrhunderts*, Vandenhoeck & Ruprecht 1998; Andreas Arndt und Walter Jaeschke (Hrsg.): *Materialismus und Spiritualismus. Philosophie und Wissenschaften nach 1848*, Meiner 2000; Steffen Haßlauer: *Polemik und Argumentation in der Wissenschaft des 19. Jahrhunderts. Eine pragmalinguistische Untersuchung der Auseinandersetzung zwischen Carl Vogt und Rudolph Wagner um die »Seele«*, De Gruyter 2010. 하르트만의 작품은 다음과 같다. *Die Philosophie des Unbewussten*, CreateSpace 2014. 이 작품은 인터넷 사이트 zeno.org에서도 찾을 수 있다. 하르트만의 삶과 작품에 대해선 다음 책 참조. Jean-Claude Wolf: *Eduard von Hartmann. Ein Philosoph der Gründerzeit*, Königshausen & Neumann; ders. (Hrsg.): *Eduard von Hartmann. Zeitgenosse und Gegenspieler Nietzsches*, Königshausen & Neumann 2006. 트렌델렌부르크의 『논리적 연구』는 구글 북스에서 찾을 수 있다. 트렌델렌부르크의 삶과 작품에 대해선 다음 책 참조. Gerald Hartung und Klaus Christian Köhnke (Hrsg.): *Friedrich Adolf Trendelenburgs Wirkung*. Eutiner Landesbibliothek 2006; Frederick C. Beiser: *Late German Idealism: Trendelenburg and Lotze*, Oxford University Press 2013. 로체의 『소우주』 판본은 다음과 같다. Nikolay Milkov (Hrsg.): *Hermann Rudolf Lotze. Mikrokosmos. Ideen zur Naturgeschichte und Geschichte der Menschheit*, 3 Bde., Meiner 2017. 출간된 다른 작품은 다음과 같다. Gottfried Gabriel (Hrsg.): *Hermann Lotze. Logik. Erstes Buch.*

Vom Denken, Meiner 1989; ders. (Hrsg.): *Hermann Lotze. Logik. Drittes Buch. Vom Erkennen*, Meiner 1989. 로체의 삶과 작품에 대해서는 다음 책 참조. Reinhardt Pester: *Hermann Lotze. Wege seines Denkens und Forschens. Ein Kapitel deutscher Philosophie-und Wissenschaftsgeschichte im 19. Jahrhundert*, Königshausen & Neumann 1997; Florian Baab: *Die kleine Welt. Hermann Lotzes Mikrokosmos: Die Anfänge der Philosophie des Geistes im Kontext des Materialismusstreits*, Meiner 2018. 딜타이의 작품은 다음과 같다. *Gesammelte Schriften* (GS), 26 Bde., Vandenhoeck & Ruprecht 1957-2006. 온라인으로는 다음 작품을 접할 수 있다. *Einleitung in die Geisteswissenschaften. Versuch einer Grundlegung für das Studium der Gesellschaft und der Geschichte*, Bd. 1. (1883) auf Digitalisat. 딜타이의 삶과 작품에 대해선 다음 작품 참조. Hans-Ulrich Lessing: *Die Idee einer Kritik der historischen Vernunft. Wilhelm Diltheys erkenntnistheoretisch-logisch-methodologische Grundlegung der Geisteswissenschaften*, Alber 1984; ders.: *Wilhelm Dilthey. Eine Einführung*, UTB 2011; ders. und Frithjof Rodi (Hrsg.): *Materialien zur Philosophie Wilhelm Diltheys*, Suhrkamp 1983; Matthias Jung: *Dilthey zur Einführung* (1996), Junius 2014, 2. Aufl.; Rudolf A. Makkreel: *Dilthey. Philosoph der Geisteswissenschaften*, Suhrkamp 2002; Frithjof Rodi und Gudrun Kühne-Bertram (Hrsg.): *Dilthey und die hermeneutische Wende in der Philosophie*, Vandenhoeck & Ruprecht 2008; Frithjof Rodi: *Diltheys Philosophie des Lebenszusammenhangs. Strukturtheorie- Hermeneutik-Anthropologie*, Alber 2016; Giuseppe D'Anna, Helmut Johach und Eric S. Nelson (Hrsg.): *Anthropologie und Geschichte. Studien zu Wilhelm Dilthey aus Anlass seines 100. Todestages*, Königshausen & Neumann 2013; Gunter Scholtz (Hrsg.): *Diltheys Werk und die Wissenschaften. Neue Aspekte*, Vandenhoeck & Ruprecht 2013; Eric S. Nelson (Hrsg.): *Interpreting Dilthey: Critical Essays*, Cambridge University Press 2019.

다시 칸트로!

랑게의 대표작은 다음과 같다. *Geschichte des Materialismus*, Zenodot 2011. 코헨의 작품은 다음과 같다. *Werke*, Olms 1977 ff. 신칸트학파에 대해선 다음 책들이 대표적이다. Klaus Christian Köhnke: *Entstehung und Aufstieg des Neukantianismus. Die deutsche Universitätsphilosophie zwischen Idealismus und Positivismus*, Suhrkamp 1986. 또 다른 책들도 참조하기 바란다. Hans-Ludwig Ollig: *Der Neukantianismus*, J. P. Metzler 1979; Werner Flach und Helmut Holzhey: *Erkenntnistheorie und Logik im Neukantianismus*, Gerstenberg 1979; Ferdinand Fellmann (Hrsg.): *Geschichte der Philosophie im 19. Jahrhundert*, Rowohlt 1996; Manfred Pascher: *Einführung in den Neukantianismus. Kontext, Grundpositionen, praktische Philoso-*

phie, Fink 1997; Marion Heinz und Christian Krijnen (Hrsg.): *Kant im Neukantianismus. Fortschritt oder Rückschritt? Studien und Materialien zum Neukantianismus*, Königshausen & Neumann 2007; Nicolas de Warren und Andrea Staiti (Hrsg.): *New Approaches to Neo-Kantianism*, Cambridge University Press 2015. 마르부르크학파에 대해서는 다음 책 참조. Helmut Holzhey: *Cohen und Natorp*, 2 Bde., Schwabe 1986; Geert Edel: *Von der Vernunftkritik zur Erkenntnislogik. Die Entwicklung der theoretischen Philosophie Hermann Cohens* (1988), Neuauflage Edition Gorz 2010; Ulrich Sieg: *Aufstieg und Niedergang des Marburger Neukantianismus. Die Geschichte einer philosophischen Schulgemeinschaft*, Königshausen & Neumann 1994; Wolfgang Marx und Ernst Wolfgang Orth (Hrsg.): *Hermann Cohen und die Erkenntnistheorie*, Königshausen & Neumann 2001; Frederick C. Beiser: *Hermann Cohen: An Intellectual Biography*, Oxford University Press 2018. 서남독일학파에 대해서는 다음 문헌 참조. Eike Bohlken: *Grundlage einer interkulturellen Ethik. Perspektiven der transzendentalen Kulturphilosophie Heinrich Rickerts*, Königshausen & Neumann 2000; Christian Krijnen: *Nachmetaphysischer Sinn. Eine problemgeschichtliche und systematische Studie zu den Prinzipien der Wertphilosophie Heinrich Rickerts*, Königshausen & Neumann 2001; Anna Donise, Antonello Giugliano und Edoardo Massimilla (Hrsg.): *Methodologie, Erkenntnistheorie, Wertphilosophie. Heinrich Rickert und seine Zeit*, Königshausen & Neumann 2016.

세기 전환기 철학

삶의 의미

니체의 권위 있는 판본은 다음과 같다. Giorgio Colli und Mazzino Montinari (Hrsg.): *Friedrich Nietzsche. Werke, Kritische Gesamtausgabe* (KGW), De Gruyter 1967ff.; dies. (Hrsg.): *Friedrich Nietzsche. Briefe*, Kritische Gesamtausgabe (KGB), De Gruyter 1975–2004; dies. (Hrsg.): *Friedrich Nietzsche. Sämtliche Werke*, Kritische Studienausgabe in 15 Bänden (KSA), De Gruyter 2009, 3. Aufl.; dies. (Hrsg.): *Friedrich Nietzsche. Sämtliche Briefe*, Kritische Studienausgabe (KSB), De Gruyter 1986. 니체의 삶에 대해서는 다음 책 참조. Ivo Frenzel: *Friedrich Nietzsche in Selbstzeugnissen und Bilddokumenten*, Rowohlt 2000, 7. Aufl.; Curt Paul Janz: *Friedrich Nietzsche. Biographie*, 3 Bde., Hanser 1978/1979; Werner Ross: *Der ängstliche Adler. Friedrich Nietzsches Leben*, DVA 1980; ders.: *Der wilde Nietzsche oder Die Rückkehr des Dionysos*, DVA 1994; Hermann Josef Schmidt: *Nietzsche absconditus oder Spurenlesen bei Nietzsche*, 4 Bde., IBDK 1991–1994; Rüdiger Safranski: *Nietzsche. Biographie seines Denkens*, Hanser 2000; Henning Ottmann (Hrsg.): *Nietzsche-Handbuch: Leben-Werk-Wirkung*, J. P Metzler 2000; Sabine Appel: *Friedrich Nietzsche. Wanderer und freier Geist. Eine Biographie*, C. H. Beck 2011; Daniel Blue: *The Making of Friedrich Nietzsche: The Quest for Identity, 1844-1869*, Cambridge University Press 2016. 니체의 작품에 대해서는 다음 책 참조. Eugen Fink: *Nietzsches Philosophie*, Kohlhammer 1960; Wolfgang Müller-Lauter: *Nietzsche. Seine Philosophie der Gegensätze und die Gegensätze seiner Philosophie*, De Gruyter 1971; Walter Arnold Kaufmann: *Nietzsche: Philosoph-Psychologe-Antichrist*, Wissenschaftliche Buchgesellschaft 1988; Maudemarie Clark: *Nietzsche on Truth and Philosophy*, Cambridge University Press 1990; Mazzino Montinari: *Friedrich Nietzsche. Eine Einführung*, De Gruyter 1991; Gianni Vattimo: *Nietzsche. Eine Einführung*, J. P. Metzler 1992; Volker Gerhardt: *Friedrich Nietzsche* (1992), C. H. Beck 2006, 4. Aufl.; Günter Abel: *Nietzsche. Die Dynamik der Willen zur Macht und die ewige Wiederkehr*, De Gruyter 1998, 2. Aufl.; Günter Figal: *Nietzsche. Eine philosophische Einführung*, Reclam 1999; Werner Stegmaier: F*riedrich Nietzsche zur Einführung*, Junius 2011; Barbara Neymeyr und Andreas Urs Sommer (Hrsg.): *Nietzsche als Philosoph der Moderne*, Universitätsverlag Winter 2012; Manuel Knoll und Barry Stocker (Hrsg.): *Nietzsche as Political Philosopher*, De Gruyter 2014.

진화와 윤리학

크로폿킨의 작품은 다음과 같다. *Landwirtschaft, Industrie und Handwerk*, Karin Kramer Verlag 1976; ders.: *Die Eroberung des Brotes*, Edition Anares 1989; ders.: *Gegenseitige Hilfe in der Tier-und Menschenwelt*, Trotzdem 1993; ders.: *Die Große Französische Revolution 1789-1793*, Trotzdem 1999; ders.: *Memoiren eines Revolutionärs*, 2 Bde., Unrast 2002; ders.: *Ethik. Ursprung und Entwicklung der Sitten* (unvollendet), Alibri 2012. 온라인으로 다음 작품들에 접근할 수 있다. *Die historische Rolle des Staates*, Adolf Grunau 1898 (Digitalisat); ders.: *Anarchistische Moral*, Freie Jugend 1922 (Digitalisat). 크로폿킨의 삶과 작품에 대해서는 다음 책 참조. George Woodcock und Ivan Avakumovic: *The Anarchist Prince*, T. V. Boardman & Co. 1950; Heinz Hug: *Kropotkin zur Einführung*, Junius 1989; Alexander Bolz (Hrsg.): *Pjotr Alexejewitsch Kropotkin. Ein autobiographisches Portrait 1842-1921*, AL.BE.CH.-Verlag 2003; Justin Winkle (Hrsg.): K*ropotkin, Petr Alexseyevich: The Concise New Makers of Modern Culture*, Taylor & Francis 2009; Michael Lausberg: *Kropotkins Philosophie des kommunistischen Anarchismus*, Unrast 2016. 진화의 해석에 대해서는 다음 문헌 참조. Daniel Philip Todes: *Darwin Without Malthus: The*

Struggle for Existence in Russian Evolutionary Thought, Oxford University Press 1989. 무정부주의에 대해서는 다음 책 참조. Max Nettlau: *Geschichte der Anarchie*, 9 Bde. (1927), Neudruck: Bibliothek Théleme 1993; *Peter Marshall: Demanding the Impossible: A History of Anarchism,* PM Press 2009. 자연법칙성, 변증법적 역사 철학, 사회주의 윤리학에 관한 논쟁은 다음 문헌들 참조. Helmut Holzhey (Hrsg.): *Ethischer Sozialismus. Zur politischen Philosophie des Neukantianismus*, Suhrkamp 1994. Die *Ethik des reinen Willens liegt* vor in Hermann Cohen: *Werke*, Bd. 7. (2. Aufl. 1907), (Neudruck) Olms 2012. 웨스터마크의 대표작 『도덕 이념의 기원과 발전』은 archive.org에서 찾을 수 있다. 웨스터마크의 삶과 작품에 대해선 다음 책 참조. Juhani Ihanus: *Multiple Origins: Edward Westermarck in Search of Mankind*, Lang 1999.

나는 누구인가?

마흐의 중요한 저작들은 온라인에서 찾아볼 수 있다(Princeton, e-rara.ch). *Die Geschichte und die Wurzel des Satzes der Erhaltung der Arbeit* (1872) unter Princeton, e-rara.ch. archive.org에 있는 작품들은 다음과 같다. *Grundlinien der Lehre von den Bewegungsempfindungen* (1875); ders.: *Die Mechanik in ihrer Entwickelung historisch-kritisch dargestellt* (1883); ders.: *Beiträge zur Analyse der Empfindungen* (1886); ders.: *Die Analyse der Empfindungen und das Verhältniss des Physischen zum Psychischen* (1900); ders.: *Populär-wissenschaftliche Vorlesungen* (1896); ders.: *Die Principien der Wärmelehre. Historisch-kritisch entwickelt* (1896); ders.: *Erkenntnis und Irrtum. Skizzen zur Psychologie der Forschung* (1905); ders.: *Die Prinzipien der physikalischen Optik. Historisch und erkenntnispsychologisch entwickelt* (1921). 마흐의 삶과 작품에 대해선 다음 문헌 참조. John T. Blackmore: *Ernst Mach: His Life, Work, and Influence*, University of California Press 1972; John T. Blackmore und Klaus Hentschel (Hrsg.): *Ernst Mach als Außenseiter. Machs Briefwechsel über Philosophie und Relativitätstheorie mit Persönlichkeiten seiner Zeit. Auszug aus dem letzten Notizbuch von Ernst Mach*, Braumüller 1985; John T. Blackmore (Hrsg.): *Ernst Mach a Deeper Look*, Kluwer Academic Publishers 1992: Rudolf Haller und Friedrich Stadler (Hrsg.): *Ernst Mach. Werk und Wirkung*. Hölder-Pichler-Tempsky 1988; Erik C. Banks: *Ernst Mach's World Elements: A Study in Natural Philosophy*, Springer 2003; Jiřří Procházka: *Ernst Mach. 1838-1916. Genealogie*, 2 Bde., Item 2007-2009; ders.: *Ernst Mach. 1838-1916. Curriculum vitae*, Item 2014. 〈자아〉의 말소와 관련해서는 다음 책 참조. Ulrich Schmitz: *Das problematische Ich. Machs Egologie im Vergleich zu Husserl*, Königshausen & Neumann 2004. 빈의 현대 철학에 대해서는 다음 책 참조. Anna-Katharina Gisbertz: *Stimmung-Leib-Sprache. Eine*

Konfiguration in der Wiener Moderne, Fink 2009. 마흐에 대한 레닌의 비판은 다음 책 참조. *Materialismus und Empiriokritizismus*, in: ders.: *Werke*, Bd. 14, Dietz 1956-1972 (als PDF online). 무질의 마흐 이론에 관한 박사 논문은 다음과 같다. *Beitrag zur Beurteilung der Lehren Machs und Studien zur Technik und Psychotechnik*, Rowohlt 1980. 아베나리우스에 관한 문헌은 archive.org에서 찾아볼 수 있다. *Philosophie als Denken der Welt gemäß dem Prinzip des kleinsten Kraftmaßes. Prolegomena zu einer Kritik der reinen Erfahrung* (1876); ders.: *Kritik der reinen Erfahrung*, 2 Bde. (1888/1890); ders.: *Der menschliche Weltbegriff* (1891). Siehe zudem Hermann Schmitz (Hrsg.): *Richard Avenarius. Der menschliche Weltbegriff*, Xenomoi 2014. 아베나리우스의 삶과 작품에 대해선 다음 문헌 참조. Oskar Ewald: *Richard Avenarius als Begründer des Empiriokritizismus* (1905), (archive.org.); Arnold William Friedrich Carstanjen: *Richard Avenarius and His General Theory of Knowledge,* CreateSpace (Perfect Library) 2015. 분트의 작품들은 지금도 서점에서 구입할 수 있다. *Grundriss der Psychologie,* e-artnow 2017; ders.: *System der Philosophie*, Adamant 2001; ders.: *Erlebtes und Erkanntes*, CreateSpace 2013; online einsehbar sind ders.: *Grund-züge der physiologischen Psychologie* (1873) bei der UB Regensburg. 분트의 삶과 작품에 대해서는 다음 책 참조. Alfred Arnold: *Wilhelm Wundt. Sein philosophisches System*, Akademie Verlag 1980; Wolfgang G. Bringmann und Ryan D. Tweney (Hrsg.): *Wundt Studies*, Hogrefe 1980; Georg Lamberti: *Wilhelm Maximilian Wundt* (1832-1920): *Leben, Werk und Persönlichkeit in Bildern und Texten*, Deutscher Psychologen Verlag 1995; Robert W. Rieber und David K. Robinson (Hrsg.): *Wilhelm Wundt in History: The Making of a Scientific Psychology*, Kluwer-Academic 2001, 2. Aufl.; Maximilian Wontorra, Annerose Meischner-Metge und Erich Schröger (Hrsg.): *Wilhelm Wundt (1832-1920) und die Anfänge der experimentellen Psychologie*, Universität Leipzig 2004; Gerd Jüttemann (Hrsg.): *Wilhelm Wundts anderes Erbe. Ein Missverständnis löst sich auf*, Vandenhoeck & Ruprecht 2006; Saulo de Freitas Araujo: *Wundt and the Philosophical Foundations of Psychology: A Reappraisal*, Springer 2016: Jochen Fahrenberg: *Wilhelm Wundt (1832-1920). Gesamtwerk: Einführung, Zitate, Rezeption, Kommentare, Rekonstruktionsversuche*, Pabst Science Publishers 2018; Oswald Passkönig: *Die Psychologie Wilhelm Wundt; Zusammenfassende Darstellung der Individual-, Tier- und Völkerpsychologie*, Wentworth 2018. 브렌타노의 심리학 주저는 다음과 같다. Oskar Kraus (Hrsg.): *Franz Brentano. Psychologie vom empirischen Standpunkt*, 3 Bde., Meiner 1971-1974, 2. Aufl.; Roderick M. Chisholm und Wilhelm Baumgartner (Hrsg.): *Franz Brentano. Deskriptive Psychologie*, Meiner 1982. Siehe ferner Roderick M. Chisholm und Reinhard Fabian (Hrsg.): *Franz Brentano. Unter-*

suchungen zur Sinnesphysiologie, Meiner 1979, 2. Aufl. 브렌타노에 관한 참고 문헌으로는 다음 책들이 있다. Wilhelm Baumgartner und Andrea Reimherr (Hrsg.): *Brentano Studien*, Röll 1988 ff. (bisher 15 Bde. erschienen). 립스의 작품은 다음과 같다. Faustino Fabbianelli (Hrsg.): *Theodor Lipps. Schriften zur Psychologie und Erkenntnistheorie*, 4 Bde., Ergon 2013. 후설의 작품은 다음과 같다. *Husserliana: Edmund Husserl. Gesammelte Werke* (bisher 42 Bde.), Nijhoff/Springer 1950/2008ff. 후설의 『논리적 연구』의 판본은 다음과 같다. Verena Mayer (Hrsg.): *Edmund Husserl. Logische Untersuchungen*, Akademie Verlag 2008. 후설의 삶과 작품에 대해서는 다음 문헌 참조. Karl Schuhmann: *Husserl-Chronik*, Number I in *Husserliana Dokumente*, Nijhoff 1977; Rudolf Bernet, Iso Kern und Eduard Marbach: *Edmund Husserl. Darstellung seines Denkens*, Meiner 1989; Barry Smith und David Woodruff Smith (Hrsg.): *The Cambridge Companion to Husserl*, Cambridge University Press 1995; David Woodruff Smith: *Husserl*, Abingdon 2007; Peter Prechtl: *Edmund Husserl zur Einführung*, Junius 2012, 5. Aufl.; Verena Mayer: *Edmund Husserl*, C. H. Beck 2009; Javier Yusef Álvarez-Vázquez: *Frühentwicklungsgeschichte der phänomenologischen Reduktion. Untersuchungen zur erkenntnistheoretischen Phänomenologie Edmund Husserls*, FreiDok 2010. 프로이트의 전집은 다음과 같다. Anna Freud (Hrsg.): *Sigmund Freud. Gesammelte Werke. Chronologisch geordnet*, 17 Bde., dazu ein Registerband (Bd. 18) und ein Band mit Nachträgen (Bd. 19), S. Fischer 1999. 프로이트와 관련해서는 다음의 참고 문헌이 있다. Ernest Jones: *Sigmund Freud. Leben und Werk*, 3 Bde., dtv 1984; Hans-Martin Lohmann: *Sigmund Freud*, Rowohlt 2006; Peter-André Alt: *Sigmund Freud. Der Arzt der Moderne. Eine Biographie*, C. H. Beck 2016; Andreas Mayer: Sigmund Freud zur Einführung, Junius 2017; Joel Whitebook: *Freud. Sein Leben und Denken*, Klett-Cotta 2018.

명료함을 찾아서

퍼스의 저작들은 다음과 같다. *Collected Papers of Charles Sanders Peirce*, Bd. I-VI, 1931-1935; Bd. VII-VIII 1958, Harvard University Press 1931-1958 (online unter https://colorysemiotica.files.wordpress.com/2014/08/peirce-collectedpapers.pdf). 퍼스의 삶과 작품에 대해서는 다음 책 참조. Karl-Otto Apel (Hrsg.): *Charles S. Peirce. Schriften zum Pragmatismus und Prag-matizismus*, Suhrkamp 1976 (enthält: *Zur Entstehung des Pragmatismus und Vom Pragmatismus zum Pragmatizismus*); Klaus Oehler (Hrsg.): *Charles S. Peirce. Über die Klarheit unserer Gedanken*, Klostermann 2018; Elisabeth Walther-Bense (Hrsg.): *Die Festigung der Überzeugung und andere Schriften*, agis 1986; dies. (Hrsg.): *Charles Sanders Peirce. Vorlesungen über Pragmatismus*, Meiner 1991; Helmut Pape (Hrsg.): *Charles S. Peirce.*

Phänomen und Logik der Zeichen, Suhrkamp 1993; ders. (Hrsg.): *Charles S. Peirce. Naturordnung und Zeichenprozeß. Schriften über Semiotik und Naturphilosophie*, Suhrkamp 1998; Hermann Deuser (Hrsg.): *Charles Sanders Peirce. Religionsphilosophische Schriften*, Meiner 1995; Christian Kloesel und Helmut Pape (Hrsg.): *Charles S. Peirce. Semiotische Schriften*, 3 Bde., Suhrkamp 2000; Kenneth Laine Ketner (Hrsg.): *Charles S. Peirce. Das Denken und die Logik des Universums. Die Vorlesungen der Cambridge Conferences von 1898. Mit einem Anhang unveröffentlichter Manuskripte*, Suhrkamp 2002. Zu Peirces Leben und Werk siehe Karl-Otto Apel: *Der Denkweg von Charles Sanders Peirce. Eine Einführung in den amerikanischen Pragmatismus*, Suhrkamp 1975; Elisabeth Walther: *Charles Sanders Peirce. Leben und Werk*, agis 1989; Ludwig Nagl: *Charles Sanders Peirce*, Campus 1992; Klaus Oehler: *Charles Sanders Peirce*, C. H. Beck 1993; Joseph Brent: *Charles Sanders Peirce: A Life*, Indiana University Press 1998; Helmut Pape: *Charles S. Peirce zur Einführung*, Junius 2004; Farid Lighvani: *Die Bedeutung von Charles Sanders Peirce für den amerikanischen Pragmatismus*, Kovac 2007. 〈형이상학 클럽〉에 관한 참고 문헌은 다음과 같다. Louis Menand: *The Metaphysical Club*, Farrar, Straus and Giroux 2001; 퍼스의 범주론과 관련해서는 다음과 같은 책이 있다. Ulrich Baltzer: *Erkenntnis als Relationengeflecht. Kategorien bei Charles S. Peirce*, Schöningh 1994. 논리학에 대해서는 다음 책 참조. Ansgar Richter: *Der Begriff der Abduktion bei Charles S. Peirce*, Lang 1995; Friedrich Kuhn: *Ein anderes Bild des Pragmatismus. Wahrscheinlichkeitstheorie und Begründung der Induktion als maßgebliche Einflußgrößen in den »Illustrations of the Lo-gic of Science« von Charles Sanders Peirce*, Klostermann 1996; Ralf Müller: *Die dynamische Logik des Erkennens bei Charles S. Peirce*, Königshausen & Neumann 1999. 퍼스 작품 속의 진화론적 사유에 대해서는 다음 책 참조. *Carl R. Hausman: Charles S. Peirce's Evolutionary Philosophy*, Cambridge University Press 1993; 기호학에 대해서는 다음 문헌 참조. Gerhard Schönrich: *Zeichenhandeln. Untersuchungen zum Begriff einer semiotischen Vernunft im Ausgang von Ch. S. Peirce*, Suhrkamp 1990; James Jakób Liszka: *A General Introduction to the Semeiotic of Charles Sanders Peirce*, Indiana University Press 1996; Uwe Wirth (Hrsg.): *Die Welt als Zeichen und Hypothese. Perspektiven des semiotischen Pragmatismus von Charles S. Peirce*, Suhrkamp 2000; Stefan Kappner: *Intentionalität aus semiotischer Sicht. Peirceanische Perspektiven*, De Gruyter 2004.

문제 해결은 삶에 있다

제임스의 작품은 다음과 같다. *The Works of William James*, 17 Bde., Harvard University Press 1975-1988. Auf Deutsch erschienen ders.: *Der Pragmatismus*, Meiner

1994; ders.: *Die Vielfalt religiöser Erfahrung. Eine Studie über die menschliche Natur*, Insel 1997; ders.: *Der Wille zum Glauben und andere philosophische Essays von William James*, Frommann 1999; ders.: *Pragmatismus. Ein neuer Name für einige alte Denkweisen*, Wissenschaftliche Buchgesellschaft 2001, 2. Aufl.; ders.: *Der Wille zum Glauben*, in: Ekkehard Martens (Hrsg.): *Philosophie des Pragmatismus. Ausgewählte Texte*, Reclam 2002; ders.: *Pragmatismus und radikaler Empirismus*, Suhrkamp 2006; ders.: *Das pluralistische Universum. Vorlesungen über die gegenwärtige Lage der Philosophie*, Wissenschaftliche Buchgesellschaft 2009; ders.: *Der Sinn des Lebens. Ausgewählte Texte*, Wissenschaftliche Buchgesellschaft 2010. Im Auszug online ist ders.: *Psychologie* (gleichsatz.de.) 제임스의 삶과 작품에 대해서는 다음 문헌 참고. Johannes Linschoten: *Auf dem Wege zu einer Phänomenologischen Psychologie. Die Psychologie von William James*, De Gruyter 1961; Robert B. MacLeod: *William James: Unfinished Business*, American Psychological Association 1969; Gerald E. Myers: *William James, His Life and Thought*, Yale University Press 1986; Rainer Diaz-Bone und Klaus Schubert: *William James zur Einführung*, Junius 1996; Richard M. Gale: *The Divided Self of William James*, Cambridge University Press 1999; Helmut Pape: *Der dramatische Reichtum der konkreten Welt. Der Ursprung des Pragmatismus im Denken von Charles S. Peirce und William James*, Velbrück Wissenschaft 2002; Felicitas Krämer: *Erfahrungsvielfalt und Wirklichkeit. Zu William James' Realitätsverständnis*, Vandenhoeck & Ruprecht 2006; Deborah Blum: *Ghost Hunters: William James and the Search for Scientific Proof of Life*, Penguin 2007; Katja Thörner: *William James' Konzept eines vernünftigen Glaubens auf der Grundlage religiöser Erfahrung*, Kohlhammer 2011. 실러의 작품 『스핑크스의 비밀』은 archive.org에서 찾을 수 있다. 실러의 삶과 작품에 대해서는 다음 책 참조. Mark J. Porrovecchio: *F. C. S. Schiller and the Dawn of Pragmatism: The Rhetoric of a Philosophical Rebel*, Lexington Books 2011; Guido Karl Tamponi: *Homo homini summum bonum. Der zweifache Humanismus des F. C. S. Schiller*, Lang 2016. 쿨리에 대해서는 다음 책 참조. Lewis A. Coser: *Masters of Sociological Thought: Ideas in Historical and Social Context*, Harcourt Brace Jovanovich 1971; Rainer Schützeichel: *Cooley, Mead und die symbolische Interaktion*, in ders.: *Soziologische Kommunikationstheorien*, UTB 2016, 2. Aufl.; *Doug Mann: Understanding Society: A Survey of Modern Social Theory*, Oxford University Press 2008. 미드의 작품들은 https://brocku.ca/Mead-Project에서 거의 대부분 찾을 수 있다. 독일어판은 다음과 같다. *Geist, Identität und Gesellschaft aus der Sicht des Sozialbehaviorismus*, Suhrkamp 1968; Anselm Strauss (Hrsg.): *George Herbert Mead. Sozialpsychologie*, Luchterhand 1969; Hansfried Kellner (Hrsg.): *G. H. Mead. Philoso-*

phie der Sozialität. Aufsätze zur Erkenntnisanth-ropologie, Suhrkamp 1969; George Herbert Mead: *Gesammelte Aufsätze*, 2 Bde., Suhrkamp 1980-1983. 미드의 삶과 작품에 대해서는 다음 책 참조. Hans Joas: *Praktische Intersubjektivität. Die Entwicklung des Werkes von George Herbert Mead* (1989), Suhrkamp 2000, 2. Aufl.; Harald Wenzel: *George Herbert Mead zur Einführung*, Junius 1990; Filipe Carreira Da Silva: *G. H. Mead: A Critical Introduction*, Polity 2007. 이 책에서 다룬 듀이의 초기 단계와 관련해선 다음 책 참조. John Dewey: *Demokratie und Erziehung. Eine Einleitung in die philosophische Pädagogik* (1930), Neudruck Beltz 2000; ders.: *Pädagogische Aufsätze und Abhandlungen* (1900-1944), Pestalozzianum 2002; ders.: *Liberalismus und gesellschaftliches Handeln. Gesammelte Aufsätze 1888 bis 1937*, Mohr Siebeck 2010. 듀이의 삶과 작품에 대해선 다음 문헌 참고. George Dykhuizen: *The Life and Mind of John Dewey*, Southern Illinois University Press 1974; Hans Joas (Hrsg.): *Philosophie der Demokratie. Beiträge zum Werk von John Dewey*, Suhrkamp 2000; Martin Suhr: *John Dewey zur Einführung*, Junius 2005; Heidi Salaverría: *Spielräume des Selbst. Pragmatismus und kreatives Handeln*, Akademie Verlag 2007. 듀이의 교육학에 대해선 다음 책 참고. William Harms und Ida DePencier: *Experiencing Education: 100 Years of Learning at the University of Chicago Laboratory Schools*, University of Chicago Press 1996; Fritz Bohnsack: *John Dewey. Ein pädagogisches Porträt*, Beltz (UTB) 2005; Jürgen Oelkers: *John Dewey und die Pädagogik*, Beltz 2009; Franz-Michael Konrad und Michael Knoll (Hrsg.): *John Dewey als Pädagoge. Erziehung -Schule- Unterricht*, Klinkhardt 2018.

개인과 사회

지멜의 전집은 다음과 같다. Otthein Rammstedt (Hrsg.): *Georg Simmel. Gesamtausgabe in 24 Bänden* (GA), Suhrkamp 1989-2016. 지멜의 삶과 작품에 대해서는 다음 책 참조. Otthein Rammstedt (Hrsg.): *Simmel und die frühen Sozio-logen. Nähe und Distanz zu Durkheim, Tönnies und Max Weber*, Suhrkamp 1988; Werner Jung: *Georg Simmel zur Einführung*, Junius 1990; Paschen von Flotow: *Geld, Wirtschaft und Gesellschaft. Georg Simmels Philosophie des Geldes*, Suhrkamp 1995; Klaus Christian Köhnke: *Der junge Simmel in Theoriebeziehungen und sozialen Bewegungen*, Suhrkamp 1996; Klaus Lichtblau: *Georg Simmel*, Campus 1997; Birgitta Nedelmann: *Georg Simmel* (1858-1918), in: Dirk Kaesler (Hrsg.): *Klassiker der Soziologie*, Bd. 1, C. H. Beck 2012, 6. Aufl.; Horst Jürgen Helle: *Georg Simmel: Introduction to His Theory and Method/Georg Simmel. Einführung in seine Theorie und Methode*, De Gruyter Oldenbourg 2001; Matthias Junge: *Georg Simmel kompakt*, transcript 2009; Hans-Peter Müller und Tilman Reitz (Hrsg.): *Simmel-Handbuch*.

Begriffe, Hauptwerke, Aktualität, Suhrkamp 2019. 뒤르켐의 독일 체류에 관해서는 다음 책 참조. *La science positive de la morale en Allemagne*, in: Revue internationale de l'enseignement 24 (1887), (classiques.uqac.ca/classiques/Durkheim_emile/textes_1). 분업에 관한 뒤르켐의 주저는 다음과 같다. *Über soziale Arbeitsteilung. Studie über die Organisation höherer Gesellschaften*, Suhrkamp 1988, 2. Aufl.; 사회학적 방법론에 대한 작품은 다음과 같다. *Die Regeln der soziologischen Methode*, Luchterhand 2011, 7. Aufl.; 자살에 관한 작품은 다음과 같다. *Der Selbstmord*, Luchterhand 1973; 종교 사회학에 대한 작품은 다음과 같다. *Die elementaren Formen des religiösen Lebens*, Suhrkamp 1981. 뒤르켐의 생애와 작품에 대해서는 다음 책 참조. René König: *Émile Durkheim zur Diskussion. Jenseits von Dogmatismus und Skepsis*, Hanser 1976; Steven Lukes: *Émile Durkheim: His Life and Work. A historical and Critical Study*, Stanford University Press 1990; Hans-Peter Müller: *Émile Durkheim*, in: Dirk Kaesler (Hrsg.): *Klassiker der Soziologie*, Bd. 1, C. H. Beck 2012, 6. Aufl.; Tanja Bogusz und Heike Delitz (Hrsg.): *Émile Durkheim. Soziologie-Ethnologie-Philosophie*, Campus 2013; Heike Delitz: *Émile Durkheim zur Einführung*, Junius 2013. 퇴니에스 전집으로는 시간 순서로 정리된 〈킬판Kieler Edition〉이 있다. *Ferdinand Tönnies. Gesamtausgabe*, 24 Bde., De Gruyter 1998ff. 주제별로 정리된 〈클라겐푸르트판Klagenfurter Edition〉도 있다. *Ferdinand Tönnies Gesamtausgabe*, Profil 2008ff. 퇴니에스의 삶과 작품에 대해서는 다음 책 참조. Eduard Georg Jacoby: *Die moderne Gesellschaft im sozialwissenschaftlichen Denken von Ferdinand Tönnies. Eine biographische Einführung* (1971), Neuausgabe Profil 2013; Cornelius Bickel: *Ferdinand Tönnies* (1855-1936), in: Dirk Kaesler (Hrsg.): *Klassiker der Soziologie*, Bd. 1, C. H. Beck 2012, 6. Aufl.; Cornelius Bickel: *Ferdinand Tönnies. Soziologie als skeptische Aufklärung zwischen Historismus und Rationalismus*, Westdeutscher Verlag 1991; Arno Bammé: *Ferdinand Tönnies. Eine Einführung*, Metropolis 2018. 베버 전집은 다음과 같다. Horst Baier, M. Rainer Lepsius, Wolfgang J. Mommsen u. a. (Hrsg.): *Max Weber-Gesamtausgabe* (MWG), 41 Bde., Mohr Siebeck 1984ff. Dazu erschien eine Studienausgabe ohne wissenschaftlichen Apparat. 베버의 삶과 작품에 대해 가장 표준적인 문헌은 다음과 같다. Dirk Kaesler: *Max Weber. Eine Einführung in Leben, Werk und Wirkung*, Campus 2014, 4. Aufl.; ders.: *Max Weber*, C. H. Beck 2011; ders.: *Max Weber. Preuße, Denker, Muttersohn. Eine Biographie*, C. H. Beck 2014. Siehe weiterhin Hans N. Fügen: *Max Weber in Selbstzeugnissen und Bilddokumenten*, Rowohlt 2000, 2. Aufl.; Volker Heins: *Max Weber zur Einführung*, Junius 2004; Joachim Radkau: *Max Weber. Die Leidenschaft des Denkens*, Hanser 2005; Volker Kruse und Uwe Barrelmeyer: *Max Weber. Eine Einführung*, UTB 2012; Wolfgang Hellmich: *Aufklärende Rationalisierung. Ein Ver-*

such, Max Weber neu zu interpretieren, Duncker & Humblot 2013; Jürgen Kaube: *Max Weber. Ein Leben zwischen den Epochen*, Rowohlt 2014; M. Rainer Lepsius: *Max Weber und seine Kreise. Essays*, Mohr Siebeck 2016. 베버의 정치적 입장에 대해서는 다음 책 참조. Wolfgang J. Mommsen: *Max Weber und die deutsche Politik 1890-1920*, Mohr Siebeck 1959, 2. Aufl. 1974; ders.: *Max Weber. Gesellschaft, Politik und Geschichte*, Suhrkamp 1982. 베버의 미국 여행에 대해서는 다음 책 참조. Lawrence A. Scaff: *Max Weber in Amerika*, Duncker & Humblot 2013. 베버의 〈가치 판단 논쟁〉에 대해서는 다음 책 참조. Hans Albert und Ernst Topitsch (Hrsg.): *Werturteilsstreit*, Wissenschaftliche Buchgesellschaft 1971; Wolfgang Schluchter: *Wertfreiheit und Verantwortungsethik. Zum Verhältnis von Wissenschaft und Politik bei Max Weber*, Mohr Siebeck 1971; Johannes Glaeser: *Der Werturteilsstreit in der deutschen Nationalökonomie. Max Weber, Werner Sombart und die Ideale der Sozialpolitik*, Metropolis 2014. 제1차 세계 대전을 바라보는 독일 사회학자와 철학자들의 입장에 대해서는 다음 책 참조. Peter Hoeres: *Krieg der Philosophen. Die deutsche und die britische Philosophie im Ersten Weltkrieg*, Schöningh 2009, 2. Aufl.; Ernst Piper: *Nacht über Europa. Kulturgeschichte des Ersten Weltkriegs*, Propyläen 2013, 2. Aufl.; Ulrich Sieg: *Geist und Gewalt. Deutsche Philosophen zwischen Kaiserreich und Nationalsozialismus*, Hanser 2013.

인명별 찾아보기

ㄱ

ㄴ

ㅁ

ㅂ

ㅅ

ㅇ

ㅊ

ㅋ

ㅎ

주제별 찾아보기

ㅈ

ㅍ

ㅎ

옮긴이 **박종대** 성균관대학교 독어독문학과와 동 대학원을 졸업하고 독일 쾰른에서 문학과 철학을 공부했다. 사람이건 사건이건 겉으로 드러난 것보다 이면에 관심이 많고, 환경을 위해 어디까지 현실적인 욕망을 포기할 수 있는지, 그리고 어떻게 사는 것이 진정 자신을 위하는 길인지 고민하는 제대로 된 이기주의자가 꿈이다. 리하르트 다비트 프레히트의 『세상을 알라』, 『너 자신을 알라』, 『사냥꾼, 목동, 비평가』, 『의무란 무엇인가』, 『인공 지능의 시대, 인생의 의미』를 포함하여 『콘트라바스』, 『승부』, 『어느 독일인의 삶』, 『9990개의 치즈』, 『데미안』, 『수레바퀴 아래서』 등 200권이 넘는 책을 번역했다.

너 자신이 되어라

발행일 **2024년 10월 5일 초판 1쇄**

지은이 **리하르트 다비트 프레히트**
옮긴이 **박종대**
발행인 **홍예빈 · 홍유진**
발행처 **주식회사 열린책들**

경기도 파주시 문발로 253 파주출판도시
전화 **031-955-4000** 팩스 **031-955-4004**
홈페이지 **www.openbooks.co.kr** 이메일 **humanity@openbooks.co.kr**

ISBN 978-89-329-2467-0 04100
ISBN 978-89-329-1886-0 (세트)